알두스 마누티우스

*The World of Aldus Manutius*
*Business and Scholarship in Renaissance Venice*
by Martin Lowry

# 알두스 마누티우스

세계를 편집한 최초의 출판인

마틴 로리 지음 | 심정훈 옮김

도서출판 길

지은이 마틴 로리(Martin Lowry)는 영국 옥스퍼드 대학에서 고전학과 고대사, 철학을 공부한 후에 1967년 워릭 대학 역사학과에 입학하여 석사학위와 박사학위를 받았다. 1970년에 조교수(lecturer)와 개인 지도교사(tutor)로 워릭 대학 역사학과에 합류한 그는 베네치아의 르네상스 역사를 가르쳤다. 주요 논문으로 "Two Great Venetian Libraries in the Age of Aldus Manutius"(1974)와 "The New Academy of Aldus Manutius a Renaissance Dream"(1976) 등이 있으며, *The World of Aldus Manutius: Business and Scholarship in Renaissance Venice*(1979)와 *Nicholas Jenson and the Rise of Venetian Publishing in Renaissance Europe*(1991)으로 15~16세기 베네치아의 인쇄 역사에 대한 연구 실적을 인정받아 국제적인 명성을 얻었다. 그는 2002년 9월 17일에 세상을 떠났다.

옮긴이 심정훈(沈正訓)은 카이스트 수리과학과를 졸업했으며, 서울대 협동과정 서양고전학과에서 키케로의 『법률론』 제1권의 자연법을 주제로 석사학위를 받았다. 현재 같은 대학교 대학원 박사과정에 재학 중이다.

# 알두스 마누티우스
세계를 편집한 최초의 출판인

2020년 11월  1일 제1판 제1쇄 인쇄
2020년 11월 10일 제1판 제1쇄 발행

지은이 | 마틴 로리
옮긴이 | 심정훈
펴낸이 | 박우정

기획 | 이승우
편집 | 안민재
전산 | 한향림

펴낸곳 | 도서출판 길
주소 | 06032 서울 강남구 도산대로 25길 16 우리빌딩 201호
전화 | 02) 595-3153   팩스 | 02) 595-3165
등록 | 1997년 6월 17일 제113호

ALDVS PIVS.MANVTIVS
ROMANV

이탈리아 르네상스를 '출판문화'를 통해 꽃피운 인문주의 출판인, 알두스 마누티우스

신(新)플라톤주의의 세례를 받은 알두스는 '학자' 출신 출판인으로 이탈리아에서 막 꽃을 피우기 시작한 르네상스 시기에 플라톤과 아리스토텔레스를 중심으로 한 고전 고대의 그리스 문화를 '텍스트'를 통해 복원함으로써 인류의 지적 문화유산에 커다란 업적을 남겼다. 동시대 서유럽의 끝인 스페인에서부터 동쪽 끝의 폴란드와 헝가리까지 왕족이나 귀족, 그리고 학자와 지식인 등 글을 읽을 수 있는 대부분의 사람들이 그의 책을 소장하고 있었거나 구입하기를 갈구했다. 그에 의해 세미콜론과 아포스트로피, 악센트 등의 문장 부호들이 발명되었으며, 손에 간편하게 들고 읽을 수 있는 문고본과 미려한 활자체 역시 그의 발명품이었다.

1490년대 서적상들로 북적이던 베네치아 산타고스티노 지역에 있던 알디네 출판사의 현재 모습

알두스의 출판사는 단순히 책을 제작하는 차원을 넘어 에라스무스를 비롯한 당대의 저명한 학자들이 교정쇄를 제출하는 장소였을 뿐만 아니라 그들이 먹고 자고 토론하는 지적 중심지였다.

미국 의회도서관 그레이트홀에 그려진 알디네 출판사 표장(標章)

알두스는 골동품 수집가이기도 했던 피에트로 벰보에게 받은 고대 로마 동전에 새겨진 이 그림을 출판사의 상징으로 사용했다. 이 그림은 고대 그리스의 격언인 '천천히 서둘러라'와 이에 대한 라틴어 번역인 'festina lente'를 상징한다. 바다를 자유롭게 누비는 돌고래는 '천천히 서둘러라'의 '서두름'을, 배를 안전하게 정착시키는 '닻'은 '천천히'를 상징한 것이라고 볼 수 있다.

1495~98년경 알두스가 인쇄한 아리스토텔레스

알두스의 인쇄업이 가장 활발하던 시기인 1495~98년에 만들어
진 아리스토텔레스 5부작은 그의 대표적인 성과로, 기존에 인쇄
된 모든 그리스어 작품을 양적인 면에서 능가한 15세기의 가장
위대한 출판물로 간주된다.

자택에서 장 그롤리에와 담소를 나누고 있는 알두스

프랑스의 부유한 가문 출신이었던 그롤리에는 예민한 심미가이자 엄청난 수집가로 그의 개인 도서관
단편들은 현재의 프랑스 국립도서관과 대영 박물관의 가장 값진 소장품에 해당한다. 그의 이름은 장식
용 표지 양식을 비롯해 어느 서지학 협회의 명칭에 붙여졌을 정도였는데, 그가 소장했던 책들 중 9할 이
상이 사라졌지만 잔존하는 350여 권의 책 중 거의 절반이 알두스 판이다. 이 가운데 알두스가 생존했던
시대의 판은 42권이다.

프랑수아 플래맹(François Flameng, 1856~1923)의 「알두스 마누티우스 집을 방문한 장 그롤리에」(1894)

IOAN·PICVS ɛMIRANDVLA~

알두스가 출판에 입문하기 전까지 지적 스승이었던 조반니 피코 델라 미란돌라

알두스와 같이 공부했던 친구들 사이에 피코 델라 미란돌라는 '우리의 군주'라고 지칭될 만큼 알두스에게 많은 지적 영향을 끼쳤는데, 특히나 그의 출판 분야에서 플라톤과 아리스토텔레스, 그리고 성공하지는 못했지만 히브리어 책의 출간까지 사업적 측면에서도 커다란 지적 자극제였다. 피코 델라 미란돌라의 대표작으로는 '르네상스의 선언문'이라고도 불리는 『인간 존엄성에 관한 연설』(Oratio de hominis dignitate, 1486)이 있다.

크리스토파노 델 알티시모(Cristofano dell'Altissimo, 1525~1605)의 「피코 델라 미란돌라 초상화」(16세기경)

구텐베르크의 금속활자 발명 이후에 예술적인 의미에서 최초로 빼어난 로마체를 개발한 니콜라 장송
샤를 7세 당시에 프랑스 조폐국의 금속공학자였던 그는 알두스가 출판업에 종사하기 이전, 베네치아에
서 가장 활발하게 활동했던 출판인이었다. 알두스의 동업자였던 안드레아 토레사니가 그의 공방에서
견습생으로 인쇄업에 입문한 것도 알두스에게는 큰 자산이었다.

알두스의 활자체로부터 영감을 받아 '게라몬드체'를 개발한 프랑스의 인쇄업자 클로드 가라몽
16세기 이탈리아가 갖고 있던 출판업의 주도권이 프랑스로 넘어왔을 때, 특히 프랑스 인쇄산업의 진일
보에 활자체 개발로 큰 기여를 한 가라몽은 현재 우리가 사용하는 영문 서체인 '게라몬드체'의 원조격이
기도 하다. 사실 그가 개발한 활자체는 알두스와 그의 조력자 프란체스코 그리포라는 금세공인이 피에
트로 벰보의 『아이트나산에 대하여』에 사용했던 서체에 영감을 받아 만든 것이었다.

알두스가 출판해 준 『격언집』으로 군소 작가에서 일약 국제적인 문학계의 거장으로 발돋움한 에라스무스
"1508년에 에라스무스는 (알디네 출판사의) 인쇄실 구석에 앉아 기억을 더듬으며 『격언집』을 집필했다. 그는 본문을 한 장 한 장 식자공에게 넘겨주었다. 방의 다른 쪽 구석에는 알두스가 앉은 채 조용히 교정쇄를 읽어 내려갔다. 교정쇄들이 이미 검토되었다는 애원에도 불구하고, 그는 '지금 연구 중이다'라는 답변만 내뱉었다. 에라스무스와 알두스 사이에는 식자공의 손에서 활자들이 달가닥거렸다"(본문 183쪽).
알브레히트 뒤러(Albrecht Dürer, 1471~1528)의 「에라스무스 초상화」(1526) 부분

알두스를 초빙해 신성로마제국에 '아카데미아'를 설립하려 했던 황제 막시밀리안 1세
알두스는 출판인이기 이전에 학자이자 교육자였으며, 교육기관의 설립에 큰 뜻을 두고 있었다. 르네상스가 한창이던 이탈리아에 비해 문화적으로 후진국이었던 독일의 막시밀리안 1세는 그를 초빙해 아카데미아를 설립할 목적으로 수차례 서신을 주고받기도 했지만 신성로마제국과 베네치아 공화국의 관계 악화로 성사되지는 못했다.
알브레히트 뒤러의 「막시밀리안 1세 초상화」(1519) 부분

피에트로 벰보와 그가 저술한 『아이트나산에 대하여』의 인쇄본(1495)

베네치아 공화국의 학자이자 시인, 추기경이었던 벰보는 문학 분야에서 이탈리아어의 발전(특히 토스카나어)에 지대한 공헌을 했다. 그가 쓴 『아이트나산에 대하여』(De aetna)는 뛰어난 작품은 아니었지만 출판 및 인쇄의 역사에 길이 남을 활자체가 사용되었는데, 그것은 바로 일명 '벰보체'로 일컬어지는 서체였다. 이 서체는 알두스와 그리포가 개발한 것으로 '작으면서도 세계에서 가장 아름다운 활자'라는 명예를 부여받았으며, '조판의 새로운 시대'를 열었다는 평가도 받았다.

루카스 크라나흐(Lucas Cranach the Younger, 1515~86)의 「피에트로 벰보 초상화」(1532~37년경)

PAVLVS MANVTIVS, ALD.F.
Cunctis, Paule, patrem sequeris virtutibus Aldum,
Doctrinâ superas, eloquio superas.
Chalcographâ patris nomen celebratur ab arte;
Paule, tuum docto nomen ab ELOQVIO.

알두스의 사업을 이어받았던 키케로주의자 파울루스 마누티우스

알두스의 셋째 아들이었던 파울루스는 피에트로 벰보 등으로부터 교육을 받은 열렬한 키케로주의자였다. 알두스와 그의 동업자였던 안드레아 토레사니가 각각 1515년과 1528년에 세상을 떠나자 알디네 출판사는 4년 동안 문을 닫았는데, 파울루스에 의해 1533년부터 다시 책을 출판하기 시작하여 그해에만 11종을 펴냈다. 알디네 출판사는 알두스의 손자였던 그의 아들(Aldus Manutius the Younger, 1547~97)에 의해 16세기 후반까지 운영되었다.

# 서문

이 책의 출판에 대해 정당하게 이의를 제기할 수많은 독자들에게 내가 우연히 이 책을 집필하게 되었다는 사실을 애초부터 밝히고자 한다. 책을 쓰게 된 계기는 6~7년 전으로 거슬러 올라간다. 대학원 과정을 성공적으로 마무리한 터라 의욕이 넘쳐흐르던 당시, 나는 학위 논문을 보완해 16세기 베네치아 정치학에 대한 권위적인 연구서로 확장하기로 마음먹고 전 58권으로 구성된 마린 사누도의 일기를 완독할 목표를 갖고 작업에 착수했다. 제1권의 4분의 3 지점에 다다랐을 때 그리마니 추기경이 피코 델라 미란돌라의 도서관을 구입했다는 언급을 발견했다. 이로 인해 15세기에서 16세기로 넘어가던 시기 베네치아의 문학 활동과 출판업 사이의 더욱 폭넓은 관계에 대한 궁금증이 생겼고, 이 사안에 대한 통상적인 평가가 실제로 만족스러운지 자문하기 시작했다. 베네치아 귀족들이 개인적으로 중요하게 생각하던 사안을 파악하지 못한다면 이들의 정치적인 행위를 절대로 이해할 수 없으리라는 명분 아래, 사회 저명 인사들이 남긴 흔적을 찾아 이들의 지적 무리에 대해 조사하게 되었다. 앞선 많은 연구자들과 마찬가지로 나 또한 "그래, 알두스를 방문하자"라는 결론에 도달했다. 이 인쇄업자의 문지방을 넘어서고 나서야 그의 영혼이 얼마나 부담스러운 과제를 내 어깨 위에 짊어지게 할지 깨닫게 되었다.

당시의 문화생활 안에서 알두스 같은 인물의 정확한 역할을 이해하는 데는 사실 다양한 학문적 역량이 요구된다. 어느 하나만으로는 문제를 충분히 다룰 수 없으며, 각 분야마다 전문가가 되기 위해서는 평생이 요구된다. 알두스는 무엇보다 인쇄업자와 출판인으로 기억되기 때문에 그에 대한 대부분의 글을 조판과 서지학 전문가들이 저술했다는 사실은 놀랍지 않다. 이것이 나의 첫 번째 약점이었다. 스탠리 모리슨(Stanley Morison)이 선호했던 로마 활자체에 대한 서정적인 칭송이나, 시각적 명료함의 개념에 대한 로버트 프록터(Robert Proctor)의 고상한 선언을 읽으면서 이런 수준의 기술적인 전문성에 도달하는 일은 매일같이 해당 책들을 접하는 전문직 종사자에게만 가능하다는 사실을 이내 깨달았다. 그러나 나는 이 위대한 서지학자들이 불변하며 이의를 제기할 수 없는 심미적 진리의 세상인 뜬구름 속에 너무 깊이 빠졌으며, 책 외관에 대한 그들의 백과사전적인 지식이 무색하게 책의 내용이나 심지어는 책이 출판되기까지의 정황에 대해서는 무지하다는 의혹을 품기 시작했다. 어쨌든 알두스가 일반적으로 책 제작자로 기억된다는 사실을 받아들이더라도, 그를 단순히 책 제작자로만 이해해야 할까? 알두스는 동시대인인 윌리엄 캑스턴(William Caxton)과 마찬가지로 출판업으로 전향하기 전에 전혀 다른 직업군에 상당히 성공적으로 종사했다. 알두스가 출판업으로 전향해야만 했던 명백한 경제적이거나 환경적인 원인은 없다. 따라서 그의 경력을 설명하려면 지성적이거나 이상적인 영향력 등의 원인으로 시선을 돌려야 한다. 아니나 다를까, 최근 20년 동안 알두스를 다룬 가장 흥미로운 글들은 정신사학자나 고전문헌학자의 연구서였다. 알두스는 투철한 신념을 지닌 인물이었으며, 특히 고대 그리스와 그 부흥을 위해 깊이 헌신했다는 사실 또한 곧 분명해졌다. 내가 이런 측면에서 알두스를 제대로 분석할 수 있을까? 학부 때 고전학 전공자로서 잘 훈련받았다고 말할 수는 있지만, 나는 본문 비평이 요구하는 엄격한 정밀성에는 훨씬 못 미쳤고, 콰트로첸토 후반의 복잡한 지성사에 대한 개론적인 지식 외에는 아는 바가 없었다. 하지만 서지학자와 마찬가지로 지성사학자와 고전문헌학자 역시 그들만의 영원불변한 진리의 세상 속에 갇혀 작업하면서 15세기 출판사의 운영 방식이나 성공 법칙과 같은 좀 더 일상적이지만 긴급한 세부 사항을 놓치고 있지는 않은지 자문하기 시작했다. 결국 나는 내가 가장 잘 다룰 수 있는 영역으로 후퇴해, 베네치아 역사 전반에 대한 지식과 역사적 인물들의 개인적인 기벽에 대한 때로는 지나친 관심을 동원하기로 했다. 알두스의 생애와 경력을 지성적이거나 심미적인 진리의 창공에 앉아 해석할 수 없다면, 그의 동료들이 탁월하게 포착한 때 묻고 잉크를 튀기는 세상을 통해 접근할 수 있을지도 모른다고 생각했다. 이 책은 이른바 '기저 상태'(ground level)에서 알두스를 이해하려는 시도이다. 그 과정에서 고상한 학문을 도외시하더라도 독자들의 너그러운 양해를 바란다.

이 책의 윤곽이 드러나기도 전에 적잖은 동료가 작업을 독려해 주었다. 이제 그들이 감사의 말을 받아들이고 공동 책임을 수용해 주기를 바란다. 여러 세대의 학생들이 사소한 것을 구실 삼아 베네치아 인쇄업을 장황하게 소개하는 내 강의를 인내심을 가지고 청취했다. 학생들의 관심에 격려를 받았으며, 이들의 질문이 연구의 방향을 이끌었다. 워릭 대학은 이 연구서를 마칠 수 있도록 안식 기간을 두 차례 허용했을 뿐만 아니라 매년 베네치아로 파견해 주는 사려 깊은 배려를 해주었고, 영국 학사원은 해외에서 보낸 대부분 기간 동안의 비용을 아낌없이 지원해 주었다. 책을 준비하는 과정에서 수많은 도서관을 여러 차례 방문했다. 도움을 주신 모든 직원에게 감사하지만 맨체스터의 존 라일랜즈(John Rylands) 도서관, 바젤의 대학도서관, 모데나의 에스텐세(Estense) 도서관, 베네치아의 마르치아나(Marciana) 도서관, 그리고 다른 곳에서는 구할 수 없는 자료를 언제든 제공할 수 있을 것처럼 보이는 런던 도서관을 특별히 언급해야 한다. 내게 최대의 협력자이자 조언자는 영국 국립도서관을 찾는 모든 방문객에게 있어 최고 권위자인 데니스 로즈(Dennis Rhodes) 박사였다. 그는 어떤 이유에서인지 본인이 이 책을 쓰는 것은 거절했지만 책을 집필하는 데 중대한 정보를 끊임없이 대주었고, 모든 의심스러운 사안을 결정할 때마다 내가 의지한 최후의 보루였다. 로리 매클레인(Ruari Mclean)은 책의 초기 단계를 지도해 주었다. 배질 블랙웰(Basil Blackwell) 경은 이 책에 대해 알게 된 이후 프로젝트에 호의적인 관심을 갖고 가능한 모든 방면으로 격려해 주었다. 블랙웰 경과 데니스 헤이(Denys Hay), 엘리자베스 아인슈타인(Elizabeth Eisenstein), 마이클 몰렛(Micahel Mallett)과 로버트 핀리(Robert Finlay) 교수 모두 원고의 각 단계를 읽고 수많은 오류를 지적해 주었다. 나이절 윌슨(Nigel Wilson)은 절망적으로 변색된 나의 고전학 지식에 광택을 내기 위해 온갖 수단을 동원했다. 수많은 동지와 동료가 참고 자료나 본문 번역을 제공함으로써, 혹은 커피를 마시며 무턱대고 던진 제안을 통해 그들이 생각하는 것보다 훨씬 많은 도움을 주었다는 사실을 이제야 깨닫는다. 심지어는 폴커 베르크한(Volker Berghahn)을 그리스어 본문 비평의 연구 보조원이라는 뜻밖의 역할로 여러 차례 끌어들이기도 했다. 제이니 앤더슨(Jaynie Anderson), 조너선 알렉산더(Jonathan Alexander), 험프리(Humfrey)와 수지 버터스(Susie Butters), 스탠리 초이나키(Stanley Chojnacki), 세실 클러프(Cecil Clough), 헨리 콘(Henry Cohn), 데즈먼드 코스타(Desmond Costa), 코너 파히(Conor Fahy), 폴 그렌들러(Paul Grendler), 마이클 냅턴(Michael Knapton), 레이니 뮬러(Reiny Mueller), 메릴린 페리(Marilyn Perry), 크리스 리드(Chris Read), 릭 루지에로(Rick Ruggiero), 그리고 도널드 러셀(Donald Russell)에게도, 비록 본인들은 그 원인에 대해 기억하지 못할지

16

라도, 감사의 말을 전한다. 마지막으로 남편과 아버지의 학문적인 산고로 인한 변덕스러운 상황들을 인내하며 따라준 아내와 가족이 있다. 이들이 없었더라면 이 책을 절대로 쓰지 못했을 것이라고까지는 말하지 않겠다. 그랬다면 작업은 훨씬 일찍 끝났을 터이다. 하지만 전혀 다른, 훨씬 따분한 책이 되었을 것이다.

1978년 2월 27~28일
스트랫퍼드 온 에이번에서
마틴 로리

# 문헌 약어표

아래 약어는 자주 인용되는 참고문헌과 논문집, 그리고 정기 간행물을 표기한 것이다.

**ARIV**  *Atti del reale istituto veneto di scienze, lettere e arti.*

**Allen**  *Opus Epistolarum Desiderii Erasmi*, ed. P. S. and H. M. Allen, 12 vols., Oxford, 1906~ 1958.

**ASI**  *Archivio storico italiano.*

**ASL**  *Archivio storico lombardo.*

**A.S.V.**  Archivio di stato, Venezia.

**AV**  *Archivio veneto.*

**Baschet**  A. Baschet, *Aldo Manuzio, Lettres et Documents, 1495~1515*, Venice, 1867.

**Bernoni**  D. Bernoni *Dei Torresani, Blado e Ragazzoni, celebri stampatori a Venezia e Roma nel XV e XVI secolo*, reprinted Farnborough, 1968.

**BJRL**  *Bulletin of the John Rylands University Literary of Manchester.*

**BMC**  *Catalogue of Books Printed in the Fifteenth Century Now in the British Museum*, 9 vols., 1909~1949.

**BP**  B. Botfield, *Praefationes et Epistolae Editionibus Principibus Auctorum Veterum Praepositae*, Cambridge, 1861.

**Burger**  K. Burger, *The Printers and Publishers of the Fifteenth Century:* Index to the Supplement of Hain's *Repertorium Bibliographicum*, London, 1902.

**CAM**  P. de Nolhac, ed., "Les Correspondants d'Alde Manuce: Materiaux Nouveaux d'Histoire Littéraire, 1483~1515", *Studi e documenti di storia e di diritto*, Anno VIII, 1887, and IX, 1888.(References are to the number of the letter cited, as this selection has been separately reprinted and page-numbers vary.)

**CSV**  C. Castellani, *La stampa in Venezia dalla sua origine alla morte di Aldo Manuzio Seniore*, new edition, 1973.

**DBI**  *Dizionario biografico degli italiani*, Rome, 1960~.

**Ec.HR**  *Economic History Review*.

**FD**  R. Fulin, "Documenti per servire alla storia della tipografia veneziana", *Archivio veneto*, XXIII, 1882, pp. 82~212, 390~405.

**GJB**  *Gutenberg Jahrbuch*.

**GSLI**  *Giornale storico della letteratura italiana*.

**Hain**  L. Hain, *Repertorium Bibliographicum ad Annum MD*, Stuttgart, 1826~1838.

**IMU**  *Italia medioevale e umanistica*.

**LBF**  *La Bibliofilia*.

**OAME**  G. Orlandi, *Aldo Manuzio, editore*, 2 vols., Milan, 1976.(References in Roman figures are to the number of each preface, as the division of text and commentary between volumes means that both often carry important material. References to particular passages are given in arabic numerals.)

**Panzer**  G. Panzer, *Annales Typographici ab Artis Inventae Origine ad Annum 1500*, Vol. III, Nuremberg, 1795, VIII, 1800.

**RAIA**  A. Renouard, *Annales de l'Imprimerie des Alde*, 3 vols., Paris, 1825.

**R.I.S.**  Rerum Italicarum Scriptores.

**RSI**  *Rivista storica italiana*.

**Schück**  J. Schück, *Aldus Manutius und seine Zeitgenossen in Italien und Deutschland*, Berlin, 1962.

**SDP**  A. Sartori, "Documenti padovani sull'arte della stampa nel secolo XV", in *Libri e stampatori in Padova*, Miscellanea di studi storici in onore di mon. G. Bellini, Padua, 1959, pp. 112~228.

**Valla**  J. Heiberg, ed., "Beiträge zu Georg Vallas und seiner Bibliothek", *Zentralblatt für Bibliothekswesen*, XVI, 1896, pp. 54~103.

**ZFB**  *Zentralblatt für Bibliothekswesen*.

# ■ 차례

제 **1** 장

사업가와 문학가

1469년 9월 18일에 요하네스 폰 슈파이어*라는 독일 출신 거주민은 최근 베네치아 공화국에서 자신이 개척한 출판 기술에 대한 5년간의 독점권을 허가받았다. 슈파이어가 제출했던 청원서와 같은 사건은 당시에 매우 흔한 일이었다. 이런 청원서들은 베네치아 공화국의 모든 주요 기록들에서 발견된다. 이 기록들은 풍차의 향상된 성능에서부터 독가스 실험에 이르는 수많은 사안들을 포괄했다. 이런 사안들은 슈파이어의 경우와 같이 정중하고 동조적으로 다루어지는 경우가 다반사였다.[1] 그러나 이 중 성공하는 경우는 소수였다. 슈파이어에게 특권을 허용했던 36명의 협회 회원들은 다른 속셈을 품고 있었던 것이 분명하다. 에게해에 새로 부상한 오스만튀르크 세력과의 전쟁과 15세기 전반에 걸쳐 유럽 대륙에서 급격히 확장한 베네치아를 의심의 눈초리로 주시하고 있

---

* Johannes von Speyer, ?~1470: 동생 벤델린과 형제였던 그는 요하네스 구텐베르크의 금속활자 발명 이래, 1462년에 인쇄술의 도시였던 마인츠에서 베네치아로 넘어온 최초의 독일인들 가운데 속했다. 그가 펴낸 최초의 책은 키케로(Cicero)의 *Epistolae ad familiares*으로 1469년 출판되었다.

1  FD p. 99, Doc. I; CSV pp. 69~70. 이보다 더 특이한 경우에 대해서는 M. E. Mallet, *Mercenaries and their Masters*, London, 1974, p. 204와 비교.

던 이탈리아 이웃들의 동향이 그 이유였다. 그러나 그들의 최고 관심사는 무엇보다 1381년에 베네치아가 제노바를 제압한 후, 베네치아를 당시 유럽에서 가장 번성하는 선망의 상업 중심지로 만들어 주었던 수익성 좋은 동방무역의 독점을 보호하는 것이었다.[2] 슈파이어의 청원은 그들이 추진했던 부차적인 사업 중 극히 일부에 불과했다. 그들은 슈파이어의 기술이 불과 몇 년 내에 술탄보다도 베네치아의 삶을 근본적으로 변화시킬 것이라고는 상상하지도 못했다. 슈파이어는 독점권을 취득한 후 몇 개월 만에 세상을 떠났다. 그의 사업은 그의 형제인 벤델린 폰 슈파이어(Wendelin von Speyer)가 이어받았지만, 독점권은 그와 함께 소멸되었다. 그리고 곧 경쟁자들이 밀치고 들어왔다. 1473년 혹은 1474년에 베네치아가 "책으로 넘쳐난다"라고 불만을 토로했던 필경사의 말은 전적으로 타당했던 것으로 보인다. 1470년대 초부터 176종의 다른 판들이 출판되었고,[3] 1470년대 말에 그 숫자는 593종의 판에 달했다. 15세기 말까지 대략 150대에 달하는 베네치아의 인쇄기에서 4,000여 종이 넘는 판본들이 출판되었다. 이는 베네치아 다음으로 가장 출판을 많이 했던 경쟁 도시인 파리의 두 배에 이른다. 또한 같은 기간 동안에 유럽 전체 출판량의 8분의 1과 7분의 1 사이에 해당한다. 어림잡아 베네치아 인구 모두에게 각각 20부씩 책을 나누어줄 수 있는 양이었다.[4] 당시 가장

---

2  F. C. Lane, *Venice, a Maritime Republic*, John Hopkins, 1973, pp. 225~38.

3  V. Scholderer, "Printing at Venice to the end of 1481", reprinted from *The Library*, V 1924, pp. 129~52, in *Fifty Essays in Fifteenth-and Sixteenth-Century Bibliography*, ed. D. E. Rhodes, Amsterdam, 1966, pp. 74~89. 특히 p. 88의 도표 참조.

4  1480년까지의 수치는 거의 확실하다. 이후부터 정체불명의 출판사들이 증가한다 (V. Scholderer, *op. cit.*와 H. Brown, *The Venetian Printing Press*, London, 1891, pp. 28f. 참조). J. Lenhart, *Pre-reformation Printed Books*, New York, 1935, p. 76 은 1500년까지 베네치아 판을 3,754종으로 집계한다. 파리 판은 2,254종이다. V. 숄더러(V. Scholderer)는 베네치아 판을 약 4,500종으로 상향 조정한다("Printers

방대하고 급속하게 성장했던 개인 도서관 두 곳이 베네치아 시민인 마린 사누도(Marin Sanudo)라는 일기 작가와 도메니코 그리마니(Domenico Grimani) 추기경의 도서관이었다는 사실은 놀라운 일이 아니다.[5] 베네치아의 모습에도 변화가 일어났다. 인쇄업자들은 신속하게 산줄리아노(San Zuliano)와 산파테르니아노(San Paterniano)의 교구(敎區)들을 매수해 그들의 기지로 삼았다. 1490년대 초반에는 진열대에 높이 쌓인 책들이 리알토(Rialto)에서 잡화상(Merceria)으로 내려와 산마르코(San Marco)를 향해 가는 행인들의 발길을 유혹했다.[6] 베네치아는 이탈리아에서조차 처음으로 인쇄산업을 시작한 도시가 아니었다.[7] 그러나 일단 설립된 이후 베네치아의 인쇄산업은 놀라운 속도로 성장했다. 이는 베네치아가 세상에서 인쇄술에 가장 깊이 영향받은 첫 번째 도시임을 보여 준다. 또한 기원전 4000년경에 문자부호가 생겨난 이래 현대의 전자식 대중매체가 출현하는 전 과정 속에서, 베네치아가 의사소통의 발전사에서 가

---

and Readers in Italy in the Fifteenth Century", *Proceedings of the British Academy*, XXXV, 1949, pp. 28~30). 그러나 일기장에서 연설문이나 설교에 대한 언급이 종종 발견된다. 이 자료들은 인쇄는 되었지만 남아 있지 않다. 이런 사실을 근거로 나는 실제 수치가 더 높았을 것이라고 추정한다.

5 사누도의 장서수는 1502년에 약 500권에서 1530년에는 6,500권으로 증가했다. OAME XLIII와 K. Wagner, "Sulla sorte di alcuni manoscritti appartenuti a Marin Sanudo", LBF LXXIII, 1971, pp. 247~62를 보라. 그리마니의 도서관은 1523년에 15,000권을 소장했다. M. Lowry, "Two Great Venetian Libraries in the Age of Aldus Manutius", BJRL 57, 1974, no. 1, pp. 128~66. 이 놀라운 전체 수치에 대해서는 L. Febvre · H.-J. Martin, *L'Apparition du Livre*, Paris, 1958, pp. 397~400 참조.

6 M.-A. Sabellico, *De Latinae Linguae Reparatione*, in *Opera Omnia*, vol. IV, Basel, 1560, p. 321.

7 H. Brown, *Venetian Press*, pp. 1~10. 만일 요하네스 폰 슈파이어가 베네치아의 첫 번째 인쇄업자였다면, 베네치아는 이탈리아 도시 중 로마와 수비아코 다음 세 번째로 출판을 한 도시이다. 니콜라 장송의 『소녀들의 우아함』(*Decor Puellarum*)에 기재된 더 이른 1461년이라는 시기는 아마도 사실이 아닐 것이다.

장 중요한 혁명을 경험했다는 사실을 여실히 보여 준다. 15세기 말 베네치아의 지적·사회적 혹은 경제적 삶에 대한 연구는 이 사실을 고려해야 하며, 이 사실을 설명하려고 노력해야 한다. 베네치아의 인쇄소들은 왜, 그리고 어떻게 그토록 급속히 확장될 수 있었을까? 기존의 지식층은 이에 대해 어떤 반응을 보였을까? 사회는 어떤 영향을 받았을까?

 사람들의 상상력을 자극하는 부(富)에 대한 유혹과 이를 손쉽게 획득할 수 있다는 생각은 15세기 유럽에 만연했다. 그러나 이 생각은 그 어느 곳보다 매력적인 금빛으로 빛나던 베네치아에서 왕성했다. 이 사실은 베네치아에서의 인쇄업 활동을 설명하는 데 도움이 될 것이다. 먼저, 모든 사람들은 인쇄업자들이 부자라고 확신했다. 1470년대에 사누도는 베네치아에서 가장 유명한 출판사였던 니콜라 장송*이 '가장 부유'(Richissimo)했다고 기록한다. 데시데리우스 에라스무스(Desiderius Erasmus)는 안드레아 토레사니**가 매해 1,000두카토의 순이익을 올리고, 총 10만 두카토의 부를 소유하고 있다고 증언한다. 1530년대에

---

* Nicolas Jenson, 1420~80: 프랑스 상파뉴의 솜부아르에서 태어났으며, 로마체 활자체를 발명한 인물로 알려져 있다. 프랑스 투르에서 화폐 주조공으로 일하던 그는, 1458년에 잔 다르크의 활약에 힘입어 영국과의 백년전쟁에서 승리한 프랑스 왕 샤를 7세의 명령을 받고 독일 마인츠로 금속활자 기술을 배우러 갔다. 이때 구텐베르크로부터 활자 기술을 배웠다는 이야기도 전해오지만 신빙성은 없다. 1461년 샤를 7세의 사망 이후에도 프랑스로 귀국하지 않고 독일 프랑크푸르트에서 인쇄업에 종사하다가 1468년부터 궁극적으로 베네치아에서 자신의 인쇄소를 설립하고 출판 활동을 했다. 1477년에 이르러서는 베네치아의 초기 인쇄업을 선도할 정도로 사업이 번창했다. 그의 사후에 그가 만든 활자체들은 알디네 인쇄소로 넘어가 알두스가 다양한 활자를 개발하는 데 큰 도움을 주었다.

** Andrea Torresani, 1451~1529: 이탈리아 아솔로(Asolo)에서 태어나 1479년 니콜라 장송의 활자체를 습득하여 인쇄업에 종사하기 시작했다. 1503년에 그의 딸이 알두스 마누티우스와 결혼했는데, 자연스럽게 알두스와 1506년부터 동업관계를 맺고 활발히 출판 활동을 했다. 알두스 사후(1515)에도 죽을 때까지 알디네 인쇄소를 운영했다.

도 바젤의 인쇄업자였던 토마스 플래터(Thomas Platter)는 자신의 순진한 동기를 솔직하게 밝힌다. 이는 인쇄업에 대해 무지했던 시대에 사람들이 흔히 기대했던 바였을 것이다. "요하네스 헤르바기우스(Johannes Hervagius)를 비롯한 인쇄업자들이 번창하는 사업을 운영하고 있다. 나는 적은 수고로 많은 수익을 올리는 그들을 보고 '나도 인쇄업자가 되겠다'라고 결심했다."[8] 사람들이 인쇄업으로 몰렸던 첫 번째 이유보다 더 중요할지도 모르는 두 번째 이유가 있다. 즉 이런 식으로 인쇄업에 자신의 운을 시험하고자 하는 사람들을 가로막을 장치가 없었다는 사실이다. 이는 중세에 새로운 기술을 규제하는 규정들보다 인쇄업이 훨씬 급속하게 발전했기 때문이다. 에라스무스는 제빵사보다 인쇄업자가 되는 것이 훨씬 쉽다고 비꼰다.[9] 출판계에 자유롭게 들어설 수 있었다는 점은 당시에 온갖 부류의 사람들이 인쇄업에 종사했다는 사실과 그들 각자가 매우 상이한 처지에 놓였다는 당시의 당황스러운 상황을 설명하는 데 큰 도움이 될 것이다. 안드레아 바도에르(Andrea Badoer)와 프란체스코 비아로(Francesco Viaro)라는 두 귀족의 이름이 1490년대 베네치아의 저작권 목록에 등장한다.[10] 장송은 한때 프랑스 조폐국의 금속공학자였다. 그는 1480년에 교황의 팔라틴 백작*이자 국제회사의 대표 신분으로서 세상

---

8   P. Munroe, ed., *Thomas Platter and the Educational Renaissance of the Sixteenth Century*, New York, 1904, p. 195. 토레사니에 대해서는 이 책의 제3장의 여러 곳 참조. 장송의 명성에 대해서는 H. Brown, *Venetian Press*, p. 12 참조.

9   M. M. Philips, *The Adages of Erasmus: a Study with Translation*, Cambridge, 1964, p. 182. 일반 논평에 대해서는 R. Hirsch, *Printing, Selling and Reading*, 1450~1550, Wiesbaden, 1967, pp. 17f. 참조.

10  A. S. V. Senato, Deliberazioni Terra, Registro XI, f. 60r(바도에르); FD p. 107, No. 14 (비아로 - "nobilis noster").

•   Count Palatine: 원래는 로마제국 황제의 궁전을 지키는 시종들과 근위대를 일컫는 명칭이었으나, 메로빙거와 카롤링거 왕조 시대에 들어와서는 궁정에서 법정의 일을 담당하는 궁내관이었다. 이 명칭은 14세기 카를 4세(Karl IV)가 궁정 내에

을 떠났다.[11] 정반대 편에는 파도바에서 어떤 부인의 기부금으로 활동했던 할렘의 니콜라스(Nicholas of Harlem) 같은 사람도 있었다. 그는 부인의 귀금속을 그 지역의 유대인 전당업자로부터 되찾으려고 시도했다. 플랑드르 출신인 리사의 제라르두스(Gerardus de Lisa)도 있었다. 그는 30년 동안 교사, 합창단 지휘자, 교회 세무 관리자, 그리고 공교롭게도 인쇄업자로 일했다. 그는 1490년대에 빚으로 허덕이다가 잊혀졌다.[12] 사실 15세기 베네치아 인쇄소의 '호황'은 여타 산업의 부흥과 마찬가지로 오직 소수만이 쟁취할 수 있는 번영의 비전이었다. 이를 위해 허황된 꿈을 꾸는 수많은 경쟁자들이 서로 짓밟고 짓밟히는 광란의 쟁탈전을 벌였다. 성공한 소수가 얻었던 실제적인 부(富)도 인쇄업자의 명성에는 미치지 못했다. 장송은 유언장에 대략 4,000두카토를 유증으로 남겼다. 이는 상당한 액수이기는 하지만 베네치아의 상업 귀족이 남긴 수십만 두카토에 비하면 새 발의 피였다. 또한 한 향신료 판매자가 불황으로 시달렸던 한 해에 벌어들인 수익의 10분의 1에 불과했다.[13] 장송보다는 리사의 제라르두스가 더 전형적인 예일 것이다. 1490년까지 베네치아에 100개가 넘는 인쇄회사들이 존재했다고 확인된다. 그러나 1490년대에 운영되었던 회사는 23개였으며, 1500년에 생존한 회사는 10개에 불과했다.[14] 어떤 회사들은 소규모였고 단명했다. 이 회사들이 존재했다는 유일한 흔적은 헌정되지 않고 종종 날짜조차 기입되지 않은 두세 개의 판본들뿐

---

팔라틴 백작들로 구성한 재판 기구를 설치하면서 재등장했는데, 임의적인 재판관 내지는 명예직에 불과했다.

11  CSV pp. 24~25.

12  SDP pp. 143~44, Doc. XX; V. Scholderer, "A Fleming in Venetia: Gerardus of Lisa, printer, bookseller, schoolmaster and musician", *The Library*, Fourth Series, X, 1930, pp. 253~73.

13  CSV pp. 85~92.

14  수치는 R. Hirsch, *Printing* ⋯, pp. 42f. 참조.

이다. 이후 역사가들은 베네치아의 인쇄업이 '압도적인 성공'을 거두었다고 무심코 평가했다. 마찬가지로 궁정의 인문주의자들과 애호가들도 이 '신적인 기술'을 열광적으로 찬양했다. 그러나 실태를 간파한 인쇄업자들은 "이 참혹한 업계에서 흔히 일어나는 기만적인 광기와 경쟁"에 불만을 토로했다. 인쇄업자들은 자신들이 일시적이고 위험하며, 가차 없는 세계에 종사하고 있다는 사실을 절감하고 있었다.[15]

인쇄업에 들어서는 것을 가로막은 최초이자 대다수의 사람들에게는 최종적인 장애물이 있었다. 바로 자본설비 비용이었다. 이 비용의 총액을 정확하게 산출하기는 힘들다. 초창기 인쇄업자들은 생산의 각 단계를 단일한 과정의 일부로 파악하지 못했다. 인쇄업자가 되기를 열망했던 수많은 부류의 사람들은 그들 자신만큼이나 다양한 투자금을 선택할 수 있었다. 예측 불가하고 극심한 경쟁의 시장에서 살아남을 수 있는 불변의 법칙은 장기간 돈을 묶어두는 것이었다.

특이한 점은 인쇄기 자체가 가장 큰 문제가 아니었다는 사실이다. 요하네스 구텐베르크(Johannes Gutenberg)가 포도즙 짜는 기계에서 영감을 얻었다는 이야기가 있다. 이 이야기의 사실 여부와는 무관하게 수직으로 세워진 두 개의 기둥 사이에 고정된 나사 압착기는 기원후 1세기부터 유럽에 이미 알려져 있었다. 압착기가 포도주뿐만 아니라 치즈와 섬유, 그리고 종이를 만드는 데 사용되었다는 것은 분명한 사실이다. 이 압착기들이 인쇄술을 위해 개조되었을 수도 있다. 이러한 기술은 분명 별다른 문제를 일으키지 않았을 것이다.[16] 우리는 이미 1474년에 파도바의 제빵

---

15  FD p. 132, no. 77; BP p. 132(카르보네(Carbone)가 보르소 데스트(Borso d'Este)에게)와 비교.

16  J. Moran, *Printing Presses*, London, 1973, p. 19. 기존의 압착기를 개조하는 것과 관련해서는 R. Deacon, *A Biography of William Caxton*, London, 1976, pp. 97~99 참조.

사인 페테르(Peter)가 케이스를 포함한 류트(lute)와 좀먹은 여우털 등 싸구려 장식품을 파는 모습을 발견할 수 있다. 판매 물품 중에는 '글자를 새기기 위해 완비된 목재 인쇄기'도 포함되었다. 이 인쇄기의 판매가는 100리라 혹은 16두카토를 조금 웃도는 금액이었다.[17] 이는 당시에 이 중요한 장비를 손쉽고 비교적 저렴한 가격으로 구할 수 있었다는 사실을 보여 주는 흥미로운 자료이다.

활자체 폰트(type-fount)를 구입하고 준비하는 과정은 전혀 다른 문제였다. 활자 작업에는 훨씬 전문적인 기술이 필요했고 일부 과정은 상당히 새로웠다. 이 작업에 가장 적합한 사람은 숙달된 금세공인이었을 것이다. 인쇄술에 대한 초기 문서에 금세공인들이 책 생산자로 등장하거나 생산의 초기 단계에서 조력자로 등장하는 것은 당연한 일이다. 금속공학자들은 각인(刻印)을 새기는 경험이 있었으며, 동전과 인장을 만드는 준비과정에 익숙했다. 따라서 단단한 철제 타인기(打印器) 끝에 글자 모양의 부조를 새기는 것은 그들에게 익숙한 작업이었을 것이다. 타인기를 쐐기 모양의 구리에 눌러 각 글자의 '행렬틀'을 짜는 것은 그들에게 익숙했던 작업의 변형에 불과했다. 물론 각 행렬을 조절 가능한 측면에 맞추고 정확한 납과 주석, 그리고 안티몬의 합금을 부어 다양한 너비와 동일한 높이의 활자를 만드는 과정은 새로웠다. 그러나 이는 그들의 기존 기술로부터 쉽게 도출될 수 있었다.[18]

만일 장송이 프랑스 왕가의 조폐국에서 훈련받았다는 말이 사실이라면, 그의 성공과 영향력, 그리고 투자금은 쉽게 설명된다. 장송은 유언장에 그의 작업장 시설의 가치를 상당히 높은 500두카토로 평가했다. 이는

---

17 SDP pp. 124~25. 이 당시 1두카토는 6.4리라에 해당했다.

18 H. Carter, *A View of Early Typography up to about 1600*, Oxford, 1969, pp. 5~8, 102~05.

동업자 중 한 명에게 별도로 유증한 철제 타인기를 제외한 평가액이다.[19] 다른 인쇄소에서 이 타인기를 동원해 재판매를 위한 행렬틀(matrices)을 만들었는지는 불분명하다. 토레사니는 장송의 활자를 사용했다고 주장한다. 또한 이탈리아의 여러 중심부에서 장송의 활자와 유사한 30여 종의 활자 형태들이 발견된다. 이런 사실들은 그의 타인기가 다른 인쇄기에서도 사용되었다는 유력한 근거이다.[20] 장송은 생산수단을 완전히 장악했던 초창기 인쇄업자의 가장 두드러진 예로 간주되어야 한다. 그의 시설에 대한 평가액은 그가 이러한 통제력을 확보하기 위해 얼마나 투자를 많이 했는지를 보여 준다.

얼마나 많은 인쇄업자들이 스스로 활자를 새기고 주조하는 전(全) 단계에 가담했는지는 알 수 없다. 그러나 1500년 이전에도 그 비율은 그리 높지 않았을 것이다. 소수만이 이를 시행할 수 있는 기술을 보유하고 있었다. 앞으로 알두스 마누티우스(Aldus Manutius)의 경우에서도 살펴보겠지만, 소수의 사람들만이 수년이 소요되는 설계와 실험을 위해 시간을 할애할 수 있었다. 청부제도는 매우 이른 시기부터 시작되었다. 구텐베르크 자신도 금세공인이었던 한스 둔(Hans Dunne)에게 100굴덴(gulden)을 지불했었다. 1475년에는 장송의 동업자 중 한 명이었던 요하네스 라우히파스(Johannes Rauchfass)가 프란체스코 다 볼로냐(Francesco da Bologna)에게 장송의 고딕 활자 두 개를 복사하라고 지시했다. 그는 아마도 타인기로 행렬을 쳐냄으로써 복사했을 것이다.[21] 인쇄술의 첫 세기

19  CSV p. 88. 장송의 배경에 대해서는 다소간의 의혹이 있다. L. Gerulaitis, *Printing and Publishing in Fifteenth-Century Venice*, London, 1976, p. 22, n. 12.

20  H. Carter, *Typography*, p. 71. 토레사니와 장송 사이의 관계에 대해서는 이 책의 제3장 주 25 참조.

21  H. Carter, *Typography*, p. 103. 프란체스코 다 볼로냐에 대해서는 이 책의 제3장 주 66 참조.

동안 타인기를 설계하고 잘라내는 작업은 점차 전문화된 서비스 산업으로 성장했다. 이는 1540년경에 유럽 대다수의 주요 인쇄소에 활자를 공급했던 프랑스인 클로드 가라몽*이 등장하면서 완성 단계에 이르렀다. 이 과정이 15세기에 어느 단계까지 발전했는지는 거의 알려진 바가 없다. 이미 1476년에 스트라스부르의 한스 프랑크(Hans Frank)라는 사람이 '글자를 파는 사람'으로 묘사되었다. 15세기 말엽에는 전문직 명칭으로 자리매김한 것으로 여겨지는 유사한 표현들이 아우크스부르크의 요하네스 린만(Johannes Rynmann)이나 베네치아의 코르부스(Corvus) 등 몇몇의 개인들에게 적용되었다.[22] 그러나 자본가인 인쇄업자와 야심에 찬 금세공인, 그리고 비전문적인 조각사들은 여전히 혼동되었다. 인쇄업을 꿈꾸는 사람들에게 이러한 혼동은 어려움을 야기했다. 인쇄업자가 자신만의 타인기를 장만하기 위해서는 특수화된 장비를 구입하고 엄청난 시간을 투자해야만 했다. 반면에 그가 대부분의 사람들처럼 행렬틀이나 완성된 활자에만 투자하기로 결정하더라도, 여전히 금속을 다룰 기술력을 구입해야만 했다. 수중에 현금을 보유하고 있는 운 좋은 소수는 상당한 금액을 투자해야만 했을 것이며, 소규모 수공업자들은 미래의 생산을 담보로 대출을 받아야만 했을 것이다. 이들은 두 개의 기초 장비인 인쇄기와 활자를 확보한 후에도 실제로 인쇄를 시작할 수 있기까지는 수개월이

---

* Claude Garamond, 1499~1561: 프랑스 파리에서 활동한 활자 디자이너로 당시 국왕이던 프랑수아 1세의 명령에 따라 그리스어 서체를 개발. '국왕의 그리스어'(Grec du Roi)라고 불릴 만큼 명성을 얻었다. 그는 이 활자체를 로마체 알파벳으로도 제작해 상업적 성공을 거두었으며, 이는 곧 전 유럽에 퍼지기 시작했다. 아름답고 우아한 명조체 계열의 그의 서체는 이전 출판인과 인쇄인들 — 특히 알두스와 그리포 — 이 닦아놓은 서체 발전의 풍요로운 결실로, 1984년 스티브 잡스(Steve Jobs)가 애플의 매킨토시용 기본 서체로 사용하면서 그 미적 우수성이 다시 한 번 주목받기도 했다. 현대의 출판 분야에서는 흔히 '게라몬드체'라고 불린다.

22 H. Carter, *Typography, loc. cit.*, 그리고 가라몽에 대해서는 pp. 84f. 참조.

걸렸을지도 모른다.

지속적인 지출 가운데 가장 큰 부분을 차지했던 항목은 종이와 노동력이었다. 이 두 항목은 15세기 인쇄업자의 예산에서 대략 비슷한 금액이었던 것으로 보인다. 종이 가격은 품질에 따라 각양각색이었다. 매끄러운 '로열 용지'(carta reale)는 한 첩(quire)당 2솔도(soldo)로 팔렸던 가장 저렴한 품질의 종이에 비해 다섯 배나 비쌌다. 1500년에 제조자들은 시장 수요의 급증으로 인해 일반적으로 가격을 인하할 수 있었다.[23] 그러나 제조자들도 뼛속까지 자본주의자였다. 이들은 한 지역 전체의 종이 공급을 독점하곤 했다. 성무일과서(聖務日課書, breviarium) 300부를 인쇄하는 소규모 인쇄에도 40두카토에 이르는 종이를 필요로 할 수 있었다. 인쇄업자들은 미래의 생산을 담보로 종이를 장만해야만 했다. 따라서 종이 공급자가 채권자도 되는 경우가 흔했다. 그는 작업이 완성되는 과정에서 종이를 연(連, ream) 단위로 공급했으며, 인쇄소가 문제에 봉착하면 절대적인 통제권을 행사했다.[24] 반대로 인쇄소의 주인은 언제라도 노동자들과의 문제로 인해 위협받을 수 있는 위치에 있었다. 노동력은 부족하지 않았으며, 많은 노동력이 필요하지도 않았다. 이에 대한 가장 이른 묘사는 식자공(compositor)과 잉크 바르는 자(inker), 그리고 조작자(torculator)로 구성된 3인조가 한 대의 인쇄기를 작동하는 모습이다. 소규모 회사는 통틀어 여섯 명 미만의 핵심 구성원에 의해 운영될 수 있었다. 6~8대의 인쇄기를 돌리기 위해 20~30여 명을 고용한 주인은 상당한 규모의 사업을 운영하는 것이었다. 식자공 외에는 특별한 훈련이 필요 없었다. 당시 풍자가들의 말을 토대로 추정하자면, 인쇄소에는 필요한 각각의

23  SDP p. 103은 가격을 3분의 1 인하하는 1503년도의 문서를 인용한다. 이 일반적인 주제에 대해서는 L. Febvre · H.-J. Martin, *op. cit.*, p. 168 참조.

24  W. Pettas, "The Cost of printing a Florentine incunable", LBF LXXV, 1973, pp. 67~85. 공급자가 채권자인 경우에 대해서는 SDP XXIV 참조.

직공 자리를 메꿀 수 있는 실직한 하인들과 무일푼 학생들이 넘쳐났다. 노동력은 손쉽게 구할 수 있었다.[25] 그러나 노동력은 놀랍도록 비쌌다. 1475년 파도바 식자공의 월급은 3두카토였다. 이는 1492년에 베네치아 정부가 숙련된 수압 기사(hydraulic engineer)에게 지불했던 금액과 동일했다. 그러나 식자공들은 이보다 더 높은 값을 부를 수도 있었던 것으로 보인다.[26] 특별 치안판사(Signori di notte)의 기록을 훑어보면, 베네치아의 인쇄소 노동자들은 여타의 직업집단보다 활동적이지도 더 많은 소란을 피우지도 않았다. 그러나 그들은 기술과 협동심으로 정체성을 형성했던 것으로 보인다. 이렇게 서로 엮인 그들은 그들의 숙소이기도 했던 작업장의 고조된 분위기에 휩쓸려 순식간에 폭발하기도 했다.[27] 인쇄소 주인은 노동자들을 고용했을 뿐만 아니라 일반적으로 이들의 의식주에 대한 책임도 졌다. 따라서 인쇄소 주인은 노동자들의 집세로 연간 5~50두카토를 부담했으며, 끊임없이 변동하는 물가 문제에 직면했다. 이들 사이에 종종 부부싸움을 방불케 하는 신랄한 분쟁이 발생했다는 사실은 놀랍지 않다. 이들의 분쟁에 비해 현대의 노동관계는 고루하고 냉철해 보일 정도이다. 파도바에서는 침대를 정돈해 주지 않았다는 이유로 파업을 가장했던 식자공 무리에 대한 기록도 있다. 이들은 해고되었다.[28]

25  S. Brant, *The Ships of Fools*, trans. E. Zeydel, New York, 1962, p. 125. n. 71도 참조. 초기 인쇄기 삽화는 J. Moran, *op. cit.* 참조.

26  SDP Doc. VII; A. S. V. Senato, Terra, Rg. XI, f. 122r. 임금 수준의 변동에 대해서는 R. Hirsch, *Printing* …, pp. 36~39도 참조.

27  A.S.V. Signori di Notte, Notizie di crimini, 1472~1507는 인쇄업자들과 관련된 몇 차례의 폭행사건을 보여 준다. 그러나 이는 N. Z. Davi, "A Trades-Union in Sixteenth-Century France", Ec. HR 19, 1966, pp. 48~69가 추적하는 조직된 소요와는 전혀 다르다.

28  G. Mardersteig, "La singolare cronaca della nascita di un incunabolo", IMU VIII, 1965, pp. 251~52.

모든 인쇄업자들은 노동력과 자본설비를 마련해야만 했다. 그러나 이들의 예산에는 이보다 비정기적이고 개인에 따라서는 상이한 영향력을 행사할 수 있는 수많은 부수적인 항목들이 있었다. 이런 추가적인 예산은 이미 감당하기 벅찬 재정에 부담감을 더했다. 부드러운 금속활자는 금세 마모되어 교체가 필요했다. 따라서 납과 주석, 그리고 안티몬을 항상 구비하고 있어야 했다. 잉크도 제공해야만 했다. 소규모 인쇄소 운영자는 복사를 위해 인쇄본을 누군가에게 부탁해 빌려야 했다. 혹은 잡물(雜物) 전문 인쇄업자로서 간신히 생계를 꾸려나가야 했다. 그러나 더 원대한 꿈을 품은 사람들은 필사본을 구했으며, 편집을 위해 전문 학자들을 고용했다. 이들은 심지어 결과물을 검토할 교정자를 고용하기까지 했다. 필사본 구입비와 전문가 고용비는 부르는 게 값이었다. 학자였던 편집자들은 명성과 일시불에 만족했을지도 모른다. 그러나 교정자들은 4~6두카토의 월급을 요구할 수도 있었다.[29] 베네치아의 인쇄업자였던 파가니노 파가니니(Paganino Paganini)가 1492년에 니콜라우스 리라누스(Nicolaus Lyranus)의 성경 주석 판을 생산하기 위해 총 4,000두카토의 비용이 소요될 것이라고 말했을 때, 그는 특수한 경우를 예로 든 것이다. 알두스가 회사의 월간 지출이 200두카토라고 말했을 때에도 이와 유사한 경우였다. 이러한 정황 속에서 산출된 어림잡은 수치는 상당한 의혹을 불러일으킨다. 그러나 우리는 이후의 장에서 알두스가 언급했던 이러한 '현금 유동 상황'이 단순한 미사여구 이상이었다는 사실을 보게 될 것이다.[30]

영업의 난제는 생산의 난제보다 심각했다. 사람들은 필사본의 세계

---

29  E. Motta, "Demetrio Calcondila, editore", ASL 20, 1893, pp. 163~65(1499년 『수다』 판의 필사본 구입비 25두카토: 교정자 월급 5두카토). SDP p. 125, Doc. VI (편집자 베르니아에게 10두카토 지불)와 비교.

30  FD pp. 104~05, Doc. 9, pp. 149~50, Doc. 126. 이 책의 제3장, 주 103~10 참조.

와 인쇄본의 세계를 날카롭게 구별할 수 없다고 말하곤 한다. 차카리아스 칼리에르게스* 같은 필경사는 인쇄업자가 되었으나 인쇄업으로 충분한 이윤을 창출하지 못하면 다시 필경사가 되었다.[31] 그의 예는 한 세대의 책 공급자들이 다음 세대 책 공급자들의 도래로 인해 즉시 파국을 맞이하지 않았다는 사실을 입증하기 위해 제시될 수 있다. 그러나 이는 인쇄업자들에게 문제를 불러일으켰던 시장의 더딘 적응력을 보여 주기도 한다. 인쇄업자는 위에서 설명한 간접비를 부담하기 위해 신속하게 많은 양을 판매해야만 했다. 그러나 그들이 어떤 작품을 선택해야 하고 얼마나 많은 사본을 인쇄해야 하며, 어디서 판매하고 다른 인쇄업자들과 어떻게 경쟁해야 하는지에 대한 질문이 제기되었다. 정확한 수요와 공급이 명시되었던 필경사의 세계는 인쇄업자들의 새로운 질문에 도움을 주지 못했다. 이 질문들은 새롭고 종종 가혹한 경험을 통해서만 답을 구할 수 있었다. 1470년대 초에는 전문학자들의 조언으로 고전학의 부활이 고무되었던 것으로 간주된다. 고전학의 부활을 향한 억제되지 않은 열정으로 인해 이탈리아 시장에는 수용 한계치를 넘는 수많은 고전 라틴 작

---

* Zacharias Kallierges, 1473?~1524: 크레타 섬의 레팀논에서 태어난 귀족 가문 출신의 인쇄업자이자 달필가였다. 1493년부터 베네치아에 거주하면서 그리스어 인쇄소를 운영했던 그의 최초의 출판물은 방대한 비잔티움 그리스어 사전인 『그리스 대어원사전』(Etymologicum Magnum, 1499)이었다. 알두스가 자신의 책 목록에 그의 출판물을 홍보했다는 사실로부터 이들이 서로를 경쟁 대상이 아닌 동료로 간주했음을 유추할 수 있다. 불경기로 인해 그의 인쇄소는 알두스의 회사에 합병되었지만, 1515년 칼리에르게스는 로마에서 로마 최초의 그리스어 인쇄업자로 재기하는 데 성공했다. 로마에서 최초로 출판된 그리스어 서적은 1515년 출판된 그의 핀다로스 판이었다. 그는 이듬해에도 고대 주석을 포함한 테오크리토스를 출판했으며, 1523년까지 인쇄업에 종사한 증거가 남아 있다.

31 일례로 R. Hirsch, *Printing* …, pp. 27~30; C. Bühler, *The Fifteenth-Century Book*, Philadelphia, 1960, pp. 15~40. 칼리에르게스에 대해서는 이 책의 제4장 주 61, 69 참조.

품들이 쇄도했다. 인쇄업자들에게는 팔리지 않은 복사본만 잔뜩 남았고, 이들은 채권자들을 직면해야만 했다. 베네치아의 인쇄산업은 휘청거렸고, 1473년의 생산량은 65퍼센트 하락했다.[32] 로마에서 콘라트 파나르츠와 아르놀트 스바인하임*은 여러 작품들을 적어도 2만 475부 이상 인쇄했다고 주장했다. 그들은 편집자인 자난드레아 드 부시(Gianandrea de Bussi)를 통해 그들의 작업장이 "필요 없는 인쇄된 종이로 가득 찼다"라고 교황에게 호소했다.[33] 그러나 시기적절한 보조금도 이들의 동업관계를 구하지는 못했다. 이와 같은 충격으로부터 인쇄업자들은 분명히 많은 교훈을 얻었을 것이다. 생존한 인쇄업자들은 신용구조를 강화했다. 자신만의 특수 분야를 개척하려고 노력했으며, 상호 간의 불필요한 경쟁을 피했다. 프랑크푸르트와 리옹에 국제 도서전시회가 생겼다. 이는 유럽의 각 중심지에서 무엇을 생산하는지에 대한 보다 구체적인 정보를 제공했다. 사업 방식은 보다 세련되고 미묘해졌다.[34] 불행하게도 미묘함은 여러 형태를 취할 수 있었다. 1490년대에 베네치아 정부에 제출되었던 저작권 탄원서들은 우리로 하여금 당시 인쇄업의 지하 세계에 대한 불길한 모습을 상상하게 만든다. 지하 세계의 대리인은 인쇄소에서 기획 중인

---

32  V. Scholderer, "Printing at Venice …", pp. 132~33 in *The Library*; "Printers and Readers …", pp. 28~30.

•  Arnold Pannartz, ?~1476/78 · Conrad Sweynheim, ?~1477: 독일 출신의 성직자들로서 마인츠의 구텐베르크 작업실에서 인쇄술을 배웠을지도 모른다. 정치적으로 혼란스러웠던 1462년에 마인츠를 떠나 로마에서 동쪽으로 80킬로미터 남짓 떨어진 수비아코의 베네딕토 수도원에 인쇄소를 차려 1464~65년에 이탈리아에서 최초로 인쇄를 시작했다. 이후 1468~72년 사이에 로마로 옮겨 고전 문헌과 교부 문헌을 46종 출판했다.

33  BP pp. 64~67; V. Scholderer, "The Petition of Sweynheim and Pannartz to Sixtus IV", *The Library*, Third Series, VI, 1915, pp. 186~90, reprinted in *Fifty Essays* …, pp. 72~73을 보라.

34  R. Hirsch, *Printing* …, pp. 62~63.

중요한 신작(新作)을 발견한 후, 인쇄소에 불만을 품은 노동자를 매수해 사본을 확보했다. 도난당한 본문은 은밀한 인쇄소에서 대량으로 생산되었으며, 원본이 출시되기도 전에 시장에는 저렴한 해적판이 유통되었다. 이로 인해 출판을 위해 재산과 전문 지식을 투자했던 가난한 인쇄업자들은 곤궁에 빠지게 되었다.[35] 이 예는 지나치게 각색되었을지도 모른다. 공정거래를 인식하고 시행하기에는 경험이 부족했던 신생사업에서 벌어진 치열한 경쟁은 쉽게 음모로 간주되었을 것이다. 그러나 표절(剽竊)은 알두스를 지속적으로 괴롭혔다. 이 문제는 이 책의 중요한 부분을 차지할 것이다.

인쇄업자에게 산업 스파이보다 적대적인 요소는 시간이었을 것이다. 인쇄업자는 많은 양의 책을 넓은 지역에 배부해야만 했을 뿐만 아니라 신속하게 판매 수익을 올려 투자 비용을 충당해야만 했다. 실제 배부과정은 흔히 생각하는 것처럼 원시적이지 않았다. 후기 역사가들은 당나귀를 모는 행상인을 부각한다. 물론 나귀 행상인은 시장 하층부에서 큰 역할을 감당했을 것이다. 이들은 지역의 성인(聖人) 기념일에 성인의 목판화나 최근의 애절한 연애소설 사본을 배부했을 것이다. 그러나 값진 상품이었던 인쇄본과 필사본은 직업정신이 투철했던 상인들이 다뤘다. 피렌체의 제롤라모 스트로치(Gerolamo Strozzi)에 대한 흥미로운 예화가 있다. 그는 1474년에 런던의 한 의뢰인으로부터 레오나르도 브루니°와 포조 브라촐리니°°의 피렌체 역사를 토착어로 번역해 달라는 의뢰를 받

---

35  FD pp. 121~22, Docs. 44, 47.

•  Leonardo Bruni, 1370?~1444: 이탈리아 피렌체 인근 아레초에서 태어난 초기 르네상스 시기의 인문주의자로, 피렌체 공화국의 총리(1427~44)를 지내기도 했다. 역사가이기도 했던 그는 텍스트를 비판적으로 분석해 역사 서술의 발전을 꾀했는데, 그의 역사 서술은 엄격한 사실 추구와 사료 비판, 인과적 해석 등을 특징으로 한다. 대표작으로 『피렌체 찬가』(*Laudatio Florentinae Urbis*)가 있다.

았다. 스트로치는 도서업계에 종사하고 있었기 때문에 이듬해 6월까지 필요한 사본들을 확보할 수 있었다. 그러나 스트로치는 업무상 베네치아를 방문하게 되었고, 거기서 알 수 없는 어떤 이유로 인해 훨씬 야심찬 투자를 하기로 결심했다. 그는 피렌체의 역사서 두 종을 인쇄업자인 자크 르 루주(Jacques le Rouge)에게 넘겨주었고, 장송으로부터 연장자 플리니우스***의 『박물지』(*Naturalis Historia*)에 대한 크리스토포로 란디노(Cristoforo Landino)의 이탈리아어 번역본을 주문했다. 1476년 여름이 되기까지 본래 하나였던 주문은 1,500부로 불어났다. 스트로치는 이 책들을 중개상들을 통해 로마, 시에나, 피사와 나폴리로 배부했고, 베네치아 공화국 소유의 선박에 실어 브뤼헤와 런던의 고객들에게 운송했다.[36] 유별나게 상세한 이 이야기는 필사본으로부터 인쇄본으로의 전이(轉移) 과정이 자연스럽게 이뤄졌으며, 필사본과 인쇄본 둘 다 비교적 세련된 국제무역의 수단을 통해 배부될 수 있었다는 사실을 보여 준다. 이와 같은 시기에 장송이 파비아(Pavia)에서만 500두카토에 달하는 재고를 보유하고 있었다는 사실은 언급할 만한 가치가 있을 것이다. 또한 그는 이탈리아 대부분의 중심지의 중개인들과 연락을 했으며, 알프스 북쪽의 사업을 관리하기 위해 윌리엄 토세(William Tose)라는 베일에 감추어진 영국

---

** Poggio Bracciolini, 1380~1459: 교황청 서기이자 박식한 인문주의자로, 로마 시인 루크레티우스(Lucretius)의 『사물의 본성에 관하여』(*De Rerum Natura*)를 독일 남부의 한 수도원에서 발견 — 이에 대해서는 스티븐 그린블랫(Stephen Greenblatt)의 『1417년 근대의 탄생: 르네상스와 한 책 사냥꾼 이야기』(까치, 2013)에 흥미진진하게 그려져 있다 — 한 것으로도 잘 알려져 있다.

*** Plinius the Elder, 23/24~79: 알프스 이남 북부 이탈리아에 위치한 노붐 코뭄의 기사 계급 출신으로서 로마의 장군이자 자연철학자였다. 가이우스 플리니우스의 삼촌이었던 그는 동물과 식물, 광물을 비롯한 당시의 백과사전적인 지식을 37권에 담은 『박물지』로 유명하다.

36 E. de Roover, "Per la storia dell'arte della stampa in Italia: come furone stampati a Venezia tre dei primi libri in volgare", LBF LV, 1953, pp. 107~15.

인과도 접촉을 했다. 우리는 봉급을 받으면서 책을 팔기 위해 대학 도시를 순회하던 중개인들이나 강의 중에 아직 출간되지 않은 작품을 추천하는 교수들에 대해서도 읽을 수 있다. 이는 우리가 상당히 발달한 언론과 피라미드식의 판매 기술이 활발해지는 시기에 진입하고 있음을 보여준다.[37]

그러나 인쇄업자나 출판업자가 안정적인 지위를 확보하기 위해서는 급증하는 공급에 맞추어 거래의 각 단계 또한 발전해야만 했는데, 이러한 재조정에는 시간이 소요되었다. 사실 소매상과 구매자들이 기록으로 남긴 반응은 책에 대한 수요를 충족하기 위해 인쇄술이 발명되어야만 했다는 생각에 의심을 품게 만든다. 스트로치가 대담한 모험을 감행했던 1476년에 그의 고향인 피렌체의 한 서점은 두 개의 인쇄본을 비축해 두었을 뿐이었다. 스트로치 자신도 1477년에 사업상 다시 해외로 출국하면서 대리인에게 다음과 같이 지시했다. "서적상의 인정을 받아 그들의 손에서 현금을 뜯어내야 하네. 그들로 하여금 당신이 제공하는 모든 책들을 그들의 손으로 직접 장부에 기록하게 만들게."[38] 1482년에 시에나의 한 소매상은 팔리지 않은 책을 스트로치에게 반납했다. 그는 1년 후에 책값을 인하해야만 했다.

스트로치의 회사는 비교적 뛰어난 조직력을 갖추고 있었다. 우리는 그의 회사를 당시 피렌체의 리폴리(Ripoli) 수도회가 운영하던 보다 원시적인 인쇄소와 비교할 수 있는데, 여기서는 은수저나 식탁보를 담보로 책

37  G. d'Adda, *Indagini storiche, artistiche e bibliografiche sulla libreria Viscontea-Sforzesca del Castello di Pavia*, vol. I, Milan, 1875, pp. 137~38; SDP p. 159, Doc. XXXVI(토세), p. 152, Doc. XXVIII(대학 내의 대리인들).

38  E. de Roover, *op. cit.*, pp. 116~17. G. Martini, "La bottega di un cartolaio fiorentino della seconda metà del Quattrocento", LBF LVIII(Supp.), 1956, p. 21와 비교.

을 단편적으로 판매하는 희극적인 현상을 목격할 수 있다.[39] 많은 구매자들이 필사본 시장의 여유로운 습관을 버리기를 꺼렸던 것이 분명하다. 인쇄업자들은 고객들에게 인쇄본이 필사본 못지않게 탁월하다고 설득하려 노력했기 때문에 이들의 반응은 당연한지도 모른다. 베네치아에서의 수요는 다른 지역에서보다 급속히 증가했을 것이다. 그러나 서적상인 프란체스코 다 마디스(Francesco da Madiis)가 남긴 기록에 의하면, 베네치아에서조차 판매량에 혼란스러운 변동이 일어났다. 1484년 5월 17일과 1487~88년 1월 23일 사이에 프란체스코는 1만 2,000부 이상의 책을 판매했다. 그러나 한 달 동안의 판매량은 적게는 1485년 10월에 60부였고, 많게는 1487년 5월에 535부에 달했다. 이에 대한 수익은 13두카토와 210두카토 사이를 오갔다. 시장은 여전히 예측이 전혀 불가능했다. 이런 불안정이 신용에 의존하는 소규모 생산자에게 야기했던 문제는 말할 필요도 없을 것이다. 1496년에 베르나르디노 스타그니노(Bernardino Stagnino)는 "책이 완성되어도 신속하게 팔리지 않는다"라며 한탄했다.[40] 15세기의 인쇄업자는 자본 지출의 경우와 마찬가지로 판매에서도 벼랑 끝으로 내몰렸던 것이다.

이 난제를 극복하기 위해 인쇄업자들은 자연스럽게 인쇄업자들끼리 혹은 이해관계로 엮인 당사자들끼리 위험을 분담하려고 했다. 이로 인해 종종 중복되는 무수히 다양한 계약들이 등장했다. 이 중 일부는 한두 개의 판에 드는 비용을 조달하기 위한 임시적인 처방에 불과했다. 일례로 스트로치를 들 수 있다. 그는 인쇄업에 장기적인 관심이 없었으나 자신

---

39  P. Bologna, "La stamperia fiorentina del monastero di S. Jacopo di Ripoli e le sue edizioni", GSLI XX, 1892, pp. 366~68.

40  Biblioteca Marciana, Venezia, Ms. italiani, Cl. XI, 45(7439). 이 필사본에 대해서는 L. Gerulaitis, *Printing* …, p. 3 참조. 스타그니노의 불평에 대해서는 FD p. 126, Doc. 58 참조.

이 관심 있는 본문을 위해 731두카토에 달하는 용지를 구입했으며, 장송과 르 루주의 시간과 노동력을 위해 돈을 지불했던 것으로 여겨진다. 지금과 마찬가지로 당시에도 작가를 꿈꾸는 사람들은 자신의 작품을 출판하기 위해 스스로 비용을 부담해야만 했다. 이런 식의 합의는 한도 내에서 특히 위험 부담이 크거나 유망한 책을 출판할 때 인기를 끌었던 것으로 보인다. 이들은 출판계 밖에서 자금을 들여왔는데, 특히 판매량에 구애받지 않고 종이 비용과 노동 비용을 충당할 수 있도록 한 번에 총액을 빌렸다.[41] 인쇄업자들은 장기적인 목표를 달성하기 위해 함께 뭉치기도 했다. 우리는 1507년부터 시작되는 계약 장부를 수중에 가지고 있다. 이 장부가 특히나 중요한 이유는, 알두스와 동시대인 베네치아 연합체의 활동을 묘사하기 때문이다. 데 토르티스(de Tortis) 형제들과 초르치 아리바베네(Zorzi Arrivabene), 루칸토니오 지운티(Lucantonio Giunti), 그리고 아마데오 스코토(Amadeo Scotto)는 5년 동안의 공동사업 계획을 추진했고, 출판할 도서 목록을 명시했다. 비용과 이윤은 4등분했다. 이들의 경우 재정적인 후원만 담당하고 실제 인쇄에는 참여하지 않은 지운티와 스코토가 지분을 각각 하나씩 가져갔다. 네 대의 인쇄기와 종이 공급을 도맡은 아리바베네와 토르티스 형제가 세 번째 지분을 공유했다. 네 번째 지분을 위해 동업자가 한 명 더 필요했다. 인쇄한 용지는 공동으로 빌린 창고에 저장될 것이고, 동업자 각자가 창고 열쇠를 소유하게 될 것이라고 명시되었다. 또한 판매 가격이나 인쇄할 양은 다수결로 결정할 것이었다.[42] 이 문서에는 전반적으로 협력하는 기업이라는 정신이 흐른다.

다른 사람들은 인쇄업을 상당히 다르게 이해했다. 1478년에 베네

---

41  E. de Roover, *op. cit.*, p. 110. 게오르크 판처(Georg Panzer)나 루트비히 하인(Ludwig Hain)을 살펴보면, "(인쇄업자의 이름)의 노고와 (후원자의 이름)의 후원으로" 생산된 판들(editions)의 수를 발견할 수 있다.

42  FD pp. 401~05(Supplementary piece).

치아의 거주민이었던 라티스본(지금의 레겐스부르크)의 레오나르두스(Leonardus of Ratisbon)와 프랑크푸르트의 니콜라스(Nicholas of Frankfurt)는 9개월 동안 성경 930부를 생산하는 협정을 맺었다. 니콜라스가 종이와 243두카토의 비용을 제공했다. 따라서 실제로 인쇄업을 담당했던 레오나르두스는 필요한 현금을 조달하는 긴급한 문제로부터 자유로웠을 것이다. 그러나 그는 인쇄된 용지 묶음을 배달할 때마다 분납금을 지불받았고 겸업을 금지 당했다. 사실상 이 수공업자는 자본가에 의해 손과 발이 묶였던 것이었다.[43] 같은 해에 프랑스 출신 인쇄공인 페테 모페르(Peter Maufer)는 『학설휘찬 신판: 39～50권』(*Digestum Novum*) 대(大)판을 의뢰한 파도바 신사 계층의 바르톨로메오 발데초코(Bartolomeo Valdezocco)와 새로 계약을 맺었다. 이 두 사람은 라티스본의 레오나르두스와 그의 후원자가 맺었던 것과 유사한 협정을 맺었다. 그러나 모페르는 발데초코에게 225두카토를 빚지게 되었고, 빚을 청산하는 과정에서 작업장 전체에 대한 소유권이 공식적으로 발데초코에게 넘어갔다. 이들이 새로 체결한 계약서는 이 상황을 잔인하리만큼 선명하게 보여 준다. "마찬가지로 앞서 언급한 작품의 인쇄에 대해 바르톨로메오 경이 상급자이자 주도자가 될 것이다. 그는 앞서 언급한 작품 전체가 완성되기까지 매일 인쇄된 묶음을 수령할 것이다. 주인(master) 페테 씨는 그의 고용인이 될 것이다."[44]

이러한 일반적인 약육강식의 법칙 속에서 인쇄의 위험성은 이 위험을 가장 잘 극복하는 자들을 선호했다. 바꿔 말하면 자본과 인맥, 그리고 경험이 있는 자들을 선호했다. 설비 투자의 필요는 새로운 종류의 사업

---

43   FD pp. 100～01, Doc. 2.

44   SDP p. 157, Doc. XXXIII. 둘 사이의 관계에 대해서는 Docs. XXVII, XXXII와 G. Mardersteig, *op. cit.*, n. 23 이하 참조.

가를 만들어 냈다. 편의상 이들을 '출판인'(publishers)으로 불러야 하겠지만, 이들은 사회적으로나 직업적으로나 특수집단을 형성하고 있지는 않았다. 출판업에 대한 관심이 가지각색이었기 때문에 '출판인'이란 단어는 시대착오적인 명칭이다. 다채로운 활동을 통해 '위대한 요하네스' (Big John)라는 별명을 얻은 프랑크푸르트의 상인 요하네스 라우히파스라는 사람이 있었다. 그는 장송의 회사에서 자신의 위치를 포트폴리오에 추가할 이색적인 항목 이상으로 간주하지 않았을 것이다.[45] 그러나 우리가 1507년의 계약에서 만났던 지운티와 스코토 가문의 동료들은 상당한 기간 동안 여러 인쇄업자들과 계약을 맺었다. 따라서 이들은 전문적인 후원자로 활동했던 것이 분명하다. 토레사니는 알두스와 동업관계를 맺기까지 10년 넘게 인쇄업자와 서적상, 그리고 후원자로 활발하게 활동했다. 그는 이후에도 12년 동안 알두스와 독립적으로 인쇄업에 계속 종사했다.[46] 이와 같은 인쇄업자/서적상들은 생산과 관련된 문제를 그들과 의존관계에 있는 사람들에게 위임했다. 또한 이들은 상업적 관계망을 통해 국제적인 수요를 감지할 수 있었다. 이들이 인쇄술의 발명으로 인해 가장 먼저 이득을 챙겼다는 충분한 근거가 있다. 장송은 생애 말엽에 거의 전적으로 판매에만 몰두했다. 지운티는 1491~99년 사이에 자본의 기반을 거의 두 배로 증가시켰고, 1509년에 이르러서는 다시금 배로 증가시켰다.[47] 베네치아의 인쇄산업이 발흥한 이래, 처음 10년부터 철저하게 자본주의적인 구조를 취했고, 이 구조의 통제권이 방금 언급된 상인

---

45  SDP pp. 160~64(여러 계약에서 라우히파스에 대한 언급); B. Cecchetti, "Stampatori e libri stampati nel secolo XV-testamento di Niccolo Jenson e di altri tipografi in Venezia", AV XXXIII, 1888, p. 458(라우히파스의 유언장 발췌 번역).

46  P. Camerini, *Annali dei Giunti*, vol. I, Florence, 1962, pp. 21f.; C. Volpati, "Gli Scotti di Monza, tipografi-editori in Venezia", ASL 59, 1932, pp. 365~82.

47  P. Camerini, *op. cit.*, vol. I, p. 22. 1491년의 4,500플로린(Florins)은 1499년에는 1만 1,302플로린이 되었다.

이나 인쇄업자/서적상의 수중에 들어가기 시작했다는 사실에는 의심의 여지가 없다. 빅터 숄더러(Victor Scholderer)의 계산에 의하면, 1481년까지 50대가 넘는 인쇄기들로 600종이 넘는 판들을 출간했다. 이 중 46퍼센트에 해당하는 260종이 장송과 쾰른(Cologne)의 요하네스가 소유한 두 회사의 산물이었다. 그들의 수많은 경쟁자들은 평균적으로 일곱 종의 판을 출간했다. 두 거장의 생산량에 가장 근접한 경쟁자는 헌정되지 않은 70여 개의 잡다한 유적을 남겼다. 숄더러의 논평과 같이, "맨 상위층에 성공한 소수의 사람들과 저 밑에 재정난에 빠져 순식간에 사라지는 유령들의 무리 사이에는 극명한 차이가 있었다."[48]

초기 인쇄업자들이 성공한 주요 원인이 자본과 장기 신용 대부라고 직접적으로 말할 만한 충분한 근거는 없지만, 장송과 쾰른의 요하네스의 재산은 돈이 돈을 번다는 사실을 강력하게 뒷받침한다. 장송은 우리가 확인할 수 없는 때부터 두 명의 프랑크푸르트 상인들에게서 후원을 받았다. 한 명은 '위대한 요하네스' 라우히파스였고, 다른 한 명은 상당한 장서가였던 페터 우글하이머(Peter Uglheimer)였다. 이 삼각의 동업관계에 대해 우리가 알 수 있는 유일한 사실이 있다. 우글하이머가 1,000두카토 상당의 금을 후계자에게 지급함으로써 그의 몫이 결국 청산되었다는 사실이다.[49] 쾰른의 요하네스의 회사는 이보다 무질서했다. 그와 그의 동업자인 요하네스 만텐(Johannes Manthen)은 1473년의 과잉생산 위기 때 생존했던 벤델린 폰 슈파이어의 회사를 구조했다. 화가였던 안토넬로 다 메시나(Antonello da Messina)의 딸이자 베네치아 최초의 인쇄공인 요하네스 폰 슈파이어의 미망인인 마돈나 파올라(Madonna Paola)라는 비범

---

48 V. Scholderer, "Printing at Venice …", pp. 146~47(in *The Library*).

49 E. Motta, "Pamfilo Castaldi, Antonio Planella, Pietro Ugleimer ed il Vescovo d'Aleria", RSI 1, 1884, p. 260. 장송은 유언장(이 장의 주 16 참조)에서 그의 타인기를 우글하이머에게 남겼다.

한 여인이 있었다. 그녀는 이 새로운 회사의 이익을 확고히하고 다각화하는 문제에서 개인적인 재능을 십분 발휘했다. 그녀는 처음에는 만텐과동거했지만 그와 결혼하지는 않은 것으로 보인다.[50] 그 후 알려지지 않은 어느 시점에 그녀는 네이메헌의 리날두스(Rinaldus of Nijmegen)라는다른 인쇄업자와 결혼했다. 그는 즉시 연합체에 합병되었다. 파올라는마지막으로 1477년에 딸인 히로니마(Hironima)를 가스파르 폰 딘스라켄(Gaspar von Dinslaken)이라는 부유한 서적상과 결혼시켰다. 딘스라켄은 당시 베네치아에서 허용되었던 한계를 훌쩍 넘는 3,000두카토에 달하는 후한 지참금을 얻었으며, 즉시 동업자가 되었다.[51] 1470년대 중하반기에 두 측근은 업무를 조심스럽게 조율했다. 장송은 법학서에 집중했고, 요하네스와 그의 동료들은 주석서에 집중했다. 양측은 1472~73년에 벌어졌던 것과 같이 중복된 출판으로 시장을 질식시키는 사태가 반복되는 일을 피하려고 노심초사했던 것이 분명하다. 그러나 1478년에는 이보다 훨씬 극심한 역병(疫病)이 베네치아 산업을 다시금 몸서리치게 했다. 당시 운영되었던 22개의 회사 중 정확히 반이 사업을 중단하거나 도시를 떠났다. 새로운 충격에서 생존할 만큼 건실한 회사에 포함되었던 두 주요 경쟁 상대들은 협력이 더 큰 이익을 가져온다고 결정했던 것으로 보인다. 1480년 5월 29일에 장송과 쾰른의 요하네스, 그리고

---

50 K. Haebler, "Das Testament des Johann Manthen von Gerresheim", LBF XXVI, 1924, pp. 1~9. "Domina Paola, relicta ser Iohannis de Speier, quae de presenti habitat mecum …"은 225두카토의 유산을 물려받았다.

51 구조에 대해서는 V. Scholderer, "Printing at Venice …", pp. 134f.(*The Library*) 참조. 원천 자료에 대해서는 G. Ludwig, "Contratti fra lo stampador Zuan di Colonia ed i suoi soci e inventario di una parte del loro magazzino", *Miscellanea di storia veneta*, *R. Dep. veneta di storia patria*, Seconda serie, tom. VIII, 1902, pp. 45f. 참조. 모든 증거들에 대한 철저한 검토는 이제 L. Gerulaitis, *Printing* …, pp. 20~30에서 찾아볼 수 있다.

그들의 회사(Company)를 5년 동안 묶어 주는 협약이 체결되었다. 요하네스는 먼저 동업관계를 위해 거의 5,000두카토에 달하는 책을 기부했다. 이들은 이후 12개월 동안 20종의 2절판(folio)을 출간했다. 이 협력체는 베네치아 산업에 절대적인 지배권을 행사하면서 단순히 '회사'(The Company)로 알려지게 되었으나, 두 명의 주요 동업자들은 이후 얼마 지나지 않아 세상을 떠났다. 이들 '회사'의 공공연한 활동은 1481년 말부터 소멸되었다.[52] 1480년대에는 출판계에 새로운 이름들이 부상했는데, 이는 1480년대 베네치아 출판계의 분산적이고 혼란스러운 특징을 악화시켰다. 그러나 우리는 알두스의 시대가 한창일 때에도 그 기저에 흐르는 과거로부터의 강력한 영향력을 감지할 수 있다. 마돈나 파올라의 딸이자 1470년대 말부터 딘스라켄의 미망인이 되었던 히로니마는 1511년에도 660두카토 상당의 재고를 보유하고 있었다. 지운티는 그녀에게 207두카토의 금을 빚지고 있었다.[53] 어쩌면 이보다 더 중요한 점은 '회사'의 권력이었는지도 모른다. 이 '회사'*는 성공적인 금빛 이미지를 풍

52  숄더러와 G. 루트비히(G. Ludwing)가 제공한 정보(특히 히로니마의 유언, pp. 60~62 참조). 'La Compagnia'라는 용어에 대해서는 H. Brown, *Venetian Press*, p. 38 참조.

53  G. Ludwig, *op. cit.*, pp. 65~85. 알두스가 받았을지도 모르는 영향에 대해서는 이 책의 제3장 주 66, 96~97 참조.

•  지운티 인쇄소: 유럽의 세 개 지점을 아우르는 국제적 규모의 인쇄소였다. 본점은 1477년에 피렌체 출신인 연장자 루카 안토니오 지운티(1457~1538)가 베네치아에 설립했다. 최초의 출판물은 1489년에 출시된 독일의 신비주의 사상가 토마스 아켐피스(Thomas à Kempis)의 『그리스도를 본받음』(*De imitation Christi*)의 이탈리아어 번역본이었다. 지운티 인쇄소는 예배용 문서를 전문으로 취급했고, 16세기 동안 베네치아 지점은 유럽을 통틀어 가장 방대한 양의 예배용 문서를 인쇄하는 출판사였다. 16세기 후반부에는 소(小)루카 안토니오 지운티(1542~1602)가 예배용 출판물 독점을 이어나갔다. 1657년 폐업할 때까지 지운티 인쇄소의 베네치아 지점은 1,500여 종에 달하는 책을 출판했다. 지운티 인쇄소의 피렌체 지점은 1497년에 필리포 지운티(1450~1517)가 설립했다. 피렌체 지점은

기며 후대에게 자신을 좇아 번영하도록 손짓했던 것이다.

베네치아의 인쇄업에 대한 검토에서 인쇄소와 대중 사이의 관계로 시선을 돌려보자. 장송과 쾰른의 요하네스가 추구했던 전략은 베네치아 편집자들에 대해 언급했던 일반적인 사실에 관한 중요한 단서를 제공한다. 이들은 신중하고 보수적이어서 확보된 독자층을 선호했기 때문에 대중적인 시장의 성장을 도모하는 데 소홀했다.[54] 이 관찰은 판들의 통계 분석을 통해 어느 정도 입증할 수 있다. 그러나 이는 위험한 방법이다. 우리가 알고 있는 것보다 훨씬 많은 소책자들과 팸플릿들이 흔적도 없이 사라졌을 것이기 때문이다. 그러나 유언장과 서점 및 도서관 목록, 당대 사람들의 일기 내용, 필사본 혹은 인쇄본의 서문 등 당시 책의 수요 및 독서 습관의 증거들을 통계 자료와 부분적으로 비교해 볼 수 있다. 이런 자료들도 일관된 양상을 보여 준다. 정규 교육을 받지 못한 '새로운 독자층'인 일반인들은 베네치아 문학 세계의 중요한 요소가 아니었다. 인쇄업자들은 확립된 학풍에 편승할 뿐만 아니라 상호 간에서도 주류에 편승하려는 경향에 빠져 있었다. 1490년대 초에 이르자 인쇄업자들은 예측 가능하고 진부한 노선을 따르기 시작했다.

1472~73년의 위기에도 불구하고 고전 문헌에 대한 수요는 여전히 컸다. 숄더러에 따르면 1481년까지 출판된 총 600판 중 고전 문헌은 206판에 달했지만, 그의 수치는 1471~72년의 엄청난 생산량으로 인해 왜곡되었다. 장송과 쾰른의 요하네스는 분명 1475년 이후, 이전보다 훨씬 신중한 방침을 따랐다. 그러나 15세기가 진전함과 함께 시행착오

<hr />

토착어 문서도 출판했지만 라틴어와 그리스어로 된 고전 문헌도 출판해 알디네 인쇄소의 경쟁 상대였으며, 1600년까지 500여 종을 출판했다. 지운티 인쇄소의 리옹 지점은 1520년에 쟈코모 지운티가 설립해 1592년까지 이어졌다. 리옹 지점의 인쇄물은 알두스 판의 위조품들을 대거 포함했다.

54  R. Hirsch, *Printing* …, pp. 149~51.

를 통해 베르길리우스(Vergilius), 호라티우스,* 애가 시인들(elegiac poets), 풍자시인들(satirists), 발레리우스 막시무스(Valerius Maximus), 티투스 리비우스(Titus Livius), 그리고 무엇보다도 키케로(Cicero) 같은 산문 작가 등 인기가 끊이지 않는 저자 목록이 생겼다. 이들 작품의 새로운 판은 연이어서 정기적으로 출간되었다. 필리푸스 핀키우스(Philippus Pincius)는 1490년대에만 베르길리우스를 네 차례 재판(再版)했다. 또한 키케로의 다양한 작품들은 1490년대 핀키우스의 총생산량의 10퍼센트에 달한다. 요하네스 타퀴누스(Johannes Tacuinus)는 거의 배타적으로 라틴 고전만을 다뤘다. 프란체스코 다 마디스의 판매 기록은 그의 월매출액의 20퍼센트가량이 고전 문헌으로 구성되었음을 암시한다. 이는 지역 시장이 건재했음을 증명하지만 총생산량의 상당 부분이 수출을 목적으로 하고 있었다고 의심해 보아야 할 것이다.[55] 베네치아의 자체 수요 중 상당 부분은 도시의 경제 활동 인구에 속하는 공립교사와 개인교사였음이 분명하다. 우리는 이후의 장에서 이들의 분주한 세계로 돌아올 것이다. 장송의 디오게네스 라에르티오스** 본문은 로렌초 초르치(Lorenzo Zorzi)와 야코보 바도에르(Jacobo Badoer)라는 두 학생의 요청에 의해 산마르코 학교의 교장인 베네데토 브루뇰로(Benedetto Brugnolo)가 편집했다. 1478년에 조르조 메룰라***는 최근의 연속 공개 강의에서 가르쳤던 키케로의

---

* Horatius, 기원전 65~기원전 8: 베르길리우스와 함께 아우구스투스 시대를 대표했던 로마 시인이었다. 대표 작품으로는 17편의 단편시 모음집인 『에포데스』(*Epodes*)와 10편의 시를 포함한 『풍자』(*Sermones*), 그리고 88편의 시를 모은 『노래』(*Carmina*)가 있다.

55 통계의 출처는 V. Scholderer, "Printing at Venice …": BMC V; K. Burger III; G. Panzer VIII 참조.

** Diogenes Laertius, 서기 3세기경: 탈레스부터 에피쿠로스까지 아우르는 고대 철학자들의 삶과 가르침을 다룬 『철학자들의 삶』(*Vitae Philosophorum*)의 저자이다.

*** Giorgio Merula, 1430?~94: 이탈리아 알레산드리아 출신으로 밀라노의 프란체

『리가리우스를 위한 연설』(*Oratio pro Ligario*)에 대한 주석서를 출간했다. 특정 판에 대한 저작권 탄원서가 여럿 발견된다. 이 탄원서들은 학생들의 유익을 언급한다.[56] 그러나 책에 대한 수요가 학교라는 테두리를 훨씬 넘어섰다는 사실도 명백하다. 메룰라는 마르쿠스 마르티알리스*의 작품들에 대한 주석서의 헌정사에서 마르칸토니오 모로시니(Marcantonio Morosini)가 마르티알리스의 시에 대한 안내서를 요청했으며, 그가 크레모나(Cremona)의 총독으로 있는 동안 도미치오 칼데리니(Domizio Calderini)의 주석을 가져갔다고 기록한다. 프란체스코 다 마디스는 수차례에 걸쳐 고전 문헌 총서를 판매했다. 법률이나 신학 서적을 구입하기 위해 방문한 전문직 고객들도 학문의 고양을 위해 소량이나마 라틴 문학을 구입하는 경우가 다반사였다. 현존하는 수많은 책들을 한때 무명의 구입자가 소유했는지 확인할 방법은 없다. 이 책들은 종종 섬세하게 합본되고 장식되었으며, 귀족들의 무구 상징을 지니고 있다. 고대를 향한 고풍스러운 기호가 베네치아 사회의 상층부에 신속히 퍼지고 있었다는 사실은 분명하다.[57]

─────

스코 필렐포(Francesco Filelfo) 밑에서 수학한 인문주의자였다. 이후 1483년에 루도비코 스포르차의 초대를 받아 스포르차 가문의 역사를 저술하기 위해 밀라노로 돌아오기까지 만토바와 베네치아에서 그리스어를 가르쳤다. 메룰라는 주석이 딸린 마르쿠스 포르키우스 카토(Marcus Porcius Cato)와 키케로, 그리고 플라우투스(Plautus) 등의 고전 작가의 판본을 출판했다.

56  FD pp. 127, 151, Docs. 63, 134; Merulae, *Annotationes in Ligarianam Ciceronis*, Venetiis per Gabrielem Petri, 1478.

•  Marcus Martialis, 38/41?~101/04?: 스페인의 빌빌리스 출신으로 64년경에 로마로 이주해 소(小)세네카를 비롯한 로마 귀족들의 후원으로 활동한 시인이었다. 라틴 최고의 경구가였던 그는 『경구』(*Epigrammata*)로 유명하다.

57  Georgii Merulae, *Adversus Domitii commentarios in Martialem*, Venetiis per Gabrielem Petri, 1478; Da Madiis, cod. cit. f. 34v. 잔존하는 사본들에 대해서는 D. Fava, "Libri membranacei stampati in Italia nel Quattrocento", GJB 1937,

베네치아는 여타의 유럽 중심부에 비해 신학이나 예배용 작품의 생산에는 뒤쳐졌다. 이런 종류의 책은 인쇄업 생산의 중요한 부분을 차지했다. 1500년 이전에 베네치아 서적상 재고의 과반수가 이런 책에 해당했을 것이라는 충분한 근거가 있다. 1572년에 교황의 관할 아래 있었던 한 관찰자는 "(인쇄업자들은) 생계를 위해 작은 기도서에 의존하는 데 익숙하다"라고 언급한다.[58] 이 말은 언뜻 보기에 이른 시기에는 해당되지 않을 것처럼 보인다. 1490년대에 다섯 종의 미사 전서를 내놓았던 시몬 베빌라쿠아(Simon Bevilaqua)와 같은 인쇄업자도 동일한 기간에 고전문학을 훨씬 더 많이 출간했다. 따라서 그가 예배서 출판에 의존했다고 말하기 힘들다. 다른 한편 프란체스코 다 마디스의 신학 작품, 종교 문학, 그리고 기도서의 매출액은 참으로 엄청났다. 이는 매달 그의 총매출액의 절반가량에 해당했고, 다른 분야 자료의 두 배에 달했다. 역설적으로 보이는 이 현상에 대해 두 가지의 해석이 가능하다. 첫째, 다른 중심지들로부터 베네치아로 다량의 신학서가 유입되었던 것으로 보인다. 둘째, 이런 종류의 출판물은 자체적인 문제점과 장점을 가지고 있었다. 이는 1495년에 아퀼레이아의 대주교였던 니콜로 도나토(Nicolò Donato)가 선포했던 일련의 지시에서 잘 묘사되었다. 도나토는 제멋대로였던 그의 교구의 종교 관행을 표준화하기 위해 성직록을 받는 모든 성직자들에게 『붉은 아퀼레이아에 따른 미사』(Missale secundum rubricam Aquileiensem) 500부를 반강제적으로 나누어주었다. 합본 가격은 상당히 고가인 23리라였다. 이는 3.5두카토를 웃도는 금액이었다.[59] 물론 이 경우에는 작업

---

pp. 55~84 참조.

58  P. Grendler, *The Roman Inquisition and the Venetian Press*, Princeton, 1977, p. 177, n. 42.

59  V. Joppi, "Dei libri liturgici a stampa della Chiesa d'Aquileia", AV XXXI, 1887, pp. 259~67.

이 아우크스부르크에서 진행되었다. 그러나 이러한 주문을 확보한 인쇄업자는 현금 문제를 잊은 채 실질적인 전속 시장에 출판물을 쏟아내는 데 전념할 수 있었을 것이다. 지역적인 관습 사이의 심한 편차는 인쇄업자의 기회를 증진하는 데 일조했다. 예배서는 노점상에서도 쉽게 대량으로 판매되었던 것으로 보인다. 1487년부터 1488년 1월 7일까지의 기간에 프란체스코 다 마디스는 일괄적으로 50여 종의 시편(psalter)을 판매했다.[60] 베네치아 인쇄업자들은 표면적으로는 상대적으로 작은 비율의 신학서와 예배서를 생산했지만, 판의 수 자체가 해당 책의 인기나 경제적인 중요성에 대한 확실한 지표가 아니라는 사실을 기억해야 한다. 15~16세기의 기도서들이 20세기의 1등급 교과서와 상당히 유사한 상업적인 이점을 누렸다는 사실은 명백하다. 많은 사람들은 직업적인 의무감으로 이 책들을 구입해야만 했다. 그러나 더 많은 사람들이 개인적인 이유로 이 책들을 구입하기를 원했다.

상업적인 가치, 위신, 그리고 양적인 면에서 베네치아 출판계의 다른 모든 분야는 법학에 의해 가려졌다. 법학 분야는 비용이 많이 들고 상당히 배타적인 시장이었다. 인쇄업자들은 수년간의 성공적인 활동과 신중하게 인맥을 형성하는 과정을 통해 이 분야에 입문할 수 있었다. 1480년대와 1490년대에 가장 활발하게 활동했던 출판인인 아리바베네, 베르나르두스 베날리우스(Bernardus Benalius), 데 그레고리스(de Gregoriis) 형제는 5년 동안 고전문학 분야를 출판하다가 법학으로 전환했다. 반면에 타퀴누스와 알두스 자신은 법학을 전적으로 회피했다. 법학에 대한 경각심이나 야심의 이유는 다 마디스의 기록에서 분명하게 드러난다. 다 마디스가 판매했던 법학서는 그가 고전문학이나 종교 분야에서 반복적으로 달성했던 판매량에 근접하지도 못했다. 그는 때로 수개월 동안 법률

---

60  Cod. cit. f. 112r.

과 관련된 책을 한 권도 판매하지 못했다. 그러나 일단 고객이 찾아오면 대량 판매가 성사되었고, 두카토 단위로 돈을 벌어들였다. 1485년 9월의 불경기 속에서 그의 총수익은 39.5두카토로 추락했다. 이때 그는 총수익의 3분의 1에 달하는 12.5두카토를 단번에 일곱 권의 법학서를 판매함으로써 달성했다.[61] 다 마디스가 판매대 위로 건넨 2절판으로 된 두꺼운 법학서는 권당 적어도 1두카토에 팔렸다. 이런 상황에서 인쇄업자가 내릴 결론은 뻔하다. 법학서는 종이와 시간, 그리고 노동력의 측면에서 막대한 규모의 투자였다. 초보자는 대체로 이렇게 큰 위험 부담을 감당할 수 없었을 것이지만, 어느 정도 기반을 잡고 시장에 대한 이해가 뛰어난 사람에게 법학서는 확실하게 큰 이익을 가져다 주는 분야로 간주되었을 것이다. 법학서는 장송과 쾰른의 요하네스 모두에게 부(富)를 가져다 주었다. 전자인 프랑스인의 경우에 법학서는 생산량의 29퍼센트에 해당했고, 후자인 독일인의 경우에는 무려 48퍼센트에 달했다. 이들은 다음 세대가 거부하기 힘든 성공의 예시를 보여 주었다. 아리바베네의 책의 51퍼센트와, 토레사니의 책의 53퍼센트가 법학서였다. 우리는 베네치아의 출판 분야 중에서 법학서의 번영과 확장에 대해서만큼은 구체적인 근거를 제시할 수 있다. 베네치아의 출판산업은 근방의 파도바, 볼로냐, 파비아, 그리고 페라라의 대학들에 책을 공급하기에 최적의 자리에 위치했다. 이 대학들은 15세기 말엽에 상대적으로 정적인 정치적인 상황 속에서 구성원들이 불어나고 있었지만, 이들의 필요를 완전히 충족할 만한 지역 인쇄소가 없었다.[62] 파도바와 베네치아의 인쇄업자들 사이의 협력

---

61  *Ib.*, f. 27v.

62  통계 자료의 출처에 대해서는 K. Burger와 D. Bernoni 참조. 대학들에 대해서는 C. Piana, *Ricerche sulle università di Bologna e di Parma nel secolo XV*, Florence, 1963; P. Vaccari, *Storia dell'università di Ferrara*, 1391~1950, Bologna, 1950 참조. 파도바에 대해서는 이 책의 제5장 주 44~49 참조. 지역 인쇄에 대해서는

관계는 매우 두터웠다. 파도바 대학 도시는 베네치아에서 겨우 30킬로미 터가량 떨어져 있었다. 이 대학은 베네치아의 통치 아래 있었으며, 베네 치아 시민들과 거류민들이 자주 왕래했다. 알레산드로 데 네보(Alessandro de Nevo), 피에트로 포사노(Pietro Fossano), 그리고 여타의 학구적인 변호 사들은 본문 편집과 교정 작업을 했다. 베날리우스가 1494년에 알레산 드로 타르타그니(Alessandro Tartagni)에 대한 자신의 판을 보호하기 위해 정부에 호소했을 때, 법대 총장과 다수의 강사들이 그의 요청을 글로 지 지했다. 법학서와 관련된 대부분의 청원서는 학생들이 이로부터 얻게 될 유익을 언급한다.[63] 더 나아가서 전문적인 변호사들은 방대한 참고서를 필요로 했다. 그들은 책을 미학의 대상이 아닌 필수적인 도구로 생각했 다. 고전학에 대한 사적인 상상에 따라 가치를 부여했던 까다로운 사람 들보다 이들이 인쇄물에 신속하게 적응했다는 충분한 근거가 있다. 파도 바의 교회법 학자이자 주교 추기경이었던 야코포 첸(Jacopo Zen)은 인쇄 술이 베네치아에서 시작된 지 갓 10년이 넘는 1481년에 세상을 떠났다. 1년 후에 그의 도서관 목록이 작성되었을 당시, 총 361권 중 40퍼센트가 넘는 149권이 인쇄본이었다. 야코포 추기경은 책을 소유할 수만 있다면, 그 책의 생산과정에 대해서는 별다른 거리낌이 없었던 것으로 보인다.[64]

비록 법학만큼 강력하지는 않았지만, 당시 학문 시장의 중요성은 철 학서와 과학서, 그리고 의학서를 통해서도 입증된다. 1490년대에 가 장 분주했던 인쇄업자 중 한 명이었던 보네투스 로카텔루스(Bonetus

C. Bühler, *The University and the Press in Fifteenth Century Bologna*, Indiana, 1958; V. Scholderer, "Printing at Ferrara in the Fifteenth Century", in *Fifty Essays* …, pp. 91~95 참조.

63  FD p. 110, Doc. 20. 또한 Docs. 4, 16 etc도 참조.

64  E. Govi, "La biblioteca di Jacopo Zen", *Bolletino dell' istituto di patologia del libro*, Anno X, fasc. i~iv, 1951, pp. 34~118.

Locatellus)는 법학은 완전히 배제한 채 고전학과 신학, 그리고 철학에만 매진했다. 그의 경우 1500년까지 철학서가 전체 출판량의 반 이상을 차지했다. 법학에 능통했던 토레사니 같은 출판인도 철학을 가치 있는 대체 분야로 간주했다. 그는 16세기 초에 엄청난 양의 아리스토텔레스 주석서를 발간했다. 피에트로 폼포나치*의 철학 강연은 지소네 델 마이노(Gisone del Maino)의 법학 강연만큼이나 큰 흥분과 관심을 불러일으켰고, 그 결과 상업을 창출했다.[65] 더 이상의 긴 논의는 필요 없을 것이다. 학문 분야 사이의 직접적인 협력에 대한 증거도 이와 유사하고, 이로부터 유추할 수 있는 사실들도 동일하다. 우리의 수중에 있는 생산과 구입에 대한 모든 통계 자료에 따르면, 1470년 이후에 쏟아져 나온 읽을거리들의 홍수는 상류층을 겨냥하고 있었다. 출판업의 영향력을 가장 먼저 받은 사람들은 성직자, 학교 교사, 대학 교수, 변호사, 의사, 학생, 비서와 서기 등 확립된 독서계였다.

이들은 인쇄술에 의해 어떤 영향을 받았고 어떻게 반응했을까? 인쇄술에 대한 개인적인 의견 차이는 컸지만, 모두가 무조건적인 칭송과 전적인 거부 사이 어딘가에 위치할 것이다. 대량의 값싼 책들과 자료들의 표준화는 독자수의 증가, 계몽의 일반적인 확산, 더 나은 사회, 그리고 신(神)을 향한 더 확실한 길을 의미할 수도 있었다. 그러나 이는 한때 순수하고 고귀했던 학문의 타락과 희석, 혼동의 확산, 그리고 결과적으로 단순 무식한 사람들을 영원한 벌로 곧장 이끄는 사이에서의 외설과 이

---

* Pietro Pomponazzi, 1462~1525: 이탈리아 만토바 출신의 아리스토텔레스 철학자로서 파도바, 페라라, 만토바, 그리고 볼로냐에서 가르쳤다. 그의 대표작은 영혼불멸설을 다룬 『영혼의 불멸에 대하여』(De immortalitate animae, 1516)이다.

65 K. Burger와 D. Bernoni, pp. 269f. 파도바의 철학 학파에 대해서는 E. Gilson, "L'affaire de l'immortalité de l'âme à Venise au début du XVIe siècle", in *Umanesimo europeo e umanesimo veneziano*, Venice, 1963, pp. 31~61 참조. 학구파 철학자가 인쇄소를 위해 일한 경우에 대해서는 SDP p. 125, Doc. VI 참조.

단을 의미할 수도 있었다. 이와 같이 분열된 이념은 여러 측면에서 현 시대의 문화와 교육 논쟁을 예견한다. 당시 인쇄술에 대한 적대감은 "더 많은 것은 더 나쁜 것을 의미한다"(More means Worse)라는 현대의 구호로 가장 잘 요약된다. 그러나 실제적으로 이 분열은 우리가 생각하는 것만큼 분명하지 않았다. 그들에게는 추종할 수 있는 전통사상이 없었다. 따라서 한쪽 방향으로 전적으로 헌신할 만큼 대담하거나 결단력 있는 지식인들은 소수였다. 상황도 급변했기 때문에 많은 사람들이 불안한 마음에 입장을 바꾸거나, 한쪽 극단에서 다른 극단으로 옮아갔다. 변화가 가장 극심했던 베네치아에서는 자연스럽게 매우 혼동된 의견들이 일어났다. 이 문제를 해결하기 위해 역사학자들은 별다른 도움을 얻지 못한다. 마르칸토니오 사벨리코\* 같은 학자들이 베네치아의 인쇄업에 종사했기 때문에 그들이 당연히 인쇄술에 전적으로 찬동했을 것이라는 단순한 가정도 역사학자들을 돕지 못한다.[66]

초창기에 인쇄업을 가장 열렬하게 지지했던 목소리는 베네치아로부터 나오지 않았다. 이는 로마와 알레리아의 주교이자, 이탈리아 최초의 인쇄공들인 스바인하임과 파나르츠의 편집자인 자난드레아 드 부시로부터 나온다. 여기서 드 부시를 소개하는 것은 여담일지도 모른다. 그러나 이를 정당화할 수 있다. 첫째, 그는 분명한 소견을 가지고 있었다. 둘째, 그의 소견은 희박하나마 젊은 알두스의 귀에 전해졌을 수도 있다.[67]

---

* Marcantonio Sabellico, 1436~1506: 이탈리아 비코바로 출신의 인문주의자이자 역사가로서 로마 아카데미아의 두드러진 회원이었다. 그는 베네치아에서 알두스의 동료 무리에 속했고, 베사리온 추기경이 유증한 산마르코 도서관 사서로 일했다. 주요 작품으로는 『도시 건국으로부터의 베네치아 역사』(Historia Rerum Venetarum ab urbe condita)와 92권으로 구성된 『세계사』(Enneades sive rhapsodiae historiarum)가 있다.

66  F. Gabotto · A. Badini Confaloniere, *Vita di Giorgio Merula*, Alessandria, 1893, pp. 38~66.

드 부시가 암시했던 것만큼 그의 의도가 이타적이었는지에 대해서는 논쟁의 여지가 있지만 여기서는 이 논쟁을 다루지 않겠다. 중요한 점은 그의 서문과 헌정사가 논리적으로 일관된 계획을 반영한다는 점이다. 이는 당시 교육 이론과 폭넓게 관련되었을 뿐만 아니라 이탈리아 인쇄산업의 초창기인 1468년과 1472년 사이에 널리 유포된 것이었다. 이는 후대 사람들에게 하나의 원리로 자리매김을 했다. 드 부시가 자라났던 환경은 그에게 글을 읽고 쓸 줄 아는 능력의 중요성을 일깨워주었고, 문자 해독력을 확산시켜야 한다는 깊은 의무감을 심어주었다. 그는 1440년경 만토바에서 비토리노 다 펠트레* 밑에서 수학했다. 펠트레는 자선가로서 무일푼 부랑아들로 학교를 채웠고, 그에게 허락되었던 예산을 초과했다. 이로 인해 그는 여러 차례 이해심 많은 후원자인 잔프란체스코 곤차가(Gianfrancesco Gonzaga)의 도움을 받아야만 했다.[68] 드 부시 자신도 얼

---

67  드 부시에 대한 언급은 이 장의 주 29 참조. 드 부시가 알두스에게 끼쳤을지도 모르는 영향에 대해서는 이 책의 제2장 주 6f. 참조. 전반적인 연구와 참고문헌을 위해서는 DBI 15, Rome, 1972 참조. 그리고 비평적인 논의에 대해서는 E. J. Kenney, "The Character of Humanist Philology", in R. Bolgar, ed., *Classical Influences on European Culture*, Cambridge, 1971, pp. 123~24 참조. 이에 대한 더 발전된 논의는 E. J. Kenney, *The Classical Text*, Berkeley, 1974, pp. 12f. 참조.

•  Vittorino da Feltre, 1378~1446: 이탈리아 펠트레 출신의 인문주의 교육자로 파도바 대학에서 문법과 수학을 배우고 가르쳤다. 1415년경부터 1419년까지 베네치아에서 베로네세 과리노에게 그리스어를 배웠다. 이후 2년 동안 파도바 대학의 수사학 교수로 임명되었으나, 다시 베네치아로 이주해 1423년에 학교를 개설했다. 같은 해 말에 잔프란체스코 곤차가의 초청으로 만토바로 옮긴 그는 카사 조코사(Casa Giocosa) 학교를 설립했다. 게오르기오스 트라페준티오스와 테오도로스 가자 등이 교사로 임용되어 유럽에서 최초로 그리스어 원어로 본문들을 가르친 이 학교의 재학생 중에는 포조 브라촐리니, 프란체스코 필렐포, 니콜로 페로티, 그리고 로렌초 발라 등이 있었다. 펠트레의 카사 조코사 학교와 페라라의 과리노 학교에서 가르쳤던 고대 그리스 및 라틴의 역사와 철학, 그리고 문학은 이후 수세기 동안 유럽의 교과과정으로 자리매김했다.

68  E. Garin, *Il pensiero pedagogico dell'umanesimo*, Florence, 1958, pp. 540, 678에서

마 동안 제노바에서 가르쳤다. 그 후 그는 니콜라우스 쿠사누스(Nicolaus Cusanus) 추기경이라는 역동적인 인물의 영향력에 노출되었고, 1458년에는 그의 비서가 되었다. 15세기의 가장 모험심 강하고 사색적이었던 인물인 쿠사누스는 어릴 적에 공동생활형제회(Fratres Vitae Communis)라는 종교단체에서 교육을 받았다. 이 단체는 광범위한 종교와 교육 개혁을 실행했다. 이 개혁안에는 학생들의 생활환경 개선과 공동체 내에서의 대대적인 사본 필사가 포함되었다.[69] 드 부시가 남긴 최초의 서문 중 하나는 그가 교황 파울루스 2세에게 바친 히에로니무스의 『편지』의 서문이다. 이 서문으로부터 우리는 쿠사누스가 인쇄술을 이탈리아에 도입하는 데 깊은 관심을 가졌다는 사실을 알 수 있다. 드 부시는 자신의 인쇄 사업이 쿠사누스와 펠트레의 진보적인 이상을 실현할 수 있는 도구라고 간주했을 가능성이 높다. '가난한 학자들'에 대한 생각이 그를 떠나지 않았는데, '가난한 학자들'은 곧 지식을 열망하는 새로운 독자층이라는 엄청난 군대로 불어났다. 그는 동일한 헌정사에서 현실을 완전히 무시한 채, 몇 년 전에 비해 책값이 5분의 1에 불과하고, '가장 가난한' 사람들도 그들만의 도서관을 구축하고 있다고 기록한다. 드 부시의 언행은 자연스럽게 신랄한 혹평에 노출되었다. 사람들은 그들의 "천박함, 시기, 그리고 탐욕" 때문에 그에게 필사본을 빌려주기를 거부했다. 그들은 또한 우월감에 젖은 독기로 인해 그의 서문을 "제단 옆을 흐르는 하수관"이라고 불렀다. 그러나 보편적인 계몽을 향한 그의 꿈이 그로 하여금 이들의 공격을 무시하도록 도와주었다. 드 부시는 그의 미숙하고 지나치게 성급했던 편집과정을 지적하는 현대의 보다 심각한 비평에도 동일한 방식으로

---

플라티나(Platina)와 프란체스코 다 카틸료네(Francesco da Catiglione)의 비토리노의 생애(Lives of Vittorino) 참조.

69 가장 최근의 포괄적인 연구는 R. Post, *The Modern Devotion: Confrontation with Reformation and Humanism*, Leyden, 1967 참조.

답변했을 것이다.[70] 탁월한 필사본도 숨겨져 있으면 읽혀지지 않는다. 반면에 비록 임시변통일지라도 인쇄된 글은 "큰 홍수로 전 세계에 퍼질 것이다". 또한 몇몇은 필연적으로 더 우수한 사본을 소유한 학자들의 수중에 들어가 그로 하여금 필요한 수정을 하도록 부추길 것이다. 이로써 정화와 계몽의 점진적인 과정이 한 단계 발전할 것이었다. 드 부시에게서 모든 어려움에 대한 해답은 양과 보급이었다. "라틴 세계의 모든 사람들이 더 많이 배우고, 나 역시 이들 중에 포함되는 것이 나의 목표이자 최대의 소망이다."[71] 우리는 이미 1472~73년의 위기와, 그 위기가 베네치아 산업에 끼쳤던 영향을 살펴보았다. 이는 드 부시에게 그의 고상한 이상이 그의 기대만큼 신속하게 실현될 수 없다는 사실을 보여 주었을 것이다. 동업관계는 깨졌다. 드 부시는 더 이상의 말을 삼간 채 바티칸 도서관의 고요함과 안전 속으로 은퇴했지만, 4년 동안 24종의 책을 편집함으로써 굳은 확신을 보여 주었다.[72]

적절하게도 드 부시와 견줄 만한 인물이 베네치아에서 왔다. 그의 이름은 프라 필리포 디 스트라타(Fra Filippo di Strata)였다. 그의 시(詩)는 그가 파비아에서 태어났고, 직업은 도미니쿠스 수도회 수도사였으며, 무라노의 산치프리아노 수도원에서 거주했고, 신학을 수학했다는 사실을 알려준다. 필리포는 전문 필경사는 아니었을 것이다. 왜냐하면 그에게는 다른 수입원이 있었던 것이 분명하고, 잔존하는 그의 사본들은 긴 기간에 걸쳐 기록되었으며 매우 다채롭기 때문이다. 그의 사본 중에는 『덕

70  BP pp. 98~99(루카누스); *Praefatio in S. Hieronymi Epistolas*, Sweynheim and Pannartz, 1468. 논평을 위해서는 DBI p. 569와 E. J. Kenney, *The Classical Text*, *loc. cit.* 참조. 드 부시의 본문은 우월한 사본을 구할 수 있을 때에도 더 열등한 필사본을 토대로 했다. 그는 적어도 한 군데에서 이전 본문을 그대로 베꼈다.

71  BP p. 81(아울루스 겔리우스).

72  *Ib.*, pp. 64~65(니콜라우스 리라누스의 주석 서문에 있는 판들의 목록). 또한 DBI p. 569도 참조. 드 부시는 수비아코 시대의 본문들을 편집하지 않았다.

(德)의 꽃』(*Fiori di virtù*)의 판, 교부들의 주석에서 가져온 설교와 발췌문, 친구들이 부탁한 것으로 보이는 연애시, 교회에서 오르간의 사용을 반대하는 애가(哀歌), 그리고 우리의 주된 관심사인 다양한 개인 작품들이 발견된다. 이 중 하나는 니콜로 마르첼로(Nicolò Marcello) 총독에게 보내는 장황한 글이다. 이 글은 1473년 8월과 1474년 12월 사이에 작성되었을 것이다. 알두스를 유명한 인쇄업자로 언급하는 또 다른 글은 1495년 이후에 작성된 것으로 보인다. 프랑스 침입자들에 대한 여러 언급들은 디 스트라타가 15세기 말에도 여전히 활동했다는 사실을 입증한다.[73] 따라서 그는 베네치아 인쇄업의 초창기 전반을 관찰하고 비평했던 인물이었다. 이 책에서는 베네치아의 인쇄업에 맹렬한 적대감을 보였던 그를 특별하게 다룰 것이다.

디 스트라타가 지닌 감정의 뿌리에는 인쇄업자들에 대한 깊은 증오가 자리 잡고 있다. 그들에 대한 디 스트라타의 다양한 묘사는 우월의식과 민족주의의 흥미로운 결합을 보여 준다. 그에게서 인쇄업자들은 방랑자와 게으름뱅이, 그리고 해고된 하인들이었다. 그들은 무식했고 동시에 야심에 차 있었다. 술에 만취해 코를 골며 시간을 낭비하는 와중에도 여전히 이익을 꿈꿨다. 그들은 독일인 침입자들로서 이탈리아 필경사들의 일자리를 탈취했다. 디 스트라타는 이런 사람들이 그들의 마땅한 자리인 골목이나 저렴한 여관에서 다투면서 노래나 부르고, 그들의 추악한

---

73 가장 중요한 본문은 Biblioteca Marciana, Venezia, Ms. italiani Cl. II, 133(4846) (사적인 정보), Cl. I, 72(5054)(인쇄에 반대하는 토착어로 된 시(詩)와 마르첼로 총독을 향한 라틴어 글). 다른 필사본에 대한 추가적인 정보와 언급을 위해서는 A. Segarizzi, "Un calligrafo milanese", *Ateneo veneto*, XXXII, i, 1901, pp. 63~77; F. Novati, "Ancora di Fra Filippo di Strata: un domenicano nemico degli stampatori", *Il libro e la stampa*, v, N. S. fasc. iv, 1911, pp. 117~28 참조. A. 세가리치(A. Segarizzi)는 인쇄업에 반대하는 토착어 시 전체를 인용하지만, 마르첼로를 위한 글은 별로 언급하지 않는다.

알두스의 초상화와 그의 인쇄소 상징인 돌고래 메달리온
(출처: 비첸차 시립박물관).

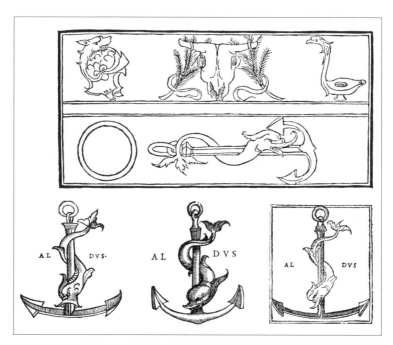

알두스 출판사(인쇄소)의 각종 인쇄물에 사용된 표장(標章)들.

알두스의 제자이자 후원자인 카르피의 왕자 알베르토 피오(Alberto Pio).
1512년 작품이지만 화가는 미상(출처: 런던 국립미술관).

이전에는 우고 다 카르피의 작품으로 알려졌던, 당시 알두스의 목판 초상화
(출처: 베를린 판화박물관).

베네데토 보르도네(Benedetto Bordone)의 영아 학살
(출처: 영국 국립도서관에 소장 중인 추가적인 필사본 15815 f.llv).

보르도네 혹은 그의 제자의 작품일 가능성이 있는 페트라르카 대관식
(출처: 영국 국립도서관 C. 4. a. 5).

도미티아누스 황제에게 월계관을 수여받는 마르티알리스
(출처: 영국 국립도서관 C. 4. d. 11).

"궁정 업무로 왕래하며 책을 읽고 있습니다 ......."
안토넬로 다 메시나(Antonello da Messina)가 그린 성 히에로니무스와
아뇰로 브론치노(Agnolo Bronzino)가 그린 무명의 조신(朝臣) 초상화(반대쪽 참조)는
8절판이 가능케 한 독서법의 변화를 보여주며,
1502년 지기스문트 투르츠가 알두스에게 했던 말을 조명해 준다
(출처: 런던 국립박물관과 뉴욕 메트로폴리탄 미술관).

브론치노가 그린 무명의 조신(朝臣) 초상화.

알브레히트 뒤러가 동료인 빌리발트 피르크하이머를 위해 삽화를 그린
알두스 판 테오크리토스.

물건을 마찬가지로 추악한 사람들에게 팔면서 지낸다면 전혀 개의치 않을 것이라고 말한다. 그러나 그들은 계속 그들의 마땅한 처소를 벗어나려고 했고, 이로써 사회 전체를 위협했다. 첫째, 그들은 지적 삶을 저속하게 만들었다. 길거리를 거닐면서 동전 두세 닢으로 책을 한 아름 구입할 수 있을 정도로 도시는 책으로 넘쳐났다. 무식한 사람들이 책의 본문을 준비했고 교정과정도 제대로 거치지 않았기 때문에, 책들은 절망적일 정도로 부정확했다. 그런데도 이 책들은 값진 필사본을 시장에서 내몰았다. 또한 교육받지 못한 어리석은 자들도 박식한 교수처럼 보일 수 있다며 유혹했다.

> 이탈리아어도 모르는 사람들이
> 키케로처럼 말하도록 가르칠 것이다.[74]

더 심각한 두 번째 위험은 도덕이 위협을 받았다는 사실이다. 책은 이제 아이들도 구입할 수 있을 정도로 저렴했다. 기회만 엿보던 교활한 인쇄업자들은 어린 아이들의 성적 환상을 자극할 만한 이교도 신화와 로마의 음탕한 연애시들을 발간했다. 마지막으로 가장 큰 문제는 종교가 위험에 직면하게 되었다는 점이다. 성경의 토착어 번역은 라틴어의 아름다움을 흐렸고, 미묘한 의미를 왜곡했다. 자격도 없이 이득만 노리는 자들이 준비한 저렴한 인쇄본이 사회 도처에서 유통되었다. 이로 인해 일반인들은 이단과 정죄, 지옥으로 미혹될 것이었다. 디 스트라타는 총독에게 인쇄술을 창녀라고 경고했다. 심지어는 인쇄술이 합법적으로 베네

---

74 1490년대의 토착어 시(Cl. I, 72(5054) f. ir)는 사회적 현실에 대한 가장 생생한 묘사를 제공한다. Cl. II, 133(4846) ff. 41r~42r.은 몇 권의 책을 당장 반환할 것을 요구하는 시를 포함한다. 디 스트라타는 이 책들을 빌려간 '가스파르'라는 사람이 필사본을 인쇄소에 팔아 그 가치를 하락시킬 것을 우려했다.

치아에서 추방되어야 마땅하며 창녀보다 더 나쁘다고 말했다.[75]

디 스트라타는 반동 세력의 희화적인 인물이다. 그는 어떤 대목에서 세상이 인쇄술 없이 6,000년 동안 잘 유지되었기 때문에 지금도 변화가 필요 없다고 말한다. 인쇄술이 부흥하고 있던 당시의 배경에 비추어 그의 말을 고려해 보면, 계몽과 더 나은 삶을 위해 어깨를 겯고 진군하고 있는 귀족과 학자, 그리고 장인들의 견고한 밀집 방진(phalanx)을 향해 이미 파멸한 세대의 최후 생존자로서 소리치는 그를 동정하거나 조롱하기 쉽지만 완전히 무시하기는 어렵다. 그의 태도는 일관되었다. 우리가 앞으로 살펴보겠지만 그의 태도는 드 부시보다 사실에 대한 훨씬 정확한 판단에 근거했다. 베네치아에 인쇄업이 확립된 지 30여 년이나 지난 후에도 알두스는 흥미로운 경고를 받는다. 알두스가 출판계의 선배들처럼 부실한 지반 위에 더 높은 벽을 쌓고 있으며, 따라서 더 높은 곳에서 추락할 것이라는 경고였다.[76] 디 스트라타가 당시에 권력을 쥐고 있던 10인 위원회의 총독과 다른 여러 귀족들에게 호소했다는 사실이 확인된다. 이는 그에게 동조했던 사람들이 존재했다는 사실을 입증한다. 1492년에 159명의 원로원 중 60명이 인쇄업에 반대표를 던졌다. 이는 인쇄업에 대한 반대가 놀랍도록 긴 기간 동안 지속되었다는 사실을 암시한다. 그의 우려는 그 자신만의 것이 아니었다. 디 스트라타만큼 일관되고 신랄하게 문제를 제기한 사람은 없었지만, 인쇄소와 지속적으로 협력했던 학자들조차 인쇄소에 대한 그의 문제의식 일부를 제기하곤 했다.[77]

---

75  "Est virgo hec penna: meretrix est stampificata." 마르첼로 총독에게 보낸 글은 비록 더 공식적이기는 하지만, 이탈리아어로 쓴 시와 대체적으로 유사한 내용을 담고 있다.

76  A. Segarizzi, *op. cit.*, p. 71.

77  Cl. II, 133(4846) f. lv.은 10인위원회 중 한 명인 추아네 카펠로(Zuane Capello)에게 보내는 글도 포함한다. Cl. I, 71(4832)은 새로운 주교들과 지역 행정관 같은 사람들에 대한 매우 일상적인 환영문을 여럿 포함한다. 원로원에서 투표한 숫자

지성인들 사이에서는 인쇄업자에 대한 어느 정도의 개인적인 불호(不好)가 보편적이었다. 제바스티안 브란트*는 『바보배』(*Das Narrenschiff*)에서 디 스트라타가 퍼부었던 것과 동일한 욕설을 동원해 인쇄소의 주인과 노동자들을 부각한다. 1470년대에 이들은 난폭하고 탐욕스러우며, 무능하다는 비난에 시달렸다. 이 비난은 에라스무스가 알두스와 함께 『격언집』(*Adagia*)의 베네치아 판을 준비하던 1508년에도 거의 변함이 없었다. 어쩌면 침묵 논법이 더 의미심장한지도 모른다. 이미 언급했던 대중 강연자였던 메룰라는 1470년 내내 벤델린 폰 슈파이어와 장송, 그리고 쾰른의 요하네스를 포함한 베네치아의 여러 인쇄업자들과 함께 간헐적으로 협력했다. 그러나 그는 장송에게 바친 일반적인 찬사 외에는 인쇄업자들에 대해 언급하지 않았다. 그는 인쇄본의 서문에서조차 새로운 기술이 학문에 도움이 되는지, 방해거리인지에 대한 의문을 던지는 데 주저하지 않았다.[78] 메룰라의 후임자 중 한 명인 사벨리코는 더욱 인상적인 예이다. 당시 사람들의 말에 따르면, 그는 15개월에 걸쳐 베네치아에 대해 저술했던 대중적인 역사서를 통해 그의 지위를 얻었다. 그는 1486년에 이 책에 대한 저작권을 획득했다.[79] 이는 우리가 아는 한 저자

---

에 대해서는 FD p. 105, Doc. 9 참조.

* Sebastian Brant, 1458~1521: 스트라스부르 출신의 독일 인문주의자로서 바젤 대학에서 법학을 공부해 법학 교수가 되었으며, 1500년에는 스트라스부르의 평의원이 되었다. 그의 대표작은 『바보배』(*Das Narrenschiff*, 1494)라는 풍자시인데, 브란트의 제자가 '*Stultifera navis*'라는 제목으로 라틴어로 번역한 이 작품은 원서보다 많이 판매되었고 프랑스어(1497)와 플랑드르어(1500), 그리고 영어(1509) 번역본의 토대가 되었다. 에라스무스는 이 작품에 영감을 받아 『우신예찬』을 저술했다.

78 BP pp. 145~48(『농업서 작가들』(*Scriptores Rei Rusticae*)). 그의 판에 대해서는 A. Zeno, *Dissertazioni Vossiane*, vol. II, Venice, 1753, pp. 62f. 참조.

79 A. Pertusi, "Gli inizi della storiografia umanistica nel Quattrocento", in *La storiografia veneziana fino al secolo XVI*, Florence, 1970, pp. 319f. 그의 저작권에 대

가 획득한 최초의 저작권이었다. 그는 1480년대 후반과 1490년대에 여러 출판사들과 긴밀하게 협력했다. 일반적으로 인쇄술이라는 새로운 매체로 출세한 최초의 저자로 에라스무스가 언급되지만, 사실 이 명성은 사벨리코에게 더 적합하다. 그의 편지집 12권은 출판업에 대한 매우 일반적인 판단으로부터 세부적인 판매 기술에 이르기까지 출판업 전반에 관한 언급들로 넘쳐난다. 그러나 그는 인쇄업자들을 성가신 상인들로만 언급할 따름이다. 곤란한 상황에 처했을 때만 인쇄업자들에 대한 수요가 발생했고, 그들은 변함없는 무능함으로 보답했을 뿐이다.[80] 이와 같은 상호적인 몰이해의 장벽은 국가적 · 지역적, 그리고 언어적 차이로 인해 한동안 지속되었을지도 모른다. 베네치아의 인쇄업은 첫 10년 동안 주로 독일 이민자들이 주도했다. 인쇄술에 전적으로 열광했던 메룰라는 쾰른의 요하네스를 위해 일했다. 그는 이때에도 이 발명품이 "독일이라는, 한때 거칠고 야만적인 땅"에서 유래했다는 사실을 잊지 못했다.[81] 1480년 이후 인쇄업에 진출하기 시작한 이탈리아의 인쇄업자들도 외딴 마을 출신들이었다. 이들은 세간의 이목으로부터 그들의 출신지를 숨겼다. 이들 중에는 만토바의 필리푸스 핀키우스, 베르가모의 베날리우스, 그리고 아솔라(Asola)의 토레사니가 포함된다. 물론 방언의 차이도 심했지만 지역적인 편견의 전통이 더욱 심각했다. 베네치아는 세련된 대도시였기 때문에 베네치아 시민들이 이주민들을 천박하고 욕심에 사로잡힌 편협한 사람들로 간주하기는 위험하리만큼 용이했을 것이다.[82] 알두스의 시대

해서는 FD p. 102, no. 3 참조.

80  *Opera Omnia*, vol. IV, p. 358: "Vix dici potest, quantum illorum incuria vel ignavia potius verae lectioni ademerit."

81  Georgius Merula, *In Ciceronis Libros De Finibus Bonorum et Malorum*, Venetiis, 1471, Ioanne ex Colonia Agrippinensi sumptum ministrante impressum. 아래도 참조.

82  이런 종류의 지역적 편견에 대해서는 F. Braudel, *Le Mediterranée e le Monde*

까지 인쇄업자들과 학자들은 상업적인 관계 이상으로 발전하지 못했다. 서적상들은 존경받는 국제 무역상을 꿈꿀 수 있었을 것이다. 그러나 건물 1층의 지저분한 작업장에서 술에 취한 조수들을 거느렸던 인쇄업자들은 표면적으로는 소규모 수공업자에 불과했다. 1493년에 파비아의 마테오(Matteo of Pavia)가 폰다코 데이 테데스키*에서 농아(聾啞)를 폭행해 죽였다는 보도가 있다. 1499년에는 '책 인쇄공인 모르간테(Morgante)'가 일개 매춘부를 이와 유사한 방식으로 폭행했다는 혐의를 받았다. 지식층은 지난 세기의 도시 폭력 경험을 통해 인쇄업자들의 세계에 경악했으며, 이들을 오직 경멸하도록 교육받았다.[83]

인쇄업사가 지적 생활을 격하한다는 불평은 부분적으로 인쇄업자들이 애초부터 저열한 사람이라는 가정에서 유래했다. 이러한 생각은 편견에 불과한 것이 아니라 관찰된 사실이었다. 이런 생각은 엄청난 속도로 확산되었다. 메룰라는 1471년에 쾰른의 요하네스를 위해 키케로의 『최고선악론』(De Finibus Bonorum et Malorum)을 편집했다. 그는 이 작품을 루도비코 포스카리니(Ludovico Foscarini)에게 헌정하면서 드 부시와 매우 유사한 언어를 사용한다. "인간은 항상 프로메테우스식의 기술을 가지고 있었다. 그러나 인쇄술의 발명은 과거의 모든 성과를 훨씬 능가한다. 가장 희귀했던 작품도 손만 뻗으면 구할 수 있고, 누구나 그 지혜를 맛볼 수 있다." 그러나 메룰라는 불과 1년 후 장송과 함께 『농업서(書) 작가들』(Scriptores Rei Rusticae)을 편집할 때에는 이보다 훨씬 냉철한 자세를 취

Mediterranéen à l'Epoque de Philippe II, Paris, 1966, vol. I, pp. 39~42 참조.

* Fondaco dei Tedeschi: 베네치아 리알토 다리 근처 대운하에 위치한 유서 깊은 건물로 당시 독일 상인들의 본부가 있었다.

83 A. S. V. Signori di notte, Notizie di Crimini 1472~1507, ff. 60r, 74v.; G. Brucker, "The Ciompi Revolution", in Florentine Studies, ed. N. Rubinstein, London, 1968, pp. 314~56 참조.

한다. 그는 여전히 식자들의 세계를 책으로 포화시켜 라틴어를 정화하려던 드 부시의 소망을 붙들고 있었다. 그러나 그 과정에서 발생하는 직접적인 결과에 다음과 같이 깊은 우려를 표명했다. "지금보다 행복했던 시절에는 숨겨지고 비밀스러워서 지혜로운 사람들조차 알지 못했던 사안들이 이제는 뒷골목에서 저속한 언어로 가장 악랄한 사람들의 입에 오르내린다."[84] 메룰라가 디 스트라타와 유사한 혐오감을 품었다는 사실은 명백하다.

이와 유사한 입장의 변화에 대한 흔적이 또 다른 편집자인 히로니모 스콰르치아피코(Hironimo Squarciafico)의 말에서도 발견된다. 그는 1477년에 쾰른의 요하네스를 설득하기 위한 글을 저술한다. 요하네스가 시민법과 교회법에 대한 모든 주석가들의 책을 출판했듯이, 이제 고전 라틴 문헌의 전집도 출판해 줄 것을 간청하는 글이었다. 그러나 1481년에 그는 과거의 위대한 저자들이 엘리시움 들판에서 다투는 모습을 상상한다. 일부는 인쇄술의 장점을 강조했으나, 다른 이들은 "인쇄술이 거의 모든 것들을 변질시키는 무식한 사람들의 수중에 빠졌다"라고 불평한다.[85] 사벨리코도 1493년에 출판한 『라틴어의 재정비에 대하여』(De Latinae linguae Reparatione)의 대화편에서 동일한 문제를 제기한다. 그러나 우리가 앞으로 적절한 곳에서 살펴보겠지만, 그는 자신의 문제에 대한 직접적인 답변을 완강히 거부했다. 이 문제는 에라스무스가 베네치아를 방문했던 1507년에도 여전히 미해결로 남아 있었다. 베네치아 정부는 1515년에 마르치아나 도서관(Biblioteca Marciana)의 사서에게 베네치아에서 출판된 모든 문학서를 개정하라는 추가적인 의무를 부과하면서

---

84  BP p. 147.

85  Asconii, *Commentarii in Orationes Ciceronis*, Manthen and John of Cologne, 1477, f. 183r. 위대한 작가들의 논증에 대해서는 L. A. Shepherd, "A Fifteenth Century Humanist, Francesco Filelfo", *The Library*, Fourth Series, XVI, 1936, p. 25 참조.

이 문제에 개입할 수밖에 없었다. 인쇄업자들은 판권 면(colophon)을 통해 그들의 책이 "가장 정확하게" 출판되었다고 지속적으로 주장했다. 이는 인쇄업자들이 자신들을 향한 적대감을 자각하고 있었다는 사실을 간접적으로 함축한다.[86]

여기에는 두 요소가 있다. 하나는 학문적이고 문헌학적인 사안이며, 다른 하나는 일반 사회와 관련된 사안이다. 드 부시는 고전 라틴 문헌들에 대한 정보가 냉정하게 교환되기를 희망했으나 현실은 그의 기대와는 다른 식으로 전개되었다. 원문 비평 학문은 아직 유아 단계에도 이르지 못했다. 1489년에 간행된 안젤로 폴리치아노[*]의 『잡문집』(Miscellanea)은 중요한 지침들을 제공했으나, 다양한 글씨체의 상대적인 고대성(古代性)에 대한 분명한 이해가 결여되었다. 다양한 필사본의 가치를 비롯해 이들을 연결하는 방법이나 필요에 대한 분명한 이해도 없었다. 필사본의 소유주는 값진 소유물을 내놓기를 꺼렸기 때문에 사본 자체를 입수할 가능성도 우연에 달렸다. 당시에 유행했던 웅변술에 대한 맹목적

---

86  안드레아 나바게로(Andrea Navagero)를 임명하는 본문을 위해서는 P. Papinio, "Nuove notizie intorno ad Andrea Navagero e Daniele Barbaro", AV III, 1872, p. 256: "… le piui incorrecte stampe vadino per il mondo sonno quelle escono e qui, non senza infamia de la cità" 참조. 출판사 이름이 주장하는 바를 비롯해 전혀 다른 해석에 대한 논의를 위해서는 D. Marzi, "I tipografi tedeschi in Italia durante il secolo XV", Festschrift der Stadt Mainz zur Gutenbergfeier im Jahre 1900, pp. 423~24 참조.

•  Angelo Poliziano, 1454~94: 이탈리아의 학자이자 시인으로서 이탈리아 르네상스의 가장 박식한 고전학자였다. 시에나에서 태어난 그는 이후에 피렌체에서 그리스 문학을 연구했다. 1473년에 라틴어로 번역한 호메로스의 『일리아스』를 피렌체의 부유한 정치가 로렌초 데 메디치에게 헌정했다. 폴리치아노는 로렌초 데 메디치의 궁정에 초대되어 로렌초의 비서이자 그의 아들의 가정교사가 되었다. 이후에 그는 성직자로 전환했으며, 1480년대 초에는 피렌체 대학의 교수직을 역임했다. 폴리치아노는 문헌학에 깊은 관심을 가졌으며, 그리스어와 라틴어, 그리고 이탈리아어로 탁월한 시를 남기기도 했다.

인 추종도 위험 요소 중 하나였다. 편집자들은 자신의 생각에 따라 라틴어 본문에 기입될 내용을 추측하도록 유혹받았다. 이는 권위자들의 주장을 주의 깊게 검토하는 과정을 방해했다. 어쨌든 이들이 도입한 추측은 작업 속도를 상당히 향상시켰다. 인쇄업자들은 책을 팔아 투자금을 최대한 빨리 회수하기 위해 필사적이었다. 그들은 완성된 사본을 얻어내기 위해 동업자들을 성가시게 하거나 사본의 품질과 무관하게 그들의 사본을 무분별하게 출판했다.[87] 결과는 뻔했다. 고전문학 판들은 순식간에 준비되었다. 이 판들은 일반적으로 소수의 최근 필사본을 토대로 출판되었다. 한 개의 필사본만 사용되는 경우도 빈번했다. 쉽게 구할 수 있는 몇 개의 필사본과 그들의 추측을 이전의 인쇄본에 가미한 사본이 출판되기도 했다. 이런 사본들이 시장에 유통되었다. 그러나 사본의 품질 저하는 더 심각한 위험을 초래했다. 고전 문헌들은 학교에서 널리 사용되었던 것이다. 이전까지 교사가 고대 작가들의 작품을 읽고 주석할 때 교사의 말을 듣고 외우는 데 익숙했던 학생들은 스스로 읽고 생각할 수 있는 기회에 환호했다. 이 학생들은 자신들이 구입한 책의 여백에 강사들의 교정 사항을 기록했다. 그들 자신도 교정을 제안했다. 이들은 기회가 닿을 때마다 인쇄업자에게 자신의 책을 팔아 돈도 벌고 학문적인 명성도 얻고자 했다. 폴리치아노, 사벨리코, 그리고 조르조 발라*는 모두 자신들의 발상이 이런 식으로 표절되었다고 불평했다. 볼로냐의 코드루스 우르케우스(Codrus Urceus)는 "말솜씨가 뛰어나고 박식한 날렵한 젊은이"를 중

---

87  *P. Ovidii Metamorphoses cum integris ac emendatissimis Raphaelis Regii commentariis*, Bevilaqua, 1493, f. 167v. 라파엘 레기우스(Raphael Regius)는 독자들에게 이것이 그의 주석 정본이라고 경고했다. 그의 주석은 불완전한 형태로 이전 해에 그의 허락도 없이 출판되었다.

*  Giorgio Valla, 1447~1500: 이탈리아 피아첸차(Piacenza) 출신의 수학자이자 문헌학자로 밀라노에서 저명한 신플라톤주의자인 콘스탄틴 라스카리스(Constantine Lascaris)로부터 배웠다.

심으로 풍자 독백을 저술했다. 이 젊은이는 대학가에서 문학계의 한 마리의 상어처럼 행동함으로써 명성을 얻었다. 15세기 말에 '교실 혁명'(classroom revolution)이 일어났다는 사실에는 의심의 여지가 없다. 교사들과 강사들은 흡족해 했지만, 이와 동시에 불안해 했다. 그들의 권위에 간접적으로 도전하는 이런 움직임에 그들은 속수무책이었다. 이러한 도전들은 그들이 조심스럽게 재구성한 바른 라틴 용법을 혼동과 불일치의 도가니로 만들어 버렸다. 그들은 학생들의 무책임한 행동과 출판업자들의 탐욕을 비난했다. 반면에 근대 비평학자들은 그들의 15세기 동료들이 지적인 안목이 부족했다고 비난한다.[88] 그러나 사실 가장 큰 문제는 앞서 언급했던 경제적인 어려움이었을지도 모른다.

'세속화 과정'의 사회적인 측면은 보다 쉽게 설명될 수 있다. 세속화에 대한 태도는 더 구체적이고 간단하며, 훨씬 장기적이기 때문이다. 스콰르치아피코는 디 스트라타와 메룰라의 우려를 더 간결하게 표현한다. 그는 "책의 풍요가 사람들의 학구열을 감소시킨다"라고 말한다. 이 말은 전자 제품과 '사탕 치실'을 사용하는 오늘날의 세상을 비판할 때도 적용될 수 있는 말이다. 그의 입장은 근본적으로 다음과 같다. 참된 배움은 오랜 적용을 통해 터득되는 깊은 지식을 요구한다. 피상적인 것은 잘못 인도할 수 있기 때문에 그 자체로 위험할 뿐만 아니라 제기된 질문을 제대로 답변할 자격이 있는 사람들의 지위를 약화할 수 있기 때문에 사회적으로도 위험하다. 근래에 이러한 이의제기는 컬러 부록, 페이퍼백 개요, 혹은 과도한 다큐멘터리 영상에 적용될 수 있을 것이다. 15세기에도 마찬가지였다. 당시에는 요약본과 주석서 혹은 주요 저자의 작품

---

88  Codri Urcei Sermo Primus, in *Opera Omnia*, Platonides, Bologna, 1502(쪽수 없음). 논평을 위해서는 E. J. Kenney, *The Classical Text*, pp. 3f.와 이 책의 제5장 주 35~38 참조.

해설집에 이의가 제기되었다. 이는 서지학자들이 관심을 거의 갖지 않은 초창기 출판계의 한 분야이기 때문에 이를 정의하고 수치화하고 평가하기는 난해하다. 그러나 이에 대한 적대감은 하나의 성공적인 작품을 통해 입증할 수 있다. 야코포 필리포 포레스티(Jacopo Filippo Foresti)의 『연대기 보록』(Supplementum Chronicarum)은 세계 역사의 모음집이었다. 이 모음집은 1483년에 베르나르디누스 벤리우스(Bernardinus Benlius)가 최초로 인쇄했고, 아홉 개의 라틴어 판과 토착어 번역으로 출판된 성공적인 책이었다. 이 책은 이후 30년 동안 원본의 부록에 수많은 내용이 보충되었다. 포레스티는 아우구스티누스 수도회 전통에 속했음에도 불구하고, 드 부시의 신비주의적인 열성을 배제한 채 인쇄술을 환영했다. 그는 인쇄술을 자기 개선을 단축해 주는 수단으로 여겼다. 그는 서문에서 이렇게 질문한다. "이제는 젊은이들도 열심히 공부하면 그들의 연장자들과 동일한 지식과 경험을 쌓을 수 있는데, 어째서 젊은이보다 연장자를 선호해야 하는가?" 그의 책은 젊은이들에게 가장 이상적인 정보를 제공했다. 이 책은 문명 전반을 다뤘다. 창조로부터 시작하는 이 책은 1483년까지의 기간을 포괄했으며, 정기적으로 최신 정보를 보충했다. 그는 구약 및 신약의 내용과 플라비우스 요세푸스,* 헤로도토스(Herodotos), 디오게네스 라에르티오스, 플루타르코스,** 발레리우스 막시무스, 티투스 리비우스, 연장자 플리니우스, 스트라본(Strabon), 율리우스 솔리누스(Julius Solinus), 수에토니우스,*** 클라우디우스 아일

---

* Flavius Josephus, 37~100?: 예루살렘 출신의 유대계 역사가로서 대표 작품으로 『유대 전쟁사』와 『유대 고대사』가 있다.
** Plutarchus, 50년 이전~120년 이후: 철학자이자 전기 작가였다. 수사학, 도덕철학, 대화편 등 다양한 글들을 저술했지만, 그리스와 로마의 유사한 영웅들을 짝지어 비교한 『영웅전』으로 가장 유명하다.
*** Suetonius, 69?~122?: 로마의 전기작가로 대표작으로 『황제들의 생애』(De vita Caesarum)가 있다.

리아누스,* 율리우스 카피톨리누스(Julius Capitolinus), 아울루스 겔리우스,** 유스티니아누스(Iustinianus), 오로시우스(Orosius), 에우트로피우스(Eutropius), 폴리크라테스(Polycrates), 롬바르디아의 파울루스(Paul the Lombard), 히에로니무스(Hieronymus), 아우구스티누스(Augustinus), 그레고리오스(Gregory), 에우세비오스,*** 세비야의 이시도루스(Isidore of Seville), 베다 베네라빌리스(Beda Venerabilis), 플라비우스 그라티아누스(Flavius Gratianus), 레오나르도 브루니, 플라비오 비온도(Flavio Biondo), 그리고 플라티나(Platina)의 작품들을 요약했다고 자랑했다. 베르길리우스와 오비디우스(Ovidius)는 두말할 것도 없었다. 이 책은 '리더스 다이제스트'의 조상뻘이었다. 포레스티의 자랑이 한 작가를 평생 동안 꾸준히 연구했던 사람들의 신경을 건드렸다는 사실을 상상하기 어렵지 않다. 그는 또한 나이와 덕, 그리고 경험을 높이 샀던 베네치아 사회의 반동자들을 동요케 했을 것이다.[89] 이 책은 디 스트라타가 언급했던 자칭 박사들을 위한 설명서 역할도 했다. 그들은 피상적인 지식을 천박하게 과시했다. 포레스티는 당시 사건들을 생동감 넘치게 전해 주고, 유명한 지식인들을 묘사하며, 예술에 대한 그의 관찰을 기록한다. 그의 글을 읽으면 그의 독자들이 메룰라나 디 스트라타보다 훨씬 정보에 밝았다는 생각을

---

* Claudius Aelianus, 165/70?~230/35: 이탈리아 프라이네스테(현재의 팔레스트리나) 출신으로 카이사레아의 파우사니아스에게 그리스어를 배운 수사학 교사였다. 남아 있는 작품으로 『동물들의 본성에 대하여』(De Natura Animalium)와 『다양한 역사』(Varia Historia) 등이 있다.

** Aulus Gellius, 125?~?: 로마의 잡문가로서 대표작으로는 철학, 역사, 법학뿐만 아니라 문법과 문학비평, 본문 비평을 다룬 『아티카의 밤』(Noctes Atticae)이 있다.

*** Eusebius, 260?~339: 방대한 글을 저술한 성경 학자이자 변증가로서 교회사 장르의 시초였다. 대표 작품으로는 『교회사』(Historia Ecclesiastica)가 있다.

89 베네치아 사회의 이런 측면에 대해서는 D. S. Chamber, The Imperial Age of Venice, London, 1970, pp. 82~84 참조.

지울 수 없다.[90]

인쇄소를 향한 지적 거부감이 관찰과 편견에 근거하고 만연했다면, 도덕 및 종교적 불안감은 인쇄소와 특별한 연관성이 없었다. 인쇄술의 도래는 이미 수세기 전부터 존재했던 두려움을 증폭시켰을 따름이다. 플라톤은 『국가』(Politeia) 초반부에 사랑시(詩)의 위험한 영향력을 지적했다. 이 생각은 카이사레아의 바실레이오스*를 통해 기독교 전통 안으로 유입되었다. 인쇄술이 발명되기 불과 한 세대 전에 조반니 도미니치(Giovanni Dominici)와 피렌체의 총리였던 콜루치오 살루타티(Coluccio Salutati)의 무리 사이에서 일어난 날카로운 분쟁이 이 주제에 새로운 관심을 불러일으켰다.[91] 디 스트라타는 "어린 젊은이들과 여린 숙녀들이" 침을 삼키며 오비디우스와 알비우스 티불루스**의 작품을 읽는다고 불평했다. 이는 당시에 흔한 현상이었지만, 디 스트라타는 이를 통해 당시의 가장 두드러진 새로운 국면을 보여 주었다. 젊은이들이 책을 쉽게 구할 수 있었던 것이다. 이 사실에 대해 디 스트라타는 전적으로 옳았다.

---

90   일례로 1486 edition, f. 282v(구텐베르크와 인쇄)와 ff. 291v~292v(술탄의 초상화를 그리는 젠틸레 벨리니(Gentile Bellini)의 임무), 1513 edition, ff. 328v~329v(아메리카 대륙 발견 기사). 이후 판에는 없는 디 스트라타의 서문은 1486 text의 ff. 30r~v에서 발견할 수 있다.

•   Basil of Caesarea, 330?~379: 아테네에서 교육을 받았으며, 수도원에서의 금욕주의적인 생활을 지지했던 신학자였다. 그레고리우스 나지안제노스, 니사의 그레고리우스(Gregory of Nyssa)와 함께 카파도키아의 3대 교부로 불리면서 초기 기독교의 교리를 정립하는 데 크게 기여했다.

91   피렌체의 고전주의와 지적 배경에 대해서는 G. Holmes, *The Florentine Enlightenment*, London, 1969의 마지막 장 참조.

••   Albius Tibullus, 기원전 55?~기원전 19: 아우구스투스 시대의 애가 시인으로서 그의 다양한 시들은 『티불루스 전집』(Corpus Tibullianum)이란 이름으로 전해지고 있으며, 고전기 이후인 15세기 중기 때부터 사랑받기 시작했다. 사랑과 전원지대의 정서적이고 우울한 감정을 표현한 시인으로서, 그의 명성은 19세기까지 이어져 수많은 세대의 시인들에게 영감을 주었다.

오비디우스는 베르길리우스와 함께 15세기의 가장 인기 있는 시인으로 손꼽힌다. 히로니마 폰 딘스라켄이 소유했던 다량의 재고나 시몬 베빌라쿠아(Simon Bevilaqua)가 1490년대에만 『변신이야기』(Metamorphoses)를 세 차례 재판했다는 사실은 베네치아의 기호를 여실히 보여 준다.[92] 디 스트라타 혼자 우려를 표했던 것은 아니다. 밥티스타 만투아누스(Baptista Mantuanus)는 1489년에 『파렴치하게 노래를 부르는 시인들에 반대하여』(Contra Poetas impudice loquentes Carmen)를 출판했다. 이 책은 모든 음탕하거나 이교도적인 시를 신랄하게 공격했으며, 그의 명성에 힘입어 널리 유포되었다. 1497년에 베네치아의 총대주교였던 토마소 도나(Tomaso Dona)는 조반니 루베오(Giovanni Rubeo)와 지운티가 『변신이야기』의 판을 준비하고 있다는 사실에 경악했다. 이 판은 토착어로 번역되었기 때문에 더 넓은 독자층을 확보할 수 있었다. 뿐만 아니라 본문에서 묘사된 에로틱한 운동 경기의 변화무쌍한 모습들이 목판화로 장식되었다. 출판인들은 "벌거벗은 여인들, 남근 신들, 그리고 여타의 불결한 내용물을" 제거하도록 명령받았다. 그러지 않을 경우에는 파문당할 것이었다.[93] 2년 후에 마카리우스 무티우스(Macarius Mutius)라는 카메리눔(Camerinum) 출신의 학자가 베네치아에서 「그리스도의 승리에 대하여」(De Triumpho Christi)라는 짧은 6보격(hexameter) 시를 출판했다. 이 시의 주된 목적은 두 편의 수필을 쓰기 위한 예비 단계였다. 첫 번째 수필은 이교도 시의 외설을 공격하는 글로서 특히 위험한 『변신이야기』를 언급

---

92 오비디우스의 인기에 대해서는 L. Febvre · H.-J. Martin, op. cit., p. 386 참조. 베빌라쿠아에 대해서는 K. Burger, pp. 347~48 참조. G. Ludwig, op. cit., p. 76은 딘스라켄의 미망인이 1511년에 『로마의 축제들』(Fasti) 사본 49개를 수집했다는 사실을 보여 준다.

93 A. Niero, "Decreti pretridentini di due patriarchi di Venezia su stampa di libri", Rivista di storia della chiesa in Italia, XIV, 1960, pp. 450~52.

한다. 두 번째 수필은 기독교화된 보다 적합한 주제들을 제안하는 글이었다.

좋은 의도를 가지고 있었던 베네치아 시민들이 별다른 성과를 거두지 못했을 가능성이 높다. 이미 대중의 취향의 물결은 너무 거셌다. 뿐만 아니라 열광자들은 신화에 심오하고 미묘한 교훈이 깃들어 있다고 변명을 늘어놓을 수 있었다.[94] 그들에게는 이런 변명보다 더 신뢰할 만한 방어책도 있었다. 대중매체로 급격히 자리매김하고 있던 출판업에 효과적인 검열을 시행하는 데도 물리적인 한계가 있었다. 어떤 이는 루베오가 삽화로 장식했던 『변신이야기』에서 성욕을 자극하는 부분들을 신중하게 제거했다. 그러나 격분한 어떤 수도사에게 "책을 거세하는 것보다 독자들을 거세하는 게 쉬울 것이다"라고 경고했던 경구가(警句家)는 1490년대의 참된 예언자였다.[95] 르네상스 시대의 베네치아처럼 패기 넘치는 부도덕한 사회에서도 도덕적인 민감성이 고조될 수 있다는 사실을 잊어서는 안 된다. 이런 도덕성은 위기에 이르면 때로는 놀라운 기세로 폭발했으며, 억압과 사치 규제, 심지어는 희생까지도 불러일으켰다. 이런 일이 발생하면 인쇄소는 즉각적으로 그 여파를 감지했다.

토착어로 성경이나 대중적인 경건 문서를 읽는 데도 이의가 제기되었다. 이는 주로 14세기 말과 15세기 초의 이단들이 불러일으켰던 두려움에서 기원했을 것이다. 이와 관련해서도 인쇄업은 이미 과거에 불거진 문제들을 확장했을 따름이지만, 이 경우에 문제는 조금 더 미묘하다. 인쇄업 비평가들이 처음으로 인쇄업으로 벼락부자가 된 사람들이 아닌 일

---

94  이 장의 주 87에서 인용된 『변신이야기』 판에서 레기우스는 다프네(Daphne)가 월계수로 변한 사건은 죽기까지 순결을 지킨 소녀에게 보상으로 순결의 상록수 관이 주어졌다는 사실을 보여 준다고 주석한다.

95  *Cantalycii Epigrammatum Liber*, Matteo Capcasa, Venice, 1493: "In praedicatorem iubentem comburi ovidianas artes."

반 독자에 관심을 돌리기 때문에 우리는 독서계의 다양한 층을 분석하려는 시도를 해야 한다. 이탈리아어 성경에 대한 디 스트라타의 맹렬한 공격은 여기서도 실상에 대한 정확한 이해에 근거한다. 베네치아는 이런 종류의 책들을 생산하는 데 이탈리아를 선도했다. 1500년까지 11종의 판이 나왔는데, 이 중 세 종은 대중화를 주도했던 위험 인물인 지운티의 후원으로 출간되었다.[96] 그러나 이 판은 디 스트라타가 주장하듯이, '검증받지 못한 사람'에 의해 출간된 것이 아니었다. 또한 많은 사본들이 '단순 무식한 사람들'의 수중에 들어갔을 가능성도 희박하다. 이 판의 번역자는 산 미켈 디 레르모(San Michele di Lermo) 출신인 베네치아의 수도원장이었던 니콜로 말레르미(Nicolò Malermi)였다. 성경들은 우리가 이미 살펴보았던 고전문학서나 법률 주석서와 마찬가지로 공들여서 만든 2절판 책이었다. 이는 분명 부유하고 유식한 고객을 겨냥한 것이었다. 여기서도 인쇄업의 혜택을 가장 먼저 누린 사람들은 독서계의 저명인사들이었으나, 종교적인 지식을 향한 굶주림은 사회의 각 계층에서 감지되었다. 이에 대한 단서는 『그리스도의 고난으로부터 그리스도인들의 비탄』(Luctus Christianorum ex Passione Christi)이라는 짧은 작품을 위한 익명의 서문에서 발견할 수 있다. 이 책은 장송이 1471년에 소형 4절판 형식으로 출판했는데, 이런 형식은 덜 부유한 사람들도 쉽게 구입할 수 있었다.

사랑하는 자에게. 저는 여러 달 동안 사(四)복음서의 공통점을 일상 언어(vulgar stilo)로 번역해 달라는 당신의 진심 어린 간절한 요청으로 인해 중압감에 시달리고 있습니다. 당신은 여기에 주 예수를 비롯해 고난

---

96   L. Hain, nos. 3148~57; K. Forster, "Vernacular Scriptures in Italy", in *The Cambridge History of the Bible*, vol. II, Cambridge, 1969, pp. 453~65.

주간에 참여했던 사람들이 했을 만한 겸손하고 적합한 말 몇 마디를 명
상록으로 추가할 것을 요청했지요.

15세기의 교구 사제 중에 이렇게 온화하고 헌신적인 목자는 흔치 않
았을 것이다. 그런데 이런 그가 이후에 뒤따라 나오는 단순 무식한 말로
그의 양떼를 오도했다는 사실을 믿기 힘들다. 성스러운 주제에 대한 한
개인의 이와 같은 자유로운 작문은 손쉽게, 그리고 때로는 정당하게 성
경을 "추하고 혼란스럽게" 만들거나 성경의 의미를 왜곡한다는 비난을
유발했다. 동일한 시대에 같은 소형 4절판으로 출판되었던 『성경의 약
술기』(Fioretti della Biblia)를 살펴보자.[97] 이 작품에서 우리는 놀라운 환상
의 세계를 접하게 된다. 전능에 대한 일련의 형이상학적인 명제들이 등
장한다. 이는 신학자에게도, 겸손하게 지식을 추구하는 자에게도 흡족하
지 않았을 것이다. 외경(外經) 전승에 속하는 것으로 보이는 변변찮은 이
야기들도 나온다. 그 외에도 다양한 이야기들이 거론되는데, 이들은 교
실에서 배웠지만 절반밖에 기억나지 않는 내용들과 오래된 설교의 단편
들을 결합한 것으로밖에는 생각되지 않는다. 우리는 헤롯이 아리스토텔
레스와 알렉산드로스라는 두 아들을 두었다는 말을 접하게 된다. 첫째는
지혜로 명성을 떨쳤고, 둘째는 완력으로 유명했다. 그리스도에게도 두
명의 스승이 있었다. 그리스도는 이 중 한 명을 격분시켰다. 반면에 두
번째 스승인 소크라테스는 개종시켰다. 디 스트라타가 암시하듯이, 이런
이야기들은 길모퉁이나 여관의 벽난로 곁에서 무수한 세대에 걸쳐 전해
진 이야기들의 잔존물일지도 모른다. 이야기들이 이런 형태로 있을 때는
위험하지 않았다. 여전히 무한한 변화가 가능했고 널리 유포되지 않았으

---

97  검토된 판은 1503년 베네치아에서 출판된 조르조 디 루스코니(Giorgio di
    Rusconi)의 판이었다.

며, 눈에 띄지 않았기 때문이다. 그러나 인쇄되고 나자 이야기들은 유동성을 상실했으며, 기록된 단어들이 신비한 힘을 얻게 되었다. 교회 관계자들은 이들의 존재를 더 이상 무시할 수 없었다.

베네치아는 이웃 독일 제국보다 둔감하게 반응했다. 독일은 이미 1479년에 출판물에 대한 감독을 쾰른 대학에 넘겨주었다. 또한 1485년부터 마인츠의 대주교는 "학문적인 책을 부정확한 독일어로" 번역하거나 이를 '민중'에게 배포함으로써 '오해'를 야기하는 결과를 예방하기 위해 상당히 일관된 작전을 개시했다.[98] 그러나 1491년에 트레비소(Treviso)의 주교이자 교황 특사였던 니콜로 프랑코(Nicolo Franco)는 "이단으로 물든" 작품들의 확산에 대해 경고했다. 그는 미래에 출판될 판들이 지역 주교나 그의 대리의 승인을 거치도록 만들려고 시도했다.[99] 1494년에 베네치아의 원로원은 강력한 행동 의지를 표명했다. 그들은 프란체스코 수도회의 변절자가 베로나에서 출판한 모든 악의적인 책자를 압수해 불태울 것을 명령했다.[100] 마지막으로 1510년에 총대주교였던 안토니오 콘타리니(Antonio Contarini)는 베네치아 인쇄업자들을 복종시키기 위해 간단하지만 상당히 포괄적인 시도를 감행했다. 그는 교정되지 않은 수많은 종교 작품들이 출판된 데 대해 후회 막심한 마음을 감추지 않았으며, 이 작품들로 인해 "단순한 사람들의 가슴에" 확산될 혼란을 우려했다. 그는 인쇄업자들에게 앞으로 모든 종교적 성격을 띤 작품들에 대해서는 그의 승인을 받도록 하는 한편, 라틴어나 이탈리아어로 "여인들의 방탕함을 비롯한 여타의 것들"을 언급하는 모든 내용들을 피

---

98  R. Hirsch, "Pre-Reformation Censorship of Printed Books", *The Library Chronicle*, XXI, no. 1, 1955, pp. 100~05.

99  G. Putnam, *The Censorship of the Church of Rome and its Influence on the Production and Distribution of Literature*, vol. I, London, 1906, p. 79.

100  A. S. V. Senato, Terra, Rg. XII, ff. 54v~55r.

할 것을 권고했다.[101] 콘타리니의 법령은 1509년의 재앙 후에 베네치아를 강타했던 도덕적 혐오의 물결의 일부였다. 이 법령은 당시 개혁 운동과 관련된 여타의 사건들과 마찬가지로 금세 잊혀졌을 것이다. 그러나 이는 우리의 시작점을 결정하는 데 도움을 준다. 인쇄업에 대한 디 스트라타의 우려나 그가 사용했던 언어는 당시 베네치아에서 널리 통용되는 것이었다.

　디 스트라타는 인쇄업자들과 그들이 대변하는 모든 것을 한결같이 증오했던 유일한 사람이었다. 우리의 분석으로부터 도출되는 일반적인 결론이 있다면, 그것은 지식인들이 새로운 매체의 도래로 인해 깊은 혼란에 빠졌다는 사실이다. 그들은 이 매체를 이해하지 못했으며, 이를 통제할 수도 없다는 사실도 곧 발견하게 되었다. 긴장 상태는 성직자들 사이에서 가장 두드러졌는지도 모른다. 15세기 동안에 프란체스코 수도회와 도미니쿠스 수도회 소속 저자들이 유럽 인쇄소들의 전체 생산에서 5분의 2를 차지했다고 전해진다. 비교적 제한된 우리의 연구에서도 성직자들 사이에서 일어났던 관심을 볼 수 있었다. 이런 관심은 에라스무스 세대의 인문주의자들이 비난했던 반동적인 반계몽주의와 전혀 달랐다. 드 부시는 주교였으며, 스바인하임과 파나르츠는 둘 다 하급 성직자들이었다. 레르모(Lermo)의 수도원장과 『그리스도의 고난으로부터 그리스도인들의 비탄』의 저자는 신자들의 지식을 더하기 위해 밤새 일했다. 아퀼레이아의 총대주교는 그가 출간한 기도서 500부가 신성한 예배에 통일성을 가져올 것을 기대했다. 아우구스티누스 수도회의 오만한 포레스티는 독자들에게 즉각적인 계몽을 권고했다. 반면에 트레비소의 주교와 도덕적 타락과 이교도의 확산을 개탄했던 두 명의 베네치아 총대주교, 그리고 인쇄업자들을 비롯해 인쇄업 전체를 지옥으로 넘겨버린 도미니쿠스

---

101　A. Niero, "Decreti pretridentini …", p. 452.

수도회 소속 수도사 디 스트라타도 있었다. 다양한 성직 계급에 분포했던 이들 역시 교육받은 사람들이었을 것이다. 이들 역시 기본적으로 열광자들과 유사한 견해를 가졌을 것이다. 세속적인 지식인들의 입장도 이들보다 확고하지는 않았던 것으로 보인다. 이들 역시 열렬한 지지파와 격분한 반대파로 양분되었다. 한편에는 페라라 궁전의 인문주의자인 루도비코 카르보네(Ludovico Carbone)가 있었다.[102] 다른 한편에는 불만에 찬 베스파시아노 데 비스티치*가 있었다. 그러나 이 사람들은 인쇄업에 대해 무지했다. 인쇄업에 대한 가장 정통한 견해는 메룰라나 스콰르치아피코 같은 베네치아 편집자들이 보여 준 난처함과 입장의 변화, 그리고 엄청난 성적에서 찾을 수 있다. 이러한 불확실성은 우리가 이미 간략하게 살펴본 사벨리코의 대화에서 가장 흥미롭게 표현되었다. 이 대화를 더 상세하게 분석해야 할 때가 왔다. 이 대화는 이 책의 주된 관심사가 일어나기 직전에 베네치아의 인쇄업에 대한 견해를 가장 잘 반영하기 때문이다.

사벨리코는 1493년에 『라틴어의 재정비에 대하여』를 저술하고 출판했다. 당시에 알두스는 베네치아에 적어도 3년 동안 거주하면서 자신의 계획을 실행하기 위한 후원을 물색 중이었다.[103] 이 대화편은 두 개의 중첩된 장면을 묘사한다. 베네치아의 서적 판매구역을 걸어가는 장면과, 공작의 궁전 현관에서 친구들 사이에 일어난 논의가 그것이다. 이 장면들은 부분적으로 혹은 전적으로 허구일지도 모르지만 흔한 일상에 속했

---

102  BP p. 132; C. Bühler, *The Fifteenth-Century Book*, Philadelphia, 1960, pp. 20~24, 50.

•  Vespasiano de' Bisticci, 1421~98: 초기 이탈리아 르네상스 시기에 활동한 인문주의자이자 사서였으며, 서점을 운영하기도 했다. 코시모 데 메디치가 피렌체에 라우렌티아노 도서관을 건립하고자 할 때 조언을 하기도 했다. 그는 새로운 인쇄술의 발전에 낙담했던 대표적 인물로 알려져 있다.

103  M. Sabellici, *Opera Omnia*, vol. IV, pp. 320~32. 알두스의 베네치아 생활 초기에 대해서는 이 책의 제5장 주 50~53 참조.

iacit. Primum igitur legum diuinaᵣ̨ lator ita cucta deo patere oltedit:
ut nihil agi nihil excogitari poſſit quod eū lateat:deinde cæteros omēs
hoīes falſo multitudinem deorum introducere docuit:quū ipſi multo
præſtātiores ſint q̄ dii ſui quos uenerātur:quoᵣ̨ ſimulacra lapidea uel
lignea tanq̄ imagines eorum qui ad uitam ſibi non nihil contulerunt
adorant ſenſum ipſi habentes ea quæ infenſata penitus ſunt.Cur aūt
oīo quaſi dii a gentibus coluntur illi qui ad uſum humanæ uitæ aliqd
inuenerunt:quum non fecerint neqᵣ̨ produxerint ipſi quicquam:ſed
meliorem eorū quæ ſunt uſum excogitarīt:aut cur hodie quoqᵣ̨ multi
non adorantur:quum antiquioribus ad inueniēdum excogitandumqᵣ̨
multa ſagaciores acutioresqᵣ̨ ſint?Nam de Aegyptiis quidē neſcio qd
dicere oporteat:bæluas enim & ſerpētes & uiuos & mortuos uenerant.
Hæc igitur iſpiciēs diuinus ille uir mœnibus ferreis & ſuiolabili uallo
a cæteris gētibus ſepare nos uoluit:quo pacto facilius corpore atqᵣ̨ aīo
imaculatos lōgeqᵣ̨ ab huiuſcemodi falſis opinioībus remotos fore uide
bat:ut ſolū uerū deum præter cæteras gentes adorantes illi ſolūmodo
inhæreamus.Vnde factum eſt ut a nōnullis ægyptiorum ſacerdotibus
qui diſciplinam noſtram altius cōſiderarunt dei homines gens noſtra
ſit appellata:quod nemini niſi deū uerū colat accidere poteſt.Nec id
iniuria:reliquis enim cibo potui ueſtituiqᵣ̨ inhiantibus noſtri omibus
iſtis contemptis per totam uitam de omnipotētia dei cogitant.Ne igit
conuerſatione atqᵣ̨ conſuetudine aliorum corrupti ad ipietatē eorum
deferamur:cibi & potus tactus & auditus atque uiſionis purificatione
legali nos a cæteris ſeparauit.Cuncta enim ab una potentia oīpotentis
dei gubernata naturali ratiōe ſimilia ſunt:q̄uis ſingula a qbus abſtine
mus & quibus utimur profundam habeant rationem:quorum uᵣ̨um
aut alterum exempli gratia ponam:ne putes temere de rebus tam ʒuis
a Moyſe fuiſſe cōſcriptum:ſed omnia uideas ad probitatem hoīum &
iuſtitiæ pfectionem ſancte ptinere.Volucres eīm omnes qbus utimur
domeſticæ mūdæqᵣ̨ ſunt tritico aut leguminibus cōnutritæ:ut colūbæ
turtures perdices anſeres cæteræqᵣ̨ huiuſmodi:quæ uero prohibitæ ſūt

니콜라 장송의 로마 활자.

ſpitat &.TANta res:q̃ta ẽ iſpa roma:aut locus i quo cõdita'ẽ.ERAnt paſ.paucis bob°:q̃a uix paùci ſatis erant: aut q̃a paupes colõi,paucos hẽbát boues.ARA mea:alig legũt arx mea collis erat:melius ara mea ẽ collinã fidẽ facit uerbis ſuis:quod ſacellũ ſuo numini dedicatum adhuc extet in eo colle quem incoluit:& qui ab eo ianiculus nuncupatur.ARA mea eſt col.quaſi habeo aram in eo colle.QVEM collem.VVLgus nunc no noſtro ap/ pellat a meo noie.ET hæc ætas uocat ianiculi:q̃a ñ mõ ueteres:ſed q̃ nũc unuſ ianiculũ dicũt:& nſo quoq̃ tpe mõs ianiculus dr ubi ẽ tẽplũ diui onophrii:clag̃ ut iſpa religiõet:&hoſum frẽquẽtia.Tũ et Antonii cãpani iunioris fratris mei ſepulchro:que̅ ſi i maturiore ætatẽ ſata puexiſſent:ſuo carmie atiquog̃ poetag̃ ſamã adeq̃ſſet:ſ̃ſor tuna'bois iuidẽs eũ nobis i iſpa adoleſcẽtia ſurripuit.TVNC:eo ergo tpe i terris regnabá.cuȝ iter hoies dii erãt. TVNC:eo tpe.EGO regnabá:cũ terra eſſet patiẽs deog̃:eo tpe quo terra poterat ſuſtinere deos:hoc ẽ anq̃ua ab hoium ſceleribus pellerent.ET numia mixta eẽnt.(HVMAnis locis:tr.etonymlæ ſpes ẽanã qd̃ tenet p eo qd̃ teneſ:hoc ẽ locũ p locato.&.d.cũ dii eẽnt hoibus ſmixti.Nõdũ iuſticiã:regnabat tũc ianus.nõdũ mortalium ſcelera iuſticiã ex orbe fugaſſent.cũ oẽs iuſti ſuapte natura eẽnt:neq̃ arma uſq̃ ſabricarentur.NONdum:nõ ad/ huc.FACinus mortale:ſcelera mortalium interdum ſacinus in bonam partem accipitur:ut egregium ſacinus & clarum ſacinus & ſimilia.FVGArat iuſtitiam:pepulerat ex orbe aſtream iſſam:quæ iuſticia dicitur.

(VLTIma de ſupis illa reliquit humũ:lpſe alibi &
    uirgo cæde madẽtes ultima cæleſtiũ terras aſtrea reli
    quit.Vir.i Geor.Extrema p illos iuſtitia excedẽs ter/
    ris ueſtigia ſecit. ET claue ondẽs hæc ait arma gero.

Nondum iuſtitiam ſacinus mortale ſugarat
  Vltima de ſuperis illa reliquit humum
Procȝ metu populũ ſine uī pudor iſe tegebat
  Nullis erat iuſtis reddere iura labor.
Nil mihi cum bello:pacem poſteſȝ tuebar.
  Et clauem oſtendens:hæc ait:arma gero
Preſſerat ora deus:tũc ſic ego noſtra reſoluo
  Voce mea uoces eliciente dei.
Cum tot ſint iani:cur ſtas ſacratus in uno
  Hic ubi iuncta ſoris:templa duob9 hæs:

Quia ẽ portag̃:cuſtos ut dixius.Vñ & Portunus cla/
ue tenere mãu ſingebaɬ q̃ deus putareɬ. eſſe portarũ
Cũ tot ſint iani cur ſtas ſacratus in uno.Quærit cur
iano uno tm̃ ī tẽplo Romãi rẽ diuinã ſaciãt cũ multa
eius dei tẽpla ī urbe ſint.HIC Vbi iuncta ſoris tẽpla
duobus hẽs.Aedes iani cæleberrima:quã ſcri.Liuius
Numa ſecit ad iſinuȝ argiletũ ut apta bellŭ:clauſa pa/
cẽ ſignificaret ſuit iter duo ſora:duobus uidelicet & pi
ſcariũ apd̃'tyberi:Vñ ait Varro:Ad lanũ ſog̃ piſca/
riũ uocat ſuit i hac æde ſimulachrũ iani uetuſtũ q̃dem
ſed qd̃' artificio placere poſſet.Ply.Fuiſſe ãt ſtatuariã

ANT.<br>FAN.

Cur iano<br>uno'tãtũ<br>in templo<br>cũ plura<br>ſint ſacriſi<br>cant<br>Iani ædes<br>ubi ſuit

arte ſamiliarẽ Italiæ quoq̃ & uetuſtã idkãt Hercules ab Euãdro ſacratus ut pdunt in ſoro boario qui triũphalis uocaɬ atq̃ p triũphos ueſtiɬ hitu triũphali pterea ianus gẽnus a Numa rege dicatus:q̃ pacis bellaȝ argumeto co litur.Hæc imago ut inquit Ser.trãſlata ẽ ad trãſitoriũ ſog̃ poſteaq̃ captis phaleris ciuitate thuſciæ inuentum ẽ ſi mulachrum iani cum ſrontibus quattuor & unum templum quattuor portarum eſt conſtitutum ut diximus ut pra.Multa hoc loco præterire libet:quog̃ partem explicamus pɬ dicturi ſumus pɬ omittimus ſaſtidio pcẽtes. (VLTIma.illa:aſtrea ſeu iuſticia.DE Superis:ultima ex omni deog̃ cæleſtiũ nuero RELiquit humũ:hoc ẽ de ſeruit terras.coelioȝ aſtrea petiuit:& in meta.Vltima coeleſtiũ terras aſtrea reliquiɬ. tãdiu.n.in orbe ſuiɬ:q̃diu ſi ne ſcelere uixit mortale genus.Iuſtitiã q̃ & uirgo df hyginus iouis & themidis ſilia dicit.Aratus aſtrei & auroræ: q̃ eodẽ tpe ſuerit cũ aurea ſecula:& eog̃ principẽ ſuiſſe demſaɬ q̃ pp diligẽtiã & equitatẽ:iuſtitiã appelatã neq̃ il lo tpe ab hominib° exteras natiões bello laceſſitas:eɬ neq̃ nauigio queȝ uſũ dſ argis colẽdis uitã agere cõſueuiſ ſe.ſed poſt eog̃ obitũ qui ſunt nati:eos minus oſiicioſos magis auaros cœpiſſe ſieri.Q uare minus iuſtitiã inter homines eẽ uerſatã.Deniq̃ cãm puenitſſe uſq̃ cordũ diceret æneɬ genus hominũ natũ eſſe.itaq̃ ia non potuiſſe pati aſplius & ad ſidera uolaſſe.Vñ apd̃'aratũ a germãico traductũ:Deſeruit ppere terras iuſtiſſima uirgo.Et coe li ſortia locũ:q̃ pximus illi.Tardus in occaſum ſequiɬ ſupra plauſtra bootes.Criſpus ãt ut teſtaɬ Gellius Iuſtitiæ imaginẽ eſſingẽs os & oculos:uultioȝ ſeueris:atq̃ uenerãdis coloribus depinxit.Virginali aſpectu:uehemẽti & ſormidabili:luminibus oculoȝ acerbis neq̃ humilis:neq̃ atrocis:ſed reuerende cuiuſdam triſtitiæ dignitate.Ex huius imaginis ſignificatiõe intelligi uoluit:iudicem iuſtitiæ oportere.eſſe grauem ſanctum.ſeuerum:incorruptũ inadulabilem.Contra:ȝ improbos:nocenteſȝ immiſericordem atq̃ inexorabilem erectũ:neq̃:& ardum ac po tentem uɬ & maleſtate æquitatis ueritatiſȝ terrificum & t̃n.IPSE pudor:quiſemper rationem habet honeſti.REGEbat populum:in ſumma.l. laude honeſtatis PRO metu:loco metus ſupplicii.multi.n.metu ſupplicii non delinquunt. ΑΤ illi nonnulli no metu:ſed pudore tantum quæcȝ turpia uitabant.SIVE uiſquaſi cũ nullis uiribus cogerentur pudore tantum non delinquebant. NIL mihi cũ bello:eo tpe ñ erã ego bellis ppoſitus ego bellis ppoſitus:nil mihi qui i bello aperior. TVEbat pa cem & poſtes:defendebam pacem cui præeram:& ſeruabam ianuas. ET OSTENdens clauem:ut ſæpe dixi/ mus cum claui ſigurari:& ſunt hæc uerba poetæ.AIT:ianus.(HÆC arma gero:quaſi hanc ſolum clauem:pro armis gero.non enim mihi ſunt bellica inſtrumẽta:quoniã deo pacis armis nõ opus eſt.PRESſerat:ubi tacuit ianus poeta ſciſcitaɬ cũ plura ſacella habeat.Cur uno tãtũ in loco ſibi ſacra ſiant.DEVS:Ianus.PRESſerat orat iam tacuerat:& ora clauſerat.TVNC ego ſic reſoluo noſtra:apo me ait ẽ ita loquor. VOCE mea elicien te:prouocante.VOCES deiuerba lanteni ſciſcitãti mihi reſpõdebat ille.lic elicitebam eius uoces.CVM ſint tot lani:tot ſacella:tibi iano dedicata.Cur ſtas ſacratus in uno:uno in loco ſacra ſiant & ſacriſicia tibi ſiunt.HIC ubi habes templa iuncta duobus ſoris:ubi eſt templum tuum:quo in loco terminantur duo ſora.Ro manum & boarium:&.n.ut ſuperius diximus.Iani tẽplũ ad inſimũ argiletũ nũma cõdiderat.erat:ȝ ſua cliuo ca pitolino ad uelabrũ:ubi & nũc ſunt q̃ttuor illi ingẽtes & mar morei arcus:in quattuor mũdi partes reſpicientes.

PAV<br>MAR.

타퀴누스의 로마 활자.

을 것이다. 모든 주요 대화 상대자들은 당시에 생존했던 인물들로서 사벨리코의 지인들이었다. 여기에는 페라라에서 알두스의 스승이었던 인문주의자 바티스타 과리노(Battista Guarino)도 포함되었다. 또한 베네치아의 산마르코 학교의 교장이었던 브루뇰로와 다니엘 레니에르(Daniel Renier), 제롤라모 도나토(Gerolamo Donato) 같은 귀족 출신 지식인들도 포함되었다. 도나토는 나중에 알두스의 활동에 관심을 보이는 인물이기도 했다. 사벨리코는 등장인물들이 현실에서 실제로 가지고 있었던 의견과 다른 의견을 표명하게 하지는 못했을 것이다. 따라서 그의 글은 이 대화편에서 기술된 만남과 유사한 여러 만남들을 신중하게 각색한 재현이었을 것이며, 등장인물들의 실제 견해도 어느 정도 반영했을 것이다. 사벨리코는 그의 강점이었던 묘사 본문으로 대화편을 시작하는데, 이에 대해 더 상세히 기술하지 않은 것이 아쉬울 따름이다. 어느 날 아침 사라리시우스(Sararisius)라는 한 베네치아인이 그의 손님인 율리아리우스(Juliarius)와 함께 폰다코 데이 테데스키로부터 잡화상을 지나쳐 산마르코를 향해 걸어간다. 그들이 걷는 길에는 책을 파는 노점들이 즐비했다. 사라리시우스는 이내 친구를 남겨두고 업무를 보러 떠난다. 몇 시간 후에 돌아온 그는 거의 움직이지 않은 채 잔뜩 구입한 물건들로 둘러싸인 율리아리우스를 발견한다. 사라리시우스는 결국 율리아리우스를 광장으로 끌고 가는 데 성공한다. 그곳에서 그들은 사벨리코를 만나 아침의 사건에 대해 논의한다. 사벨리코는 율리아리우스에게 새로운 글들의 홍수가 라틴어를 정화하고 더욱 풍성하게 만들었는지 묻는다. 저자는 이 시점까지 변천과정에 처한 지식층과 이를 앞으로 전진시킨 지적 고조 상태에 대한 더없이 생생한 그림을 그려 준다. 그가 던지는 새로운 질문은 더 철저한 검토를 약속하는 듯 보이지만 실제로 제시되지는 않는다. 사벨리코 자신이 문제를 다루도록 종용된다. 그는 이 문제를 다루기 위해 최근 알폰소 데스테(Alfonso d'Este)의 방문 도중에 과리노와 나누었던 대화를 상기한다. 이는 지난 한 세기 반 동안 고전학의 성취를 전기적인 방식으로 개괄한 것에 불과하다. 그는 가스파리노 다 바르치차(Gasparino da Barzizza)와 브루니, 그리고 로렌초 발라*의 성과에 열렬한 찬사를 보내지만, 당면한 문제에 대해서는 어떤 직접적인 답변도 시도하지 않는다. 종국에는 스콰르치아피코의 말과 유사한 언급이 나온다. 과리노는 고대 저자들에 대한 주석과 요약본들이 독자들의 지적 태만을 부추긴다는 사실을 깨닫게 된다. 독자들은 이런 책보다는 차라리 원문을 연구하는 데 시간을 들이는 것이 나을 것이다. 원문을 쉽게 구할 수 있게 되었기 때문이다.[104]

우리가 주의해야 할 점은 이 대화편의 내용이 아니라 형식이다. 이미 언급했듯이, 저자의 성공은 상당 부분 베네치아의 인쇄업에 근거했다. 도입부는 그가 책의 세계에 얼마나 정통했는지 보여 준다. 저자의 플리니우스와 발레리우스 막시무스에 대한 필기, 수에토니우스를 자신의 언어로 바꾼 표현들, 세계사에 대한 그의 『엔네아데스』(Enneades), 그리고 히로니마가 40부를 구입했던 영웅들의 삶에 대한 그의 『모범 사례』(Exempla)는 그가 주석과 요약본 보급에 큰 역할을 감당했다는 사실을 입증한다. 그런데 그는 불현듯 이에 대해 의문을 제기한다. 사벨리코는 분명 자신을 정당화할 필요를 느꼈을 것이다. 그는 이를 위해 드 부시처럼

---

* Lorenzo Valla, 1407~57: 이탈리아 로마에서 태어난 인문주의자로 에피쿠로스의 사상을 옹호하고 아리스토텔레스의 범주론을 비판하는 등 당대의 지적 세계에 큰 파문을 던지기도 했던 ── 이 때문에 이단죄로 화형 선고를 받지만 나폴리의 왕 알폰소의 도움으로 화를 면했다 ── 그는, 언어학과 수사학에 뛰어났다. 유명한 '콘스탄티누스 기증장'이 위조되었음을 역사언어학적으로 밝혀내기도 했다. 그의 사상은 종교개혁가들에게 큰 영향을 주었다.

104 *Ib.*, p. 332: 스콰르치아피코가 엘리시움 들판의 유령들에게 돌렸던 "책의 풍요는 사람들로 하여금 공부를 소홀히 하게 만든다"라는 말과 비교하라. 이 장의 주 85의 인용문 참조.

문자 해독 능력의 확산에 호소하는 대신에 바른 라틴어 사용의 회복과 정화라는 과거 인문주의의 꿈과 자신의 꿈을 동일시함으로써 자신을 정당화하려고 시도했다. 프란체스코 페트라르카(Francesco Petrarca)와 포조 브라촐리니, 그리고 발라가 그의 생각을 장악했다. 슈파이어 형제, 장송, 그리고 토레사니에 대한 언급은 없다. 이는 지식인들이 인쇄업에 대해 느꼈던 불편함과, 여전히 학자들과 상인들을 구분했던 깊은 골을 보여주는 인상적인 논평이었다.

당시와 시간적으로 동떨어졌고 근거가 불충분한 우리로서는 당시의 견해들을 정확하게 판단할 수 없다. 그러나 1490년대 초에 출판계에 대한 불만과 출판업의 미래에 대한 예견이 베네치아에 확산되기 시작했다고 믿을 만한 근거들이 있다. 사벨리코의 애매모호한 입장은 충분히 의미심장하다. 어떤 동시대인은 "프랑스인인 장송은 베네치아인들 사이에서 오랫동안 명성을 떨쳤다. 그러나 이후에 미개함이 고결한 기술을 침략했다"[105]라고 불평한다. 기술적인 측면에서 이러한 쇠퇴는 장송의 본문과 그의 직속 후계자의 본문을 비교해 보면 쉽게 알 수 있다. 심지어는 명성이 자자한 인쇄공인 타퀴누스나 오랫동안 사업을 유지했던 핀키우스도 예외는 아니었다. 이 프랑스인의 굵은 로마체는 널리 복제되었지만 열등한 절삭 기술과 주조가 항상 결과물의 정확도를 떨어뜨렸다. 이로 인해 독자들은 균등한 간격의 본문 대신에 주석과 뒤섞인 본문을 마주하게 되었다. 여기에 탈구(脫句)된 반쪽짜리 행들과 여석(餘席)을 두고 자리싸움을 벌이는 음절들로 난무하는 50~60행에 이르는 내용이 빽빽하게 들어섰다.[106] 그러나 진짜 문제는 인쇄 자체의 문제보다 심각했다.

---

105 Museo Correr, Venezia, Fondo Cicogna, Ms. 949, no. 56: Hieronimi Bononii Tarvisini Promiscuorum septimus libellus.

106 H. Brown, *Venetian Press*, pp. 34~35. 여기서 나의 관찰은 타퀴누스의 오비디우스의 『로마의 축제들』(1496) 본문에 근거한다. 그러나 이런 예는 수두룩하다.

장송과 쾰른의 요하네스는 추종자들이 포기하기 힘든 모범을 선보였다. 그들의 방법이 성공했기 때문이다. 지식인들도 스스로 이해하지 못하고 종종 개탄했던 매체에 끌려다니면서 분명한 지침을 제시하지 못했다. 법학 주석서와 고전 문헌들은 서로 꼬리를 물고 일련의 순서에 따라 출시되었다. 이런 순서는 10~12년이 지난 후에 진부하고 단조롭게 보였을 것이다. 새로운 기술에 대한 필요뿐만 아니라 새로운 발상과 분명한 방향이 요구되었다. 새로운 발상들은 1490년대에 생겨났다. 지도와 동방 언어, 그리고 음악을 인쇄하는 실험이 이루어졌다.[107] 그러나 무엇보다도 중요한 발전은 인쇄술의 가치를 확신하고 새로운 방향을 제시할 수 있는, 학계에서 인정받는 학자의 도래였다. 그의 배경과 인격이 편견과 무지의 장벽을 무너뜨렸다. 이로써 그는 사업가와 문학가들을 공통의 노정 위에 올려놓았다. 인쇄술의 쇠퇴를 탄식했던 한 시인은 말하기를, "알두스는"

우리 시대를 불명예의 얼룩에서 구한다.

---

107  FD p. 153, Docs. 81, 82(음악과 동방 언어에 대한 저작권 청원). 이 장의 주 10에 인용된 안드레아 바도에르의 청원서는 항해도의 인쇄와 관련된다.

제 **2** 장

방랑하는 학자

이와 같은 관심과 의견들의 소용돌이 속에서 우리는 과연 알두스 마누티우스를 학자에서 인쇄업자의 길로 이끈 원인의 실마리를 찾을 수 있을까? 이 질문은 중요한 것만큼이나 난해하다. 알두스는 전문교사로서 안락한 생활을 누리던 40세에 이 중요한 결정을 내렸다. 따라서 우리는 먼저 그가 이런 결정을 내렸던 원인을 해명해야만 한다. 그러나 우리가 알두스의 생애 첫 40년의 기간에 대해 아는 바는 거의 없다. 심지어는 일반적으로 전기 작가의 징검돌 역할을 하는 그의 출생일과 가족 환경마저 알지 못한다. 그 이유는 알두스의 아들과 손자가 알두스의 출생년도에 대해 불일치하기 때문이다. 또한 우리는 알두스가 돌보았던 세 누이의 이름 외에는 그의 가족에 대해서도 아무것도 모른다.[1] 우리가 알두스

---

1  알두스의 아들인 파울루스(Paulus)는 알두스의 출생년도를 1452년으로 잡는다. 그는 그의 아버지가 '63세'(1515)에 세상을 떠났다고 말한다. 손자 알두스(younger Aldus)는 날짜를 1449년으로 앞당긴다. 그는 1597년을 "할아버지가 출생하신 지 147년째 되는 해"로 언급한다. 이 인용에 대해서는 E. Pastorello, "Di Aldo Pio Manuzio - testimonianze e documenti", LBF LXVII, 1965, p. 165 참조. A. Zeno · D. M. Manni, *Vita di Aldo Pio Manuzio insigne restauratore delle lettere greche e latine Venice*, 1759, p. 2는 알두스의 출생년도를 더 이른 1447년으로 상정한다. E. 파스토렐로(E. Pastorello)는 최대한 늦은 날짜를 주장한다. 이는 그가 '소년'이었을 때, 칼

의 생애 전반기에 접근할 수 있는 유일한 방법은 그에 대해 정립된 사실들을 당시의 문화적 체계에 최대한 견주어보는 것이다. 우리가 알고 있는 사실들은 적어도 하나의 희망적인 실마리를 제공한다. 알두스는 인쇄업이 이탈리아에 처음 도착했던 순간부터 이에 대해 알고 있었던 것이 분명하다.

알두스는 로마 근방인 바시아노(Bassiano)에서 1449~51년 사이에 태어났다. 그는 자연스럽게 로마에서 초등 교육을 받았다. 이 사실은 이후에 그의 헌정사에 나오는 두 개의 간접적인 언급을 통해 알 수 있다. 첫 번째 언급은 1495년의 테오크리토스*에서이다. 여기서 그는 가스파레 다 베로나(Gaspare da Verona)의 라틴어 수업을 회상한다. 두 번째는 1502년의 스타티우스(Statius)에서이다. 여기서는 알두스가 "소싯적에 로마에서" 청강했던 도미치오 칼데리니(Domizio Calderini)의 강의가 언급된다.[2] 칼데리니에 대한 언급은 무엇보다도 연대순을 결정하는 지표로서 유용하다. 베로나 출신의 호전적인 문헌학자였던 칼데리니는 1467년경에 로마에 도착했다. 그는 8년 동안 명성을 쌓아 한동안 호평을 받았지만, 그의 명성은 1478년에 때이른 사망과 새로 떠오르는 폴리치아노와 에르몰라오 바르바로**의 명성에 가려졌다. 칼데리니는 교

---

데리니의 강연을 청강했다는 알두스의 말을 해명해 주기 때문이다.

알두스는 처음 두 번의 유언장에서 그의 누이들인 율리아(Julia)와 페트루키아 (Petrucia), 그리고 베네베누타(Benevenuta)를 위한 유증을 남겼다. 그러나 마지막 유언장에는 이들에 대한 언급이 없다: CSV pp. 92~99.

최근에 알두스의 족보를 제공하려고 시도했던 L. 제룰라이티스(L. Gerulaitis)의 노력은 문제를 해명하지 못한 순진한 시도로 여겨진다: "The Ancestry of Aldus Manutius", *Renaissance News*, XIX, no. 1, 1966, pp. 1~2.

* Theocritus, 기원전 3세기: 목가시 장르의 창시자로서 기원전 270년대에 알렉산드리아 궁정에서 일했다.

2  OAME V, XXXIX.

** Ermolao Barbaro, 1454~93: 알모로 디 차카리아(Almoro di Zaccaria)로도 알려진

황청 대사의 비서로 사회생활을 시작했으나, 1470년에 대학에 고용되었고 몇몇의 라틴 작가들에 대해 눈에 띄게 성공적인 강의를 했다. 그는 1472년에 베사리온* 추기경을 따라 프랑스로 떠났다. 이후 아스코니우스**의 소실된 『라틴어의 품의』(Elegantiae)와 이전까지 알려지지 않은 마리우스 루스티쿠스(Marius Rusticus)라는 라틴 문법학자의 작품을 발견했다고 주장함으로써 자신의 명성을 부풀리려고 시도했다. 사실 두 주장은 모두 날조된 말에 불과했다. 알두스는 이 주장들을 직접 들었던 강의를 회상하는데, 이는 적어도 칼데리니가 프랑스에서 돌아왔던 1470년대 중엽에 알두스가 여전히 로마에서 수학하고 있었다는 사실을 보여 준다. 우리가 알고 있는 사실들로부터 이러한 피상적인 정보 이상을 추론하기 어렵다. 칼데리니는 세간의 이목을 끌기 위한 도구로서 인쇄술의 잠재력

---

그는 이탈리아의 인문주의자이자 탁월한 문헌학자이며 외교관이었다. 베네치아의 귀족 가문에서 태어난 그는 로마에서 율리우스 폼포니우스 라이투스 밑에서 수학했다. 1477년에 파도바 대학에서 민법과 교회법 박사학위를 취득했으며, 같은 대학의 철학 교수로 임명되었다. 그곳에서 그는 피치노와 피코 델라 미란돌라, 그리고 폴리치아노 같은 쟁쟁한 학자들과 교류했다. 바르바로는 다양한 외교적 임무를 수행하면서 정치 활동에도 활발하게 참여했다. 그의 대표작으로는 『플리니우스에 대한 교정 사항』(Castigationes Pliniae, 1493)이 있다.

• Bessarion, 1403~72: 비잔티움의 인문주의자이자 신학자로 콘스탄티노플에서 지적 기반을 닦았다. 오스만튀르크가 콘스탄티노플을 위협하자 비잔티움 교회와 서방 교회의 연합을 목적으로 동로마제국 황제와 이탈리아에 갔다. 이때부터 로마 교회와 친교를 맺었으며, 특히 교황 에우제니오 4세의 총애를 받아 1439년에 추기경이 되었다. 1442년 피렌체에 그리스 문학과 플라톤 연구를 위한 '플라톤 아카데미아'(Accademia Platonica)를 세우기도 했다. 각별히 그리스 문화와 언어, 학문 세계에 관심을 가졌던 그는 많은 관련 도서들을 바탕으로 사설 도서관을 세워 학자들을 후원하기도 했다(나중에 이 도서관은 베네치아 시에 기증했다). 1463년 콘스탄티노플의 총대주교가 되었다.

•• Asconius, 3~88: 두 아들을 위해 저술한 키케로의 연설문들에 대한 주석이 남아 있다. 이외에도 『살루스티우스의 삶』(Vita Sallustii)과 『베르길리우스의 비방자들에 반대하여』(Contra Vergilii obtrectatores)의 저자로 지목된다.

을 분명히 인식했다. 그는 퀸틸리아누스*를 편집했고, 때이른 죽음을 맞기 전에 유니우스 유베날리스,** 마르티알리스, 스타티우스***의 『숲들』(Silvae), 오비디우스의 『사포』(Sappho)와 『이비스』(Ibis), 그리고 프로페르티우스****의 시들에 대한 주석서를 출판했으며, 몇몇의 작품들은 그의 사후에 출간되었다. 알두스는 칼데리니의 강의를 '청강했다'는 언급만 한다. 그런데 동시대의 증언들에 따르면, 이는 당시 로마 대부분의 지식인들이 주장할 수 있는 말이었다. 이 이상으로 인쇄술에 대한 알두스의 입장에 더 긴밀한 영향력을 끼쳤을 만한 연결고리에 대한 증거는 없다.[3]

가스파레 다 베로나는 다른 종류의 문제를 야기한다. 그는 이전 세대에 속했던 인물로서 베로네세 과리노*****와 안면이 있었다. 그는 장차

---

* Quintilianus, 35?~100: 스페인의 칼라오라 출신으로서 로마제국 시대의 수사학 권위자였다. 대표적인 작품으로는 연설가의 초기 단계부터 성숙 단계에 이르기까지의 교육과정을 다룬 『수사학 교육』(Institutio Oratoria)이 있다.

** Iunius Iuvenalis, 서기 1~2세기: 6보격 운율로 된 16편의 풍자시 저자로 유명하다.

*** Statius, 40/50?~96?: 기원후 1세기 로마 시인으로, 대표작으로는 오이디푸스 아들들의 전쟁 이야기를 소재로 한 서사시 『테바이드』(Thebaid)와 『숲들』(Silvae)이 있다.

**** Propertius, 기원전 49/47?~기원전 15?: 아우구스투스 시대의 애가 시인으로서 네 권의 시들이 전해진다. 중세에는 비교적 알려지지 않았지만, 페트라르카가 소르본에서 그의 필사본을 발견해 유포함으로써 르네상스 시대에 인기를 얻었으며, 루도비코 아리오스토와 토르콰토 타소(Torquato Tasso), 피에르 드 롱사르(Pierre de Ronsard) 같은 토착어 시인들에게 영향을 주었다.

3 정보의 출처는 R. Weiss, "In memoriam Domitii Calderini", IMU III, 1960, pp. 309~20; C. Dionisotti, "Calderini, Poliziano e altri", ib., XI, 1968, pp. 151~85; J. Dunston, "Studies in Domizio Calderini", ib., XI, 1968, pp. 71~150.

***** Veronese Guarino, 1374~1460: 이탈리아 베로나 출신의 교육자이자 그리스 학자였다. 파도바와 베네치아에서 교육받은 그는 1403~08년 콘스탄티노플에 거주하는 동안 그리스어를 배우면서 그리스어 필사본을 수집했다. 이탈리아로 귀국한 그는 베네치아, 피렌체, 파도바, 베로나 등지에서 가르쳤다. 1429년에는 페라라의 니콜로 데스테 3세의 초청을 받아 그의 아들 레오넬로를 가르쳤다. 과리노는

교황이 될 니콜라스 5세(Nicholas V) 밑에서 수학했으며, 암브로조 트라베르사리(Ambrogio Traversari)와 연락하는 사이였다. 자유분방하고 자기 주장이 강했던 그는 한때 포르카리(Porcari) 가문과 긴밀한 사이여서 그들과 함께 프랑스와 영국을 방문했다. 그는 1440년대 초반에 사람들의 존경의 대상이 되었으며, 교황청과의 연줄을 통해 로마에 정착하게 되었다. 그는 처음에 로데리고 보르자(Roderigo Borgia)를 포함한 고위 성직자 '조카들'(nipoti)로 구성된 작은 사립학교를 운영했다. 그러나 1450년대 후반에 사피엔차(Sapienza)의 수사학 교수로 발탁되었다. 그는 교황청에서의 명망 높은 임무를 포기하지 않은 채 이 지위를 수락한 것으로 보인다. 알두스는 사피엔차에서 가스파레 밑에서 수학한 것으로 간주된다. 그가 수학했던 시기는 가스파레가 비테르보(Viterbo)로 물러났던 1460년과 1473년 사이의 어느 때였을 것이다. 가스파레의 『문법 규칙들』(Regulae Grammaticales), 유베날리스에 대한 주석, 혹은 사벨리코와 조반니 바티스타 칸타리키오(Giovanni Battista Cantalicio) 같은 그의 이전 문하생들이 열광적인 경의를 표하는 헌사를 근거로 판단하면, 가스파레는 대단히 유능한 스승이었다. 하지만 과리노가 제시한 틀을 따랐던 그는 학생들을 고무하는 스승은 전혀 아니었다. 그의 인격이 알두스나 다른 누구의 가슴을 불타오르게 했다는 증거는 없다.[4] 그러나 가스파레는

---

이후 30년 동안 페라라에 거주하면서 그곳을 향후 수세기 동안 유럽 교육을 선도할 고전문학 교육의 탄생지이자 중심지로 부상시켰다. 고전어, 고전문학, 고전 역사와 신화에 중점을 둔 그는 최초로 그리스어를 라틴어와 동등한 위치로 격상된 교육자였다.

4  G. Zippel, introduction to *Le vite di Paolo II di Gaspare da Verona e Michele Canensi*, R.I.S. Tom. III, pars xvi, Città di Castello, 1904; D. S. Chambers, "Studium Urbis and Gabella Urbis: the University of Rome in the Fifteenth Century", in *Cultural Aspects of the Italian Renaissance*: essays presented to P. O. Kristeller, ed. C. Clough, Manchester, 1976, pp. 68~87.

1467년경에 당시 교황이었던 파울루스 2세(Paulus II)를 찬양하는 전기를 저술하면서 사소한 일에 대해 중요한 언급을 한다.

이즈음 어떤 젊은 독일인이 로마에 도착했다. 그는 한 달 안에 피르미아누스 락탄티우스의 작품들인 『인간의 창조에 대하여』(De Opificio Dei)와 『하나님의 진노에 대하여』(De Ira Dei), 그리고 『이방인들에 대한 반대』를 출간했다. 그들은 매달 이와 같은 책들을 200부 창출했다. 많은 사람들이 진실을 온전히 알지 못했더라면, 천재적인 발명품인 그들의 기술을 설명하기란 무척 힘들었을 것이다.

그들은 또한 아우구스티누스의 『신국』(De Civitate Dei)과 키케로의 『연설가에 대하여』(De Oratore), 그리고 키케로가 그의 형제인 퀸투스에게 보냈던 편지들을 인쇄(finxerunt)하여 저렴한 가격에 판매했다. 그들은 다른 책들도 동일한 방법으로 생산할 계획이다.[5]

가스파레는 수비아코(Subiaco) 시대의 출판물들을 포함한 스바인하임과 파나르츠의 첫 번째 출판에 대해 정밀하게 기술했다. 이는 그가 출판업의 영향력을 즉각적으로 감지했으며, 출판업의 발전에 깊은 관심을 가졌다는 사실을 여실히 보여 준다. 그는 이러한 관심을 어떤 형태로든 그의 학생들에게 전달했을 것이다. 알두스의 경력에 끼쳤던 최초의 결정적인 영향력을 가스파레 다 베로나의 학교에서 찾는 것이 가장 유력해 보인다. 아니나 다를까, 알두스의 작품들은 첫 로마 판에 대한 미약하긴 하지만 명백한 흔적들을 보여 준다. 인쇄술에 의해 계몽된 사회에 대한 그의 이상도 자난드레아 드 부시의 꿈과 유사하다. 알두스가 출판한 베사리온의 『플라톤을 무고(誣告)하는 이들에 반대하여』(In Calumniatorem

---

5  R.I.S. vol. cit., p. 57, G. 치펠(G. Zippel)의 주 포함.

*Platonis*)는 1469년에 출판된 스바인하임과 파나르츠의 출판물에 근거한다고 편집자 자신이 시인한다.[6] 알두스는 그의 최초의 출판물 중 하나인 1495년도의 테오크리토스의 헌정사에서 드 부시로부터 빌려왔을지도 모르는 주장을 더욱 상세하게 기술하여 도입했다. 그는 알려지지 않은 필사본은 절대로 교정되지 못하지만, 적어도 출판된 사본들은 학자들의 수중에 들어가기 때문에 지식이 공유되고 저자의 작품이 본래의 순수성을 회복하게 된다고 주장했다. 그는 자신의 주장을 입증하기 위해 퀸틸리아누스와 연장자 폴리니우스에 대한 최근의 논의를 인용했다.[7] 알두스는 인류의 유익에 호소하면서 자신이 모든 분야의 지식에 대해 고대의 영광으로 회복시킬 책들을 제공한다고 주장한다. 우리는 그가 인쇄소의 소음 속에서 에라스무스에게 자신이 연구 중이라고 말하기 위해 책위로 올려다보는 장면을 상상할 수 있다. 알두스의 이런 모습에서 독자들은 자연스럽게 보편적인 계몽에 참여하려던 드 부시의 소망을 회상하게 된다.[8]

그러나 로마에서 알두스의 경험이 그의 미래 경력에 결정적인 영향력을 행사했다고 말하기는 곤란하다. 그는 『플라톤을 무고하는 이들에 반대하여』에서 스바인하임의 본문을 단지 조잡한 작품으로 언급할 뿐이다. 드 부시의 이름은 한 번도 언급되지 않는다. 만일 드 부시의 이상주의나 인쇄술의 발전 가능성에 대한 가스파레 다 베로나의 언급이 그에게 깊은 인상을 남겼더라면, 알두스가 깨달은 바를 실천에 옮기기까지

---

6  OAME L, B(vol. I, p. 78): "multa correximus, quae perperam Romae impressa fuerant."

7  *Ib.*, v. 드 부시의 히에로니무스(St. Jerome), Rome, 1468의 서문과 비교: "Adde quod quicquid ingeniorum olim fuit, latebatque paene in pulvere et tineis propter immensos labores ac nimium describentium precia, sub tuo principatu coeptum est scaturire et per omnem orbem uberrimo fonte diffluere", BP pp. 98~99도 참조.

8  OAME I, B, XI; BP p. 81(아울루스 겔리우스 서문)과 비교.

20년이란 세월을 기다렸다는 사실을 해명하기 어렵다. 더욱이 그가 이를 실천에 옮겼을 때, 그는 그리스 문학에 집중하기로 결정했다. 그가 명시하듯이, 그는 로마에서 라틴어만 배웠다. 알두스는 지적인 측면에서나 개인적인 측면에서나 그의 로마 배경을 전적으로 등한시한 것으로 보인다. 이런 태도를 단순히 우연의 일치나 실수로 치부하기는 힘들다. 앞서 말했듯이, 가스파레와 칼데리니에 대한 언급은 상당히 간략하다. 이들에 대한 언급은 부분적으로 다른 도시와 사람에게 감사를 표하기 위한 수단으로 보인다. 즉 알두스는 가스파레와 로마보다는 베로나와 바티스타 과리노에게 감사를 표하기 원했던 것으로 보인다. 이는 알두스의 일반적인 존경의 표현과 꽤나 날카로운 대조를 이룬다. 그가 지적으로 로마 학문을 배격했다는 사실은 명백하다. 폼포니오 레토*와 그의 학파는 개별 로마 작가들의 작품들에 대한 상세한 주석을 가치 있게 여겼다. 그러나 알두스는 그리스 작가들을 강조했으며, 단순히 저자들의 본문만 출판했다. 유베날리스, 마르티알리스, 스타티우스, 그리고 오비디우스의 작품들에 대한 단순한 소형 8절판은 동일한 작가들에 대한 칼데리니의 폭넓은 견해에 전혀 의존하지 않는다.[9] 알두스가 로마 학문을 배격한 것은 학문적인 문제 이상이었던 것으로 보인다. 알두스는 1490년대에 베네치아

---

* Pomponio Leto, 1425~98: 이탈리아 살레르노 출신의 고전학자이자 문헌학자였다. 그는 로마에서 교육을 받고 로렌초 발라의 후임으로 로마 김나지움(Gymnasium Romanum)의 라틴어 교수로 임명되었다. 그는 고전 작품의 공연과 고대 축제 개최, 그리고 고전문학을 연구해 고대 로마의 부흥을 추구했던 로마 아카데미아의 설립자였다. 레토는 베르길리우스의 주석을 집필하고 살루스티우스를 편집했으며, 로마 역사를 중심으로 집필된 그의 작품들은 1521년『폼포니우스 라이티우스의 다양한 작품들』(Opera Pomponii Laeti varia)이라는 제목 아래 수집되었다.

9 C. Dionisotti, "Aldo Manuzio umanista", in Umanesimo europeo e umanesimo veneziano, Venice, 1963, pp. 213~43. 이 장의 주 4에 인용된 D. S. 체임버스(D. S. Chambers)의 기사는 교황 후원의 불안정성과 대학의 불균형적인 기능을 밝혀 준다.

에 도착했다. 그때 그를 돕기에 가장 적합한 인물 중 한 사람은 사벨리코 였다. 출판계에서 사벨리코가 경험한 바에 대해서는 앞 장(章)에서 다뤘다. 그는 마르치아나 도서관의 사서로서 서구 세계에서 가장 많은 그리스 필사본을 관리하고 있었다. 그는 또한 동료 로마인이었으며, 가스파레 다 베로나와 칼데리니의 제자이기도 했다. 그와의 인연은 너무나도 당연한 선택이었을 것이며, 알두스에게 대단히 유익했을 것이다. 그러나 이들 사이의 인연에 대한 유일한 증거는 어떤 학자가 사벨리코에게 경의를 표해 달라고 알두스에게 부탁했다는 점뿐이다. 알두스는 영향력 있는 사벨리코와 관계를 구축하려고 노력하는 대신, 그의 주요 경쟁자인 잠바티스타 에그나치오(Giambattista Egnazio)와 평생 친분을 맺었다. 에그나치오는 1502년에 『포도 수확』(Racemationes)에서 사벨리코의 학문과, 자기 자신의 인기를 약화하려고 했던 사벨리코의 시도를 신랄하게 비판했다.[10] 우리는 로마 학파에 대한 알두스의 명백한 적대감의 원인에 대해 추측할 수밖에 없다. 매우 신실한 기독교 신자였던 그는 레토와 그 무리의 기이한 고풍적인 가식, 이교도적인 혐의 혹은 1468년에 이들이 연루되었던 음모 혐의로 인해 마음이 불편했을지도 모른다.[11] 그러나 이는 가스파레나 드 부시에 대한 그의 감정에 아무런 영향도 끼치지 못했을 것이다. 이유가 무엇이었든지 간에, 알두스가 로마에서 수학했던 시기가 그에게 결정적이었다고 가정하는 것은 위험한 일임이 분명하다. 인쇄에 대한 초기의 견해와 드 부시의 예지적인 소망은 알두스에게서 비

---

10  Julius Schück, Doc. v, p. 119. 에그나치오와의 분쟁에 대해서는 이 책의 제5장 주 11, 19 참조.

11  이른바 '이교도와 공화국의 비밀결사'(heathen and republican secret society) 의 활동에 대해서는 L. von Pastor, *History of the Popes*, vol. IV, London, 1923, pp. 37~79 참조. 비록 비판하지는 않았지만 알두스는 분명히 루크레티우스 (Lucretius) 같은 시인들에게 의혹을 품었을 것이다: C. Dionisotti, *op. cit.*, p. 223 참조.

옥한 토양을 발견했는지도 모른다. 만일 그랬다면 그 씨앗은 매우 깊이 박혔으나 싹이 트기까지는 다년간의 다양한 경험이 요구되었다.

알두스는 테오크리토스 판의 헌정사를 스승인 바티스타 과리노에게 바쳤다. 그는 바로 이 헌정사에서 자신이 페라라에서 그 유명한 스승 밑에서 그리스어를 공부했다는 사실을 밝힌다. 그가 수학했던 시기는 불분명하지만 아마도 불연속적이었을 것이다. 알두스가 칼데리니의 상상의 나래를 듣기 위해서는 1470년대 중반에 여전히 로마에 거주했어야만 한다. 그러나 카르피 기록보관소에 소장 중인 1480년 3월 8일자 문서에는 알두스에게 카르피시(市)의 시민권을 허락하는 내용이 있다. 그는 왕자 알베르토 피오(Alberto Pio)와 리오넬로 피오(Lionello Po)의 가정교사로 지명되었고 얼마 동안 그곳에 거주했다.[12] 알두스가 1470년대 말에 페라라에서 수학했다는 사실은 분명하지만, 그는 1485년의 편지에서 1482년이 되어서야 페라라를 떠났다고 명시한다. 그는 훨씬 이후에 자신이 페라라에서 가르쳤다고 주장한다.[13] 이 언급들은 상충되는 것처럼 보이지만 사실 당시의 학문적 배경과 전적으로 일관된 그림을 그려 준다. 성인이 된 학자들이 그들보다 유복한 동료의 후원을 받아 공부하는 것은 당시에 흔한 일이었다. 그들은 수업료를 지원받거나 간헐적으로 교외에서 가르치는 자리를 얻는 방식으로 도움을 받았다. 알두스가 카르피에서 자리를 확립했던 정확한 수단과 시기는 불분명하지만, 당시 페라라에서 함께 수학했던 두 왕자의 유명한 삼촌인 조반니 피코 델라 미란돌라•

12  OAME V. 카르피(Carpi)로부터의 문서와 동일한 해의 소득신고서는 손실되었다. 이 자료들은 E. Pastorello, "Testimonianze de documenti …", p. 166의 18세기 묘사를 근거로 재구성되었다.

13  이 장의 주 20 참조. OAME LXXIII도 참조.

•  Giovanni Pico della Mirandola, 1463~94: 북부 이탈리아의 귀족 가문에 태어난 그는 볼로냐에서 교회법을 수학한 후에 페라라와 파도바에서 아리스토텔레스와

의 추천을 받았다는 것이 가장 유력해 보인다. 알두스는 냉철하고 온화하며, 훌륭한 라틴 학문을 배경으로 갖춘, 30세를 향해 달려가는 젊은이였다. 그가 추천 후보인 것은 당연한 일이었을 것이다.[14] 그는 1470년대뿐만 아니라 1484년 이후에도 페라라와 카르피를 자주 오갔을 것이다. 1484년에 이루어진 베네치아와 에스텐시(Estensi) 사이의 평화가 이러한 왕래를 다시금 가능하게 만들었다. 알베르토 피오도 공부를 하기 위해 자발적으로 페라라로 향했다. 산발적인 증거들은 알두스가 이제 전문적인 학자로서 경력을 개시했다는 사실을 보여 준다. 그는 학문 세계의 변두리에서 그에게 주어진 기회를 놓치지 않았다.

알두스 같은 사람에게 1470년대와 1480년대의 페라라 대학은 좋은 전망을 제시했을 것이다. 이 대학은 볼로냐 대학이나 파도바 대학의 인원수나 명성에 비길 바는 아니었지만 15세기에 지배 계층이었던 에스테(Este) 가문의 관심과 보호 아래 꾸준한 진척을 이뤄냈다. 1450년대와 1460년대에 이르러서는 매년 평균 30개 이상의 학위를 수여했다. 졸업생 중 40퍼센트 이상이 알프스 저편 출신이었기 때문에 국제적인 분위기가 물씬 풍겼다.[15] 페라라 대학만의 특수 분야도 존재했다. 플리니우

---

플라톤의 작품들을 접하게 된다. 그는 모든 지혜가 고대 학문과 성경, 그리고 유대교의 신비주의에 속하는 카발라에서 기원한다고 믿었으며, 다양한 철학 학파들의 개념들을 하나의 체계로 통합하는 것을 인생의 큰 과제로 삼았다. 1487년에는 자신의 생각을 소개하기 위해 고대, 중세, 이교도, 기독교, 이슬람교, 그리고 유대교 작품들에서 정리한 900개의 논지를 발표할 계획을 세웠지만, 그의 주장들이 이교도와 기독교를 혼합한다는 이유로 적극 반대한 교회에 의해 무산되었다. 피코 델라 미란돌라의 대표작으로는 '르네상스의 선언문'으로도 불리는 『인간 존엄성에 관한 연설』(Otatio de hominis dignitate)이 있다.

14  CAM I. 1483년 11월 5일자 편지는 알두스를 '카토'(Cato)로 부른다. 이는 로마 감찰관(censor)에 대한 익살스러운 암시로 보인다. 피코 델라 미란돌라에게 적용되는 '우리의 군주'라는 표현도 이들 간의 친분을 암시한다.
15  대학의 발전사에 관한 유용한 안내서와 추가적인 참고문헌에 대해서는 최근 연

스의 『박물지』에 대한 니콜로 레오니체노(Niccolo Leoniceno)의 연구는 15세기 말에 의학을 상당한 관심과 논란의 대상으로 부각하였다.[16] 베로네세 과리노의 문법학교는 이보다 지속적인 명성을 누렸다. 과리노는 법정 교사(court-tutor)와 수사학 교수의 이중직을 맡았다. 따라서 그의 문법학교는 대학을 비롯해 에스테 궁정과 긴밀히 연결되었다. 1460년까지 이 학교는 유럽 도처에서 학자들을 끌어들인 주요 국제 중심지였다. 영국에서만 다섯 명이 찾아왔다. 과리노는 비잔티움에서 그리스어를 배웠고 유실된 필사본을 찾아 나선 최초의 영웅적인 탐색에 가담했던 인물이었다. 그의 죽음으로 인해 이 학교는 유일무이한 스승을 잃게 되었지만, 그의 아들인 과리노 바티스타가 세심한 부호화 작업을 통해 아버지의 과업을 이어나갔기 때문에 전반적인 추진력을 유지할 수 있었다. 바티스타의 『가르침과 배움의 순서에 대하여』(De Ordine Docendi et Studendi)는 아마도 가장 정교한 인본주의 교육학 논문에 속할 것이다. 이 논문에서 그는 문법 교육을 위한 세밀한 계획을 제시하고 라틴어와 그리스어의 상호의존성을 강조한다. 그는 두 언어를 터득하기 위한 방법으로 두 언어 간의 상호 번역을 권한다.[17]

---

구인 W. Gundersheimer, *Ferrara: the Style of a Renaissance Despotism*, Princeton, 1973, pp. 59~65, 162~63 참조. 대학 업무에 대한 에르콜레(Ercole) 공작의 일상적인 관여에 대해서는 *Diario Ferrarese* of Bernardino Zambotti(R.I.S. Tom. XXIV, pars vii, Bologna, 1937)에 분명히 나온다.

16  D. Vitaliani, *Della vita e delle opere di Niccolo Leoniceno vicentino*, Verona, 1892; A. Castiglioni, "The School of Ferrara and the Controversy on Pliny", in *Science, Medicine and History: Essays on the Evolution of Scientific Thought and Medical Practice Written in Honour of Charles Singer*, ed. E. Underwood, vol. I, Oxford, 1953, pp. 269~79.

17  R. Sabbadini, *La scuola e gli studi di Guarino Veronese*, Catania, 1896. 『가르침과 배움의 순서에 대하여』(*De Ordine*)의 본문을 비롯해 과리노를 기리기 위한 다양한 연설문은 E. Garin, *Il pensiero pedagogico dell'umanesimo*, Florence, 1958, pp. 434f.

바티스타 과리노의 방법론이 알두스의 견해에 끼친 직접적인 영향력은 너무나도 명백하다. 페라라 문화의 미묘한 영향력도 명백하다. 이는 로마에 대한 그의 불명확한 입지와 현저한 대조를 이룬다. 알두스는 마지막 유언장에서 루크레치아 보르자(Lucrezia Borgia) 공작부인을 포함한 세 명의 페라라 유언 집행자들을 언급했다. 그는 첫 번째 유언장에서 그의 젊은 부인에게 자신이 임박한 여정에서 돌아오지 않을 경우 페라라에서 다른 배우자를 찾도록 제안했다. 이미 여러 차례 언급한 그의 초창기 출판물인 테오크리토스의 본문은 다음의 말로 과리노에게 헌정되었다. "가장 저명한 각하, 각하께서 대중과 학생들의 교육을 위해 요청하셨던 헤시오도스*의『신들의 계보』(Theogonia)를 바칩니다."[18] 인쇄와 지식층 사이의 협력은 이 이상 발전할 수 없었다. 알두스는 그리스가 모든 탁월한 학문 분야를 위한 열쇠를 쥐고 있다고 확신했다. 이 확신이 얼마나 바티스타의 가르침으로 소급될 수 있는지는 상당히 불분명하다. 대학 내에는 레오니체노, 우르케우스, 그리고 조르조 발라와 같은 그리스 학자들도 있었다.[19] 알두스는 기초 그리스어를 바티스타 과리노에게 배웠을

---

참조. 루도비코 카르보네(Ludovico Carbone)는 그의 제자들 중에 윌리엄 그레이(William Grey), 로버트 플레밍(Robert Fleming), 존 프리(John Free), 존 건토르프(John Gunthorpe), 그리고 존 팁토프트(John Tiptoft)를 언급한다: p. 477.

* Hesiodos, 기원전 8세기~기원전 7세기: 호메로스를 이어 그리스에서 두 번째로 오래된 서사 시인으로 언급된다. 대표 작품으로는 신들의 탄생과정을 그려 그리스 신화의 토대가 된『신들의 계보』와 인생에 대한 조언을 담고 있는『노동과 나날들』(Opera et Dies)이 있다.

18 OAME V(vol. I, p. 9). 이 장의 주 1의 알두스의 유언에 대한 언급 참조.

19 레오니체노에 대해서는 이 장의 주 16 참조. 발라가 가담했다는 사실에 대해서는 G. Bertoni, La biblioteca Estense e la cultura ferrarese ai tempi del duca Ercole I, 1471~1505, Turin, 1903, p. 113에서 언급된다. 그러나 나는 이에 대한 확실한 증거를 발견하지 못했다. 이 책의 제5장 주 12f. 참조. 우르케우스의 가담 여부와 이후 알두스의 사업에 대한 관심은 의심의 여지가 없다: C. Malagola, Della vita e

지도 모르지만 그가 이보다 더 중요한 교육을 대학 생활 밖에서 받았다는 사실을 가리키는 증거도 발견된다. 알두스와 피코 델라 미란돌라 가족 사이의 관계는 이미 언급했다. 이제 이 관계의 정확한 성격과 그로 인한 결과를 추정해 볼 차례이다.

1485년 10월 28일에 알두스는 폴리치아노에게 그의 우정과 도움을 제공하겠다는 글을 기술했다. 이런 종류의 글은 당시에 흔한 일이었다. 이 글의 목적은 자신의 이름을 저명한 문헌학자의 이름과 연결함으로써 후광을 얻으려는 속셈이었다. 폴리치아노의 편지는 종종 손을 타서 전달되었기 때문에 그의 글은 아부적인 어투로 기록되었다. 알두스는 자신이 폴리치아노를 존경하게 된 경위와 그에 대한 존경이 날로 커져가고 있다고 간략하게 서술했다. 그는 3년 전에 베네치아인들이 페라라를 공격했을 때, 자신이 피코 델라 미란돌라와 함께 미란돌라로 피신했다고 기록한다. 거기서 그의 '절친한 친구'인 마누엘 아드라미테누스(Manuel Adramyttenus)가 그에게 폴리치아노가 쓴 그리스어 편지를 보여 주었는데, 그 편지의 순수한 아티카 양식이 그에게 깊은 인상을 남겼다고 전한다. 얼마 지나지 않아서 아드라미테누스는 피코 델라 미란돌라의 무리와 함께 파비아로 가는 도중에 세상을 떠났다. 그러나 피코 델라 미란돌라는 돌아오는 길에 카르피를 통과했고, 알두스에게 폴리치아노의 『숲들』 사본을 보여 주었다. 이는 더더욱 그의 감탄을 자아냈다. 알두스는 더 이상 자신을 자제하지 못하면서 폴리치아노가 그에게 우정의 손길을 내밀고 그를 집안 하인 중 한 명으로 대해 주기를 간청했다.[20]

---

delle opere di Antonio Urceo, detto Codro, Bologna, 1878, pp. 150f.

20 이 편지의 진(眞)본문은 L. Dorez, "Alde Manuce et Ange Politien", Révue des Bibliothèques, Ann. VI, 1896, pp. 319~21 참조. 폴리치아노의 답변에 대해서는 pp. 321~23 참조. 베네치아와 페라라 사이의 적대감은 1482년 5월 2일부터 1484년 8월 8일까지 지속되었다: S. Romanin, Storia documentata di Venezia, vol.

이 편지는 많은 정보를 포함하고 있으며, 당시의 유동적인 학문 생활을 생생한 그림으로 보여 준다. 그러나 아무런 언급 없이 지나친 부분도 상당히 많기 때문에 이를 재구성하기는 대단히 힘들다. 먼저 불가사의한 아드라미테누스의 생애가 미심쩍다. 우리는 그가 크레타섬 출신으로서, 1460년대와 1470년대에 미카엘 아포스톨리스(Michael Apostolis) 밑에서 7년간 수학했다는 사실을 안다. 그러나 아드라미테누스는 그를 방탕한 서구화로 인도했던 마누엘이라는 인물과의 우정으로 인해 옛 스승과 심하게 다툰다. 타락한 이 둘은 1470년대 중엽에 부(富)를 찾아 크레타섬을 떠난 것으로 보인다. 어쩌면 이 모험이 결국 아드라미테누스를 미란돌라로 인도했을지도 모른다. 알두스가 사용하는 '절친한 친구', '나에게 헌신적인'이란 표현들은 그가 아드라미테누스를 오랫동안 알고 있었으며, 그의 가르침에 많은 도움을 받았다는 사실을 시사한다. 그러나 우리가 아드라미테누스에 대해 아는 바는, 그가 수많은 크레타섬 사람들과 마찬가지로 1470년대 말에 전문 필경사로 일했다는 사실뿐이다. 그의 지적인 성취가 무엇인지 혹은 그가 피코 델라 미란돌라의 무리에 포함되기 전에 어디서 활동했는지를 알려 주는 증거는 적다.[21] 다음 문제는 이 '무리'의 특성에 대한 의문이다. 피코 델라 미란돌라가 문학가들에게 호의를 베풀었다는 알두스의 언급은 예의상 내뱉은 무의미한 인문주의적 찬사에 불과할지도 모르지만, 여타 편지들의 산발적인 증거들은 그가 1480년대 초에 미란돌라를 학문 후원의 중심지로 만들기 위해 상당히 노력했다는 사실을 암시한다. 1482년 7월 20일에 피코 델라 미란돌라는

---

IV, Venice, 1973 ed., pp. 97~117.

21  정보 출처인 H. Noiret, *Lettres Inédites de Michel Apostolis, Bibliothèque des Écoles Françaises d'Athènes et de Rome*, Paris, 1889, pp. 29~30는 아드라미테누스에 대해 알려진 사실을 수록하고 있고, 그를 Bibliothèque Nationale, Paris, Ms. Graecus, 1761과 Biblioteca Apostolica Vaticana, Ms. Palatinus 115의 필경사로 지목한다.

레오니체노에게 긴급한 초청장을 보낸다. 그는 피렌체에서 레오니체노를 찾으려고 시도했으나 실패했다. 그런데 이제 볼로냐에서 그를 찾았던 것이다.[22]

> 당신은 저의 소도시를 잊어버리셨거나 경멸하는 것이 분명합니다. 니콜라스, 당신은 저의 호의나 재력을 불신하는 것 같습니다. 이는 물론 당신이 제게 베푸는 봉사에 비하면 사소하지만, 당신이 생각하는 것처럼 하찮지 않습니다. 당신의 계획을 알려 주신다면 기쁠 것 같습니다. 당신이 제 집을 당신의 집처럼 여기고, 다른 사람들이 전쟁의 소용돌이에 휘말리는 동안 여기서 안식을 취하신다면 무척 기쁠 것 같습니다. 문법학자 요하네스의 나머지 부분을 보냅니다. 여러 날 찾아 헤매다가 마침내 발견한 자료입니다. 저는 당신의 사람입니다. 그리고 당신을 기다리겠습니다. 안녕하시길 ……. 당신이 저를 아끼신다면 성 도미니쿠스(Saint Dominic) 도서관에 소장된 모든 책들의 목록을 작성해 보내주시거나, 당신이 직접 가져다주세요. 다시금 안녕하시길. 저는 도시 밖에 별장을 한 채 지었습니다. 현장의 상태를 고려하면 충분히 쾌적한 곳입니다. 저는 그곳에 대한 긴 시를 한 편 작성하기도 했지요. 별장은 당신의 마음에도 들 것입니다. 제 시가 마음에 드실지 모르겠네요. 다시금 안녕하시기를.

이 글에서는 문학계에 자기 자신을 내세우려고 노력하는 매력적이긴 하나 다소 지나치게 열정적인 젊은이의 어조가 묻어난다. 피코 델라 미란돌라는 전쟁에 휘말린 페라라에서 쫓겨난 학자들에게 자신의 궁정을 단지 피난처로만 개방한 것이 아니었다. 그는 상당히 멀리 떨어져 있

---

22  Ioannis Pici Mirandulae, *Opera Omnia*, Basel, 1557, pp. 363~64.

는 명망 높은 지식인들을 곁으로 끌어들이고자 유혹했던 것이다. 피코 델라 미란돌라의 계획은 어느 정도 성공했던 것으로 보인다. 그의 계획이 피렌체나 로마의 본을 따 일종의 학교를 설립하려는 시도였다고 추측할 만한 충분한 정보는 없다. 피코 델라 미란돌라는 끊임없이 이사했기 때문에 지속적인 후원을 보장할 수 없었지만, 그에게 몰려든 사람들 사이에서 일종의 학문적인 논의와 동지애가 존재했던 것이 분명하다. 1483년에 피코 델라 미란돌라가 폴리치아노에게 보낸 유쾌한 편지에서는 피렌체의 『에픽테토스의 엥케이리디온』(Enchiridion Epicteti) 판이 받은 환대가 묘사된다. 이 편지에서는 "무리 중에 그리스어를 아는 사람들이 있었음에도 불구하고" 라틴어 본문을 읽을 때 고조되었던 흥분감을 강조했다. 또한 번역자의 기량으로 인해 무리가 대대적으로 스토아 철학으로 개종했다는 사실도 강조했다.[23] 아드라미테누스와 함께 폴리치아노의 그리스어 편지를 읽었다는 알두스 자신의 이야기는 그가 그리스어를 상당 부분 피코 델라 미란돌라의 빌라에서 이와 같이 반(半)사회적이고, 반(半)학문적인 모임에서 배웠다는 사실을 함축한다. 그가 아드라미테누스와 친했다는 사실은 분명하다. 위의 편지에서 폴리치아노가 언급한 사람 중 한 명인 잠바티스타 스키타(Giambattista Scita)는 1483년에 알두스에게 '우리의 군주'인 피코 델라 미란돌라가 파비아에서 이뤄낸 진척에 대해 기술한다. 스키타는 그의 옛 동료가 인쇄업자로 일하기 시작한 후에도 그와 계속 연락하는 사이였다. 레오니체노는 알두스의 가장 활발한 조력자 중 한 명이었다. 그는 본문 수정자로서, 그리고 원작 제공자로서 알두스를 도왔다. 이런 활동은 피코 델라 미란돌라가 피렌체에서

23   A. Politiani, *Opera Omnia*, Aldus, 1498, 쪽수 없음: Epistolarum Lib. I, nos. 4 and
     5(폴리치아노의 편지와 피코 델라 미란돌라의 답장). 날짜에 대해서는 E. Garin,
     "Ricerche su Giovanni Pico della Mirandola: l'epistolario", in *La cultura filosofica
     del Rinascimento italiano*, Florence, 1961, p. 258 참조.

파리로, 그리고 다시금 로마로 방랑하던 격동의 시기 동안에 지속되지 못했을 것이다. 그러나 1482~84년 사이에 이런 활동들은 활발히 이뤄졌다.[24]

우리는 상상력을 동원해 알두스가 페라라와 카르피, 그리고 미란돌라에서 경험했던 것들로부터 무수한 결론들을 유추해 낼 수 있을 것이다. 이후에 알두스는 학교 설립을 꿈꿨다. 이때 그는 피코 델라 미란돌라의 별장에서 동료들과 함께 몇 시간이고 생각을 공유하면서 활기찬 논의를 펼쳤던 기억을 염두에 두지 않았을까? 그럴지도 모르지만 증거가 없기 때문에 쉽게 결론을 내리지는 못한다. 우리는 알두스를 당시의 지적 배경 속에 보다 정확하게 위치시키는 일만 할 수 있다. 알두스가 피코 델라 미란돌라의 스쳐 지나가는 지인이었거나 대수롭지 않은 제자였을 뿐이라고 간주되곤 한다. 이 견해에 따르면, 알두스는 피코 델라 미란돌라 백작을 멀리서 흠모했을 뿐이다.[25] 그러나 우리에게 있는 증거들은 피코 델라 미란돌라가 자신만의 동아리를 형성하기 위해 적극 노력했음을 암시한다. 따라서 알두스가 피코 델라 미란돌라 곁에 있었다는 사실은 그가 이미 학자로서 적잖은 명성을 누리고 있었거나 피코 델라 미란돌라에게 잘 알려졌거나, 둘 다 해당했다는 사실을 입증한다. 알두스가 그리스화(化)를 열렬하게 지지하는 폴리치아노에게 보낸 편지는 동일한 시기에 피코 델라 미란돌라가 폴리치아노에게 보낸 편지의 어조를 전적으로

---

24  스키타의 편지에 대해서는 이 장의 주 14의 참고문헌 참조. 그는 레오니체노보다 인쇄회사에 훨씬 덜 관여했다. 그러나 그의 관여에 대해서는 1499년 『폴리필로의 꿈』(*Hypnerotomachia Polifili*)에 그가 기여한 경구에서 발견할 수 있다. 피코 델라 미란돌라에 대한 완전한 참고문헌은 필요 없지만 에우제니오 가린(Eugenio Garin)이 쓴 에세이들의 영어 번역은 유용한 개론서 역할을 할 것이다: *Portraits from the Quattrocento*, New York/London, 1972, pp. 190~221 참조.

25  일례로 A. Firmin-Didot, *Alde Manuce et l'Hellénisme à Venise*, Paris, 1875, pp. 6~7의 스쳐 지나가는 언급과 비교.

따른다. 피코 델라 미란돌라 백작은 "저는 그리스 사람들에게는 라틴 사람이라고 호소하고, 라틴 사람들에게는 그리스어를 공부한다고 호소하는 당신을 모방할 것입니다"라고 썼다.[26] 피코 델라 미란돌라와 알두스가 주고받았던 편지 중 유일하게 남아 있는 편지에서 그는 알두스에게 철학 공부를 계속하되, 절대로 최종 목적에서 시선을 떼지 말라고 권한다.[27] 알두스는 피코 델라 미란돌라의 동료이자 피보호자로서 보편적인 지식을 향한 그의 탐구열에 휩쓸렸다.

이런 암시들은 1480년대에 알두스가 저술했던 글 중 유일하게 생존한 다른 글에서 훨씬 강력하게 표현되었다. 이 글은 다양한 구성 요소에 따라 『무사 여신들의 찬가』(Musarum Panegyris) 혹은 『경건한 카테리나에게 보낸 편지』(Epistola ad Catherinam Piam)로 다양하게 불리는 짧은 소책자에 보존되었다. 이 책자에는 알두스가 그의 젊은 학생들인 알베르토 피오와 리오넬로 피오를 격려하기 위해 저술했던 진부한 라틴어 애가(哀歌)와 왕자들의 어머니에게 자신의 교육 목표를 정당화하기 위해 쓴 글이 포함되었다. 이 책자는 오직 네 개의 사본만이 살아남았다. 8페이지에 해당하는 4절판 크기의 이 책자의 인쇄 작업은 조판을 근거로 베네치아의 밥티스타 데 토르티스(Baptista de Tortis)에게 돌려졌다. 간행일은 1487년 3월과 1491년 3월 사이이다. 1487년 3월에 피에트로 바로치(Pietro Barozzi)가 파도바의 주교로 임명되었기 때문이다. 또한 1491년 3월에 아퀼레이아의 총대주교직을 받아들인 후 추방당했던 에르몰라오 바르바로가 "베네치아 원로원의 영광"으로 불렸을 리가 없기 때문이다. 그러나 실제 저술 시기는 보다 이른 시기였을 것이다. 어설픈 애가들은 분명 교실에서 작성되었을 것이다. 교육 목표에 대한 선언은 알두스가

26  A. Politiani, *Opera Omnia*, Ep. Lib. I, no. 8.
27  Ioannis Pici Mirandulae, *Opera Omnia*, p. 359.

이미 인쇄를 향해 기울고 있던 1480년대 말보다 1480년대 초에 더 자연스러운 발상이었을 것이다. 어쩌면 이는 1489년경 베네치아에 도착했을 때, 그가 일종의 자기선전으로 초안을 수정해 출판한 것인지로 모른다. 알두스가 1490년대 초에 교사로 일했다는 증거가 있다. 이때 군주의 집 안과의 인맥은 엄청난 장점으로 작용했을 것이다.[28] 날짜를 어떻게 상정하든 간에, 이 자료의 전반적인 연관성에는 하등의 영향도 끼치지 않는다. 알두스는 자신을 후원자들과 더 많은 청중들에게 알리기를 원했다. 이 자료는 그의 지적인 지위에 대한 대대적인 진술에 해당한다. 이 진술은 폴리치아노와 주고받은 편지의 내용으로부터 자연스럽게 도출된다. 그는 애가에서 왕자들에게 "로마의 책들과 함께 신적인 그리스의 책들도 읽도록" 권면한다.[29] 그는 카테리나 피아(Catherina Pia)에게 보낸 편지의 서두에서 격식을 차리며 다음과 같이 질문한다. "그리스인들은 모든 학문 분야에서 가장 탁월합니다. 잘 알려진 바와 같이, 칭송받을 만한 모든 것들이 그들로부터 라틴어로 전수되었습니다. 그리스어도 모르는 사람이 어떻게 그리스 저자들을 모방할 수 있겠습니까?"[30] 알두스는 그리스 문학의 매력을 입증하고 참된 라틴 학문의 보조로서 그리스 문학의 절대적인 필요성을 증명하기 위해 키케로와 호라티우스, 그리고 퀸틸리아누스를 예로 든다. 그 다음에 알두스는 모범을 통해 가르치는 인

---

28  이 본문은 이제 G. 오를란디(G. Orlandi)의 부록에서 쉽게 찾아볼 수 있다: vol. I, pp. 157~64. 구성과 날짜의 문제는 수정 작업을 가정할 때에만 해결된다: C. Bühler, "The First Aldine", *Papers of the Bibliographical Society of America*, XLII, 1948, pp. 3~14와 "Aldus' *Paraenesis* to his Pupil, Lionello Pio", *The Library*, Fifth Series, XVII, 1962, pp. 240~42 참조. 그의 분산된 서지학 에세이들을 수집한 C. Bühler, *Early Books and Manuscripts*, New York, 1973도 참조. 알두스의 교직 활동에 대해서는 이 책의 제5장 주 53 참조.

29  OAME, vol. I, p. 160.

30  *Ib.*, p. 161.

문주의의 원리에 합당하게 학식 높은 왕자들의 예를 든다. 그는 필리포스 2세와 알렉산드로스 대왕, 그리고 율리우스 카이사르가 15세기의 페데리고 다 몬테펠트로*로 이어졌다고 말한다. 이것이 다시금 피코 델라 미란돌라, 피에트로 바로치, 그리고 "가장 유명한 기사이자, 가장 박식한 변호사이고, 명성이 가장 자자한 철학자이며, 그리스어와 라틴어에 조예 깊은" 에르몰라오 바르바로의 평화와 덕행으로 이어졌다고 말한다. 알두스가 실제로 바르바로를 만났다는 증거는 없다. 바르바로는 알두스가 베네치아에 도착한 후에 즉시 혹은 그 이전에 불운한 사절의 임무를 맡고 로마로 떠났을 것이다. 그러나 알두스는 특히 바르바로의 방대한 지식과 그리스어를 장악하도록 돕는 교육제도를 칭송했다. 이는 알두스가 폴리치아노와 피코 델라 미란돌라, 그리고 바르바로의 철저한 계획을 향해 방향을 완전히 전향했다는 사실을 보여 준다. 고대 세계의 가치는 언어나 특정 분야를 초월하는 보편적인 학문으로 재창조되어야 했다.[31]

이 사람들이 문헌학 지식을 절대적으로 신뢰했으며, 문헌학이라는 좁은 토대 위에 희망을 걸었다는 사실을 상기할 필요가 있다. 자신들의 문

---

* Federigo da Montefeltro, 1422~82: 우르비노의 귀단토니오 다 몬테펠트로 백작의 사생아로 태어난 그는 만토바의 비토리노 다 펠트레 학교에서 수학했다. 이후 전략가이자 용병의 길에 들어선 그는 1469년에 나폴리와 피렌체, 그리고 밀라노의 연합군을 통솔해 교황의 군대를 무찌르는 데 공을 세운다. 1474년에 교황 식스투스 6세에 의해 우르비노의 통치자가 된 그는, 1479년에 교황의 군대를 이끌고 피렌체를 대상으로 전쟁을 벌이기도 했다. 몬테펠트로는 수많은 예술가와 건축가를 후원했지만, 유독히 인쇄술을 혐오해 인쇄본 대신에 필사본을 수집했다. 그의 도서관은 당시 유럽에서 가장 규모있는 도서관 중 하나였다.

31 *Ib.*, pp. 163~64. 나는 실제로 바르바로와 만났다는 알두스의 말이 그 사실을 증명하지 못한다고 생각하지만 이는 중요하지 않다. 그들이 같은 지적 무리에 속했고 동일한 가치를 받아들였기 때문이다. V. Branca, "Ermolao Barbaro and the late Quattrocento Venetian Humanism", in *Renaissance Venice*, ed. J. R. Hale, London, 1973, pp. 218~43 참조.

헌학 지식에 대한 이들의 신뢰는 말로 형용하기 힘들 정도이다. 폴리치아노는 레오니체노와 함께 플리니우스와 디오스쿠리데스(Dioscurides)의 본문들에 대한 의견을 주고받았다. 폴리치아노는 레오니체노를 새로운 아스클레피오스*로 불렀다. 그의 지식이 그 세대를 질병과 죽음에서 구원할 것이기 때문이었다. 바르게 이해되기만 한다면 인간을 짐승과 구별하는 이성적인 능력의 최상의 표현인 언어가 성취하지 못할 것은 아무것도 없었다.[32] 모든 신앙을 하나의 궁극적인 신비로 조화시키려던 피코 델라 미란돌라의 꿈도 이와 동일한 확신에 근거했다. 이 위대한 사람의 피보호자이자 지적 방패지기였던 알두스가 그와 동일한 비전을 품고 동일한 꿈을 꿨다는 데는 의심의 여지가 없다. 그러나 그의 삶에 대한 중요한 질문에는 여전히 답을 찾을 수 없다. 알두스는 왜 인쇄업자가 되었는가? 피코 델라 미란돌라와 폴리치아노, 그리고 바르바로가 이 새로운 기술에 대해 강력한 견해를 가졌다는 조짐은 발견되지 않는다. 피코 델라 미란돌라는 1491년에 알두스에게 편지를 썼다. 그때 그의 옛 친구는 이미 계획을 실천에 옮기기 위해 베네치아에 있었을 것이다. 피코 델라 미란돌라는 알두스에게 호메로스의 작품을 보냈는데, 이는 어쩌면 알두스의 출판 계획의 일부로 포함되었을지도 모르지만 인쇄에 대한 언급은 없다. 폴리치아노는 인쇄업이 저자와 그의 명성에 함축하는 바를 분명히 인식했으나, 최대한 많은 사람들이 본문을 읽게 되는 것보다 정확한 본문이 출판되기를 더욱 열망했던 것으로 보인다.[33] 바르바로의 태도

---

* Asclepius: 그리스 신화에서 등장하는 영웅이자 치료의 신(神)이다.

32  A. Politiani, *Opera Omnia*, Ep. Lib. II, nos. 6, 7. 이와 관련된 지적 입장에 대한 전반적인 논의는 이전 각주에서 인용된 V. 브랑카(V. Branca)의 기사 참조.

33  피코 델라 미란돌라의 편지에 대해서는 이 장의 주 27 참조. 그의 900개의 논제들과 관련된 논증 일부가 인쇄되었지만, 이는 그의 선택이 아니었을지도 모른다: R. Marcel, "Pic et la France", in *L'opera e il pensiero di Giovanni Pico della Mirandola*, Florence, 1965, pp. 205~30. 폴리치아노의 태도에 대해서는

는 철저하게 보수적이었다. 그는 1480년에 저술했던 『테미스티오스의 풀어서 설명하기』(*Themistii in Aristotelis Physica Paraphrasis*)의 헌정사에서 사적이나 공적으로 유통되는 모든 자료들을 엄격히 검열할 것을 지지했던 플라톤을 칭찬한다. 그는 이것이 당시의 책의 홍수를 통제할 수 있는 유일한 수단이라고 생각했다. 당시에는 사기꾼들이 수많은 책들을 집필했으며, 어리석은 자들이 이 책들을 구입해 읽었다.[34] 이 위대한 학자들은 인간의 존엄성과 이 존엄성의 이성적인 표현인 인간의 언어와 인간 언어의 최고의 표현인 고대 문학에 대해 저술했다. 그러나 그들의 구상에서 인쇄소를 위한 자리를 발견하기는 쉽지 않다. 우리는 알두스가 경건한 카테리나에게 보냈던 편지의 이상주의를 강조할 수 있다. 이 이상주의가 피코 델라 미란돌라와 바르바로에게 얼마나 의존하고 있는지도 강조할 수 있다. 그러나 인쇄가 한 번도 언급되지 않는다는 사실을 부인할 수는 없다. 이 편지가 교육 광고물 이상이었음을 암시하는 것은 없다. 마지막으로 알두스가 정식 교육을 받았던 페라라도, 그의 그리스 학문을 고무한 주된 원천인 피렌체도 1490년대 출판계의 중심지가 아니었다는 사실을 기억할 필요가 있다.[35]

1480년대에 위대한 인문주의자들과의 지적 접촉은 알두스가 인쇄업자가 된 이유를 분명히 설명하지 못했다. 그들 및 그 동료들과의 사회적인 인맥은 알두스가 냉혹하리만큼 불확실한 인쇄업에 뛰어들었던 원인을 더욱 이해하기 힘들게 만든다. 1480년대 말의 알두스 시대 사람들은 그의 인생의 선박이 항구를 향해 안전하고 편안하게 순항하고 있다고

---

A. Politiani, *Opera Omnia*, Ep. Lib. IV, no. 13 참조(볼로냐의 안드레아 마그나니모(Andrea Magnanimo)에게 올바른 본문이 인쇄된 것을 확인해달라는 요청).

34  *Ib.*, Ep. Lib. XII, no. 44.

35  R. Ridolfi, *La stampa in Firenze nel secolo XV*, Florence, 1957; V. Scholderer, "Printing in Ferrara in the Fifteenth Century", in *Fifty Essays* …, pp. 91~95.

평가했을 것이다. 그는 40대에 접어들고 있었다. 40대는 사람들의 육체적인 기능이 급격히 쇠퇴하기 시작하는 나이였다.[36] 그의 경력은 화려하지는 않았지만 충분히 존경할 만했다. 상관들의 이목을 끌었고 동료들의 존경을 얻었다. 그러나 무엇보다도 중요한 사실은, 그가 2급 문필가로서 바랄 수 있는 최상의 보장인 후원자를 얻었다는 점이다.

알베르토 피오가 일차적으로 알두스의 제자로만 기억된다는 점은 부당하다. 알베르토는 자기 자신과 세상을 지나치게 심각하게 받아들였을지도 모르는 젊은이였다. 그는 에라스무스를 격렬히 반대했다. 또한 이탈리아에서 반복되었던 대외적인 개입의 피해자였다.[37] 문학과 예술에 대한 그의 전적인 헌신은 그의 고향인 에밀리아(Emilia)의 테두리 밖에서는 이해하기 힘들다. 무심한 관찰자는 그가 어떻게 이런 관심사를 위해 시간을 할애할 수 있었는지 궁금할지도 모른다. 1490년대에 갓 성인이 된 그는 카르피의 소유권을 두고 사촌인 지베르토 피오(Giberto Pio)와 극심한 불화에 휘말렸다. 1497년 7월에 그의 집은 약탈당했으며, 그는 페라라로 대피할 수밖에 없었다.[38] 알베르토는 난민이었는데도 상당히 큰 저택을 유지할 수 있었다. 그는 5개월 동안 책과 책 장식 구입비, 그리고 마르쿠스 무수루스*를 그리스어 개인교사와 사서로 고용하기 위

---

36  C. Gilbert, "When did a Man in the Renaissance Grow Old?", *Studies in the Renaissance XIV*, 1967, pp. 7~32.

37  M. Gilmore, "Erasmus and Alberto Pio, Prince of Carpi", in *Action and Conviction in Early Modern Europe*, Essays in Memory of E. H. Harbison, ed. T. Rabb · J. Seigel, Princeton, 1969, pp. 299~318.

38  P. Guaitoli, "Memorie sulla vita d'Alberto Pio III", *Memorie storiche e documenti sulla città e sull'antico principato di Carpi*, I, Carpi, 1877, pp. 135~41.

*  Marcus Musurus, 1470?~1517: 1490년경에 야누스 라스카리스 밑에서 수학하기 위해 피렌체로 이민 온 크레테 섬 출신의 그리스 학자였다. 1503년에 파도바 대학에서 그리스 언어와 문학을 가르쳤다. 1512년에 베네치아로 이주해 알두스의

해 거의 50플로린을 지출했다.[39] 1500년에 그의 사촌의 섭리적인 죽음으로 인해 페라라에 새로운 주도권이 형성되었다. 이는 알베르토가 비교적 안전하게 고향으로 복귀할 수 있음을 의미했다. 그는 고인이 된 조르조 발라의 도서관에 금화(gold crowns) 800닢을 지출함으로써 이 사태를 축하했다. 또한 카르피시(市)를 변혁하는 일에 즉시 착수했다.[40] 그는 이곳에서 불과 7년 거주했을 뿐이다. 그러나 대성당이 최신의 브라만테 형식(Bramantesque)으로 재건되었으며, 궁전(Palazzo)도 베르나르디노 로스키(Bernardino Loschi)를 동원해 재건되어 프레스코화가 그려졌다. 또한 광장 반대편을 따라 대규모의 고전풍 회랑을 건축했다.[41] 알베르토는 카르피를 모든 교양 과목들의 중심지로 세우기 위해 안달이 났기 때문에 결국 그곳 출신 인쇄공인 베네데토 돌치벨로 데 만치(Benedetto Dolcibello de Manzi)를 초대했다. 데 만치는 예전에 알두스의 그리스어 저작권을 침해해 기소당한 적이 있었는데, 이번에는 라틴어 본문을 필기체로 출판함으로써 또 다른 판권을 침해했다.[42] 그러나 알두스는 그의 옛 제자와

그리스어 본문 편집자로 활동하면서 아리스토파네스, 에우리피데스, 플라톤, 그리고 파우사니아스의 초판 편집을 맡았다. 알두스 사후에 교황 레오 10세의 초대를 받아 로마로 떠나 라스카리스와 함께 그리스어 인쇄소를 세웠다.

39  A. Morselli, "Intorno a una lista di libraro ferrarese", in his collection of material "Notizie e documenti sulla vita di Alberto Pio", *Ib.*, XI, 1931, pp. 135~52. 이 문서는 1499년 8월과 1500년 2월 사이에 알베르토에게 200부 이상을 판매한 사실을 기록한다. 무수루스의 처지에 대해서는 D. Geanakoplos, *Greek Scholars in Venice*, Harvard, 1962, pp. 125~28 참조.

40  페라라가 실시한 강화(pacification)에 대해서는 P. Guaitoli, *op. cit.*, pp. 150~54 참조. 발라의 도서관의 구입에 대해서는 D. Fava, *La Biblioteca Estense nel suo sviluppo storico*, Modena, 1925, p. 152 참조.

41  건축 계획에 대해서는 A. Morselli, "Alberto e la corte di Carpi", *Memorie storiche* …, vol. cit., pp. 153~83 참조.

42  D. Fava, *op. cit.*, pp. 150~52와 "L'introduzione del corsivo nella tipografia e l'opera di Benedetto Dolcibello", *Internationale Vereinigung für Dokumentation*,

일정한 거리를 유지했던 것으로 보인다. 알두스는 그의 지속적인 지원에 감사를 표했다. 사유지와 시 전체에 대한 전적인 권한, 심지어는 학교를 건립할 수 있는 기회를 주겠다는 말에 감사의 마음을 표한다. 그러나 알두스는 카르피에 거주하지는 않았을 것이다.[43] 1497년 당시 알베르토는 망명 중이었으며, 알두스는 투자자들에게 얽매여 있었다. 따라서 그의 신중한 거절은 그닥 놀랍지 않다. 그러나 우리는 알두스의 최초의 서문에서 "나는 비록 조용하고 평온한 생애를 영위할 수 있었지만, 노고와 골칫거리로 가득 찬 인생을 선택했다"라는 말을 읽을 수 있다.[44] 알두스에게 열려 있었던 후원의 길을 생각할 때, 우리는 다시금 최초의 의문으로 되돌아올 수밖에 없다. 알두스는 인쇄업자가 될 필요가 없었다.

우리는 연구의 방향을 틀어 알두스의 선택을 부추긴 개인적인 동기를 살펴보아야 한다. 이런 시도는 증거가 부족하기 때문에 대단히 위험하고 언뜻 보기에는 혼란만 더한다. 알두스에 대해 우리가 아는 정보는 그를 상당히 내성적인 사람으로 묘사한다. 그는 당시의 대다수 사람들처럼 공격적으로 문학적인 명성을 추구하지 않았다. 심지어 인쇄업이 가져다준 명성에 다소 당황했을 정도였다. 그의 서문은 출판물에 그가 들인 수고를 강조하고 출판물의 탁월함을 과장해 말할지도 모른다.[45] 그러나 그는 이외에는 별다른 저술 활동을 하지 않았다. 그는 첫 번째 유언

---

*Dreimonatliche Berichte*, Haag, IX, fasc. i, 1942, pp. 2～7. 데 만치는 1506년 4월과 5월에 둔스 스코투스(Duns Scotus)에 대한 두 권짜리 2절판 주석서를 인쇄했다. 그가 알두스의 그리스어 저작권을 침해한 사실에 대해서는 이 책의 제4장 주 64～66 참조.

43  OAME VIII의 *Dedication of Aristotle and Theophrastus*.

44  *Ib.*, I B.

45  이 책의 제4장 주 178 참조. 그러나 알두스는 요하네스 크라스토니스(Johannes Crastonis)의 『사전』(*Lexicon graeco-latinum*)에서 자신에게 돌려서는 안 되는 공로를 스스로에게 돌렸다. RAIA pp. 13～14.

장에서 유언 집행자들에게 문법에 대한 특정한 책들을 파괴하도록 지시했다. 이 세심한 저자는 이 책들이 출판하기에 충분히 다듬어지지 않았다고 생각했다.[46] 알두스는 당시 학계의 맹렬한 논란에 대해 알았다. 그는 고전 문서의 정화를 위한 자극제로서 이 논란을 수용했다. 알두스는 논란에 참여한 주요 인물들 사이에 살았지만, 그 자신은 논란에 휘말리지 않았다.[47] 파도바 대학을 선도했던 두 인문학자인 조반니 칼푸르니오(Giovanni Calfurnio)와 라파엘 레기우스(Raphael Regius)는 1480년대 말내내 서로를 헐뜯었다. 알두스는 두 명 모두와 좋은 관계를 유지했다.[48] 그는 친구인 에그나치오가 사벨리코를 공격할 때에도 싸움에 가담할 의향은 전혀 없었으며, 여러 동료들이 베네치아의 공공강사직을 두고 경쟁했을 때에도 누구의 편도 들지 않았다. 마지막으로 우리는 알두스가 고전문학에 있어서는 본문만 출판했다는 증거를 가지고 있다. 우리에게는 알두스의 성격에 대한 정보가 부족하다. 그나마 있는 정보도 그에 대해 알려 주는 바가 거의 없다. 알두스는 인쇄를 자기 홍보의 수단으로 여기지 않았다. 그는 고대의 작가들이 그들만의 목소리를 낼 수 있도록 했다.[49]

폴리치아노는 알두스의 우상이었다. 처음에는 알두스를 폴리치아노와 동일하게 헌신적이고 안목 있는 골동품 연구자로 볼 만한 여지가 있다. 그는 생애의 상당 부분을 값진 기술을 터득하고 정보를 수집하는 데 보냈으며, 결국에는 이를 전할 필요를 느꼈던 사람으로 간주될 수 있다. 에

---

46    CSV p. 95.

47    OAME V.

48    Raphaelis Regii, *De quibusdam Quintiliani locis cum quodam Calfurnio Dialogus*, Venetiis, Guliemus Tridentius, 1490. 알두스는 위에서 인용된 본문에서 이 사안을 주목한다. OAME XL, XLII은 그가 두 명의 적수 모두에게 헌정하는 모습을 보여준다.

49    이 책의 제5장 주 11, 19 참조. 본문만 싣는다는 알두스의 책들의 암묵적인 '선언'에 대해서는 이 장 주 9의 C. Dionísotti, *op. cit.* 참조.

라스무스는 "천천히 서둘러라"(Festina lente)라는 격언을 남겼다. 이 격언은 알두스가 그에게 보여 주었던 로마 동전에서 유래했다. 그 동전에는 돌고래와 닻이 그려져 있었다. 알두스의 분주한 삶에 대해 우리가 아는 바는 그가 한가롭게 골동품 수집을 즐길 시간과 돈이 없었다는 사실을 함축한다. 그러나 그는 헌신적인 골동품 수집가들의 세계 속에서 살았다. 위에 언급된 동전을 알두스에게 준 사람은 피에트로 벰보*로 알려져 있다. 그는 이미 상당한 가족 소장품을 확장하는 데 생애를 바쳤다. 알두스의 동료 중에는 라틴 비문의 열렬한 학생들도 있었다. 적절한 곳에서 살펴보겠지만, 알두스가 선택한 활자체는 그가 친구들과 공유했던 관심사를 반영한다.[50] 그의 개인 도서관에 대해서는 더 많은 정보가 있다. 에라스무스는 동일한 구절에서 그의 도서관을 '보물 창고'로 불렀다. 16세기 말에 알두스의 손자가 책을 판매하겠다는 말을 꺼냈을 때에도 유사한 주장이 대두되었다. 1580년 베네치아에서 만토바의 사절은 다음과 같이 보도했다. "나는 오늘 아침에 알도 마누치오(Master Aldo Manuccio) 씨와 대화를 나누었다. 소문에 따르면, 그는 학자에게 더할 나위 없는 아름다운 도서관을 소유하고 있다. 군주들도 그 이상을 바랄 수 없다고 한다."[51]

그러나 정작 이 소문은 소유주 자신이 퍼트린 것으로서 심각한 재정

---

*   Pietro Bembo, 1470~1547: 이탈리아 베네치아의 귀족 집안에서 태어났으며, 이탈리아어 중에서도 토스카나어의 발전에 지대한 영향을 끼쳤다. 아울러 16세기에 페트라르카의 작품이 다시금 일반 대중들의 관심을 불러일으키는 데 큰 기여를 했다. 그가 쓴 라틴어 작품인 『아이트나산에 대하여』(De aetna)에 알두스 마누티우스와 프란체스코 그리포는 새로운 활자체를 만들었는데(1495), 이를 일명 '벰보체'라고도 한다. 이 서체는 당시의 인문주의의 실용성에 부합하는 서체로 각광을 받았다.

50   M. M. Philips, *The Adages of Erasmus*, pp. 174~75. 알두스의 활자에 대해서는 이 책의 제4장 주 78f. 참조.

51   A. Bertolotti, "Varietà archivistiche e bibliografiche", *Il Bibliofilo*, Anno VII, 1886, p. 181.

난에 빠진 그가 판매를 촉진하기 위해 지어낸 말에 불과했다. 손자 알두스(younger Aldus)는 고정자산을 확보하기 위해 가족 도서관에 기대를 걸고 있었다. 그는 모든 수단을 동원해 도서관의 가치를 최대한 부풀리는 데 혈안이 되었다. 거래는 성사되지 않았으며, 이 책들은 결국 1597년에 소유주의 사망 이후 빚에 대한 상환금 일부로서 교황청에 귀속되었다. 바티칸 도서관을 위해 작성된 물품 목록은 에라스무스의 평가조차 지나쳤을지도 모른다는 사실을 보여 준다.[52] 알두스가 세상을 떠난 이후의 날짜가 기입된 인쇄본도 있었다. 이 책들을 제외하고 343권의 필사본과 1,564권의 인쇄본 중 알두스가 실제로 소유했던 것이 얼마나 되는지는 알 길이 없지만 이는 전혀 중요하지 않다. 1600년 당시 사람의 말을 빌리자면, 1600년에도 "흥미를 돋울 만한" 작품은 거의 없었다. 필사본 중에는 고대 라틴어나 그리스어로 대대적인 출판을 기획할 만한 작품은 없었다.[53] 아르세니오스 아포스톨리스*가 필사한 리코프론(Lycophron)과 편지 선집 등 몇 개의 그리스어 필사본들은 사용되었을 가능성도 있고 이는 상당히 정확하게 확인할 수 있다. 그러나 이 사본들 안에서는 알

52 J. Bignami-Odier, *La Bibliothèque Vaticane de Sixte IV a Pie XI*, Studi e Testi, no. 272, Città del Vaticano, 1973, p. 81.
53 Biblioteca Apostolica Vaticana, Ms. Latini no. 7121, ff. 51r~59r; Biblioteca Ambrosiana, Milan, Cod. J. 100 inf.
이는 1590년 풀비오 오르시니(Fulvio Orsini)의 논평이다: P. de Nolhac, *La Bibliothèque de Fulvio Orsini*, Paris, 1887, p. 245: " … non vedo cosa da far venire l'acqua alla bocca."
* Arsenios Apostolis, 1468~1535: 크레타 섬 출신의 문헌학자로서 그리스어 사본 필경사로 일하면서 그리스어도 가르쳤다. 1492년에 야누스 라스카리스가 로렌초 데 메디치를 위해 수집한 그리스어 사본들을 필경하는 작업을 맡았고, 1494년에는 베네치아로 이주해 알두스의 편집자로 일하기도 했다. 아포스톨리스는 에우리피데스의 작품들에 대한 고전 주석들과 다양한 비잔티움 작품들을 광범위하게 출판했다.

두스의 논평이나 추측은 고사하고 그의 서명조차 찾아볼 수 없다.[54] 필사본들은 대부분 흔한 고전 라틴 문학, 지역 연대기, 경건 서적, 선집, 그리고 주석들이었다. 손자 알두스는 풀비오 오르시니(Fulvio Orsini)라는 로마 애서가에게 인쇄본 하나를 자신의 할아버지가 직접 작업한 작품으로 설득하는 데 성공했다. 그 책은 오비디우스의 초기 『변신이야기』 판이었다. 오르시니는 이 책에 자랑스러운 제목을 붙였다. "알두스의 교정이 포함된 오비디우스의 『변신이야기』"(Ovidii Metamorphoseos cum emendationibus Aldi). 오르시니는 사기를 당했을지도 모른다. 그러나 이 역시 전혀 중요하지 않다. 오르시니가 '교정'(emendations)이라고 부른 것은 부가적인 설명과 환언에 불과하기 때문이다. 이따금 인쇄상의 실수인 것이 분명한 부분도 교정되었다. 더 우월한 본문과 언어학적인 지식을 활용해 어설픈 첫 번째 시도를 비평하고 문제를 보다 합당하게 편집하기 위해 궁리하는 예리한 편집자의 고민의 흔적은 어디에서도 찾아볼 수 없다.[55] 알두스는 오랜 기간 인쇄업에 종사했지만 본문 비평가는 아니었다. 본문 비평에 대한 전문 지식이 그를 인쇄업으로 인도했던 것은 분명 아니었다.[56]

알두스의 성격 중에 우리가 확신할 수 있는 특징이 하나 있다. 이 특징은 알두스가 인쇄업을 시작했던 원인을 밝혀 주지는 못할지라도, 그의 사고방식과 그를 움직였던 원칙들을 조명해 줄 수 있을지 모른다. 그는 언어에 매료되었다. 그를 매료시킨 것은 이성적인 능력의 표현으로서의 언어가 아니었다. 그는 물론 당시에 유행했던 이 개념에 입에 발린 찬성을 표했을 것이다. 그러나 그를 매료시킨 것은 음악적인 리듬과 가지각

---

54  Bibl. Ap. Vat., Ms. Graeci nos. 1467(편지 작가들), 1471(리코프론).
55  *Ib.*, Incunabulum III, 16(=1135). P. de Nolhac, *Fulvio Orsini*, pp. 243~44 참조. 알두스의 글씨인지 불명확하다.
56  E. J. Kenney, *The Classical Text*, p. 18. 이 책의 제6장 여러 곳 참조.

색의 풍성한 소리 유형인 언어 자체였다. 어쩌면 알두스는 이런 관심 때문에 혹은 수년간 교실에서 보냈던 시간 때문에 문법적 정확성과 바른 발음에 병적으로 민감했다. 에라스무스는 이 사실에 대해 가벼운 농담을 던진다. 그는 이탈리아를 떠난 직후 『우신예찬』(*Stultitiae Laus*)을 저술했다. 이 책에서 에라스무스는 여신이 새로운 비문에 극도로 기뻐하며, 격어미를 놓고 맹렬히 논쟁하는 문법학자들을 보존하는 모습을 보여 준다. 이런 상상 속의 사안들을 결정하는 논쟁은 끝도 없을 것이다. 알두스는 혼자서 다섯 권의 문법서를 저술했다.[57] 에라스무스의 농담에 악의는 없었으며, 알두스도 불쾌하게 여기지 않았을 것이다. 알두스는 이로부터 불과 1년 후에 스스로 만족하는 책을 낸 적이 없다고 기록한다. 그는 자신이 저지른 모든 실수를 만회하기 위해 기꺼이 금화 한 닢을 지불하겠다고 말한다.[58] 에라스무스의 농담은 비록 사실이 아니었지만, 근본적으로는 바른 말이었다. 알두스는 1493년에 첫 문법서를 출판했다. 여기서 그는 자신이 곧 출판하기를 희망하는 그리스어 문법서와 문법 연습 문제, 다양한 단편들을 언급한다. 그는 1501년과 1508년, 그리고 1514년에 내용을 보충 및 재배치하고 용어들을 변경한 라틴어 문법서를 재발매했다. 알두스의 그리스어 문법서는 그가 세상을 떠났을 당시에도 출간되지 않았다. 이 책은 그의 친구인 무수루스가 출판했다. 알두스가 바랐던 것처럼 하나를 제외한 그의 나머지 모든 책들은 소멸되었다.[59] 우리는

---

57 Ch. 49. 이제는 영어 번역본도 나왔다: ed. A. H. T. Levi, London, 1971. 이 작품은 1511년에 처음 출판되었다.

58 OAME LXXVIII.

59 1501년의 『기초 문법』(*Rudimenta Grammatices*)은 권들로 나뉘지 않았으며, 글자와 음절 형태에 대한 소개도 간략했다. 다음 판에는 박자를 다루는 단락이 추가되었고 작품 전체가 네 권으로 나뉘었다. 서론 부분은 완전히 새롭게 기획되었고 일부 단어들의 형태가 바뀌었다(예를 들면 'Quaestiones'가 'Interrogationes'를 대체했다). 그리스어 문법에 대해서는 RAIA p. 73 참조.

알두스가 지나칠 정도로 꼼꼼했다는 에라스무스의 말에 동의할 수밖에 없다. 그러나 출판인에게 이것은 좋은 결점이었는지도 모른다.

문법서들은 언어에 대한 저자의 보다 긍정적인 태도도 보여 준다. 알두스는 1501년 판의 서문에서 당시 표준 문법서였던 12세기 빌레디외의 알렉산더(Alexander of Villedieu)의『교재』(Doctrinale)에 대한 깊은 불만을 표현한다. 문체가 형편없었다. 라틴 문법을 설명하는 2,000행에 다다르는 시를 외우는 것도 벅찼다. 따라서 많은 학생들은 학습과정 내내 몸서리를 쳤다. 이 고비를 극복한 학생들마저 학습의 내용이 그들과 전혀 무관했기 때문에 배운 내용을 금세 잊어버렸다. 그들이 암기하는 데 들인 시간의 일부를 키케로나 베르길리우스를 읽는 데 투자했더라면 훨씬 유익했을 것이다. 이들의 글은 바른 라틴어의 모본이기 때문이다.[60] 이러한 이의제기는 알두스의 근본적인 입장을 보여 준다. 빌레디외의 알렉산더의『교재』는 라틴어 문법을 마치 신적인 이성의 명령으로 취급했다. 이는 지속적인 사용을 통한 언어의 변화를 반영하는 대신, 문법을 마치 논리적인 필연으로 다루었다. 예외적인 문법 사항에 대한 언급은 거의 없었다. 예화(例話)는 주로 저자가 고안해 낸 것들이었으며, 라틴어 권위자들을 인용하는 경우는 드물었다. 언어에 대한 이러한 접근은 알두스에게 역겨운 것이었다. 그 이유는 첫째, 이런 방식은 단어들의 본질적인 유동성을 도외시했다. 둘째, 이는 고전학을 전혀 고려하지 않았다. 마지막으로 셋째, 이런 식으로 문법을 기원과 문학으로부터 분리하는 것은 이 주제의 교육학적인 측면을 무효화했다. 사실 알두스의 문법서는 큰 성과를 거두지 못했다. 이 문법서는 1568년 이전에 15번 재발매되었지만 알두스가 경멸했던『교재』를 대체하지는 못했다.『교재』는 15세기와 16세기 동안 279판이 출간되는 등 승승장구했다.[61] 알두스의 문법서는 동료

---

60    OAME XXV.

들과의 편지에서 거의 언급되지 않는다. 이 책이 거둔 미미한 성공마저도 책 자체의 고유한 가치보다는 저자의 명성에 의한 것이었다. 이 문법서는 별로 독창적이지 않았다. 알두스는 1514년 판에 자신이 "고대 그리스어와 라틴어 문법서를 모방했다"라고 주장한다. 이는 사실상 4세기에 아엘리우스 도나투스(Aelius Donatus)가 수립한 3부작 틀을 채택했다는 의미이다. 도나투스는 제1부에서 명사와 대명사, 격변화를 다루었고, 제2부에서는 동사와 동사 활용을 다루었다. 마지막으로 제3부는 구문론에 할당했다.[62] 지나친 기계적인 암기에 대한 그의 불만에도 불구하고, 알두스의 문법서는 여전히 '질의응답' 형식을 취했다. 이는 어리벙벙한 열 살짜리 학생으로 하여금 교사에게 복잡한 정의를 읊조리도록 부추겼을 것이다. 알두스는 심지어 6보격으로 정렬된 명사 목록에서 빌레디외의 알렉산더가 기억 장치로 사용했던 시적 리듬을 활용했다.[63] 그러나 언어에 대한 근본적으로 상이한 견해가 뚜렷이 드러난다. 알두스의 명사 목록은 예외적인 경우를 수록했다. 이 명사들에 대한 단수나 복수격변화만 나온다. 그는 라틴어의 어법과 시제를 토착어로 설명하는 데 동시대 영국인이었던 존 홀트(John Holt)에 비해 전혀 손색이 없었다. 그는 자신의 원칙을 첫 번째 정의에서 확고하게 선언했다. "문법이란 무엇인가? 문법은 이성과 용례, 그리고 권위에 근거한 예술이자 기술이다."[64]

---

61  『교재』에 대한 완전한 참고문헌을 제시하기에는 지면이 부족하다. 내 논의의 원천을 확인할 수 있는 주해가 첨가된 명쾌한 개론서인 R. Bolgar, *The Classical Heritage and its Beneficiaries*, London/New York, 1964 ed., pp. 208~10 참조. 알두스 문법서의 판수에 대한 나의 추정은 대영 박물관 목록에서 얻은 것이다.

62  알두스의 문법서를 도나투스의 『소의 문법서』(*Ars Minor*)와 비교하면, 둘의 구조가 완전히 동일하다는 사실을 금방 알 수 있다. 도나투스의 책이 여전히 널리 사용되었기 때문에 알두스의 책이 많은 관심을 끌지 못한 것은 당연하다.

63  *Rudimenta Grammatices*, 1501, f. c i v.

64  *Ib.*, f. a vi r. 존 홀트에 대해서는 N. Orme, *English Schools in the Middle Ages*,

알두스는 적어도 언어학적인 법칙들을 인정했던 것이다.

알두스는 언어의 역동성과 고전 작가들의 탁월성을 확신했다. 이런 확신은 그의 문법서가 아닌 단편들에서 더 확연하게 드러난다. 알두스는 그의 최초의 판인 콘스탄틴 라스카리스*의 그리스어 문법서에서 몇 쪽에 걸쳐 자신의 말도 첨가했다. 그가 첨가한 내용은 "그리스어 글자와 이중모음, 그리고 그리스어가 우리에게 전수된 경로"에 대한 것이었다. 그는 이 글에서 올바른 발음과 라틴어 및 그리스어 형태의 유사점과 차이점을 강조했다.[65] 알두스는 오비디우스의 『변신이야기』 본문에서 독자들을 위해 그리스어와 라틴어 고유명사의 비교지수를 제공했다. 여기서도 그는 독자들에게 두 언어 사이의 유사하지만 구별되는 발전사를 주의시켰다.[66] 말이나 글의 올바른 사용법에 대한 문제가 그를 사로잡았다. 알두스는 기초 히브리어 외에는 몰랐을 것이다. 그러나 그는 '히브리어에 대한 간략한 개론'에서도 구개음(口蓋音)과 치음(齒音), 그리고 순음(脣音)의 발음을 자세히 소개한다.[67] 라틴어와 그리스어의 이중모음을 장모음으로 단축하려는 일반적인 경향이 그를 극심하게 괴롭혔다. 그는 소멸되어야 하는 '단편들' 중 하나로 여겼던 짧은 글에서 이 현상에

---

London, 1873, pp. 28~29 참조.

* Constantine Lascaris, 1434~1501: 콘스탄티노플의 귀족 가문에 속했던 그는 1453년 콘스탄티노플이 오토만튀르크에 의해 함락되자 이탈리아로 망명했다. 1458년 밀라노에 정착한 그는 프란체스코 스포르차의 딸의 가정교사로 임용되었다. 그의 제자로는 인문주의 학자인 조르조 발라와 피에트로 벰보가 있다. 1476년 밀라노에서 출간된 라스카리스의 『그리스어 문법』(Erotemata)은 최초로 그리스어로만 된 출판물이었다.

65 RAIA p. 1. 이 부분은 1512년 판 라스카리스의 문법서와 1501년 판 알두스의 라틴어 문법서에도 첨부되었다.

66 Ovidii, *Metamorphoseon libri quindecim*, 1502, ff. a iii r~f iiii r.

67 1501년 『기초 문법』과 이후 알두스 문법서의 모든 판에 첨부되었다. RAIA pp. 31, 69.

대한 반대 의사를 표했다. 알두스는 이 글에서 테렌티우스*와 유스타티
우스(Eustathius)의 권위에 호소하면서 두 모음 모두 각자의 길이와 음가
를 가져야 한다고 주장했다.[68] 알두스는 그의 베르길리우스 첫 번째 본
문에서 목적격 복수를 ' -eis'로 인쇄했으며, 자신의 선택을 프리스키아
누스**를 동원해 정당화했다.[69] 알두스는 다른 작가의 본문을 편집하지
않고 자신의 글을 쓸 때에는 종종 사소한 언어적 용법에 깊이 관여했다.
그의 카이사르 본문은 고대 갈리아 지명과 이에 해당하는 현대 프랑스
어 지명을 비교하는 긴 목록을 포함한다.[70] 로마 농업 작가들(agricultural
writers)에 대한 그의 판은 팔라디우스(Palladius)의 날짜 체계에 대한 상세
한 설명과 매해 매월의 정확한 로마 시간 길이를 측정하는 방법을 보여
주는 도표로 마무리된다.[71] 1501년 프루덴티우스***에 짧은 부록이 첨가

---

* Terentius, 기원전 190?~기원전 159?: 카르타고 출신으로서 노예로 끌려온 로마
  에서 희극 작가로 활동했다. 주로 기원전 320년~기원전 260년에 그리스에서 공
  연된 신(新)희곡 작품들을 각색한 '팔리아타(Palliata: 극 주인공들이 로마인들이
  입었던 토가와 극명히 구별되는 그리스인들의 의복인 팔리움을 입고 공연했다는
  사실에서 비롯된 명칭) 희극'을 썼다. 『형제들』(Adelphoe)과 『고자』(Eunuchus)를
  비롯해 여섯 편의 희극이 전해지는데, 회화체를 사용한 테렌티우스의 작품들은
  중세와 르네상스 시기에도 큰 인기를 끌었다.

68 『발성과 이중모음의 변질된 발음에 대하여』(De vitiata vocalium ac diphthongorum
   prolatione). 에라스무스가 이 작품을 확보했을 가능성이 높다. 이 책이 1528년
   에 바젤에서 그의 『라틴어와 그리스어의 바른 발음에 대하여』(De recta Latini
   Graecique Sermonis Pronunciatione)와 함께 출판되었기 때문이다.

** Priscianus, 서기 5~6세기: 후기 라틴 문법학자들 중 가장 중요한 인물로서 생애
   대부분을 콘스탄티노플에서 라틴어 교사로 지냈다. 주요 작품으로는 『명사와 대
   명사와 동사에 관한 규칙』(Institutio de nomine et pronomine et verbo)과 『문법 규
   칙』(Institutiones grammaticae)이 있다. 인쇄본으로 1,000페이지가 넘는 이 두 권의
   책은 중세 초의 라틴어 교육에 절대적인 위치를 차지했다.

69 OAME XXVII C.

70 Ib., LXXIV B. vol. I, p. 191도 참조.

71 Ib., LXXXIII B.

되었으며, 1508년 라틴어 문법서에는 새로운 책이 추가되었다. 여기서 그는 운율에 대한 고조된 관심을 보여 준다. 이는 문헌학에 대한 그의 깊은 호기심에서 비롯했을 수도 있다.[72] 1509년에 알두스는 철저한 운율 지식을 바탕으로 호라티우스의 필사본을 수정할 수 있었다.[73]

알두스는 언어와 고대에 대한 사소한 문제에 관심을 가졌다. 이는 괴팍하고 무익한 현학으로 발전하기 쉽다. 주지하다시피 이런 현상은 늙어가는 미혼의 교사들에게 흔히 나타나는 현상이다. 알두스는 이 위험을 회피할 수 있었다. 그의 기질이 도왔을지도 모른다. 우리가 살펴보았듯이, 그는 논쟁을 싫어했고 기본적으로 괴팍하거나 현학적인 사람이 아니었다. 알두스가 고전 작가들을 존경했다는 사실은 분명하다. 그는 종종 그의 판에 짤막한 '전기'(Lives)를 첨부했는데, 이는 해당 작가의 것이 확실한 인용구 목록에 불과했다. 알두스의 존재는 다른 권위자의 인용이나 반론을 추가할 때에만 드러난다. 예를 들어 그는 오비디우스의 추방에 대한 원인을 찾기 위해 수에토니우스나 플리니우스를 인용한다. 또한 프루덴티우스의 작품 저작 시기에 대해서는 심마쿠스(Symmachus)와 암브로시우스(Ambrosius)를 인용한다.[74] 알두스는 자신의 작품에 그가 선호했던 인용문이나 고전 표어들을 사용했다. 여기에는 "그것을 알아맞추기 위해서는 오이디푸스와 같은 사람이 필요하다"(You would need

---

••• Prudentius, 348~?: '기독교의 베르길리우스와 호라티우스'라고도 불리는 기독교 최고의 라틴 시인이었다. 그는 고전 시 형식과 운율을 기독교 내용에 덧입혀 기독교 시학에 문학적 찬가와 우화적 서사, 그리고 기독교 담시(譚詩)를 소개했다. 그의 작품들은 크게 서정시와 교훈시, 그리고 논쟁으로 구분된다.

72  G. Orlandi, vol. I, pp. 167~69 부록에 기록되어 있음. 라틴어 문법서의 첨가물에 대해서는 이 장의 주 59 참조.

73  G. Orlandi, vol. I, pp. 172~90, 부록의 *Adnotationes in Horatium*.

74  Ovidii, *Metamorphoseon libri*, f. g ii r~v. "Aurelii Prudentii Vita per Aldum Romanum", in *Poetae Christiani Veteres*, vol. I, 1501, f. 4 r.

an Oedipus to guess that), "아킬레스의 창"(the spear of Achilles) 혹은 "충실한 아카테스"(faithful Achates) 등의 표현이 포함된다.[75] 그가 자유자재로 이 표현들을 사용했다는 사실은 고대의 저자들이 얼마나 깊이 그의 생각에 침투했는지 보여 준다. 그러나 고전학에 대한 알두스의 지적 태도는 전혀 현학적이지 않았다. 그에게 고전 작가들은 언어학이라는 큰 그림의 일부에 불과했다. 이들은 물론 가장 정교하고 흥미로운 부분이기는 했다. 그러나 여전히 일부에 지나지 않았다. 따라서 어느 한 작가도 그의 관심을 독점할 수 없었다. 1501년에 알두스는 그의 페트라르카 본문을 방어했다. 그는 베르길리우스 읽기에 퍼부었던 것 못지않게 격렬하게, 그리고 훨씬 장황하게 이 본문을 방어했다. 그는 비평가들에게 'volagri' 대신에 'vulagri'를 사용하거나 'canzone' 대신에 'Canzona'를 사용함으로써 토스카나 형태를 라틴화하는 것은 불합리하다고 말했다. 토스카나 사람들은 그들의 방언이 항상 라틴어 형태를 따르지 않는다는 사실을 알고 있었기 때문이다. 그의 필사본은 페트라르카의 'canzone'가 충분히 만족스러운 읽기라는 사실을 보여 주었다.[76] 이 주장은 알두스가 "그리스어의 이중모음과 이것이 우리에게 어떻게 전해졌는가"를 다룰 때와 같은 방식으로 이해될 수 있다. 또한 『변신이야기』에서 그리스어와 라틴어 명칭 색인이나 그리스어와 라틴어 지명 목록의 경우와 동일한 선상에서 이해될 수 있다. 언어는 그 자체로 생명력을 지니고 있어 끊임없이 변하기 때문에 모든 변화에 관심을 가지는 것이 당연하다. 알두스는 이미 1496년에 이탈리아 지방의 다양한 어법과 그리스 문학 방언의 다채로움을 비교했다. 당시의 논평이 그의 태도를 잘 요약해 준다. "나는 가

---

75  OAME V: XVII B: LXXXVI. G. 오를란디(G. Orlandi)의 주석은 알두스의 고전 인용에 대한 포괄적인 안내서 역할을 한다. 모든 서문들은 알두스가 얼마나 자신이 선호했던 작가들에게 많은 빚을 졌는지 보여 준다.

76  *Ib.*, XXX.

끔 단어 형태의 변화에 웃음을 멈출 수 없다."[77] 그에게는 모든 언어가 재미있고 흥미로웠다.

알두스는 당시의 사람들을 위해 호라티우스, 호메로스(Homeros), 소포클레스(Sophocles)와 야코포 산나자로,[*] 그리고 단테(Dante)와 디오스쿠리데스의 본문을 제공했다. 이로써 그는 그들로 하여금 자기 자신을 매혹했던 언어 현상과 언어의 변화, 그리고 언어의 바른 사용을 쫓고 그 진가를 알아볼 수 있도록 권위 있는 사람들을 소개해 주었던 것이다. 알두스의 출판물을 단순히 그의 인문주의적 이상의 표현으로 취급하는 것은 불가능하다. 다음 장에서 우리는 그의 계획이 상업적인 관심을 불러일으킬 수도 있었다는 사실을 살펴볼 것이다. 그의 계획은 때로 철저히 사업적인 방식으로 진행되었지만 알두스가 경제적으로 궁핍했거나 지적인 압박을 받았다는 명백한 증거는 없다. 따라서 알두스가 인쇄업자가 되기로 내렸던 결정이 개인적인 신념의 결과라는 견해가 상당히 설득력 있다. 우리가 알고 있는 한 알두스 자신이 이 견해를 지지한다. 1501년에 그는 그의 문법서를 사용해 주었으면 하는 교사들에게 그의 라틴어 문법서를 보냈다. 이와 동시에 그는 그들이 세상의 선과 악에 대한 책임을 지고 있다는 사실을 상기시켰다. 그들이 장차 변호사와 철학자, 지도자와 군주, 주교와 심지어는 교황이 될 소년들의 인격을 형성했기 때문이

---

77  *Ib.*, VI(『풍요의 뿔: 보고』(*Thesaurus Cornucopiae*)). 토착어와 그리스어 방언의 사용에 대한 비교는 C. Dionisotti, *Gli umanisti e il volgare fra Quattro-e Cinquecento*, Florence, 1968, pp. 1~14 참조.

•   Jacopo Sannazaro, 1457~1530: 이탈리아 나폴리의 귀족 가문 출신 시인이었다. 조반니 폰타노의 도움으로 '폰토니아나 아카데미아'에 소속되었다. 라틴어와 이탈리아어로 저술 활동을 했던 그의 대표적인 라틴어 작품은 예수의 탄생을 다룬 『처녀의 출산』(*De partu Virginis*, 1526)이었으며, 이탈리어 작품은 『아르카디아』였다. 『아르카디아』는 선풍적인 인기를 끌어 이후 200년 동안 유럽 목가시(牧歌詩)의 형식을 결정했다.

다. 그들은 학생들을 지루하게 하거나 잔혹하게 다뤄서는 안 되었다. 오히려 최고의 작가들을 통해 그들을 훌륭한 문학과 바른 행실로 인도해야만 했다.[78] 이것은 탁월하게 표현된 훈계임이 분명하다. 그러나 그 자체로 독특한 말은 아니다. 독서가 인격 형성에 직접 관여한다는 생각은 플라톤과 성 바실레이오스를 통해 일찍이 서구의 교육 전통에 소개되었으며, 이는 15세기 이탈리아의 진보주의 이론가들에 의해 폭넓게 논의되었다. 알두스도 분명 바티스타 과리노를 통해 이에 대해 알고 있었을 것이다.[79] 그러나 알두스는 이 사상을 한 단계 발전시켰다. 1495년에 그는 라스카리스의 그리스어 문법서에 일종의 목적 선언문(declaration of intent)을 첨부했다. 그는 이후 라스카리스의 모든 문법서와 자신의 라틴어 문법서에도 이 선언문을 첨부했다. "나는 평생을 사람들을 섬기는 데 바치도록 결단했다. 신께서 나의 증인이시다. 나의 과거 삶 전반이 보여주듯이, 나는 사람들을 위해 무엇인가를 기여할 수 있는 것 외에 바라는 바가 없다. 나의 미래 역시 이 사실을 더욱 명백히 입증할 수 있기를 바란다."[80]

비록 이 구절은 당시에 유행했던 설탕 발린 미사여구로 표현되었지만 일관된 논리의 흐름을 보여 준다. 문학적인 교육은 인격을 향상시킨다. 좋은 문학을 접할 기회가 많을수록 인격은 더욱 향상한다. 알두스에게 인쇄업은 교육자로서의 활동을 중단한 것이 아니었다. 이것은 새로운 교육의 차원으로 이끄는 연속과정이었다. 우리는 그가 언제 이런 결론에 도달하게 되었는지 알 방법이 없다. 6년 동안의 교직 경험이 그에게 영향을 끼쳤던 것이 분명하다. 물론 확신할 수는 없지만 피코 델라 미란돌

---

78   OAME XXV.

79   E. Garin, *L'educazione in Europa*, Bari, 1957, pp. 137~59.

80   OAME I.

라와 폴리치아노, 그리고 바르바로의 모범도 그에게 영향을 끼쳤을 것이다. 우리가 확신할 수 있는 사실은 1480년대 말에 알두스가 이러한 신념을 가지게 되었으며, 이를 실천할 준비가 되었다는 것이다.

제 **3** 장

바르바리고와 토레사니,
그리고 마누티우스

내가 인쇄업이라는 고달픈 사업을 시작한 지 어언 6년이 넘었네. 그 동안 나는 한 시간의 중단되지 않은 휴식을 취한 적이 없다고 맹세할 수 있네.

1496년 8월에 알두스는 새로 인쇄된 『그리스 문법서 저자들』(*Scriptores Grammatici Graeci*)[1]의 독자들에게 수사학적이지만 엄숙한 그의 의도를 전했다. 당시 그는 출판사 문제로 고심하고 있었다. 이 문제는 그가 베네치아에 도착했던 1489년 혹은 1490년에 시작했던 것으로 보인다. 그러나 우리가 알고 있는 한 알두스의 인쇄소는 1494년 혹은 1495년에 처음으로 책을 출판하기 시작했다. 따라서 알두스가 언급하는 5~6년의 기간 동안 그는 예비 교섭을 준비 중이었을 것이다.[2] 이것은 전혀 놀라운

1 OAME VI A.
2 알두스의 무사이오스*와 『갈라이오뮈오마키아』(*Galaeomyomachia*)의 정확한 출판일은 논쟁의 대상이기는 하지만, 인쇄소가 1495년 초 이전에 생산을 시작했다는 확실한 증거는 없다. 라스카리스의 그리스어 문법서는 1494년 2월의 날짜가 기입되어 있지만, 끝에 인쇄된 알파벳은 1495년 3월이라고 기록되어 있다. 따라서 3월 초에 새로운 한 해를 시작하는 '베네치아 방식'이 사용된 것이 분명하다. R. Christie, "Chronology of the Early Aldines", in *Selected Essays*, London, 1902, pp. 200~03 참조.

사실이 아니다. 경제적으로나 기술적으로나 그리스어 활자체를 준비하는 것은 큰 골칫거리였다. 당시의 증거를 들자면, 차카리아스 칼리에르게스는 이에 대한 만족스러운 해결책을 찾기 위해 6년이란 시간이 필요했다.[3] 우리에게는 1490년과 1495년 사이에 알두스의 학술 활동에 대한 얼마간의 정보가 있다. 이 기간은 알두스의 인쇄업자로서의 진로를 이해하는 데 심각한 문제를 야기한다. 알두스가 수립한 상업 조직과 이 조직이 그에게 주었던 이점, 그리고 그에게 부과했던 부담감을 재구성하지 못한다면 우리는 그의 전반적인 문화적 성취를 진공 상태에서 판단할 수밖에 없다. 그렇다면 우리는 그가 애초에 베네치아에 왔던 동기도 제대로 이해하지 못한 채 이 문제를 다루게 되는 꼴이 된다.

이런 질문들을 하나로 뭉쳐 그럴듯한 미사여구로 포장해 버리는 것이 관례였다. 알두스의 동기와 성취, 그리고 성공은 별다른 문제를 야기하지 않는다. 이것들은 베네치아의 '전성기 르네상스'라는 광범위한 배경과 불가분한 일부분을 구성하기 때문이다. 베네치아에는 대규모의 그리스 출신 이민집단이 거주했다고 회자된다. 이들은 문헌적인 증거들에 대해 조언할 수 있었으며, 이를 복사하고 교정할 수도 있었다. 베네치아에는 타의 추종을 불허하는 그리스어 필사본들을 소장한 개인 도서관이 있었다. 이 도서관은 1468년에 베사리온 추기경이 베네치아 공화국에 유증한 것이었다. 베네치아에는 넉넉한 후원금을 조달할 수 있으며, 고전문학에 관심을 가졌던 상업적 귀족층도 있었다. 뿐만 아니라 인쇄산업도 번창하고 있었다.[4] 알두스는 이 역사적인 퍼즐에 너무나도 자연스럽

---

- Musaeus, 서기 5~6세기: 박식한 기독교도이자 신플라톤주의자로서 헤로(Hero)와 레안드로스(Leandros)라는 신화적인 연인들의 이야기를 짧은 서사시(*epyllion*)에서 다뤘다.

3 BP p. 226.

4 A. Firmin-Didot · H. Brown · D. Geanakoplos · V. Branca, "Ermolao Barbao …" 참

게 들어맞았다. 따라서 어느 누구도 그가 1496년에 불평했던 것이 무엇이었는지 의문을 갖지 않았다. 또한 그가 1499년에 이미 베네치아를 떠날 기회를 엿보고 있었던 원인에 대해서도 질문하지 않았다.[5]

다섯 세기에 걸친 베네치아의 신화 수집가들의 애국적인 열정이 반영하듯이, 1490년경에 베네치아가 맡게 된 문화적인 역할은 당시 베네치아의 위치와 정치적인 발전의 불가피한 결과로 보인다. 그러나 1490년의 상황은 달랐다. 거의 정확히 이때 파도바에 제롤라모 아마세오 (Gerolamo Amaseo)라는 한 학생이 있었다. 나중에 알두스의 동료가 된 아마세오는 그리스어 공부를 향한 열정에 사로잡혔다. 그는 친구들에게 조언을 구했다. 그의 친형은 무표정하게 그리스어는 무엇하러 배우냐고 되물었다. 얼마 지나지 않아 파도바의 공식적인 언어 교사가 된 레오니쿠스 토마이우스(Leonicus Tomaeus)는 그에게 파도바에 남도록 조심스럽게 조언했다. 밀라노도 선택의 대상이었지만, 데메트리우스 칼콘딜라스*는 마지못해 기초 지식을 가르쳤고 수강료까지 받았다. 토스카나에서 온 두 방문객인 카를로 안테노리(Carlo Antenori)와 스키피오 포르티게라 (Scipio Fortiguerra)는 훨씬 결정적인 역할을 했다. 이들은 그에게 즉시 피렌체로 떠나라고 재촉했다. 아마세오는 이들의 말에 따라 당시에 유행하던 학문적 방랑의 길을 떠났다. 그는 배를 타고 브렌타(Brenta)강을 따라 베네치아로 갔다. 거기서 그는 공작 궁전의 행각에서 잠을 청한 후, 계속

---

조. 또한 A. Renaudet, *Érasme et l'Italie*, Geneva, 1954, pp. 76~77, 80~89도 참조.
5  이 책의 제5장 주 90f. 참조.
*  Demetrius Chalcondylas, 1423~1511: 아테네 출신의 그리스 학자로서 로마에서 베사리온 추기경의 무리와 어울렸으며, 1464년에는 파도바 대학 최초의 그리스어 교수직을 맡았다. 그의 제자들 중에는 피코 미란돌라, 안젤로 폴리치아노, 토머스 리너커, 윌리엄 그로신, 그리고 이후에 교황 레오 10세가 된 조반니 데 메디치도 있었다. 1475년에 로렌초 데 메디치의 권유로 피렌체 대학의 그리스어 교수직을 역임했으며, 1488년에는 최초의 호메로스 인쇄본을 출시하기도 했다.

해서 포(Po)강을 따라 올라가 페라라에 도착했다. 거기서 그는 지역 전당포 주인의 손에 자신의 외투를 넘겨주어야만 했다. 볼로냐에서는 필리포 베로알도(Filippo Beroaldo)가 머물 숙소를 제공해 주었으며, 그는 걸어서 여정을 마칠 수 있었다. 1493년 4월 말엽에 아마세오는 형에게 자신의 행동에 대한 전말과 해명을 써서 보냈다. 그는 폴리치아노가 친절하게 환영해 준 사실과 바리노 카메르테(Varino Camerte) 밑에서 이룬 학문의 진전에 대해 말한다. 또한 야누스 라스카리스*가 그리스 문화에 지대한 공헌을 하고 있다고 언급한다. 야누스는 메디치 가문의 사서로서, 그리고 당시 급증했던 인쇄본의 편집자로서 공헌했던 것이다. 아마세오는 이후의 역사가들이 베네치아의 장점으로 칭찬을 아끼지 않았던 거의 모든 장점들을 피렌체에 돌렸다. 그에게 조언했던 사람 중 어느 누구도 베네치아를 추천하지 않았다. 그러나 이들 모두는 이후 알두스의 삶의 궤적 안으로 들어서게 된다.[6]

귀족들의 후원과 도서관 이용권, 그리고 그리스 학자들의 이민은 모두 중요한 주제들이다. 이 주제들은 한 문단이나 한 글자로 일축할 수 없다. 이에 대해서는 적절한 곳에서 다룰 것이다. 아마세오의 증거는 역사적인 축소의 위험성에 대한 값진 경고이다. 베네치아는 이미 활기찬 지역 전통과 대규모 대학과 연결되어 있었다. 그럼에도 베네치아 혼자서는 이미 선진 문헌학의 안식처로서 자리 잡은 중심지들의 국제적인 명성에 필적

---

* Janus Lascaris, 1445~1535: 콘스탄틴 라스카리스의 동생일지도 모르는 비잔티움 학자로서 어렸을 때 이탈리아로 이주했다. 이후 피렌체에서 그리스어를 가르쳤고, 1492년에는 칼콘딜레스를 이어 그리스어 교수 자리를 역임했다. 로렌초 데 메디치의 후원으로 비잔티움 지역의 필사본 수집에 나서 메디치 가문의 도서관에 200여 권의 필사본을 더했다. 그의 주요 작품으로는 1494년에 출간된 고대 경구들을 수집한 『그리스 사화집』(Greek Anthology)이 있다. 야누스는 1495년에 파리로 이주해 그리스어를 가르쳤으며, 1503~05년 사이에는 베네치아 대사로 파견되었다.
6  G. Pozzi, "Da Padova a Firenze nel 1493", IMU IX, 1966, pp. 192~201.

할 수 없었다. 이와 관련된 전기들을 읽어보면, 1490년에 유명했던 대부분의 그리스 학자들은 여전히 피렌체에 거주했다. 그들은 당분간 피렌체에서 계속 머물렀다. 이들 중에는 이후에 알두스에게 도움을 주었던 학자들도 포함되었다. 아무도 2년 후에 위대한 로렌초*가 사망할 것을 예측하지 못했으며, 그로부터 2년 후에는 아버지를 따라 후원을 지속했던 피에로(Piero)가 혁명으로 인해 사라질 것이라는 사실도 알지 못했다. 칼콘딜라스는 1491년에 밀라노로부터 제안을 받고 떠나기 전까지 그리스어 교수로 남아 있었다.[7] 라스카리스는 1490년대 중반 어느 시점에 프랑스로 떠나기 전까지 여러 역할을 감당했다. 그는 메디치 가문의 개인 소장품을 관할하는 사서였다. 또한 칼콘딜라스와 더불어 가르치기도 했다. 라스카리스 밑에서 수학했던 가장 유능한 학생들 중 무수루스와 아르세니오스 아포스톨리스는 알두스의 최초의 편집자들이 되었다. 라스카리스는 로렌초 디 알로파(Lorenzo di Alopa) 인쇄소를 위해 활자를 설계하고 본문을 편집하는 데도 관심을 가졌다.[8] 바로 이때 폴리치아노와 마

---

* Lorenzo de Medici, 1449~92: 피렌체의 부유하고 유력한 메디치 가문의 일원으로서 아버지인 피에로 데 메디치가 세상을 떠난 1469년부터 동생인 줄리아노와 함께 피렌체 공화국의 정권을 공유하지만, 사실상 혼자서 업무를 도맡으면서 '위대한 로렌초'라는 별명을 얻었다. 그는 산드로 보티첼리, 도메니코 기를란다요(Domenico Ghirlandaio), 필리피노 리피(Filippino Lippi), 레오나르도 다 빈치, 미켈란젤로, 줄리아노 다 상갈로(Giuliano da Sangallo) 등의 예술가와 건축가들을 비롯해 피치노와 피코 델라 미란돌라 같은 철학자들, 그리고 폴리치아노와 루이지 풀치(Luigi Pulci) 같은 시인들을 후원했다. 정치 및 예술 후원 활동으로 로렌초는 르네상스 역사에서 대단히 중요한 역할을 했다.

7  D. Geanakoplos, "The Discourse of Demetrius Chalcondylas on the Inauguration of Greek Studies at the University of Padua, in 1463", *Studies in the Renaissance* XXI, 1974, 특히 pp. 122~23. 완전한 참고문헌은 G. Cammelli, *Demetrio Calcondila*, Florence, 1954.

8  B. Knös, *Un Ambassadeur de'Hellénisme: Janus Lascaris*, Paris/Uppsala, 1945(전반적인 전기); E. Piccolomini, "Delle condizioni e delle vicende della libreria Medicea

르실리오 피치노*를 중심으로 하나의 무리를 형성한 이탈리아 태생 그리스인들이 전성기를 누리고 있었다.[9] 만일 알두스의 가장 큰 희망이 후원과 학문적인 협력이었다면, 그가 1490년에 피렌체가 아닌 베네치아로 향했던 사실은 이해하기 힘들다. 피렌체에 훨씬 좋은 기회가 있었기 때문이다. 뿐만 아니라 과거에 피코 델라 미란돌라와 폴리치아노와 맺은 인맥이 알두스 자신에게 훨씬 좋은 기회의 문을 열어 주었을 것이다. 1490년에 베네치아 원로원은 베사리온의 유언에 따라 곧 그의 도서관을 일반인들에게 개방할 것임을 암시했다. 그들은 양심의 가책을 느꼈던 것이다. 이에 대한 기대는 이내 흔들렸다. 바로 다음해 6월에 시뇨리아(Signoria)가 폴리치아노의 도서관 출입을 거절했기 때문이다.[10] 모든 증거들은 알두스가 베네치아로 이사하기로 결정한 이유가 상업적이고 기

---

privata dal 1494 al 1508", ASI Ser. iii, XIX, 1873, pp. 101~29, K. Müller, "Neue mittheilungen über Janos Laskaris und die Mediceische Bibliothek", ZFB I, 1884, pp. 333~413(그의 사서와 수집가로서의 활동에 대해); G. Pozzi, op. cit., p. 194, 그리고 제4장(인쇄에 대한 관심); D. Geanakoplos, Greek Scholars, pp. 113~14(그의 교직 생활).

* Marsilio Ficino, 1433~99: 이탈리아의 신플라톤주의 철학자로서 르네상스 초기의 가장 영향력 있는 인문주의자 중 한 명이었다. 필리네발다르노 출신인 그는 피렌체 대학에서 의학 교육을 받았으며, 1456년경에 그리스어 공부를 시작했다. 피치노는 코시모 데 메디치의 간청으로 플라톤과 플로티누스, 그리고 신플라톤주의자들의 작품들을 번역했으며, 그를 중심으로 모인 동료들은 피렌체의 '플라톤 아카데미아'로 불렸다. 피치노의 주요 작품으로는 플라톤의 사랑 이론을 해설한 『심포지움』 주석서(1469)와 영혼불멸설을 검토한 『플라톤 신학』(Theologica platonica, 1482), 그리고 마술, 의술, 점성술을 다뤄 그의 신앙의 정통성에 의혹을 제기받은 『생명에 관한 세 책』(De triplici vita, 1489) 등이 있다.

9 이때 피렌체에서 수학 중이던 외국인들의 숫자는 상당히 증가했던 것으로 보인다. Reuchlins Briefwechsel(L. Geiger), Tübingen, 1875, p. 29; G. Parks, The English Traveller in Italy, Rome, 1954, pp. 457f. 참조.

10 A. Poliziano, Prose vulagri inedite e poesie latine e greche edite e inedite a cura di I. del Lungo, Florence, 1867, pp. 79~80.

술적인 원인 때문이었음을 함축한다. 베네치아는 무역의 중심지였기 때문에 알두스에게 필요한 전문 설계사와 자본 투자를 쉽게 발견할 수 있었다. 뿐만 아니라 피렌체에는 이미 그리스어 인쇄소가 있었고 밀라노에서도 몇 차례의 시도가 있었다. 그러나 베네치아는 여전히 개척지였다. 여기서도 우리는 성급한 결론을 내리지 않도록 주의해야 한다. 알로파(Alopa) 인쇄소는 금세 망했기 때문에 주로 알두스의 기업이 주목했던 선도자로만 간주될 뿐이다. 1490년대에 우르케우스는 한 문장에서 두 회사를 동료이자 경쟁관계로 언급했다.[11]

알두스를 당시의 광범위한 문화적 현상에 융합시키려는 경향이 있다. 이외에도 알두스의 상업적 배경을 검토하는 것을 방해하는 부정적이지만 중요한 논증이 있다. 알두스의 조직이 그의 옛 제자인 알베르토 피오의 후원을 받았다는 논증이다. 이에 따르면, 알두스는 엄청난 후원의 수혜자였기 때문에 가장 극심한 경제적인 불운을 제외하고는 경제적으로 보호받았다.[12] 이 말은 부분적으로 참일 것이다. 그러나 정확히 얼마만큼 참인지를 결정하기는 어렵다. 알두스는 알베르토가 '물자'로 도움을 주었다고 두 번 언급한다. 그러나 그는 이때 불행하게도 'opes'라는 단어를 사용한다. 이 단어는 재정적인 지원도 의미할 수 있지만 보다 일반적인 지원을 의미할 수도 있다.[13] 동일한 본문에서 알베르토가 알두스에게 한 고을의 통치권을 주었다는 언급이 등장한다. 알두스는 실제로 알베르토의 공국 일부를 소유했다. 뿐만 아니라 알베르토는 알두스의 사후에도 그의 가정교사였던 알두스에게 헌신적이었다. 따라서 알베르토의 재정적인 후원은 충분히 가능한 주장이다.[14] 우리가 곧 살펴볼 법률 문서는

---

11 Codri Urcei, *Opera Omnia*, Platonides, Bologna, f. Di r. " ⋯ doctos et multae probitatis viros, Lascarim Florentiae, Aldum Venetiis ⋯."

12 A. Firmin-Didot, *Alde Manuce*, pp. 45~47.

13 OAME III B, VIII(vol. I, pp. 6, 15).

알베르토 피오가 알두스 회사의 상업적인 이익에 전혀 무관심했다는 사실을 명시한다. 역설로 보이는 이 사실에는 두 가지 설명이 가능하다. 어쩌면 둘 다 사실일 수도 있다. 첫 번째는 알베르토의 재정적인 후원이 순수하게 사적이었다는 설명이다. 즉 알베르토가 독점권을 행사하지 않고 알두스에게 회사 지분을 주려고 했다는 것이다. 두 번째 설명은 알베르토가 단지 아리스토텔레스 작품들의 판을 보증하기 위해 자금을 제공했다는 것이다. 전체적으로 볼 때, 나는 두 번째 설명이 더 개연성 있다고 생각한다. 아리스토텔레스의 모든 책들이 알베르토에게 헌정되었고 야심 찬 출판을 위해 영향력 있는 후원자를 찾는 것이 당시의 관례였기 때문이다. 아리스토텔레스의 작품 인쇄는 대규모 사업으로서 이러한 종류의 후원이 반드시 필요했다. 어떤 설명을 선택하든지 간에 결론은 동일하다. 알베르토 피오는 회사 조직에 전혀 관여하지 않았다. 알두스도 자신만의 이념 외에는 아무것도 가진 것 없는 상태로 베네치아에 도착했을 것이다. 그는 그리스어 활자체 주조에 필요한 기술력을 매입하기 이전에 든든한 재정적인 후원이 필요했다.

알두스는 적어도 투자자를 찾기에 시의적절한 때에 베네치아에 도착했다. 15세기의 베네치아 경제에 대해서는 알려진 바가 거의 없기 때문에 이에 대한 총론으로부터 각론을 유추하는 것은 매우 위험한 일이다. 그러나 당시의 모든 증언들은 베네치아에 살았던 개인들을 비롯한 베네치아 사회가 여흥과 과시를 위해 기꺼이 돈을 소비했음을 반영하는 것으로 보인다. 도처에서 궁전들이 건축되고 있었다. 수세기 동안 수로 위에 걸쳐 있던 임시변통의 목재 다리들이 돌다리로 대체되고 있었다. 1485년에 산마르코 학교가 화재로 소실되자 이를 대체하기 위해 개

---

14   *Lettere di Paolo Manuzio*, ed. G. Renouard, Paris, 1834, pp. 335~37(리오넬로 피오의 편지, 1498년 9월 23일).

인과 단체들이 순식간에 기부금을 모집했다. 그 결과가 오늘날 산조반 니 에 파올로(San Giovanni e Paolo) 병원의 출구를 형성하는 웅장한 구 조물에 해당한다. 일기 작가 도메니코 말리피에로(Domenico Malipiero) 는 공작의 궁전에서 끊임없이 진행된 건축물과 장식물 설치, 그리고 단 지 베네치아의 부유함을 과시하기 위해 시작된 '무어인의 시계탑'(Torre del Orologio) 건축을 복잡한 심정으로 바라보았다.[15] 방문객과 순례자들 로 하여금 이 영광스러운 광경을 목도하도록 초대하는 책자들은 자신감 과 자축의 분위기를 풍겼다. 방문객들은 때론 시기의 눈초리를 보내기 도 했지만 언제나 감탄의 눈으로 바라보았다. 이들은 베네치아의 엄청 나게 부유한 삶에 경의를 표했다.[16] 앞으로 살펴보겠지만 알두스는 아무 런 어려움 없이 이런 삶에 적응했다. 그는 피코 델라 미란돌라와 폴리치 아노 같은 사람들과의 든든한 인맥을 통해 베네치아의 최상의 삶에 적 응할 수 있었다. 그는 이들을 통해 베네치아의 유명한 가문들과 인맥을 맺었다.[17] 『경건한 카테리나에게 보낸 편지』의 출판을 통해 이 책을 읽은 모든 사람들은 그의 탁월함과 이상에 대해 알게 되었다.[18] 우리는 적어도 1493년 3월 9일에 알두스가 그의 미래 동업자 중 한 명을 만났다고 확신 할 수 있다. 이날 아솔로의 안드레아 토레사니가 알두스의 『라틴 문법 교 육』(Institutiones Grammaticae Latinae) 첫 판을 출판했기 때문이다.[19]

---

15 *Annali veneti*, in ASI 7, pt. ii, 1844, pp. 675, 683, 699. 배경에 대해서는 S. Romanin, *Storia documentata di Venezia*, new ed., 1973, vol. IV, pp. 339~70 참조.

16 일례로 사벨리코의 『베네치아의 상황에 대하여』(*De Venetae Urbis Situ*, 1492)와 사누도의 『연대기』(*Cronacetta*, 1493). 1495년에 프랑스 대사였던 필리프 드 코미 느(Philippe de Commines)가 깊은 인상을 받았다는 사건은 유명하다: *Mémoires*, ed. J. Calmette, vol. III, Paris, 1965, pp. 106~39.

17 이 책의 제5장 주 50~52.

18 이 책의 제2장 주 28.

19 C. Scaccia Scarafoni, "La più antica edizione della grammatica latina di Aldo

토레사니는 알두스와 오랫동안 사업 동료로 지냈다. 따라서 우리는 그에 대해 당시의 대부분 인쇄업자들보다는 많은 개인 정보를 가지고 있다. 물론 토레사니 자신이 우리에게 알려 주는 바는 별로 없다. 그에 대한 후대의 논평은 1531년에 최종적이고 비참하게 결정되었다. 당시에 에라스무스는 알두스에 대한 배은망덕과 1508년 토레사니의 집에서 머물 때 폭음했다는 혐의로 많은 이탈리아인들의 질타를 받고 있었다. 그는 이 혐의에 대응하기 위해 1531년에 펜을 집어 들었고『지저분한 부(富)』(Opulentia Sordida)라는 대화극을 신랄하게 저술했다. 이 작품에서 에라스무스는 토레사니의 집에는 먹을 것도 부족했다고 주장한다. 뿐만 아니라 자신이 이들에게 빚진 것만큼이나 그들 역시 자신에게 빚지고 있었다는 입장을 유지했다. 이 대화편은 '길베르트'(Gilbert, 에라스무스)가 '시노디움'(Synodium, 베네치아)으로부터 복귀하는 장면으로 시작한다. 길베르트는 그의 창백한 모습을 지적하는 옛 친구를 만난다. 그는 자신의 창백한 모습이 지난 몇 개월 동안 머물렀던 집에서의 엄격한 삶의 방식과 노동 때문이라고 설명한다. 그가 머물렀던 집은 '안트로니우스'(Antronius, 안드레아 토레사니)가 소유하고 그의 사위인 '오르트로고누스'(Orthrogonus, 알두스)가 운영하는 작업장이었다.[20] 이 글의 주된 목적은 알두스를 공격하는 것은 아니었다. 오르트로고누스는 사실 이 대화편의 조연에 불과했다. 그는 부지런하고 기본적으로 동정심 많은 인물로서 동업자이자 장인인 안트로니우스의 전적인 지배 아래 있었고 모든 안건을 장인과 의논하는 사람으로 묘사된다. 이는 회사 내에서 알두스의 위치를 묘사해 주는 자료로서 우리가 앞으로 잔존하는 법률 문서

Manuzio finora sconosciuta ai bibliografi", in *Miscellanea bibliografica in memoria di Don Tommaso Accurti*, Rome, 1947, pp. 193~203.

20  C. R. Thompson, *The Colloquies of Erasmus*, Chicago, 1965, pp. 488~99.

를 다루게 될 때 기억해야 할 내용이다. 에라스무스가 재치 있는 말로 겨냥했던 대상은 인색한 야심가의 전형인 안트로니우스이다. 그는 연료를 아끼기 위해 땔감으로 흠뻑 젖은 나무뿌리를 파낸다. 또한 음식을 아끼려고 공중변소에서 잡은 조개와 오래된 치즈 껍질이나 부패한 내장으로 만든 수프, 그리고 물로 희석한 시큼한 와인과 같은 진미를 대접한다. 안트로니우스는 이미 엄청난 재산을 모았다. 그는 매년 1,000두카토를 벌어들였다. 이런 와중에도 그의 손님들은 신장 결석에 시달렸으며, 방치된 그의 아들은 타락했다. 토레사니에 대한 이러한 묘사는 물론 사적인 요소들로 인해 상당히 편향된 이야기이다. 이 중 어떤 것이 선입견에 해당하는지 판가름하기는 힘들다.[21] 그러나 이 묘사의 대략적인 구도와 일부 세부 항목들은 여타의 묘사들과 놀랄 만큼 일치한다. 이미 1505년에 알두스의 동료들이 토레사니의 비열함을 비난한 바 있다.[22] 1517년에는 이미 고인이 된 알두스와 개인적으로 친밀했던 동료이자 그의 주요 편집자 중 한 명이었던 잠바티스타 에그나치오가 토레사니는 그의 이익 외에는 아무것도 관심이 없었으며, 학술적인 출판인으로서 무가치했다고 기록한다.[23] 토레사니 가문의 하류 인생에 대한 에라스무스의 조롱은 1508년 당시에는 사실이 아니었을지도 모른다. 그러나 1523년에 토

---

21 이 대화편의 더 광범위한 문제들에 대해서는 C. R. 톰슨(C. R. Thompson)의 서문 논평과 M. M. Philips, *The Adages of Erasmus*, pp. 62~69의 설명 참조: 더 포괄적인 논의는 A. Renaudet, *Érasme et l'Italie*, pp. 80~89; M. Dazzi, *Aldo Manuzio e il dialogo veneziano di Erasmo*, Vicenza, 1969 참조. M. 다치(M. Dazzi)는 알베르토 피오와 지롤라모 알레안드로 사이의 개인적인 다툼과 키케로의 모방을 둘러싼 에라스무스와 이탈리아인들 사이의 광범위한 불일치가 겹쳐져서 이탈리아적인 모든 것들에 대한 보편적인 거부감이 결과되었음을 보여 준다. 여기서 알두스는 단지 인맥 때문에 연루되었을 뿐이다.

22 *Willibald Pirckheimers Briefwechsel*, ed. E. Reicke, vol. I, Munich, 1940, Ep. 86, pp. 280~82, 21 December 1505.

23 P. S. Allen, II, pp. 587~89, no. 588.

레사니의 아들 페데리고(Federigo)는 카드 게임에서 사기를 친 혐의로 총 1,200두카토의 벌금을 지불했다.[24] 그러나 토레사니의 경력은 그가 신중하고 실용적인 사업가였음을 암시한다. 그는 체계적인 움직임과 경솔한 추측을 삼가함으로써 자신의 지위를 구축했다. 그는 만토바 영토에 있는 아솔로 출신이었다. 따라서 그는 스스로도 종종 사용하곤 했던 '라솔라노'(L'Asolano)라는 이름을 가지고 있었다. 그는 1470년대 중반 어느 시점에 베네치아에 도착했고 장송 밑에서 인쇄술을 배운 것으로 보인다. 토레사니는 1451년생이었다. 따라서 출판계에 이름을 남기기로 결심한 그의 결정은 그가 성인이 된 후에 계획적으로 이루어진 것이라고 가정할 수 있다. 토레사니는 장송이 은퇴했을 때, 그로부터 활자를 구입했다. 1479년에 그는 두 명의 다른 인쇄업자들과 동업해 성무일과서를 생산했다.[25] 1483년에는, 서적상으로 묘사된 그는, 에르콜레 데 부스카(Ercole de Busca)와 바르톨로메오 발데초코의 파도바 회사의 대리인으로 임명되는 계약을 맺는다. 따라서 그가 활동 범위를 이내 단순한 인쇄업의 영역 밖으로 확장했다는 점은 분명하다.[26] 1490년대에 이르러 토레사니는 베네치아의 책의 세계에 깊이 관여하고 있었다. 그는 인쇄업자와 중개인, 그리고 여타 사업들의 보험업자로 활동했으며, 알두스와의 대대적인 모험

---

24  C. Bühler, "Some documents Concerning the Torresani and the Aldine Press", *The Library*, Fourth Series, XXV, 1945, pp. 111~21.

25  배경의 출처는 D. 베르노니(D. Bernoni)이다. 토레사니가 장송에게 의존했다는 사실은 일 파노르미타(Il Panormita)*의 *Decretals* Bks. IV와 V 주석의 토레사니 판에 기록된 판권 면으로부터 추론할 수 있다. "Exactum est hoc opus inclytis instrumentis formosisque litterarum characteribus quondam in hac arte Magistri Nicolai Jenson Gallici ⋯ Venetiis MCCCCLXXXI tertio Nonas Februarias." CSV p. 26에서의 인용.

   • 안토니오 베카델리(Antonio Beccadelli, 1394~1471)를 말한다.

26  SDP p. 198, Doc. LXVIII.

이외에도 1490년대에 네 명의 다른 인쇄업자들과 단기적인 동업관계를 맺었다.[27] 전반적으로 토레사니의 출판물은 극히 보수적이었다. 1476년 부터 1508년에 알두스와 궁극적으로 합병하기까지 그의 출판 목록에는 총 160종의 판이 기재되어 있다. 이 중 절반 이상은 중요한 법학서와 법학 주석서였다. 이미 언급했듯이, 이런 책들은 파도바 대학 법대를 비롯해 현장에서 뛰고 있는 수많은 변호사들이 기꺼이 구입했다. 나머지 절반은 여러 종류로 분류되었다. 철학서와 관련 주석서는 파도바의 학문 시장을 겨냥했던 것이 분명하다. 이외에도 그의 출판 목록에는 언제나 시장성이 좋았던 성무일과서와 소량의 고전문학, 당대 저자들의 작품도 곁들여졌다. 여기에는 키케로와 리비우스, 그리고 사벨리코가 포함되었는데, 이들은 모두 서적상의 일상적인 재고품의 일부였다.[28] 토레사니가 장송이나 쾰른의 요하네스 같은 성공한 선구자들의 발자취를 따랐다는 점은 분명하다. 그는 책을 필요로 할 뿐만 아니라 책을 구입할 능력도 갖춘 예견 가능한 구매자 무리를 겨냥해 엄선된 전문서적들을 구비했다. 그는 장송의 활자와 기술뿐만 아니라 고객들의 연락처도 부분적으로 물려받았을지 모른다. 알두스의 활자체를 설계했던 인물과 독일에 다량으로 책을 배부했던 상인이 한때 장송의 위대한 조합의 궤도 안에 있었을지도 모른다는 사실은 의미심장하다.[29]

여기에는 에라스무스의 말과 비교해 볼 만한 추가적인 내용은 없다. 그러나 에라스무스 대화편의 주축이 되는 토레사니의 치밀한 사업적 감

---

27  BMC V, 1924, p. xxvi. 여기에 참여했던 다른 인쇄업자들은 베르나르디누스 데 코리스(Bernardinus de Choris), 시몬 데 루에레(Simon de Luere), 요하네스 함만 (Johannes Hamman), 보네투스 로카텔루스(Bonetus Locatellus)였다.

28  G. 베르토니(G. Bertoni)가 제시한 판들의 목록에 근거한 내 추정은 대략 다음과 같다. 법학서 53퍼센트, 철학서 14퍼센트, 예배서 13퍼센트, 고전문학 9퍼센트, 신학서 7.5퍼센트, 기타 3퍼센트.

29  이 장의 주 66, 96 참조.

각에 대한 일반적 묘사는 토레사니의 실제 경력과 일치한다. 그는 신중했고 성공적이었으며 훌륭한 인맥을 갖추었다. 따라서 알두스와 같은 외부인에게는 더없이 좋은 동업자였다.

토레사니가 알두스 같은 사람을 동업자로 받아들인 이유는 무엇일까? 그 정당성 여부를 떠나 토레사니에 대한 인문주의자들의 적대감은 토레사니의 출판물이 야기하는 동일한 의문점을 불러일으켰다. 그는 10년도 넘게 확립된 보수적인 사업 방식을 고수했고 이로 인해 성공했다. 그가 미래를 꿈꾸는 이상주의자를 후원할 필요가 무엇이었는가? 알두스는 그리스 문학과 철학 연구를 통해 유럽을 계몽할 계획을 밝혔다. 이것은 분명 출판계에서 전혀 알려지지 않은 무지의 땅에 첫발을 내딛는 모험이었다. 우리는 토레사니의 개인적인 생각에 대해 아는 바가 거의 없기 때문에 이 질문을 정확하게 답변하기 어렵지만 알두스의 이상이 비록 그의 진심에서 우러나왔을지라도, 상업적인 측면도 포함했을 것이라고 제안할 수 있다. 적어도 상업적인 해석이 가능했을지도 모른다.

아마세오는 피렌체 인쇄소를 위한 라스카리스의 작품에 경의를 표할 때 의미심장한 결론을 내린다.[30] "이탈리아는 매일 그리스 문학에 대한 관심으로 격앙되었기 때문에 머지않아 더 많은 [그리스] 책들이 출판될 것이라는 사실에는 의심의 여지가 없다."

그리스에 대한 연구는 오랫동안 매우 활발하게 이루어졌지만 불안정한 수도원의 골방에 편중되어 있었다. 1490년대 초에 이르러 그리스 연구가 이전보다 보편적인 명성과 학문적인 인정을 받기 시작했다는 단서들이 발견된다. 이런 동향을 파악한 인쇄업자들이 여기에 반응했다. 이미 언급했듯이, 피렌체의 무리들에게는 엄청난 장점이 있었다. 이 사실은 잘 알려졌기 때문에 더 이상 언급할 필요가 없다. 1491년에 칼콘딜라

---

30  이 장의 주 6의 G. Pozzi, *op. cit.*, p. 194 참조.

스가 밀라노로 떠난 사실도 피렌체의 무리에게 큰 영향을 끼치지 않은 듯싶다.[31] 볼로냐에서 알두스의 친구인 우르케우스는 1480년부터 그가 끔찍하게 사망했던 1500년 사이에 알차게 활동했다. 그는 아리스토파네스(Aristophanes), 호메로스, 테오크리토스, 그리고 헤시오도스를 강의했다.[32] 베네토*의 상황을 평가하기는 더 힘들다. 정보가 부족한 것은 아니지만 해석이 항상 쉽지만은 않고 날카로운 대조가 대두된다. 1463년 파도바에서는 베사리온 추기경의 영향으로 칼콘딜라스를 위한 그리스어 학과장 자리가 마련되었다. 칼콘딜라스는 정확하게 10년 후에 유혹에 빠져 피렌체로 떠나기까지 어느 정도 성공적으로 강의했던 것으로 보인다. 그의 공식적인 후임자의 부재로 불확실한 시기가 도래했다.

그리스어에 대한 사적인 관심이 그리스어 연구를 유지하였을 것이다. 1480년대 중반에는 위대한 에르몰라오 바르바로로 인해 소규모 활동집단이 형성되었던 것이 분명하다. 레오니코 토메오(Leonico Tomeo)가 아마세오에게 했던 권면으로 1493년에도 대학 교육과정 변두리에서 비공식적인 그리스어 교습이 진행되었다는 사실을 분명히 확인할 수 있다.[33] 이런 활동 중 일부는 레오니코 자신으로부터 유래했을 수도 있다. 1497년에 베네치아 원로원은 학생들의 성원에 레오니코를 아리스토텔

---

31 밀라노에서 칼콘딜라스의 임무에 대해서는 이 장의 주 7 참조. 피렌체의 그리스주의와 지적 삶의 끊임없는 활력에 대해서는 이 장의 주 9 참조.

32 C. Malagola, *Della vita e delle opere di Antonio Urceo, detto Codro*, Bologna, 1878, pp. 172~73. 그의 임명은 1482년에 공식화되었지만 이전에도 이미 가르쳤다. 그가 다뤘던 주제들에 대해서는 이 장의 주 11에서 인용된 그의 『전집』(*Opera Omnia*)에 기재된 개론적인 『대화』(*Sermones*)의 서문 참조.

• Veneto: 이탈리아 북동부 지방을 관할하는 주(州)이며, 주도(州都)는 베네치아이다.

33 M. Barbaro, *Epistolae, Orationes et Carmina*, ed. V. Branca, Florence, 1943, vol. I, p. 56, Ep. xl, 24 June 1484: "Cupierunt hic boni quidam juvenes ut poetas eis Graecos temporibus successivis meis praelegerem."

레스의 그리스어 본문에 대한 파도바 최초의 강사로 인정했다.[34] 칼콘딜라스가 떠나고 레오니코가 공식적으로 임명되기까지의 공백기에도 그리스어 공부에 대한 관심이 잠류했다는 사실을 무시할 수 없다. 이 관심은 끝내 자신의 존재감을 기저로부터 부상시킬 정도로 강력해졌다. 이 일은 베사리온 추기경과 같은 고위층 인물의 유력한 후원에 의지하지 않고 일어났다. 베네치아에서도 이와 유사한 사적 압력과 불확실한 공적 대처의 모습이 발견된다. 1468년에 베사리온 추기경이 도서관을 유산으로 남긴 사건이 그리스주의를 부추겼어야 마땅하지만 베네치아 정부는 이 책들을 제대로 다루는 데 실패했다. 이로 인해 학자들은 즉각 받아 마땅한 혜택을 누리지 못했다.[35] 따라서 베사리온 추기경의 유증보다 1485년에 자연학에 대한 그리스 문헌 전문가인 조르조 발라가 공공강사직에 임명된 사건이 더 큰 성과를 야기했을 것이다.[36] 그러나 발라의 경우에도 사적인 노력이 가장 중요한 원동력이었던 것으로 보인다. 바르바로의 막강한 영향력은 베네치아에까지 끼쳤다. 그는 1484년 겨울에 자신의 집에서 아리스토텔레스의 본문 강의 시리즈를 시작했다. 이 강의는 바르바로 자신을 당황하게 만들 정도로 큰 인기를 끌었다.[37] 우리는 1490년부터 보다 영구적인 영향력을 끼친 별난 존재를 만나게 된다. 그는 전혀 제약받지 않고 억제할 수 없이 쾌활한 프란체스코 수도회 소속의 수도사 프라 우르바노 발레리아니(Fra Urbano Valeriani)였다. 발레리아니는 베네치아에 그리스어 사립학교를 세우기로 결심했고 또한 큰 성

---

34  A. S. V. Senato, Deliberazioni Terra, R. XII, f. 201r, 21 April 1497. "instantia omnium illorum scolarium"에 대한 언급이 나온다.

35  이 책의 제6장 참조.

36  A. Segarizzi, "Cenni sulle scuole pubbliche a Venezia nel secolo XV e sul primo maestro d'esse", ARIV LXXV, pt. ii, 1915~16, p. 651. 이 책의 제5장도 참조.

37  M. Barbaro, *Epistolae*, vol. I, p. 78, Ep. lxi.

공을 거두었다고 전해진다. 이에 대한 유일한 증거는 추도 연설문이다. 이는 그다지 신빙성 있는 증거는 아니지만 당시 발레리아니는 막 지중해 동쪽 관광을 마치고 돌아왔던 터였다. 그는 그리스 본토의 주요 관광지와 에게해 곳곳을 비롯하여 소아시아를 통해 이스라엘 성지와 이집트를 여행했다. 마지막에는 시칠리아에 가서 에트나산의 분화구를 두 번 방문했다. 이는 당시의 기준에서 볼 때 놀랄 만한 여행이었다. 그가 흥미로운 인물이었다는 사실은 분명하다. 그는 주된 관심사인 호메로스의 시를 해석할 만반의 준비를 갖추고 있었다.[38]

알두스의 계획과 직접 관련된 맥락에서 그리스어 연구를 논할 때는 다층적인 접근이 필요하다. 마누엘 크리솔로라스(Manuel Chrysoloras)의 성격과 베로네세 과리노의 가르침, 그리고 베사리온의 선심은 모두 장기적인 요소들이다. 우리는 이 요소들을 이해할 수 있고 이들에게 박수갈채를 보낼 수 있지만 1490년에 토레사니가 이들에게 깊은 인상을 받았다고 보기는 힘들다. 토레사니는 자신의 주위에서 그리스어에 대한 관심이 날로 고조되고 있다는 사실에 대한 증거가 필요했을 것이다. 그는 그 증거를 발견할 수 있었다.

알두스 시대까지 그리스어 인쇄의 발전사는 어떤 면에서 당시의 그리스 문화 연구의 발전사와 유사했다. 고립된 연구가 보다 집중된 연구의 시기로 이어졌다. 1494년 이전에 그리스어 본문 전체가 인쇄된 경우는 열두 차례 정도였다. 물론 여기에 포함된 작품들은 27종의 별개의 판들에 해당한다. 장송은 1472년에 이미 아울루스 겔리우스 판에 섬세한 둥근 활자(rounded type)로 기록된 그리스 본문을 추가할 수 있었다.[39] 사람

---

38  A. Castrifrancanus, *Oratio habita in funere Urbani Bellunensis*, Venice, 1524; G. Bustico, "Due umanisti veneti: Urbano Bolzanio e Piero Valeriani", *Civiltà Moderna*, IV, 1932, pp. 86~103.

39  이어 나오는 짤막한 기사는 대체적으로 R. Proctor, *The Printing of Greek in the*

들의 관심이 저조했던 것도 아니었고 기본적인 문제는 이미 다양한 방식으로 해결되었다. 요점은 어느 누구도 그리스어 조판의 상업적 가치를 깨닫거나 확립하지 못했다는 사실이다. 초기 시도들은 외로운 소규모 노력들이었다. 1473년경에 브레시아의 토마소 페란도(Tommaso Ferrando)가 생산한 것으로 여겨지는 『바트라코뮈오마키아: 개구리와 쥐의 전쟁』(*Batrachomyomachia*)은 현재 사본 하나만 보존되었다.[40] 크리솔로라스의 『문답』(*Erotemata*)에 대한 레노 다 비첸차(Reno da Vicenza)의 본문도 있다. 또한 콘스탄틴 라스카리스의 최초의 밀라노 문법서도 있다. 이는 1476년 초에 데메트리우스(Demetrius)라는 사람이 설계한 활자로 인쇄되었다. 이후 10년 동안 활동에 가속이 붙었다. 밀라노에서는 보누스 아쿠르시우스(Bonus Accursius)가 데메트리우스의 활자를 떠맡아 1481년까지 일곱 종의 판을 생산했다. 여기에는 이솝의 『우화』(*Aesopica*)와 시편(Psalter), 헤시오도스와 테오크리토스의 작품 일부, 크라스톤의 그리스어 사전 제1판과 제2판, 그리고 라스카리스의 또 다른 문법서가 포함되었다. 1487년과 1488년 사이에 칼콘딜라스는 호메로스의 첫 번째 판을 인쇄하는 데 도움을 받기 위해 데메트리우스를 밀라노에서 피렌체로 초대했다. 그들은 메디치 가문 무리의 주요 회원이었던 베르나르도 데 네

---

*Fifteenth Century*, Oxford, 1900, pp. 49~51에 근거한다. 여기에는 초기 판들에 대한 도표가 제시되었고, 가능한 경우에는 날짜와 종류도 알려준다. V. Scholderer, *Greek Printing Types, 1465~1927*, pp. 1~6도 매우 유용하다. 이 책은 기본적인 문제들이 신속하게 해결되었다는 점을 강조한다. E. Legrand, *Bibliographie Hellénique ou description raisonnée des ouvrages publiés en Grec par des Grecs au XVe et XVIe Siècles*, vol. I, Paris, 1885, pp. 5f.도 언급된다. 그러나 여기서는 작품 목록을 망라하지 않는다.

40 맨체스터의 존 라일랜즈(John Rylands) 대학 도서관, No. 3325. R. Proctor, *op. cit.*, p. 83은 이 책을 완성된 그리스어 작품으로서는 처음으로 인쇄된 것으로 간주한다. 행간의 라틴어 번역 활자는 페란도의 것인데, 그의 이름과 관련된 정확한 연도는 1473년밖에 없기 때문이다.

를리(Bernardo de' Nerli)의 네리 데 네를리(Neri de' Nerli)의 재정적인 후
원을 확보하는 데 성공했다. 이는 그들의 사업이 상당히 견고한 기반을
가지고 있었다는 사실을 가리킨다.[41] 그러나 제한된 작품들에 대한 고립
되고 잠정적인 시도가 더 일반적이었다. 크리솔로라스의『문답』에 대해
서는 세 차례의 추가적인 판이 출간되었다. 하나는 1480년대 초에 파르
마에서 출간되었고, 나머지 두 종은 1490년과 1491년 사이에 비첸차에
서 출간되었다. 후자의 경우에 인쇄공은 라스카리스의 문법서들도 재판
(再版)했던 바젤의 레오나르두스(Leonardus of Basel)였다. 조반니 크라스
톤(Giovanni Crastone)의『사전』(Lexicon)은 두 번 재판되었다. 두 경우 모
두 디오니시우스 베르토쿠스(Dionysius Bertochus)가 베네치아나 비첸차
에서 재판한 것이다. 1486년에는 라오니쿠스(Laonicus)와 알렉산드로스
(Alexandros)라는 크레타섬 출신들이『바트라코뮈오마키아: 개구리와 쥐
의 전쟁』과 시편을 인쇄했다. 이들은 복잡한 구식 활자를 사용했다. 로버
트 프록터(Robert Proctor)는 1,223개의 활자 종류를 발견한 후 해석을 포
기했을 정도였다.[42] 그러나 1490년대 초에는 분명한 변화가 감지되었다.
칼콘딜라스가 밀라노로 이주한 후에 데메트리우스 활자의 사용이 부활
했다. 비록 소규모 작업이긴 했지만 그의 활자는 이소크라테스[•]의 첫 번
째 판과 세 개의 작은 문법서를 인쇄하는 데 사용되었다.[43] 로렌초 디 알

---

41  E. Legrand, *op. cit.*, pp. 9~15. 나의 동료인 마이클 말렛(Michael Mallet)은 베르
    나르도(Bernardo)와 네리(Neri)가 중요한 정치인의 중간 아들들이었다고 말한다.
    그들의 다른 두 형제들은 1490년대에 베네치아에서 상인으로 거주했다고 한다.

42  R. Proctor, *op. cit.*, pp. 73~77. D. Geanakoplos, *Greek Scholars*, p. 59는 이 활자의
    복제본을 제공한다.

•   Isocrates, 기원전 436~기원전 338: 알렉산드리아 학자들이 선별한 고대 그리스
    최고의 연설가 10명에 속하며, 수많은 연설문을 남겼다.

43  E. Motta가 "Demetrio Calcondila, editore", ASL 20, 1893, pp. 163f.에서 인용하
    는 문서들은 1499년에 하나의 인쇄기만 사용되었음을 보여 준다.

로파가 야누스 라스카리스의 도움으로 피렌체에 설립했던 인쇄소의 상황은 이와 달랐다. 이들은 1494년과 1496년 사이에 2년 동안 세 개의 다른 활자를 실험했다. 이 중에는 굵고 선명하다는 이유로 많은 현대 비평가들이 선호하는 언셜체(uncial script)도 포함되었다. 이들은 『플라누데스 선집』(Antologia Planudea), 에우리피데스의 비극과 칼리마코스*의 시 일부, 루키아노스(Lucianus) 대화편, 그리고 아폴로니우스 로디우스**의 『아르고 호 이야기』(Argonautica)를 출판했다. 이것은 사실 언어학 개론서를 넘어 광범위한 그리스 문학 분야로의 모험을 감행한 첫 번째 시도였다. 1490년대에 베네치아에서 알두스 외에도 두 군데의 다른 회사들이 그리스어 서체를 실험하고 있었다. 이 사실을 고려하면 조판 분야에 대한 관심이 급증했다는 사실이 분명해진다.[44]

학계와 출판계에서 대두된 흐름들을 겹쳐보면, 알두스와 그의 동업자들이 제휴하게 되었던 타당한 근거를 유추해 낼 수 있다. 토레사니의 성

---

* Callimachus, 기원전 310?~기원전 240: 알렉산드리아 도서관의 시인이자 문학 비평가였다. 호메로스 식의 장편 서사시를 비판하는 대신에 짧은 시와 경구를 선호했다. 대표작으로는 이후 로마 작가들에게 큰 영향을 끼친 『아이티아』(Aetia)가 있다.

** Apollonius Rhodius, 기원전 3세기: 기원전 3세기 알렉산드리아의 중요한 작가로서 『아르고 호 이야기』를 저술했다. 이는 호메로스와 로마제국 시기 사이에 저술된 서사시로는 유일하게 보존된 작품으로서 기원전 1세기에 로마의 마르쿠스 테렌티우스 바로(Terentius Varro)에 의해 라틴어로 번역되었으며, 로마의 시인 카툴루스와 베르길리우스에게 지대한 영향을 끼쳤다.

44 라스카리스/알로파 인쇄소에 대한 상세한 연구 기록은 없다. 관련된 부분에 대해서는 E. Legrand, op. cit., pp. 20f.와 R. Proctor, op. cit., pp. 78~82를 언급할 수 있다. 더 광범위한 배경에 대해서는 이 장의 주 8을 참조. 『그리스 대어원사전』(Etymologicum Magnum, 1499)의 서문에서 차카리아스 칼리에르게스는 자신이 6년째 실험 중이라고 주장한다. 따라서 그는 1494년에 작업을 시작했을 것이다. 동일한 말이 가브리엘 다 브라시켈라(Gabriel da Brasichella)의 조직에도 적용될 것이다. 이 책의 제4장 주 63~66 참조.

공은 법학과 철학이 주도했다. 두 분야 모두 학문적이거나 반(半)학문적인 분야였다. 알두스는 당시에 전문적인 학자로서 명성을 확립했다. 그는 토레사니 같은 소도시 출신이 시기할 만한 넓은 인맥을 갖추었다. 이런 알두스가 토레사니에게 접근했던 것이다. 물론 알두스가 제시한 계획은 위험했지만, 그는 귀족 출신 지인들이 그의 계획에 열광했다고 말할 수 있었다. 또한 토레사니도 알고 있었을지 모르는 파도바에 대한 소문과 조르조 발라의 강연이나 프라 우르바노의 수업을 가득 채운 무리들을 지목할 수 있었다. 무엇보다도 위협적인 것은 피렌체와 밀라노에서 그리스어 조판이 주목받고 있다는 사실이었다. 아마세오와 마찬가지로 알두스도 그리스어 본문의 인기가 고조될 것이라고 믿었다.[45] 알두스는 자신보다 상업적인 사고를 가진 토레사니를 설득하는 데 성공했을지도 모른다. 그는 새로운 학문 시장을 개척할 수 있는 황금 기회가 찾아왔다고 설득했을 것이다. 이 시장은 현재로서는 개방되어 있지만 곧 닫힐지도 모른다. 만일 이것이 사실이라면 두 사람 모두 큰 착오에 빠졌던 것이다. 이들은 견고하고 유연한 조직을 형성하고 있었다. 그들의 전임자들이 한두 차례 출판한 이후 휘청거렸을 만한 상황에서도 이들은 생존할 수 있었다.

우리는 상상의 날개를 펴며 알두스와 그의 동업자의 관계를 살펴보았다. 그럼에도 둘 사이의 관계는 불투명하다. 이들의 계약을 소멸시킨 1542년의 공증서는 본래 계약이 1495년에 체결되었음을 알려 준다. '베네치아의 방식'에 따르면, 이는 3월 1일 이후를 의미한다. 법률 문서가 그 유효성마저 좌우하는 오류를 포함하지는 않았을 것이다.[46] 그러나 콘스탄틴 라스카리스의 그리스어 문법의 알두스 판은 1494년 2월 말일을

---

45  아리스토텔레스 vol. I의 헌정사, OAME III B(vol. I, p. 6).

46  E. Pastorello, "Testimonianze e documenti …", p. 214, Doc. XI.

출판일로 기재하고 있다. 수많은 전문가들은 무사이오스와 『갈라이오뮈 오마키아』의 출간일을 이보다 이른 날짜로 추정한다. 우리는 이 장을 시작했던 인용문을 상기할 필요도 있다. 알두스 자신의 말에 따르면, 그는 1496년 8월에 이미 6년 동안 인쇄업에 종사하고 있었다.[47]

이러한 증거들 사이의 모순은 오직 추측만으로 해결할 수 있다. 두 가지 해결책이 가능한 것으로 보인다. 우리는 알두스가 1495년 이전에 알베르토 피오의 후원으로 독립적인 실험을 감행했다고 간주할 수 있다. 토레사니는 장래 동업자의 계획이 가능하다는 것이 입증되기까지 옆에서 관심을 가지고 지켜보았을 것이다. 혹은 알두스와 토레사니 사이에 1495년 정식 동업관계가 성립되기 전에 일종의 예비 계약이 체결되었다고 가정할 수도 있다. 그렇다면 최초의 출판물은 실험용으로 간주될 수 있을 것이다. 두 번째 안이 다소 적절해 보인다. 알두스가 토레사니로부터 이른 시기부터 기술 자문을 받았다는 증거들이 있기 때문이다. 알두스는 독립적인 운영자로서는 큰 발전을 이루지 못했을 것이다. 이런 종류의 예비적인 혹은 임시적인 협의는 출판계에 흔한 일이었다. 알두스가 제안했던 것만큼 야심 찬 계획을 실행하기 위해서는 이와 같은 협의가 적절했을 것이다.[48] 그러나 이것은 추측에 불과하다. 우리가 알고 있는 유일하게 확실한 점은 1495년도의 설립에 대한 모호한 회고뿐이다.

가장 엄숙한 군주의 아들이신 고인이 된 주 피에르프란체스코 바르

---

47 이 장의 주 1, 2의 인용 참조.

48 1528년의 파리 계약(Parisian contract)이 연관이 있을지도 모른다: "et après ce qu'ilz auront faiet et parachevé de imprimer le premier livre …s'ilz veoyent que lad. association ne leur feust bonne, se pourront séparer et deppartir l'un avec l'autre …". E. Coyecque, "Inventaire sommaire d'un minutier Parisien", *Bulletin de la Société de l'Histoire de Paris et de l'Île de France*, 21, 1894, p. 156의 본문.

바리고(Pierfrancesco Barbarigo)와 고인이 된 주 안드레아 토레사니 사이의 책을 출판하는 회사에 고인이 된 로마인인 알두스 데 마누티스(de Manutiis)도 참여했다 …….[49]

감질나게 만드는 불확실성에도 불구하고, 이 공증서의 발견과 출판은 오랫동안 흩어져 있던 증거들을 한데 몰아준다. 19세기 학자들은 알두스와 토레사니 사이의 공식적인 동업관계가 1508년에 비로소 시작되었다고 생각했다.[50] 마르코 바르바리고(Marco Barbarigo) 총독의 아들이 이 회사와 제휴했다는 말은 소문으로 치부되었다. 이는 신빙성 있는 소문도 아니었다. 이 소문은 사건이 발생하고 40년이 지난 후에 잘 알려지지 않은 추아네 벰보(Zuane Bembo)라는 골동품 수집가의 두서없고 때로는 편집증에 가까운 편지의 일화에 불과했기 때문이다. 추아네는 동료인 산토 바르바리고(Santo Barbarigo)를 칭찬하면서 스쳐지나가는 말로 그의 아버지가 "알두스에게 수천 두카토를 후원했다"라고 말한다. 이 편지는 두 사본이 남아 있다. 두 사본 모두 출판되었지만 이 이야기를 신뢰할 수는 없는 노릇이었다.[51] 그러나 20세기 초에 마리오 브루네티(Mario Brunetti)

---

49   앞의 주 46의 E. Pastorello, *loc. cit*. 원본은 A. S. V. Procuratori di S. Marco, Supra, Rg. 203, ff. 70v~72r.

50   A. Firmin-Didot, *Alde Manuce*, pp. 304f. 관련된 문서를 발견한 후에도 재정적인 배경에 대한 혼동이 오래 지속되었다. 브루네티는 이를 밝히지 않았다. 1907년에 그가 제출한 학위 논문은 그의 가족의 수중에 있다. M. Ferrigni, *Aldo Manuzio*, Milan, 1925, pp. 188~89; E. Robertson, "Aldus Manutius, the Scholar-printer, 1450~1515", BJRL XXXIII, 1950, p. 67; M. Dazzi, "Aldo Manuzio", LBF LII, 1950, p. 130 참조.

51   G. 모렐리(G. Morelli)는 그의 *Dissertazioni intorno ad alcuni viaggiatori eruditi veneziani poco noti*, Venice, 1803, pp. 14~30에 불완전한 17세기 사본(Biblioteca Marciana, Venezia M. Latini Cl. XIV, 235[4714])을 게재했다. 이후에 자필본이 뮌헨 국립도서관, Ms. Latinus 10801에서 발견되었다. 테오도어 몸젠(Theodore

는 유언을 시행하는 일을 담당하는 베네치아 관리였던 프로쿠라토리 디 산마르코(Procuratori di San Marco)의 기록들을 조사하면서 흥미로운 점을 발견했다. 뱀보의 친구인 산토의 아버지 피에르프란체스코 바르바리고와 관련된 서류를 발견했던 것이다. 이 서류는 바르바리고와 토레사니, 그리고 알두스 마누티우스의 계승자가 이제 쓸모가 없어진 회사의 남은 주식을 청산하여 자본 가치를 현금화하자고 협의하는 내용도 포함했다. 비록 회사의 전반적인 재무제표는 손실되었지만 이 회사의 일상적 업무를 보여 주는 출납부가 일부 포함되었다. 이 두 삽입문은 알두스의 회사가 사람들이 이전에 생각했던 것보다 훨씬 강력한 조직체였음을 증명하기에 충분했다. 토레사니는 처음부터 관여했다. 뿐만 아니라 추아네 뱀보의 일화가 액면가 이상이라는 사실이 입증되었다. 피에르프란체스코 바르바리고는 알두스를 단순히 한 번 도와준 동조자에 불과했던 것이 아니라 애초부터 상당한 자금과 공작 가문의 영향력을 동원해 회사를 뒷받침했던 것이다.

우리는 베네치아의 상위 귀족이 인쇄회사에 관여했다는 사실에 깊은 인상을 받을 수 있지만 당혹할 필요는 없다. 지배 계급이 작업장에서 직접 잉크를 묻혀갈 정도로 새로운 발명품에 관심을 가졌다는 증거는 없다. 한편 귀족들의 이름으로 제출된 저작권 신청서도 발견된다. 더욱이 알두스 다음 세대에는 조반니 브라가딘(Giovanni Bragadin)과 마르칸토니오 주스티니아니(Marcantonio Giustiniani)라는 두 귀족이 히브리어 출판 분야에서 베네치아를 선도했다.[52] 귀족들 사이에서는 출판에 대한 직접적인 관심보다 간접적인 관심이 지배적이었을 것이다. 일례로 우리

---

Mommsen)이 이를 *Sitzungsberichte der Bayerischen Akademie der Wissenschaften*, I, 1861, pp. 584~609에 출판했다.

52  이 책의 제1장 주 10 참조. J. Bloch, "Venetian printers of Hebrew books", *Bulletin of The New York Public Library* 36, 1932, pp. 71~92.

는 막강한 권력을 가졌던 코르네르(Corner) 가문이 파도바의 종이 생산을 독점했다는 사실을 알고 있다. 1503년에 이들의 무역 수익률은 기존의 가격을 3분의 1만큼 인하할 수 있을 정도로 높이 치솟았다.[53] 공증 기록이나 지사(知事, Procurator)들의 서류를 조사해 보면, 유사한 투자가 발견될지도 모른다. 피에르프란체스코 바르바리고와 그의 가족이 직접 관여했다는 점에는 의심의 여지가 없다. 그러나 추아네 벰보의 우연한 회상 이외에 알두스와 그의 지인들 사이의 편지에서는 이에 대한 어떤 언급도, 헌정도 발견되지 않는다. 따라서 그는 작업장을 자주 방문하지는 않았을 것이다. 고위 관리와의 인맥이 인쇄업자에게 얼마나 실용적이었는지는 확인할 방법이 없다. 1490년대와 1500년대에 수많은 저작권 신청서가 제출되었는데, 이때 공직에 있는 사람들과의 인맥은 어느 정도 유용했을 것이다. 피에르프란체스코 바르바리고의 아버지인 마르코가 총독이 된 지 1년도 채 안 된 1485년에 바르바리고의 삼촌인 아고스티노(Agostino)가 총독직을 즉시 계승했다. 아고스티노는 1501년에 세상을 떠날 때까지 부적절할 정도로 막대한 권력을 휘둘렀다. 피에르프란체스코 자신도 원로원의 회원이 되었지만 1499년에 세상을 떠났다. 인쇄업에 대한 관심을 물려받은 그의 후계자 중에서 정치적인 명성을 얻은 사람은 없었다. 뿐만 아니라 1501년에는 그의 집안 전체가 고인이 된 총독의 비리 판결로 인해 혹평에 시달리게 되었다.[54] 바르바리고와의 제휴

---

53  SDP pp. 133~34.

54  M. Barbaro, Genealogie delle famiglie patrizie veneziane, Ms. in Archivio di stato, Venezia, vol. I, p. 172. 피에르프란체스코에게는 친자식이 없었다. 따라서 그의 투자는 먼저 그의 형제들에게 돌아갔으며, 그 후에 이들의 상속인들에게 돌아갔다. 이들의 이름이 1542년의 실효 증서에 등장한다(E. Pastorello, "Testimonianze e documenti …", loc. cit.). M. Sanudo, IV, cols. 100~200은 1501년 아고스티노의 죽음 이후에 고인이 된 총독과 그의 가족의 부패와 관련해 일어난 폭동을 보도한다. 그는 총독의 아들들이 그들에게 소급 적용되는 벌금 7,600두카토를 지불하도

가 숨겨진 장점을 지니고 있었을지라도, 그것은 양날의 무기였을지도 모른다.

에라스무스의 『격언집』이나 알두스 자신의 서문을 읽은 독자들은 이 인쇄회사를 공세에 시달린 요새로 간주했을 것이다. 계몽된 학문이 이에 적대적인 사회에서 자신의 위치를 지키려고 몸부림치고 있는 요새로 말이다.[55] 그러나 이 회사는 사실 당시의 가장 성공적인 출판인 중 한 명과 베네치아 국가의 명목상 수장의 조카가 후원했던 강력한 조직이었다. 이 공증서의 발견은 수많은 불확실성을 제거하지만 훨씬 중대한 문제를 함축하는 질문을 남긴다. 이 조직 내에서 알두스의 실제적인 지배권은 어느 정도였을까? 기본적인 추진력이 그로부터 비롯되었다는 점은 분명하다. 바르바리고와 그의 집안은 배당금에만 관심을 가졌다. 토레사니는 이 계획을 주관할 만한 학문적인 기반이 없었다. 우리가 앞으로 살펴보겠지만 이 계획은 알두스의 사후에 금세 탄력과 명성을 상실했다. 동일한 논리로 알두스가 대부분의 행정 업무를 통제했을 것이다. 여기에는 그리스어 활자를 다룰 줄 아는 조판공을 고용하는 일과 작품 선정 및 편집의 준비과정이 포함된다. 바르바리고의 출납부의 이상한 기록들이 이 점을 지지한다. 일례로 1499년에는 알두스가 종이를 구입하고 회사에 비용을 청구하는 모습이 발견된다. 1478년에 파도바의 인쇄업자인 페테 모페르는 재정적 후원자인 바르톨로메오 발데초코로부터 종이를 필요한 만큼씩 조달받는 계약을 맺었다.[56] 바르바리고의 문서는 구체적

---

록 강요당했다고 덧붙인다.

55  이 장의 주 21의 M. M. Philips, *op. cit.*, pp. 171~209와 비교. 에라스무스는 알두스의 노력을 '헤라클레스의 12과업'과 비교했다. 알두스 자신의 태도에 대해서는 이 장의 주 1 참조.

56  E. Pastorello, "Testimonianze e documenti …", Doc, I, p. 189와 SDP, Doc. XXXIII, p. 156을 비교.

인 내용을 언급하지 않지만 알두스가 어떤 환경에서 일했는지는 조금이나마 밝혀 준다. 1542년의 계약 실효 문서는 회사의 기반이 토레사니와 피에르프란체스코 바르바리고였다고 명시한다. 알두스는 단지 '참여했을' 뿐이다. 그의 참여도가 얼마나 되었는지 확실히 밝히기는 어렵다. 그러나 그리 높지 않았을 것이다. 회사의 주주들에게 지불되고 장부에 기록된 모든 배당금은 정확히 반으로 나뉜다. 절반은 바르바리고에게 돌아갔고, 나머지 반은 토레사니에게 돌아갔다. 알두스는 일반적으로 토레사니의 이름과 연관되어 언급된다.[57] 상황을 설명하자면 다음과 같을 것이다. 회사의 운영 자본과 수익은 정확하게 이등분되었다. 이 중 하나는 바르바리고가 전적으로 관할했고, 다른 하나는 토레사니와 알두스가 함께 관할했다. 이러한 양상은 1507년에 데 토르티스 형제들, 루칸토니오 지운티, 아마데오 스코토, 그리고 초르치 아리바베네 사이에서 통용되었던 계약과 유사하다. 후원자인 지운티와 스코토 각자가 지분 하나를 가졌다. 인쇄업자인 아리바베네와 데 토르티스 형제들은 공동으로 하나의 지분을 가졌다. 근본적인 사안은 알두스와 토레사니의 지분의 비율과 회사의 전체 지분이다. 문서상의 자료들은 이를 밝혀주지 않는다. 그러나 우리는 알두스와 토레사니가 1506년에 공식적으로 재산과 자산을 합쳤을 때, 총액의 5분의 4가 토레사니의 소유였다는 사실을 안다.[58] 따라서 알두스의 회사 지분도 이와 비슷한 수준이었을 것이라고 추측해 볼 수는 있다. 토레사니는 전체 지분의 절반을 소유했다. 이 중 알두스는 5분의

---

57  E. Pastorello, "Testimonianze e documenti …", Doc, I, p. 190(f, g 항목), p. 192 (x, z 항목). 계약서의 정확한 단어 선택에 대해서는 이 장의 주 49와 비교.

58  지운티/스코토/아리바베네/데 토르티스 계약의 전문은 FD pp. 401~05에서 발견할 수 있다. 알두스의 재산을 토레사니의 재산과 합친 행위 자체에 대한 기록은 없다. 그러나 이는 실효 증서(E. Pastorello, "Testimonianze e documenti …", Doc. III, p. 195)와 알두스의 마지막 유언장(CSV p. 97)에서 언급된다.

1을 보유했던 것이다. 이는 전체 지분의 10분의 1에 해당한다. 이 주장은 물론 추측에 불과하지만 서류상의 근거는 알두스가 아무리 많아도 25퍼센트 이상을 보유하지는 못했음을 가리킨다.

이 사실은 알두스가 회사의 영업 방침에 결정적인 발언권을 가지고 있었다는 말을 믿기 어렵게 만든다. 알두스가 부유한 동업자들에게 지속적으로 복종해야만 했다는 사실을 함축하는 흔적들이 발견된다. 이 흔적들은 오랫동안 이해되지 못한 채 간과되었다. 그는 1499년에 피렌체의 비서(secretary)인 아드리아노 마르첼리(Adriano Marcelli)에게 그리스어로 된 기도서와 니칸드로스(Nicandros)의 책을 선물했다. 그는 다정한 어투로 편지를 쓰면서 마르첼리가 구입했던 다른 책들을 할인가에 제공하지 못한 점을 사과한다. 그는 그 이유가 자신이 "어떤 이들과 합작 투자를 하고 있기 때문"이라고 설명한다.[59] 1501년 말에 야누스 라스카리스는 공개적으로 알두스를 비난했다. 그는 알두스의 처신을 "이탈리아를 위한 그리스의 유기"로 명명하면서 알두스에게 본래 계획을 추진하도록 충고했다.[60] 1505년에 요하네스 쿠노*는 토레사니가 추가적인 그리스어 출판을 가로막고 있다고 전한다. 이는 라스카리스의 말을 어느 정도 해명해 준다.[61] 같은 해에 이사벨라 데스테**는 거만한 어투로 알두스가 보

---

59  J. Schück, Doc. X, pp. 126~27.

60  CAM 24.

*  Johannes Cuno, 1462?~1513: 독일 뉘른베르크 출신의 도미니쿠스 수도회 수도사이자 인문주의자였던 그는 빌리발트 피르크하이머와 요하네스 로이힐린에게 그리스어를 배웠다. 15세기 말경에 베네치아에서 알두스, 마르쿠스 무수루스와 인맥을 맺는다. 1510년 바젤에서 요하네스 아머바흐의 편집자로 일하면서 그리스어를 가르치기도 했다. 교부학에 관심을 가진 그는 수많은 교부의 작품을 번역했다.

61  이 장의 주 22의 인용 참조.

**  Isabella d'Este, 1474~1539: 만토바의 군주인 에르콜레 데스테(Ercole d'Este)의 딸로서 엄격한 교육을 받았다. 그녀의 가정교사 중에는 바티스타 과리노도 포함되었다. 1490년에 잔프란체스코 곤차가와 결혼한 이사벨라는, 통치는 뒷전으로

낸 네 개의 피지 사본을 반납하겠다고 통보하는 글을 썼다. 그녀는 이 사본들의 가치가 부르는 값의 절반에도 못 미치지만, 알두스의 동업자들이 그 이하로는 팔지 않는다는 사실을 이해한다고 설명한다.[62] 법률 문서에 비추어 볼 때, 에라스무스의 『지저분한 부(富)』 대화편의 각본을 이해하기가 훨씬 쉬워진다. 알두스가 인쇄회사의 지배적인 힘을 가진 사람으로 인식되는 한, 독자들은 알두스를 비판할 점을 찾을 수 있었다. 『격언집』에서 알두스의 업적을 기리는 에라스무스의 모순적인 모습도 발견할 수 있었다. 그러나 알두스가 처했던 참된 상황을 이해한다면, 이 대화편은 최악의 경우 관점의 변화로, 최선의 경우 이런 상황 속에서도 알두스의 처신에 대한 칭찬으로 이해될 수 있다.[63]

불행히도 알두스와 그의 동업자들 사이의 관계에 대한 수정된 견해는 이들의 회사 조직 문제보다 훨씬 심각한 문제들로 인도한다. 옛 견해는 알두스를 헌신적인 인문주의자이자 군주인 인물의 후원을 받는 헌신적인 인문주의자로 그렸다. 이 견해에 따르면 그의 출판 계획은 순수한 인문주의적 이상의 표현으로 볼 수 있었다. 하지만 알두스는 생각했던 것만큼 자유로운 대리인이 아니었다. 우리는 그의 인쇄본들을 단지 광범위한 전체의 일부로서 검토해서는 안 된다. 오히려 개별적으로, 그리고 보

---

한 채 전쟁에만 몰두한 남편 대신에 만토바 궁정을 관할했다. 그녀는 안토니오 알레그리(Antonio Allegri), 로렌초 코스타(Lorenzo Costa), 줄리오 로마노(Giulio Romano), 레오나르도 다 빈치, 라파엘로 등의 예술가들과 마테오 반델로(Matteo Bandello), 베르나르도 도비치오(Bernardo Dovizio) 등의 작가들, 그리고 바르톨로메오 트롬본치노(Bartolomeo Tromboncino)와 마르케토 카라(Marchetto Cara) 같은 음악가들을 후원했다.

62  GSLI VI, 1885, p. 276, 주 4에 인용됨. "M. Aldo. Li quattro volumi de libri in carta membrana che ne haveti mandati al juditio di ogniuno sono cari dil doppio che non valeno: havemoli restituiti al messo vostro. il qual non ha negato esser il vero, ma scusatovi che li compagni vostri non ni voleno mancho."

63  이 사안에 대해서는 이 장의 주 21 참조.

다 비판적인 자세로 살펴보아야 한다.

지금까지 알두스의 회사 조직을 개관했다. 이제 기술적인 발전을 살펴볼 차례이다. 특히 유명한 알두스 활자의 기원을 살펴보아야 한다. 논리적으로 이 둘은 물론 별개의 사안들이기는 하지만 둘 사이의 분리는 인위적이다. 최초의 판본들이 1494년이나 1495년에 출간되기 위해서는 1490년대 초반에 상업적인 협상과 더불어 실험이 진행되었어야만 했다. 결국 결성된 강력한 사업구조가 없었더라면, 이와 같이 다양한 활자를 주조하는 일은 절대 불가능했을 것이다. 인쇄업자의 자본설비 중 가장 큰 비중은 언제나 활자체였다. 특히 그리스어 활자체는 유별난 문제들을 일으켰다. 먼저 그리스어 활자체를 설계할 수 있는 공예가를 찾는 것이 문제였다. 다음에는 언어 자체의 문제가 있었다. 그리스어는 전접어(enclitic)를 제외한 모든 단어에 '끝 음절 악센트'(oxytone)나 '끝 음절 곡절 악센트'(perispomenon)를 사용했다. 또한 모음으로 시작하는 모든 단어의 첫 모음 위에는 '기음'(氣音) 혹은 '무기음' 표시가 필요했다. 이 표시들은 모든 경우의 수를 고려해 해당 글자와 함께 설계하고 주조하거나 별개의 활자로 주조한 후 조판공이 해당 글자 위에 기입할 수 있도록 만들어야만 했다. 첫 번째 방법은 필요한 활자의 수를 기하급수적으로 증가시켜 엄청난 비용을 초래했다. 빅터 숄더러는 1480년대 중반에 라코니우스와 알렉산드로스가 베네치아에서 사용한 서체가 1,400개가 넘는 개별 글자 형태들을 포함했을 것이라고 추정한다. 두 번째 방법은 조판공의 작업을 더디게 만들었다. 이는 악센트 자리를 확보하기 위해 행간을 넓히는 것을 의미했다. 따라서 책을 만드는 데 더 많은 시간과 종이가 소요되었다. 이는 당연히 비용 증가로 이어졌다. 당시의 모든 직·간접적인 증거들은 그리스어 작업이 어마어마하게 어려웠다는 사실을 가리킨다. 알두스의 전임자들과 동시대인들 중 오직 아쿠르시우스와 라스카리스만이 다양한 형태를 실험하는 사치를 누릴 수 있었다. 여러 벌의 활자들이 손을 거쳐 전수되었다. 늦게는 1542년에 마르첼로 체르비니 (Marcello Cervini) 추기경이 바티칸 도서관의 희귀 작품들을 위해 만들도록 지시했던 그리스어 활자체 사용이 중단되어야 했다. 비용이 너무 많이 들었기 때문이다.[64] 그러나 알두스는 라틴어와 그리스어로만 출판할 계획을 가졌던 것이 아니었다. 그는 사업을 시작했던 초기 단계부터 히브리어의 출판 계획도 가지고 있었다.

알두스는 프란체스코 다 볼로냐(Francesco da Bologna)라는 이름 없는 천재의 도움으로 난관을 극복했다. 프란체스코는 알두스의 회사 설립에 가장 중요한 사람이었으나 시간의 흐름과 함께 이제 그의 이름과 정체는 불분명해졌다. 한때 그는 프란체스코 라이볼리니(Francesco Raibolini)라는 금세공인으로 간주되었다. 그러나 라이볼리니는 1517년에 사망했던 반면에, 이 활자 절삭공은 1518년에도 여전히 왕성히 활동했다.[65] 보다 가능성 높은 후보는 1512년 페루자의 공증에서 언급된 "날인된 글자의 절삭공 프란치스쿠스 그리푸스 데 보노니아(Franciscus Griffus de Bononia)"일 것이다. 하지만 그의 신원은 여전히 베일에 감추어져 있다. 나는 그가 1475년에 장송의 고딕체 두 개를 복사하도록 라우히파스의 명령을 받은 "한때 카이사르의 금세공인이었던 프란치스쿠스 데 보노니아"와 동일한 인물이라고 믿고 싶다. 이는 장송으로부터 토레사니와 알두스로 이어지는 장송과의 연결고리를 제공한다. 또한 베네치아의 유명

---

64  R. Proctor, *op. cit.*, pp. 49~51; A. Tinto, "The History of a Sixteenth-Century Greek Type", *The Library*, Ser. V, XXV, no. 4, December, 1970, pp. 285~93; W. Pettas, "Niklaos Sophianos and Greek Printing in Rome", *Ib.*, XXIX, no. 2, June, 1974, pp. 206~13.

65  A. Panizzi, *Chi era Francesco da Bologna?*, London, 1858은 라이볼리니를 제안했다. 그러나 G. Mardersteig, "Aldo Manuzio e i caratteri di Francesco Griffo da Bologna", in *Studi di bibliografia e storia in onore di T. de Marinis*, vol. III, Verona, 1964, p. 121은 이를 단정적으로 부정했다.

한 두 인쇄소를 서로 긴밀히 연결해 준다.[66] 1475년 이전에 황제의 금세 공인이었던 인물이 40년 후에 인쇄업자로 여전히 활동했다는 점을 믿을 수 있다 하더라도, 이는 어디까지나 가설에 불과하다. 데 그레고리스 형 제들이 1492년에 『데카메론: 10일간의 이야기』(Decameron)와 1494년에 헤로도토스의 번역서, 1495년에 요하네스 데 케탐(Johannes de Ketham) 의 『의학 소집성』(Fasciculus Medicinae)을 인쇄하기 위해 사용했던 로마 활자체를 프란체스코 그리포*가 설계했다는 것도 이에 못지않게 불확 실하다. 이는 오직 미학적 판단에만 근거한 추측일 따름이다.[67] 그리포 와 베네치아 인쇄업의 연결성을 검토하기 위해 우리가 사용할 수 있는 고정점이 세 개 있다. 첫 번째는 알두스가 맨처음 이탤릭체로 인쇄한 책 인 1501년 판의 베르길리우스에 추가한 세 줄짜리 헌사이다.[68] 두 번째 는 2년 후에 파노(Fano)의 제롤라모 손치노(Gerolamo Soncino)의 주장

---

66  두 문서 모두 P. Arnauldet, "Graveurs de Charactères et Typographes de l'Italie du Nord", *Bulletin de la Société Nationale des Antiquaires de France*, 7e ser. 4, 1903, pp. 288~95에 인쇄되었다. G. Mardersteig, " ⋯ nascita di un incunabolo", pp. 253~ 54도 참조.

•  Francesco Griffo, 1450?~1518: 이탈리아 볼로냐 출신의 활자 주조자로서 베네 치아에서 알두스의 활자를 주조했다. 그가 바티칸 사무국에서 사용하던 필기체를 모본으로 삼아 고안한 이탤릭체는 1501년부터 고전 인쇄본에 사용되었다. 『폴리 필로의 꿈』에 사용된 로마체 역시 그가 주조한 활자였다. 그리포는 로마 활자 외 에도 그리스어 활자와 히브리어 활자를 주조해 알두스의 출판 계획에 큰 역할을 담당했다.

67  G. Mardersteig, "Aldo Manuzio ⋯", p. 118의 제안. 이 활자의 복제에 대해서는 C. Castellani, *Early Venetian Printing Illustrated*, Venice/London/New York, 1895, pp. 105, 108~09 참조.

68  IN GRAMMATOGLYPTAE LAUDEM
Qui Graiis dedit Aldus, en Latinis
Dat nunc grammata scalpta daedaleis
Francisci manibus Bononiensis. RAIA p. 27.

에서 발견된다. 그는 알두스가 사용한 모든 활자를 주조했기 때문에 그것들의 발명과 설계에 참된 주인이 있는데, 자신이 이 전문가의 도움을 방금 확보했다고 주장했다.[69] 세 번째는 손치노와 동일한 주장을 그리포가 1516년에 자신의 이름으로 출판한 페트라르카의 『칸초니에레』 (*Canzonieri*) 판에서 반복했다는 사실이다. 그는 독립적인 행동의 중압감을 견디지 못한 것으로 보인다. 얼마 지나지 않아 그는 미완성된 활자 타인기일지도 모르는 철봉으로 사위를 공격해 볼로냐에서 살인 혐의를 받았지만 그 결과는 알려져 있지 않다. 그는 잊혀졌고 학계의 온갖 면밀한 노력에도 불구하고 여전히 어둠 속에 갇혀 있다.[70]

그리포가 알두스를 위해 주조했던 다양한 활자체에 대해서는 이후에 별도로 다루겠다. 그때에 우리는 이 활자들을 회사의 상업 역사의 일부로 살펴볼 것이다. 또한 이 활자들이 어떻게 독자들의 기호에 호소했는지도 살펴볼 것이다. 여기서는 우선 주인공들 사이의 전문적인 관계를 최대한 재구성하는 문제를 다룰 것이다. 이들 사이의 관계가 처음부터 중요하고 강렬했으며, 종국에는 격동적이었다는 사실이 분명해진다. 손치노는 그리포가 "라틴어와 그리스어, 그리고 히브리어 글자의 가장 탁월한 절삭공이며, 이 분야에서 그의 재능에 버금가는 사람이 없다"라고 명시한다. 따라서 그가 전문가였으며, 새로운 기술을 터득하려는 야망에 찬 귀금속상이나 구리세공인이 아니라 오로지 인쇄업에만 전념했다는 사실을 알 수 있다. 여기서도 우리는 최고의 조언과 전문성을 확보하기 위해 탐색을 게을리하지 않은 알두스를 발견하게 된다. 그가 그리포에게 연락을 취한 정확한 시점을 알 길이 없다. 만일 그리포가 실제

69  G. Manzoni, *Annali tipografici dei Soncino*, Bologna, 1886, pt. ii, pp. 26~28.

70  G. Mardersteig, "Aldo Manuzio …", pp. 121, 144. 그의 사위에 대한 공격은 1518년 5월에 벌어졌다. 1519년 10월, 그리포는 '고인'(故人)으로 불렸다.

로 알두스의 모든 활자를 절삭했다면, ── 베르길리우스의 작품 안에 있는 'terzain'은 이것이 적어도 1501년까지는 사실이었다고 간접적으로 확인해 준다 ── 그는 1490년대 초에 첫 번째 그리스어 설계를 실험하기 시작했을 것이다. 이는 출판사가 공식적으로 존재하기 몇 년 전의 일이다. 이들의 관계가 깨진 시점은 보다 구체적으로 밝힐 수 있다. 알두스의 것이 분명한 최후의 활자는 1502년 8월에 소포클레스의 작품들을 위해 소개되었던 작은 그리스어 필기체였다. 만일 그리포가 이 천공기들(punches)을 설계하고 절삭한 후에 손치노를 위해 이듬해 7월 7일에 출판된 판본에 맞춰 라틴 이탤릭체를 만들어 주었다면, 그리포는 1502년 말에 베네치아를 떠났던 것이다. 이 계산은 우리를 1502년 11월 14일 언저리로 인도한다. 이때 알두스는 베네치아의 영토 내에서 모든 그리스어 출판과 모든 라틴어 이탤릭체 인쇄에 대한 포괄적인 독점을 승인받았다. 따라서 알두스와 그리포 사이의 관계는 최대한 10년에서 12년 동안 지속되었던 것이다. 이 시기 가운데 출판사가 생산했던 기간은 7년에 불과했지만 이 시기는 출판사의 발전에 결정적인 영향력을 행사했다. 이 기간 동안에 알두스는 세 개의 다른 언어에 12종의 활자체를 사용했다. 여기에는 여섯 종의 둥근 '로마식' 라틴 활자체, 유명한 이탤릭체, 기본적인 구상에서는 서로 유사하나 세부 사항에서는 서로 다른 네 종의 그리스어 필기체, 그리고 한 종의 히브리어 활자체가 포함되었다. 히브리어 활자체의 경우에 알두스의 야심찬 계획에 실제로 적용되지는 않았지만 그의 생애 동안 산발적으로 사용되었다.[71] 알두스의 활자체는 사실상 그

---

71  이 계수는 G. Mardersteig, *op. cit.*에 근거한다: 히브리어 활자와 알두스의 사용에 대해서는 이 장의 주 52의 J. Bloch, *op. cit.* 참조; A. Marx, "Aldus and the first use of Hebrew Type in Venice", *Papers of the Bibliographical Society of America*, 13, 1919, no. I, pp. 64~67. 알두스는 이미 1498년에 히브리어 글자 일부를 보유하고 있었다(『폴리필로의 꿈』(*Hypnerotomachia Polifili*), f. b8 r-v, h8 r, 폴리치아노,

리포의 기술이었다. 1502년 이후에는 개별적인 유형들이 동일한 행렬틀에서 주조된 것으로 대체되었음이 분명하다. 이것이 인쇄업자의 일반적인 일이었기 때문이다. 알두스의 생애 말엽에는 대문자 필기체 제작이 의뢰되었으나 새로운 설계는 도입되지 않았다. 1502년까지는 설비 투자를 적극적으로 확장했다. 1502년 이후에는 단순히 현존하는 자원을 사용했다. 1502년 이전과 이후의 사이에는 극명한 대조가 발견된다. 그리포가 떠나면서 실험도 종료되었던 것이다.

손치노는 알두스를 비롯한 여러 사람들이 그리포의 발명에 대한 권리를 강탈했다고 직접적으로 고발한다. 이로부터 우리는 격렬한 전문적인 질투가 폭발해 이들 사이의 생산적인 관계가 종결되었다고 가정할 수 있다. 알두스는 특권 청원서에서 그가 그리스어 인쇄를 향상시킨 "두 가지 새로운 방법을 발견했고" "필기체라는 새로운 종류의 글자를 고안했다"라고 말한다. 그의 주장은 손치노와 그리포 자신이 제시한 반대 주장과 완전히 상충된다. 1514년에 이르면 피렌체의 지운티 가문도 당시 유행하던 이탤릭체를 자신들이 인쇄에 처음 도입했다고 강력히 주장한다.[72] 당시에 이토록 극심한 불일치가 있었기 때문에 누가 옳은지 판단하는 것은 불가능하다. 사실 당시에는 이런 사안을 결정할 수 있는 방법이 아직 존재하지 않았다. 알두스가 청원서에서 언급한 그리스어 조판의

---

『작품들』(*Opera*), f. c5 v, h8 r–v). 콘라트 켈티스는 1501년 7월에 구상 중인 세 개 언어 성경 몇 페이지를 보냈다(*Briefwechsel des Konrad Celtis*, ed. H. Rupprich, Munich, 1934, p. 516: 이는 Bibliothèque Nationale, Paris, Mss Graecus 3064의 유물일 가능성도 있다). 1501년과 1508년, 그리고 1514년에 "Introductio perbrevis ad Hebraicam Linguam"이 발행되었다.

히브리어 조판에 대한 보다 일반적인 개론서는 E. Howe, "An Introduction to Hebrew Typography", *Signature*, 5, 1937, pp. 12~29 참조.

72 G. Manzoni, *loc. cit.*와 CSV pp. 72, 77 비교. 지운티의 주장에 대한 상세한 내용은 이 책의 제4장 주 145의 인용 참조.

혁신 중 하나는 각각의 모음 형태 위에 필요에 따라 강세를 엇물리는 방식이었다. 이는 앞서 논의한 문제를 피할 수 있게 해주는 방안으로서 전문 주물공이 고안한 것으로 보인다. 아마도 그리포의 공으로 돌려야 할 것이다.[73] 그러나 논쟁의 대상이 되는 나머지 두 방식인 그리스어와 라틴어 필기체 형식은 전혀 다른 문제이다. 활자 형식이 표준화되기 이전에는 인쇄업자가 대상 독서계에 합당한 필사본 모형을 타인기에 복사하거나 복사하도록 시키는 것이 일반적이었다. 따라서 장송은 그의 고전 문학 학생들을 위해 인문주의적인 '로마' 양식을 따랐다. 윌리엄 캑스턴 *은 궁중 연애소설을 읽는 영국-버건디(Anglo-Burgundian) 독자들을 위해 화려한 고딕체를 사용했다. 알두스의 그리스어와 라틴어 필기체는 당시의 가장 세련된 학문적인 취향을 정확하게 따랐다. 이로 인해 그가 사용했던 필기체 양식에 대한 열띤 논쟁이 일어났다. 적어도 한 명의 비평가는 그리스어 필기체 형식을 알두스 자신의 것이라고 주장했다. 그리포가 주장하듯이, 그리포 자신이 활자를 설계도 하고 절삭도 했을 가능성은 거의 없다. 어찌 되었든, 이 복잡한 작업의 참된 공로자는 누구인가? 비서인가, 활자 절삭공인가, 아니면 중개인인가? 당시의 어설픈 인쇄 특권제도는 투자자의 이익 보호만을 추구했다. 이는 자금과 노동력의 전체 비용을 도맡았던 인쇄업자나 출판인을 의미했다. 알두스는 회사의 막대한 투자를 보호하기 위해 그의 그리스어와 이탤릭체 글자체를 모방하는 것을 금지했다. 비록 알두스가 의도하지는 않았을지라도, 이는 그리포가

---

73  V. Scholderer, *Greek Printing Type*, pp. 6~7.

*  William Caxton, 1422~92: 영국에 최초로 인쇄기를 소개한 인물로 간주되는 켄트 출신의 상인이었다. 1465~69년에 벨기에의 브뤼헤에서 영국 상인들의 기관장이 된 그는 독일 출장 중에 인쇄술을 알게 되었다. 이후 1476년에 웨스트민스터에 인쇄소를 차려 제프리 초서(Geoffrey Chaucer)와 토머스 맬러리(Thomas Malory)를 포함한 다양한 문학 작품들과 여타 장르의 문헌들을 100종 가까이 출판했다.

자신의 가장 독창적이고 유행하는 설계를 다른 인쇄업자들에게 판매하는 것을 가로막는 처사였다. 둘이 다툰 것은 당연한 일이다.[74]

　알두스는 사사로운 이해관계가 그의 모호한 야심을 방해하는 이러한 경우에 놀랍도록 무신경한 모습을 보여 주었다. 그는 당시의 많은 사람들이 즐겼던 고상한 학문적인 악의를 탐닉하지는 않았다. 그리포와의 필연적인 관계는 개인적인 충돌의 결과라기보다는 급속하게 변화하는 상업적인 상황의 결과였다. 개척 시기인 구텐베르크와 장송의 시대에는 한 사람이 자기 자신의 힘과 기술로 인쇄의 전 과정을 관할할 수 있었지만 이는 과거의 일이었다. 이보다 훨씬 통제된 클로드 가라몽과 크리스토프 플랑탱*의 세계는 미래의 일이었다. 그때가 되면 제한된 수의 공인된 전문 활자 절삭공들이 확립된 산업의 수요를 공급하게 될 것이었다. 알두스와 그리포는 이 두 시대 사이에 살았다. 알두스가 활자 생산을 직접 책임진 적이 없다는 사실이 흥미롭다. 그는 첫 번째 유언장에서 그의 활자 주조자였던 헝가리 사람 자코모(Jacomo)의 딸들에게 감사의 유산을 남겼다. 마지막 유언장에서는 유언 집행자들로 하여금 율리오 캄파뇰로(Julio Campagnolo)에게 대문자 필기체를 의뢰하도록 지시했다.[75] 우

---

74　일반 배경에 대해서는 H. Carter, *Typography*, pp. 45f. 참조. 알두스의 설계에 대한 논쟁은 E. Quaranta, "Osservazioni intorno ai caratteri greci di Aldo Manuzio", LBF LV, ii, 1953, pp. 123~30과 이 책의 제4장 참조. 알두스의 종합적인 특혜에 대한 본문은 CSV pp. 78~79 참조.

•　Christophe Plantin, 1520?~89: 프랑스의 투르 근방 출신으로서 1549년부터 안트베르펜에서 출판을 시작한 인쇄업자였다. 그는 고전 문헌과 교부 문헌, 사전, 의학, 과학, 그리고 음악 서적을 전문적으로 출판했다. 그가 출판한 1,500여 종의 출판 목록 중에서 가장 유명한 것은 스페인의 필리페 2세에게 위임받아 1568~73년 사이에 작업한 다국어 성경이었다.

75　CSV pp. 93, 99. 1500년 이후 활자 절삭공의 신속한 직업화에 대해서는 H. Carter, *Typography*, pp. 93~116 참조. 알두스와 그리포에 대해서는 특히 pp. 107~08 참조.

리는 이러한 소규모 거래에서 점점 성숙해지는 인쇄산업에 스며든 변화를 감지하게 된다. 알두스도 순수한 기술적인 문제로부터 서서히 조직과 홍보 활동 등 보다 넓은 사안에 관여하는 인쇄업자로 변모한다. 캄파놀로는 최후의 영웅적인 아마추어였다. 그는 화가, 조각가, 시인, 가수, 그리고 서예가로 유명했으며, 파도바의 지식층과 만토바와 페라라의 궁정에서도 인정받은 사교계의 '신동'으로 통했다. 그에게 타인기 한 벌을 절삭하는 작업은 적은 재정적인 상여금에 해당하는, 지인을 위한 호의에 불과했다. 반면에 자코모는 전문적인 '글자 음각 조각가'(intagliator di lettere)로서 베네치아에 40년 동안 거주한 사람이었다. 그는 1513년에 악보를 인쇄할 수 있는 새로운 기술을 개발했으며, 즉시 자신의 발명품에 대한 특권을 주장하면서 자신의 발명품을 보호했다. 그리포와 같은 운명에 처하지 않도록 자신을 보호한 것이었다.[76] 방금 언급된 두 사람은 전혀 다른 배경과 자세로 동일한 일에 임했다. 이런 상황에서, 그리고 특수화된 서비스 산업이란 개념이 생기기 전에 그리포 같은 사람이 피해를 입는 것은 너무나도 당연했다. 그리포에 대한 알두스의 처신은 존경스럽지도 관대하지도 않았을지 모른다. 그렇다고 그가 앙심을 품었던 것도 아니다.

　마지막으로 우리는 토레사니와 바르바리고의 엄청난 투자가 그리포에게 허용했던 기회를 간과할 수 없다. 그들의 투자금은 그들이 회사에 얼마나 큰 영향력을 행사했는지 조명해 준다. 불행하게도 이 문서들은 대략적인 수치조차 가능하지 못하게 한다. 우리는 1541년에 가라몽이 로베르 에스티엔*의 그리스어 로열체(Greek Royal type)를 절삭한 대가로

---

76　DBI 17(캄파놀로); FD p. 178, no. 189(헝가리인 자코모). K. Haebler, "Schriftguss und Schriftenhandel in der Frühdruckzeit", ZFB 41, 1924, p. 99도 참조.

•　Robert Estienne, 1503~59: 프랑스의 인쇄업자이자 사전 편찬자였다. 학자 겸 인쇄업자였던 아버지 연장자 앙리 에스티엔의 작업장에서 훈련을 받았고 1526년에는

225투르 리브르(Livres Tournois)를 받았다는 사실을 발견한다. 이 금액은 레오나르도 다 빈치(Leonardo da Vinci)가 매년 받은 연금의 3분의 1 정도에 해당하는 금액이었다. 이로써 알두스의 자본 지출 정도를 대강 파악할 수 있다. 알두스의 활자 설계 중 그리스어와 라틴어 필기체는 전혀 새로운 것이었다. 세 번째인 히브리어 서체는 가장 특수한 기술을 요구했다. 이를 만들 때 모본으로 삼을 만한 전례도 가장 적었다. 금전적으로 볼 때, 이는 수백 두카토가 아니라 수천 두카토에 달했다. 그리포는 이보다 지원을 아끼지 않는 고용인을 찾지 못했을 것이다.[77] 1490년대 말에 데메트리우스 칼콘딜라스와 차카리아스 칼리에르게스, 그리고 가브리엘 다 브라시켈라는 각각 하나의 서체로 인쇄하기 시작했지만 수개월 안에 망했다. 이 사실로부터 우리는 알두스와 그의 동료들이 얼마나 거대한 사업을 시작했는지 가늠할 수 있다.

우리는 여태까지 회사의 전반적인 구조와 전체적인 움직임의 원동력이었던 큰 바퀴에 집중했다. 회사의 보다 일상적인 활동들과 회사가 굴러가도록 도왔던 톱니바퀴에 대해서는 어떤 그림을 재구성할 수 있을

---

는 인쇄업을 물려받았다. 로베르의 소형 인쇄본과 서체는 알두스의 영향을 받은 것이었다. 그는 라틴어 성경(1528, 1531, 1540), 히브리어 구약 성경(1539~41, 1544~46), 그리고 그리스어 신약 성경(1544~51)도 출판했는데, 이 가운데 신약 성경은 구절 번호가 딸린 최초의 성경이었다. 이외에도 교부들의 작품과 고전 작품을 비롯해 당시 작가들의 글도 출판했던 그의 대표작은 현대 라틴어 사전학의 기초인 『라틴어의 보고』(*Thesaurus linguae Latinae*)이다. 1551년에 제네바로 터전을 옮긴 로베르는 성경을 비롯해 제네바의 종교개혁가였던 장 칼뱅과 테오도르 베자(Theodore Beza)의 글도 출판했다.

77 A. Sorbelli, "Il mago che scolpi i caratteri di Aldo Manuzio: Francesco Griffo da Bologna", GJB 1933, pp. 117~23. 에스티엔 활자의 가격에 대해서는 E. Armstrong, *Robert Estienne, Royal Printer*, Cambridge, 1954, p. 52 참조. 프랑수아 1세(François I)가 다 빈치에게 하사한 연금에 대해서는 D. Seward, *Prince of the Renaissance*, London, 1973, p. 88 참조.

까? 이에 대해 우리가 알 수 있는 것은 실망스러울 정도로 적다. 바르바리고의 출납부가 간혹 가느다란 희망의 빛줄기를 비추어 줄 뿐이다. 이는 계속해서 편지들의 우연한 언급으로 보충되어야 한다. 그 전체적인 결과는 연속적인 발전과정이 아니라 밝게 빛나기는 하지만 별로 흥미롭지 않은 묘사에 불과하다.

알두스는 투자자들을 발견했고 기본적인 기술 문제를 극복했다. 다음 문제는 사업 장소를 선택하는 것이었다. 그는 자신이 찾고 있던 곳을 베네치아의 산타고스티노(Sant'Agostino)의 교회 근방인 폴로(S. Polo) 지역에서 발견했다. 이곳은 산줄리아노와 산파테르니아노(San Paterniano)의 교구에서 조금 떨어진 장소로서, 1490년대에 서적상들로 북적이던 곳이었다. 그럼에도 리알토의 주요 상업 중심지에서 접근이 용이했다. 토레사니의 가게가 위치했던 '탑 표지판'의 교량 근방에서도 쉽게 접근할 수 있었다.[78] 오늘날에는 두 개의 비문이 2311번지를 알두스의 집과 작업장으로 기린다. 어쩌면 이 장소는 기릴 가치조차 없을지도 모른다. 그곳에는 조촐한 15세기 고딕 양식의 건물이 세워져 있다. 이는 우리에게 알려진 '빵집 옆 산타고스티노 광장'이라는 묘사와 거의 일치한다.[79] 그러나 이 추론은 여타의 가능성들을 하나씩 제거하면서 도달한 결과에 불과하다. 우리에게는 당시의 납세 기록이 없다. 알두스가 이 부지를 어떻게 발

---

78  베네치아의 책 세계의 장소에 대해서는 사벨리코가 『라틴어의 재정비에 대하여』에서 묘사한다. 토레사니의 서점 위치에 대해서는 CAM 88 참조.

79  일반적인 호칭은 'a sancto Agostino'(CAM 33, 34)였다. 이는 우리에게 도움을 주기에는 너무 모호하다. E. Legrand, *Bibliographie Hellénique*, vol. II, p. 298은 칼리에르게스가 요하네스 그레고로풀로스(Johannes Gregoropoulos)에게 보낸 날짜가 기입되지 않은 편지를 인쇄했다. 이 편지는 보다 정확한 장소를 알려 준다. 이를 근거로 일반적으로 받아들여지는 장소에 이의가 제기되기도 했다(CSV pp. 54~56). 궁전이 광장 '위에'(on) 위치하지 않기 때문이다. 그러나 단어 선택이 구체적이지 않기 때문에 확실하게 결정할 수 있는지 의심스럽다.

초기 서점에서의 죽음.
인쇄 작업실과 판매소가 얼마나 근접했는지 주목할 필요가 있다.

견했으며, 이를 구입하기 위해 얼마를 지불했는지 우리는 모른다. 심지어는 그가 건물 전체를 소유했는지의 여부도 모른다. 작업장이 필요한 사람은 대형 건물의 1층을 세내는 것이 당시의 관습이었는데, 대형 건물이란 종종 귀족의 궁전을 의미했다. 소규모 인쇄업자들은 적게는 연간 6~7두카토를 임대료로 지불했다.[80] 알두스에게는 상당히 큰 시설이 필요했을 것이다. 에라스무스는 1508년에 베네치아를 방문했던 기억을 글로 남겼다. 그는 노동자, 하인, 가족, 그리고 8~9명의 손님들을 포함해서 30명에 이르는 가정에 대해 언급한다.[81] 이는 물론 알두스가 마리아 토레사니(Maria Torresani)와 결혼한 이후의 시기에 대한 언급이다. 두 가족이 합병했던 당시 산파테르니아노에 위치한 토레사니의 집에 함께 살았던 사람들의 수는 상당했을 것이다. 하지만 인쇄소의 활동은 1500년대 초에 훨씬 더 활발했다. 따라서 회사가 아직 산타고스티노에 있을 때 노동자와 방문객의 수가 더 많았을지도 모른다. 인쇄소 주인은 직원들을 먹이고 재울 책임이 있었다. 따라서 알두스의 터전은 상당히 큰 복합 단지로서, 아래층에는 작업장이, 위층에는 주택 시설이 들어섰을 것이다. 이는 연간 40~60두카토의 임대료를 내야 했던 일종의 복합 '작업장 및 집'(botteghe e case)이었다. 이런 복합 단지는 도시 임대주의 소득 신고서에 단골로 등장하곤 했다.[82] 우리가 재구성할 수 있는 한, 이는 지

---

80  A. S. V. Savii sopra le Decime in Rialto, Condizioni della città, 1514, Busta 81 — S. Zulian: 자코모 비앙코(Jacomo Bianco)는 '인쇄인(stampador) 프란체스코'로부터 매년 6두카토를 받았다. 안드레아 수리안(Andrea Surian)은 '인쇄인(stampador) 자코모'로부터 매년 7두카토를 받았다.

81  *Opulentia Sordida*, in C. R. Thompson, *op. cit.*, pp. 492~94.

82  이 추정치는 현재 단편적으로 남은 『십일조 위에 임명된 10 현자들』(*Savii sopra le Decime*) 기록의 개관에 근거한다. CSV p. 56의 주(註)는 토레사니가 임대료로 연간 60두카토를 지불했음을 보여 주는 소득신고서를 인용한다. 그러나 정확한 문헌을 제시하지 않는다. 나는 1514년 문서들 중에서 이 신고서를 발견하지 못했

금으로서는 상상하기 힘든 작업장과 기숙사, 그리고 연구소의 혼합물이었다. 1508년에 에라스무스는 인쇄실 구석에 앉아 기억을 더듬으며『격언집』을 집필했다. 그는 본문을 한 장 한 장 식자공에게 넘겨주었다. 그의 증언에 의하면, 귀를 긁을 시간조차 없을 정도로 분주했다. 방의 다른 쪽 구석에는 알두스가 앉은 채 조용히 교정쇄를 읽어 내려갔다. 교정쇄들이 이미 검토되었다는 애원에도 불구하고, 그는 "지금 연구 중이다"라는 답변만 내뱉었다. 에라스무스와 알두스 사이에는 식자공의 손에서 활자들이 달가닥거렸다. 그는 쉴 새 없이 잉크 칠을 해댔다. 밤이 깊어지자 공복으로 일에 시달린 네덜란드인의 배는 점점 크게 꼬르륵거렸다.[83] 마침내 회사는 느닷없이 재등장한 사회의 위계질서에 따라 해산했다. 손님들과 가족, 그리고 지식인들은 위층에 준비된 스파르타식 식사와 열렬한 논쟁을 향해 떠났다. 노동자들은 별도로 준비된 저녁식사를 하러 갔다. 어쩌면 이들은 식사 후에 도시의 유흥을 즐겼을지도 모른다. 끊임없는 방문자들의 유입과 당황스러울 정도로 다양한 활동들은 변하지 않았다. 1498년에 윌리엄 래티머(William Latimer)라는 영국인은 파도바에서 알두스에게 다급하고 다소 곤란한 어조로 편지를 썼다. 그는 자신에게 침대를 빌려주었던 사람이 돌려받기를 원한다면서 알두스에게 침대를 반환해 줄 것을 요청한다. 1504년에는 1508년보다 인쇄 계획이 훨씬 적극적으로 추진되었다. 이후에 요하네스 쿠노라는 독일인은 자신이 이때 알두스에게 배웠다고 주장한다. 그의 학습 환경에 대해 알려진 바는

---

다. 그러나 이는 부유한 여타의 기술자들이나 비(非)귀족층이 지불할 만한 금액이었다.

83 이 묘사는『지저분한 부(富)』에 근거하고 발췌는 M. M. Philips, *op. cit.*, pp. 67~68가『알베르투스 피우스의 비방하는 불만들의 광시곡에 대한 변호』(*Apologia adversus Rhapsodias Calumniosarum Querimoniarum Alberti Pii*, 1531)에서 인용한 것이다. 북쪽과 지중해의 상이한 식습관에 대한 에라스무스의 관찰은 F. Braudel, *La Mediterranée*, vol. II, p. 217에 의해 사실로 증명되었다.

없다.[84] 여러모로 이 현장은 사업적인 중심지보다는 일종의 영구적인 학생들의 세계를 연상시켰다. 자발성과 편견, 개성과 활동의 특이한 결합이 도처에서 재연되었다. 알두스의 작업장은 당시의 기준에서도 놀라운 장소였다. 그러나 르네상스 베네치아에서 그의 작업장은, 오늘날에 우리가 생각하듯이, 상반되는 것들의 기이한 융합으로 보이지는 않았을 것이다. 알두스의 작업장 환경뿐만 아니라 베네치아 전체가 방대한 융합소였다. 이 안에서 여전히 신분의 차이가 존재했다. 작업장 정반대편에 피사니(Pisani) 가문 소유의 궁전이 있었다. 다 몰린(da Molin)과 도나(Donà), 그리고 베르나르도(Bernardo)라는 막강한 가문들이 도보로 1분 거리 내에 위치했다. 캄포 산자코모(Campo San Giacomo) 바로 건너편에는 흥미로운 인물인 마린 사누도가 살았다. 그는 1490년대 말에 58권에 달하는 일기와 6,500권으로 구성된 도서관을 구축하기 시작했을 것이다.[85] 이 귀족 가문의 일원들은 때가 되면 알두스의 일에 깊은 관심을 보이게 된다. 그들은 점점 명성이 자자해지는 이웃을 자랑스럽게 여기게 되었다. 그러나 알두스의 하층 계급 측근들인 안토니오(Antonio)와 페트로 다 카파(Petro da Cafa), 그리고 재단사 마르코 다 카포디스트리아(Marco da Capodistria)도 이들과 마찬가지로 알두스를 자랑스럽게 여겼다.[86]

알두스는 실제로 인쇄기를 작동했던 사람들과 함께 지속적으로 일했

---

84  CAM no. 87. P. S. Allen, "Linacre and Latimer in Italy", *English Historical Review*, XVIII, 1903, pp. 514~17은 11월 4일 일요일이란 날짜를 교활하게 1498년으로 고정시킨다. 쿠노에 대한 언급은 이 책의 제5~7장 여러 곳에서 발견할 수 있다.

85  궁전들의 위치에 대해서는 G. Lorenzetti, *Venice and its Lagoon*, Rome, 1961, pp. 580~620 참조. 사누도의 도서관에 대해서는 K. Wagner, "Sulla sorte di alcuni codici manoscritti appartenuti a Marin Sanudo"와 "Altre notizie sulla sorte dei libri di Marin Sanudo", LBF LXXIII, 1971, pp. 247~62, LXXIV, 1972, pp. 185~90 참조.

86  CSV p. 93에 있는 첫 번째 유언장.

다. 그럼에도 이들에 대해 놀랍도록 무지했고 특별한 관심을 보이지도 않았다. 이들의 숫자는 상당했을 것이다. 에라스무스의 수치가 부정확한 것은 틀림없다. 그러나 30여 명의 가정에서 8~9명의 손님들을 제외하고 하인들과 가족 구성원들을 감안하더라도, 여전히 15명 이상의 노동자들이 남는다. 이는 네 대에서 여섯 대의 인쇄기를 작동할 수 있는 인원이었다. 알두스의 플리니우스 본문을 독창적으로 해석하는 비평가들은 1508년에 실제로 인쇄기가 네 대 정도 작동했을 것이라고 추정한다. 이것은 물론 정확한 수치는 아니지만 평균값으로는 보인다.[87] 노동자들의 구성과 숫자에도 상당한 변동이 있었을 것이다. 알두스의 인쇄소는 1년 이상 폐업한 적이 두 차례 있었다. 이때 직원들도 해고되었을 것이고 이들과의 연줄도 끊겼을 것이다. 어쨌든 인쇄 노동자들은 언제든지 일을 그만두거나 다른 인쇄소로 이직할 준비가 되어 있었던 것으로 보인다. 당시의 저작권 신청서를 풍자하는 글에서 고급 사본을 경쟁자에게 팔아넘기는 배신자는 술에 취해 난동을 피우는 인쇄업자만큼이나 흔했다.[88] 이 모든 사항들을 받아들인다고 하더라도, 알두스의 작업장 인력이나 이들의 작업 방식에 대한 정보가 전혀 없다는 것은 놀라운 사실이다. 알두

---

87  전체 추정치에 대해서는 이 장의 주 81과 비교. 나의 계수는 인쇄기당 세 명(식자공, 잉크 바르는 사람, 인쇄기 작동자)을 할당하는 것에 근거한다. 이는 초기 목판화에서 일반적인 숫자이다. G. P. 윈쉽(G. P. Winship)이 플리니우스 본문에서 발견된 오류들의 양식을 토대로 인쇄 작업 방식을 재구성하려고 시도했다: "The Aldine Pliny of 1508", *The Library*, Fourth Series, VI, 1925, pp. 358~69. 그러나 같은 증거로부터 전혀 다른 결론에 도달할 수도 있다: A. E. Case, "More about the Aldine Pliny of 1508", *Ib.*, Fourth Series, XVI, pp. 173~87. 지운티/스코토/아리바베네/데 토르티스 연합체는 네 대의 인쇄기를 운영했을 것이다(이 장의 주 58 참조). 요하네스 프로벤(Johannes Froben)도 상대적으로 압박이 적을 때에는 네 대의 인쇄기를 운영했을 것이다. C. Heckethorn, *The Printer of Basle in the XV and XVI centuries – their Biographies, printed Books, and Devices*, London, 1897, p. 88.

88  이 책의 제1장 주 25, 35와 비교.

스가 그리스어 작업에 능한 식자공을 마치 대체 가능한 사람처럼 대했다는 사실도 놀랍다. 특히 알두스처럼 정확성을 중요시했던 인물에게는 더욱 그렇다. 이에 대한 해명은 그의 태도에서 발견할 수 있을지도 모른다. 그는 1501년에 한 서문에서 공개적으로 "도주한 나의 망할 노예 놈들의 음모"라고 말한다. 그는 2년 후에는 리옹 인쇄소들의 해적판에 불만을 토로하면서 추가적인 설명을 덧붙인다. "내가 고용한 일꾼과 노동자들은 벌써 네 차례에 걸쳐 내 지붕 밑에서 나에 대한 음모를 꾸몄다. 그들은 모든 악의 어머니인 탐욕에 이끌려 이 일을 저질렀으나 신의 도움으로 나는 그들을 완전히 제압해 버렸다. 그들은 이제 그들의 배반을 철저히 후회하고 있다."

이것은 세부적인 설명을 요구하는 가혹한 말이다. 만일 노동자들에게 허락된 하루 동안의 식사 시간이 30분을 넘지 않았다는 에라스무스의 말에 일말의 사실이 묻어 있다면, 불만이 생긴 것은 당연한 일이다.[89] 알두스는 모든 일을 자신의 혹독한 기준으로 판단했던 것으로 보인다. 파업자들은 베네치아에서는 총독의 조카와 동업하는 주인에게 대들어서는 안 된다는 사실을 깨달았던 것으로 보인다.

인쇄소 소속의 하층 계급 중에서는 고작 두 명의 이름만이 알려져 있다. 이들은 인쇄기 작동자들이 아니라 가사 도우미들로 보인다. 첫 번째는 알두스의 최초의 유언장에서 언급된 파르마의 힐라리우스(Hilarius)였는데, 그는 상당히 신뢰할 만한 인물이었던 것 같다. 그는 1509년에도 베네치아 밖의 파올로 봄바시오(Paolo Bombasio)의 회사에서 발견된다.[90] 다른 한 명인 페데리고 다 체레사라(Federigo da Ceresara)에 대해서는 더

89    OAME vol. I, pp. 34, 170. 에라스무스의 언급에 대해서는 *Opulentia Sordida*, ed. cit., p. 497 참조.
90    CSV p. 93. CAM 76(봄바시오와의 임무).

많은 사실이 알려져 있다. 어떤 국제적인 사건을 유발했다는 불명예를 안고 있었기 때문이다. 이 이야기 자체는 큰 의미가 없지만 흥미로운 부분도 발견된다. 뿐만 아니라 비평가들 사이에서의 초기 인쇄업자들에 대한 평판이나 이들이 씨름해야만 했던 어려움에 다소간의 빛을 비춰 준다. 체레사라는 만토바 영토의 공동체 출신으로서 알두스의 먼 친척이었던 것이 분명하다. 그는 알려지지 않은 시기에 격렬한 다툼 중에 형제를 살인했다. 당국은 자기방어를 호소한 그의 말을 받아들였으나 긴밀하게 연결되었던 공동체는 분열되었다. 체레사라가 1504년 여름에 고향을 찾았을 때, 그는 고인이 된 형제의 파당에 즉시 붙잡혔다. 당시 알두스가 행사했던 막대한 정치적 영향력을 보여 주는 사건들이 있다. 알두스는 곧바로 베네치아의 교황 대사와 황제 대사를 찾아가 페데리고 곤차가(Federigo Gonzaga)에게 강력하게 항의해 달라고 설득했다. 그의 하인은 석방되었다.[91] 그러나 유혈 불화는 진화되지 않았다. 사태는 전혀 종결된

---

[91]  이 편지들은 출판되지 않았으며, 내가 아는 한 별다른 이목을 끌지도 못했다. 따라서 유익한 정보를 주는 판의 본문을 인용하는 것이 의미 있을 것이다.

"Ep. Tyburtinus Legatus Apostolicus … Federigo Gonzaga. Ex. me Dme, Dne mi singular. me comm.s. Multa sunt quibus vehementer amamus Aldum Manutium sed praecipue quia Romanus est atque ob insignes eius virtutes et doctrinam iam ubique terrarum celebrem, patriae meae Romanae summo est honori et gloriae. Ei est familiaris et affinis carissimus quidam Phedericus Ceyesarensis subditus Ex.tiae vostrae pro quo, cum exularet a propria ob homicidium quod in sui defensionem coactusque perpetraverat, veniam ab EX.v. intercedente eius conjuge Illustrissima Isabella impetravit, abhinc circiter menses decem. Qua remissione confisus iste Phedericus securus visebat Ceyesarem, ac in toto Domino vostro. Nunc a quibusdam instantibus qui eum oderunt vel ob eius bona iam impetrata vel aliam ob causam coniectus est in carcerem iussu Vr. Exc."(일상적인 형식 절차가 뒤따른다) …

황제 대사의 판은 체레사라가 그의 "proprium fratrem"을 살해했다고 덧붙이고, 그를 알두스의 "consanguineum", 즉 혈족으로 부른다. 이는 이상하게 들린다. 둘

것이 아니었다. 2년 후에 알두스는 기나긴 필사본 수색을 마치고 만토바의 마을인 카사 로마나(Casa Romana)를 통과해 복귀하는 중이었다. 체레사라가 그와 동행했다. 그는 당연히 가슴을 졸이면서 사람들이 알아보지 못하도록 머리를 숙인 채 안장에 기대어 가고 있었다. 순찰 기사단이 그들에게 접근했다. 체레사라는 더 이상 견디지 못하고 말에 박차를 가했다. 당시 북부 이탈리아는 공국들로 분할되어 있었기 때문에 그는 얼마 안 가서 무사히 국경 지대에 도달할 수 있었다. 그러나 그가 버리고 도망친 주인은 깜짝 놀라 어찌지도 못한 채 강도질 혐의를 받고 투옥되었다.[92] 이후 일주일 동안 정신없는 외교술이 진행되는 동안 알두스는 "혐오스럽고 악취가 진동하는" 옥에 갇히는 수모를 겪었다. 그는 자신의 뒤얽힌 상황을 간수에게는 말로 호소했고, 만토바의 후작에게는 편지로 설명하려 노력했다. 마침내 만토바로부터 프랑스 대사가 그를 공식적으로 석방하기 위해 사절단을 이끌고 왔다. 이 사건에 연루된 모든 사람들은 서로에게 사죄하고 서로 찬사를 돌렸다. 감동적인 광경이었다. 이 흥미로운 사건은 그 발단과 마찬가지로 시시하게 종결되었다.[93] 이때부터 알

의 기원이 전혀 다르기 때문이다. 교황 대사의 판의 "affinis", 즉 인척(in-laws)이라는 표현이 더 자연스러워 보인다. 토레사니가 만토바 지방 출신이기 때문이다. 그러나 알두스는 1505년까지 토레사니 집안과 인척관계를 맺지 않았다. 혼동이 발생한 것이 분명하다. 황제 대사의 판과 교황 대사의 판이 언어적으로 모순되기 때문이다. 알두스는 관계에 대해 전혀 언급하지 않는다. 황제 대사의 편지는 알두스와 막시밀리안 1세와의 연결을 조명하기 때문에 이후에도 인용될 것이다. 이 책의 제5장 주 92 참조. 원본은 Archivio di stato, Mantova, Carteggio Estero, Carteggio ad inviati, Busta 1440, bb. 13, 25, and 28 July 1504.

92 A. Baschet, pp. 27f. 알두스가 이 사건을 Doc. XIV, p. 30, 18 July 1506에서 묘사한다.

93 *Ib.*, Docs. XV, XVI, 20 and 25 July(알두스의 재차 청원), VI(후작의 사과와 해명). 알두스는 호라티우스의 작품 헌정사(1509년 3월)에서 프랑스 공직자 제프로이 샤를(Jeffroy Charles)에게 당시의 호의에 대해 감사한다. 그는 샤를의 도래를

두스의 회사에서는 체레사라에 대한 불길한 정적이 흐른다. 그러나 알두스는 성가신 그의 친척을 위해 놀라운 대처와 인내심을 보여 주었다. 이는 그가 고용한 노동자들에게 보여 주었던 전적인 무관심과 흥미로운 대조를 이룬다. 체레사라의 이야기는 무의미해 보일지도 모르지만 알두스의 회사가 가족의 결속력에 크게 의존했다는 에라스무스의 견해를 뒷받침해 준다.

생산의 중심으로부터 분배 방법으로 눈을 돌리면 적어도 처음에는 보다 확실한 근거를 찾을 수 있으리라고 기대하게 된다. 분배 방법에 대한 분명한 흔적들이 있기 때문이다. 그러나 이 모든 흔적들은 분명한 방향을 발견하기 전에 사라진다. 알두스의 계약 실효 증서는 그의 회사가 카 포스카리(Ca' Foscari)의 창고를 임차했다는 사실을 보여 준다. 이것은 알두스가 또 다른 고위 관리와 유익한 관계를 맺고 있었다는 사실을 암시한다. 프란체스코 포스카리(Francesco Foscari)는 엄청난 권력을 가진 정치인이었을 뿐만 아니라 그의 영향력을 매수할 수 있다고 스스로 인정한 사람이었다.[94] 알두스의 책들은 이 창고에서 시작해 대운하를 거슬러 올라가 수많은 매장들로 운송되었다. 우리는 이 과정을 바르바리고의 출납부로부터 추적할 수 있다. 물론 이 중 상당수는 탑 표지가 있는 토레사니의 가게로 운반되었다. 그는 1502년 3월과 1504년 8월 사이의 2년 반

---

"omni equitatu tuo comitante, necnon et aliis quibusdam ex Mantuanis nobilibus …"로 묘사한다. OAME vol. I, p. 101.

94  E. Pastorello, "Testimonianze e documenti …", Doc. XI, p. 214. 포스카리의 1514년 소득신고서는 궁전과 궁전의 '창고'(magazzini) 임대료 모두 150두카토를 벌었다고 언급한다. 그러나 정확한 구성은 명시하지 않는다(A. S. V. Savii sopra le Decime in Rialto, B. 56). 1508년에 포스카리는 선거 운동 추문에 연루되었다. 그는 투표를 "come la terra usava di fare"로 구입했음을 인정했다(M. Sanudo, VII, col. 606). 그러나 이 사건은 그가 1509년 7월 1일에 대(大) 장로위원(Savio Grande)으로 선출되는 것을 가로막지는 못했다.

동안에 520두카토 상당의 책들을 수납했다. 그러나 이 수치는 불행히도 큰 도움이 안 된다. 토레사니 가게의 매출액도, 회사 창고에서 발송된 전체 권수도 밝혀주지 않기 때문이다.[95] 다른 서적상들도 몇몇 언급된다. 이들은 피에로 벤초니(Piero Benzoni)와 토레사니로부터 대량 구매한 것으로 보이는 페터 피네르(Peter Piner)라는 독일인, 그리고 타디오 콘타리니(Tadio Contarini)일지도 모르는 사람들이다. 그러나 요르단 폰 딘스라켄(Jordan von Dinslaken)이라는 사람만은 단순한 이름 이상의 의미를 가진다. 요르단은 책들을 대량 구매했다. 그는 1501년 11월 20일에 니콜로 페로티°의『풍요의 뿔』(Thesaurus Cornucopia) 사본을 101부나 구입했고 이듬해 초에 106부를 추가로 구입했다. 그는 알두스와 요하네스 로이힐린°°이 1502년에 "한 번에 많은 양의 책을 구입함으로써" 독일에서 책값

---

95  E. Pastorello, "Testimonianze e documenti …", Doc. I, pp. 191~92.

•  Niccolò Perotti, 1429~80: 이탈리아 출신의 인문주의자이자 문법학자로서 1445~46년에 만토바에서 비토리노 다 펠트레 밑에서, 그리고 1447년에는 과리노 다 베로나 밑에서 수학했다. 이후에 베사리온 추기경에게 고용되었으며 1455년에는 교황 비서가 되었다. 1458년에 시폰토(현 만프레도니아)의 대주교로 서임된 페로티는 15세기 말에 가장 널리 읽힌 라틴어『문법서』(Rudimenta grammatices)의 저자였다. 마르티알리스에 대한 방대한 주석을 저술했으며, 에픽테토스(Epiktetos)와 폴리비오스(Polybios)를 번역하기도 했다.

••  Johannes Reuchlin, 1455~1522: 독일 포르츠하임 출신의 인문주의자이자 그리스어 및 히브리어 학자였다. 프라이부르크와 바젤, 그리고 파리에서 수학하면서 그리스어를 배웠다. 1484~96년에는 비텐베르크의 공작인 수염 많은 에베르하르트(Eberhard im Bart)의 변호사로 고용되었으며, 그 기간 동안 두 차례 이탈리아를 방문했다. 이후 하이델베르크로 이주해 그리스어 작품들을 번역하며 그리스어를 가르쳤다. 로이힐린은 에라스무스와는 반대로 고대 그리스어를 현대 그리스어식으로 발음해야 한다고 주장해 에라스무스 식 발음과 로이힐린 식 발음이 생겨났다. 무엇보다도 독일 히브리어 학계에 크게 기여했던 그는 많은 종교개혁가들의 지지를 받았지만, 누이의 손자인 멜란히톤이 루터파로 개종하는 것은 극구 만류했다.

을 베네치아의 가격보다 낮췄다고 비판했던 상인으로 여겨진다.[96] 그의 이름은 위대한 과거를 회고할 뿐만 아니라 불길한 미래를 예고한다. 그가 가스파르 폰 딘스라켄과 친척관계였거나 어떤 식으로든 연관되었다는 점은 거의 확실하다. 가스파르는 1480년대에 번창했던 장송과 쾰른의 요하네스의 회사의 동업자였다. 그의 과부였던 히로니마는 1511년에 여전히 살아 있었다.[97] 그는 마르틴 루터(Martin Luther)의 작품을 판매했다는 이유로 비난받은 베네치아 최초의 서적상으로 간주되기도 한다. 그는 1520년 8월에 재고를 몰수당했다. 이 사건을 기록했던 사누도는 가스파르의 서재에 금서 중 하나가 있었노라고 간교한 말로 덧붙인다.[98] 요르단 폰 딘스라켄은 사업에 정통했던 것이 분명하다. 그는 수단을 가리지 않고 사업에 매진했다. 요르단을 비롯한 여타 서적상들과의 연관성은 알두스가 학계의 개인적인 동료들 외에도 폭넓은 거래망을 가지고 있었다는 사실을 보여 준다. 앞으로 살펴보겠지만 이들은 알두스의 판을 홍보하고 배부해 주었다. 북쪽 수송의 상당 부분은 아마도 유력한 푸거 (Fugger) 가문이 주도했을 것이다. 이는 애초부터 알두스 회사의 특징이었던 강력한 상업 체계와의 연결에 대한 또 하나의 예이다.[99]

바르바리고의 출납부가 보여 주는 추가적인 세부 사항을 언급할 차례

---

96  다양한 이름들과 요르단의 구입에 대해서는 E. Pastorello, *loc. cit.* 참조. 콘타리니는 구체적으로 서적상으로 명시되지는 않는다. 그는 개인 구매자라기에는 비정상적으로 많은 배송물을 취급했던 것으로 보인다. 대량 주문에 대한 알두스의 불평에 대해서는 J. Reuchlin, *Briefwechsel, ed. cit.*, p. 79, no. lxxxv, 24 December 1502 와 비교하라.

97  이 연합체에 대한 언급은 이 책의 제1장 주 47~50 참조.

98  *Diarii*, vol. XXIX, col. 135.

99  야코프 푸거(Jacob Fugger)와의 연결은 이들이 알두스와 그의 독일 동료들인 헨리 우르바누스와 게오르크 부르크하르트(스팔라티누스) 사이의 중개인 역할을 했다는 점에서 암시된다. J. Schück, Doc. XIII, pp. 132~33(1505), XVI, p. 136 (1514).

이다. 이 사항의 참된 의미는 알두스의 정책과 운명을 연도별로 추적할 때 비로소 밝혀진다. 서적상들이 납부한 돈은 마피오 아고스티니(Mafio Agostini)의 은행을 통해 회사에 입금되었다. 1495년에 이 방식은 사소한 문제였지만, 1499년에는 알두스와 동업자들의 미래를 좌우했을지도 모른다.[100]

바르바리고와 토레사니, 그리고 알두스가 시작한 회사의 주주를 살펴보았다. 또한 회사의 노동자들에 대해 논의했으며, 연줄도 검토했다. 이로부터 한 가지 현저한 사실이 드러난다. 이 회사에 대한 증거는 당시의 정황에 근거한 추론일 뿐이라는 점이다. 이 회사의 규모나 수익성을 판단할 수 있을 만한 통계는 없다. 단지 1502년에 알두스가 원로원에 제출했던 부정확한 부채의 추정치만 있다. 그는 회사의 간접 비용이 매달 200두카토에 달한다고 주장했다.[101] 이탈리아의 도시국가 당국에 제출한 수치는 의심해 볼 필요가 있다. 이 경우도 예외가 아니다. 우리는 적어도 이것이 의미하는 바가 무엇인지 안다. 또한 에라스무스로부터 얻은 정보를 문서화된 임금 수준과 대조해 볼 수 있다. 따라서 이 수치는 알두스의 회사에 대한 산발적인 증거의 단편들로부터 일말의 모습을 유추해 낼 수 있는 최선의 수단이다. 1537년에 니콜로 베르나르도(Nicolo Bernardo)가 제출한 세금신고서가 유용한 비교 대상이다. 니콜로는 지사(知事, Procurator)로서 베네치아에서 가장 유력한 정치계의 인물로 손꼽혔다. 그는 오늘날까지도 산타고스티노와 캄포 산폴로(Campo San Polo) 사이에 자리 잡고 있는 거대한 베르나르도 궁전(Palazzo Bernardo)에 거주했다. 따라서 그는 우연찮게 알두스와 과거에 이웃지간이기도 했다. 니콜로는 자신이 베네치아 시내 안에서 벌어들인 개인 소득과 메스트레

---

100  E. Pastorello, "Testimonianze e documenti …", Doc. I, passim.
101  CSV pp. 76~77.

(Mestre) 근방 단지에서 번 소득이 연간 총 239두카토에 이른다고 추정했다.[102]

에라스무스의 말에 따르면, 우리는 1508년에 토레사니의 인쇄소에 대략 15명의 노동자가 있었다는 사실을 이미 살펴보았다. 인쇄기마다 식자공과 인쇄기 조작자 혹은 '압착하는 자'(torculator), 그리고 잉크 바르는 사람 등 세 명을 배정하면 우리는 5대의 인쇄기를 운영할 수 있는 인원을 토대로 모형을 구축할 수 있다. 이 수치가 특히나 분주했던 16세기 초의 추정치에 비해 적다는 사실을 감안해야 한다. 우리에게는 당시의 정확한 임금률에 대한 정보가 없다. 1470년대의 파도바 문서는 식자공의 월급이 2.5~4.5두카토, 조작자의 월급이 2~3두카토, 그리고 상대적으로 특수 기술이 필요 없었던 잉크 바르는 사람의 월급이 2두카토가량 되었다는 사실을 암시한다.[103] 이 수치들의 평균값을 알두스 회사의 추정 규모에 적용하면, 매월 식자공에게 15~18두카토, 조작자에게 12~15두카토, 잉크 바르는 사람에게 10두카토 상당의 임금계산서가 산출된다. 총액은 매월 40두카토 이하일 수 없었을 것이고 아마도 60두카토에 근접했을 것이다. 그 이유는 실제 노동자의 숫자가 더 많았을 것이고 그리스어로 작업할 수 있는 식자공의 임금이 더 높았을 가능성이 있기 때문이다. 이 산출액을 초기 인쇄업의 공리에 적용할 수 있다. 인건비와 종이 구입비는 대략 동일했다.[104] 두 가지 항목을 고려했을 뿐

---

102  A. S. V. Savii sopra le Decime in Rialto, Condizione della citta – S. Polo: Rg. 366, cc. 40v~41r. 니콜로는 1520년과 1550년 사이에 핵심적인 지위인 대(大)장로위원 자리에 가장 자주 선출된 귀족에 속했다(A. S. V. Segretario alle voci, Senato, Rg. I).

103  수치는 G. Mardersteig, "… nascita di un incunabolo", pp. 258~59에서 가지고 왔다: R. Hirsch, *Printing*, pp. 36~39. R. 히르시(R. Hirsch)는 수치를 다소 상향 조정한다. 조합(guild)의 통제가 없었기 때문에 임금 수준은 상당히 유동적이었을 것이다.

인데, 알두스의 매달 지출금은 100두카토에 근접한다. 나머지 항목 중에는 상당히 정확하게 수치화할 수 있는 항목도 있다. 일례로 칼콘딜라스와 그의 동업자는 1499년에 교정자의 급여로 매월 5두카토를 할당했다. 알두스는 이와 동일하거나 조금 웃도는 급료를 지급한 것으로 보인다. 그는 더 많은 인쇄기를 사용했고 지식층과 접촉도 더 잦았다. 따라서 그는 칼콘딜라스의 비용의 서너 배에 이르는 금액을 부담했을지도 모른다.[105] 우리는 1482년에 채식사(illuminator)의 월급이 4두카토에 달했다는 사실을 알고 있다. 알두스가 특별한 구매자를 위해 피지에 인쇄했던 책 중 남아 있는 사본들은 그가 채식사를 고용했다는 사실을 보여 준다. 더 나아가서 그가 고용했던 채식사는 파도바의 달인인 베네데토 보르도네*였다는 사실을 보여 준다. 그를 고용하는 비용은 결코 저렴하지 않았을 것이다.[106] 그리포는 9두카토를 월급으로 요구했을지도 모른다. 여기에 그가 필요로 했던 비싼 재료비도 포함해야 한다.[107] 필사본 구입이나

104  R. Hirsch, *op. cit.*, pp. 39~40; L. Febvre · H.-J. Martin, *L'Apparition du Livre*, pp. 168~72. 보다 상세한 기록은 W. Pettas, "The Cost of Printing a Florentine Incunable", pp. 67~85 참조. 이 경우에 식자공들은 월급으로 4두카토를 받았다. 비용은 다음과 같았다. 종이 40플로린, 노동 임금 47플로린.

105  E. Motta, "Demetrio Calcondila", p. 163. 아르세니오스 아포스톨리오스(Arsenios Apostolios)는 그가 2개월 동안 했던 수정 작업이 알두스가 지불한 10.5두카토보다 가치 있다고 생각했다. D. Geanakoplos, *Greek Scholars*, p. 175.

•  Benedetto Bordone, 1460~1531: 이탈리아 파도바 출신의 필사본 편집자이자 판화가, 그리고 지도 제작자였다. 그의 가장 유명한 작품은 본래 선원들을 위해 제작된 『섬들에 대한 책』(*Isolario*)으로, 지중해를 비롯해 새로 발견한 남미와 북미의 주요 섬들과 항구들을 묘사했다. 이 책에 그려진 삽화들은 해당 지역들에 대한 가장 오래된 지도 인쇄본들에 속하는데, 놀랍도록 상세한 베네치아의 지도도 포함되었다.

106  SDP p. 191. 보르도네에 대해서는 G. Mariani-Canova, *La miniatura veneta del rinascimento*, Venice/Milan, 1969, pp. 122~30 참조. 이 책의 제4장 주 47도 참조.

107  이 장의 주 103의 R. Hirsch, *loc. cit.* 참조.

사본을 만들고 편집하기 위해 필경사와 학자에게 지불한 금액은 알두스의 예산에 큰 부담을 안겨 주었을 것이다. 물론 이 금액은 다양했고 불규칙적이었다. 시에나의 성 카타리나(St. Catherine of Siena) 3부작을 제대로 다루기 위해서는 60두카토가 보장되어야 했다.[108] 에라스무스는 다양한 도움을 주고 20두카토를 받은 것으로 알려졌다. 프라 조콘도(Fra Giocondo)는 『농업서 작가들』의 작업으로 10두카토를 받았다.[109] 이외에도 지속적으로 임차료와 식비가 지출되었다. 알두스가 인쇄업자로 일하던 기간 중에 그의 부채를 정확하게 추정할 수 있는 기간은 없다. 그가 항상 동일한 금액을 지출했을 가능성도 낮다. 우리가 살펴본 개별 항목들은 매달 200두카토라는 그의 추정치가 터무니없지 않음을 암시한다. 이에 대해서는 1503년에 알두스가 매달 1,000부의 사본을 생산했다는 주장과 비교해 볼 수 있다. 당시에 인쇄되었던 대부분의 8절판은 사본당 1.5모체니게(mocenighe) 리라였다. 따라서 매달의 작업 비용 혹은 매 판의 비용은 대략 1,500리라 혹은 234두카토에 달했다.[110] 인쇄소를 한 달 동안 운영하기 위해서는 유력한 귀족의 1년치 토지 소득이 필요했을지도 모른다. 작은 비중의 자본을 관할했던 동업자의 수익은 얼마 되지 않았을 것이다.

대규모 금융회사나 소규모의 단기 인쇄소에 대한 종합적인 자료들이 있다. 이와 비교했을 때 알두스와 토레사니, 그리고 피에르프란체스코 바르바리고의 동업 정보는 한심스러울 정도로 부족하다.[111] 경제적인 증

---

108 C. Castellani, *Early Venetian Printing Illustrated*, p. 32에 있는 안토니오 콘둘메르(Antonio Condulmer)와 맺은 계약서의 복제.

109 CAM 86 (프라 조콘도); P. S. Allen, I, no. 212, p. 443.

110 매달 1,000부의 사본이라는 수치에 대해서는 에우리피데스의 서문(OAME XLVI) 참조. 가격에 대해서는 P. S. Leicht, "I prezzi delle edizioni aldine del' 500", *Il libro e la stampa*, Anno. VI, Fasc. iii, 1912, pp. 74~84 참조. 당시에 1두카토는 대략 6.4모체니게 리라에 해당했다.

거보다 지적인 증거가 절대적으로 우세하다. 이것은 '알두스의 동아리' 혹은 '알두스의 아카데미아'라는 표현을 매력적인 것으로 만들었다. 이는 알두스를 단지 인쇄업자가 된 인문주의자로 간주하고, 자신과 생각을 공유하는 군주들과 귀족들의 원조를 통해 그의 이상을 일관된 출판 계획으로 실천할 수 있었다고 가정하는 것이다. 이런 견해는 알두스 자신에 대한 정당한 평가가 아니다. 그의 회사는 문학 호사가들을 위한 동호회가 아닌 사업적인 조직이었다. 물론 그의 회사는 다른 조직들과 동일하지는 않았다. 대부분의 회사들보다 월등히 탄탄했음에도 그의 회사도 제1장에서 묘사되었던 위험천만하고 격렬한 경쟁 세계 안에 들어서야만 했다. 알두스는 인쇄사업을 부추긴 배후의 정신적인 지주였을지도 모르지만 그 역시 청구서를 지불해야 했고, 주주들을 만족시켜야만 했다. 주주들이 어떤 압력을 가할 수 있었는지는 이미 살펴보았다. 알두스의 출판사가 지닌 지적인 의의가 무엇이었든 간에, 이들의 동업관계가 지속되기 위해서는 시장가치를 가져야만 했다. 학자였던 알두스는 어쩌면 부득이하게 사업가도 되어야 했을지 모른다. 그의 업적을 단지 그의 이상의 표현으로 간주해서는 안 된다. 알두스는 그를 긴장 상태에 빠뜨리고 압박했던 정황들 속에서 적절한 균형을 유지하는 데 성공했던 것이다.

---

111 일례로 R. de Roover, *The Rise and Decline of the Medici Bank, 1397~1494*, New York, 1966. P. Bologna, "La stamperia fiorentina del monastero di S. Jacopo di Ripoli e le sue edizioni". GSLI. n. 104에서 언급된 W. 페타스(W. Pettas)의 기사는 우리가 알두스의 회사에 대한 모든 증거들로부터 얻을 수 있는 것보다 초기 인쇄업의 자본 환경에 대한 보다 완전한 그림을 그려준다.

제 **4** 장

사업의 기회

알두스는 확고한 목적의식을 가지고 베네치아에 도착했다. 그는 5년 동안 준비과정을 거쳤다. 이제 그의 이상을 실현할 수 있는 자유를 누릴 수 있게 되었지만, 동업자들에게 그의 이상의 상업성을 증명하는 의무에서 자유롭지는 않았다. 알두스는 이 두 목표를 결합하고 성취하는 데 얼마나 성공했을까? 4세기 반의 세월은 그의 업적이 더 이상의 정당화가 필요하지 않을 만큼 성공적이었음을 보여 준다. 그는 20년 동안 거의 130종의 판을 비롯해 그가 열정적으로 신봉했던 그리스 문학과 철학 작품 30여 종의 초판을 생산했다. 또한 피에트로 벰보의 『아솔로 사람들』 (*Gli Asolani*)과 에라스무스의 『격언집』처럼 의심의 여지없이 성공적인 대중 작품들도 생산했다. 더 나아가 그는 8절판 책과 이탤릭체로 된 책을 생산하는 두 가지 모험도 감행했다. 당시 유럽은 그의 방식을 즉각적으로, 그리고 보편적으로 도입했다.[1] 그러나 이런 기록들이 상업적인 성공이나 알두스의 이상의 표현을 대변하는지는 전혀 분명치 않다. 악명

----

1 특히 알두스의 500번째 생일을 기리는 헌사를 보라. 이 책의 제3장 주 5에서 인용한 E. Robertson과 M. Dazzi, 그리고 C. Bühler, "Aldus Manutius: the first Five Hundred Years", *Papers of the Bibliographical Society of America*, XLIV, 1950, pp. 209~10 참조.

높게 논란적인 『폴리필로의 꿈』(Hypnerotomachia Polifili)을 포함한 알두스의 가장 유명한 출판물들은 외부의 열광자들로부터 재정적인 후원을 받았다. 알두스에게 이 작품들은 인쇄 수수료 이상의 의미를 지니지 않았을지도 모른다. 알두스가 1490년대에 구상했던 책들과 그가 결국 출판한 책들이 매우 상이했다는 점은 확실하다. 그는 이미 1497년에 플라톤의 판을 약속했지만 거의 20년 후에야 그 약속을 지켰다. 갈레노스*의 판도 약속했지만 이 작품은 그의 사후에야 인쇄되었다.[2] 그는 수년에 걸쳐 세 개의 고대 언어로 구성된 성경을 생산하려고 시도했지만 헛된 꿈이었다. 알두스가 작업에 임한 실제 모습은 에라스무스가 묘사했던 소용돌이와 같았다. 이런 사실은 알두스가 자신을 드러내는 드문 예에도 암시된다. 알두스는 라스카리스의 그리스어 문법서에서 여분으로 두 페이지가 추가된 것을 발견한다. 그는 독자들에게 신속한 사과의 글과 함께 여태까지 본문에서 발견된 몇 가지 수정 사항들을 추가하면서 독자들에게 자신이 음식을 한입 삼키거나, 화장실에 잠시 다녀오거나, 코끝에 맺힌 땀방울을 닦아 낼 시간조차 없었다면서 양해를 구한다.[3] 출판사업은 장족의 발전을 이루었고 알두스가 이 발전을 선도했으나, 그는 여전히 작업이 중단과 재개를 반복하는 세상에 살았다. 정신없는 즉흥적인 대응과 다급한 막판의 모험을 감행해야 하는 세상이었다. 알두스의 출판 경

---

* Galenus, 129~199/216: 소아시아에서 검투사들의 의사로 활동하다가 마르쿠스 아우렐리우스 황제의 주치의가 된 당대 최고의 의학 지식 소유자였다. 특히 그는 임상 실험을 통해 해부학과 생리학에서 많은 발전을 이뤘다. 갈레노스는 아우구스티누스에 버금가는 방대한 양의 글을 남겼다.

2  OAME VIII. 플라톤 판은 1513년에 출간되었고, 갈레노스 판은 1525년에 출간되었다: RAIA pp. 62, 239. 세 개 언어로 구성된 성경의 출판 계획은 유스틴 데카디오스(Justin Decadyos)가 1497년으로 추정되는 「그리스 시편」(Greek Psalter)에서 언급한다: RAIA p. 260. 본문은 A. Firmin-Didot, *Alde Manuce*, pp. 60~61.

3  OAME LXXI E(vol. I, p. 106).

력을 단일화하는 것은 오해를 야기할 소지가 있다. 그의 출판 경력은 종종 중단되었기 때문이다. 그의 경력은 적어도 네 개의 잘 정의된 시기들로 구분되며, 각각의 시기들은 고유한 특징과 문제점을 안고 있다. 첫 번째 시기는 대략 1495년부터 1501년까지 이어지는 준비와 합병의 시기였다. 이 시기는 주로 다양한 종류의 활자 개발과 그리스어 자료에 상당히 치중하는 특징을 가진다. 이후 3년은 활기찬 성취의 시기였다. 후대 사람들은 대부분 알두스가 이 시기에 생산한 작품들을 통해 그를 기억한다. 이 시기에 문학 작품을 위한 대형 8절판이 고안되었으며 이탤릭체도 만들어졌다. 당시에 사람들이 관심을 가졌던 고전문학과 이탈리아 토착어 문학을 포괄하는 모든 분야의 책들이 출판되었다. 또한 인쇄를 위해 지적 활동을 동원하는 시도가 이루어졌다. 그러나 정확하지 않은 어느 시점부터 그가 난관에 봉착했다는 징후들이 발견된다. 1504년과 1505년 사이에 출판량이 감소하기 시작했으며, 결국에는 완전히 중단되고 만다. 1507년과 1509년 사이에 짧은 부흥기가 있었다. 에라스무스는 이 시기를 불멸화했다. 그러나 이마저도 베네치아와 캉브레(Cambrai) 동맹* 사이의 파멸적인 전쟁으로 인해 종결되었다. 알두스가 인쇄업을 전적으로 포기하려고 했다는 징후들도 발견된다. 마지막으로 3년이 넘는

---

* League of Cambrai: 1508년 12월 10일에 프랑스의 발루아 왕가와 합스부르크 가문을 비롯한 그들의 동맹 사이에서 결속된 동맹으로 시작해, 이탈리아 전쟁 당시 프랑스의 루이 12세, 신성로마제국의 막시밀리안 1세, 교황 율리우스 2세, 영국의 헨리 7세, 헝가리의 라디슬라스 2세, 그리고 스페인의 페르디난드로 확장되었다. 이후 만토바의 잔프란체스코 곤차가와 페라라의 알폰소 데스테 공작도 합세한다. 이 동맹의 외관적인 목적은 오스만튀르크의 위협에 대항하는 것이었지만, 이들의 속셈은 베네치아가 지난 세기 동안 확장한 영토를 빼앗아 동맹국들이 분할하는 것이었다. 1509년 5월 14일 아냐델로 전투에서 승리한 동맹군은 베네치아의 영토 대부분을 빼앗았지만 이듬해에 내분으로 동맹이 깨졌으며, 1517년 베네치아는 대부분의 영토를 되찾았다.

공백기 이후에 출판업이 재개되었으며, 그의 사후 1515년까지 계속되었다. 피상적으로 볼 때 이 시기는 1501~03년의 시절로 거슬러 올라간 것처럼 보이지만, 사실 이때에는 훨씬 신중한 정책들이 동원되었다. 알두스는 생애 말엽에 삶에 짓눌리고 환멸에 찬 사람이 되었다. 그는 오늘날 우리에게는 너무나도 자명한 자신의 성공을 자각하지 못했던 것이다.

이처럼 폭발적이고 다양한 활동들과 방향의 전환을 해명하기 위해 주의해야 할 점이 있다. 알두스의 장기적인 전망은 그가 직면했던 즉각적인 문제들을 감추는 경향이 있다. 우리는 그의 장기적인 전망과 미세한 서지 사항을 다루는 것 사이에서 중도를 걸어야 한다. 어쨌든 그의 서지 사항을 꼼꼼히 살피는 것은 불필요하다. 나는 알두스의 연구에 하나의 지침을 제시하기 위해 서지학적 자료를 간소화하고 세분화했다. 이는 알두스의 출판 경력의 각 단계를 신속하게 파악할 수 있는 도표를 제공하기 위함이다. 또한 한편으로는 알두스가 실제로 생산한 책과 그가 약속했던 계획을 비교하고, 다른 한편으로는 그의 목록을 보다 광범위한 상업적인 배경과 대조하기 위함이다. 이를 기초로 하는 알두스의 초기 판들에 대한 분석은 〈도표 1〉에서 발견할 수 있다. 알두스 자신의 희망과 이상의 관점에서 볼 때, 우리는 곧바로 하나의 보편적인 모습을 발견할 수 있다. 그리스어 작품들이 다른 모든 자료들을 지배한다는 사실이다. 이것은 상대적으로 비등해 보이는 인쇄본들이 보여 주는 것보다 훨씬 두드러진 특징이다. 그리스어로 인쇄된 낱장의 수는 4,212개이다. 이는 라틴어로 인쇄된 1,807개의 두 배를 능가하는 수치이다. 서론을 제외한 아리스토텔레스의 책 다섯 권에만 1,792개의 2절판 낱장을 사용한다. 이는 수적으로는 라틴어 총생산량과 맞먹지만, 실질적인 양적 측면에서는 훨씬 능가한다. 라틴어 책들은 상당히 작은 4절판으로 출판되었기 때문이다.

그리스주의의 강세는 단순한 통계를 넘어서도 발견된다. 알두스는 여러 라틴어 판을 그의 그리스어 계획에 부차적인 작품들로 기획했던 것으로 보이기 때문이다. 그가 1497년에 출판한 이암블리코스* 판은 피렌체의 철학자인 피치노가 번역하고 수정한 다양한 신(新)플라톤주의자들의 단편들을 모은 전집이었다. 알두스는 이 책을 연초에 선언했던 계획의 일부분으로 간주했던 것이 분명하다. 그는 "신적인 플라톤 전집과 그에 관한 남아 있는 모든 주석"을 인쇄하겠다고 선언했었다.[4] 1499년에 인쇄된 천문학적인 양의 상당 부분은 아라토스(Aratus), 테온(Theon), 그리고 프로클로스**의 그리스어 원문에 해당하는 라틴어 판으로 구성되었다.[5] 심지어는 1500년의 루크레티우스(Lucretius)조차 라틴 문학 작품으로서가 아니라 에피쿠로스의 그리스 철학에 대한 설명서로 알베르토

---

* Iamblichus, 245?~325?: 시리아의 칼키스 출신 신플라톤주의 철학자로서 로마나 시칠리아에서 포르피리오스와 함께 수학한 것으로 보이며, 이후 시리아에서 학교를 세웠다. 그는 피타고라스 철학에 대한 개요서를 저술했는데, 이 가운데 첫 네 권이 남아 있다. 이암블리코스는 표준 교과과정을 수립하고 플라톤 해석에 체계적인 방법론을 부여하며, 철학에 수학적인 개념들을 소개하고 신플라톤주의의 형이상학을 정교화함과 동시에 이집트나 페르시아 등 고대 문화의 신학을 신플라톤주의에 포함시킴으로써 이후 신플라톤주의가 나아갈 길을 제시한 인물로 평가받는다.

4 프로클로스, 시네시우스(Synesius), 프셀루스(Psellus), 알키노우스(Alcinous), 스페우시푸스(Speusippus), 그리고 크세노크라테스*의 작품을 포함한 전체적인 내용에 대해서는 RAIA p. 13 참조. 알두스에게 보낸 피치노의 편지에 대해서는 CAM 2 참조.

  * Xenocrates, 기원전 395?~기원전 314?: 플라톤의 제자로 기원전 339년부터 기원전 314년까지 아카데미아의 원장이었다. 아리스토텔레스와는 달리 플라톤의 사상을 그대로 답습했는데, 실용적인 도덕 문제에 관심을 가졌던 것으로 보인다.

** Proclus, 410?~85: 이탈리아 남서부의 리키아 출신 신플라톤주의 철학자였다. 창의적인 사상가로서의 중요성이 과대평가되기도 하지만, 그리스의 철학 유산을 체계화한 최후의 위대한 철학자로서 중세와 르네상스의 사상뿐만 아니라 헤겔을 통해 독일 관념론에도 큰 영향을 끼쳤다. 철학, 과학, 문학 분야에 다량의 작품을 남겼다.

5 RAIA p. 20. 아라토스에 대한 세 개의 번역이 인쇄되었다.

## 〈도표 1〉 알두스의 출판 목록, 1494~1500

| 년도 | 그리스어 | 라틴어 | 이탈리아어 |
|---|---|---|---|
| 1494 | (무사이오스 10f 4° ···<br>(갈라이오뮈오마키아 10f 4°) | 12f 4°) | |
| 1495 | 라스카리스, 문법서 166f 4°<br>테오도로스 가자, 문법서 198f fol.<br>테오크리토스 등, 140f fol.<br>아리스토텔레스 I 234 fol. | 벰보, 아이트나산에 대하여 30f 4° | |
| 1496 | 고대 문법학자들<br>270f fol. | (베네데티, 캐롤라인 전쟁에 대한<br>일기 68f 4°) | |
| 1497 | 아리스토텔레스 II 268f fol.<br>아리스토텔레스 III 475f fol.<br>아리스토텔레스 IV 517f fol.<br>발레리아니, 문법서 212f 4°···<br><br>사전 243f fol.<br><br><br><br><br><br><br><br>가장 복된 처녀의 때 112f 16°<br>(시편 150f 4°) | 이암블리코스 184f fol.<br>변증론의 이삭줍기 54f 4°<br>소요학파에 따른 각 종류에 대한<br>제안의 변화에 대하여 72f 4°<br>아리스토텔레스의<br>『분석론 전서』에 대한<br>아베로에스의 질문 32f 4°<br>의학의 등급에 대하여 55f 4°<br>프랑스 병 29f 4°<br>(티투스 혹은 독사에 대하여 8f 4°) | |
| 1498 | 아리스토텔레스 V 316f fol.<br>아리스토파네스 339f fol. | 폴리치아노, 작품들 452f fol.<br>로이힐린, 연설 12f 4°<br>목록 1f fol. | |
| 1499 | 그리스 편지 작가들 266f<br>137f 4°<br><br>아라토스, 테온, 프로클로스···<br>디오스쿠리데스, 니칸드로스,<br>167f fol. | 페로티, 풍요의 뿔 321f fol.<br>고대 천문학자들 376f fol.<br><br><br>(아마세오, 시(예언시, 라틴시) 12f 4°)* | |
| 1500 | | 루크레티우스 101f 4° | 폴리필로의 꿈<br>234f fol.<br><br>경건한 카테리나에게<br>보낸 편지 412f fol. |

※ 이 도표는 RAIA로 작성되었으며, 필요한 경우 BMC V로 보충되었다. 제목 이후에 나오
는 숫자는 각각 해당 작품의 낱장 개수와 책의 규격을 나타낸다. 날짜가 기입되지 않은 판
은 괄호 안에 넣었다. 베네데티의 『캐롤라인 전쟁에 대한 일기』(Diaria de Bello Carolino)는
1496년 6월 26일에 그가 작성한 저작권 신청서로부터 날짜를 확정할 수 있다(FD p. 123,
no. 50의 본문). 이 책과 레오니체노의 『티투스 혹은 독사에 대하여』(De Tiro seu Vipera)는
인쇄상의 이유로 오랫동안 알두스의 것으로 인정되었다. 그러나 두 책 모두 그의 이름을 기
재하지 않았다. RAIA pp. 259, 260 참조.
* 「볼로냐 출신 시인이자 철학자인 히에로니무스 아마세우스 우티넨시스(Hieronymus
Amaseus Utinensis)가 아비뇽의 가장 유명한 변호사인 마니에리스와 베네치아에 있는 갈리
아인들의 가장 독실한 루도비쿠스 왕의 가장 유창한 연설가에게. 1499년 9월 20일」. 앙투
안-오귀스탱 르누아르(Antoine-Augustin Renouard)는 이를 목록에 포함하지 않지만 활자
체는 『폴리필로의 꿈』에 사용된 것과 같다. 영국 국립도서관에 소장된 'IA 24497'과 프랑스
국립도서관에 소장된 '피지 사본 2110'이 유일하게 알려진 사본들이다.

피오에게 헌정되었다.[6] 알두스는 서문이나 헌정사에서 그의 계획을 논
할 때마다 끊임없이 그리스어 본문을 강조한다. 그는 1496년과 1498년
에 저작권 보호를 신청했을 때 그리스어 판만 언급한다.[7]

그리스어 판 자체로 눈을 돌리면 우리는 압도적으로 학문적인 책들을
발견하게 된다. 이는 단순히 '학문적'이라는 단어의 보편적인 의미에서
그런 것이 아니다. 당시 북부 이탈리아의 대학과 학교들이 가지고 있던
관심의 맥락 속에서도 그랬다. 가장 중요한 자리는 당연히 아리스토텔레
스의 다섯 권의 책에 돌려야 하는데, 이는 관련된 수많은 본문들을 참고
하여 편집한 정점에 해당하는 작품이었다. 관련된 작품들은 파도바의 강
사인 니콜레토 베르니아(Niccoletto Vernia)가 편집하고 1483년과 1484년
에 토레사니가 인쇄했던 아베로에스(Averroes)의 6부작 주석을 포함한
다. 또한 베르나르디노 다 트리디노(Bernardino da Tridino)와 데 그레고리

---

6  OAME vol. I, p. 34: "⋯ quia epicurae sectae dogmata elegantur et docte mandavit
   carminibus."
7  예를 들어 OAME III, VIII; CSV pp. 72, 74.

스 형제들이 1489년과 1496년 사이에 생산했던 보다 최근의 아리스토
텔레스 번역서도 포함한다.[8] 알두스 판의 본문이 1495~98년에 인쇄되
었다는 사실도 의미심장하다. 이 시기는 파도바 대학 내에서 아리스토
텔레스의 그리스어 원문에 대한 강의를 촉구하는 움직임이 일어났던 시
기, 그리고 1497년에 토메오가 정식 임명된 시점과 겹친다.[9] 아리스토텔
레스의 두 번째 책의 헌정사에서 알두스는 "베네치아와 파도바의 학자
들"의 도움에 경의를 표하면서 학자들 중 일부를 밝혔다. 영국인인 토머
스 리너커*가 언급된다. 그의 개인 사본들은 여전히 옥스퍼드 대학의 도
서관에 소장되어 있는데, 이는 피지에 인쇄된 알두스의 아리스토텔레스
전집을 보존하고 있는 유일한 사본들이다.[10] 알두스가 언급한 사람 중에
는 베네치아의 의사였던 프란체스코 카발리(Francesco Caballi)도 포함되
었다. 그가 종종 학위 시험장에 참석했다는 사실로부터 파도바에서 그
의 영향력을 가늠할 수 있다.[11] 니콜로 레오니체노와 로렌초 마이올리
(Lorenzo Maioli) 같은 페라라 대학의 유명한 두 학자들도 언급되었다.

---

8　L. Minio-Paluello, "Attività filosofica-editoriale dell'umanesimo", in *Umanesimo europeo et umanesimo veneziano*, ed. V. Branca, Fondazione Cini, 1963, pp. 245~63.

9　이 책의 제3장 주 34 참조.

*　Thomas Linacre, 1460~1524: 영국 출신의 인문주의자이자 의사였다. 파도바 대학에서 의학을 공부했으며, 1509년에 헨리 8세의 주치의가 되었다. 그의 지인들 중에는 토머스 모어, 에라스무스, 윌리엄 그로신 등의 저명한 인문주의자들이 있었다. 리너커의 작품으로는 미래에 영국 여왕이 된 메리 1세를 위해 저술한 라틴어 문법서와 여타의 의학 및 문법 논문들이 있으며, 갈레노스의 3편의 작품들을 번역하기도 했다.

10　OAME VIII. 리너커와 그의 책에 대해서는 이 책의 제7장 전체를 참조.

11　카발리는 아리스토텔레스의 다양한 작품들의 순서를 바로잡는 데 관여했으며, 알두스는 그의 원리를 따랐다(L. Minio-Paluello, *op. cit.*, p. 253). 파도바에서의 그의 존재감에 대해서는 E. Martellozzo Forin, *Acta graduum academicorum ab anno 1501 ad annum 1525*, Istituto per la storia dell'universita di Padova, 1969, pp. 163~64 참조.

아리스토텔레스의 책들은 대학 교재였다. 반면 알두스가 이 시기에 인쇄했던 여타의 그리스어 작품들은 대학 교재의 지적 수준으로 나아가는 전 단계로 간주될 수 있다. 많은 양의 책들은 우리가 흔히 기초 언어학 자료로 부르는 것들이었다. 세 권의 현대 문법서들도 있었는데, 여기에는 우르바노 발레리아니의 문법서도 포함되었다. 우르바노는 베네치아에서 엄청나게 성공적으로 그리스어를 가르치고 있었고, 알두스 자신이 그에게 문법서를 저술하도록 설득했다. 그의 문법서는 다음 세기에 가장 선호되는 문법서 중 하나로 자리매김했다.[12] 세 권의 현대 문법서 외에도 초기의 문법서들에서 가져온 선집을 비롯해 요하네스 크라스토니스의 『사전』도 포함되었다.[13]

간간히 섞여 있는 문학 작품들은 대부분 그리스어와 문체를 소개하는 데 추천할 만한 작품들로 구성되었다. 일부 책들은 교실에서 사용되기를 바란다는 명시적인 언급과 함께 당시의 교사들에게 헌정되었다. 이중 가장 흥미로운 책은 테오크리토스와 헤시오도스를 비롯한 그리스 격언 시인들의 판이다. 이 책은 비교적 짧고 다양한 종류의 언어학적 형태들을 포함하며, 신화적이거나 도덕적인 본문들로 가득하다. 교육자들이 이 작품을 가장 선호했다는 사실은 너무나도 당연하다. 바티스타 과리노도 이 작품을 적극 추천했으며, 이미 알두스의 전임자들로부터 어느 정도 주목을 받았다. 과리노가 알두스에게 이 작품을 제안했고 그에게 헌정사가 바쳐졌다. 같은 맥락에서 무수루스는 어떤 소개글에서 아리스토파네스의 희극을 아티카 그리스어 구어체를 위한 완벽한 안내자로 추천했다. 알두스는 이 작품을 또 다른 교육자인 라구사(Ragusa)의 다니엘레

---

12  OAME XII. 발레리아니의 영향력에 대해서는 이 책의 제3장 주 38 참조. 그의 문법서는 16세기에 23번 재판되었다.

13  OAME XI; RAIA pp. 13~14.

클라리(Daniele Clari)에게 헌정했다.[14] 이 시대의 그리스 문학서 중 유일하게 이질적인 책은 디오스쿠리데스와 니칸드로스의 글을 결합한 작품이었다. 이들은 비교적 후대에 약리학에 대해 저술했던 난해한 작가들로서, 이들의 책은 개론서를 찾는 학생들의 이해에 큰 도움을 주지 못했을 것이다. 그러나 이 책마저 전체적인 계획에 들어맞는다. 알두스가 이 글을 인쇄했던 이유는 당시 학계에서 가장 날선 논란의 대상이었던 플리니우스의 『박물지』의 해석에 기여하기 위해서였다. 이 논란의 주요 인물은 알두스의 개인적인 동료이자 편집자였던 니콜로 레오니체노였다.[15] 알두스의 출판은 전반적으로 치밀한 계획성을 가진다. 우리 수중에 있는 증거들은 알두스의 책을 구매한 사람들이 그가 의도했던 것처럼 대체로 학생이었음을 보여 준다. 신플라톤주의 주석가들에 대한 피치노의 번역은 1497년 12월에 출간되었다. 불과 한 달도 채 지나지 않아 알두스는 전설적인 시인 루도비코 아리오스토°로부터 편지를 받았다. 그는 세바스티아노 다 아퀼라(Sebastiano da Aquila)의 『티마이오스』(*Timaeus*) 강

---

14 과리노가 그의 『가르침과 배움의 순서에 대하여』(*De ordine docendi et studendi*)에서 쓴 추천에 대해서는 OAME V과 E. Garin, *Il pensiero pedagogico dell'umanesimo*, p. 452 참조. 테오크리토스와 헤시오도스 선집은 아쿠르시우스가 1480년경에 밀라노에서 인쇄했다. 이에 대한 묘사는 A. S. F. Gow, *Theocritus*, vol. I, Cambridge, 1952, p. xliv 참조. 아리스토파네스의 헌정사는 OAME XIV 참조. 무수루스의 편지는 BP pp. 226~28 참조. 오를란디는 이 내용을 인쇄하지 않았다.

15 OAME XIX. 이 논란과 레오니체노의 역할에 대해서는 이 책의 제2장 주 16 참조.

° Ludovico Ariosto, 1474~1533: 이탈리아 레조넬에밀리아의 귀족 출신 시인이자 극작가였다. 그는 에스테 가문을 위해 봉사했고, 1527년에 은퇴해 페라라에서 다섯 편의 희극을 공연했다. 『바뀐 아이들』(*I suppositi*)로 대표되는 이 희극들은 고전문학에 기초한 르네상스의 코메디아 에루디타(commedia erudita) 장르를 수립했다. 그의 대표적인 작품은 『광란의 오를란도』(*Orlando furioso*)라는 서사시로서 마테오 마리아 보이아르도(Matteo Maria Boiardo)의 서사시인 『사랑하는 오를란도』의 후속이었다. 이 작품으로 아리오스토는 르네상스 시대의 단테의 후계자로 자리매김했다.

의 덕분에 페라라 학생들 사이에서 플라톤 작품들의 라틴어 번역에 깊은 관심이 고조되고 있다고 설명했다. 그는 모두가 알베르토 피오의 신간 사본을 탐내고 있기 때문에 추가적인 사본들이 분명 날개 돋친 듯 팔릴 것이라고 말했다.[16] 언뜻 보기에는 인쇄업자의 이상과 시장의 수요가 완벽하게 맞아떨어진 것처럼 보인다.

그러나 밝은 전망의 배후에는 거의 분간되지 않는 두 개의 모호하고 위협적이기까지 한 요소들이 도사리고 있었다. 첫째, 알두스는 본래 희망했던 것만큼 신속하게 일을 진척하지 못했던 것이 분명하다. 우리는 이미 실현되지 못한 그의 서론의 약속들에서 이 사실을 발견했다. 추가적인 증거가 1498년 12월 6일에 제출되었던 두 번째 저작권 신청서에서도 발견된다. 이 문서는 의학서 출판 계획을 강조하면서 『수다』(Suda), 데모스테네스,[*] 헤르모게네스(Hermogenes), 플루타르코스, 디오스쿠리데스, 스테파누스(Stephanus), 그리고 아리스토텔레스의 주석가들 등 문학 및 철학 작품들을 언급한다. 그런 다음 "더 이상 저술되지 않기를"이라는 불길한 말로 흐지부지하게 끝난다. 이후 4년 안에 출간된 책은 스테파누스와 디오스쿠리데스뿐이다.[17] 둘째, 알두스의 그리스어 본문은 터무니없이 비쌌다. 이는 이미 언급되었던 그리스어 활자 작업과 관련된 난관과 비용으로부터 자연스럽게 도출된다. 알두스는 저렴한 판만 출판했다는 것으로 유명하지만, 그가 1498년에 출판한 목록의 가격과 1480년대에 그의 전임자인 프란체스코 다 마디스의 가격을 대조함으로

---

16  *Lettere di Ludovico Ariosto*, per cura di A. Capello, Milan, 1887, pp. 1~2.

*  Demosthenes, 기원전 384~기원전 322: 아테네 최고의 연설가로서 정치적으로는 마케도니아의 필리포스 2세와 그의 아들인 알렉산드로스 대왕에 반대했다. 그의 연설문은 중세와 르네상스에 큰 영향을 끼쳤다.

17  CSV p. 74에 있는 본문. 디오스쿠리데스는 1499년에, 스테파누스는 1502년에 출간되었다. RAIA pp. 21, 38.

써 이 점을 의심의 여지없이 확정할 필요가 있다. 다섯 권으로 구성된 알두스의 아리스토텔레스 본문은 권당 1.5두카토에서 3두카토에 달했다. 전집은 11두카토였다. 아리스토파네스의 희곡은 2.5두카토였으며, 크라스토니스의 『사전』과 테오도로스 가자*의 문법서는 1두카토였다. 테오크리토스의 『목가시』(Idylls)는 8마르첼루스(marcelli)였다. 이는 대략 3분의 2두카토에 해당한다. 라스카리스와 발레리아니의 소(小)문법서는 4마르첼루스였다.[18] 이 중 몇몇의 경우에는 직접적인 비교가 가능하다. 프란체스코 다 마디스의 "그리스어 대사전들"의 가격은 0.5두카토도 안 되는 3모체니게 리라였다. "그리스어 문답서들"(Erotemata Graeca)은 10솔두스(soldi) 혹은 1마르첼루스에 팔렸으며, 헤시오도스와 테오크리토스는 1리라 5솔두스에 팔렸다. 이는 2마르첼루스를 조금 웃도는 금액이다. 이 책들은 보누스 아쿠르시우스의 초기 밀라노 판이었을 가능성이 높다. 프란체스코 다 마디스가 책정한 가격이 알두스의 동일한 책의 반값을 조금 웃돌거나 때론 이보다 저렴했다는 사실을 금방 파악할 수 있다.[19]

---

* Theodorus Gaza, 1398?~1475?: 마케도니아 출신의 그리스 인문주의자로서 1430년에 오스만튀르크의 공격을 피해 이탈리아로 이주했다. 1447년 페라라 대학의 그리스어 교수로 임명된 그는 아리스토텔레스의 작품들을 번역하는 등 15세기의 그리스 학문 부흥에 크게 기여했다. 1495년에 알두스가 그의 그리스어 문법서를 처음 출판했다.

18 이 목록의 전문은 Ib., pp. 329~31 참조.

19 Biblioteca Marciana, Venezia, Mss. italiani Cl. XI, 45(7439), ff. 4V~5V. 이와 관련된 일부 항목은 H. Brown, *The Venetian Printing Press*, pp. 431f.에 복사한 부분에서 발견할 수 있다.
나는 모든 경우에 S. 로마닌(S. Romanin)이 제시한 당대의 등가 통화를 따랐다.
S. Romanin, *Storia documentata di Venezia*, vol. IV, 1973 ed., p. 357, 주 104 참조.
1두카토 = 6.4모체니게 리라
1리라 = 20솔두스
1마르첼루스 = 10솔두스

알두스의 아리스토텔레스의 대응물을 발견하기 위해서는 당시의 가장 야심 찬 출판사를 물색해야 한다. 니콜라우스 리라누스의 성경 주석에 대한 파가니노 파가니니 판이 여기에 해당한다. 원로원에 특별 청원서를 제출했던 이 인쇄업자는 사업 전체의 비용을 4,000두카토로 잡았다. 그는 네 권으로 구성된 전집을 6두카토에 판매했다.[20] 심지어는 알두스의 개인적인 동료였던 볼로냐 출신의 그리스 학자 코드로스 우르케우스도 1498년에 불평을 토로했다. 그는 아리스토텔레스 전집에 들인 돈으로 열 권의 고급 라틴어 필사본을 구입할 수 있었을 것이라고 말했다. 알비세 카펠로(Alvise Capello)가 프란체스코 다 마디스의 가게에 들어가 2두카토를 조금 웃도는 금액으로 열두 권의 책들을 들고 나왔다는 이야기를 들을 때, 우르케우스의 말이 타당하다고 느낄 수밖에 없다.[21] 학계의 가장 고상한 기호에 맞추려는 의도는 분명 훌륭한 생각이었지만 얼마나 많은 학생들이 아리스토나 알베르토 피오와 같은 재원을 가지고 있었겠는가?

알두스가 이 기간 동안에 출판한 라틴어 본문은 그의 그리스어 판과 같이 일관된 양식을 갖추고 있지 않았다. 그러나 라틴어 판들은 초기 인쇄업자의 각 작업 단계와 그가 받은 다양한 영향력을 보여 준다. 우리

---

20 모든 수치는 저작권 청원서에 기록되었다. FD no. 9, pp. 104~05, 20 September 1492 참조.

21 *Omnia Opera*, Platonides, Bologna, 1502, Epistola no. 4: 본문은 L. Dorez, "Alde Manuce et Ange Politien", pp. 323~26에도 기록되었다. 1498년 4월 5일자 편지는 알두스와 그의 동업자들 사이의 관계를 보여 주는 내용을 포함한다. 이 편지의 내용은 알두스의 출판물이 저렴했다는 주장에 대한 강력한 반증이다. "… cognosco tantam esse in eius sotiis(일례로 토레사니와 바르바리고) avaritiam ut nihil commodi ab eo sperem … Sed scito me ab eo (sc. Aldo) nihil deinceps empturum esse, ut credo, propter caritatem (ut ad eum scripsi) rei parvae quam ipse et sortii magnam faciunt, multum papyri in chartis fere vacuis scriptura consumentis." 카펠로의 구입에 대해서는 H. Brown, *loc. cit.* 참조.

는 이미 많은 라틴어 작품들이 그리스어 작품들에 종속되었다는 사실을 언급했다. 개인적인 호의로 인해 출시된 라틴어 작품들도 있었는데, 이 작품들의 주된 목적은 그리스어 본문 편집자들의 노고에 감사를 표하는 것이었다. 1497년에 알두스는 아리스토텔레스 전집 작업에 참여했던 마이올리의 단편 두 편을 출판했다. 이는 『의학의 등급에 대하여』(*De Gradibus Medicinarum*)와 『변증론의 이삭줍기』(*Epiphyllides in Dialecticis*)였다. 이 중 마지막 작품의 서론에서 알두스는 자신이 처음에는 이토록 천박한 작품을 인쇄하기를 거부했다고 말한다. 그러나 학생들이 이 책을 요구한다는 동료의 진심 어린 간청에 못 이겨 출판하게 되었다고 설명한다.[22] 마이올리는 알두스에게 일종의 도덕적인 영향력을 행사할 수 있었던 것이다.

레오니체노의 두 단편인 『프랑스 병』(*De Morbo Gallico*)과 『티투스 혹은 독사에 대하여』(*De Tiro seu Vipera*)는 긴급한 지적이고 의학적인 문제를 다룬다. 이 책들은 거의 동시에 부분적으로 유사한 이유로 인쇄되었을 것이다.[23] 로마체의 대명사가 될 정도로 로마체로 유명했던 피에트로 벰보의 『아이트나산에 대하여』(*De Aetna*)와 알레산드로 베네데티(Alessandro Benedetti)의 『캐롤라인 전쟁에 대한 일기』(*Diaria de Bello*

---

22  RAIA p. 14. 다른 두 단편인 『소요학파에 따른 각 종류에 대한 제안의 변화에 대하여』(*De Conversione Propositionum*)와 『아리스토텔레스의 『분석론 전서』에 대한 아베로에스의 질문』은 마이올리의 작품과 비슷한 시기에 출판되었으며, 이 작품들과 종종 합본되었다. 전체적인 서지 사항은 J. Dukas, *Notes bio-bibliographiques sur un Recueil d'Opuscles très Rares Imprimés par Alde l'Ancien en 1497*, Paris, 1876 참조. 알두스의 언급에 대해서는 OAME X 참조.

23  『티투스 혹은 독사에 대하여』는 단지 인쇄상의 근거로 알두스에게 돌려진다: RAIA p. 259. 이 책의 주제는 'Theriaca'라는 화합물의 준비에 대한 학문적인 논란이었다. 『프랑스 병』은 최근의 매독 발병에 대한 책이었다. 이것의 사회적 함축에 대해서는 B. S. Pullan, *Rich and Poor in Renaissance Venice*, Oxford, 1971, p. 223 참조.

Carolino)도 동일한 일반 범주에 속한다. 벰보의 단편은 그가 그리스어를 공부하기 위해 시칠리아로 여행하던 중에 겪었던 경험들을 묘사한다. 그가 가지고 돌아온 기념품 중에는 콘스탄틴 라스카리스의 값진 그리스 문법서의 필사본도 포함되었다. 알두스는 날짜가 기입된 자신의 최초의 판을 만들기 위해 이 필사본을 사용했는데, 이에 대해서는 이후에 상세히 다룰 것이다.[24] 베네데티는 프랑스에 대항하는 1495년의 군사작전에 참여해 군대에서 복무한 경험도 있는 풍류를 아는 베네치아 의사였다. 그는 이제 문학적인 명예를 얻기 위해 개인적인 경험을 바탕으로 한 유력한 귀족들에 대한 찬사를 자유자재로 첨가한 글을 썼다. 베네데티는 자비(自費)로 판을 만드는 비용을 부담했다. 알두스는 자신의 이름을 기입하지 않았지만 서신의 내용을 보면 베네데티가 조르조 발라의 막역한 친구였다는 사실이 밝혀진다. 발라는 대중 강연자로서 그의 높은 지위를 통해 알두스를 베네치아의 상류 사회에 입문시킨 인물이었다. 이런 인물은 도울 만한 충분한 가치가 있었다.[25] 일관되게 기획된 그리스어 판들과 묘한 대조를 보이는 이 라틴어 본문들은 알두스를 지지했던 사람들이 존재했을 뿐만 아니라 그가 실천에 옮겨야 할 이상이 있었다는 사실을 상기시키는 역할도 한다.

짧지만 지금은 매우 희귀한 작품인 로이힐린의 연설과 아마세오의 예언시는 특별한 부류로 분류된다. 이 작품들은 후세의 기준으로 본다면 출판사보다 신문사의 영역에 속하는 것들이었다. 당시에는 유명한 방문객이 형식적인 인사말을 주고받는 것이 일반적인 관습이었으며, 그의

---

24  OAME 1A. 이 장의 주 29f. 참조.

25  FD no. 50, p. 123, 26 June 1496. 헌정사는 총독과 여덟 명의 다른 원로원 의원들에게 바쳐졌다. 영국 국립도서관에 트레비소 가문의 무구를 지닌 피지 사본이 있다(C 8 h 14). 발라와 베네데티의 친분에 대해서는 G. Valla, nos. 19, 37 참조. 그의 무리에 대해서는 이 책의 제5장 주 50~52 참조.

말은 소책자로 인쇄되어 유통되었다. 이것은 그의 구체적인 임무를 정당화하거나 새로운 동맹을 확보하기 위한 하나의 방편이었다. 저명한 독일 학자인 로이힐린은 1498년 여름에 로마에 왔다. 그는 비센부르크(Wissenburg) 수도원과의 논쟁에서 그의 후원자인 팔라틴 선제후(Elector Palatine)를 대변했으며, 집으로 돌아오는 길에 교황의 권위에 대항했던 자신의 연설문을 몇 부 인쇄한 것으로 보인다. 이 사본은 그가 이 일에 얼마나 심혈을 기울였는지 증명하기 위한 것이었다. 아마세오가 라틴 시를 헌정했던 아쿠르시우스 마이너(Accursius Mayner)는 1499년 여름에 민감한 사항을 재조정하기 위해 베네치아에 왔다. 그는 이웃인 스포르차 가문의 밀라노 공국에 대항하는 데 베네치아 공화국이 프랑스 왕과 함께 전장에 참여하도록 설득하기 위해 왔던 것이다. 사절이었던 그는 알두스와 우호관계를 맺었으며, 시인 아마세오는 그에게 프랑스와 베네치아 군대의 미래의 영광스러운 모습을 그린 복잡한 6보격의 시를 헌정했다. 간간히 출간된 이런 작품들은 선전용 전단지의 조상뻘로 간주될 수 있다. 프랑스 국립도서관에는 여전히 프랑스의 백합과 성 마가(St. Mark)의 사자, 교황권의 열쇠가 새겨진 탁월한 피지 인쇄본이 보관되어 있다. 이 피지 사본은 마이너가 루이 왕에게 보여 주기 위해 보냈던 것이 분명하다. 이러한 책자들은 당시에 중요하기는 했지만 진정한 의미에서는 '단명하는 것들'(ephemera)이었다. 이들은 조잡했고 아마 적은 수량만이 인쇄되었을 것이다. 이런 책자들이 알두스 판들 중에서 가장 희귀하다는 사실은 놀랍지 않다.[26]

---

26  사누도의 『일기』(Diarii)에는 이런 종류의 출판에 대한 언급이 흔하다: 일례로 vol. IV, col. 20(십자군전쟁을 위한 교황의 칙령, 1501); col. 50(추기경 체노(Zeno)를 위한 추도 연설); col. 266(그리스도의 성체 성혈 대축일 행렬 순서). 로이힐린의 임무 배경에 대해서는 P. Amelung, "Bemerkungen zu zwei Italienischen Inkunabeln(Hain 4942 und Hain 13883)", in *Contribuiti alla storia del libro*

폴리치아노의 『작품들』(Opera)은 따로 고려해야 한다. 이 작품의 출판은 우연과 개인적인 취향의 위력을 보여 주는 복잡한 역사를 가지고 있기 때문이다. 이 판을 인문주의적 출판들의 '큰 그림'(grand design)의 일부로 보는 것이 일반적인 관습이었다. 알두스는 폴리치아노를 완벽한 문헌학 기술의 화신으로서 우러러 보았는데, 이는 그 자신도 이 기술을 열망했기 때문이었다. 뿐만 아니라 이 작품은 대형 절판으로 인쇄되었으며, 가격도 1.4두카토에 달했다. 더 나아가 처음으로 히브리어 글자를 사용할 때와 같은 조판 실험을 거쳐야만 했다.[27] 사실 알두스는 준비과정에 참여하지 않았을 것이고 이에 대해 알지도 못했을 것이다. 1490년대 초부터 폴리치아노 개인의 작품들 일부가 볼로냐에서 플라톤 베네데티 (Platon Benedetti)에 의해 출판되었다. 이때 야심에 찬 알레산드로 사르티(Alessandro Sarti)라는 젊은 학자가 그를 도왔다. 사르티는 폴리치아노의 편지에 자기 자신을 칭찬하는 언급을 날조해 삽입한 인쇄업계의 전형적인 사기꾼이었던 것으로 보인다. 그는 확실치 않은 어느 시점에 폴리치아노의 글을 정리하려는 보다 고결한 길에 들어섰다. 이 작업은 피렌체를 중심으로 이뤄졌다. 피에트로 리치(Pietro Ricci)라는 메디치 가문의 젊은이가 작업을 추진했으며, 피코 델라 미란돌라가 후원했다. 피코 델라 미란돌라는 알두스의 첫 번째 후원자의 조카이자 지적 계승자였다. 유망한 출판업자였던 베네데티가 1497년 8월에 세상을 떠나자, 이 계획 전체가 예기치 못하게 알두스에게 굴러 들어왔던 것이다. 알두스는 자신

<hr />

*italiano: Miscellanea in onore di Lamberto Donati*, Florence, 1969, pp. 1~9 참조. 이 연설문 사본은 뮌헨과 슈투트가르트, 그리고 취리히에만 남아 있다. 내가 아는 한 아마세오의 시는 두 권의 사본만 남아 있는데, 하나는 런던에 다른 하나는 파리에 있다. 〈도표 1〉 참조.

27  1513년 가격은 9리라 4솔두스였다: P. S. Leicht, "I prezzi delle edizioni aldine al principio dell' 500", *Il libro e la stampa*, Anno VI, fasc. iii, 1912, p. 83. 히브리어 활자의 사용에 대해서는 이 책의 제3장 주 71의 인용 참조.

에게 넘어온 이 판에 사적이고 자신의 계획에 부합하는 결과물이 나오도록 온갖 노력을 기울였다. 그는 폴리치아노의 이중언어적 접근을 지지한다는 자신의 편지를 포함시켰다. 그는 또한 바르바로 가문과의 인맥을 통해 피렌체 편집자들이 구할 수 없었던 편지들도 포함시킬 수 있었을 것이다. 이 책은 상업적 즉흥성과 인문주의적 원칙에 대한 기념비이다.[28]

알두스는 그의 인쇄 경력의 첫 번째 기간 동안에 이탈리아어 판을 단지 두 종 출판했을 뿐이다. 두 종은 1년 이내에 출판되었다. 그러나 이 중 하나인 『폴리필로의 꿈』은 알두스의 다른 모든 출판물들을 합친 것보다 많은 논쟁을 야기했다. 그 원인을 해명하기 위해 한 권의 책 전체가 바쳐지기도 했으며, 무수히 많은 학술 연구서들도 이를 규명하려 했다. 그럼에도 불구하고 이 문제는 여전히 미해결로 남았다. 이 책의 저자는 누구인가? 그는 왜 독자들에게 자신을 밝히지 않는가? 삽화가는 누구였고 어디서 발상을 얻었으며, 당시 예술에 얼마나 큰 영향력을 행사했는가? 전체 계획에 알두스는 얼마나 기여했는가?[29] 불확실하고 협소한 공간에서

---

28  L. Dorez, "La mort de Pic de Mirandole et l'édition Aldine des Oeuvres d'Ange Politien, 1494~98", GLSLI XXXII, 1898, pp. 360~64: 알두스가 사르티와 리치의 이름을 빌렸지만 사실은 피코의 비서로부터 자료를 구했다는 다소 과장된 주장은 이제 J. 힐 코튼(J. Hill Cotton)의 입증으로 인해 대체되었다. 코튼은 사르티가 폴리치아노의 작품 인쇄에 그의 사망 훨씬 이전부터 관여했다는 사실을 입증했다: "Alessandro Sarti e il Poliziano", LBF LXIV, 1962, pp. 225~46. CAM 3은 1497년 말에 사르티와 리치가 이미 상당 기간 협동했다는 사실과 알두스가 피코 델라 미란돌라를 통해 영입된 지 얼마 안 되었다는 사실을 보여 준다. 사르티의 문학 전술에 대해서는 이 책의 제2장 주 20에서 인용된 L. Dorez, "Alde Manuce et Ange Politien …"을 참조하라. 위조범이기도 했던 사르티가 일종의 주문 사환의 역할을 떠맡음으로써 자신의 가치를 높이려고 노력했다는 사실을 언급해야 할 것인데, 이에 대해서는 CAM 20 참조.

29  이 연구서의 직접적인 범위를 벗어나는 참고문헌을 언급하지 않겠다. 1950년

216

는 면도날을 사용해야 한다. 이 책은 알두스에 대한 연구서이기 때문에 알두스와 직접적으로 연관되는 질문만 다루겠다. 나는 원저자에 대한 사안은 의심의 여지없이 결정되었다고 믿는다. 삽화가의 정체에 대해서는 추가적인 문서적 증거 없이는 해결할 수 없는 문제들이 있다고 본다. 이 문제에 대해서는 이 분야에 식견이 있는 미술사가들이 해결하도록 남겨 두는 것이 최선이다. 비록 대중적인 견해는 아니지만 내 생각에는 알두스의 역할이 적었던 것 같다. 그의 역할은 인쇄업자가 겪는 긴장과 난처한 상황들을 보여 주기에는 충분하지만 이탈리아 문학에 대한 알두스의 견해를 논하기에는 턱없이 부족하다.

비록 무관해 보이기는 하지만 일련의 사건들의 첫 번째 연결고리는 문서로 확보되었다. 1498년 5월 10일에 원로원은 도시에 전염병이 돌고 있다는 사실을 시인했다. 위생 감독관들은 대중집회를 금지하는 등 즉각 반응했으며, 전염병의 확산은 신속하게 저지되었다.[30] 그러나 알두스가 전염병의 희생자 중 한 명이었다. 그는 심각하게 앓지는 않았을 것이다. 6월에 인쇄소는 정상 운영되었으나 죽음에 대한 두려움이 예민하고 종교적인 그의 기질을 깊이 파고들었다. 그는 회복된다면 사제가 되겠다고 서원했지만, 회복되자마자 바로 로마에 면제를 호소했다. 그는 자신

까지의 정보는 L. Donati, "Bibliografia aldina", LBF LII, no. 2, 1950, pp. 189~204(items 247~352) 참조. 저자에 대한 포괄적인 논의는 M. T. Casella · G. Pozzi, *Francesco Colonna, biografia e opere*, 2 vols., Padua, 1959 참조. 도나티는 이들의 결론에 의문을 제기했다: "Il mito di Francesco Colonna", LBF LXIV, 1962, pp. 247~70. 이 계획 안에서의 알두스의 역할에 대해서는 C. Dionisotti, *Gli umanistie il volgare*, 제1장 참조. 일반 문제에 대한 동일하게 귀중한 논의는 G. D. Painter, "The *Hypnerotomachia Polifili* of 1449: an introduction to the Dream, the Dreamer, the Artist, and the Printer"-separate intr. to Eugrammia Press edition, London, 1963 참조.

30  A. S. V. Senato, Deliberazioni Terra, Rg. XIII, c. 44r. 공적인 사업이 지속되었다는 사실은 전염병의 발발이 상당히 제한적이었다는 사실을 암시한다.

이 너무 가난하고 인쇄술이 유일한 생계수단이라고 호소했다. 이는 사실 부정직한 호소였다. 알두스는 가난하지 않았고 교사 생활로 생계를 유지할 수 있었으며, 자신의 동료인 보네투스 로카텔루스가 수년간 사제이자 동시에 인쇄업자로 활동했다는 사실을 잘 알고 있었다. 교황 알렉산데르 6세(Alexander VI)는 면제를 허용했으나 총대주교에게 알두스를 '다른 자선 활동'에 참여시킬 것을 제안했다.[31] 알두스는 이제 양심의 가책뿐만 아니라 분명한 도덕적인 의무, 더 나아가서 일종의 억압에 종속되었다. 최근에 총대주교인 토마소 도나(Tomaso Donà)가 부적절한 출판에 관심을 갖게 되었기 때문이다. 유력한 교회법 학자인 루카(Lucca)의 추기경 펠리노 산데이스(Felino Sandeis)가 알두스 출판사의 이암블리코스 인쇄본에서 "그리스도인이 읽어서는 안 될 많은 것들"을 발견했다. 산데이스 자신은 이 책에 매료되어 읽어 내려가기는 했지만 요점은 그것이 아니었다.[32]

알두스가 요청했던 면제는 1498년 8월 11일에 도착했다. 그 후 얼마 지나지 않아 알두스는 그가 후년에 두려워하게 될 방문자 중 한 명을 받아들였을 것이다. 그는 알두스가 출판하고 싶어 하는 필사본을 소유한 문학 호사가였다. 이 방문자의 이름은 레오나르도 크라소(Leonardo Crasso)였다. 그는 인맥이 좋은 베로나 출신의 신사였고 그의 형제는 베네치아 군대의 장교였다. 얼마 전에 법학 박사학위를 취득했던 그는 사도좌 서기관(Apostolic protonotary)이 되려던 참이었다.[33] 그는 두 개의 다

---

31  R. Fulin, "Una lettera di Alessandro VI", AV I, 1871, p. 157. 로카텔루스('장로' 베르고멘시스(Bergomensis))에 대해서는 K. Burger, pp. 480~82 참조.

32  이 책의 제1장 주 93 참조. 산데이스의 견해는 Biblioteca Feliniana Captiolare, Lucca, no. 567에 기록되어 있다. 책 전체에 주석이 많이 달렸다.

33  G. Biadego, "Intorno al Sogno di Polifilo", ARIV LX, pt. ii, 1900~01, pp. 699~714; M. Billanovich, "Francesco Colonna, il Polifilo, e la famiglia Lelli", IMU XIX, 1976, pp. 419~28.

른, 그러나 느슨하게 연관된 형태의 호색적인 연애소설을 소유하고 있었다. 두 번째 작품은 더 간결했고, 짝에 비해 상대적으로 단순한 것으로 먼저 저술되었음이 분명했다. 이 책은 현실 세계와 어느 정도 연관이 있었다. 이 책에서 여걸 폴리아(Polia)는 고국인 트레비소(Treviso)시(市)와 그녀의 가족인 렐리(Lelli), 그리고 그녀를 향한 폴리필로(Polifilo)의 사랑의 근원에 대해 말한다. 그녀는 전염병에 시달렸고 순결을 지키겠다고 서원했으며, 전염병에서 회복했다. 그녀가 폴리필로의 접근을 저지하자, 그는 마치 죽은 듯 쓰러진다. 겁에 질린 폴리아는 현장에서 도망친다. 일련의 상징적인 환상과 꿈이 그녀의 극악무도한 행위를 경고한다. 그녀는 폴리필로에게 돌아가고 폴리필로는 그녀의 품에서 되살아난다. 이 두 애인들의 대화는 책의 결말까지 상당히 오래 지속된다. 이 이야기는 트레비소를 배경으로 하고 있으며, 이야기 결말에는 1467년 5월 1일이 기입되어 있다. 현재 남아 있는 본문에서 먼저 등장하는 더 정교한 다른 판본은 현실과의 가느다란 연결점마저 모두 끊어버린다. 이 판본에서도 폴리필로는 다른 판과 근본적으로 동일한 고통으로부터 환희로의 여행을 한다. 그러나 그는 피라미드와 오벨리스크가 등장하는 환상적인 꿈의 세계와 파괴된 신전과 무너지는 제단을 통해 이 일을 이룬다. 이 와중에 폴리아는 님프로 밝혀진다. 그녀는 자신의 애인을 비너스의 분수 곁에서 궁극적인 깨우침으로 인도한다.[34] 이 작품이 14세기풍의 흥미진진한 소설을 전혀 닮지 않았다는 사실을 지적할 필요가 있다. 이 작품은 언어학 및 문학적 방탕에 해당했다. 난해한 형상화와 학적인 완곡어법, 그리고 이국적인 장황함이 난무했다. 알두스가 이 기이한 작품을 인쇄하기로 동의했다는 사실에 많은 비평가들은 불편해했다. 알두스는 고상한 취향을 가진 사람으로 알려져 있었으며, 그가 마이올리와 켈티스를 대했던 방식

34    구성에 대해서는 D. Gnoli, "Il Sogno di Polifilo", LBF I, 1900, pp. 189~212 참조.

은 부적합한 작품을 충분히 거절할 수 있었다는 사실을 입증하기 때문이다.[35] 그러나 나는 이 경우에 알두스가 양심의 가책을 느낄 수조차 없었다고 생각한다. 『폴리필로의 꿈』은 특이한 구성을 가졌지만 알두스의 관심을 사로잡을 만한 요소들이 다분했다. 그는 불과 2년 전에 문학적인 그리스어 방언의 풍성함과 이탈리아어의 다양한 지역적 변형 사이의 유사점을 지적했다. 이 소설의 언어학적 실험은 그의 흥미를 불러일으켰을 것이다.[36] 알두스를 비롯한 그의 측근은 이 소설에서 묘사된 고대 유적들에 대한 연구에 열광했다. 그는 이런 종류의 작품을 인쇄하고 삽화를 첨가하는 기술적인 어려움에서 도전을 받았을 수도 있고, 자신과 마찬가지로 위험한 질병에 시달릴 때 서원하고 그 서원에 자신과 동일한 가치를 부여한 이야기에 자극을 받았을지도 모른다. 이 책의 '터무니없는 환상'은 경험주의에 익숙한 우리 시대에는 어색할지도 모른다. 그러나 프랑수아 라블레(François Rabelais)는 이를 용인했다. 무명의 한 영어 번역가는 이 책이 필립 시드니(Philip Sidney) 경의 무리에 합당하다고 생각했다.[37] 이와 같은 심미적인 고려 사항은 사업과 홍보 활동을 위한 엄중한 요구 사항만큼 중요하지는 않았을 것이다. 레오나르도 크라소의 형제인 프란체스코는 영향력 있는 의사인 베네데티의 동료였다. 2년 전에 알두스는 베네데티의 프랑스 침략 기사를 출판한 적이 있었으며, 조르조 발라와의 친분을 통해 막강한 영향력을 행사할 수 있었다. 『폴리필로의 꿈』은 분명 문학계 동료들의 지지를 받아 인쇄소에 도달했을 것이고 알두스는 감히 그의 기분을 상하게 할 수 없었다. 『폴리필로의 꿈』의 출판은 또한

---

35  C. Dionisotti, *Gli umanisti* …, pp. 1~14. 알두스의 거절에 대해서는 이 장의 주 22와 이 책의 제7장 주 42 참조.

36  OAME VI(『풍요의 뿔: 보고』). C. Dionisotti, *loc. cit.* 참조.

37  L. Dorez, "Des Origines et de la Diffusion du Songe de Polifile", *Révue des Bibliothèques*, VI, 1896, pp. 239~83.

수백 두카토에 달하는 수수료를 보장했기 때문에 한동안 강제 휴업 상태였던 알두스는 이 제안을 거절할 입장이 아니었다.[38]

알두스가 이 작품의 저자의 성품과 의의를 즉시 알아차리지 못했을 가능성도 있다. 그는 저자를 곧 알게 되었을 것이다. 본문의 상당 부분이 건물, 비문, 개선, 그리고 제사에 대한 세세한 삽화를 요구했다. 이로 인해 첨부된 삽화는 본문의 내용과 책의 각 페이지와 긴밀하게 연관되었기에 저자와 삽화가, 그리고 인쇄업자가 한자리에 모여 상의하지 않고는 작업을 진행할 수 없었다.[39] 알두스는 여타의 독자들도 곧 알게 될 사실을 가장 먼저 파악한 사람 중 한 명이었을 것이다. 각 장의 첫 번째 글자들을 순서대로 나열하면 "Poliam Frater Franciscus Columna Peramavit"였다. 이는 이합체시(離合體詩)와 같은 방식으로 저자의 이름을 숨기고 있다. 어떤 사본들은 도입부의 짧은 시에 실제로 프라 프란체스코 콜로나*라는 동일한 이름을 기재했다.[40] 프란체스코는 자신의 계획을 수행하기 위해 지방정부에서 자금을 대출받았던 것으로 보인다. 따라서 알두스

---

38    M. Billanovich, "Francesco Colonna …", p. 420. 크라소는 1509년에 10년 혜택의 갱신을 청원하면서 이 계획을 위해 수백 두카토를 소비했다고 주장했다. FD no. 173, p. 171.

39    G. Pozzi, *op. cit.*, vol. II, pp. 152~53. 또한 *Francesco Colonna e Aldo Manuzio*, Berne, 1962, pp. 15~17.

•    Fra Francesco Colonna, 1433~1527: 1499년에 알두스가 출판한 『폴리필로의 꿈』의 저자로 유명한 도미니쿠스 수도회 수도사였다. 작품 자체는 라틴어와 이탈리아어의 혼합물이지만, 알두스 판의 가치는 아름다운 활자체와 삽화에 있다.

40    첫 번째 글자를 따서 만든 이 아크로스틱은 이미 1512년에 알려졌다. 이는 이후에 아포스톨로 체노(Apostolo Zeno)가 검토한 사본에서도 언급된다. 이 사본은 손실되었다: M. T. Casella, *op. cit.*, vol. I, pp. 63~64. 도입부 시에 대해서는 *Ib.*, p. 95, 그리고 P. Hofer, "Variant copies of the 1499 Poliphilus", *Bulletin of the New York Public Library*, XXXVI, 1932, pp. 475~86 참조.

        … Mirando poi Francisco alta Columna
        Per cui phama imortal de voi rissona.

는 그와도 사업적인 거래를 했을 것이다.[41]

언뜻 보면 콜로나는 존경스러운 인물이었다. 그는 베네치아의 유명한 산조반니 에 파올로 성당과 연결된 도미니쿠스 수도회 소속의 수도사였다. 베네데티는 그를 높이 평가했고 자신의 영혼을 위해 미사를 올려 달라고 부탁하기까지 했다.[42] 콜로나는 개혁되지 않은 교단의 회원으로서 절반은 공동체 안에서, 절반은 공동체 밖에서 생활하는 '스프라타토' (sfratato)였을지도 모른다. 그러나 조르다노 브루노*의 시대에도 이런 사람들은 베네치아 사회에서 안락한 자리를 찾을 수 있었다. 알두스의 동료인 프라 우르바노와 프라 조콘도도 보편적인 이 범주 안에 속했다. 그들은 어디에서든 환영을 받았다.[43] 콜로나가 보통내기가 아닌 포악한 인물이라는 사실을 깨닫기까지는 시간이 걸렸을 수도 있다. 그는 수도원의 최고 권위자들 앞에 불려갔던 적이 두 번 있었다. 한 번은 베네치아에서 추방당했다. 그는 여러 차례 고소를 당했기 때문에 그가 속했던 공동체 상급자들조차 위협을 받았다.

1433년생이었던 콜로나는 이때 60대였다. 그러나 그의 악행은 아직 최고치에 다다르지 않았다. 1516년에 그는 산 조반니 에 파올로 성당을

---

41  M. T. Casella, *op. cit.*, vol. I, pp. 44~45, 그리고 Doc. 50, p. 124.

42  M. Billanovich, "Francesco Colonna …", p. 420.

•   Giordano Bruno, 1548~1600: 이탈리아 나폴리 근방 놀라 출신의 사변적인 철학자로서, 1565년에 도미니쿠스 수도원에 들어가지만 이단으로 몰려 1576년 로마로 도주했다. 그 후 17년 동안 방랑하면서 신비주의와 신플라톤주의를 주창한 그는, 코페르니쿠스의 우주론을 선별적으로 받아들여 여러 개의 지구들이 여러 태양들을 돌고 있다고 생각했으며 신학적으로는 범신론적인 내재설을 믿었다. 1592년 베네치아에서 붙잡혀 종교재판을 받기 위해 로마로 이송되었으며, 1600년 화형에 처해질 때까지 감옥 생활을 했다.

43  'sfrati'의 일반적인 문제에 대해서는 M. T. Casella, *op. cit.*, vol. I, p. 52, n. I; A. Stella, *Chiesa e stato nelle relazioni dei nunzi pontifici a Venezia*, Città del Vaticano, 1964, p. 127 참조.

완전히 분열시킨 스캔들의 한복판에 섰다. 이 사건에 베네치아의 10인 위원회와 도미니쿠스 수도회 총장이 연루되었다. 콜로나는 그의 상관 여러 명을 남색(男色)으로 고소했다. 나중에 자신의 말을 번복했지만 그 자신도 어린 소녀들을 유혹했다는 혐의로 고소당한다.[44] 그는 베네치아에서 다시금 추방당했지만 다시 복귀할 수 있었다. 이때 콜로나는 이미 전설 같은 인물이었다. 그가 마침내 1527년에 나이 들어 죄로 물든 삶을 마감하자, 마테오 반델로°가 그의 악행을 소설로 저술했기 때문이다.[45]

그의 연애소설에 등장하는 상징적인 분수와 승화된 오벨리스크 배후에 어떤 육욕적인 실체가 있었는지는 각자의 추측에 맡길 따름이다. 우리가 보았듯이, 폴리아는 그녀 자신을 루크레치아 렐리(Lucrezia Lelli)로 소개한다. 그녀는 전염병이 돌 때 순결을 서약한다. 렐리가(家)는 유력 가문이었다. 그들은 파도바와 트레비소 사이에 넓은 영토를 소유했다. 이 가문의 일원이었던 테오도로(Teodoro)는 1464년 전염병이 발발했을 때 트레비소의 주교였다.[46] 이야기의 배후에 실제 연애담이 있었는지는

---

44 콜로나는 1477년에 수도회 총장의 호출을 받았다. 1483년에는 지방법원에 섰다. 그러나 두 경우 모두 고소 내용이 구체적이지 않다. M. T. Casella, *op. cit.*, vol. I, pp. 22, 33, 그리고 Docs. 17, p. 113; 25, p. 116. 1516년의 사건에 대해서는 pp. 68f. 그리고 Doc. 81, p. 136 참조.

° Matteo Bandello, 1485~1561: 이탈리아의 카스텔누오보 스크리비아에서 태어나 밀라노와 파비아에서 교육을 받은 작가이자, 도미니쿠스 수도회 수도사, 외교관, 군인이었다. 1525년까지 롬바르디아의 한 귀족 가문의 개인교사로 일하다가 파비아 전쟁 때 전 재산을 잃고 프랑스로 이주, 1550년에 아장의 주교가 되었다. 반델로의 주요 작품으로는 1554~73에 걸쳐 저술한 214편의 단편소설들이 있는데, 이 소설들은 이내 프랑스어(1565)와 영어(1567)로 번역되었다. 그의 『줄리에타와 로메오』(*Giulietta e Romeo*)는 셰익스피어 작품의 원천 가운데 하나였다. 반델로는 페트라르카의 소네트 묶음집과 에우리피데스 작품인 『헤카베』의 이탈리아어 번역본도 출판했다.

45 *Ib.*, pp. 50f.

46 M. Billanovich, "Francesco Colonna …", pp. 421f.

무관하다. 콜로나의 기질은 우리에게보다 당시 그의 교회 동료들에게 훨씬 많은 의혹을 불러일으켰을 것이다. 그는 알두스에게 좋은 동료가 아니었다. 특히 알두스가 신중해야 할 특별한 이유가 있었던 1498년에는 더더욱 그랬다.

알두스는 소설의 삽화과정이 진행됨과 함께 더욱 곤란한 상황에 빠졌을 것이다. 협력이 절대적으로 필요했다. 따라서 베네치아에서 작업이 진행되었다고 거의 확신할 수 있다. 필요한 연락처를 가지고 있던 알두스가 목판화를 제작할 장인을 섭외했을 가능성이 높다. 장인의 이름이 알려지지 않았다는 사실은 알두스의 사업 활동에 대한 우리의 극심한 무지를 입증한다. 나는 개인적으로 이 장인이 베네데토 보르도네였다고 주장하는 사람들의 말이 옳다고 생각한다. 정황적인 증거가 이를 강력하게 지지하기 때문이다. 우리는 그가 베네치아의 산줄리아노 지역에 작업장을 소유했다는 사실을 알고 있다. 그가 "카이사르의 개선"(Triumphs of Caesar)에 대한 저작권을 신청했다는 사실도 고전 자료에 대한 그의 관심을 말해 준다. 더욱이 삽화로 장식된 알두스 판 여러 개가 그의 손길의 흔적을 보인다.[47]

---

47 나는 의도적으로 이 유명한 논쟁을 피하겠다. 관심 있는 독자는 이 장의 주29에 인용된 L. 도나티(L. Donati)의 참고문헌을 참조하라. G. 비아데고(G. Biadego)는 보르도네를 제안했다. 이 장의 주33의 *op. cit.*, pp. 711~12 참조. G. 포치(G. Pozzi)는 이 주장을 받아들인다: *op. cit.*, vol. II pp. 150~58. 그의 직업은 세밀화가였지만 인쇄업에 큰 관심을 보였다: FD no. 26, p. 113(시몬 베빌라쿠아가 1494년에 출판한 루키아노스의 번역에 관한 저작권 신청), no. 141, p. 154(카이사르의 개선-잔존하는 사본은 없다), no. 168, p. 168(세계지도-잔존하는 사본이 없다), no. 251, p. 206(이솔라리오(Isolalio)-초피노(Zoppino)가 1538년과 1534년에 출판한 두 개의 판이 알려져 있다) 참조. 불행하게도 잔존하는 그의 작품 중에는 『폴리필로의 꿈』을 직접 조명하는 작품은 없다. 보르도네는 분명 다재다능한 인물이었을 것이다. 근래에 그에 대한 전문가들의 관심이 고조되고 있다: M. Levi d'Ancona, "Benedetto Padovano e Benedetto Bordone: prime tentative per un

『폴리필로의 꿈』에 등장하는 프리아포스에게 바치는 제사 장면(각주 48 참조).

삽화가가 누구였든 간에, 내용이 적절했기 때문에 그는 당시의 어떤 작품보다 탁월한 걸작을 만들어 냈다. 그는 단어와 그림의 상호의존성을 새로운 차원으로 끌어올렸다. 아치형 구조물, 신전, 꽃병, 조각상, 비문, 그리고 전차들이 저자가 묘사했던 그대로 묘사되었다. 삽화가는 단순히 그의 전문 지식만 사용한 것이 아니다. 그는 완성된 작품에 찬란함과 위험 요소를 더하는 열정을 퍼부었다. 독자들은 "모든 권리와 고유의 속성을 지닌 정원의 신에게 바친" 제물이라는 묘사 자체가 의미하는 바를 정확하게 이해하더라도 불쾌해 하지 않을 수 있다. 그러나 이 묘사가 담긴 본문이 신전에 앉은 프리아포스(Priapus)의 탁월하게 균형 잡힌 목판화 옆에 병렬되어 놓일 때는 이야기가 달랐다. 그의 솟구친 남근과 주위에서 열광하는 숭배자 무리, 그리고 제단 앞에 피 흘리는 송아지 제물의 삽화는 과장된 언어의 참된 의미에 대한 해석의 필요를 불식했다.[48] 이는 부활한 이교도의 과거 영광 안에서 육감적으로 나뒹구는 것이었다. 작품에 도덕적 상징성이 깃들어 있다는 모든 가장은 삽화의 힘에 의해

corpus di Benedetto Padovano", *Commentari*, XVIII 1967, pp. 21~43; M. Billanovich, "Benedetto Bordon e Giulio Cesare Scaligero", IMU XI, 1968, pp. 187~256; G. Mariani Canova, "Profilo di Benedetto Bordon miniatore padovano", AIRV CXXVII, 1968~69, pp. 99~121, 그리고 *La miniatura veneta del rinascimento*, Venice/Milan, 1969, pp. 122~30('bottega'에 대한 언급은 p. 123) 참조. 내가 본 자료 중 보르도네의 영향력의 흔적을 띠는 것은 British Library C4 D5(페트라르카, 『속세의 일』(*Cose volgari*), 1501); C4 D11 (마르티알리스(Martialis)의 『경구』(*Epigrammata*), 1501); C4 D10(스타티우스, 1502): John Rylands Library, Manchester, 3666(오비디우스의 『작품들』, 3 vols., 1502)이다. 보르도네를 알두스의 세밀화가로 확정하는 것이 『폴리필로의 꿈』의 문제를 해결한다고 주장할 수는 없다. 그러나 자신이 화가였다는 보르도네의 주장과 연결될 수는 있다. 주로 1500년 이후에 속하는 삽화로 장식된 알두스의 책들은 전문가들의 충분한 관심을 받지 못했다는 사실을 지적할 필요가 있다.
48  M 5V~M6r(=Pozzi와 L. Ciapponi, vol. I, Padua, 1964의 pp. 188~89) 참조. 이 삽화를 비롯한 다른 삽화들의 도덕성에 대한 언급은 G. Painter, *op. cit.*, p. 10 참조.

벗겨졌다. 2년 전에 베네치아의 총대주교는 조반니 루베오의『변신이야기』판의 삽화에 이의를 제기했다. 이 작품은 아레스(Ares)와 아프로디테(Aphrodite)의 애정행각을 다루었기 때문에 플라톤의 시대부터 비판의 대상이었다. 그럼에도 불구하고 이 삽화는 비교적 작품성도 뒤떨어졌고 내용도 무해했다.[49]

우리들은 이 작품을 이교도에 대한 두려움 없이 즐길 수 있지만, 당시에도 두 요소를 모두 받아들일 준비가 되었던 사람들이 있었다. 이들은 주로 평판이 꽤나 나쁜 사람들이었다. 여기에는 화가 조르조네(Giorgione)와 그의 문하생인 티치아노(Tiziano), 그리고 알브레히트 뒤러*라는 불가사의한 독일 방문객이 포함되었다.[50] 그러나 알두스가 회유해야 했던 대부분의 견실하고 정통적인 견해는 이 작품을 외설적인 이교도 축제로 간주했을 것이다.

『폴리필로의 꿈』이 출시되었던 당시의 특별한 상황이 본문에 내재된 도덕적인 문제를 더욱 악화시켰다. 1499년 봄 내내 전쟁에 대한 소문이 떠돌았다. 이 소문은 7월에 막강한 오스만튀르크 함대가 출항해 서쪽으로 향함으로써 확정되었다. 베네치아는 역사상 가장 거대한 규모의 함대

---

49   *Ovidii Metamorphoseos vulgare*, Rubeo and Giunti, 1497; F. xxviiir. G. Painter,
     *op. cit.*, p. 14는 이 목판화가『폴리필로의 꿈』을 제작했던 동일한 예술가가 더 이
     른 시기에 실력 없는 조력자의 도움으로 만든 작품이라고 주장한다. 또한 ff. ii r,
     vi r, xxxi r, xxxiv v 참조. 플라톤의 이의에 대해서는『국가』390 c 6-7 참조. 이 판
     으로 인해 발생한 소동에 대해서는 이 책의 제1장 주 93 참조.

•    Albrecht Dürer, 1471~1528: 독일 뉘른베르크의 금세공인 집안에 태어난 그는 르
     네상스의 대표적인 화가였으며, 판화가로서도 두각을 나타냈다. 그의 대부였던
     출판업자 안톤 코베르거(Anton Koberger)를 통해 피르크하이머 같은 인문주의자
     들과 친분을 맺었으며, 브란트의『바보배』(*Das Narrenschiff*)에 삽화가로 가담하
     기도 했다. 1495년경에 이탈리아를 여행했고, 1505년에는 두 차례 베네치아를 방
     문하기도 했다.

50   M. T. Casella, *op. cit.*, vol. I, p. 97, 인용문 포함.

를 동원해 펠로폰네소스 반도에서 이들에 맞섰다. 8월 동안 추격은 지속되었으나 이들은 오스만튀르크 군이 레판토(Lepanto)만(灣)에 침투해 베네치아의 요새를 탈취하는 것을 저지하는 데 실패했다. 베네치아는 깊은 환멸에 빠졌고 여론은 희생양을 찾기에 급급했다. 함대의 총사령관이었던 안토니오 그리마니*는 간신히 사형을 면했다. 겨울 동안 추가 고발이 잇따랐다. 이듬해에도 전세가 호전되지 않고 전략적 요충지였던 모돈(Modon)마저 적의 손에 넘어가자, 베네치아는 집단적인 자책으로 발작을 일으켰다. 그들은 패배의 원인을 전능한 자의 정당한 분노로 돌렸다.[51] 총독에게 공적 부패와 사적 부도덕성을 규탄하는 무기명 편지들이 도착했다. 편지의 내용은 오스만튀르크의 승승장구를 저지하기 이전에 먼저 회개해야 한다고 호소했다. 이 편지는 대회의실에서 낭독되었으며, 매사에 주도면밀한 총대주교 도나(Donà)에 의해 출판되었다.[52] 베네치아는 군사 운동뿐만 아니라 도덕 운동을 개시했다. 『폴리필로의 꿈』은 동요가 일기 시작했던 1499년 12월에 출판되었다. 이는 출판 역사에서 유례를 찾아보기 힘든 재앙적인 시기 선택이었다.

알두스는 『폴리필로의 꿈』 인쇄본이 노점에 배치되기 훨씬 이전부터 이 책에 대해 불편한 마음을 품었던 것이 분명하다. 그는 자신의 이름을 교정 사항이 적힌 면 밑에 작은 활자로 기입했다. 잔존하는 사본 중에는

---

* Antonio Grimani, 1434~1523: 베네치아 출신으로 1494년에 베네치아 해군 사령관으로 임명되었다. 1499년 오스만튀르크와 치룬 두 차례의 해전에서 대패해 사형 선고를 받았지만 크레스 섬으로의 추방으로 형이 감량되었다. 1509년에 베네치아로 복귀했으며, 1521~23년에는 베네치아의 총독을 맡았다.

51 이 '놓친 승리'와 군사작전 전반에 대한 세부 사항은 F. C. Lane, "Naval Actions and Fleet Organisation, 1499~1502", in *Renaissance Venice*, ed. J. R. Hale, London, 1973, pp. 146~73 참조. 동일한 책에서 F. 길버트(F. Gilbert)의 논문 "Venice in the Crisis of the League of Cambrai", pp. 274~92도 참조.

52 M. Sanudo III, cols. 623-2, August 1500.

민감한 부분을 잉크로 삭제한 것도 있다. 일관된 삭제 방식은 이 책들이 작업장을 떠나기 전에 삭제되었다는 사실을 암시한다.[53] 그러나 알두스가 위탁받은 작품에 서명하는 것은 드문 일이었다. 이를 감안한다면 그가 공동 작업자들과 함께 성취했던 기교에 매료되었다는 의혹을 지울 수 없다. 우리는 직접적인 파동이 있었는지에 대해서는 무지하다. 어쩌면 이 경우에 그는 고위 관리들과의 인맥에서 도움을 받았을지도 모른다. 이 책이 잘 알려지지 않았을 가능성이 다분하며, 1두카토라는 비싼 가격으로 팔렸다는 사실이 일반적인 이탈리아 연애소설 구입자들을 기겁하게 만들었을 것이다. 이로 인해 크라소가 한탄하듯이, 판매가 부진했다. 루베오의 대중적인 『변신이야기』 판을 둘러쌌던 것과 같은 추문은 피할 수 있었다.[54] 그러나 알두스 자신의 상황과 베네치아의 분위기를 고려하면, 알두스는 자신의 명예를 회복하고 유기된 소명을 정당화할 필요를 느꼈을 것이다.

시에나의 성 카타리나의 편지는 『폴리필로의 꿈』과 동시에 인쇄 준비 중이었다. 이 편지는 약 10개월 후에 비로소 출간되었는데, 여기서 이탤릭체가 실험용으로 처음 사용되었다. 알두스는 부분적으로 속죄하기 위해 이 작품을 출간한 것으로 보인다. 그의 특이한 출판 일화는 이 작품으로 일단락된다. 이것은 합작사업이었다. 알두스는 1499년 4월 17일에 장송의 동업자이자 관리인의 과부였던 마르게리타 우글하이머(Margherita Uglheimer)를 대리해서 우리에게 알려지지 않은 수도원으로부터 네 개의 필사본과 한 개의 인쇄본을 대여받는 책임을 맡았다. 위대했던 연합체의 마지막 생존자인 그녀는 한때 남편과 그의 동료들의 역

---

53  G. Painter, *op. cit.*, p. 10.
54  이 장의 주 38, 50 참조. 크라소가 사본을 배부하지 못했다는 주장은 알두스가 생산을 제한했음을 암시할 수 있다. 그는 편지에서 『폴리필로의 꿈』을 홍보하는 어떤 노력도 보이지 않았다.

할을 대체한 이 단체와 재무 위험을 분담했을 것이다.[55] 이 판은 확립된 동향을 따랐다. 당시에 중세 후기 종교 저자들의 책은 상당한 인기를 누리고 있었다. 성 카타리나의 작품은 이미 1490년대에 부분적인 두 개의 판으로 출간되었다. 프라 바르톨로메오 다 알차노(Fra Bartolomeo da Alzano)의 편집 작업은 기존 판을 상당히 확장했으며, 알두스 자신도 필요한 필사본을 확보하는 데 열심이었다. 그는 수도원 측에 필사본이 훼손될 경우 60두카토를 지불하겠다고 약속했다.[56]

알두스는 이 판을 과시에 가까운 홍보를 하면서 출시했다. 그는 먼저 이 작품의 신성함과 더불어 이 자료를 모으는 데 들인 정성을 강조하는 저작권 신청서를 제출했다.[57] 그 다음 프란체스코 피콜로미니(Francesco Piccolomini) 추기경에게 정성스러운 헌정사를 바쳤다. 피콜로미니는 꽤나 존경받는 시에나의 노년 성직자로서 알렉산데르 6세의 사후 며칠 동안 교황의 자리를 누리기도 했던 인물이었다. 알두스는 당시의 끔찍한 악습을 치밀하게 활용했다. 그는 기독교 세계를 개선하기 위해 성스러운 글들이 설교자 역할을 해야 한다고 주장했다. 특히 오스만튀르크 군대의 위협이 모두의 생각을 사로잡고 있을 때 더욱 그렇다고 주장했다. 그는 자신의 정통성과 도덕적인 온전함을 입증할 수 있는 최고의 기회를 최대한 살렸던 것이다.[58]

---

55  알두스가 직접 작성한 사업 문서 중 유일하게 잔존하는 이 복제판은 CAM과 C. Castellani, *Early Venetian Printing Illustrated*, p. 32에서 찾아볼 수 있다. 장송과 우글하이머의 연관성에 대해서는 이 책의 제1장 주 50f. 참조: 이탤릭체 실험에 대해서는 R. Ridolfi, "Del carattere italico aldino nel secolo XV", LBF LV, no. ii, 1953, pp. 118~22 참조.

56  M. Laurent, "Alde Manuce l'Ancien, éditeur de S. Catherine de Siene", *Tradito*, V, 1947, pp. 357~63. 중세 종교 작가들의 인기에 대해서는 C. Dionisotti, *op. cit.*, p. 4 참조.

57  FD no. 101, p. 141.

당시의 사회적 정황이 『폴리필로의 꿈』에 적대적이었다면 그보다 더 넓은 사업과 정치 세계는 알두스에게 점점 유리하게 변하고 있었다. 알두스는 1490년대 베네치아의 가장 진취적인 인쇄업자였으나, 그 세기 말에는 그가 앞으로 베네치아 산업과 고전문학 출판계에서 얻게 될 패권을 아직 누리지 못했다. 〈도표 1〉은 이 기간 중에 그가 가장 활동적인 시기가 1497년이었음을 보여 준다. 1497년에 적어도 12종의 판본이 출간되었다.

이것은 인상적인 통계이지만 로카텔루스도 이에 못지않게 책을 펴냈다. 지나치게 적게 집계된 것이 분명한 게오르크 판처(Georg Panzer)의 『인쇄 출판 연대기』(*Annales Typographici*)를 분석해 보면, 알두스는 베네치아에서 한 해에 10종 이상의 판본을 출간할 수 있는 대여섯 개의 출판사 중 하나였다.[59] 심지어 그의 전문 분야인 그리스 문학과 철학에서도 만만찮은 경쟁 상대들이 즐비했다. 피렌체에 있는 로렌초 디 알로파의 인쇄소의 것으로 간주되는 11종의 판본 중 여섯 종에는 날짜가 기입되지 않았다. 따라서 이 인쇄소의 활동이 정확히 언제 집중되었는지 말하기 힘들다. 1494년과 1496년 말 사이에 알로파는 알두스보다 양적으로나 질적으로나 우월한 그리스어 서체로 작업하고 있었다. 뿐만 아니라 그는 피렌체의 학자들을 비롯해 피렌체의 도서관을 자유롭게 활용할 수 있었다. 이것은 값을 매길 수 없는 이점이었다. 그리스어와 라틴어 자료를 포괄했던 그의 출판은 많은 경우 알두스를 앞질렀다.[60]

---

58  G. Painter, *op. cit.*, p. 10.

59  vol. III, pp. 279f. 데 그레고리스, 타쿠누스, 데 토르티스, 그리고 토레사니는 모두 비슷한 숫자를 달성했다.

60  BMC VI, pp. 665~69. 『그리스 선집』(*Anthologia Graeca*)과 에우리피데스의 극 네 편, 그리고 루키아노스의 풍자는 모두 알두스의 1503년 판을 앞질렀다. 알로파 서체에 대해서는 R. Proctor, *Printing of Greek*, pp. 78~80 참조.

베네치아 자체에서는 브라시켈라라는 배신자가 알두스를 약화하려고 적극 시도했다. 칼리에르게스는 협조적이고 능수능란했다. 그는 알두스의 특허권을 침해하지 않았고 편집자들을 공유했으며, 심지어 그와 어느 정도 합심하여 계획을 진행했을지도 모른다. 그러나 이 크레타섬 사람은 자신과 알두스의 활자체를 비교하는데, 여기에는 함축적인 위협 이상이 발견된다. 뿐만 아니라 그가 16개월 안에 네 개의 탁월한 2절판을 생산할 수 있다는 점도 위협적이었다.[61] 알두스는 그 시대의 재앙에 대해 불평했다. 그때 그는 전쟁과 경제 파국이 다양한 경쟁자들을 제거해 주는 동지라는 사실을 몰랐을 것이다.[62]

로렌초 디 알로파의 조직은 갑작스러운 불행으로 사라진 것이 아니라 서서히 아사(餓死)한 것으로 보이지만 이 사안은 충분히 연구되지 못했다. 이 출판사의 마지막 출판물은 1496년 말에 출간된 피치노의 두 권짜리 플라톤 주석이었다. 이때 피치노는 이미 병에 걸려 환멸을 느끼고 있었다. 라스카리스는 승승장구하는 프랑스인의 유혹을 받아 떠났고 그를 돕던 자들은 흩어졌다. 원동력이 사라진 것이다.[63]

이와 반대로 브라시켈라의 이야기는 극적인 면모와 간첩 활동으로 인해 흥미진진하다. 1497년에 알두스는 그를 공동 작업자로 명예롭게 언급한다. 이듬해 3월 7일에 브라시켈라는 기획 중인 율리우스 폴리데우케스(Julius Polydeuces), 필로스트라토스(Philostratus), 브루투스의 『편지』(Epistulae)와 팔라리스(Phalaris)의 『편지』(Epistulae), 그리고 이솝의 『우화』에 대한 10년 동안의 저작권을 획득했으나 5월 20일에는 자신의 특

---

61   D. Geanakoplos, *Greek Scholars*, pp. 207f. 칼리에르게스는 알두스의 장식꼬리(kerning) 강세 체계를 베끼지 않았다. 이것과 생산 속도에 대해서는 R. Proctor, *op. cit.*, pp. 117~18 참조.

62   OAME XLVI.

63   CAM 2. 라스카리스에 대해서는 이 책의 제3장 주 8 참조.

권을 확정하는 것이 현명할 것이라고 판단했다. 이는 "자신의 이익을 챙기는 데 급급한" 사람들이 그의 계획에 의혹을 품었다는 사실을 암시한다. 새로운 권리는 허용되었고, 브루투스의 『편지』와 팔라리스의 『편지』는 6월에 출간되었다. 이 책들은 위험할 정도로 알두스의 필기체와 유사한 활자로 인쇄되었다. 알두스의 필기체도 1496년도의 특허권으로 보호받고 있었다.[64] 브라시켈라는 즉시, 그리고 영구적으로 시야에서 사라졌다. 9월에 알베르토 피오는 알두스에게 '카르피 사람들과의 소송'에 대해 문의한다. 우리는 이것이 의미하는 바를 합리적으로 유추할 수 있다. 브라시켈라와 협력했던 베네데토 데 만치와 조반니 비솔로(Giovanni Bissolo)는 다음해 봄에 베네치아를 떠나 밀라노로 추방당했다. 이 둘은 카르피 소속이었다. 타협할 수 없는 두 개의 저작권이 정면충돌했을 것인데, 승리는 더 큰 권위를 가진 측에게 돌아갔다. 적어도 이 사실에 대해서는 의심의 여지가 없다.[65] 비솔로와 데 만치는 알두스를 용서하지 않았다. 그들은 다음 몇 년 동안 헛된 복수극을 펼쳤다. 1499년에 그들은 『수다』(Suda)를 인쇄하기 위해 데메트리우스 칼콘딜라스와 회사를 차렸다. 이들의 사업은 프랑스-베네치아의 밀라노 침략으로 무산되었다. 1506년에 데 만치는 카르피에 짧게 출현해 거기서 알두스의 이탤릭체를 노골적으로 본뜬 서체로 두 종의 판을 인쇄했다.[66] 알두스는 이 경우에

---

64  브라시켈라에 대한 알두스의 찬사에 대해서는 OAME VIII 참조. 두 개의 저작권에 대해서는 FD nos. 76, 80, pp. 131, 133 참조. 이 본문은 알두스의 『그리스 편지 작가들』(Epistolographi Graeci) 여럿을 예측했고, 초창기 그리스어 판으로 간주된다. RAIA pp. 18~19, 그리고 저작권 침해에 대해서는 R. Proctor, *The Printing of Greek*, pp. 110~12 참조.

65  CAM 7. 비솔로와 데 만치가 밀라노로 이주한 사건에 대해서는 이 책의 제3장 주 43에 인용된 E. Motta, "Demetrio Chalcondila editore" 참조.

66  이 책의 제2장 주 42에서 인용된 D. Fava, "L'introduzione del corsivo …". 두 개의 스코틀랜드 주석서는 2절판으로 인쇄되었다. 이것은 알두스의 관심 영역 밖이었

별다른 조치를 취하지 않은 것으로 보인다. 우리가 갖고 있는 증거들은 세 사람 중에서 브라시켈라가 제1장에서 살펴본 것과 같은 사악한 산업 스파이였다는 사실을 시사한다. 비솔로와 데 만치는 체제의 희생양에 불과했을 것이다. 이 체제는 당시에 발행되었던 수많은 저작권이 함축하는 의미를 깨닫기에는 아직 충분히 구체화되지 못한 상태였다.

칼리에르게스의 인쇄소는 알려지지 않은 여타의 인쇄소들과 더불어 15세기 말에 베네치아를 뒤흔들었던 광범위한 상업 공황에 휩쓸린 것으로 보인다. 1499년 초에 경제계는 일련의 파산으로 인해 뿌리까지 뒤흔들렸다. 1500년부터 인쇄소들과 출판량이 급격히 감소했다. 우리는 인과관계를 정확하게 연결할 수는 없지만 전쟁이 불행의 원천이었다고 확신할 수 있다. 1495년 프랑스 침입자들에 대한 군사작전은 베네치아의 재정에 지나친 부담으로 작용했다. 더욱이 베네치아 공화국은 본토에서의 군사적 책임도 감당해야 했다. 베네치아 정부는 이탈리아 남부에서 새로 정복한 땅을 유지하고 피렌체의 권력자들로부터 피사(Pisa)를 보호하기 위해 부유한 시민들에게 끊임없이 차관을 강요했다. 이런 정황 속에서 1490년대 초의 특징이었던 자금 유통이 자취를 감추었다. 1496년 여름에는 국채가 액면가의 62퍼센트로까지 하락했다. 프랑스 침략의 위협이 물러나자 기업 신뢰가 부분적으로 회복되었으나, 1498~99년 겨울에 오스만튀르크 함대가 전쟁을 준비하고 있다는 소문은 공황에 빠진 사람들의 자금 회수를 부추기기에 충분했다. 은행들은 이를 메꾸지 못했다. 1499년에 안드레아 가르초니(Andrea Garzoni) 은행은 9만 6,000두카토의 부채를 떠안고 파산했다. 5월에는 14만 두카토의 손해를 입은 토마소 리포마노(Tomaso Lippomano)가 뒤따랐다. 한 일기 작가는 다음과 같이 비통에 찬 말을 한다. "베네치아의 경제계는 단지 전쟁의 소문만으로

다. 이 판의 희귀성은 이 책이 한 번도 심각하게 위협적이지 않았음을 시사한다.

3개월 반 만에 신용 기관의 절반을 상실했다. 반면에 피렌체의 상업 은행 10곳은 모두 5년 동안의 전쟁과 혁명, 외세 강점을 꿋꿋이 견뎌냈다. 공화국의 중요한 영토 하나를 잃었다는 이유로 이보다 더 큰 망신을 당할 수는 없을 것이다."[67]

베네치아의 경제사 연대기에서 그해 봄의 재난은 거의 동시대의 다른 사건에 의해 가려진다. 포르투갈이 항해를 통해 세계무역의 흐름을 새로 편성한 사건이었다. 그러나 당시에 재난의 영향력은 생각보다 훨씬 심각했을지도 모른다. 한 은행가는 1두카토조차 발견할 수 없다고 기록한다. 이런 상황이 출판사에 끼친 영향은 자명하다. 출판사들은 자금을 "빠른 시일 안에 갚을 수 없었기 때문에" 장기 신용 대부가 필요했다.[68] 우리는 리포마노 은행의 가장 중요하고 비타협적인 채권자가 니콜라스 블라스토스(Nicholas Vlastos)였다는 사실을 우연찮게 알고 있다. 그는 크레타섬 출신의 귀족으로 칼리에르게스의 요구에 따라 자금을 투자했다. 따라서 1499년에 이 인쇄소가 사라졌다는 것은 거의 확실하다. 더 이상의 투자가 없었기 때문이다.[69]

베네치아 출판계의 전체적인 양상이 변화한 배경으로 현금 부족을 찾는 것이 자연스럽다. 가동되는 인쇄소의 숫자가 큰 폭으로 줄어들었는데, 1499년에 36개였던 인쇄소는 이듬해에 27개로 감소했다. 1504년에는 17개로 줄어들었다. 1510년에도 전체 숫자는 20개에도 미치지 못했다. 이보다 더 두드러진 현상은 생산량의 감소였다. 15세기의 마지막

67  M. Sanudo, II, passim.; Gerolamo Priuli, *Diarii*, ed. A. Segre, R.I.S., Tom. XXIV, pt. iii, Città di Castello, 1912, pp. 111~25; Malipiero, *Annali* ⋯, in ASI 7, ii, 1844, p. 715. 이 체계와 위기에 대한 언급은 F. C. Lane, *Venice, a Maritime Republic*, pp. 323f. 참조.

68  G. Priuli, *op. cit.*, p. 141. "⋯ non coreva uno ducato." 인쇄업자들이 겪은 현금 유동의 문제에 대해서는 FD no. 58, p. 126을 비교.

69  M. Sanudo, IV, co. 822, 16 March 1503.

10년 동안 베네치아에서 한 해의 전체 출판량은 일반적으로 120판에서 150판 사이였다. 이는 1501년에 71판으로 급강하했고 1504년에는 57판까지 떨어졌다. 이는 정확한 수치는 아니지만 베네치아 인쇄산업이 극심한 경기 침체에 빠졌다는 것은 분명한 사실이었다. 당시에 연간 여섯 종의 판 이상을 생산하는 인쇄소를 발견하기 힘들어진다. 따라서 신용에 따른 어려움들이 신중함을 야기했을 가능성이 높다.[70]

그러나 아무에게도 이득이 되지 않는 경제 위기는 없다. 이 경우 가장 뜻밖의 수혜자는 아마도 망신을 당했던 총사령관 안토니오 그리마니였을 것이다. 그리마니가 생사가 달린 재판을 기다리는 동안에 향신료 공급을 독점했던 그의 회사는 4만 두카토의 수익을 올렸다. 이는 부분적으로 회사 경영자의 무능한 해군 통솔권으로 인해 발생한 공급 부족에서 야기된 수익이었다.[71] 이와 마찬가지로 알두스의 재산도 인쇄업의 일반적인 불황 속에서도 점차 증가했던 것으로 보인다. 1502년의 서문에서 그는 고유의 침울한 말투를 완전히 탈피한다. 좋은 문학에 대한 사람들의 선호도가 확산되고 그의 노동에 대한 보상이 증가한 데 대해 기쁨을 표출한다.[72] 우리가 알고 있는 수치는 그의 자신감을 정당화한다. 그는 1501년에 11종 혹은 12종의 판을 인쇄했다. 1502년에는 17종의 판을 인쇄했는데, 이는 그의 전 생애를 통틀어 최고 수치였다. 1503년에는 11종의 판을 인쇄했다. 전반적으로 3년 동안 알두스의 전체 생산량은 불과 몇 년 전에 그의 치열한 경쟁 상대였던 데 그레고리스와 타퀴누스 같은 인쇄업자들의 갑절보다 많았다.[73] 성공의 주요 원인은 운이었을 것이다. 지난 장에서 언급했듯이, 알두스는 이례적으로 견고한 재정적 후원을 받

---

70   이는 G. Panzer, Vols. III과 VIII에 근거한 내용이다.

71   G. Priuli, *op. cit.*, p. 263, 1499~1500년 2월 항목.

72   OAME XXXII.

73   이 수치들은 RAIA pp. 24~45에서 가져왔다. 저자가 의심하는 판은 제외했다.

왔다. 회사 자금은 마피오 아고스티니의 은행을 통해 지급되었다. 이 은행은 1499년의 재앙에서 살아남은 두 개의 은행 중 하나였다. 1500년에 이르자 전쟁과 정치로 인한 우연적인 사건들이 그의 경쟁자들을 제거한 상태가 되었다. 칼리에르게스와 브라시켈라의 노동자들이 알두스의 작업장에 영입되었는지 확실하게 입증할 수 없지만, 그리스 학자들이 편집 기술을 그리스어 본문을 인쇄하는 유일한 사람에게 집중했다는 것은 엄연한 사실이다. 식자공들도 이와 동일하게 처신했을 가능성이 높다.[74]

알두스의 회사가 가장 활발한 단계에 들어설 무렵, 지난 장에서 언급했던 다양한 종류의 활자들이 개발의 완성 단계에 도달했다. 이것은 단순한 우연의 일치 이상의 일이었을 가능성이 다분하다. 천공기를 자르고 행렬을 쳐내는 등의 설비 투자로 빠지는 지출이 줄어들었다. 이는 종이와 복사, 그리고 편집 등 일상적인 출판을 위한 자금 증가를 의미했다. 불행히도 단편적인 기록들은 이런 세부 사항들을 검토하는 것을 허용하지 않는다. 인쇄 장비들을 완전 가동했다는 사실은 그의 회사가 추구했던 상업적 전략에 대한 몇 가지 암시를 제공한다. 1502년에도 사람들은 인쇄하는 것을 마치 친구에게 편지를 쓰는 것처럼 "글 쓴다"라는 말로 표현했다. 이제는 이상할 정도로 친숙하게 들리는 이 표현이 암시하듯이, 당시의 활자체는 오늘날보다 인쇄업자와 그의 독자들을 훨씬 긴밀하게 연결해 주었다. 특정한 활자체의 종류가 특정한 독자층을 위해 예비되었다. 따라서 우리는 인쇄업자가 사용한 활자로부터 그가 어떤 시장을 겨냥했는지 상당 부분 유추할 수 있다.[75] 알두스의 경우에 이런 시도는 매우 중요하다. 그의 활자는 독창적이고 사적인 특성을 지니고 있었기

74   D. Geanakoplos, *Greek Scholars*, p. 128.

75   Zuane Bembo's introduction to Sabellici, *Annotationes veteres et. recentes ex Plinio, Livio et pluribus authoribus*, Pencius de Leuco, 1502. 활자를 독자에게 맞췄다는 사실에 대해서는 H. Carter, *Typography*, pp. 45f. 참조.

에, 당시에 사람들의 진심 어린 감탄과 경쟁을 일으켰기 때문이다. 이는 또한 여러 세대의 다양한 학자들 사이에서 상당한 견해의 차이를 유발했다.

에라스무스를 포함한 16세기 대부분의 문학자들에게 알두스의 이탤릭체는 "작으면서도 세계에서 가장 아름다운 활자"였다. 스탠리 모리슨(Stanley Morison)은 벰보의 『아이트나산에 대하여』에 사용된 로마체가 '조판의 새로운 시대'를 열었다고 본다. 그는 알두스의 로마체 형태가 오늘날까지 "두 대륙의 가장 탁월한 조판"을 지배하고 있다고 평가한다.[76] 반면에 현대 서지학자들은 이에 못지않은 적대감을 표명했다. 그리스어 서체에 대한 논의에서 로버트 프록터는 알두스를 끔찍하게도 천박한 취향을 가진 사람으로 취급한다. 그는 알두스의 활자를 "훌륭한 절삭이 부여한 것 외에는 어떤 형태의 아름다움도 발견할 수 없는" 것으로 간주하면서 알두스 활자의 성공이 "오래된 순수한 모형들의 소멸을 확정지었다"라고 본다. 쿠르트 뷜러(Curt Bühler)는 여기서 한발 더 나아갔다. 그는 알두스의 조판 계획 전체가 재앙이었다며, 이를 다음과 같이 경시한다.

그의 인쇄물은 평범했고, 그의 활자는 형편없었다. 그의 그리스어 서체가 그리스어의 연구를 300년 뒤처지게 했다고 회자된다. 나는 이 주장이 전적으로 타당하다고 본다. …… 이때 이탤릭체는 이미 각주와 정기 학술지에서 제자리를 찾은 상태였다.[77]

---

76  P. S. Allen, I, p. 439. 모리슨의 의견에 대해서는 "Towards an Ideal Type", *The Fleuron*, 2, 1924, pp. 57~75; "The Type of the *Hypnerotomachia Poliofili*", in *Gutenberg Festschrift*, Mainz, 1925, pp. 254~58; *The Typographic Book*, London, 1963, pp. 32~33 참조.

77  R. Proctor, *Printing of Greek*, p. 93; 이 장의 주 1에서 인용된 C. Bühler, "Aldus Manutius …", pp. 207~08 참조.

견해의 차이는 심각한 문제이다. 이는 알두스의 활자가 어떻게 받아들여졌는지 확정하기 힘들게 만드는데, 이 결정에 많은 것들이 달려 있기 때문이다. 이는 인쇄업자로서 알두스의 명성만이 달린 문제가 아니라 그가 당시의 지식층과 문화생활 전반에 걸쳐 맺었던 관계가 걸린 사안이다.

알두스의 그리스어 서체를 현대 활자의 시각적 명확성과 조화로운 형태를 기준으로 판단한다면, 그의 활자는 부족한 점이 많다. 구텐베르크를 비롯한 수많은 초기 인쇄인들과 동일한 꿈에 사로잡혔던 알두스는 가장 유행하는 필사본 형태를 베끼려고 노력했다. 이로써 그는 자신의 글자가 "펜으로 기록된 어떤 글씨 못지않다"라는 종종 되풀이되는 주장을 입증하고 싶어 했다. 불행히도 15세기에 유행했던 그리스어 서체는 호들갑스럽고 화려한 필기체로서, 합자(ligature)와 장식체가 넘쳐났다. 이것을 베낀 결과물은 알두스가 콘스탄틴 라스카리스 문법서의 첫 판에 첨부했던 알파벳에서 분명하게 나타난다. '뉘'(ν)에 해당하는 글자에는 일곱 개의 변형이 있고 '알파'(α)와 '피'(φ), 그리고 '오메가'(ω)에는 다섯 개의 변형이 있으며, '베타'(β)와 '타우'(τ)에는 네 개의 변형이 있다. 종합하자면 그리스어 알파벳의 전체 24개 글자들은 75가지 형태로 표현되었다. 또한 단축(contraction), 축약형(abbreviation), 강세, 그리고 숨표는 형태들의 전체 개수를 수백 개로 증가시킨다. 이 첫 번째 실험적인 활자는 '아리스토텔레스 활자'로 알려진 보다 정교한 형태로 확장되거나 완전히 새롭게 개조되었다. '아리스토텔레스 활자'라는 이름이 시사하는 것처럼 이 활자는 알두스의 유명한 아리스토텔레스 판에 사용되었다. 또한 동시대의 무사이오스, 테오크리토스, 테오도로스 가자, 그리고 『갈라이오뭐오마키아』에서도 사용되었다.

세 번째 형태는 글자 크기가 작아지고 한결 간결해졌다. 이 형태는 1496년의 『풍요의 뿔: 보고』의 특정 부분에서 나타나고, 이후 알두스의 주된 활자로 활용되었다. 이 활자는 독립적으로 사용되거나 아리스토텔레스 활자와 함께 사용되었다. 또한 브라시켈라와 그의 동료들이 베꼈다는 애매모호한 특징을 가진다. 1499년에는 디오스쿠리데스와 니칸드로스를 위한 보다 작은 활자가 소개되었다. 이러한 최소화 실험은 이후에 긴 산문을 통2단(double column) 형식으로 인쇄하는 데 유용하게 사용되었다. 이 활자는 일반적으로 이전 활자보다 가독성이 좋다고 인정된다. 이는 심지어 프록터에게도 마지못한 승인을 얻어내기도 했다. 마지막으로 1502년에 알두스가 만든 최후의 활자가 소포클레스의 첫 번째 판을 위해 출시되었다. 이 활자는 더욱 간소화된 형태였다. 7년 동안의 발전사를 개괄해 보자. 우리가 만일 '라스카리스 활자'와 '아리스토텔레스 활자'를 동일한 행렬에서 단일한 타격으로 쳐낸 산물로 볼 수 있다면, 알두스의 그리스어 활자는 일반적으로 지나치게 복잡한 초기의 형태를 간소화하고 비용을 절감하는 방향으로 발전한 것이 분명하다. 그러나 여전히 알두스의 그리스어 본문을 연구하는 현대 독자들은 어려움에 직면하게 된다. 독자가 숙련된 고문서 학자이거나 이런 본문에 익숙한 사람이 아니라면, 알두스의 본문을 읽으면서 이내 양털로 비빈 것처럼 눈이 따끔거리는 느낌을 받을 것이다.[78]

알두스가 그리스어 출판 계획을 개시하기 약 7개월 전에 피렌체에 위치한 라스카리스와 알로파의 인쇄소에서 『플라누데스 선집』 판이 탁월한 대문자 언셜체로 출판되었다. 이 활자는 굵고 명료하기 때문에 현대 비평가들에게 널리 호평을 받았다. 그러나 이 활자의 창설자들은 18개월 만에 작업을 중단해야만 했다. 이로써 알두스는 열등한 필기체 형태

---

[78] 이 부분은 R. Proctor, *op. cit.*, pp. 50~51, 93~106, 그리고 G. Mardersteig, "Aldo Manuzio …", pp. 123~42에 근거한다. 프록터는 1500년 이후의 시기를 다루지 않는다.

240

를 선택하는 괴팍함으로 인해 비난받았다. 뿐만 아니라 월등히 뛰어난 경쟁자를 시장에서 몰아냄으로써 획득한 것으로 추정되는 성공 때문에 비난을 받기도 한다. 이로 인해 언셜체가 회복되기 전까지 그가 그리스어 조판 형태를 결정짓게 되었다. 알두스가 그리스어 형태를 위한 필사본 모형을 스스로 제공했다는 견해가 있다. 나는 분명한 결정이 가능한 한도 내에서 알두스에 대한 비난을 강화하는 이 견해에 동의한다. 이 견해는 알두스로 하여금 지난 4세기 반 동안에 그리스어 인쇄와 관련된 모든 잘못에 대한 총책임을 혼자서 짊어지게 만든다.[79]

알두스가 필기체를 채택했다는 사실을 전적으로 그의 책임으로 돌리는 것은 부당하다. 그는 베네치아와 파도바, 그리고 페라라에 거주하면서 그와 긴밀하게 연락하는 이탈리아 문헌학자들을 위해 그들과 협력하면서 작업했다. 알두스는 이 전문가들로부터 필사본을 빌리기도 했고 사본을 위탁하기도 했으며, 온갖 종류의 문법 및 기술적인 자문을 구했다. 그의 그리스어 스승이었던 아드라미테누스의 주요 서기 보조원들은 아포스톨리스와 그레고로풀로스, 그리고 무수루스였다. 이들은 모두 필기체를 사용했다. 이들이 이탈리아 학생들과 후원자들에게 필기체에 대한 호감을 일으켰다는 사실은 당연한 일이다. 조르조 발라의 도서관이 알두스의 편집 계획에 구체적으로 어떤 영향을 끼쳤는지는 불명확하지만 분명히 영향력을 행사했을 것이다. 이후에 알두스의 후원자였던 알베르토 피오가 구입했던 이 도서관은 이와 유사한 형태로 저술된 필사본들로 넘쳐났다. 알두스는 이런 부류의 사람들로 구성된 시장을 만족시켜야만 했다. 알두스는 그리포에게 점점 단순한 필기체를 타인기에 찍어낼 것을

79  R. Proctor, *op. cit.*, pp. 78~82. 알두스 자신이 그리스어 서체를 설계했을 가능성에 대해서는 이 책의 제3장 주 74에 인용된 E. 콰란타(E. Quaranta)의 기사 참조. 언셜체와 필기체의 예는 Plates in L. Reynolds·N. Wilson, *Scribes and Scholar*, Oxford, 1968 참조.

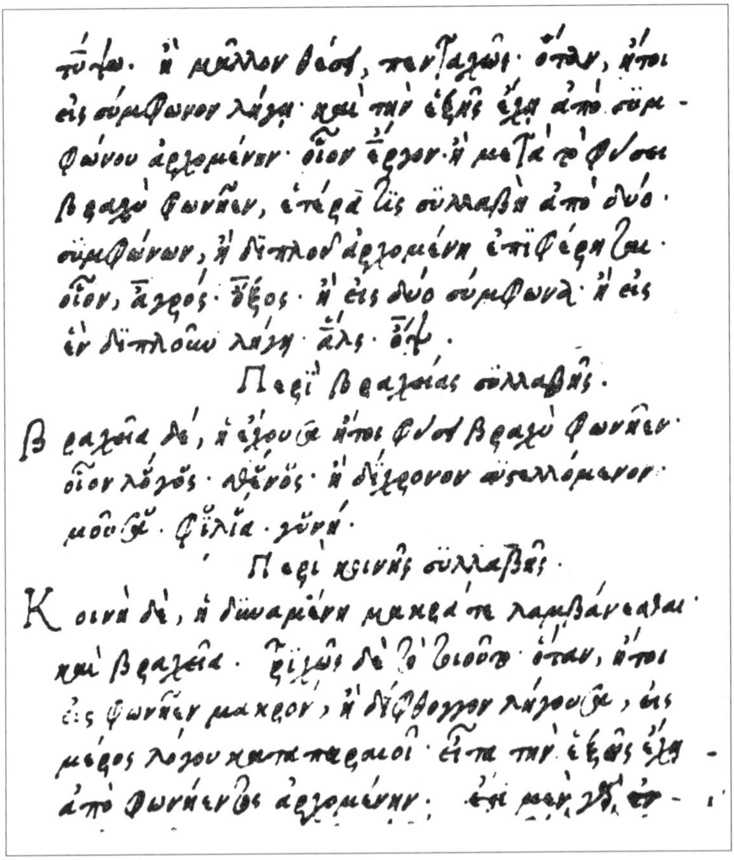
τύπω. ἢ μᾶλλον θέσει, πεντάχως· ὅταν, ἤτοι εἰς σύμφωνον λήγῃ· καὶ τὴν ἑξῆς ἔχῃ ἀπὸ συμφώνου ἀρχομένην· οἷον ἔργον· ἢ μετὰ τὸ φύσει βραχὺ φωνῆεν, ἑτέρα εἰς συλλαβὴ ἀπὸ δύο· συμφώνων, ἢ διπλοῦ ἀρχομένη ἐπιφέρηται· οἷον, ἄγρος· ἔξος· ἢ εἰς δύο σύμφωνα· ἢ εἰς ἓν διπλοῦν λήγῃ· ἅλς· ἔψ.

Περὶ βραχείας συλλαβῆς.

Βραχεῖα δέ, ἡ ἔχουσα ἤτοι φύσει βραχὺ φωνῆεν· οἷον λόγος· ἀγνός· ἢ δίχρονον συστελλόμενον· μοῦσα· φιλία· γυνή.

Περὶ κοινῆς συλλαβῆς.

Κοινὴ δέ, ἡ δυναμένη μακρά τε λαμβάνεσθαι· καὶ βραχεῖα. τριχῶς δὲ τοῦτο γίνεται· ὅταν, ἤτοι εἰς φωνῆεν μακρὸν, ἢ δίφθογγον λήγουσα, εἰς μέρος λόγου καταπεραιοῖ· εἶτα τὴν ἑξῆς ἔχῃ ἀπὸ φωνήεντος ἀρχομένην· ἐπὶ καὶ ...

알두스의 그리스어 서체

(출처: 밀라노 암브로시아나 도서관, 그리스어 필사본, p. 35).

ὅπερ δὲ μὴ διὰ τὸ οἰκείου ἐὰν μὲν ᾖ τὸ Δ ὑπὸ τὸ α, αὕτη
μὲν ἔσται ἀληθὴς· ἡ ἑτέρα δὲ ψευδὴς· ἔγχωρεῖ γὰρ τὸ α πλείο
σιν ὑπάρχειν, ἃ οὐκ ἔστιν ὑπάλληλα. ἐὰν δὲ μὴ ᾖ τὸ Δ ὑπὸ τὸ
α, αὕτη μὲν ἀείδηλον ὅτι οὐκ ψευδὴς καταφατικὴ γὰρ λαμ-
βάνεται· τὴν δὲ Α οὐδὲν χωλύει καὶ ἀληθῆ εἶναι καὶ ψευδῆ·
οὐδὲν γὰρ κωλύει τὸ μὲν α τῷ Δ μηδενὶ ὑπάρχειν· τὸ δὲ Δ τῷ β
ὑπάρχειν, οἷον ζῷον, ἐπιστήμῃ, ἐπιστήμη δὲ μουσικῇ. οὐδ᾽ αὖ μήτε
τὸ α μηδενὶ τῷ Δ, μήτε τὸ Δ μηδενὶ τῷ β· φανερὸν οὖν ὅ-
τι μὴ ὄντος τοῦ μέσου ὑπὸ τὸ α, καὶ ἀμφοτέρας ἐγχωρεῖ ψεν
δεῖς εἶναι καὶ ὁποτέραν ἔτυχε· ποσαχῶς μὲν οὖν καὶ διὰ τί-
νων ἐγχωρεῖ γίνεσθαι τὰς κατὰ συλλογισμὸν ἀπάτας, ἔν
τε τοῖς ἀμέσοις καὶ ἐν τοῖς δι᾽ ἀποδείξεως, φανερόν. φανερὸν
δὲ καὶ ὅτι εἴ τι αἴσθησις ἐκλέλοιπεν, ἀνάγκη καὶ ἐπιστήμῃ τινὰ ἐκ-
λελοιπέναι· ἣν ἀδύνατον λαβεῖν· εἴπερ μανθάνομεν ἢ ἐπα-
γωγῇ ἢ ἀποδείξει· ἔστι δ᾽ ἡ μὲν ἀπόδειξις ἐκ τῶν καθόλου· ἡ δὲ
ἐπαγωγὴ ἐκ τῶν κατὰ μέρος· ἀδύνατον δὲ τὰ καθόλου θεωρῆ
σαι μὴ δι᾽ ἐπαγωγῆς· ἐπεὶ καὶ τὰ ἐξ ἀφαιρέσεως λεγόμενα, ἔ-
σται δι᾽ ἐπαγωγῆς γνώριμα· καὶ εἴ τις βούληται γνώριμα ποι-
εῖν, ὅτι ὑπάρχει ἑκάστῳ γένει ἔνια καὶ εἰ μὴ χωριστά εἰσιν, ᾗ τι
ὁντως ἕκαστον· ἐπαχθῆναι δὲ μὴ ἔχοντας αἴσθησιν, ἀδύνατον.
τῶν γὰρ καθ᾽ ἕκαστον ἡ αἴσθησις· οὐ γὰρ ἐνδέχεται λαβεῖν αὐτῶν
τὴν ἐπιστήμην· οὔτε γὰρ ἐκ τῶν καθόλου ἄνευ ἐπαγωγῆς· οὔτε
διὰ τῆς ἐπαγωγῆς ἄνευ τῆς αἰσθήσεως· ἔστι δὲ πᾶς συλλογι
σμός διὰ τριῶν ὅρων· καὶ ὁ μὲν δεικνῦναι δυνάμενος, ὅτι ὑπάρχει
τὸ α τῷ γ, διὰ τὸ ὑπάρχειν τῷ α καὶ τοῦτο τῷ γ· ὅδε στερη
τικός, τὴν μὲν ἑτέραν πρότασιν ἔχων, ὅτι ὑπάρχει τι ἄλλῳ ἄλ
λῳ· τὴν δὲ τέραν, ὅτι οὐχ ὑπάρχει. φανερὸν οὖν ὅτι αἱ μὲν
ἀρχαὶ καὶ αἱ λεγόμεναι ὑποθέσεις, αὗταί εἰσι· λαβόντα γὰρ
ταῦτα, οὕτως ἀνάγκη δεικνῦναι· οἷον ὅτι τὸ α τῷ γ ὑπάρχει
διὰ τοῦ β· πάλιν δ᾽ ὅτι τὸ α τῷ β, διὰ μου μέσου· καὶ ὅτι τὸ

알두스의 '아리스토텔레스 활자'.

요구했다. 그의 처신은 마치 카멜레온이 정글의 빽빽한 수풀을 배경으로 몸 빛깔을 초록색으로 변경하는 것과 같았다. 누가 그를 비난할 수 있겠는가?[80]

둘째, 프록터가 생각했던 것처럼 라스카리스의 언셜체가 경쟁 상대인 필기체보다 읽기 쉬웠다는 주장은 전혀 명백하지 않다. 알두스가 피렌체 회사로 하여금 유행을 위해 명료성을 희생하도록 '강요했다'는 점도 명백하지 않다. 1530년 후반과 1540년대 초반에 베네치아의 프랑스 대사는 기욤 펠리시에*였다. 그는 이 기간 동안에 왕립도서관을 채우기 위해 약 200여 권의 그리스어 책을 고국으로 보냈다. 이 중에는 잔프란체스코 토레사니(Gianfrancesco Torresani)가 잔뜩 광낸 라스카리스의 고품질『그리스 선집』사본도 포함되었다. 그러나 펠리시에의 목록이 작성될 때, 이 책은 여타의 필사본과 인쇄본의 주류에서 제외되었으며, "오래되어서 쉽게 읽히지 않은 책들"이라는 혼합된 특별 범주로 분류되었다.[81] 현대

---

80  D. Geanakoplos, *Greek Scholar*, pp. 120f., 171f.; D. Fava, *La Biblioteca Estese nel suo sviluppo storico*, Modena, 1925, pp. 150f.; 그리고 이 책의 제5장 참조.

•  Guillaume Pellicier, 1498/99~1567: 프랑스 모기오 출신의 사제로서 교회법 면허를 취득한 후에 마귈론의 주교였던 같은 이름의 삼촌의 제자가 되었다. 1528년에 프랑수아 1세의 고문이 되었고, 1539년에는 프랑스 대사로 베네치아에 파견되었다. 1547년에는 트리엔트 공의회의 프랑스 대표단에 포함되었으나, 아마도 건강상의 문제로 일찍 복귀했다. 이를 빌미로 1551년에 그는 이교도와 반역으로 고발당해 투옥되었으나 1557년 석방되었다. 학적인 호기심이 왕성했던 그는 베네치아에서 225여 종의 그리스어 사본과 책을 수집했는데, 특히 연장자 플리니우스에 대해 고전학자로서의 역량을 발휘하기도 했다.

81  펠리시에의 임무에 대해서는 A. Franklin, *Précis de l'histoire de la Bibliothèque du Roi, aujourd'hui Bibliothèque Nationale*, Paris, 1875, p. 66 참조. 그의 구입품에 대해서는 Bib. Nat., Ms. Graecus 3064, ff. 33f. 참조.『그리스 선집』인쇄본에 대한 언급은 f. 56r 참조. 정확한 묘사는 "큰 글자로 기록된 경구들로 고전 방주(scholia)가 달린" 책들이다. 이 묘사가 가리킬 수 있는 다른 판은 없다. 고전 방주에 대한 언급은 이 사본을 거의 확실하게 보류된 인쇄물(Imprimés Réserves) Yb 484로

244

독자들이 필기체를 어려워하는 것만큼 필기체에 익숙했던 15세기 독자들에게 언셜체는 읽기 어려웠던 것으로 보인다. 알두스의 목표와 업적은 최고의 조판에 대한 보편적이고 포괄적인 기준이 아니라 당시의 필요에 의해 판단되어야 한다. 명료성은 다른 많은 것들과 마찬가지로 보는 사람 각각의 시각에 달린 문제이다. 알두스는 학자들과 부유한 후원자들로 구성된 제한된 시장을 목표로 그들의 기호를 연구했다. 그는 이런 독자들에게 자신의 인쇄 형태를 맞추려고 노력했고, 또한 성공했다. 라스카리스와 알로파는 주류를 역행하려고 했고 스스로 이 사실을 자각하게 되었다. 그들은 실패했다.

알두스의 여섯 개의 로마 활자체에는 수수께끼 같은 요소가 있다. 어떤 이유에서인지 모르지만 이 사실은 간과되었다. 그는 이 활자들을 경쟁자들로부터 보호하려고 시도하지 않았다. 이 활자들의 근본적인 설계는 그의 것이 아니었기 때문에 보호하기도 어려웠을 것이다. 편지에서도 이 활자들을 홍보하는 내용이 거의 발견되지 않는다. 폴리치아노와 시에나의 성 카타리나 등의 중요한 예외를 제외하면, 로마체로 인쇄된 작품들은 부유한 의뢰인이나 동료 학자들의 후원으로 작업이 진행되는 '드문' 현상이었다. 혹은 더 중요한 판을 위한 서문이나 보조 역할을 하는 자료에 해당했다. 알두스가 이런 종류의 인쇄를 심각하게 받아들였다는 증거는 거의 없다. 그리포가 타인기를 절삭하지도 않고 단순히 기존의 행렬로 주조했을지도 모르는 투박하고 뭉쳐진 형태가 라스카리스 문법서의 라틴어 부분에서 사용되었는데, 이는 즉시 폐기되었다. 두 개의 보다 선명하지만 동일하게 단명했던 변형들이 테오도로스 가자의 문법서의 라틴어 본문에 도입되었다. 이는 아리스토텔레스와 테오크리토스의 서문에도 사용되었다.

---

좁혀 준다.

이미 이때 알두스와 그리포는 후세가 걸작으로 부르게 될 활자를 개발했다. 1496년 2월에 벰보의 『아이트나산에 대하여』라는 소논문이 출간되었다. 『아이트나산에 대하여』는 별 볼일 없는 작품이었지만, 이를 위해 사용된 활자는 이 작품의 이름으로 불릴 정도로 유명해졌다. 이 활자는 기존의 로마 소문자에 부여되었던 상대적 비중을 줄임으로써 경쾌하고 조화로운 모습을 부여했다. 이 특징은 1499년에 정교하게 균형 잡힌 대문자의 소개로 더욱 강화되었다. 이 대문자 형태는 비문을 본뜬 후, 소문자와 잘 어우러지도록 축소한 것이었다. 1497년에는 레오니체노의 『프랑스 병』을 위해 약간 축소한 소문자 형태가 주조되었다. 그 외에 기본적인 형태는 변경되지도 확장되지도 않았다. 그러나 개인적인 동료를 위해 쓴 60페이지에 걸친 찬사의 글에서 큰 의미 없이 사용되었던 바로 이 형태가 1530년경에 프랑스의 활자 개발자였던 가라몽과 시몬 드 콜린(Simon de Colines)의 이목을 사로잡았으며, 이들의 작업장으로부터 유럽 전역으로 확산되었다. 이 형태는 오늘날까지도 서구 조판에서 특별한 자리를 확보하고 있다. 활자 설계에서 알두스의 가장 중요한 기여로 입증된 이 형태는 정작 본인의 눈에는 하찮게 보였던 것이다.[82]

이 역설은 기만적일 수도 있다. 당시의 보다 넓은 문화 및 예술의 역사를 살펴본 후에 활자의 문제로 되돌아가 보도록 하자. 우리는 알두스가 르네상스의 가장 심오하고 영구적인 움직임의 중심이었던 글쓰기 개혁(the reform of writing)에 서 있는 모습을 발견한다. 이 개혁의 대체적인 윤곽은 분명하며, 논쟁되는 세부 사항들은 이 연구서의 범위를 넘어선다.

---

82  알두스의 로마체 개발에 대해서는 G. Mardersteig, "Aldo Manuzio …", pp. 127~37 참조. 보다 상세한 주석은 이 장의 주 76에서 언급된 S. 모리슨(S. Morison)의 책 참조. 더 넓은 맥락에 대해서는 P. Beaujon, "The Garamond Types: sixteenth and seventeenth-century sources considered", *The Fleuron*, 5, 1926, pp. 131~79 참조.

페트라르카와 그의 추종자들은 알두스가 태어나기 약 1세기 전에 소실된 라틴 고전을 찾기 위해 노력한 결과, 몇 개의 필사본을 발견했다. 이는 9세기의 명료한 글자로 필기된 소문자 문서였다. 그들은 이른 시기의 형태에 대해 무지했기 때문에 그들이 참된 고전 형태, 즉 '로마' 형태를 재발견했다고 결론을 내렸다. 그들은 자연스럽게 그들의 사본에 카롤링거 모델(carolingian model)을 도입했다. 15세기 초에 피렌체의 인문주의자들은 명료하고 둥근 글자를 개발했다. 이 글자는 1430년에 와서는 헌신적인 고전 골동품 수집자의 특징으로 자리 잡았다. 이들은 참된 라틴 글자라고 생각되는 이 글자를 중세 후기의 각(角)지고 화려하게 장식된 글자와 대비했으며, 후자를 그들이 사랑하는 로마를 파괴하는 '고딕' 형태와 연결지었다. 이것 역시 잘못된 생각이었다.[83] 이 형태는 에우게니우스 4세(Eugenius IV)의 시대에 포조 브라촐리니와 니콜로 데 니콜리(Niccolò de' Niccoli)로부터 교황 소속의 필경사들에게 전해졌다. 이들로부터 로마에서 스바인하임과 파나르츠에게, 베네치아에서는 벤델린 폰 슈파이어와 장송에게 전해졌다. 이렇게 해서 인문주의 선구자들의 신(新)카롤링거 문자를 본뜬 소문자가 이탈리아 최초의 인쇄업자들의 수중에 들어가 라틴 문학의 본문을 위한 글자로 채택되었다.

이와 동시에 동일하게 헌신적이고 지적 근거가 훨씬 탄탄한 움직임이 대문자 설계에 영향을 끼치고 있었다. 골동품 수집에 열광했던 그 시

---

83  여기서는 필사본 날짜를 추정하는 세부적인 사항은 논하지 않겠다: S. Morison, "Early Humanistic Script and the First Roman Type", *The Library*, Fourth Series, XXIV, 1944, pp. 1~29, 그리고 *Politics and Script*, Oxford, 1972, pp. 264f. 참조. 연대순에 대한 논쟁은 D. Thomas, "What is the origin of the 'scrittura humanistica'?", LBF LIII, 1951, pp. 1~10 참조. 보다 상세한 논의는 B. Ullmann, *The Origin and Development of Humanistic Script*, Rome, 1960에서 발견된다. 중세 형태의 배척에 대해서는 E. Cassamassima, "Litterae Gothicae: note per la storia della riforma grafica umanistica", LBF LXII, 1960, pp. 109~43 참조.

대 사람들은 필사본들을 발견했다. 이들은 더 나아가 기념비도 발견했는데, 이것이 참된 의미에서 '골동품'이었다. 포조와 니콜리가 카롤링거 문자를 베끼는 동안 도나텔로(Donatello)와 로렌초 기베르티(Lorenzo Ghiberti) 같은 예술가들도 그들의 작품을 로마제국 초기의 각진 대문자에 근거한 글자로 치장하고 있었다. 참된 '로마' 글자 형태를 찾는 단일한 목표를 위해 실제 글자와 상상의 글자가 연결되었던 것이다. 그 세기의 3분기에 펠리체 펠리치아노(Felice Feliciano)와 레온 밥티스타 알베르티(Leon Baptista Alberti)는 라틴어 대문자 형성 작업을 수학적인 비례 법칙에 입각한 하나의 지적 체계로 환원하려고 시도했다. 1470년경에 루카 파치올리*라는 젊은 프란체스코 수도회 소속의 수도사가 그들의 발상을 채택했는데, 그는 당시 최고의 수학자가 될 터였다. 이 전문가들 사이에서도 사소한 불일치가 있었다. 그들은 너비에 비해 수직 획의 높이를 결정하는 정확한 규칙이나 G, Q, R과 같이 복잡한 '둥근' 글자의 정확한 설계에 대해 의견을 달리했다. 그러나 이들 모두는 글자들을 바르게 형성하는 것이 비례라는 우주적 신비의 중요한 부분이라는 점에는 동의했다. 비례는 모든 지식을 깨닫는 열쇠였다. 고대 세계는 비례에 대해 알고 있었으나, 이 지식은 행복했던 고대와 15세기를 갈라놓은 미개한 세기들을 거치면서 상실되었다. 1463년에 펠리치아노는 자신이 수집했던 로마 명문(銘文)을 안드레아 만테냐(Andrea Mantegna)라는 예술

---

* Luca Pacioli, 1445?~1517: 이탈리아 중부 토스카나 지방의 보르고 산세폴크로 출신 수학자로서 젊었을 때 베네치아에서 안토니오 롬피아시라는 부유한 상인 집안의 가정교사가 되었다. 1470년대 초에 프란체스코 수도회 수도사가 된 그는 1475년에 페루지 대학에서 수학을 가르친 후, 이탈리아 전역의 대학과 궁정을 순회하며 수학을 가르쳤다. 파치올리는 우르비노의 페데리고 다 몬테펠트로의 궁정에서도 일한 경험이 있으며, 1496~99년에는 밀라노의 스포르차 궁정에서도 일하면서 레오나르도 다 빈치와 친분을 맺었다. 다 빈치는 파치올리의 작품인 『신적인 비례에 대하여』(De divina proportione)를 위한 다면체 삽화를 그려주었다.

가에게 바쳤다. 파치올리가 수많은 발상을 얻었다고 실토한 피에로 델라 프란체스카(Piero della Francesca)라는 사람도 있었다. 만테냐와 프란체스카는 관점이라는 기법과 인체 각 부분의 바른 비례를 묘사함으로써 비례에 대한 확신을 시각적으로 표현했다.[84] 파치올리 자신도 『신적인 비례에 대하여』(De Divina Proportione)라는 수학 책에 두 개의 부록을 추가하면서 이를 강력한 말로 선언했다. 부록 중 하나는 건축학에서, 다른 하나는 글자 형성에서 발견되는 척도에 대한 것이었다. 파치올리는 1508년에 에우클레이데스(Eucleides)의 『기하학 원론』(Stoicheia) 제5권을 공개 강의하기 위해 베네치아에 왔다. 그는 "끊임없이 흐르는 원천인 비례에 대한 지식을 향해 스스로 재촉하는 사람은" 모든 예술 및 과학 분야에서 탁월하게 될 것이라고 약속했다. 파치올리의 강의를 듣기 위해 산바르톨로메오(San Bartolomeo) 교회에 모여든 사람들 중에는 알두스의 이름도 발견할 수 있다. 뿐만 아니라 여기에는 에그나치오, 레니에르, 프라 조콘도, 암브로조 레오네(Ambrogio Leone), 그리고 비첸초 퀘리니(Vicenzo Querini) 등의 동료들도 포함되었다.[85] 아니나 다를까, 『폴리필로의 꿈』의 대문자를 보면 글자들의 상대적인 높이와 비중이 펠리치아노가 제안했던 1:10 비례를 따른다는 사실을 발견할 수 있다. 파치올리는 여기에 미미한 변화를 가해 1:9 비례로 축소했다.[86] 이 글자들은 사실

---

84  G. Mardersteig, "Leon Battista Alberti e la rinascita del carattere lapidario Romano nel Quattrocento", IMU II, 1959, pp. 285~307. M. Meiss, *Andrea Mantegna as Illuminator: an Episode in Renaissance Art, Humanism and Diplomacy*, Columbia, 1957, pp. 68~78; "Toward a more Comprehensive Renaissance Palaeography", *The Art Bulletin*, XLII, 1960, pp. 97~112.

85  *Divina Proportione*, opera a tuti gli ingegni perspicaci e curiosi necessaria, ove ciascuno studioso di philosophia, prospectiva, pictura, sculptura, architectura, musica, e altre mathematice, Paganinis, Venice, 1508: *Praefatio in V Librum Euclidis*, Paganinis 1509, ff. 30V~31V(이름 목록).

ROMA
NORVM

IVDAE
ORVM

Tiberius retulit ad Senatu:ut inter cetera sacra recipe-
rentur. Verū cū ex consulto patrū Christianos elimi
nari vrbe placuiss&: Tiberius p editū accusatoribus co-
minatus est morte. Scribit Tertullianus in Apologetico.
Multi Senatorū & Equitum Ro. interfecti.
Tiberius in Campania moritur.

Olympias. ccIIII.

ROMANORVM·IIII·C·CALLIGVLA ANN·III·MENS·X·

I.    C. Cæsar cognomento Calligula Agrippam vinculis              XXIIII·
      liberatum Regem Iudææ facit.                                 Iud.ror.
      C. Semetipsum in Deos Transfert.                             Agrippa
      Flaccus Liuius Præfectus Aegypti multis Iudæos               Ann.VII
      calamitatibus premit consentiente Alexandrino
      populo. & crebris aduersus eum clamoribus perso-
      nante: Synagogas quoq eoꝛ imaginibus: statuis:
      aris, & uictimis polluit. Refert Phylo in eo libro:
      qui Flaccus inscribitur: hæc omnia se præsente gesta:
      ob quæ & legatione ad Caium ipse suscepit.
II.   Passienus filius ob fraude hereditatis suæ necatur.               I
III.  Caius Memmi Reguli uxore duxit: impellens eum                    II
      vt vxoris suæ patre esse se scriber&.
      Pontius Pilatus in multas incidens calamitates propria
      se manu interfecit. Scribunt Romanoꝛ historici.
      Caius Petronio Præfecto Syriæ præcepit:vt Hierroso
      lymis statuā suā sub noīe Iouis Maximi poner&.
      Toto orbe Romano sicut Phylo scribit & Iosephus
      in Synagogis Iudæoꝛ statuæ: & imagines, & aræ
      C. Cæsaris consecratae:

바르톨로메오 디 산비토의 이탤릭체(본문 254쪽 참조).

_VNII IVVENALIS AQVINA
TIS SATYRA PRIMA.

EMPER EGO AVDITOR
tantum?nunquám ne reponam
V exatus toties raua theseide
Codri ?
I mpune ergo mihi recitauerit ille
togatus?
H ic elegos?impune diem consumpserit ingens
T elephus?aut summi plena iam margine libri
S criptus, et in tergo nec dum finitus, Orestes?
N ota magis nulli domus est sua, quam mihi lucus
M artis, et æoliis uicinum rupibus antrum
V ulcani · Quid agant uenti, quas torqueat umbras
A eacus, unde alius furtiuæ deuehat aurum
P elliculæ, quantas iaculetur Monychus ornos,
F rontonis platani, conuulsáq; marmora clamant
S emper, et assiduo ruptæ lectore columnæ ·
E xpectes eadem a summo, minimóq; poeta ·
E t nos ergo manum ferulæ subduximus, et nos
C onsilium dedimus Syllæ, priuatus ut altum
D ormiret · stulta est clementia, cum tot ubique
V atibus occurras, perituræ parcere chartæ ·
C ur tamen hoc libeat potius decurrere campo,

볼로냐의 프란체스코 그리포가 주조한 알두스의 이탤릭체(베네치아, 1501).

당시의 최첨단 골동품 연구를 정확히 파악한 상태에서 설계된 것이었다. 알두스는 『아이트나산에 대하여』에서는 소문자를 사용했지만, 『폴리필로의 꿈』에서는 대문자를 사용한다. 이는 알두스가 고대 문화를 최대한 요란스럽게, 독자들에게는 가장 생동감 있게 되살리려는 당시의 대대적인 움직임에 동참했음을 보여 준다. 이는 그의 열렬한 인문주의적 서문들에서도 마찬가지로 볼 수 있다.

알두스는 1501년 4월에 베르길리우스의 8절판을 내놓았다. 그는 성 카타리나의 편지들에서 암시했던 서체를 사용했다. 이 형태는 다른 어떤 형태보다도 그와 긴밀하게 연결되는 서체인 이탤릭체였다. 그는 이 서체에 대한 독점권을 보호하기 위해 일련의 작품들이 아닌 활자체 전체에 대한 특권을 획득하고자 했는데, 이런 시도는 그가 처음이었다. 이 과정에서 그리포와의 최종적인 단절이 가속되었을 것이다.[87] 그리포를 비롯한 평판이 나쁜 여타의 경쟁자들은 알두스의 독점권을 신속하게 침범했다. 이는 알두스의 성공이 불러일으켰던 질투에 찬 그들의 야망을 보여 준다. 그리포 외에도 적어도 두 명의 동시대인들이 이 활자체의 발명가로 혹은 처음 사용한 사람으로 지목되었다. 필리포 지운티(Filippo Giunti)와 루도비코 데글리 아리기*가 그들이다. 그날 이후 오늘날까지 이 유명한 활자에 대한 논란은 계속된다. 이 활자체가 도입된 이유는 무엇이었는가? 또한 어떤 모형에 근거해 제작되었는가?[88]

---

86  M. Meiss, *Andrea Mantegna*, p. 69.

87  CSV pp. 75~77. 그리고 이 책의 제3장 주 71 참조.

*  Ludovico degli Arrighi, ?~1527: 이탈리아 비첸차 출신의 달필가이자 활자 주조자였던 인쇄업자로 교황청 상서원의 대필가 역할을 담당했다. 바티칸 사무국에서 사용된 필체를 정교화한 그의 활자체는 알두스의 활자를 주조했던 프란체스코 그리포의 이탤릭체에 큰 영향을 끼쳤다.

88  필리포 지운티와의 논쟁에 대해서는 이 장의 주 145f. 참조. 아리기에 대해서는 A. F. Johnson · S. Morison, "The Chancery Types of Italy and France", *The*

전적으로 이 이탤릭체에 집중하는 것은 사실 오해를 야기할 수 있다. 미학적인 측면이나 상업적인 측면에서 '라틴 필기체'는 알두스가 확립했던 로마체의 연속선상에 있었지 거기로부터의 일탈이 아니었다. 이탤릭체의 계보는 보다 형식적인 로마체의 계보와 거의 비슷했다. 이를 정기적으로 사용했던 최초의 인물은 니콜로 데 니콜리였다. 그는 평소보다 신속하고 편안하게 저술하고 싶을 때는 글자에 경사와 역동성을 더했다. 그 세기 중엽의 고고학자였던 치리아코 단코나(Ciriaco d'Ancona)와 펠리치아노는 이 활자를 더욱 상세히 묘사한다. 1470년대와 1480년대에 필기체는 네모 대문자 명문(square-cut inscriptional capital)과 함께 사용되었다. 필기체는 개인이 소유하는 고대 명문(銘文)들의 수집인 '문집' (sillogi)을 베낄 때 통용되던 서체였다. 당시에 로마 세계에 대한 깊은 지식을 주장하기 위해서는 이런 도구가 필수적이었다.[89] 이런 종류의 연구는 특히 베네토 지역에서 유행했는데, 베로나의 조콘도를 포함한 알두스의 동업자 몇몇이 이에 영향을 받았다. 동일한 기간 동안에 필기체에 대한 기호는 도시 서기국(chancelleries)의 전문 필경사들 사이에서도 확산되고 있었다. 그들은 필기체가 제공한 자유롭고 활기찬 자기표현을 즐겼던 것으로 보인다. 이 글씨체는 곧 '서기국 서체'(cancelleresca)로 불리게 되었다. 1492년에 베네치아 원로원은 미래 비서들의 공식 강사로 안토니오 데 타글리엔테(Antonio de' Tagliente)를 임명했는데, 그는 생동감 넘치는 이탤릭체를 선호했다.[90]

---

*Fleuron*, 3, 1924, p. 29; 이 문제에 대한 일반적인 논의는 L. Balsamo · A. Tinto, *Origini del corsivo nella tipografia italiana dell'500*, Milan, 1967 참조.

89  J. Wardrop, *The Script of Humanism*, Oxford, 1963, pp. 13~18; R. Weiss, *The Renaissance Discovery of Classical Antiquity*, Oxford, 1969, pp. 145f.

90  J. Wardrop, *op. cit.*, pp. 19f.; V. Lazzarini, "Un maestro di scrittura nella cancellaria veneziana", in *Scritti di palaeografia e diplomatica*, Venice, 1969, pp. 64~70.

따라서 필기체는 보다 공식적인 '로마' 형태를 대중화했던 헌신적인 골동품 수집가들이 고안하고 발전시킨 것으로서 인문주의자들이 사용했던 최신형 글자였을 뿐이다. 알두스와 그리포가 이 서체를 인쇄에 도입한 이유는 당시 유행을 수용했기 때문이다. 이로써 그들은 인문주의에 동일하게 헌신적인 독자들에게 강력하게 호소할 수 있었다. 이런 사실들은 알두스나 그리포가 어떻게 자신들을 이탤릭체의 참된 '발명가'로 입증할 수 있었을지 이해하기 힘들게 만든다. 마찬가지로 타인기의 모형이었던 서체의 필경사 한 명을 지목하는 것도 힘들게 만든다. 타글리엔테는 유력한 후보자이지만 그와 알두스 사이에는 알려진 연결점이 없다. 뿐만 아니라 그는 최초의 이탤릭체보다 화려한 서체를 만들었던 것으로 보인다. 최근에 주목받고 있는 바르톨로메오 디 산비토(Bartolomeo di San Vito)라는 파도바의 필경사에 대해 언급할 필요가 있다. 그는 알두스의 것과 매우 유사한 서체를 보유하고 있었을 뿐만 아니라 그가 알두스의 측근들과 종종 거래했다는 사실도 입증할 수 있다. 이 중에는 조콘도도 포함된다. 산비토는 조콘도의 문집 상당 부분을 베꼈으며, 활자 주조업자인 율리오 캄파뇰로와 벰보 집안과도 거래했다. 후자를 위해 그는 적어도 네 권의 필사본을 베꼈다.[91] 이 사안과 관련된 진실이 무엇이든 간에, 이탤릭체는 필사본 형태와 유사했다. 따라서 우리는 알두스의 이탤릭체를 독립적인 현상으로 취급해서는 안 된다. 또한 알두스가 판의 비용을 절감하기 위해 한 면에 더 많은 내용을 기재할 수 있는 경사진 글씨체를 사용했다고 생각해서도 안 된다. 이는 잘못되었지만 여전히 대

---

91　J. Wardrop, *op. cit.*, pp. 24 -35, and Plates 38~39. J. 바르드롭(J. Wardrop)은 산비토(San Vito)를 발견하는 데 큰 역할을 했다. 그의 인맥에 대해서는 S. de Kunert, "Un padovano ignoto e un suo memoriale de' primi anni del Cinquecento (1505~11) con cenni su due codici miniati", *Bolletino del Museo Civico di Padova*, Anno X, 1907, no. i, pp. 1~16 참조.

중적인 인기를 끄는 견해이다. 만일 이 견해가 옳다면 알두스는 150개의 서로 다른 종류의 글씨체를 절삭하고 주조하는 고생과 비용을 감수하지 않았을 것이다.[92] 뿐만 아니라 그는 여백에 글씨를 빼곡하게 기입하지 않았다. 이와 정반대로 여백을 넓게 남겨두었기 때문에 그는 종이를 낭비한다는 이유로 동시대 사람들의 비판을 받았다.[93] 알두스는 그의 그리스어와 라틴어 필기체가 펜으로 쓴 글씨체 못지않다고 자랑했다. 그의 자랑을 액면 그대로 그가 지향하는 목표에 대한 진술로 받아들이지 못할 이유가 없다. 그는 그리스어와 라틴어 인쇄본에 당시 가장 유행했던 필사본의 탁월성을 부여하고 싶어 했다. 장송의 사후에 인쇄업의 서체는 무기력 상태에 빠졌는데, 알두스는 인쇄업을 다시 일깨우고자 했던 것이다.

이제 형식에서 내용으로 전환할 차례이다. 알두스의 출판 계획이 그의 경쟁 상대들의 시기적절한 불행으로 인해 어떤 영향을 받았는지 질문해야 한다. 또한 그때까지 인쇄업자들이 집결했던 것 중 가장 '인문주의적인' 활자들을 사용했다는 사실이 그의 계획에 어떤 영향을 주었는지도 살펴보아야 한다. 알두스가 1500년 이후에 이전 세대의 헌신적이지만 다소 교조적인 그리스 문화로부터 더 멀리 모험했다고 말하는 것이 일반적인 평가이다. 그는 활기를 되찾은 고전어와 새로 부상한 이탈리아 토착어에 대한 인문주의적인 관심의 전 분야를 탐구했다. 그는 자신의 출판물에 인간 안에 있는 이성이라는 신적인 불꽃이 보편적인 계몽의 도구라는 피코 델라 미란돌라의 견해를 피력했다.[94] 이것은 물론 고무적인 그림으로서 정확하고 자세한 정보가 이 가능성을 지지한다. 전

92　L. Balsamo, *op. cit.*, p. 36.

93　이 장의 주 21에 언급된 L. 도레즈(L. Dorez)의 글에 인용된 우르케우스(Urceus)의 비판: 특히 pp. 323~24 참조.

94　C. Dionisotti, "Aldo Manuzio umanista", pp. 238f.

반적으로 그리스어 자료들은 확실히 급격하게 줄어들었다. 1500년까지 4,212개의 낱장이 인쇄되었는데, 1500년과 1503년 사이에는 고작 2,235개의 낱장이 인쇄되었다. 주목할 만한 수치는 라틴어와 그리스어 출판물의 비율이다. 라틴어는 3,839개의 낱장이, 그리스어는 2,235개의 낱장이 인쇄되었다. 이것은 이전 세대와 거의 정반대되는 현상이다. 새로운 세기 초반에 알두스의 활동 범위는 놀랍도록 인상적이었다. 그는 이제 네 개의 언어로 인쇄했다. 히브리어 활자 실험은 그의 『간결한 히브리어 입문서』(*Introductio perbrevis ad Hebraicam Linguam*)와 사산(死産)된 그의 다국어 성경(polyglot Bible)을 위한 2절판 실험을 끝으로 갑자기 중단되었다. 그의 그리스어 책은 특히나 중요한 5세기 고전 작가 다섯 명의 첫 번째 판을 포함했다. 여기에는 투키디데스,* 헤로도토스, 크세노폰,** 소포클레스, 그리고 에우리피데스(Euripides)가 포함되었다. 이들은 이때까지 가장 피상적으로 편집적인 관심밖에 받지 못했다.[95] 라틴 고전학의 유입도 유의해야 한다. 여기에는 베르길리우스, 호라티우스, 마르티알리스, 키케로, 마르쿠스 루카누스(Marcus Lucanus), 스타티우스, 오비디우스, 그리고 가이우스 발레리우스 카툴루스***가 포함된다. 이들은 이전

---

* Thucydides, 기원전 460?~기원전 400?: 아테네의 역사가이자 장군이었다. 가장 유명한 작품으로는 기원전 431년~기원전 404년에 스파르타를 중심으로 형성된 펠로폰네소스 동맹과 아테네를 중심으로 형성된 델로스 동맹 사이의 전쟁을 다룬 『펠로폰네소스 전쟁사』(*Histories*)가 있다.

** Xenophon, 기원전 430?~기원전 354: 플라톤과 동시대를 산 아테네의 군인이자 철학자, 역사가였다. 그는 『헬레니카』(*Hellenica*), 『아나바시스』(*Anabasis*), 『퀴로스의 교육』(*Cyropaedia*), 『향연』(*Symposium*), 『가정론』(*Oeconomicus*) 등 수많은 작품을 남겼다.

95 알두스의 히브리어 활자 실험의 시기 선택에 대해서는 이 책의 제3장 주 71 참조. 그리스 작품 중에는 에우리피데스만 관심을 받았던 터였다. 라스카리스와 알로파가 1496년에 네 개의 극을 출판했다. 헤로도토스에 대한 로렌초 발라의 라틴어본 세 개의 판이 출판되었다.

라틴어 교육에서 큰 부분을 차지했던 우중충하고 하찮은 내용들을 대체했다. 가장 중요한 점은 이탤릭체로 된 8절판 형식이 소개되었다는 사실이다. 이것은 이후 그리스어와 라틴어, 그리고 이탈리아어의 출판물에도 적용되었다. 한 번에 3,000부까지 대량으로 생산되고[96] 가격이 합리적이며 휴대가 용이한 소형 책은 문학이 계몽을 주도한다는 인문주의자들의 확신을 사회 전반으로 확장하는 것처럼 보였다. 사람들이 파렴치하게 이 형식을 모방했다는 사실은 그것의 성공에 대한 가장 확실한 증거이다.

사람들은 8절판을 알두스의 전반적인 업적과 긴밀하게 연관시킨다. 미리 경고의 말을 할 필요가 있다. 첫째, 알두스가 이 휴대용 책을 발명하지 않았으며, 단지 자신의 목적에 맞게 이를 개조했을 뿐이다. 둘째, 알두스는 네 개의 중요한 그리스 작품 초판을 8절판으로 인쇄했다. 그러나 그의 정책은 분명 이 형식을 안전하고 대중적인 작품을 위해 사용하

---

- *** Gaius Valerius Catullus, 기원전 84?~기원전 54: 베로나 출신으로서 생애 대부분을 로마에서 보낸 로마 공화정 말기의 시인이었다. 당시 로마의 젊은 층은 로마의 전통에서 벗어나 그리스 문화를 추구하는 사회적 분위기에 노출되었는데, 문학 분야에서도 이른바 '신식 시인들'(neoterics)이 출현해 기존의 전통을 거부하고 새로운 문학 형식과 내용을 추구했다. 카툴루스는 이 움직임에 가담한 대표적인 시인으로서 114편의 시들은 남겼다.

- 96 Catulli, Tibulli et Propertii Poemata, 1502, f Fii v에 있는 마린 사누도에게 보내는 제롤라모 아반치오(Gerolamo Avanzio)의 헌사. "Aldus Manutius … ex codice catulliano per me miro studio et incredibili labore emendato tria exemplorum milia politis typis impressurus, me iterum ad hanc operam socio usus est." 알두스 자신의 헌사에서만 인용하면서 A. 르누아르(A. Renouard, p. 39)는 세 명의 저자 각각에 대해 1,000부의 사본이 인쇄되어야 한다고 간주했다. 그러나 아반치오의 라틴어는 그의 해석을 허용하지 않는다. '3,000'이라는 숫자는 알두스의 판을 당시의 가장 많은 양으로 만든다. R. Hirsch, *Printing*, pp. 65~67은 1520년에 4,000부가 인쇄된 마르틴 루터의 『독일 민족의 그리스도인 귀족에게 고함』(*An den Christlichen Adel deutscher Nation*) 이전에 이보다 많은 인쇄 부수를 언급하지 않는다.

는 것이었다. 그는 새로운 자료를 널리 퍼뜨리기 위한 수단으로 이 형식을 사용하지 않았다. 셋째, 알두스의 동시대인 중 그의 8절판이 저렴하다고 말한 사람은 아무도 없다. 물론 대형 책으로 출판된 동일한 작품에 비해 상대적으로 저렴하기는 했을 것이지만 동일한 작품들의 다른 판보다 항상 저렴했는지는 불분명하다. 이내 이 작품들의 저렴한 해적판이 등장했다. 알두스가 비용 절감을 위해 8절판과 이탤릭체를 사용했다는 말은 현대의 추론에 불과하다. 만일 이 인쇄업자가 자신이 일종의 '페이퍼백 혁명'(paper-back revolution)의 창시자로 널리 알려졌다는 사실을 알게 된다면, 그는 알려지지 않은 그의 무덤에서 몸서리칠 것이다.[97]

알두스는 1501년 4월에 그의 유명한 베르길리우스를 생산했다. 이때 이미 필사본과 인쇄본의 소형 책들은 긴 역사를 자랑하고 있었다. 1470년대에 장송은 소형 사무용 책을 출판했다. 1497년 초에 라차로 디 소아르디스(Lazzaro di Soardis)는 출판 예정인 작품들에 대한 저작권 신청서를 원로원에 제출했다. 여기에는 야코포 데 보라지네(Jacopo de' Voragine), 성 아우구스티누스(St. Augustinus), 다양한 설교문, 그리고 그리스도의 수난에 대한 묵상집이 포함되었다. 그는 이 판들의 '작은 8절판 형태'(in forma piccola et ottavo foglio)에 대한 저작권을 신청했다. 불과 1년 후에 안토니오 디 차노티(Antonio di Zanoti)는 8절판을 청원서에 포함시켰다. 그는 모든 크기의 사무용 책들에 대한 저작권을 소유하려고 했다.[98] 이들의 노력은 알두스의 실험과 구별되는 한 가지 공통점이 있

---

97  이런 확신은 경사진 이탤릭체가 반듯한 로마체보다 적은 공간을 차지한다는 사실을 발견한 현대 인쇄업자들의 경험에서 비롯된 것으로 보인다. 이것은 이제 알두스의 작업을 논평하는 사람들에 의해 보편적으로 받아들여진다. A. Firmin-Didot, *Alde Manuce*, pp. 161~62; R. Hirsch, *op. cit.*, pp. 69~70; 이 장의 주 76, 83에서 언급되었던 S. Morison, passim 참조.

98  Officium Beatae Mariae Virginis, John Rylands University Library of Manchester, no. 18497. 진정서에 대해서는 FD nos. 61, 74, pp. 127, 130 참조.

다. 이들이 출판한 모든 판들은 종교적이거나 경건 서적의 성격을 띤다는 점이다. 개인이 책을 휴대할 필요가 있었던 유일한 이유는 기도였다. 사람들은 학자들이 개인 서재의 독서대에 대형 2절판을 펼쳐놓을 것을 기대했다. 당시의 가장 유명한 삽화에서 학자들은 아우구스티누스나 히에로니무스로 가장되어 이런 식으로 묘사된다. 알두스의 독창성은 특수화된 책 형태를 새롭고 광범위한 분야에 적용했다는 점이다. 그가 8절판으로 출판했던 라틴어 책은 모두 판매가 보장된 안전한 작품들이었으며, 어떤 작품은 이미 많은 독자들의 사랑을 확보한 것들이었다. 대영 박물관 목록에는 호라티우스 작품이 알두스 판 이전의 것으로 18종의 판본이 있는데, 이 중 11개가 베네치아 판이다. 뿐만 아니라 20종의 발레리우스 막시무스, 12종의 오비디우스 시 전편(全篇), 그리고 11종의 카툴루스와 애가 시인들이 포함된다. 이들 대부분은 2절판이며, 칼데리니와 칼푸르니오 혹은 여타의 동시대 인문주의자들의 주석으로 점철되었다. 알두스는 이 책들에서 발견되는 요소 중 하나인 주석을 제거했고, 나머지 두 요소들에 해당하는 소형 책 형식과 가장 적합한 작품 선별을 결합했다. 이로써 그는 문학을 서재와 강의실로부터 해방했다.

알두스는 이전까지 책을 구입할 형편이 안 된 사람들의 손에 문학을 쥐어 주었는가? 대부분의 현대 비평가들은 '그렇다'라고 대답할 것이다. 이탤릭체는 더 작은 책 제작을 허용하고 소형 책은 더 저렴하며, 저렴한 가격은 더 큰 시장을 의미한다. 불행히도 이들의 이러한 순차적인 추론을 정당화할 당시의 증거는 전무하다. 원로원에 저작권을 호소하거나 그리포의 탁월한 설계에 대한 짧은 찬사를 바치거나 헌정사를 저술할 때, 알두스는 자신의 8절판이 저렴하다고 말한 적이 없다. 그는 그저 그것이 아름답고 편리하다고만 말했다.[99]

---

99   CSV pp. 72, 76~77. 이 책의 제3장 주 68도 참조.

우리가 살펴보았듯이, 알두스는 유행하는 글씨체를 베꼈다. 완전히 새로운 글씨체를 의뢰하는 것보다 축소된 로마체를 활용하는 것이 더 저렴하고 작업하기도 편했을 것이다.[100] 우리는 미학적인 요소가 아닌 경제적인 요소가 그의 최대의 관심사였다고 단정할 수 없다. 적어도 알두스의 8절판이 경쟁자들의 8절판보다 실제로 저렴했다는 증거를 제시할 수 있기 전에는 말이다.

사실 정반대되는 주장을 지지하는 구체적인 증거가 있다. 1484년에 프란체스코 다 마디스는 위에서 언급한 대형 2절판으로 간주되는 오비디우스 전편을 4리라 10솔두스에 처분했다. 이것은 1513년 목록에서 알두스의 8절판 세 권의 가격으로 기재된 금액과 완전히 일치한다. 동일한 사람이 살루스티우스*와 베르길리우스 혹은 루크레티우스의 작품도 알두스의 가격과 동일한 가격에 판매할 수 있었을 것이다. 이미 1480년에 파도바의 서적상이었던 안토니오 모레토(Antonio Moreto)는 오비디우스의 작품을 4리라에, 그리고 키케로의 편지를 2리라 10솔두스에 판매했다. 이에 비해 8절판으로 된 알두스의 키케로 편지 전편은 3리라 10솔두스에 팔렸다.[101]

증거들은 전혀 편파적이지 않다. 모레토의 베르길리우스 가격은 4리라였다. 이는 알두스의 1리라 10솔두스의 두 배가 넘는 금액이다. 모든

---

100  L. Balsamo, *op. cit.*, pp. 27, 36.

*  Sallustius, 기원전 86~기원전 35: 로마 공화정 말기의 역사가로, 대표작으로는 『카틸리나 전쟁기』(*Bellum Catilinae*)와 『유구르타 전쟁기』(*Bellum Iugurthinum*), 그리고 『역사』(*Histories*)가 있다.

101  P. S. Leicht, "I prezzi delle edizioni aldine", pp. 77 - 84과 H. Brown, *Venetian Press*, pp. 431~52에 인용된 다 마디스의 언급 및 FD, supplementary piece no. I, pp. 396~401을 비교하라. K. 바그너(K. Wagner)의 최근 논문인 "Aldo Manuzio e I prezzi dei suoi libri", LBF LXXVII, 1975, pp. 77~82는 알두스의 책들이 1520년대와 1530년대에도 이 가격을 유지했음을 보여 준다.

가격은 상당히 융통성 있게 적용되었는데, 구매자와 판매자의 사적 관계나 시장 상황에 의해 좌우되었다.[102] 현대 비평가들이 한 목소리로 주장하듯이, 8절판 가격이 일관되게 저렴했다는 말에 대해 당시 사람들은 무지했던 것으로 보인다. 따라서 알두스의 계획이 실패한 것도 아니었고, 그가 이탤릭체를 도입한 이유는 더 많은 글자를 한 면에 쑤셔 넣고 더 작은 책을 출판함으로써 더 많은 독자들에게 절감된 가격에 판매하려는 목적이 아니었다.

알두스는 어떤 시장을 겨냥했는가? 우리는 확실한 통계적 근거를 제시할 수 있을 만큼 당시의 구매에 대한 충분한 증거를 가지고 있지 않지만, 우리가 사용할 수 있는 다른 지침들이 있다. 서로 간에 주고받은 편지, 각 판을 인쇄할 때 피지 인쇄를 특별 주문한 소수의 사본들에 대한 소유권, 그리고 무엇보다도 이 책들을 헌정받은 인물들이 그것들이다. 이들의 이름들은 알두스 인맥의 변화와 그가 충족하려고 노력했던 기호가 무엇이었는지 보여 준다. 초기의 학자 무리가 여전히 눈에 띈다. 그러나 일기 작가이자 정치가였던 사누도는 1502년과 1503년 사이에 다섯 개가 넘는 가장 많은 헌정사를 받은 수취인이었다. 사누도와 유사한 사람들이 증가했다. 모로시니 같은 베네치아의 영향력 있는 귀족도 있었으며, 지기스문트 투르츠(Sigismund Thurz)나 얀 루브란스키(Jan Lubrański) 같은 북유럽 국가의 유력한 의원들도 있었다. 당시 프랑스 국왕을 섬겼던 야누스 라스카리스 같은 학자 겸 외교관도 포함되었다.[103] 잔존하는 피지 사본들은 이 사본들을 주문하는 수고를 감수했던 사람들의 배경이나 직업이 크게 다르지 않았음을 암시한다. 런던과 맨체스터에는 훌륭

---

102 RAIA pp. 329~31는 첫 번째 목록에 '최저가'가 책정되었음을 보여 준다. 이 책의 제3장 주 59도 참조.

103 OAME XXXVI, XXXV, XLII, XXXVIII, XXXVII 등.

〈도표 2〉 알두스의 출판 목록, 1501~03

| 연도 | 그리스어 | 라틴어 | 이탈리아어 |
|---|---|---|---|
| 1501 | 필로스트라토스,<br>티아나의 아폴로니오스의<br>생애, 73f fol. | 그리스도교 시인들, I 4°<br><br>베르길리우스의 작품들, 228f 8°<br>호라티우스의 작품들, 143f 8°<br><br>유베날리스와 페르시우스의 풍자시, 78f 8°<br>마르티알리스, 192f 8°<br>발라, 추구하고 피해야 하는 일들에 대하여<br>300f fol.+336f fol.<br>알두스의 기초 문법, 88f 4°<br>도나토스의 연설, 4f 8°<br>제안프란체스코 피코의 상상에 대한 책, 39f 4° | 페트라르카,<br>속세의 일, 180f 8° |
| 1502 | 폴리데우케스의<br>오노마스티콘, 104f fol.<br><br><br>투키디데스, 124 fol.<br><br>소포클레스, 196f 8°<br><br>헤로도토스, 140f fol.<br><br><br><br><br>스테파노스의 도시들에<br>대하여, 80f fol. | 키케로, 친구들에게 보낸 편지,<br>267f 8°<br>루카누스의 파르살리아: 내란기,<br>140f 8°<br><br><br>스타티우스, 256f 8°<br><br><br><br>발레리우스 막시무스, 216f 8°<br>에그나치오의 연설, 8f 8°<br>오비디우스의 변신이야기, 267f 8°<br>오비디우스의 여류의 편지, 202f 8°<br>오비디우스의 로마의 축제들, 203f 8°<br><br>카툴루스, 티불루스, 프로페르티우스, 150f 8°<br>그리스도교 시인들 II*<br>경고, 1f fol.<br>목록, 2f fol. | 단테, 244f 8°<br><br>인테리아노의<br>치키의 삶과 처지,<br>8f 8° |

| 1503 | 루키아노스의 작품들, 286f fol. 암모니우스의 주석, 146f fol.  울피아누스의 소논문, 172f fol. 크세노폰, 156f fol. 플레톤 경구 선집, 290f 8° 에우리피데스, 비극, 268 8° 190f 8° | 베사리온, 플라톤을 무고하는 이들에 반대하여, 112f fol.  오리게네스의 설교집, 182f fol. | |

*『그리스도교 시인들』(*Poetae Christiani*)의 병렬 본문은 전체 숫자에 포함되지 않았다.

한 라틴 시인들의 발자취가 남아 있는데 이 작품들은 전부 보르도네를 연상시키는 방식으로 삽화가 그려져 있으며, 모두 피사니(Pisani) 가문의 장식으로 치장되었다.[104] 현재 런던에 소장되어 있는 페트라르카의 작품도 동일한 방식으로 삽화가 그려졌다. 이 책은 물레방아 바퀴로 치장되었는데, 이는 16세기 초반에 베네치아의 가장 유력한 가문 중 하나인 다 몰린 가문의 장식이었다.[105] 프랑스 행정관이었던 장 그롤리에(Jean Grolier)의 도서관은 예나 지금이나 책의 아름다운 표지 무늬로 유명했다. 그의 도서관은 특히 알두스의 8절판을 다수 소장했다.[106]

---

104  John Rylands Library, 3666 ID(오비디우스, 전3권); British Library, C.4,g.10(유베날리스와 페르시우스).

105  British Library, C.4,g.5. 다 몰린 가문에 대해서는 이 책의 제3장 주 85 참조. 알비세 다 몰린(Alvise da Molin)은 당시 베네치아의 가장 유력한 사람 중 한 명이었다.

106  이 도서관들은 나중에 더 상세하게 살펴볼 것이다. 이 책의 제7장 주 91~95(그롤리에), 122~30(투르츠, 루브란스키) 참조.

단서는 이 사람들의 유사한 문화 및 직업적 배경에 있다. 이들은 모두 이탈리아의 영향력에 철저하게 노출되었고 주로 파도바에서 영향을 받았다. 이들 모두는 바쁜 삶을 영위하면서 16세기 내내 군주들과 공화국의 심부름을 수행하기 위해 유럽 전역을 돌아다니던 사람들이었다. 때로는 며칠씩 순풍이나 길이 열리기를 고대했으며, 그들에게 절대 허락되지 않았던 청중을 얻을 수 있기를 희망하면서 몇 시간이고 대기실에서 기다렸다.[107] 이들은 르네상스 유럽의 세속적인 지식인들로서, 정부에 고용되어 국가를 섬기기 위해 당시에 확장되던 대학들을 가득 채웠다. 이들의 출세가 언급된 유럽의 모든 나라들에서 이른바 '교육 혁명'이 일어났다.[108] 알두스는 상상 속의 이상화된 '일반 독자'가 아니라 바로 이런 사람들을 위해 인쇄업에 종사했던 것이다. 그에게는 선견지명이 있었던 것이 아니다. 그가 '교육 혁명'을 예견했다거나 이를 일으키는 데 일조했다고 볼 만한 근거는 전혀 없다. 그는 단순히 이 사실을 받아들였고 동시대 사람들이 직면했던 불편과 어려움을 분명하게 인식했다. 그는 사누도가 중대한 업무를 수행하는 사이에 간간히 독서 시간을 찾을 수 있기를 바라면서 그에게 오비디우스를 보냈다. 헝가리 의원인 투르츠에게 보낸 헌정사에는 그가 곧 "휴대할 수 있는" 라틴어 및 그리스어 '도서관들'을 수립할 것이라고 호언장담했다.[109] 그러나 투르츠를 개종할 필요는 없었다. 그는 이미 알두스에게 호라티우스와 베르길리우스의 깔끔한 판에 대한 기쁨을 표현하는 편지를 전달하면서 분주한 궁정의 일과 중에

---

107 여행의 문제와 어려움들에 대해서는 F. Braudel, *Le Mediterranée*, vol. I, pp. 326f. 참조.

108 J. H. Hexter, "The Education of the Aristocracy during the Renaissance", *Journal of Modern History*, XXII, 1950, pp. 1f.; L. Stone, "The Educational Revolution in England", *Past and Present* 28, 1964, pp. 41~80; R. Kagan, "Universities in Castile, 1500~1700", *ib.*, 49, 1970, pp. 44~71.

109 OAME XXXV.

몇 분간의 여유를 누릴 수 있게 됨에 대해 감사를 표했다. 라스카리스도 그에 못지않게 열광했다.[110] 사람들이 주장하듯이, 알두스의 8절판은 대중의 지식을 확장하기 위한 것이 아니라 비교적 소수의 부유한 사람들을 만족시키기 위한 도구였을지도 모른다. 그렇다 치더라도 이것이 배움의 길을 여는 데 중요한 단계였다는 점은 불변의 사실이다.

알두스 생애의 이 시점 배경에 이상주의적인 편견이 있었다고 주장하는 것은 전적으로 온당하다. 그러나 이상주의가 기민한 상업적인 계산과 신성한 무질서와 지속적으로 상호작용했다는 사실을 상기할 필요도 있다. 이와 같은 긴장감의 미묘한 균형이 문학적인 8절판의 구상에서 완전히 표현된다. 그것은 안정적인 라틴어 작품과 투기적인 그리스어 작품 사이의 신중한 저울질에서 뿐만 아니라 심지어 세 개의 이탈리아어 작품의 선택과 헌정에서도 나타난다. 알두스는 14세기 피렌체풍(Trecento Florentine) 고전과 단테와 페트라르카를 인쇄했다. 어쩌면 그는 앞으로 이탈리아어가 문학적 언어로 자리매김할 것에 대한 그의 믿음과 토스카나어가 가장 순수한 이탈리아어라고 선언한 것일지도 모른다. 또한 알두스는 특정한 궁정 사람들과 학자들의 기호를 개선하고 있었는데, 이들이 페트라르카 형식을 다루는 데 들인 엄청난 노력의 흔적이 몇 개의 필사본에 남아 있다. 이들 중 한 명인 카를로 벰보(Carlo Bembo)는 필사본과 출판 비용을 모두 제공했다.[111] 이탈리아어 작품들이 얼마나 매력적

110 CAM 23.

111 C. Dionisotti, *Gli umanisti e il volgare* …, pp. 1~14는 알두스가 토스카나로 '개종'한 사건을 피에트로 벰보와의 친분과 연결한다: 그러나 FD no. 114, p. 146은 단테와 페트라르카 필사본을 제공하고 이에 대한 저작권을 신청했던 인물이 피에트로의 형제인 카를로 벰보였음을 보여 준다. 따라서 이 판들은 단순히 알두스의 원칙에 대한 선언으로 간주될 수 없다. 당대에 페트라르카 형식을 실험했던 방식과 필사본들에 대한 전반적인 문헌들에 대해서는 DBI XVIII에서 파올로 다 카날(Paolo da Canal)에 대한 F. 레포리(F. Lepori)의 항목을 참조.

이었는지 알기 위해서는 이사벨라 데스테의 편지를 훑어보기만 하면 된다. 강박적인 후원자였던 그녀는 페트라르카의 피지 사본을 구입품 목록에 추가했다.[112] 심지어는 러시아 남부에 대한 제노바 출신의 여행자 조르조 인테리아노(Giorgio Interiano)의 묘사조차 선용되었다. 이 글은 다니엘레 클라리의 추천으로 알두스에게 전해져 얻은 뜻밖의 횡재였다. 이 작품은 나폴리의 일기 작가인 산나자로에게 헌정되었으며, 그는 이 글을 자신의 작품에 포함하도록 요구했다.[113]

알두스가 출판을 서둘렀던 경향도 하나의 중요한 요소였다. 이는 새로운 작품들을 출판하는 원동력이었기 때문에 긍정적인 요소였는지도 모르지만 종종 상업적이고 학문적인 계획에서 골칫거리로 작용했으며, 인쇄업자를 긴장시키는 요소이기도 했다. 우리는 필로스트라토스의 『티아나의 아폴로니오스의 생애』(Vita Apollonii) 판의 정확한 뒷이야기를 모른다. 알두스는 1501년 3월에 이 작품의 인쇄 작업을 마쳤지만 1504년 5월에야 출판했다. 출판 당시에도 그는 이 작품을 사사건건 공격하며, 그가 읽어 본 작품 중 최악이라고 선언하는 서문을 달았다.[114] 그는 발레리우스 막시무스 본문과 베사리온의 플라톤 옹호와 관련해서는 인쇄 작업이 거의 끝난 후에야 새로운 자료를 받았다. 따라서 그는 추가 자료를 인쇄해야만 했다.[115] 이와 같은 열정으로 인해 기독교 라틴 시에 대한

---

112 A. Baschet, pp. 9~11의 문서들. 논평에 대해서는 A. Luzio · R. Renier, "La cultura e le relazioni letterarie di Isabella d'Este-Gonzaga", GSLI XXXIII, 1899, pp. 1~62, XXXVII, 1901, pp. 201~45; V. Cian, *Un decennio della vita di Pietro Bembo*, Turin, 1885, pp. 90f. 참조.

113 C. Dionisotti, *op. cit.*, p. 13; OAME XLI.

114 OAME XXVI. 논평에 대해서는 R. Christie, "Chronology …", p. 213 참조.

115 발레리우스 막시무스는 1502년 10월에 인쇄되었으나, 12월 28일 이후에 25장 정도의 추가적인 내용을 포함해 재출판됐다: RAIA pp. 36~37, 빈의 요하네스 슈피스하머(Johannes Spiesshammer)의 편지에 대해서는 OAME XLII, A, B;

대규모 판은 출판인의 악몽으로 변해 버린 것으로 보인다. 1501년 1월에 첫 번째 권과 두 번째 권의 전반부가 인쇄되었다. 그러나 클라리에게 바친 두 번째 권의 헌정사에는 1502년 6월이라는 날짜가 적혀 있다. 날짜가 기입되지 않았지만 상당히 상이한 한 첩의 그리스어와 라틴어 글들이 두 권의 책 말미에 추가되었다.[116] 세 번째 권은 1504년 6월로 지연되었다. 이에 대한 가장 그럴 듯한 해석은 알두스가 본래 세둘리우스(Sedulius), 유벤쿠스(Juvencus), 아라토르(Arator), 그리고 프루덴티우스의 단편들로 구성된 적당한 크기의 판을 계획했다는 것이다. 한 권의 책에 포함될 수 있었던 이 내용들은 가장 이른 날짜가 기입된 부분에 해당한다. 이 책에 대한 소문이 퍼지고 학문적인 열정이 고조되면서 새로운 자료들이 마구 유입되기 시작했다. 먼저 영국에서 프루덴티우스의 필사본 전체가 도착했다. 이로써 책의 균형이 깨졌다. 다음에는 다마스쿠스의 요한(John of Damascus), 코스마스(Cosmas)와 에피파니오스(Epiphanius)의 그리스어 작품들이 들어왔다. 이 작품들은 결국 시간을 들여 번역되었고 편집과정을 거쳐 첫 번째 권과 합쳐졌다. 이것은 두 번째 권을 종결짓는 것을 의미했다. 피에로 칸디도 데켐브리오(Piero Candido Decembrio)가 『호메로스 시가 선집』(Homerocentra)을 편집하고 번역하도록 위임을 받았으며, 두 권의 책은 18개월 늦게 함께 출시된 것으로 보인다. 그 와중에 그레고리오스 나지안제노스*의 필사본이 등장하기 시작

---

CAM 27 참조. 베사리온의 논문에 대해서는 내가 쓴 기사의 부록 참조. "Two Great Venetian Libraries in the Age of Aldus Manutius", BJRL 57, no. i, 1974, pp. 164~66.

116 vol. 1, ff.yyxr–"FINIS. Venetiis apud Aldum mense Ianuario MDI." a i v. Icannis Damasceni in Theogoniam, etc.

vol. II, f.hh vi r–동일한 문구. F. Ai r– Epstola Severi Sulpitii, etc. OAME XXIII에 인쇄된 클라리에게 보내는 편지.

* Gregorius Nazanzenus, 329~389: 카이사레아의 바실레이오스와 함께 아테네에서 교육받은 신학자이다. 그는 바실레이오스, 니사의 그레고리우스와 함께

했으며, 새로운 권이 요구되었다. 필사본 하나는 너무 늦게 도착했다. 알두스는 이 그리스어 본문에 두 페이지 반에 걸친 수정 사항을 추가했을 뿐이다. 그는 독자들에게 스스로 라틴어 번역을 바로잡도록 청하면서 작업이 곧 호전될 것이라는 호메로스의 속담으로 자신을 설득하려 노력했다.[117] 논노스가 「요한복음」을 의역한 내용이 네 번째 권으로 출판될 계획이었다. 이것은 세 번째 권이 완성되었을 때 교정쇄 상태로 있었지만, 공식적으로는 출판되지 않은 것으로 보인다.[118]

복잡한 이 연속물의 두 번째 권이 알두스의 유명한 부호를 처음 지닌다는 사실은 적절해 보인다. 돌고래와 닻은 "천천히 서둘러라"라는 고대의 격언을 상징했다. 알두스는 이 좌우명을 이미 1499년에 선언했고 동료들에게 정기적으로 설명했던 것으로 보인다.[119] 사실 이 말은 1502년에 알두스의 상황을 깔끔하게 정리해 준다. 그는 많은 것을 성취했지만

---

카파도키아의 3대 교부로 불리며, 초기 기독교의 삼위일체 교리를 정립하는 데 기여했다.

117   이 재구성은 RAIA pp. 24~26을 근거로 R. 크리스티(R. Chrsitie)가 제안한 것이다: *op, cit.*, pp. 208~13. 나는 이 재구성의 세부 사항에 전적으로 만족하지는 않는다. vol. 1(OAME XXII A)에는 알두스가 클라리에게 보낸 날짜가 생략된 첫 번째 편지가 나온다. 거기서 그는 자신이 이미 프루덴티우스의 필사본을 가지고 있고, 아울러 사용했다고 말한다. 논노스의 작품은 1504년에 '이미 3년 동안'(iam trennium) 수중에 있다고 말한다(다음 주 참조). 따라서 알두스가 본래 한 권으로 된 간단한 라틴어 판을 구상했다는 점은 불분명하다. vol. III, ff. oo iv v-v r에는 이 본문의 특수한 난제들에 대한 알두스의 논평이 있다.

118   RAIA p. 261. 논노스의 본문이 세 번째 권 마지막에 언급되었다. 그러나 몇 안 되는 잔존하는 사본에는 이에 대한 라틴어 번역에 대한 기약도, 앞붙이(preliminary matters)도 없다. 따라서 A. Renouard · R. Christie, *loc. cit.*는 인쇄된 자료가 사적으로 동료들 사이에서만 유포되있다는 짐에 동의한다.

119   L. Dorez, "La marque typographique d'Alde Manuce", *Révue des Bibliothèques*, VI, 1896, pp. 143~60; L. Donati, "Le marche tipografiche di Aldo Manuzio il vecchio", GJB 1974, pp. 129~32. 격언에 대한 알두스의 설명은 M. M. Philips, *The Adages of Erasmus*, pp. 171f. 참조.

그의 지속적인 성공은 두 세력 사이의 균형을 유지하는 데 달려 있었다. 이 세력들은 서로 항상 조화되지는 않았다. 열정적인 학자 동료들이 필사본과 새로운 판에 대한 요구를 갖고 그에게 몰려들었던 반면에, 그의 사업 동료들은 판매량이 증가하기를 원했다.

알두스의 사업은 1502~03년에 정점을 찍었다. 이후부터의 쇠퇴는 우리에게만큼 당시 사람들에게도 자명했다. 1504년과 1512년 사이에 고작 24종의 판만이 출간되었는데, 이는 이전 2년 동안 출판된 숫자보다 적었다. 알두스의 사업은 1505년 12월부터 1507년 12월까지, 그리고 1509년 4월부터 1512년 10월까지 총 4년도 넘게 휴업했다. 하락세는 점진적이었다. 이는 1500년에 칼리에르게스의 갑작스러운 붕괴와 전혀 다른 양상이었다. 또한 간간히 이례적으로 중요한 편집 작업이 대두되기도 했다. 비평가들이 회사의 쇠퇴에 대해 말하기를 주저했던 사실은 당연하다. 그들은 이 기간에 베네치아 자체가 처했던 위험천만한 상황으로부터 기인한 상업적인 어려움을 지적하는 것을 선호했다.[120]

그리스어 출판 계획은 유지되었다. 요하네스 그라마티쿠스(Johannes Grammaticus)의 주석은 1495년에 시작된 아리스토텔레스의 연속물을 이어나갔다. 바로 곁에 테오도로스 가자의 라틴어 번역이 첨가되었다. 그레고리오스 나지안제노스를 끝으로 기독교 시인들이 일단락되었다. 비록 첫 번째 판은 아니었지만 두 권으로 된 호메로스 작품도 8절판으로 출판됨으로써 거의 동일한 수준의 중요성을 지니게 되었다. 이것은 거의 3년 동안 계획했던 작품이었다.[121] 데모스테네스의 『연설문』(*Orationes*)도 마찬가지였다. 이 작품은 인쇄 부수가 소규모였는데 많은 어려움에 직면

---

120  RAIA p. 51; A. Firmin-Didot, *Alde Manuce*, p. 283.
121  라스카리스는 1501년 12월에 이 계획에 대해 알고 있었다. CAM 24. 첫 번째 판에 대해서는 이 책의 제3장 주 41 참조.

했다. 알두스는 이 책이 그가 그때까지 출판했던 어떤 책보다 품질이 뛰어나다고 생각했다.[122] 1508~09년에 후속해서 출판된 그리스 연설가들과 함께 이 책은 대단히 중요한 초판본들을 구성한다. 이 책들은 기존의 헤로도토스, 투키디데스, 크세노폰, 소포클레스, 그리고 에우리피데스의 판이 그리스의 역사와 극의 생존을 보장했던 것처럼 그리스 수사학의 생존을 보장했다. 마침내 1509년에 출판된 플루타르코스(Plutarchus)의 『모랄리아』(Moralia)도 가장 호평받는 교육학 자료로서 10년도 넘게 계획 중이었다.[123] 알두스는 문제에 봉착했음에도 불구하고 그리스 문화의 교육학적 가치에 대한 믿음을 저버리지 않았던 것이 분명하다. 그는 소신을 행동으로 옮겼다.

라틴어 판들은 상대적으로 적었고 당시의 사소한 글들을 대거 포함했다. 그러나 가이우스 플리니우스의 편지는 아주 오래된 필사본을 모본으로 삼기 때문에 중요하다. 에라스무스의 『격언집』은 당시의 가장 성공적인 책 중 하나였다.[124]

이 모든 사실들을 받아들이더라도 세 가지 문제들이 아직 만족스럽게 해명되지 않았다. 첫 번째는 실제로 인쇄된 자료들의 양이 급격히 감소했다는 사실이다. 두 번째는 1506년과 1507년 사이의 긴 폐업 기간이다. 이 현상은 1509년에 비로소 시작했던 전쟁의 탓으로 돌릴 수 없다. 세 번째는 당시 지식층에서 팽배했던 알두스에 대한 평가이다. 그들은 알두스에게 실망했다. 1505년에 요하네스 쿠노는 "그는 결혼한 후에 내세울 만한 성과가 없다"라고 한탄했다. "나는 고대에 아리스토파네스를 괴

---

122  OAME LVI.
123  플루타르코스는 1498년에 원로원에 제시된 미완성 청원서에서 언급된다. CSV
     p. 76.
124  RAIA p. 54. 플리니우스에 대해서는 이 책의 제6장 주 108~09 참조.

## 〈도표 3〉 알두스의 출판 목록, 1504~09

| 연도 | 그리스어 | 라틴어 | 이탈리아어 |
|---|---|---|---|
| 1504 | 아리스토텔레스의 분석론에 대한 문법학자 요하네스의 주석, 148f fol.<br><br>그레고리오스 나지안제노스의 노래…4°<br><br>호메로스의 작품들 I, 277f 8°<br>II, 306f 8°<br>데모스테네스의 연설문<br>I, 160f fol.<br>II, 144f fol. | 테오도로스 가자, 274f. fol.<br>카르테로마쿠스 연설, 15f 8°<br><br>킴브리아쿠스의 찬사, 24f 8° | |
| 1505 | 가장 복된 처녀의 때 160f 32°<br><br>이솝의 우화 … 150f fol.<br><br>(호메로스의 일리아스에 대한 칼라브리아의 퀸투스의 보충 작품, 172f 8°) | 아우구렐리우스의 노래, 128 8°<br><br>폰타노의 우라니아, 241f 8°<br>카스텔레시의 사냥, 8f 8°<br><br>베르길리우스의 작품들, 304f 8° | 벰보, 아솔로 사람들, 96f 4° |
| 1507 | | 에라스무스가 번역한 헤카베와 아울리스의 이피게네이아, 80f 8° | |
| 1508 | 그리스 수사학자들 I, 367f fol.<br>II, 209f fol. | 알두스의 문법서, 192f 4°<br>에라스무스의 격언집, 249f fol.<br>플리니우스의 편지, 263f 8° | |
| 1509 | 플루타르코스의 소작품, 525f fol. | 호라티우스의 작품들, 155f 8°<br>살루스티우스의 작품들, 104f 8° | |

롭혔던 빈곤의 문제 외에는 알두스의 변화의 원인을 헤아릴 수 없다."[125] 알두스가 이 시기에 생산했던 작품 중 하나는 벰보의 『아솔로 사람들』인데, 이는 우리에게 대단히 흥미로운 작품이다. 이 책은 우리에게 흥미진진한 상류 사회를 엿볼 수 있게 해준다. 또한 중요한 문학적인 실험이며, 피치노의 사랑에 대한 이론을 대중화한 책이다. 이 판에 관심을 가져야 하는 이유는 여기에 연루된 인물들뿐만 아니라 이 책이 로마와 페라라의 정치 발전과 연결되어 있기 때문이다. 하지만 쿠노에게 이 작품은 "사랑에 대한 토착어로 된 자질구레한 내용"에 불과했다. 상상하지 못했던 일이 벌어졌다. 알두스가 쓰레기를 출판한 것이었다.[126]

알두스는 1500년 이전에 학계의 동료들을 위해 성실하게 일했다. 이 동료들의 주된 관심사는 그리스어 판이었는데, 이제 그리스어 판을 생산하는 사람은 알두스가 유일했다. 그들은 원하는 바를 얻어내기 위해 알두스에게 엄청난 압력을 가할 준비가 되어 있었다. 이미 1501년에 콘스탄틴 라스카리스는 "그리스에서 이탈리아로 도주"한 알두스를 비웃었다. 그는 알두스가 천박하게 폭리를 취했다고 비난했다. 안젤로 가브리엘(Angelo Gabriel)은 알두스를 "거의 매일같이 책망하면서" 데모스테네스를 출판할 것을 요구했다. 스키피오 포르티게라는 1505년 4월에 로마에서 쓴 편지에서 알두스가 그리스어 작품 인쇄를 완전히 포기했다는 소문에 대한 우려를 표했다.[127] 우리가 이미 살펴보았듯이, 알두스는 그

---

125 *Pirckheimers Briefwechsel*, vol. 1, no. 86, pp. 280~82.

126 쿠노의 논평에 대해서는 *Ib.* 참조. 『아솔로 사람들』의 영향력에 대해서는 E. Panofsky, "The Neoplatonic movement in Florence and Northern Italy", in *Studies in Iconology*, New York, 1967, pp. 129~69 참조. 이 작품은 내용은 동일하면서 루크레치아 보르자에게 헌정사가 바쳐진 것과 그렇지 않은 형태로 존재한다. 참고문헌에 대한 상세한 정보는 C. H. Clough, "Pietro Bembo's *Asolani* of 1505", *Modern Language Notes*, 84, 1969, pp. 16~45 참조.

127 CAM 24(라스카리스), 35(포르티게라); OAME LVI(가브리엘).

리스어 인쇄를 포기하지 않았었고 앞으로도 절대 포기하지 않았다. 그러나 그리스어 판은 제작하기도 힘들고 판매율도 저조했다. 특히 인기가 끊이지 않았던 라틴 저자들의 깔끔한 8절판에 비해서는 더욱 그랬다. 1513년의 재고 목록에는 16세기가 되기 이전에 출판된 대형 라틴어 본문만 발견된다. 그리스어 판들은 심지어 라스카리스의 문법서마저 남아 있었고 할인된 가격으로 등록되었다.[128]

알두스의 동업자들이 회사 운영에 보다 직접적으로 관여하기 시작했다는 사실은 당연하다. 그들은 위험 부담이 큰 그리스어 판에 대해 경고하면서 1501년과 1505년 사이에 품절되었던 베르길리우스 같은 안전한 작품을 노리도록 충고했다. 난관의 첫 조짐은 이미 1503년에 나타났다. 그때 오리게네스*의 설교 연속물의 번역이 "안드레아 토레사니의 경비로, 알두스 마누티우스의 열정과 학문으로 말미암아" 출판되었다. 일반적으로 제한적인 동업관계에 한정되어 사용되는 이 문구는 알두스의 출판물 중 여기서 유일하게 등장하는데, 이는 이 판의 비용을 충당하기 위해 추가적인 자금이 필요했다는 사실을 함축한다.[129] 1505년에 그리스어가 배척당하고 있다는 정보를 포르티게라에게 전해 주었던 사람은 토레사니였다. 그해 말에 쿠노는 서적상들의 입장에 대해 보고한다. 서적상들은 수지에 맞게 가격을 조정하지 않는다면 더 이상 그리스어 본문을 받아들이지 않겠다고 협박했던 것이다.[130]

---

128 이 장의 주 101의 P. S. Leicht, *op. cit.* 참조. 저자는 이전 목록에서 6리라 4솔두스로 책정되었던 디오스쿠리데스와 크세노폰의 사본들이 1513년에는 4리라로 책정되었다는 사실을 지적한다(p. 79).

* Origenes, 184/85?~254/55: 알렉산드리아 태생의 신학자로서 기독교의 해석학, 교의, 변증학 등의 분야에서 방대한 양의 작품을 저술했으나 극히 일부만 남았다. 그는 성경 본문 비평과 해석학, 그리고 조직신학의 선구자였다.

129 RAIA p. 44. 이 해석은 추측에 해당한다. 이 문구는 단간제(單刊制)를 후원했던 루칸토니오 지운티 같은 출판인에게 흔했다.

이러한 긴장은 요즘 말로 '이사회의 전투'(board-room battle)라는 표현으로 포괄될 수 있는데, 이를 전면적인 위기로 부풀려 해석하는 것은 실수일 것이다. 우리에게는 인문주의자들의 증언만 남아 있는데, 이들은 토레사니에게 호의적이지 않았다. 이 문제들은 현실적인 문제였을 가능성이 높다. 산업 전체가 극심한 불경기에 빠졌고 알두스의 가장 성공적인 출판물마저 저렴한 위조품이 판을 치고 있었다. 이 시기에는 현금 유동성을 주시해야만 했다. 알두스는 개인적으로도 고통스러운 회의에 빠졌던 것으로 보인다. 그는 수년간 황제의 궁정에서 자리를 협상 중이었다. 1505년에 그의 희망은 곧 성취될 것처럼 보였다. 측근들이 갑절의 노력을 기울였고 막시밀리안 1세(Maximilian I)도 계속 호의적인 신호를 보냈다.[131] 이런 정황 속에서 대규모 사업은 별 의미가 없었을 것이다. 이때 알두스가 그의 지적 동료들이 아니라 토레사니와 심각하게 충돌했다는 말은 매우 의심스럽다. 회사 내에서 토레사니의 막강한 영향력을 고려할 때 그 가능성은 희박하다. 알두스가 1505년 1월에 그의 동업자의 딸인 마리아와 결혼했다는 사실은 이 말의 신빙성을 더욱 떨어뜨린다. 인쇄업에서 가문 간의 이러한 연합은 결속력을 다지기 위한 흔한 현상이었다. 장송과 쾰른의 요하네스의 연합체도 이와 같은 여러 혼인관계로 결속되었다. 알두스의 혼인은 일반적인 경우보다 더 계산적이었다. 다른 것은 고사하더라도 알두스는 마리아의 아버지보다 연장자였다. 그러나 이들의 나이 차이가 행복하고 유익한 결혼 생활을 가로막지는 않은 것으로

---

130  이 장의 주 125의 *loc. cit.* "Libros enim Gracos a se impressos deinceps socer eius Andreas de Asula, bibliopola, non accepturus erat uti solebat, et ob id necessaria pro impressione retribuere."

131  이 계획은 알두스의 출판과 관련된 야망이 아닌 학문적인 관심과 연관되기 때문에 다음 장에서 상세히 다루겠다. 바로 위에 언급된 편지에서 쿠노는 피르크하이머에게 알두스가 실제로 독일 여정을 준비하고 있었다고 보고한다.

보인다.[132]

1505년 겨울이 다가오자 황제의 후원에 대한 희망은 감소했다. 알두스는 동업자이자 장인인 토레사니와의 결속을 더욱 강화했다. 정확한 시점은 모르지만 아마도 혼인하고 오래 지나지 않아 그는 산타고스티노에 위치한 집을 떠났던 것으로 보인다. 그는 산파테르니아노 근처에 거주하던 아내 가족의 집에 입주했다. 1506년 3월 27일에 그는 토레사니를 주된 유언 집행자이자 주요 수혜자로 지명하는 유언장을 작성했다.[133] 다음날 두 사람은 그들의 부동산과 자산 전체를 합병하는 계약서에 서명했다. 총액의 5분의 4는 안드레아에게, 5분의 1은 알두스에게 할당되었다.[134] 얼마 지나지 않아 알두스는 필사본을 찾기 위해 베네치아를 떠났다. 롬바르디아(Lombardia) 도처에서 광범위한 필사본 수색작전을 수행하면서 그는 지난 장에서 언급되었던 예상치 못한 모험을 경험했다. 그는 유력한 사람들과의 인맥도 상당히 넓힐 수 있었다. 물론 모든 인쇄 작업은 중단되었다. 그러나 유언장의 조건과 여행의 목적은 사업이 계속 진행될 것이라는 사실을 분명히 한다.[135] 토레사니와 손을 잡은 사건으로부터 그들 사이의 불화가 심각하지 않았음을 유추할 수 있다. 또한 유

---

132 토레사니는 1451년 3월 4일에 태어났다. 따라서 그가 1447년이나 1450년에 태어난 알두스보다 어렸다는 것은 분명하다. D. Bernoni, p. 5. A. Firmin-Didot, *Alde-Manuce*, p. 143은 밝혀지지 않은 근거를 토대로 알두스의 결혼 시기를 1499년으로 잡는다. 1505년 3월 11일에 알두스가 알베르토 피오에게 보낸 편지에서 그는 "이 축제(Carnival) 기간 동안에" 결혼했다고 언급한다. CAM 8.

133 유언장은 산파테르니아노에서 작성되었다. CSV pp. 92~95.

134 이 문서의 잔존하는 사본은 없다. 그러나 이를 무효화한 법률 행위와 알두스의 두 번째 유언장으로부터 이 문서의 날짜와 주요 내용을 재구성할 수 있다. E. Pastorello, "Testimonianze e documenti …", pp. 174~75, 195, Doc. III 참조.

135 알두스는 감옥에서 만토바의 후작에게 보내는 항소에서 그가 가장 유명한 만토바 출신인 베르길리우스의 필사본을 찾고 있었다는 말을 강조한다. A. Baschet, no. XIV.

언장에 2,000두카토가 유증되었다는 사실로부터 알두스의 경제적인 어려움이 아직 최고조에 달하지는 않았음을 알 수 있다. 1506년의 사업 중단은 계획적인 긴축 기간이었을 가능성이 높다. 10년 동안 돌고래들과 함께 헤엄치느라 탈진한 그는 잠시 숨을 고르기 위해 닻에 매달렸던 것이다.

휴식 시간이 필요했던 이유 중 하나는 불공평하고 불법적인 경쟁자들의 위협 때문이었다. 물론 희미하고 단편적인 증거들이 정확한 연결점을 파악하기 어렵게 만든다. 우리는 이미 인쇄업의 해적들이 편집의 시간과 비용을 절감하는 모습을 살펴보았다. 이들은 사전에 다른 작업장에서 사본을 확보함으로써 이런 일을 저질렀다. 공포에 사로잡힌 수많은 출판인들이 베네치아 원로원에 보호를 호소했다. 알두스는 재산을 보호하기 위해 자신이 갖고 있던 영향력을 총동원했다. 그는 인쇄업을 시작했던 초창기에 그리스 작품이 아니라 그리스어 필기체에 대한 특권을 요청하면서 신기원을 열었으며, 1502년 3월에 이탤릭체를 위해 동일한 요청을 했다. 그는 원로원의 명령과 공작의 편지로 두 특권을 모두 획득했다. 이 특권은 같은 해 가을에 발행되었다.[136] 이러한 광범위한 방어벽 외에도 그는 여러 개별적인 작품들에 대한 베네치아의 표준적인 저작권을 여럿 보유하고 있었다. 여기에는 시에나의 성 카타리나와 기독교 시인들, 그리고 벰보의 『아솔로 사람들』이 포함되었다. 그는 마치 그의 목록에 마무리 손질을 가하듯이 교황의 칙령으로 그의 활자에 대한 보호를 확정하고 확장했다.[137] 알두스의 특권들은 계몽된 베네치아 정부에 의해

---

136  CSV pp. 72~81. 작품이 아닌 활자체들 보호하려는 새로운 시도에 대해서는 H. de la Fontaine Verwey, "Les débuts de la protection des charactères typographiques du XVIe siècle", GJB, 1965, pp. 24~34 참조.

137  알렉산데르 6세와 율리우스 2세, 레오 10세의 칙령들은 1513년에 페로티의 『풍요의 뿔: 보고』 판에 인쇄되었다: RAIA pp. 63.

보호를 받았다. 이 사실과 알두스가 발휘했던 정치적인 영향력을 감안한다면, 그는 당시에 가장 안전하게 보호받은 출판인 중 한 명이었을 것이다.[138]

사실 알두스의 경험은 이 특권 체계의 전반적인 효력에 대한 의구심을 불러일으킨다. 브라시켈라의 경우에는 알두스의 활자와 자신의 책 둘 다호의적인 특권을 발급받았다. 그러나 이 두 특권은 서로 상충되었다. 이예는 기술적인 무지와 법률적인 전례의 부족, 그리고 어마어마한 숫자의 저작권 신청서로 인해 발생할 수 있는 위험을 분명히 보여 준다. '위조된 사본'이란 무엇인가? 이 질문을 던지기 전에 원본의 우선권 자체가 먼저 입증되어야 할 것이다. 위조된 사본은 모든 점에서 원본을 닮아야 하나? 아니면 글자 크기와 활자 혹은 새로운 자료의 신중한 도입으로 인해 별도의 작품으로 인정받을 수 있나? 유사한 활자체는 얼마나 '유사'해야 하나? 이런 기술적인 모호성은 다른 사람의 작품을 베끼는 것을 해가 아니라 호의로 생각했던 필사본 시대로부터 전수된 확신만큼이나 상황을 복잡하게 만들었을 것이다.[139]

정의의 문제 너머에는 집행의 문제가 있었다. 인쇄본은 온갖 종류의 심문 장치들이 존재했던 16세기 중반에도 통제하기 힘들었다. 1500년

---

138 출판 특권에 대한 이 해석은 R. 풀린(R. Fulin)에 의해 강력하게 주장되었다. 그는 가장 총체적인 자료들을 모집했다. FD pp. 86f.(서론). C. 카스텔라니(C. Castellani)와 H. 브라운(H. Brown)을 비롯한 다른 사람들도 그의 말을 따른다.

139 브라시켈라에 대해서는 이 장의 주 64~66 참조. 정의의 문제에 대해서는 P. 카메리니(P. Camerini)가 강조한다. "In difesa di Lucantonio Giunta dall'accusa di contrafattore delle edizioni di Aldo Romano", *Atti e memorie della reale accademia di scienze, lettere ed arti in Padova*, Anno CCCXCIII, 1933~34, pp. 165~94. 당시에 판의 연대를 결정하는 것도 전혀 보편적이지 않았다는 사실을 상기할 필요가 있다. 인쇄의 시대에 맞게 사고방식을 재조정하는 어려움에 대해서는 M. McLuhan, *The Gutenberg Galaxy: the Making of Typographic Man*, London/Toronto, 1962, pp. 86~88 참조.

베네치아에는 인쇄업과 관련된 법률 사례에 능통했던 사람은 아무도 없었다. 많은 청원서가 검사(Avogadori del Commun)나 공소관들을 언급한다. 일부는 공공질서와 성범죄 담당이었던 특별 치안판사를 암시하기도 한다. 알두스의 이탤릭체에 대한 보호는 국가의 안전을 담당했던 유력한 집단인 10인위원회에 위탁되었다. 불행하게도 잔존하는 소수의 기록들은 우리에게 거의 아무것도 밝혀주지 않는다. 저작권과 관련된 혼동과 극히 부분적인 효력은 애초부터 밝힐 것이 없었다는 사실을 함축하는 것 같다.[140] 1501년부터 출판된 알두스의 라틴어와 이탈리아어 8절판은 다방면에서 모방의 파장을 불러일으켰다. 이런 모방은 가까운 곳에 있는 동료들의 어설픈 간첩 행위보다 다루기 훨씬 어려웠다. 알두스가 그의 그리스어와 라틴어 활자에 대한 전반적인 보호를 청원했던 이유는 리옹과 브레시아에서 그의 판이 복제되었기 때문이다. 베르길리우스, 호라티우스, 유베날리스, 마르티알리스, 루카누스, 그리고 로마의 애가 시인들을 포함하는 초기의 모조품들은 가장 뻔뻔스러운 위조에 해당했다. 헌정사를 포함한 알두스의 본문 전체가 천박한 이탤릭 모조체로 재생되었다. 저급한 종이에 인쇄된 본문은 다급한 작업에서 비롯된 수많은 오류들로 가득했다. 형식은 8절판이었다. 날짜와 인쇄업자의 성명은 누락되었다. 알두스는 저작권과 공작의 편지로 모조의 원천을 봉쇄하려는 노력을 두 차례에 걸쳐 시도했으나 모조품들의 익명성으로 인해 실패로 돌아갔다.[141]

1503년에 알두스는 전략을 바꿨다. 그는 "리옹의 인쇄공들에 대한 경

---

140 FD nos. 22, 25, 61, etc.(검사Avogadori del commun): 95, 96, 97 etc.(특별 치안판사Signori di notte); III(10인위원회의 수장에게 위탁된 알두스에 대한 보호). 다른 많은 자료들은 단순히 '시뇨리'(Signori)를 언급한다. 이 당시의 검사와 특별 치안판사에 대한 기록은 단편적이지만, 10인위원회에 대한 기록은 완전하게 보존되었다.

141 의심쩍은 판에 대해서는 RAIA, pp. 305~16 참조.

고"를 출판했다. 이는 구매자들의 경각심을 불러일으켜 시장에서 그의 경쟁자들을 말살하려는 시도였다. 그는 구매자들에게 위조품의 존재를 알렸고 위조품과 진품을 구분하는 방법도 제시했다. 그는 인쇄물의 결함을 가리켰다. 종이의 저급한 품질도 비판했다. 모조품에 추가된 오류도 열거했다. 책망받은 리옹의 인쇄공들은 활자를 개조하고 본문을 수정한 후에 새로운 판을 발행했다.[142] '위조'에 대한 가장 포괄적인 정의를 적용한 르누아르는 1501년과 1507년 사이에 리옹에서 출판된 알두스의 해적판 64종을 나열한다. 대부분의 해적판은 바르텔레미 트로스 (Barthélemy Troth)와 이탈리아 출신 이민자였던 발타차르 드 가비아노 (Balthazar de Gabiano)라는 사람의 소행이었다. 르누아르의 통계는 주관적일지도 모르지만 위협의 심각성이나 알두스가 특권을 보호하는 데 실패했다는 사실을 부인할 수는 없다.[143]

알두스의 근처에서 모조했을 가능성이 있는 또 다른 후보가 있다. 그는 훨씬 은밀하게 일했기 때문에 접근하기도 어려웠다. 알두스가 1506년에 생산을 멈춘 동기 중 하나는 공격을 준비하기 위해서였을 가능성이 높다. 이 새로운 위협은 지난 3년 동안 발전했고 알두스가 사업을 재개했던 1507년 말 직전에 일단락된 것으로 보이기 때문이다. 경쟁자는 다름 아닌 필리포 지운티(Filippo Giunti)였다. 그는 피렌체 인쇄 왕조의 일원이었는데, 이 회사는 알두스의 회사보다 유력했던 것이 분명하고 상업적으로도 더 성공적이었을 것이다. 지운티는 피렌체에 기반

---

142 A. F. Johnson, "Books Printed at Lyons in the Sixteenth Century", *The Library*, Fourth Series, III, 1922, p. 150.

143 위의 주 139에서 언급된 P. Camerini, *op. cit.*, pp. 188~94는 A. 르누아르 (A. Renouard)의 검사 항목에 대한 상세한 비평을 제공한다. 나는 근본적으로 서지학상의 문제인 이 논쟁에 개입하지 않겠다. 이 저자는 지운티를 보호하려는 노력으로 인해 정반대 극단으로 옮아간 것으로 보인다.

을 두고 주로 문학서들을 생산했다. 그의 형제인 루칸토니오는 베네치아에서 활동했고 주로 서적상과 보험업자로 일하다가 1499년부터는 대중적이고 종교적인 작품을 취급하는 독립적인 인쇄업자로 전환했다. 이들 공동의 자산은 1491년 이후 갑절로 불어났다. 1505년에는 아마도 1만 2,000~1만 5,000두카토에 달했을 것이다.[144]

비록 전적인 회상에 근거한 것이지만 지운티와 알두스 사이의 논쟁에 대한 증거들은 일관된 그림을 그려준다. 1514년 7월에 지운티 형제들은 같은 피렌체 출신인 교황 레오 10세의 동정을 활용했다. 그들은 얼마 전에 그리스어와 이탤릭체에 대한 알두스의 전적인 특권을 인정했던 교황의 결정에 도전장을 던졌다. 그들은 자신들이 라틴어 필기체를 최초로 사용했던 사람이었다고 호소했다. 교황은 모든 사안에 통상적인 말로 동의함으로써 양측 모두를 만족시키려고 시도했던 것으로 보인다. 이 논쟁의 세부적인 사항은 프란체스코 베토리(Francesco Vettori) 대사에게 혼동을 야기했다. 그는 양측 작품들의 표본을 요구했고 조금 변경된 서체로 인쇄할 것을 조언했다. 이 사안은 외교 문서에서 갑자기 사라져버리는데, 이는 지운티 가문이 요구했던 모든 사항들이 받아들여지지 않았음을 함축한다.[145] 베네치아의 기록들은 그들이 진실을 있는 그대로 제시하지 않았음을 보여 준다. 1516년 10월 10일에 필리포 지운티의 아들인 베르나르도는 10인위원회에 추방 포고령을 철회해 줄 것을 요청한다. 이 추방은 기록되지 않은 어느 시점에 특별 치안판사가 베르나르도의 아버지에게 선언했던 것이다. 지운티는 알두스의 저작권을 침해했다는 혐의

---

144 이 책의 제1장 주 47 참조.

145 이 문서는 D. 마르치(D. Marzi)에 의해 수집되었다, "Una questione libraria fra ii Giunti ed Aldo Manuzio il Vecchio", printed for Nozze Marpurgo-Franchetti, 1895. 이는 *Giornale della libreria*, IX, 1896에서 재생되었다. 마지막 편지에서 베토리는 여전히 해명을 요구했다.

E il tempo diſſar tutto, & coſi preſto;
Et morte in ſua ragion cotanto auara;
Morti ſaranno inſeme & quella, & queſto:
Et quei, che fama meritaron chiara,
Che il tempo ſpenſe; e i bei viſi leggiadri
Ch'impallidir fe il tempo & morte amara;
L'obliuion, gli aſpetti oſcuri & adri
Piu che mai bei tornando laſceranno

그리포가 주조한 손치노의 이탤릭체(파노, 1503).

De finibus prediorum fine ſeptis.    Cap. XVIII.

PRAETEREA fine ſeptis fines prædÿ, ſationis, notis ar/
borum tutiores fiunt, ne familiæ rixentur cum uicinis, ac limites
ex litibus iudicem quærant. Serunt alÿ circum pinos, ut habet
uxor in Sabinis. Alÿ cupreſſos, ut ego habeo in Veſuuio. Alÿ ul/
mos, ut multi habēt in Cruſtuminio, quod ibi pullulat maxime.
Et ubi eſt campus nulla potior arbor ſeritur, qd maxime fructuo/
ſa, quod & ſuſtineat ſepem, ac colit aliquot corbulas unarum, et
frondem iucundiſſimam miniſtrat ouibus, ac bubus, ac uirgas p/
bet ſepibus, & foco, ac furno. Scrofa. Igitur primum hæc, quæ
dixi, quatuor uidēda agricolæ, de fundi forma, terræ natura, de
modo agri, de finibus tuendis.

필리포 지운티의 이탤릭체(피렌체, 1515).

를 받았으나 이 저작권은 소유자의 죽음과 함께 소멸되었다.[146] 1507년 늦여름과 초가을의 편지에서 알두스가 소송에 연루되었다는 여러 차례의 언급들이 있다. 이 소송도 이 당시에 있었던 것으로 보인다. 1507년 이전에 지운티의 출판물을 살펴보면 소송의 원인은 금방 분명해진다.[147] 1503년 8월에 지운티는 카툴루스와 티불루스, 그리고 프로페르티우스의 8절판을 출판했다. 그는 이 본문들이 "최근에 가장 박식한 알두스 마누티우스에 의해 교정되었고, 이제 피렌체의 베네딕투스에 의해 개정되었다"라고 선언한다. 사실 이는 1502년 알두스의 본문을 통째로 재발간한 것이었다. 그는 이탤릭체와 페이지 구성까지 베꼈다. 첫 번째 판과 다른 점은 새로운 헌정사와 크리니티우스(Crinitius)의 『시인들의 전기』(De Poetis Latinis)에서 가져온 짧은 발췌문이었다. 두 달 후에 호라티우스 판이 출판되었다. 이 역시 알두스의 형식을 완전히 베낀 것이었다. 여기서도 다소의 추가적인 자료들과 『풍자』(Sermones)와 『편지』(Epistolae)의 순서 변경으로 책의 시작과 끝에 살짝 다른 느낌을 가미했을 뿐이다. 1504년과 1505년에는 페트라르카와 베르길리우스, 그리고 벰보의 『아솔로 사람들』이 뒤따랐다.[148] 이것은 전혀 새롭고 미묘한 방식의 표절로서 리옹의 조잡한 위조품과 격이 달랐다. 이처럼 중요한 인쇄업 소송 내용이 남아 있지 않다는 점이 유감스러울 따름이다. 지운티는 이탤릭체

---

146 A. S. V. Consiglio di Dieci, Misti, Rg. 40, c 12 r–v, 10 October 1516.

147 CAM 65, 23 September 1507: " … litigandi molestiam iniquissimi hominis iniuria … ", 54, 1 November 1507: "extricateve da vostre lite … ", 62, 1 November 1507이 이 소송을 의미할 가능성도 있다. 문서 수집을 좋아했던 것으로 보이는 리비오 포도카타로(Livio Podocataro)라는 성직자는 피사니 은행으로부터 "우리의 베르나르디노 씨의 글을" 얻기 위해 들였던 노력에 대해 파도바에서 보도한다. 바로 이전 주에서 인용되었던 청원에서 베르나르도 지운티는 피사니(Pisani)에게 일정 금액을 지불하겠다고 제안했다.

148 A.-M. Bandini, *Iuntarum Typographiae Annales*, Pars II, Lucca, 1791, pp. 5~19.

인쇄를 중단하지 않았지만 이후에 알두스의 책을 출판하는 것을 피하려고 노력했던 것으로 보인다.

1507년 늦가을에 결판이 난 것으로 보이는 이 소송에서의 승소는 사업 재개를 준비하는 알두스에게 큰 격려가 되었을 것이다. 알두스는 이미 오랫동안 재개를 계획했던 것으로 보인다. 쿠노는 1506년 12월 이전에 플라톤과 플루타르코스 본문의 예비 작업이 논의되고 있다고 전한다.[149] 이듬해 10월 28일에 에라스무스가 알두스를 접촉하는 유명한 사건이 있었다. 그는 알두스의 회사가 거의 2년 동안 한 권의 책도 출판하지 않았음에도 불구하고 그의 회사가 문을 닫지 않았다고 확신했다고 말한다. 이 편지의 가장 흥미로운 점은 알두스의 명성과 당시의 매우 비형식적인 사업 방법, 그리고 저자와 출판인 사이의 일반적인 관계를 조명해 준다는 점이다. 에라스무스는 사실상 알두스가 그의 에우리피데스의 『헤카베』(Hecuba)와 『아울리스의 이피게네이아』(Iphigeneia en Aulidi) 번역을 받아들이도록 '납득'을 시켜야만 했다. 그는 그들의 공통된 동료의 높은 평가를 강조했다. 요도쿠스 바디우스(Jodocus Badius)가 같은 작품의 판을 순식간에 완전히 매각했다는 점도 강조했다. 에라스무스는 자신이 인쇄비를 전부 부담할 수는 없더라도, 적어도 200부까지는 책임지겠다고 제안했다. 알두스에게는 필요에 따라 이런 변화를 주도할 수 있는 전적인 자유가 주어졌다.[150] 이것은 인쇄업자가 동료들을 만족시킬 수 있는, 바로 그런 종류의 저렴하고 위험 부담이 적은 작업이었다. 또한 그가 집중하고 있었던 플루타르코스와 그리스 연설가들의 판과 균형을 이룰 수 있는 좋은 기회였다. 책의 본문들은 에라스무스가 예측했듯이, 10일 안에 준비되지 않았을지도 모르지만 11월 어느 시점에 필사본을

---

149 *Pirckheimers Briefwechsel*, no. 139, p. 457, 26 December.

150 P. S. Allen, I, nos. 207, 209.

넘겨받은 알두스가 연말까지 80페이지에 달하는 인쇄본을 완성했던 것은 분명하다.[151]

재활한 회사는 이내 활기를 되찾았다. 에라스무스도 직접 찾아와서 『격언집』의 새로운 판 작업을 개시했다. 야누스 라스카리스는 학구적인 프랑스 대사였다. 프랑스 정부가 그에게 아무런 지시도 내리지 않았기 때문에 그는 문학을 즐길 수 있는 충분한 여유가 있었다. 새로운 관심과 후원도 대두되었는데, 그 원천은 베네치아의 늠름한 장군이었던 바르톨로메오 달비아노(Bartolomeo d'Alviano)였다. 그는 1508년 3월 초에 제국주의자들에게 찬란한 승리를 거두었는데, 이 승리는 허황된 안보의식을 야기했다. 알두스의 젊은 측근들이 포르데노네(Pordenone)에 위치한 그의 사유지로 몰려들었으며, 1509년에 그는 달비아노에게 살루스티우스 작품을 헌정했다. 이 판본은 라스카리스가 제공한 필사본의 도움으로 최근에 완성된 것이었다.[152] 그러나 5월 9일에 달비아노의 병력은 아다(Adda)강에서 프랑스 군대에게 대패했다. 도시들은 잇따라 정복자들을 지지하기 시작했다. 불과 몇 주 후에 베네치아가 지난 한 세기 동안 수립했던 본토의 국가는 산산이 무너져버렸다. 지난겨울 캉브레에서 그들의 동맹을 승인해 주었던 바로 그 세력이 주범이었다. 프랑스, 스페인, 신성로마제국, 그리고 교황이 모두 베네치아와 대적했다.

이 경우에 인쇄회사가 영업을 정지한 이유는 뻔하다. 우리가 던져야할 진짜 질문은 동업자들이 잔해에서 무엇을 구조하기를 원했으며, 어떻게 이 일을 이루어냈는지에 대한 것이다. 알두스는 재난 직후 즉시 베네

---

151 RAIA p. 51. 에라스무스의 편지는 10월과 11월에 기록되었다.

152 OAME LXVIII. 달비아노의 승리와 이후 아냐델로 전투에서의 참패에 대해서는 P. Pieri, *Il rinascimento e la crisi militare italiana*, Turin, 1970, pp. 448~76 참조. 포르데노네 동아리의 구성에 대해서는 E. Cicogna, *Delle iscrizioni veneziane*, vol. VI, Venice, 1853, pp. 225f. 참조.

치아를 떠났던 것으로 보인다. 알베르토 피오가 6월 1일에 그에게 편지를 보낼 때, 그는 이미 가족과 함께 페라라에 안전하게 도착한 상태였기 때문이다. 알베르토는 이전에 그의 개인교사였던 알두스에게 법적 계약서를 작성할 것을 충고했다. 그는 날짜를 조심스럽게 소급해 아솔로 근처의 안드레아 토레사니의 소유지가 마리아의 지참금의 일부로서 알두스에게 넘겨졌다는 문서를 작성하도록 충고했던 것이다.[153] 9월 1일에 알두스는 베네치아에서 미지불된 계약을 해결하기 위해 토레사니를 그의 정식 대리인으로 임명했다. 28일에 그는 자신과 토레사니의 재산을 합병했던 계약을 무효화했다.[154]

이런 모양새는 알두스와 토레사니가 양다리를 걸칠 준비를 하고 있었다는 사실을 분명하게 한다. 토레사니는 베네치아에 남아 사업을 계속 유지할 것이었고, 베네치아가 지배권을 되찾는다면 당연히 재산을 '소유하게' 될 것이었다. 만일 동맹측이 승리한다면 알두스가 소유권을 가지게 될 것이었다. 그는 프랑스와 신성로마제국, 그리고 페라라 궁정에서 자신의 영향력을 동원해 이를 확보할 것이었다. 알두스에게 이런 인맥들이 있었기 때문에 그가 베네치아를 떠난 것은 단지 편리를 위해서가 아니라 현명한 처신이었다. 알두스의 제자이자 후원자였던 알베르토 피오는 캉브레 동맹이 체결될 때 프랑스 왕의 고문이었다. 그가 신성로마제국과 펼쳤던 협상 일화는 유명했고 널리 퍼졌다. 그의 주된 상대자는 마테우스 랑*이었다. 랑은 구르크(Gurk)의 추기경이었으며, 동맹 평의회에서 막시밀리안 1세의 주요 대변인이었다.[155] 알두스는 심지어 막

---

153 *Lettere di Paolo Manuzio*, no. XIII, pp. 345~46.

154 E. Pastorello, "Testimonianze e documenti …", Docs. II, III, pp. 194~96.

* Matthäus Lang, 1469~1540: 신성로마제국의 정치인이자 잘츠부르크의 추기경이었으며, 막시밀리안 1세의 신임받는 고문이었다.

155 Francesco Guicciardini, *Storia d'Italia*, Florence, 1963, Bk. VIII, passim.

시밀리안 1세와 만토바의 후작 사이에 사적인 편지가 오가도록 주선할 수도 있었다. 이 편지는 위협받고 있는 소유지에 대한 그의 소유권을 확정해 주었으며, 알두스를 로마인들의 왕의 '소중하고 신실한 친구'로 언급한다.[156] 비록 이런 관계들이 알두스에게 별 도움이 되지 않았음에도, 그가 베네치아에 남았더라면 그는 이로 인해 곤란에 처했을 것이다. 인쇄업자들과 지식인들은 종종 외부와의 접촉점이 있었기 때문에 정보를 제공할 수 있는 좋은 위치에 있었다.[157]

1509년 6월부터 1512년 6월까지 알두스는 다시금 표류하는 학자 신세가 되었다. 이 시기에 대해 우리가 할 수 있는 유일한 말은 그것이 앞이 캄캄한 절망적인 시기이자 알두스에게 개인적인 위험을 동반한 시기였다는 것이다. 그의 목표는 세 가지였던 것으로 보인다. 첫째, 남겨진 사업적인 책임들을 떨쳐버리거나 적어도 다른 사람에게 위임하는 것이었다. 둘째, 급격히 불어나는 그의 가족들을 위해 안전을 제공하는 것이었다. 셋째, 그가 이미 10년 동안 꿈꿔왔던 신비에 싸인 아카데미아를 창립하는 것이었다. 첫 번째 목표는 베네치아와 밀라노에 대리를 임명함으로써, 그리고 1510년 4월에 그로 인해 바르바리고 사유지로부터 발생한 특정 금액을 거절함으로써 실현된 것으로 보인다.[158] 두 번째와 세 번째

---

156  A. Baschet, Doc. XVIII. 이전의 대리인 자격은 황제의 대사에게 있었다.

157  10인위원회의 비밀 목록에는 알두스가 혐의를 받았다는 증거가 전혀 없다. 하지만 당시의 인쇄업자였던 보니노 데 보니니스(Bonino de Boninis)는 잘 알려진 첩보원이었다. G. della Santa, "Il, tipografo dalmata Bonino de Boninis, 'confidente' della Republica di Venezia, decano della cattedrale di Treviso", NAV XXX, 1915, pp. 174~206 참조. 알두스의 친구였던 조르조 발라도 1496년에 밀라노에 비밀을 누설했다는 혐의로 체포되었다. "Nuovi appunti sul processo di Giorgio Valla et di Placidio Amerino in Venezia nel 1496", same author and journal, X, 1895, pp. 13~23 참조.

158  E. Pastorello, "Testimonianze e documenti …", Docs. IV and V, pp. 199~201.

는 1511년 8월 24일에 그가 페라라에서 작성한 새로운 유언장에서 드러난다. 알두스는 이제 네 명의 자녀를 부양해야만 했다. 다섯 살짜리 아들 마르코, 두 딸 알다(Alda)와 레티티아(Letitia), 그리고 곧 태어날 안토니우스(Antonius)였다. 따라서 이 유언장은 일종의 가족 문서였다. 이 문서에는 안드레아 토레사니를 향한 감소하지 않는 간접적인 존경과 헌신의 언급 외에는 인쇄소에 대한 언급이 없다. 지참금만으로 1,700두카토가 배분되었는데, 이 사실은 지난 5년 동안 겪은 어려움으로 인해 알두스가 별다른 영향을 받지 않았다는 것을 의미하지는 않는다. 그의 가장 큰 소원은 정착해 자신이 창립한 아카데미아에서 아들들을 교육하는 것이었다.[159]

다음 장에서 개관하게 될 덧없는 이 이상을 이루기 위해 알두스는 방랑했다. 그는 이 시기 동안에 이탈리아 중북부의 도시들을 안절부절 못하는 유령처럼 방랑하면서 밀라노, 만토바, 볼로냐, 시에나, 그리고 라벤나에서 모습을 드러낸다. 그는 친구들과 대화를 나누면서 유력한 사람들을 매수하려 시도했다.[160] 1511년 후반에는 상황이 다소 희망적으로 호전되었다. 교황은 베네치아의 힘을 꺾기 위해 프랑스를 이탈리아로 불러들였으나 이제 프랑스를 다시 몰아내기 위해 스페인과 베네치아, 영국

---

159 L-N. Cittadella, *Documenti ed illustrazioni riguardanti la storia artistica ferrarese*, Ferrara, 1868, pp. 307~11. 이전의 유언장은 1510년 6월 25일에 작성되었으나 본문이 남아 있지 않다. 두 딸에게 500두카토의 지참금이 할당되었다. 아직 태어나지 않은 자녀가 딸이었다면 동일한 금액이 할당되었다. 마리아 토레사니가 알두스에게 430두카토의 지참금만 가져왔다는 점에서 이는 상당히 후한 금액이었다. 받을 만한 자격이 있는 여덟 명의 소녀들에게 25두카토의 지참금이 제공되었다. 아카데미아에 대해서는 p. 311 참조: "Prego però Dio, chel me dia gratia che possa io fare tale officio (그의 아들들을 교육하는 것과 관련된) et mandare al executione la Academia, che desidero de fare."

160 유언장은 "밀라노로 말을 타고 떠나기 전에" 작성되었다. 가장 간편한 참고자료 모집본은 E. Pastorello, "Testimonianze e documenti …", pp. 179~80 참조.

을 포함한 거의 균등한 힘을 가진 동맹을 결성했다. 이 계획이 성공한다면 상대적으로 안정된 상태로 되돌아갈 수 있는 기회가 생길 것이었다. 1512년 4월 11일에 프랑스는 치열했던 라벤나 전투에서 승리를 거두었으나 양측은 사실상 궤멸하다시피 하는 톡톡한 대가를 치렀다. 새로운 균형이 형성되지 않았고 북부 이탈리아는 깊은 권력 공백기에 빠져들었다. 이후 수년간 전쟁이 끊이지 않았다. 6월에 알두스는 가족과 함께 베네치아에 복귀했다. 그의 사유지는 상실된 상태였다. 그의 아카데미아도 여전히 꿈속 세계에 머물렀다. 그에게는 인쇄기들과 명성만 남았다.[161]

불과 6개월 후에 알두스는 핀다로스*의 『시가』(odes) 초판을 안드레아 나바게로**에게 헌정했다. 나바게로는 그를 인쇄업으로 돌아오도록 설득했던 장본인 중 한 명이었다. 나바게로는 꺼려하는 알두스에게 놀라운 확신에 찬 낙관적인 편지를 보냈다. 그는 다시금 고대의 세 개 언어로 인쇄하는 것에 대해 언급했다. 그는 모든 괴로움에도 불구하고 베네치아를 '또 다른 아테네'로 불렀다.[162] 이것은 서문에 종종 등장했던 주제로서, 이미 1513년 4월에 알두스는 전시(戰時)에 평화의 예술이 자라났다는 사실에 놀라움을 금치 못했다.[163] 이런 술책은 알두스에게조차 새로운 것이 아니었으나, 그가 고통에 시달렸고 베네치아도 고통에 시달리고

---

161  F. Guicciardini, *Storia d'Italia*, Bk. X, Ch. xiii. 알두스의 베네치아 복귀에 대해서는 CAM 77(파올로 봄바시오가 스키피오 포르티게라에게) 참조.

*  Pindarus, 기원전 518?~기원전 438: 고대 그리스의 서정 시인으로, 현재 전수되는 작품으로는 고대 그리스의 4대 운동 경기인 올림피아, 퓌티아, 네메아, 그리고 이스트미아 경기의 승자를 기리는 합창곡들이다.

**  Andrea Navagero, 1483~1529: 이탈리아 베네치아의 귀족 가문 출신의 시인이자 인문주의자로서 알두스의 고전 문헌 편집자로 고용되었다. 이후 산마르코 도서관의 사서가 되었으며, 베네치아 공화국을 위한 외교 사절단으로 여러 차례 파견되었다.

162  OAME LXXII.

163  *Ib.*, LXXV, LXXVI.

있었다는 점을 고려해야 한다. 이런 관점에서 볼 때, 경영자가 문을 닫으려고 했던 회사가 그토록 신속하게 회복했다는 사실에 놀라지 않을 수 없다.

베네치아 시민들에게 이 시기는 거의 끊임없는 재난의 연속이었다. 1513년 초에 베네치아 공화국은 다시 동맹을 변경했다. 이번에는 동맹국인 프랑스가 6월 노바라(Novara) 전투에서 패망할 차례였다. 9월에는 베네치아에서조차 활활 타오르는 마을들의 불길을 볼 수 있었다. 스페인과 신성로마제국의 병력이 전원 지대를 체계적으로 약탈하면서 석호 지역의 가장자리까지 다다랐다. 1515년 8월, 마리냐노(Marignano)에서 프랑스-베네치아가 승리를 거두기까지 전혀 안정감을 찾을 수 없었다. 알두스는 이날을 보지 못했다.[164] 그 와중에 인쇄업은 여전히 깊은 불경기에 침몰되어 있었다. 당시에 운영 중이던 20여 개의 회사들은 연간 고작 50여 종의 판을 생산했다.[165] 더 심각한 문제는 알두스의 그리스어 본문 독점이 도전을 받았다는 사실이다. 칼리에르게스는 1509년 말에 베네치아의 인쇄업에 일시적으로 진출했다가 로마로 초청을 받았다.[166] 1514년에 베르나르도 지운티는 피렌체에서 그리스어 판 연속물을 개시했다.[167] 알두스의 옛 동료였던 데메트리우스 두카스(Demetrius Ducas)와 지롤라모 알레안드로*의 영향 아래, 그리스어 조판은 스페인과 프랑스로 전파

---

164  P. Pieri, *op. cit.*, pp. 500~25. 베네치아의 도덕적인 영향력에 대해서는 이 장의 주 51에서 인용한 F. 길버트(F. Gilbert)의 논문 참조.

165  G. Panzer, VIII, pp. 410~24.

166  E. Legrand, *Bibliographie Hellénique*, vol. 1, pp. 94~97, 134f. 이 초청에 대해서는 D. Geanakoplos, *Greek Scholars*, p. 213 참조.

167  A. M. Bandini, *op. cit.*, pp. 54f.; E. Legrand, pp. 124f.

•  Girolamo Aleandro, 1480~1542: 이탈리아 트레비조 출신으로 파도바와 베네치아에서 수학한 그리스 학자이자 교황 대사였다. 베네치아에서 알두스의 동료 무리에 속했고, 여기에서 그리스어에 관심을 갖게 되었다. 1508년 에라스무스의 조언

## 〈도표 4〉 알두스의 출판 목록, 1512∼15년 2월

| 연도 | 그리스어 | 라틴어 | 이탈리아어 |
|------|----------|--------|-----------|
| 1512 | 라스카리스, 문법서, 274 4°<br>크리솔로라스, 문법서, 148f 8° | 키케로, 친구들에게 보낸 편지,<br>267f 8° | |
| 1513 | | 카이사르, 주석, 296f 8° | |
| | 그리스 수사학자들:<br>I, 99f fol.<br>II, 82f fol.<br>III, 134f fol. | | |
| | | 키케로, 아티쿠스에게 보낸 편지,<br>331f 8° | |
| | 플라톤의 작품들<br>I, 251f fol.<br>II, 220f fol.<br>아프로디시아의<br>알렉산더의 주석., 141f fol. | | |
| | | 페로티의 풍요의 뿔 359f fol.<br>폰타노의 우라니아 255f 8°<br>세 번째 목록 5f fol. | |
| | 핀다로스의 노래 187f 8° | 스트로치의 시<br>I, 100f 8°<br>II, 152f 8° | |
| 1514 | | 헤렌니우스에게 바친 수사학,<br>245f 4°<br>카토의 농사에 대하여 308f 4° | |
| | 헤시키우스의 사전 198f fol.<br>아테나이오스의 식탁의<br>소피스트들 142f fol. | | |
| | | 퀸틸리아누스-230f 4° | 페트라르카 속세의 일,<br>183f 8°<br>산나자로<br>아르카디아<br>89f 8° |
| | | 베르길리우스의 작품들, 220f 8°<br>발레리우스 막시무스, 216f 8°<br>알두스의 문법서, 214f 4° | |
| | 수다, 391f fol. | | |
| 1515 | | 루크레티우스, 125f 8°* | |

\* 나는 이 판이 A. Renouard, p. 74가 간주하듯이, 베네치아의 용법에 따라 1516년에 속하는 것이 아니라고 생각한다. 오히려 R. Christie, "Chronology of the Early Aldines", p. 220과 동일하게 1515년 1월에 속한다고 생각한다.

되기 시작했다. 이것은 결국 이탈리아에 대한 의존을 불필요하게 만들어 버린 토종 전통을 각지에서 발전시켰다.[168]

재앙과 활력이 공존했던 역설적인 상황에 대한 부분적인 답변은 마지막 수년 동안 알두스 판에서 나타난 특징에서 찾아볼 수 있다. 그의 회사가 펴낸 출판물은 질적인 면이나 양적인 면에서는 예전과 동일하게 인상적이다. 24개월 안에 다섯 종의 중요한 그리스어 초판과 총 22종의 판본을 생산했다. 그러나 번창했던 과거에 비해 어쩔 수 없이 지는 해의 분위기가 조성되었다. 플라톤의 작품은 이미 알 수 없는 기간 동안 준비 중이었다. 무수루스는 1509년 초반에 분명히 아프로디시아스의 알렉산더 (Alexander of Aphrodisias)를 다루고 있었을 것이다.[169] 그리스 연설가들의 본문은 라스카리스가 빌려주었던 필사본에 근거했다. 이즈음에 베네치아와 프랑스 사이의 관계가 깨졌다. 자연스럽게 라스카리스는 베네치아의 대사 자리를 떠났다.[170] 우리는 포르티게라가 1508년 봄에 로마에서 아테나이오스(Athenaeus)의 본문 교정을 감독했다는 사실을 알고 있다.[171] 예비적인 편집과정이 상당 부분 진행되지 않았었다면 이 본문들을 이토록 빨리 출간하지 못했을 것이다. 또한 목록에 기재된 총 25종의

---

으로 파리로 이주해 기욤 뷔데의 개인교사가 되었으며, 1509~13년에는 파리에서 그리스어와 라틴어, 그리고 히브리어를 가르쳤다. 프랑스에서 최초로 그리스어를 성공적으로 가르친 그는 그리스 학문의 시조로 인정받고 있다. 알레안드로는 1517년에 『그리스어-라틴어 사전』(Lexicon Graeco-Latinum)을 출판했다. 이탈리아로 귀국한 그는 1519년에 바티칸 도서관 사서로 일했으며, 이후 교황 대사로 임명되어 종교개혁 당시 보름스에서 마르틴 루터에 맞서기도 했다.

168 A. Firmin-Didot, *Alde Manuce*, pp. 588~605는 베네치아 밖에서 인쇄된 그리스어 판에 대한 부록을 제공한다. 대부분은 16세기 처음 10년 동안에 나타났다. 이 책의 제7장 주 104~10(프랑스), 117~21(스페인) 참조.

169 CAM 75. 이 편지는 플라톤이 막 인쇄될 참이었다는 사실을 함축한다.

170 OAME LXXV(vol. 1, p. 115).

171 CAM 38.

판 중 10종은 회사가 기존에 인쇄했던 작품들을 재발매한 것이었다. 루크레티우스의 본문은 전면적으로 개정되고 형식도 변경되었다. 잔조바노 폰타노*의 시에는 새로운 자료들이 추가되었다.[172] 그러나 여전히 미진한 부분을 매듭짓고 시간과 비용을 절감하려는 인상을 풍긴다.

이를 받아들인다 하더라도 마지막 수년 동안 알두스의 성취는 여전히 엄청나 보인다. 라틴어 8절판 연속물은 키케로의 『아티쿠스에게 보낸 편지』(Epistulae ad Atticum)와 카이사르의 『주석』(Commentarii), 그리고 라틴 농업 작가들로 확장되었다. 당시의 라틴어 및 토착어 시는 스트로치의 시와 산나자로의 『아르카디아』(Arcadia)가 대표적이다. 알두스는 헤시키우스**의 유일무이한 필사본을 획득했다. 이는 그가 여전히 인맥을 통해 새로운 자료들을 구할 수 있었음을 보여 주는 사례이다.[173] 사업의 불확실성과 동료들의 불신이 알두스에게 수많은 어려움을 야기했음에도 불구하고 문학, 특히 그리스 문학이 문명을 주도한다는 알두스의 확신이 끝까지 흔들리지 않았다는 사실은 자명하다.

---

* Giangiovano Pontano, 1426/29~1503: 이탈리아 체레토 출신으로 레루지아에서 교육받은 인문주의자이자 정치가였다. 1447년 나폴리의 알폰소 1세를 섬겼으며, 1495년에는 프랑스의 샤를 8세와 나폴리의 항복 조건을 협상했다. 그는 나폴리 아카데미아의 가장 저명한 회원으로서, 이 아카데미아는 이후에 '폰토니아나 아카데미아'로 불리게 된다. 그의 작품으로는 천문학을 다룬 『천상의 일들에 대하여』(De rebus coelestibus), 도덕철학을 다룬 『현명함에 대하여』(De prudentia)와 『운에 대하여』(De fortuna), 정치 이론을 다룬 『군주에 대하여』(De principe), 그리고 나폴리 전쟁을 다룬 『나폴리 전쟁에 대하여』(De bello Neapolitano) 등이 있다.

172  RAIA pp. 63, 74. 루크레티우스의 나바게로 본문이 아반치오의 판보다 월등했고 이제 8절판으로 형식을 취했다.

** Hesychius, 서기 5~6세기: 알렉산드리아의 문법학자로서 시와 그리스어 방언에서 발견되는 희귀한 단어들을 위한 사전을 집필했다. 마르쿠스 무수루스가 이 사전의 최초의 편집자였다.

173  이 판에 대해서는 이 책의 제6장 주 111f. 참조.

알두스가 계속 활동할 수 있었던 또 하나의 이유는 당시 베네치아의 상황 때문이었다. 알두스는 수사학적인 표현으로 베네치아를 '또 다른 아테네'로 불렀다. 이 표현을 엄밀하게 시험하기 위해서는 베네치아에 대해 우리가 알고 있는 것보다 훨씬 많은 정보가 필요하지만 이 관찰은 일반적인 경향성과 어느 정도 일치하는 것 같다. 이탈리아 본토 도시들의 파멸로 인해 난민들이 베네치아로 물밀듯이 들이닥쳤다. 이들은 질병을 가져왔고 인구의 밀집 현상을 야기했다. 또한 그들의 기술과 주특기도 가져왔다. 알두스의 친구인 안젤로 가브리엘은 베네치아 섬유산업의 극적인 성장으로 인해 떼돈을 벌었다. 이 성장의 원인은 1510~20년 사이에 일어난 장인들의 대규모 이주 사건으로 소급된다.[174] 이 움직임의 다른 측면은 파도바 대학을 비롯한 본토 도시들을 버리고 찾아온 수많은 학자들이다. 마린 베치케모(Marin Becichemo)는 브레시아에서 명성을 얻은 다소 극적인 라틴어 학자였다. 그는 공식 강사직 제안에 유혹을 받아 로마로부터 올라왔다. 파도바에서는 라파엘 레기우스와 신학자 히로니모 다 모노폴리(Hironimo da Monopoli), 모리스 오필리(Maurice O'Fihely)가 왔다. 무엇보다 알두스의 친구이자 주된 그리스어 본문 편집자였던 무수루스가 왔다.[175]

---

174 당시의 일반적인 문제들에 대해서는 이 장의 주 23에서 인용된 B. S. Pullan, *Rich and Poor* …, pp. 216f. 참조. 섬유산업에 대해서는 D. Stella, "The Rise and Fall of the Venetian Woollen Industry", in *Crisis and Change in the Venetian Economy in the Sixteenth and Seventeenth Centuries*, ed. B. S. Pullan, London, 1968, pp. 106~26 참조.

175 베치케모에 대해서는 DBI VII에 있는 C. H. 클라프(C. H. Clough)의 논문 참조: M. Sanudo XIV, col. 19(레기우스), 635(히로니모), 60(모리스); XV, col. 517 (레기우스와 베치케모 사이의 경쟁). 무수루스에 대해서는 F. Foffano, "Marco Musuro, professore di Greco a Padova ed a Nenezia", NAV III, 1892, pp. 453~73 참조.

전쟁에도 불구하고 혹은 부분적으로 전쟁의 안정제로서 이 학적인 검투사들의 교제와 경쟁은 문화생활에 활력을 불어넣기 시작했다. 이는 이후 베네치아가 수년간 처하게 될 긴박한 정치적인 상황과 전혀 어울리지 않았다. 사누도는 군대의 움직임과 변화하는 동맹관계를 묘사한다. 우리는 그의 묘사 사이사이에 공개 강의, 사적인 로마 희극 공연회, 학위 논문 방어, 그리고 가면극에 대한 기사들을 발견할 수 있다. 외교 활동도 간접적인 혜택을 가져왔다. 중대한 업무를 위해 찾아온 외국인들은 잠시 멈춰 서서 베네치아의 풍성한 지적 축제를 맛보았다. 알베르토 피오는 1512년 초에 황제의 대사로 도착했다. 헝가리의 대표단에는 야누스 비르테시(Janus Vyrthesi)라는 젊은 견습생이 포함되었다. 그는 시간을 내서 무수루스의 그리스어 강의에 참석했으며, 시간이 지난 후에는 알두스의 아테나이오스 첫 판 헌정사의 수취인이 되었다.[176] 활동 수준은 계속 고조되었다. 결국 정부는 1512년 1월에 중단되었던 공개 강의를 재개할 필요를 느꼈다. 한 자리가 무수루스에게 할당되었다. 마치 이들의 현명함을 정당화라도 하듯이, 최근에 마르치아나 도서관(Biblioteca Marciana)에서 20여 개의 그리스어 고문서들(codices)이 발견되었다. 여기에서 발견되는 판권 면은 이 책들이 1509년과 1516년 사이에 무수루스의 제자들로 알려진 사람들을 위해 복사되었거나 그들에게 헌정되었다는 사실을 보여 준다.[177]

물론 우리는 이것이 인쇄본 판매에 무엇을 의미했는지 모른다. 이제는 무수루스가 알두스의 그리스어 판 대부분을 편집하기 시작했다. 이로부터 우리는 활발한 시장의 핵심이 그들의 문 바로 앞에 펼쳐져 있었다는

---

176  M. Sanudo, XIV, cols. 83, 87(알베르토 피오), 641, XV, 511 etc. OAME LXXXV.

177  F. Foffano, *op. cit.*, Doc. v.; E. Mioni, "La Biblioteca greca di Marco Musuro", AV Ser. V, XCIII, 1971, pp. 5~28.

사실을 가정할 수 있다. 이 시장은 직접적인 판매나 개인적인 추천을 통해 다량의 책들을 흡수했을 것이다. 복잡한 분배 방식도 필요 없었다. 이 시장은 베네치아를 '또 다른 아테네'로 간주할 수 있을 만큼 규모가 컸을 것이다.

이와 동시에 알두스의 서문에서 전혀 다른 어조가 발견된다. 이런 어조는 그가 예전에 난관에 봉착했을 때 선언했던 수많은 확신에 찬 말에서도 나타났지만 여기서는 탈진과 환멸의 모습이 역력하다. 알두스는 『헤렌니우스에게 바친 수사학』(*Rhetorica ad Herennium*)을 나바게로에게 헌정했다. 어쩌면 이는 초창기 출판인들의 고충을 우리에게 가장 생생하게 전해 주는지도 모른다.

600가지의 다른 원인들 이외에 특히 두 가지가 나의 일을 지속적으로 방해한다. 첫째는 전 세계에서 학자들이 보내오는 편지들이다. 이들에게 일일이 답변하려면 밤낮 내내 매달려야 할 것이다. 그 다음에는 방문객들이 있다. 이들은 안부도 묻고 현재 작업 중인 신작(新作)에 대해서도 문의하러 몰려오지만, 그들이 찾아오는 가장 큰 이유는 따로 할 일이 없어서이다. 그들은 "알두스나 한 번 보러 가자!"라고 말한다. 이렇게 그들은 무리지어 찾아온다. 그들은 "피를 한껏 빨아들이기 전에는 절대 떨어지지 않는 거머리처럼" 입을 벌린 채 서성인다. 시나 산문을 낭송하러 찾아오는 사람들에 대한 언급은 삼가겠다. 그들이 가져온 글들은 대체적으로 거칠고 세련되지 않다. 그러면서도 내가 그들의 글을 인쇄해 주기를 바란다.

나는 따분하기 그지없는 이 방문객들과 이들의 방해로부터 나 자신을 마침내 지켜낼 수 있게 되었다. 내게 별 볼 일 없는 내용을 보내는 사람에게 나는 전혀 답변하지 않으며, 중요한 사안에 대해서는 간략하게 답변한다. 나는 이로 인해 마음 상하지 말라고 친구들에게 말하면서 내

참된 의도와 다르게 받아들이지 말라고 충고한다. 내가 이렇게 행동하는 것은 자만 때문도 그들을 경멸하기 때문도 아니다. 좋은 책을 편집하기 위해 시간이 필요하기 때문이다. 나에게 단지 안부를 묻거나 여타의 이유로 찾아오는 사람들에게는 다음과 같이 대처했다. 나는 그들에게 나를 더 이상 방해하지 말고 나의 작업 시간과 공부 시간을 갉아먹지 말라는 안내문을 써붙였다. 이 안내문은 방문 위에 일종의 칙령처럼 붙어 있다. 안내문에는 이런 말이 적혀 있다. "당신이 누구든 간에, 알두스가 여러분께 재차 부탁드립니다. 제게 무엇인가 원하는 것이 있다면 간단하게 용건만 말씀하시고 가실 길을 가시기 바랍니다. 헤라클레스(Heracles)가 지친 아틀라스(Atlas)에게 그랬듯이, 제 짐을 대신 짊어지실 것이 아니라면 말입니다. 당신을 비롯해 저를 찾아오는 사람에게 시킬 일감은 넘쳐나니까요."[178]

많은 사람들은 이 문장들에서 나타난 외곬의 요소에 주목했다. 소수만이 이 문장들의 당황스럽고 비극적인 함축을 지적했다. 알두스는 국제적인 인맥과 학자적이고 문학적인 기호에 세심한 감각으로 인해 성공했다. 바로 이런 요소들이 그의 사업을 돌고래가 상징하는 패기만만한 상태와 그 세기 초반의 성공으로 이끌었던 것이다. 그가 직면한 문제들이 무엇이었든 간에, 그는 모든 문학이 교양의 토대라는 신념을 고수했다. 이는 무엇보다도 그리스 문학에 해당하는 말이었다. 불안했던 1505년의 시기 동안에도 그는 절대 '안전한' 판을 출판하는 데에 자신을 국한하지 않았다. 당시에 그의 동업자들이 어떤 의혹을 품었든 간에, 그는 그들을 선도했던 것이 분명하다. 알두스가 생애를 마감할 때, 토레사니는 알두스의 견해를 전적으로 수용한 상태였다. "알두스가 떠나고 나니, 그가 짊어졌

---

178  OAME LXXXII A.

던 짐이 나에게 돌아왔다. …… 나는 가능한 한 그의 본(本)을 따랐다. 모든 지적 학문 분야의 전문가였던 그가 어떤 길을 선택했든, 나는 그 길을 뒤따랐다."[179]

이것이 1516년에 토레사니가 표명한 의향서였다. 그는 계속해서 알두스의 인쇄소를 경영하면서 당시에 많은 중요한 작품들을 출판했다. 1516년에는 파우사니아스*의 『헬라스에 대한 기술』(*Hellados Periegesis*), 1518년에는 그리스어 신약 성경과 아이스킬로스(Aeschylus) 비극의 초판, 그리고 1525년에는 갈레노스 전집이 출판되었다. 이 작품들은 알두스가 아직 살아 있을 때 시작했던 편집 작업에서 직접 유래했거나 명백히 그의 계획의 일부에 속했다. 토레사니는 알두스가 베네치아에 도착하기 전에 10년 동안 나름 성공적인 인쇄업자였으나, 이제는 '알두스의 장인어른' 역할에 만족했다. 그는 이전 편지에서 사용했던 '탑의 표지'를 즉시 폐기 처분하는 대신에 알두스의 '닻 표시'를 사용했다.[180] 아킬레스의 무구를 입은 파트로클로스(Patroclus)처럼 그는 자신의 방식보다 동료의 방식이 훨씬 효과적이라는 사실을 발견했다. 이는 회사 자산의 가장 적은 지분 이상을 소유한 적이 없는 알두스가 행사했던 도덕 및 지적 영향력에 돌리는 최고의 찬사였다. 알두스가 성취감을 느끼지 못했다는 것은 슬프고도 놀라운 사실이다. 그가 형성한 학자들과의 인맥은 전혀 무용하지 않았다. 토레사니는 학문적 명망이 명성을 가져온다는 사실을 금

179 RAIA p. 78(프톨레마이오스의 서문).

• Pausanias, 110?~80?: 그리스 마그네시아 출신의 지리학자로 『헬라스에 대한 기술』로 유명하다. 이 작품은 그리스의 모든 것을 묘사했다는 저자의 주장과는 달리 대체적으로 아카이아 속주에 국한되었고, 특히 고대와 고전기의 조각품이나 회화의 역사적인 배경을 비롯해 종교적 제의와 의식을 중요하게 다루었다.

180 BP pp. 311, 332; RAIA pp. 82~84. 갈레노스 전집은 이미 1497년에 약속되었다 (OAME VIII). 토레사니는 1516년에 이미 'in signo ancorae'를 사용하고 있었다: P. S. Allen II, p. 315 참조. 이 책의 제3장 주 78과 비교.

세 알아차렸다. 명성은 수익을 의미했다. 그는 알두스가 현관으로 배웅해 떠나보냈던 학자들을 영입하기 위해 엄청난 시간과 노력을 기울였다. 그러나 그는 실패했다. 뱀보, 무수루스, 라스카리스, 그리고 조콘도는 로마로 떠나버렸다. 에라스무스는 다시는 남쪽으로 오지 않겠다며 거절했다. 옛 동료였던 에그나치오는 마지못해 도와주었는데, 이런 현상은 사람들의 관심이 변한 이유가 단순히 베네치아가 다른 출판 중심지들에 의해 대체되었기 때문만은 아니었음을 암시한다.[181] 알두스가 죽었을 때, 회사의 일부도 그와 함께 소멸했다. 3세대에 걸친 후임자들은 죽은 영웅과의 관계를 내세우면서 회사를 되살리려고 노력했다. 이랬던 인물이 방금 인용한 글에서 볼 수 있는 깊은 환멸을 느꼈던 이유는 무엇일까? 이에 대한 설명은 인쇄업이 알두스의 야망의 일부에 지나지 않았다는 사실에 있다. 심지어 그의 최고 야망에 해당하지도 않았을 것이다.

---

181 특히 1517년에 토레사니가 에라스무스에게 보낸 편지 참조. 이 편지에서 토레사니는 플라우투스(Plautus)와 테렌티우스의 본문 교정을 확보했다. 또한 무수루스의 빈 그리스어 학과장 자리를 차지할 기회라며 에라스무스를 유혹했다. 토레사니에 대한 에그나치오의 적대적인 언급에 대해서는 P. S. Allen II, pp. 589f.: *ib.*, p. 588 참조. 레오 10세 치하의 로마가 지닌 매력에 대해서는 다음 장에서 논할 것이다.

제 **5** 장

아카데미아의 꿈

알두스는 인쇄업자로 명성을 날렸다. 이 사실로 인해 우리는 그를 인쇄업자로만 간주하는 오류에 빠지기 쉽지만 사실 그는 사회생활의 절반 이상을 전문적인 학자와 교사로 보냈다. 베네치아에 도착한 후에도 얼마동안 이 일을 계속했다. 1510년에 그는 25두카토의 빚을 탕감해 주었는데, 이 빚은 동료의 친아들인 산토 바르바리고(Santo Barbarigo)의 미지불된 학비였다. 그의 아들은 "1년 내내 내 학교에 다녔고 내 집에서 식사를 했으며, 밤이 돼서야 저녁을 먹으러 아버지의 집으로 돌아갔다."[1] 이전 장들에서 우리는 알두스가 15세기 후반의 가장 세련된 지적 무리들과 교류했다는 사실을 살펴보았다. 그는 인쇄업을 가르치는 일의 확장으로 간주했지, 그의 가르치는 소명의 변화로 간주하지 않았다. 그는 끝까지 그의 판들을 교육적인 이상의 필요에 맞추려고 부단히 애썼다. 이번 장에서는 베네치아에서 그가 전문교사들 사이에서 거주하고 일했음을 입증할 것이다. 또한 이들의 사회가 알두스의 궁극적인 야심에 어떤 영향력을 행사했는지도 설명할 것이다.

먼저, 1490년대에 베네치아에서 교사란 무엇을 의미했는가? 당시에

---

1  E. Pastorello, "Testimonianze e documenti ⋯", Doc. V, p. 201.

살았던 마린 사누도의 말에 의하면, 이는 세 가지의 가능성을 함축한다. 교사란 베네치아 공화국이 임용해 봉급을 지급하는 강연자, 자유계약 교사, 혹은 귀족 집안의 개인교사를 의미할 수 있었다.[2] 첫 번째 부류는 3~4명의 엘리트 계층이었다. 이 자리는 명망 있고 배타적이었기 때문에 다른 두 부류와 극명하게 대조되었다. 두 번째와 세 번째의 구성원들은 지속적으로 변동했고 서로 혼합되기 일쑤였다. 이들의 총 숫자는 상당했다. 1587년에 종교 권위자들이 신앙고백을 종용했을 때, 258명의 교사들이 서약했다.[3] 그전 세기의 적은 인구수와 미발달된 교육을 감안해 수치를 하향 조정하더라도, 대략 100여 명의 전문교사직을 생각할 수 있다. 이 무리는 지속적으로 변동했으나 동일한 관심사와 서로 간의 경쟁으로 인해 희미하게나마 정체성을 유지할 수 있었다.[4] 베네치아의 공공강사직(public lectureship)은 15세기 첫 10년 안에 생겼다. 이때 리알토 근방에 토마소 탈렌티(Tomaso Talenti)의 유산으로 논리 및 자연철학 학교가 설립되었다. 탈렌티는 인문주의의 유명한 대화편인 『나 자신과 다

---

2   1493년에 저술된 『연대기』(*Cronachetta*). Nozze Papadopoli-Hellenbach, Venice, 1880, pp. 50~52에 출판됨.

3   Archivio della curia patriarcale di Venezia, single filza entitled simply "Professioni di fede richieste agli insegnanti, 1587". 이 문서에 대해 알려준 폴 그렌들러(Paul Grendler) 교수에게 감사드린다. 완전한 수치는 이 문서에서만 발견된다.

4   16세기 베네치아의 인구 증가에 대해서는 K. J. Beloch, "La popolazione di Venezia nei secoli XVI e XVII", NAV, Nuova serie, III, 1902, pp. 5~49 참조. 1576년에 전염병에 시달렸음에도 불구하고, 1587년 인구는 1500년보다 적어도 50퍼센트 많았다. E. 베르탄차(E. Bertanza)와 델라 산타(Della Santa)는 기록물 연구인 *Maestri, scuole e scolari in Venezia fino al 1500*, Monumenti storici publicati dalla R. Deputazione veneta di storia patria, Serie 1, vol. 12, Venice, 1907에서 1500년 이전에 활동했던 교사의 평균 숫자를 계산하려는 시도를 감행했다. 그들은 1287~1497년 사이의 공증 문서에서 발견된 850여 개의 이름에 대한 언급을 토대로 10년 동안 활동했던 교사의 수가 50~60명이었을 것이라고 제안한다.

른 사람들의 무지에 대하여』(*De sui ipsius et multorum ignorantia*)에서 페트라르카의 상대 중 한 명이었다. 알두스는 아리스토텔레스주의에 큰 기여를 했음에도 불구하고 놀랍게도 이 분야에 인맥이 별로 없었던 것으로 보인다. 어쩌면 아리스토텔레스주의의 엄격한 전통적인 접근이 그의 인문주의적 확신에 적대적이었는지도 모른다. 어쨌든 이 학파는 거의 즉각적인 성공을 거두고 명성이 자자해져 1455년부터 지속적으로 베네치아 귀족층의 관할 아래에 있었다.[5]

인문학 교육은 더 늦은 시기에 힘겹게 시작했다. 1440년대에는 특히 젊은이들을 교육함으로써 공작의 서기국 비서직 업무 수준을 제고하기 위한 움직임이 일어났다. 1446년에 원로원은 교사를 임용하고 산마르코 근처에 숙소를 제공하기로 결정했다. 임용된 교사에게는 귀족 출신이 아닌 16명의 훌륭한 성품을 가진 젊은이들에게 문법과 수사학을 가르칠 의무가 주어졌다. 여느 때와 마찬가지로 지연과 논쟁, 불행한 죽음이 발생했다. 산마르코 학교는 1466년이 되어서야 베네데토 브루뇰로의 확고한 지도력 아래 잠재력을 발휘하기 시작했다. 브루뇰로는 오그니베네 다 로니고(Ognibene da Lonigo)의 제자로서 베로나 출신이었다. 그는 이미 평교사 경험이 있었고 1502년에 사망하기까지 절대적인 신용을 얻으며 교장직을 맡았다. 90세가 넘는 그가 세상을 떠났을 때 모두가 애석해했다. 원로원은 1460년에 시학과 수사학 교수직을 수립함으로써 학교 과정을 보완하기로 결정했다. 이 결정 역시 유사한 결과를 낳았다. 잔마리오 필렐포(Gianmario Filelfo)와 게오르기오스 트라페준티오스(Georgios

---

5  B. Nardi, "Letteratura e cultura veneziana del Quattrocento", in *Civiltà veneziana del Quattrocento*, Fondazione Cini, 195, pp. 99~145. 1502년에 에그나치오는 그의 『포도 수확』(*Racemationes*)의 서문에서 리알토 학교의 강사였던 프란체스코 브라가딘(Francesco Bragadin)에게 후원에 대해 감사를 표한다. 이것이 내가 알두스의 무리와 철학 학파 사이에서 발견한 유일한 연결고리이다.

Trapezuntius)는 교직을 시작한 지 5년 만에 불평을 토로하면서 떠났지만 박식하고 성급했던 조르조 메룰라는 달랐다. 조르조와 초기 인쇄업과의 애매한 관계에 대해서는 이미 앞서 언급한 바 있다. 그는 1465년부터 1482년까지 밀라노에 머물렀다. 그가 떠나자 원로원은 이 자리를 하나에서 두 자리로 늘리기로 결심했다. 조르조 발라와 마르칸토니오 사벨리코의 교수직은 그 세기 말까지 이어졌으며, 사벨리코의 경우 그 이후까지 이어졌다. 대단히 능숙하고 존경받는 문법학교 교장의 지원을 받는 두 명의 공공강사들에 힘입어 15세기 마지막 15년은 베네치아 공교육의 일종의 황금기에 속하게 되었다.[6]

베네치아의 다른 수많은 제도들과 마찬가지로 교직 활동 기저의 거센 해류보다는 표면적인 잔물결을 추적하기 훨씬 쉽다. 교수직과 학교는 정확히 어떻게 연결되었을까? 또한 이 둘은 서기국과 어떻게 연결되었을까? 교과과정의 범위는 얼마나 포괄적이었을까? 이 학교가 베네치아 사회에 끼친 영향력은 얼마나 컸을까? 1460년에 잔마리오 필렐포가 임용되었을 때, 그는 교직으로 인한 제한을 거의 받지 않았다. 그는 단지 "우리 귀족들과, 귀족들의 아들들과, 우리 시민들의 아들들의 유익을 위해 한 번은 시학에 대해, 다른 한 번은 수사학과 역사에 대해 매일 두 번 강의하면" 되었다.[7] 서기국 학교에 대한 초기의 문서들은 전적으로 16명의 비서 연수생에게만 집중하지만 이보다 훨씬 많은 다양한 학생들이 입학

---

6  사무국 학교(Chancellery School) 일반에 대해서는 B. Nardi, *op. cit.*; A. Pertusi, "Gli inizi della storiografia umanistica nel Quattrocento", in *La storiografia veneziana al secolo XVI, aspetti e problemi*, ed. A. Pertusi, Florence, 1970, pp. 269~332 참조. O. M. T. Logan, *Culture and Society in Venice, 1470~1790*, London, 1972에도 유용한 자료가 있다. 주요 인물에 대해서는 F. Gabotto · A. Badini-Confaloniere, *Giorgio Merula*, 1893; J. Monfasani, *George of Trebizond, a Biography and a Study of his Rhetoric and Logic*, Leiden, 1976.

7  관련된 문서들은 이 책의 제2장 주 36의 A. Segarizzi, *op. cit.*, pp. 641~43 참조.

했던 것이 분명하다. 무제한적이었던 청강생들도 곧 동호회 같은 분위기를 조성했다. 베네치아 정치에 전혀 관여하지 않았던 사람들도 브루뇰로의 제자였던 것으로 보인다. 여기에는 추아네 퀘리니(Zuane Querini)와 레니에르 혹은 추아네 벰보 같은 귀족 지식인들도 포함되었다. 또한 이탈리아 본토 도시들에서 몰려온 라파엘 레기우스와 베로나의 도미치오 칼데리니 같은 학자들도 포함된다. 이후에 알두스는 로마에서 칼데리니의 강의를 청강하기도 했다. 우리에게는 정확한 수치들이 없다. 브루뇰로의 장례식에서 한 연설가는 그의 존경하는 교장 선생님이 처음에 어떻게 경험을 쌓았는지 밝혀 준다. 그에 따르면, 브루뇰로는 학교가 상대적으로 어려웠던 창립 초창기에 루카의 잠피에트로(Giampietro of Lucca) 밑에서 두 명의 평교사인 '히포디다스칼리'(hypodidascali) 중 한 명으로 있었다. 이후 반세기도 넘은 시기에 존 콜렛(John Colet)은 평교사와 조수, 그리고 사제가 성 바울 학교의 153명에 달하는 소년들을 감당하기에 충분하다고 간주했다.[8] 이와는 정반대로 캄파닐레(Campanile)에서 매일 진행되는 강의는 표면적으로 다소 희극적인 무질서의 모습을 보였다. 그것은 일종의 학문적인 여흥 활동 같았다. 이 수업은 산마르코 광장으로 몰려든 행상꾼과 유랑극단의 관심을 끌기 위해 경쟁했던 것이다. 청강생

---

8  Alexandri Falconis Veneti sacerdotis in obitu clarissimi rhetoris Benedicti Brugnoli omnibus eiusdem academiae discipulis epicedium, 4 fols. 4to, undated, Bernardino de Vitalibus, Venice(학생들에 대한 정보를 담고 있다): Ioannis Querini Nicolai ad Hieronymum Raymundum consolatoria oratio pro obitu eximii ac integerrimi viri Benedicti Brugnoli utriusque praeceptoris, 8 fols. 4to, 날짜와 인쇄인 정보 없음('히포마기스트리'(hypomagistri)에 대한 주). 성 바울(St. Paul) 학교의 설립 규정 전문은 J. H. Lupton, *A Life of John Colet*, D. D., new edition, New York, 1974, pp. 271f.에 인쇄되었다. 적어도 두 개의 다른 추모사가 읽혔다는 사실은 브루뇰로의 영향력과 인기에 대한 지표이다. 하나는 사벨리코(M. Sanudo, IV, col. 282, 7 July 1502)의 추모사였고, 다른 하나는 에그나치오(알두스가 출판했다고 알려져 있다, 1502: 이 책 제4장의 〈도표 2〉 참조. 나는 이 사본을 확인해 보지 못했다)의 추모사였다.

들은 분명한 정체성과 단결심으로 뭉쳤고 자신을 발라나 사벨리코의 제자로 언급하곤 했다. 구식 충성도를 지지한 뛰어난 학생이었던 안드레아 모체니고(Andrea Mocenigo)는 사벨리코에게 졸업 고별사를 바쳤다. 모체니고의 스승과 학우들은 그들을 의미심장한 '아카데미아'라는 말로 언급해 준 그에게 감사했다.[9]

문법학교와 강사직의 성공 여부는 개인의 우수함과 진취성에 좌우되었다. 1480년대 중반 베네치아에는 다양한 인원들로 구성된 큰 무리의 주의를 끌 수 있는 인물이 세 명 있었다는 점이 명백하다. 이들은 사회에 지대한 문화적 영향력을 행사했다. 문법학교 교사였던 브루뇰로는 강사들을 위한 토대를 마련하는 데 제격이었다. 그는 문헌학적인 연구나 논쟁보다 가르치는 일에 전념했다. 따라서 다른 사람들의 작품을 편집하고 수정하는 데 만족했다. 그의 학식은 폴리치아노의 존경을 받았다. 브루뇰로의 제자들은 그가 두 개의 고대 언어로 시학과 수사학, 그리고 도덕철학을 가르쳤다고 기록한다. 그는 이교도적 배경으로 인해 의심스러운 본문들을 지적했지만 이 본문들을 제거하지는 않는 자유주의적인 접근도 시도했다. 더 중요한 점은 그의 인품이 학생들의 행동에도 영향을 끼칠 만큼 막강한 영향력을 지녔다는 사실이다.[10]

9    Sabellici, *Opera Omnia*, vol. IV, pp. 389~90.

10   Falconis, *op. cit*.(폴리치아노의 호평): Querini, *op. cit*.(브루뇰로의 다양한 가르침과 그의 도덕적인 영향력).
    브루뇰로가 편집한 작품에 대해서는 A. Zeno, *Dissertazioni vossiane*, vol. II, Venice, 1753, pp. 70f.; Io-M. Mazzuchelli, *Gli scrittori d'Italia*, vol II, pt. iv, Brescia, 1763, pp. 2134~36 참조. 그는 암브로조 트라베르사리의 디오게네스 라에르티오스, 키케로의 다양한 작품들, 프리스키아누스, 게오르기오스 트라페준티오스의 『수사학에 대한 책들』(*Libri rhetoricorum*), 주스티니아니의 『베네치아의 역사』(*De origine urbis Venetiarum*), 그리고 페로티의 『풍요의 뿔』에 대한 번역과 편집을 담당했다.

사벨리코는 두 명의 강사 중 두 번째로 임명되었다. 그는 비교적 덜 중요한 오후 시간에 강의했으며, 이 연구서에서 주로 다루는 희귀한 문헌학에서도 상대적으로 기여도가 적다. 로마에서 태어나고 교육을 받은 그는 순수하게 라틴어만 가르친 폼포니오 레토의 학파에 속했다. 그는 짜릿한 대화편이나 현지 풍경과 고대에 대한 대중적인 글을 쓰곤 했다. 이로 인해 베네치아에 도착하기도 전에 선정주의의 대명사로 각광받았던 그는 이 꼬리표를 끝내 떼어내지 못했다. 두 개의 언어를 구사했던 에르몰라오 바르바로와 잠바티스타 에그나치오는 그를 피상적인 인물이라고 생각했으며, 에그나치오는 자신의 생각을 발설하기까지 했다. 사벨리코의 편지들은 그의 강의가 일반적인 라틴 산문과 시학의 범위를 넘어서지 않았음을 함축한다. 그는 이 분야에서 연장자 플리니우스(Pliny the Elder)에 대한 주석과 발레리우스 막시무스의 본문 교정, 그리고 수에토니우스의 『카이사르들의 전기』(De vita Caesarum)의 의역을 출판했다. 이 작품들도 사벨리코가 예리한 눈으로 시사성과 상품성을 주시했다는 사실을 보여 준다. '저널리스트'(journalist)라는 용어는 시대착오적이겠지만 그가 당시에 누렸던 명성을 대략적으로 반영해 준다.[11]

조르조 발라는 전혀 다른 유형의 사람이었다. 그는 사벨리코처럼 자기

---

11  A. Zeno, introduction to *Istorici delle cose veneziane*, vol. 1, Venice, 1717, pp. xxixf, xxxvii, xl(그의 『아퀼레이아의 오래됨에 대하여』(*De vetustate Aquileiae*)에 대한 공격, 1482, 그리고 그의 베네치아 역사에 대한 바르바로의 의혹). M.-A. Sabellici, *Annotationes veteres et recentes ex Plinio, Livio, et Pluribus Authoribus*, J. Pentius de Leuco, Venice, 1502: 이 책은 추아네 벰보가 편집한 학문적 남용에 대한 종합적인 책이다. 사벨리코의 작품에 대한 에그나치오의 공격은 그의 *Racemationes*, f. 77v. 서문에서 발견할 수 있다. 사벨리코의 역사 책이 베네치아 '학파'를 완성시키는 자극제였다는 사실을 언급하는 것이 공정할 것이다. F. Gilbert, "Biondo, Sabellico, and the beginnings of Venetian Official Historiography", in *Florilegium Historicale-Essays Presented to Wallace Ferguson*, Toronto, 1971, pp. 276~93, 그리고 이 장의 주6에서 인용된 A. Pertusi, *op. cit.*, 특히 pp. 319~32 참조.

를 내세우는 것을 싫어했으며, 브루뇰로처럼 강압적이지도 않았다. 그는 베네치아의 문화생활을 좌우했던 활동에는 미미한 흔적만을 남겼으나, 어쩌면 그는 알두스의 지적인 성취에 가장 큰 영향력을 행사했을지도 모른다. 그는 밀라노에서 콘스탄틴 라스카리스 밑에서 그리스어를 공부했고, 에르몰라오 바르바로 덕분에 베네치아로 오게 되었다. 발라는 바르바로가 의인화하고 알두스가 닮기 위해 노력했던 그리스어와 라틴어 전문 지식의 완벽한 대변인이었다. 그의 가르침과 편집 범위는 방대해 유베날리스와 키케로의 다양한 작품들, 플리니우스, 그리고 프톨레마이오스(Ptolemaeos)에 대한 주석들을 남겼다. 또한 아리스토텔레스의 『대윤리학』(Magna Moralia)과 『시학』(Poetika)을 비롯한 다양한 후대 그리스 과학 및 의학 저자들의 작품들을 번역했으며, 과학 및 수학적 주제에 대한 견해들을 합친 육중한 모음집을 편찬했다. 당시 사람들은 『추구하고 피해야 하는 일들에 대하여』(De expetendis et fugiendis rebus)라는 제목의 이 모음집이 출간되기를 손꼽아 기다렸다. 이 책은 결국 알두스가 1501년에 출판했다.[12] 그의 편지는 그가 비트루비우스(Vitruvius)와 아르키메데스, 그리스 시학의 역사를 강의했음을 보여 준다.[13] 그의 디오스쿠리데스와 테오크리토스, 그리고 소포클레스 필사본에 달린 주석들은 이 책들이 가르치는 목적으로 사용되었다는 점을 분명히한다.[14] 발라의 그리스어 본문들은 거의 온전하게 모데나(Modena) 도서관에 보존되어 있

---

12  발라의 임명에 대한 바르바로의 개입에 대해서는 *Epistolae*, lxi (vol. I, pp. 77~79) 참조. 발라의 편집 활동에 대해서는 Heiberg in ZFB XVI, 1896('발라'): 당시의 과학적 사고에서 그의 위치에 대해서는 P. Rose, "Bartolomeo Zamberti's Funeral Oration for the Humanist Encyclopedist Giorgio Valla", in *Cultural Aspects of the Italian Renaissance*, pp. 299~310 참조.

13  G. Valla, pp. 70, 93.

14  Biblioteca Estense, Modena, Ms. Graeci α P 5, 17(=115), α U 9, 19(= 99). 주석은 난해한 단어와 불규칙 동사표 등을 설명한다.

다. 이 본문들은 그의 가르침만큼이나 중요하고 의미심장했을 것이다. 그의 필사본들은 그가 그리스어 필경사 무리들을 불러들여 그의 수집품을 확장하도록 시켰다는 사실을 보여 준다. 이것이 문학과, 특히 그리스 작품들의 확산의 초점이 되었다. 그의 동료들 중 몇몇은 신원을 확인할 수 있다. 아르고스의 미카엘 술리아르데스(Michael Suliardes)는 1490년에 프톨레마이오스의 두 개의 주석들을 필사하고 서명을 남겼다. 또한 그는 1492년에 테오그니스*의 시들을 필사했다.[15] 더 놀라운 이름은 니콜라스 블라스토스이다. 우리는 이미 높은 지위에 있었던 이 크레타섬 사람이 1499년에 칼리에르게스 인쇄소의 재정적 후원자였다는 점을 살펴보았다. 그는 이미 12년 전에 활동하고 있었고, 발라와 적어도 두 명 이상의 필경사들을 도와 의학 문서 필사본을 복사했다.[16] 대부분의 사람들은 잔존하는 필사본들에 이름만 남겼을 뿐인데, 이들은 발라의 불평을 해소하기 위해 도입된 수많은 도움의 손길들이었을 것이다. 야누스 라스카리스가 1491년에 희귀한 그리스어 본문을 찾는 과정에서 그의 도서관을 뒤졌다는 사실은 유명한 사건이다. 폴리치아노도 그의 헤론**과 아르키메데스 필사본에 흥미를 느꼈다.[17] 다른 많은 학자들도 그의 도움을 청했다. 피코 델라 미란돌라와 알베르토 피오는 그에게 구체적인 사본들을

---

* Theognis, 기원전 6세기: 메가라 출신의 그리스 서정 시인이다. 필사본 전통에 의하면 그의 것으로 구분되는 구절들은 1,400행에 달하지만, 실제로 테오그니스가 작성한 것으로 결론내릴 수 있는 것은 308행 정도에 불과한 것으로 보인다.

15  *Ib*. Ms. Graeci α W 9, 6(=131)f. 42r(테오그니스). α T 9, 6(=40)f. 189(프톨레마이오스에 대한 주석).

16  P 5, 17, f. 185V는 블라스토스에 의해 1487년으로 서명되고 날짜가 기입되었다. 칼리에르게스와 그의 관계에 대해서는 이 책의 제4장 주 69 참조.

* Heron: 고대 그리스의 수학자이자 물리학자, 기계 발명가였으며, 주저로 『측정론』(*Metrica*)이 있다.

17  이 책의 제3장 주 8에 나온 K. Müller, "Janos Lascaris", *op. cit*., pp. 382~84 참조. 폴리치아노의 논평에 대해서는 *Prose vulgari*, ed. del Lungo, pp. 79~80 참조.

요청했다. 밀라노의 비서였던 야코포 안티콰리오(Jacopo Antiquario)는 지속적으로 연락을 취했다. 콘스탄틴 라스카리스는 여러 그리스 수학 저자들의 사본을 요청했다. 알두스가 베네치아에 도착하고 얼마 지나지 않았을 때, 그의 친구인 페라라의 레오니체노가 그에게 발라의 책들을 복사할 준비를 하라고 부탁했다. 발라의 무리가 알두스를 베네치아의 지적 사회 안으로 인도했으며, 이후 알두스 자신이 추구하게 된 사업으로 인도했다는 점은 분명하다.[18]

이 과정을 상세하게 추적하기 전에 먼저 덜 고상하고 덜 유명한 베네치아 교육의 위계질서를 살펴보아야 한다. 앞서 말했듯이, 공적으로 임용된 교사들은 혜택받은 사람들이었다. 그들의 자리는 확정되었고 연간 150두카토의 급여가 보장되었다. 이들은 그들보다 불행했던 동료들에 비해 근본적으로 다른 부류의 학생들을 가르쳤던 것도 아니고 삶의 방식도 별반 다르지 않았다. 당시 베네치아 교육은 전반적으로 계급 사회에서 찾아보기 힘든 유동성을 보여 준다. 이는 교육을 부와 사회적 지위의 상징으로 간주한 후세대가 이해하기 어려운 점이기도 하다. 자유계약 교사 중 가장 유명하고 성공적이었던 사람들은 프라 우르바노 발레리아니와 에그나치오로서 둘 다 브루뇰로의 제자들이었다. 그들이 쉽게 학교를 건립할 수 있었다는 사실은 당시 교육의 수요에 대해 말해 준다. 에그나치오가 학생들을 끌어들이기 시작한 것은 그가 갓 20대에 접어들 때의 일이었다. 그에게 몰려온 학생들의 수가 대단했기 때문에 사벨리코는 위협을 느꼈다. 에그나치오와 사벨리코는 서로 으르렁거리며 학자적인 모욕을 주고받았고 청중은 이 광경을 즐겼다. 양측의 견해를 한 권으로 출판하도록 주도했던 사람은 에그나치오의 학우인 추아네 벰보였다. 이 특정한 사건은 사벨리코의 임종 직전에 감동적인 화해로 끝났다. 에그나

---

18  G. Valla, pp. 61(피코 델라 미란돌라), 62, 88(라스카리스), 63(알베르토 피오).

치오는 예사로운 인물이 아니었기에 그의 모습으로부터 다른 대부분의 교사들의 지위에 대해 결론을 내릴 수는 없다.[19] 이 이야기는 공공강사들도 특별 면제를 받지 않았음을 보여 준다. 그들은 보다 더 넓은 지적 세계의 정점에 해당했을 뿐이지, 이목을 끌기 위해서는 그들 역시 다른 모든 교사들과 같이 경쟁해야만 했다.

사누도는 "교구와 귀족들의 궁정에 있는 교사들"에 대한 글을 남겼다. 이 구분은 실제적인 구분이기보다 논리적인 구분이었던 것이 분명하다. 16세기의 신앙고백서는 이에 대한 몇 가지의 가능성들을 보여 준다. 계급의식이 강했던 사람들은 하루의 일부를 귀족 자제들에게 할당하고 나머지는 하층 계급에게 할당했다. 어떤 교사들은 그들이 담당했던 귀족 자제들의 말동무로 열 명가량의 학생들을 궁정 교실로 데려올 수 있었을 것이다. 어떤 교사들은 다른 사람들과 함께 강의를 청강하는 것을 개의치 않는 귀족들을 위해 자신의 집을 개방했을 것이다. 한 세기 전의 상황은 이보다 불명확했을 것이다. 비토레 보나파스(Vittore Bonapace)가 1442년에 작성한 채권자 목록이 이 사실을 암시한다. 그의 학생들 중에는 뱃사공과 벽돌공의 아들들뿐만 아니라 베네치아의 오래된 귀족 가문의 두 젊은이도 포함되었다.[20] 이 경우에도 사회적 유동성은 우리를 당황하게 만든다. 물론 공공강사와 비교하면 이들의 상황은 덜 안정적이었지만, 15세기에 일반적인 등록금은 한 아이당 연간 2~4두카토에 달했으므로 20~30명 정도의 학생들을 확보한 교사는 여유로운 삶을 살 수 있었다.[21]

---

19   프라 우르바노에 대해서는 이 책의 제3장 주 38 참조. 에그나치오와 사벨리코의 분쟁에 대해서는 이 장의 주 11 참조. 에그나치오의 경력 일반에 대해서는 J. B. Ross, "Venetian Schools and Teachers, Fourteenth to Early Sixteenth Century: a Survey and a Study of Giovanni Battista Egnazio", *Renaissance Quarterly*, XXXIX, no. 4, 1976, pp. 521~60 참조.

20   이 장의 주 3 참조. 보나파스에 대해서는 B. Cecchetti, "Libri, scuole e maestri, sussidii allo studio in Venezia nei secoli XIV e XV", AV XXXII, 1886, p. 357 참조.

얼마나 많은 귀족들이 자신들의 자녀만을 독점적으로 가르치기 위해 개인교사를 고용했는지는 불분명하지만, 개인교사의 고용은 명성의 상징이 된 것으로 보인다. 이는 주로 재정적이고 정치적인 영향력을 지닌 사람들 사이에서 유행했다. 당시 베네치아의 가장 유력한 가문 중에는 코르네르 가문이 있었다. 코르네르 가문의 일원 중에는 명목상 키프로스의 왕비인 카테리나(Caterina)와 그녀의 형제인 초르치(Zorzi)도 포함되었는데, 그는 당시에 베네치아 공화국에서 가장 광범위하게 일했던 존경받는 정치인이었다. 초르치는 이전 세대 학자들과 인맥을 맺었던 경험이 있었다. 여기에는 트라페준티오스와 메룰라가 포함되었다. 1484년에 그가 아들을 위한 개인교사를 찾는다는 소문이 돌자, 많은 사람들이 이 자리를 탐냈다. 초르치는 에르몰라오 바르바로와 제롤라모 도나토에게 중재를 부탁했다. 메룰라가 선발되었는데, 그는 1490년대와 1500년대에 타퀴누스 인쇄소에서 몇 권의 라틴어 본문을 편집하면서 베네치아의 지적 사회에서 어느 정도의 지위를 얻게 되었다. 그의 주된 임무는 마르코 코르네르(Marco Corner)를 가르치는 것이었다. 마르코가 1500년에 추기경이 되자, 메룰라는 개인교사의 직분에서 마르코의 비서로 격상되었다. 시간이 지난 후에 메룰라는 섬김에 대한 보상으로 사도좌 서기관으로 임명되었다. 베네치아의 모든 동시대인들 중에서 그가 이탈리아 본토의 궁중 인문주의자들과 가장 유사할 것이다.[22]

---

21  V. Rossi, "Maestri e scuole a Venezia verso la fine del medioevo", *Rendiconti del Reale istituto Lombardo di scienze e lettere*, Ser. ii, XL, 1907, pp. 765~81, 843~55. 이것은 이 장의 주 4에서 언급된 E. 베르탄차(E. Bertanza)와 델라 산타(Della Santa)의 작품에 대한 논평이고, 이 학자들이 밝혀낸 자료를 사용한다.

22  바르바로와 도나타의 역할에 대해서는 *Epistolae* xli, vol. I, pp. 56~57 참조. 나머지 정보는 메룰라가 코르네르에게 바친 다양한 헌정사에서 얻었다: 일례로 Q. Curtius, *De Rebus Gestis Alexandri*, Tacuinus, 1496; Ovidii, *Tristia*, 1507. 이때 그는 이미 사도좌 서기관이자 '비서'(a secretis)였다.

메룰라의 경우는 예외적인 것으로 보인다. 일반적으로 임명은 단기적이었고 미래의 호의를 보장하지도 않았다. 레오나르도 로레단(Leonardo Loredan)은 코르네르 가문 못지않은 저명한 가문의 일원이었다. 미래의 총독이기도 했던 로레단은 1478년에 아들의 개인교사로 트레비산(Trevisan) 계관시인(poet-laureate)이었던 프란체스코 디 롤란델로(Francesco di Rolandello)를 베네치아로 데려왔다. 그는 프란체스코를 1년 동안만 고용했다.[23] 도메니코 그리마니* 추기경은 로레단에 이어 총독이 된 사람의 아들이었다. 그는 조카인 마리노 그라마니(Marino Grimani)를 위해 일련의 개인교사들을 고용했는데, 여기에는 지롤라모 알레안드로와 알두스의 친구인 스키피오 포르티게라도 포함되었다. 포르티게라는 에라스무스를 설득하려는 시도를 하기도 했던 인물이었다.[24] 이런 종류의 단기간의, 비공식에 가까운 고용이 일반적이었던 것으로 보인다. 이런 식의 고용은 손쉽게 이뤄졌을 것이다. 알레안드로의 일기에는 그가 1년 안에 젊은 귀족들을 대상으로 라틴어 수업을 진행했으며, 두 명의 나이 든 사람들에게서 제의를 받았다고 기록되어 있다.[25]

---

23 A. Serena, *La cultura umanistica a Treviso nel secolo decimoquinto*, Miscellanea di storia veneta, Ser. III, vol. iii, Venice, 1912, pp. 82~91.

* Domenico Grimani, 1461~1523: 안토니오 그리마니 총독의 아들로서 베네치아의 추기경이자 예술 작품과 골동품 수집가였다. 그는 방대한 수집품 대부분을 공화국에 유증했는데, 이는 현재 베네치아의 총독 궁전에 세워진 고대 도서관에 소장 중이다. 시몬 베닝(Simon Bening)이 채색한 그리마니의 성무일과서는 국립 마르치아나 도서관에 소장되어 있다.

24 CAM 33(포르티게라가 알두스에게, 1504년 12월 2일); P. S. Allen, IX, pp. 204f.

25 *Journal Autobiographique*, ed. H. Omont, Paris, 1896, pp. 37~39. 1499~1500년 항목 아래 알레안드로는 니코시아(Nicosia)의 대주교 세바스티아노 디 프리울리(Sebastiano di Priuli)와 주도적인 정치인이었던 니콜로 미키엘(Nicolo Michiel), 그리고 그의 소규모 라틴어 수업에서 들어온 제안에 대해 언급한다. 그가 그리마니에게 임용되었다는 사실은 위에서 인용된 포르티게라가 언급했다. 이는 1502년

이렇듯 근근이 연명하는 삶은 사람들이 추구하는 삶이 아니었다. 프라 우르바노의 조카인 잠피에트로 발레리아니(Giampietro Valeriani)는 "가난이 나를 귀족의 종이 되도록 몰아갔다"라고 기록한다. 그는 몇 달 안에 돈을 탕진한 후에 마지막 방편으로서 교사직을 택했다. 그는 로마 풍자 작가의 신랄함으로 자신이 기침을 하면서 부잣집의 뒷계단을 올랐던 사건을 기록한다. 자유의 박탈은 억압적이었고 이를 보상해 줄 만한 안정도 보장되지 않았다.[26] 문학에 진심 어린 흥미를 가진 학생을 둔 교사들은 운 좋은 소수에 해당했을 것이다. 바르바로는 벤드라민(Vendramin) 가문의 친척을 맡을 미래 개인교사에게 다음과 같이 경고한다. "그 소년은 좀 야만적입니다. …… 그의 야만성을 제거하기 위해 나는 당신께 그를 보냅니다."[27] 사회적 지위를 믿고 말썽만 부리는 젊은 얼간이에게 라틴어 문법을 되풀이하는 것은 생계를 유지하기 위한 끔찍한 수단이었을 것이다.

전체적인 그림에서 가장 두드러진 특징은 인물들의 지속적인 변화와 고정점의 결여, 그리고 새로 부상하는 초점 주위에 지적 활동이 쉽게 몰리는 현상인지도 모른다. 물론 산마르코 학교가 가장 중요한 핵심이었다. 우리가 이미 살펴보았고 앞으로도 살펴보겠지만, 이 학교의 운명도 극심한 변화를 겪었다. 불안정한 변화는 사회의 상층부에서부터 시작되었다. 귀족 출신의 학자들은 학문 활동의 중심을 형성할 수 있었고 실제로도 그렇게 했으나, 외국 대사관 업무에 매여 학문에 매진할 수는 없었

---

의 일이었다. J. Paquier, *Jerome Aléandre de sa Naissance à la fin de son Sejour à Brindes(1480~1529)*, Paris, 1900, pp. 15~20.

26  *Praeludia*, Tacuinus, Venice, 1509, ff. 59r~61v. "Calamitatem suae vitae deplorat." 시인들에 대한 이 책은 발레리아니가 안드레아 그리티와 도나토, 그리고 콘타리니 가문의 일원들을 가르쳤다는 사실을 보여 준다.

27  *Epistolae*, lxxv. vol. 1, p. 95, 12 February 1486. 내 번역은 의역이지만 원문의 핵심을 전달한다: "Puer natura ferociusculus ··· e domandus tibi creditur."

다. 1490년에 제롤라모 도나토는 자신이 경험한 방해와 친구인 폴리치아노에게 허용된 집중된 연구 사이의 중대한 차이점에 대해 언급했다. "공적이고 사적인 업무가 나를 얽매네. 나는 연구할 시간을 확보하지 못하고 단지 자투리 시간을 낼 수 있을 뿐이네. 최고의 예술과 학문에 몰두할 수 있는 당신에게 축하의 말을 전하네."[28]

현재 우리는 당시를 주도했던 귀족 가문의 문화적 입장에 대해 아는 바가 별로 없다. 따라서 이런 상황이 의도적으로 계획된 것인지, 공화국의 사회구조에서 자연스럽게 발전한 것인지 판가름하지 못한다. 유동성과 불안정에는 장단점이 있었다고 말하는 것이 마땅할 것이다. 귀족들은 지적 생활의 모든 단계에 관여했다. 그들은 제자였거나 고용인이었으며, 학생이었거나 후원자였다. 이들의 개입으로 인해 집중될 수 있었던 노력들이 분산되고 난해한 논의는 억제되었을 것이다.[29] 이들의 개입은 또한 지식인들로 하여금 다양한 고용의 기회를 추구할 수 있는 수많은 기회를 부여했다. 관심을 가졌던 무리들은 동정심 많은 신사 주위에 모여들었고 새로운 발상들이 사회의 위계 체계 위아래로 쉽게 전달되었으며, 좌우로도 다양한 무리들 사이에서 퍼져나갔다. 프라 우르바노가 근동 지방을 방랑할 수 있었던 것은 그가 미래의 총독인 안드레아 그리티(Andrea Gritti)의 개인 비서였기 때문이었다. 당시 그는 콘스탄티노

---

28 Politiani, *Opera Ominia*, Aldus, 1498, Epistolarum Lib. II, no. 12. 바르바로의 아리스토텔레스 수업에 대해서는 이 책의 제3장 주 37 참조. 그의 지속적인 베네치아 대사 임용에 대해서는 V. Branca, *Renaissance Venice*, ed. J. R. Hale, pp. 238~39, 주 6 참조.

29 감당하기 어려운 단체를 기꺼이 탄압했던 베네치아의 특성에 대해서는 이 장의 주 5의 B. Nardi, *op. cit.*, p. 116 참조(리알토 학교가 대학으로 발전하는 것이 저지당했다). 귀족들의 태도에 대해서는 M. L. King, "The Patriciate and the Intellectuals: power and ideals in Quattrocento Venice", *Societas*, V, no. 4, 1975, pp. 295~312 참조.

플의 곡물상이었다.[30] 롤란델로의 제자이자 레오나르도 총독의 아들이었던 로렌초 로레단(Lorenzo Loredan)은 습관적으로 조르조 발라의 강연을 청강했다. 그는 사회생활에서 동료 귀족들에게 영향력을 행사하기 위해 이 강연자를 활용했던 것이 분명하다. 이로 인해 그는 교묘하게 조종하는 사람이라는 악평을 받았는데, 이는 발라와 같은 사람이 휘두를 수 있었던 간접적 영향력에 대한 흥미로운 언급이다.[31] 이 와중에도 로레단은 1487년에 요한 로소스(John Rhosos)에게 월등한 핀다로스의 『시가』(Odes) 필사본을 의뢰할 정도의 관심을 가지게 되었다.[32]

베네치아의 후원에는 여러 측면이 있었고 여러 방향으로 발전할 수 있었다. 발라와 사벨리코는 신작이 출판되면 언제나 책에 관심이 있었던 사람들에게 5~6권을 보낸 것으로 보인다. 바로치는 발라에게 에우클레이데스 번역에 대한 감사의 편지를 보냈다. 이 편지는 후원에 대한 글을 쓰는 사람들이 종종 이상화하지만 정확히 기술하지 않는 신중하고 정확한 사태 파악에 근거한 설득의 모형 역할을 한다. 파도바의 주교는 발라에게 정중하게 감사를 표했다. 그는 곧 에우클레이데스를 보다 세밀히 읽을 시간이 나기를 희망한다고 말한 후에, 번역자가 아르키메데스의 기하학과 물에 뜨는 물체에 대한 작품들에 관심을 돌릴 생각은 없는지 문의했다. 이 작품들은 "라틴어로 번역된다면 일상생활에 큰 도움이 될 것"이었다.[33] 도나토가 불평했던 외교 사절의 임무도 유용했다. 베르나

---

30    이 책의 제3장 주 38. 그리티의 활동에 대해서는 J. C. Davis, "Shipping and Spying in the Early Career of a Venetian Doge, 1496~1502", *Studi veneziani*, XVI, 1974, pp. 97~108 참조.

31    G. Valla, p. 91. 이후 일기 작가였던 프리울리(Priuli)는 로렌초 로레단을 지목해서 비판한다. RIS Tom. XXIV, pt. iii, Bologna, 1938, p. 40.

32    Biblioteca Estense, Modena, Ms. Graecus N. 7, 17.

33    Sabellici, *Opera*, vol. IV, col. 355는 『베네치아의 상황에 대하여』(*De Venetae Urbis Situ*) 사본들이 세바스티아노 바도에르(Sebastiano Badoer), 레오나르도 로레

르도 벰보(Bernardo Bembo)의 여행은 그로 하여금 필사본들을 수집할 수 있는 기회를 주었다. 이 필사본들은 단지 과시를 위한 용도가 아닌 그 세기에 서지학적으로 가장 중요한 필사본들로서 이후에 폴리치아노와 알두스 같은 학자들의 연구에 사용되었다.[34] 베네치아의 '자유산업'의 결점이 무엇이든 간에, 그것은 일종의 체계를 구축했다. 이 체계를 토대로 역동적인 지적·문화적 생활이 자립할 수 있었다.

우리에게는 이런 삶의 특성에 대해 매우 불완전한 정보만 있다. 이를 재구성하기 위해서는 당시 사람들이 열광했던 일들에 다소 낭만적인 방식으로 개입할 필요가 있다. 우리는 먼저 중세 교육 전반에 걸쳐 두드러진 개인적인 특성과 구어의 중요성을 상기해야 한다. 라틴어와 그리스어는 여전히 살아 있는 언어였다. 따라서 사람들은 이 언어들의 정확한 발음에 주의를 기울였으며 모든 것이 대화 중심으로 이뤄졌다. 교사는 본문을 큰 소리로 읽었고, 학생들은 배운 내용을 반복해 낭송했다. 발라의 몇몇 필사본들에는 여전히 주요 형(principal parts)의 억양 표시와 난해한 단어의 해석에 대한 흔적이 남아 있다. 1470년부터 일기 시작한 인쇄본들의 물결은 1480년에 급류를 이루었다. 레기우스는 파도바 대학의 가장 저명한 고전학자 중 한 명이었다. 그는 1493년에 이르러서는 초급 단계를 마친 학생들이라면 누구나 자신의 사본을 구입해 자신만의 필기를 적을 수 있다고 선언했다. 궁극적으로 책의 대량생산은 집단적인 학습구

---

단, 토마소 트레비산(Tomaso Trevisan), 마르칸토니오 모로시니, 그리고 제롤라모 도나토에게 보내졌음을 보여 준다. 발라와 바로치 사이의 연락에 대해서는 G. Valla, pp. 83~84.

34  이 도서관의 책들 중 현재 바티칸에 소장된 책들에 대해서는 P. de Nolhac, *Bibliothèque de Fulvio Orsini*, passim 참조. 폴리치아노의 관찰에 대해서는 pp. 237~39, 대영 박물관에 소장 중인 책들에 대해서는 C. Clough, "Pietro Bembo's Library Represented in the British Museum", *British Museum Quarterly*, XXX, no. 1, 1965, pp. 3~17 참조.

조 전체를 붕괴시킬 것이었다. 이는 책의 대량생산이 학자들 간의 상호 의존성을 와해시켰으며, 학자들을 잘 구비된 서재 안으로 불러들였기 때문이다.[35] 인쇄본은 당분간 매혹적인 새로운 장난감이었다. 인쇄본은 소유자에게 질문을 던지고 비교하고 논의하도록 부추겼는데, 이는 군중의 관심을 맹렬한 지적 에너지의 소용돌이로 몰아넣었다. 교사의 통솔도 필요 없었고 교사가 통제할 수도 없었던 것으로 보인다. 사벨리코의 학생들은 그가 플리니우스 교정본을 출판하기 훨씬 이전에 이 작품에 대해 알고 있었으며, 이에 대해 토론했다.[36] 안티콰리오가 발라에게 그의 비트루비우스 판이 언제 출판될 것인지 물었을 때, 발라는 전혀 모르겠다고 답할 수밖에 없었다. 그는 강의가 끝나면 출판할 계획을 가지고 있었으나 그의 학생들 중에는 열심히 필기하는 학생들이 있었기 때문에 그가 아는 한, 주석 달린 본문이 언제라도 출판될 수 있었다.[37] 물론 이런 증거들은 주관적이고 단편적이며, 정확하게 평가하기 힘들다. 필리포 디 스트라타 같은 인물의 불안과 성급히 인쇄하려는 사람들에 대한 끊임없는 불만을 생각해 볼 필요가 있다. 이러한 사실들과 함께 종합해서 보면, 고전학 세계를 향한 거의 통제 불가능한 열정을 감지할 수 있다.

이와 같이 흥분이 고조된 상태는 학교와 강의실의 형식적인 테두리 안에서 머무를 수 없었다. 그것은 자연스럽게 광범위한 사회를 향해 흘러나갔다. 고대 세계에 대한 관심은 곧 유행의 표지(標識)이자 지식의 표증이 되었다. 전성기 르네상스의 베네치아에는 동호회와 협회들이 넘쳐났

---

35 레기우스의 언급은 그의 오비디우스의 *Metamorphoses*, Locatellus, Venice, 1493 서문에서 발견할 수 있다. 인쇄본이 구두소통(oral communication)의 가장 중요한 요소 중 하나에 끼친 영향력에 대해서는 Frances Yates, *The Art of Memory*, London, 1969 ed., pp. 130f. 참조. 레기우스는 『헤렌니우스에게 바친 수사학』을 키케로에게 돌리는 것을 공격함으로써, 기억력 신봉에 가장 강력한 일격을 가했다.

36 Introduction to *Adnotationes Plinianae*, Pencius de Leuco, Venice, 1502.

37 G. Valla, p. 70.

다. 화려한 귀족 동호회도 있었다. 이들은 알록달록한 벨벳과 보석으로
장식된 의복을 입었고 대운하의 물 위에서 연회를 열었다. 변호사들의
진지한 모임도 있었고 모두가 참석할 수 있도록 개방된 모임도 있었다.
여기에는 추아네 벰보가 고대 명문 수집품 목록 끝에 기록했던 59명의
'훌륭하고 박식한 사람들' 같은 사람들이 모여들었다.[38] 우리가 살펴보
았듯이, 이와 같은 비형식적인 무리는 대중적인 교사나 영향력 있는 귀족
에게 초점을 맞추기 쉬웠다. 따라서 강연은 공작 정무궁의 현관 아래에
서 열띤 토론으로 이어지기 십상이었다. 마치 사벨리코가 『라틴어의 재
정비에 대하여』에서 묘사했듯이 말이다. 나른한 오후에 코르네르의 정형
원(整形園)에서 퀸투스 쿠르티우스*를 읽을 수도 있었다.[39] 혹은 황홀한
여성 시인 카산드라 페델레(Cassandra Fedele)의 집을 방문할 수도 있었
다. 그녀의 낭송은 바르바리고 총독이 여는 공식 연회의 핵심을 이루었
다. 그녀의 등장만으로도 폴리치아노는 말을 더듬는 무력감에 빠졌다.[40]

---

38  귀족들의 동호회에 대해서는 L. Venturi, "Le compagnie della Calza, secoli XV~
    XVI", NAV, Nuova serie, XVI, 1908, pp. 161~221; F. Mutinelli, *Annali urbani
    di Venezia*, Venice, 1841, pp. 283~86('셈피테르니'Sempiterni의 법령) 참조. 우
    디네(Udine)에서 한 변호사 협회가 제출한 흥미로운 헌장이 A. S. V. Seanto,
    Deliberazioni Terra, Rg. XIII, ff. 30~36V, 23 January 1497~98(M.V)에 포함되
    어 있다. 이것은 부분적으로 사회적이고 부분적으로 자선적인 것으로서, 가난한
    자들에게 법적 지원과 다양한 공동 활동, 그리고 회원권 뭉치를 제공했다. 추아
    네 벰보의 문집은 이제 Stätsbibliothek, Munich의 Ms Latinus 10801에 해당한다.
    ff. 149~150r은 "viri docti et probi"의 목록을 포함한다. ff. 185V~186V는 더 짧
    은 'compatres' 목록을 포함한다.

*   Quintus Curtius, 서기 1~2세기: 로마제국 시대의 수사학자이자 역사학자로서
    알렉산드로스 대왕에 대한 10권짜리 역사서를 남겼다.

39  Q. Curtii, *De Rebus Gestis Alexandri*, Tacuinus, 1496에 대한 바르톨로메오 메룰라
    의 서론.

40  C. Cavazzana, "Cassandra Fedele, erudita veneziana del rinascimento", *Ateneo
    veneto*, Anno XXIX, i, fasc. ii, July~August 1906, pp. 73~91, 361~72. Cassandra

편지나 대화편을 통해 우리에게 잘 알려진 대화의 내용들은 제한적이고 무미건조하게 느껴지는 것이 많다. 연장자 플리니우스가 미트리다테스(Mithridates) 왕에게 묘사했던 모든 독들의 해독제에 대한 정확한 용어들은 더 이상 긴급한 의학적 중요성을 지니지 않는다. 그러나 고전학지식이 모든 세부 학문 분야의 기저를 이루었다는 사실을 잊어서는 안된다. 지난 세기 동안 고대문학의 경계가 놀랍게 확장되었다. 그리스와로마 저자들은 제자들의 가슴뿐만 아니라 머리까지 지배했다. 고대 식물학 저자들에 대한 관심은 식물학에 대한 실험적인 관심으로 쉽게 발전할 수 있었다. 에르몰라오 바르바로와 나바게로의 경우에 실제로 이런 일이 일어났다.[41] 수학은 에우클레이데스와 아르키메데스에 대한 연구를 의미하거나, 아라토스와 베르길리우스의 사본을 손에 쥔 채 베로나언덕 위에서 맑은 여름 하늘을 통해 별들을 올려다보는 것을 의미할 수도 있었다.[42] 다양한 종류의 문학적 실험이 대중적인 인기를 끌었다. 이에 대한 판단은 선택의 폭이 넓기 때문에 더 위험해진다. 리디우스 카투스(Lydius Cattus)라는 젊은 시인은 애인들의 다툼을 법정 청문회로 각색했다. 그는 라틴어와 이탈리아어를 모방해 이 내용을 듣기 괴로운 6보격(hexameter)과 5보격(elegiac), 그리고 3운구법(terza rima)으로 구사했다. 그는 이 시를 비첸초 퀘리니에게 헌정했다. 퀘리니의 관심사는 그를 시

Fidelis, *Epistolae et Orationes*, Pauda, 1636은 그녀가 당시의 여러 왕들과 대부분의 선두적인 지식인들과 연락하고 있었다는 사실을 보여 준다.

41 바르바로에 대해서는 이 장의 주 49 참조. 나바게로에 대해서는 M. Cermenati, "Un diplomato naturalista del Rinascimento, Andrea Navagero", NAV, Nuova serie XXIV, 1912, pp. 164~205 참조.

42 Navagerius sive De Poetica, Dialogus Hieronymi Fracastorii, in Navagerii *Opera Omnia*, Padua, 1718, pp. 229f. 이 대화는 여름 하늘에 대한 시인 나바게로와 수학자 잔자코모 바르델로네(Giangiacomo Bardellone)의 반응을 기록한다(이 책의 제6장 주 112 참조).

학과 시학이 나아갈 방향에 대해 모색하도록 만들었다. 그와 그의 동료들인 파올로 다 카날과 니콜로 티에폴로(Nicolo Tiepolo), 그리고 나바게로는 페트라르카 형식을 연구했다. 그들은 벰보의 『속어의 산문』(*Prose della volgar lingua*)의 예비 단계에서 그와 협력했다. 이로써 그들은 이후 이탈리아어의 발전을 결정짓는 데 직접적인 역할을 했다.[43]

베네치아 밖에는 파도바라는 최고의 학문 세계가 펼쳐져 있었다. 15세기 동안 파도바 대학의 점진적인 발전사에 대해서는 대략적인 개요 밖에 알려진 바가 없다. 우리는 어쨌든 형식적인 학문 사안들보다 이들 주변에서 발전한 사회생활에 관심을 가질 것이다.[44] 1407년에 베네치아 정부는 시민들에게 북쪽의 대학에 진학할 계획이 아니라면 의무적으로 파도바에서 공부하도록 강요했다. 이 순간부터 파도바 대학에 대한 관심이 점점 고조되었던 것으로 보인다. 많은 귀족들이 학위를 취득했으며, 더 많은 무리는 단지 분위기에 심취하기 위해 대학을 다녔다. 그 세기 말엽에 사누도는 베네치아로부터 온 수많은 친구들과 친척들의 침입을 일기에 묘사한다. 그들은 며칠간 연회를 열어 박사학위 취득을 축하하기 위해 온 것이었다. 브렌타강을 오르락내리락하는 연락선이 수도사와 창녀, 그리고 학생을 태우지 않으면 침몰하게 된다고 예언하는 지역 격언이 생길 정도였다. 대학과 대도시 사이의 연결이 이토록 긴밀했다.[45]

---

43  Lydius Cattus, *Lydii Catti Ravennatis Opuscula*, Tacuinus, Venice, 1502. 퀘리니의 소네트는 Biblioteca Marciana, Venezia, Ms. italiani cl. IX, 203(6757), ff. 93r~94v에 보존되었다.

44  15세기 전반에 수여되었던 학위 기록이 남아 있다: C. Zonta·I. Brotto, *Acta Graduum Academicorum Gymnasii Patavini ab anno 1406 ad annum 1450*, Padua, 1922. G. 드 산드레(G. de Sandre)는 "Dottori, università, Commune a Padova nel Quattrocento", *Quaderni per la storia dell'università di Padova*, vol. I, 1968, pp. 15~47에서 베네치아 정부의 정책과 대학의 업무에 대한 개입 증가를 철저히 논의한다.

매년 가을에는 다른 방향으로부터의 방문객들이 쏟아져 들어왔다. 독일인들은 우수 고객으로 선호되었는데, 이들은 아직 그들만의 일류 대학이 없었다. 폴란드인, 헝가리인, 영국인, 그리고 여타 나라 사람들도 마찬가지였다.[46] 부유한 학생들의 낙(樂)은

"집을 지키고 책도 읽으며, 친구들을 환대하고
동포들을 방문하며, 그들을 위해 연회를 베푸는 것"[47]

이었다.

가난한 학자들은 후원에 의지해야만 했다. 북쪽에서 온 사람들은 20~30명이 거주하기 위해 궁전 전체를 임대하기도 했다. 베네치아 귀족들도 규칙적으로 자신만의 개인교사/하인을 데려왔기 때문에 다양한 기회들이 있었다. 알레안드로와 잠피에트로 발레리아니는 그들이 예전에 베네치아에서 가르치고 섬겼던 젊은 귀족의 개인 수행원으로 파도바에 갔다.[48] 가난한 학생의 생애에는 물론 어두운 면도 있었을 것이다. 그

45    H. Brown, *Studies in Venetian History*, vol. II, London, 1907, p. 116.

46    베네치아의 독일인들에 대한 선호도에 대해서는 G. de Sandre, *op. cit.*, pp. 18~
      19 참조. A. Veress, *Matricula et acta Hungarorum in Universitate Patavina
      Studentium, 1264~1864*, Budapest, 1915, p. v는 15세기 후반에 파도바 대학에 다
      니는 헝가리인의 수가 두 배 이상 증가했음을 보여 준다. 폴란드인들에 대해서는
      *Relazioni tra Padova e la Polonia*, Padua, 1964의 다양한 논문 참조. 영국인들에 대
      해서는 G. Parks, *The English Traveller to Italy*, Rome, 1954, pp. 631~34 참조.

47    W. Shakespeare, *The Taming of the Shrew*, Act 1, scene i, ln. 191~92. 당시 파
      도바의 분위기를 비롯하여 주인(루첸티오)과 개인교사/하인(트라니오) 사이
      의 미묘한 관계는 이 극에서 완벽하게 전달된다. 위에서 인용된 책에서 H. 브
      라운(H. Brown)의 기사 "Shakespeare and Venice", pp. 159~80과 B. Brunelli,
      "Shakespeare e lo studio di Padova", AV, Nuova Serie 1, 1922, pp. 270~83 참조.

48    M. Sanudo, XXXII, col. 132, 13 November 1520의 보도. 반환되지 않고 계속

러나 전체적으로 봤을 때, 르네상스 파도바에 대한 당시의 묘사에는 그 이후 세대의 낭만주의 소설과 연관되는 분위기가 반영된다. 당시의 정황에서 우리는 세련된 차분함의 세계를 동경하는 일종의 향수를 감지할 수 있다. 에르몰라오 바르바로는 1484년 여름 동안의 학업에서 휴식을 취했던 일상을 시시각각 보도한다. 그는 오전에 아리스토텔레스와 그리스 연설가들 및 시인들을 집중적으로 연구했다. 그 다음에 그는 죽, 계란, 과일 등으로 가벼운 점심식사를 한 후에 느긋한 독서를 즐기거나 구술하는 데 시간을 보냈다. 이후에는 동료들과 문학이나 철학에 대해 토론했다. 마지막으로 그는 구운 고기로 저녁을 먹은 후에 디오스쿠리데스의 약초 설화를 숙고하며 식물원을 거닐었고, 잠자리에 들었다.[49] 이런 배경 속에서 책과 동전, 그리고 명문(銘文)은 베네치아 내에서만큼 쉽게 검토될 수 있었으며, 시나 연설문도 쉽게 낭송하고 비판할 수 있었다. 이런 일에 종사했던 사람들은 종종 동일한 사람들이었다. 사실 어느 사회가 다른 사회의 확장인지 분간하기 어려울 때도 있었다. 외부 방문객들은 언제든지 대화에 참여할 수 있었다. 그들은 자신들의 경험을 토대로 교양 있는 이탈리아인들과의 대화에서 무엇인가를 기여할 수 있기를 원했다. 동아리들은 항상 새로운 초점을 찾아 움직였다. 이들은 마치 레프 톨스토이(Lev Tolstoi)의 저녁 연회에서 회전축을 중심으로 대화가 이뤄졌듯이 빙글빙글 돌고 재집결하는 동작을 반복했다.

알두스는 1490년에 바로 이런 세계 안으로 들어섰던 것이다. 그는 마

---

유지되었던 시설들에 대해서는 E. Martellozzo Forin, "Note d'archivio sul soggiorno padovano di studenti ungharesi, 1493~1563", in *Venezia e Ungheria nel Rinascimento*, ed. V. Branca, Florence, 1973, pp. 245~60에서 제공하는 정보 참조. 발레리아니와 알레안드로에 대해서는 이 장의 주 25, 26 참조: 직접적인 언급은 *Praeludia* f. 24r에 대한 것이다.

49  *Epistolae*, xlix, vol. 1, pp. 60~63.

치 자신의 가치를 잘 알고 있는 사람처럼 분위기에 자연스럽게 어우러
졌다. 그의 소개에서 흠 잡을 만한 곳은 없었다. 그는 원한을 사지 않는
보기 드문 자질을 갖추고 있었다. 알두스는 이미 발라에 대해 알고 있
었을지도 모른다. 그가 처음 등장하는 곳은 발라의 무리 중에서이다.
1491년 여름에 레오니체노는 발라에게 필사본 복사를 맡길 만한 인물로
알두스를 두 차례 언급한다. 이때 알두스는 이미 레오니체노와 폴리치아
노를 위해 일하고 있었던 것으로 보인다. 그가 미래를 위해 발라의 도서
관과 그의 그리스어 필경사의 기술을 활용하지 않았을 리 없다.[50] 폴리치
아노는 그의 도움에 감사를 표했고 '알토 마누치오'(Alto Manuccio)라는
이름을 공책 여백에 기록했다. 그 옆에는 그의 대리인인 알비세 바르바
로와 레오나르도 로레단의 이름, 이후 피코 델라 미란돌라의 도서관 구
입을 계획하고 실행에 옮긴 도메니코 그리마니의 동료인 안토니오 피차
마노(Antonio Pizzamano)의 이름도 나란히 기록되었다. 거기에는 발라의
제자였던 피에트로 벰보와 안젤로 가브리엘이라는 두 명의 젊은 귀족들
의 이름도 있었는데, 이들은 곧 메시나에서 콘스탄틴 라스카리스로부터
그리스어를 배우기 위해 떠났고 알두스의 첫 번째 출판물이 될 필사본
을 가지고 돌아왔다.[51] 1년이 조금 지난 후에 그리스어 학자 우르케우스

50  G. Valla, pp. 71~72. G. Bertoni, *La biblioteca Estense*, p. 118은 알두스와 발라가
    이미 서로 알고 있었다고 제안한다.
51  Stätsbibliothek, Munich, Ms. Latinus 807, f. 42v. 1491년에 폴리치아노가 여행하
    던 중 작성했던 개인 필기를 포함하는 중요한 이 사본은 부분적으로 G. Pesenti,
    "Diario odeporico-bibliografico del Poliziano", *Memorie del Reale istuto lombardo
    di scienze e lettere*, Classe di Lettere, scienze morali e storiche, XXIII~IV, Ser. III,
    fasci. vii, Milan, 1916, pp. 229~39에 의해 출판되었다. 불행히도 원본의 글씨는
    거의 알아볼 수 없다. 그것은 약어로 표기되었고 순서도 분명치 않다. 피차마노와
    피코 델라 미란돌라의 도서관 구입에서의 그의 역할에 대해서는 M. Lowry, "Two
    Great Venetian Libraries …", pp. 128f. 참조. 벰보와 가브리엘이 메시나에 간 것에
    대해서는 G. Valla, p. 62 참조.

는 알두스에게 사벨리코와 레기우스, 그리고 귀족인 레니에르에게 안부를 전해달라고 청한다. 우르케우스는 자신을 알두스와 레오니체노와 연결하는 어떤 공동사업에 대한 논의를 언급한다. 그는 자신의 그리스어 필경사가 다른 일로 바쁘다고 설명하면서 알두스가 요청한 그리스어 필사본 전달이 지연될 것이라고 말한다. 그는 또한 테오크리토스의 해독이 어려운 행에 대한 유용한 조언을 한다. 알두스는 이제 베네치아의 학문 사회에 완전히 수용되었고 이 연결망의 중심부 근처에 자리를 잡았다.[52]

알두스는 산토 바르바리고를 "1년 내내" 가르쳤으며, 1495년에는 산토의 아버지와 인쇄 계약을 맺었다. 우리가 이 두 사건들이 정확히 어떻게 연관되는지 알지 못한다는 점은 애석한 일이다. 그러나 대체적인 전말은 명백하다. 알두스는 인맥의 도움을 통해, 그리고 자신의 『경건한 카테리나에게 보낸 편지』의 조심스러운 선전을 통해 자유계약 교사들의 무리에서 두각을 나타낼 수 있었다. 이 교사들은 자신들만의 구역을 정하고 제자들을 받아들이던 사람들이었다. 알두스가 맡은 일은 그에게 학문을 추구할 시간을 허용했다. 그의 교사직이 먼저인지, 바르바리고와의 인쇄 계약이 먼저인지 알 수는 없지만 그는 기회주의적인 베네치아의 후원을 확보하는 데 성공했다. 어떤 비평가가 신랄하게 논평했듯이, 이 후원은 교직을 사업 상품으로 전락시켰다. 교직은 근본적으로 후추 한 포대와 같은 상품과 다를 바 없었다.[53]

알두스의 작업장에서 생산품이 나오기 시작했다. 이 작업장은 전임자나 당대의 인쇄업계가 아니라 경영자의 인문주의적 배경으로부터 분위

---

52  J. Schück, Doc. V, pp. 117~20.

53  배움에 관한 베네치아의 태도에 대한 견해는 조반니 다 라벤나(Giovanni da Ravenna)의 견해이다. G. de Sandre, *op. cit.*, p. 19가 이를 인용한다. 『편지』 (*Epistulae*)의 해석에 대해서는 이 책의 제2장 주 28 참조. 알두스의 학교에 대한 언급은 이 장의 주 1 참조.

기를 물려받았다. 물론 이처럼 감정적이고 무형적인 사안에 대해 분명한 판단을 내리기는 힘들다. 어쩌면 알두스는 조심스럽게 고안해 낸 서문으로 우리의 시각을 왜곡했는지도 모른다. 그는 거의 모든 판에 서문을 달았는데, 여기서 그는 언제나 자신이 본문에 쏟았던 관심과 그 작품이 공동으로 작업한 합작품임을 강조했다. 그 이전까지 서문은 학문적인 편집자의 영역이었다. 인쇄업자에게는 칭송의 말 몇 마디만 들어가도 운이 좋은 편이었다. 인쇄업자들은 보통 조잡하고 탐욕스러운 동료들과 확연히 구분되는 뛰어난 특징으로 칭찬을 받았다. 따라서 우리는 한편에는 장송과 토레사니를 한편으로 하고 메룰라와 사벨리코, 그리고 스콰르치아피코를 비롯한 다른 많은 사람들을 다른 한편으로 하는 그들 사이의 개인적인 관계에 대해 아는 바가 거의 없다.[54] 알두스가 도입한 변화는 새로운 접근을 함축했다. 아리스토텔레스 작품의 바른 순서에 대한 논의나 파도바와 페라라에서 필사본들의 대조는 분명 발라의 서기들의 문헌학적 노력으로부터 직접 기인한 활동들이었다. 알두스의 초기 판이 당시의 학문적 기호와 거의 일치한다는 점은 놀랍지 않다. 알두스의 초기 편집자들과 기여자들 중 다수가 조르조 발라의 동료이거나 제자였다는 점도 주목할 만하다. 여기에는 벰보와 가브리엘, 레오니체노와 알레산드로 베네데티가 포함되었다.[55] 그러나 상황이 바뀌었다. 래티머가 빌려간 침대를 반납하라고 간곡히 부탁하는 대목에서 우리는 당시의 상황을 읽어

---

54 메룰라는 언제든 인쇄업자들을 비꼴 준비가 되어 있었다. 심지어 장송의 판의 헌정사에서도 이런 내용을 기술한다. BP pp. 145~48에 있는 『농업서 작가들』의 서문 참조. 초기 인문주의자들과 인쇄업자들 사이의 관계는 F. Gabotto, *Vita di Giorgio Merula*, p. 62가 부각했다. 저자는 해당 학자들이 여러 인쇄업자들을 위해 일했기 때문에 알두스의 헌신적인 조력자들과 비교될 수 없다고 주장한다. 사실 무수루스는 알두스뿐만 아니라 칼리에르게스를 위해서도 일했기 때문에 우리는 다시금 전적으로 개인적인 고려 사항으로 내몰린다.

55 OAME VIII; G. Valla, passim.

낼 수 있을지도 모른다.[56] 산타고스티노에 위치한 알두스의 집은 학자들이 교정쇄를 제출하는 장소일 뿐만 아니라 그들이 먹고 자고, 토론하는 장소로 변했다. 환언하자면, 알두스의 집이 그 자체로 지적 중심지가 된 것이었다.

이 과정의 성취 단계들은 미묘하고 정교하기 때문에 여기서 완전히 해명할 수는 없다. 결정적인 년도는 거의 분명히 1502년이었을 것이지만 이전의 4~5년도 이에 못지않게 중요했다. 1495년부터 알두스와 그의 동료들의 운명은 당시의 중대한 사건들과 밀접하게 결부된다. 이를 설명하기 위해서는 유럽의 배경 지식이 요구된다. 알두스가 회사를 차리고 최초의 판을 출판할 때에도 알두스를 만들어 냈던 지적 세계의 토대가 무너지고 있었다는 점은 명백한 사실이었다. 그의 우상 중 한 명이었던 에르몰라오 바르바로가 1493년 여름, 망명 중에 세상을 떠났다. '인간 세계에 사는 불사조'이자 알두스의 최초의 후원자였던 피코 델라 미란돌라는 1494년 11월 17일에 프랑스 군대가 피렌체에 진군했을 때 세상을 떠났다. 폴리치아노도 불과 두 달 전에 같은 운명에 처했다. 우리가 살펴보았듯이, 마르실리오 피치노는 그가 번역한 몇몇 작품의 알두스 판 본문을 훑어볼 수 있을 때까지 생존했지만, 그가 알두스에게 보낸 한 편지는 질병과 기근에 대한 암시로 넘쳐난다. 또한 전염병과 폭력이 두려워 감히 돌아갈 엄두가 나지 않는 도시에 널브러진 책들에 대한 암시도 있다.[57] 메디치 가문의 유배와 그들의 궁정 무리들의 분산은 이제 기정사실이었다. 피치노의 편지는 피렌체 문화 시대에 종말을 고한다. 다른 중심지들도 극심하게 시달렸다. 1495년에 프랑스가 나폴리의 아라고네스

---

56  CAM 87.

57  *Ib.*, 2. OAME VII, VIII는 피코 델라 미란돌라와 바르바로, 그리고 폴리치아노를 향한 알두스의 존경과 그들의 죽음에 대한 그의 반응을 보여 준다.

(Aragones of Naples) 왕국을 일소했다. 왕립도서관은 약탈당했다. 이 책들은 포르노보(Fornovo) 전투에서 다시 강탈당했으며, 프랑스에 도착했을 때에도 수많은 개인들에 의해 약탈당했다.[58] 1498년에 로마는 폼포니오 레토를 잃었다. 알두스는 루키우스 킨키나투스(Lucius Cincinatus)를 모방했던 그를 전혀 달갑게 여기지 않았지만, 레토는 한 세대 동안 로마의 지적 삶을 지배했었다.[59] 1499년에는 프랑스의 정복자들이 밀라노 공작들의 도서관을 노략해 책들을 블루아(Blois)로 가져갔다. 1502년에는 우르비노의 몬테펠트로 공작의 유명한 소장품이 체사레 보르자(Cesare Borgia)의 병력에 의해 약탈당했다.[60] 알두스의 서문이 불꽃, 전쟁, 동료들의 상실, 그리고 책들의 파괴로 가득한 것은 당연한 일이다. 학자들뿐만 아니라 문화 중심지 전체가 일소되었던 것이다.[61]

베네치아가 외세 강점과 정치적 격변을 모면한 것은 사실이다. 이로 인해 베네치아는 학자들은 물론이고 망명 중인 군주들의 피난처 역할을 했다. 하지만 베네치아 역사가들이 흔히 가정하듯이, 베네치아도 보편적인 재난을 완전히 피하지는 못했다. 우리는 이미 전쟁 비용이 1499년의 사업 위기를 촉발했던 점과 이 사건이 인쇄사업에 어떤 영향을 끼쳤는지 살펴보았다.[62] 이와 동시에 지난 15년간 여러 면에서 베네치아의 지적 생활을 풍요롭게 만들었던 공공교사의 삼두체제가 무너지기 시작했

---

58  D. M. Robathan, "Libraries of the Italian Renaissance", in *The Medieval Library*, ed. J. W. Thompson, Chicago, 1939, pp. 569f.

59  이 책의 제2장 주 9 참조.

60  D. M. Robathan, *op. cit.*, pp. 536f.(우르바노), 552f.(밀라노).

61  OAME XIX, XLVI 등.

62  사업 위기에 대해서는 이 책의 제4장 주 67f. 참조. 이탈리아 본토 중심지들이 몰락한 이후의 베네치아의 매력에 대해서는 D. Geanakoplos, *Greek Scholars*, pp. 115f. 참조. 알두스가 망명 중인 구이도발도 다 몬테펠트로(Guidobaldo da Montefeltro)에게 바친 헌정사는 OAME LI 참조.

328

다. 1496년 봄에 10인위원회는 밀라노로 정보가 유출된 사건에 위기의
식을 갖게 되었다. 그들은 한 첩보원에게 학교들을 방문해 '플라키디오'
(Placidio)라는 사람에 대해 조사하도록 시키기 위해 마치 귀족 개인교사
직을 제안하는 척하면서 그에게 접근하도록 지시했다. 그들이 찾은 증
거들은 조르조 발라의 제자이자 막역한 친구였던 플라키디오 아메리노
(Placidio Amerino)라는 사람에게 안내했다. 둘 다 즉시 체포되었다. 발라
에 대해서는 증거들이 확실하지 않았기 때문에 소송이 제기되지 않았다.
그는 불과 몇 달 동안 구치소에 감금되었으나 그의 편집 작업과 교직은
큰 피해를 입었다. 건강이 악화되고 명성도 추락했던 것 같다. 그의 편지
들은 뜸해졌고, 결국 그는 1500년 초에 세상을 떠났다.[63]

발라의 상실 자체는 베네치아의 그리스 연구에 큰 타격을 입혔지만,
그의 죽음 이후의 사건들이 더 많은 피해를 야기했을지도 모른다. 그것
은 분명 알두스 동료들의 두려움과 야망에 더 큰 영향력을 행사했다. 사
벨리코가 자연스럽게 상급 공공강사직으로 격상되었다. 빈 자리에 대한
문제가 제기되었고, 스키타, 레기우스, 칼콘딜라스, 그리고 콘스탄틴 라
스카리스가 후보로 거론되면서 음모로 인해 불편한 분위기가 조성되었
다. 이는 공공강사직이 어떤 수사학보다 분명하게 베네치아 사회에 행사
했던 영향력을 보여 준다. 알두스의 옛 동료인 스키타가 3월에 임명되었
다. 그는 청중을 만족시키지 못했고 불과 한 달 후에 해고당했다.[64] 다음
은 그레고리오 아마세오(Gregorio Amaseo)가 임명되었다. 그는 3년 동안
이 자리를 지켜냈으나 그 역시 라틴 학자라는 약점을 가지고 있었으며,
임명과정에도 다소 부당한 측면이 있었다. 이로 인해 아마세오의 경쟁자

---

63  이 책의 제4장 주 157에 인용된 G. Della Santa, "… processo di Giorgio Valla". 발
     라는 1499/1500년 1월 24일에 세상을 떠났다: M. Sanudo, III, cols. 90~91.

64  M. Sanudo, III, cols. 90~91(후보자들), 178(스키타의 임명).

였던 레기우스는 그가 강의할 때 들어와 그의 모든 논점들을 반박하곤 했다.[65] 결국 아마세오의 임명은 규칙에 위배된다고 선언되었다. 보직에 대한 정식 공고도 경쟁도 없었기 때문이다. 제롤라모 칼베로(Gerolamo Calbero)라는 또 다른 후보자가 등장했다. 그는 최근에 헝가리 대사관에서 일하면서 얼마간의 정치적 영향력을 확보한 상태였다. 대회가 개최되었으나 어떤 경쟁자도 나타나지 않았다. 칼베로의 임명이 선포되었지만 그 역시 지나가는 철새에 불과했다.[66] 1504년에는 안정성이 어느 정도 회복되었다. 제롤라모 도나토가 원로원에 레오니쿠스 토마이우스를 임명하도록 부추겼다. 토마이우스는 무수루스와 경쟁했던 파도바의 그리스 학자였다.[67] 이 와중에 브루뇰로가 세상을 떠났다. 사벨리코도 마지막 투병 생활 중이어서 강의를 맡을 수 없었다.[68] 후계자들은 임명되지 않았다. 이로 인해 인문학은 일련의 심각한 타격을 입게 되었다.

이탈리아 전역에서 학자들이 격변하는 시대에 그들이 대응할 수 있는 유일한 방식으로 반응했다. 그들은 모일 수 있는 곳에서 재집결했다. 그들은 종종 반(半)공식적인 단체들의 도움을 받아 결속을 도모했다. 나폴리에서는 정치인인 잔조바노 폰타노가 파노르미타(Panormita)의 옛 무리에서 살아남은 사람들을 자신에게 집결시켰다. 그는 이들에게 자신의 시를 낭송했고, 그의 '폰토니아나 아카데미아'(Academia Pontoniana)에 가입하는 사람들을 위한 규정과 정식 입학의식을 작성했던 것으로 보인다.[69] 로마에서는 안젤로 콜로치*라는 부유하고 젊은 호사가에게 관심이

---

65  *Ib*., cols. 249, 429(아마세오가 스키타를 대체하다), 1146(레기우스와 아마세오 사이의 대립).

66  *Ib*., V, cols. 333, 433.

67  *Ib*., VI, col. 117.

68  *Ib*., IV, col. 282(브루뇰로의 죽음), VI, col. 198(사벨리코가 더 이상의 강의를 하는 것을 면제받다). 논평에 대해서는 이 장의 주 11의 F. Gilbert, *op. cit*. 참조.

69  E. Percopo, "La vita di Giovanni Pontano", *Archivio storico per le provincie*

집중되기 시작했는데, 그는 이미 나폴리 동아리와 안면을 튼 사이였던 것으로 보인다. 1497년에 교황을 섬기는 자리를 매수했고, 때가 이르자 퀴리날리스 언덕에 있는 레토의 별장도 구입했다. 콜로치는 이후 30년 동안 이탈리아의 문화생활 전반에 큰 반향을 일으켰다. 그에 대해서는 이후에 논의하도록 하겠다.[70] 베네치아에서는 알두스가 자연스럽게 집결 지점이 되었다. 이 과정의 초기 단계는 전적으로 자발적인 현상이었을 것이다. 사누도와 같이 관심을 가지고 있었던 귀족들이 알두스의 계획이 잘 진행되고 있는지 확인하기 위해 산타고스티노의 인쇄소를 방문했다. 리너커와 같은 외국 방문객들은 귀국한 후에 동료들에게 알두스에 대한 소식을 전했다. 소식을 접한 사람들은 윌리엄 그로신**과 콘라트

---

*napoletane*, Nuova series, Anno XXII, 1936, pp. 231~34.

* Angelo Colocci, 1474~1549: 이탈리아의 인문주의자이자 로망어 문헌학자였다. 1497년부터 바티칸 사무국에서 일했으며, 1537년에 노체라 움브리아의 주교로 임명되었다. 그는 고대 포르투갈어와 프로방스어, 그리고 중세 라틴어에 정통했으며, 프로방스 지방의 이탈리아어 시의 기원에 대해 관심을 가졌다. 수많은 필사본과 조각상, 동전 같은 골동품으로 넘쳐난 로마 소재의 그의 거처는 인문주의자들의 중심지였다.

70  콜로치에 대한 자료는 상당하고 계속 늘어나고 있다. 기존의 연구서들 중 가장 유용한 자료는 여전히 G. Lancellotti, *Poesie italiane e latine di Monsignor Angelo Colocci con più notizie intorno alla persona di lui e sua famiglia*, Iesi, 1772이다. 이 책은 V. 파이넬리(V. Fainelli)의 최근 연구들에 의해 갱신되었다. 예를 들어 "Il ginnasio greco di Leone X a Roma", *Studi Romani*, Anno IX, 1961, pp. 379~ 93; "Aspetti della Roma cinquecentesca: le case e le raccolte archeologiche del Colocci", *ib.*, X, 1962, pp. 391~402, 그리고 그의 F. 우발디니(F. Ubaldini)의 *Vita di Mons. Angelo Colocci*, Studi e Testi no. 256, Città del Vaticano, 1969 판본. 이 작품은 완전한 참고문헌 정보를 포괄한다. 콜로치의 고고학적 수집품에 대한 자료는 R. Weiss, *The Renaissance Discovery of Classical Antiquity*, Oxford, 1969 에서, 그의 도서관에 대한 자료는 P. de Nolhac, *La Bibliothèque de Fulvio Orsini*, Paris, 1887에서 발견할 수 있다.

** William Grocyn, 1449?~1519: 영국 윈체스터와 옥스퍼드에서 교육받은 영국의

켈티스***처럼 알두스에게 정중한 편지를 보내거나 1498년 여름에 로이힐린이 했던 것처럼 직접 찾아와서 인사를 나누었다.[71] 그리스인 이주자들은 아무 거리낌 없이 알두스의 작업장을 그들의 우편 수취의 주소로 활용했다.[72] 칼리에르게스/블라스토스의 단체는 발라의 죽음 이후에 즉시 붕괴했다. 이로 인해 알두스는 사방에서 위협받은 베네치아의 그리스 문화의 주된 희망이 되었다.

이미 재결합에 대한 희망적인 기운이 감돌고 있었다. 포르티게라와 아르세니오스 아포스톨리스, 그리고 무수루스 등 알두스의 초창기 조력자들은 피렌체에서 일한 경험이 있었다. 이들은 칼콘딜라스나 폴리치아노 밑에서 일했으며, 피니코의 동아리에 대해서도 알고 있었다.[73] 알베르토 피오의 야망은 끝이 없었다. 카르피에 있는 그의 집은 그의 친척 당파에 속한 소란스러운 무리에 의해 약탈당했다. 이 사건 직전에 그는 알두스

---

인문주의자였다. 1488~90년에 리너커와 함께 이탈리아에서 폴리치아노와 칼콘딜라스로부터 그리스어를 공부한 그는, 본국으로 귀국해 옥스포드 대학에 그리스 학문을 소개하는 데 일조했다.

*** Conrad Celtis, 1459~1508: 독일 슈바인푸르트 인근의 빕펠트 출신 인문주의자로 하이델베르크에서 루돌푸스 아그리콜라 밑에서 수학한 후 이탈리아와 폴란드, 그리고 헝가리를 오가며 가르쳤다. 켈티스는 폼포니오 레토의 로마 아카데미아를 본떠 여러 협회를 만들었는데, 이 중에서 빈의 도나우 문학협회가 대표적이다. 1486년에 출판된 『작시(作詩)와 가곡(歌曲)의 기술』(Ars versificandi et carminum)로 명성을 얻은 그는 프리드리히 3세에 의해 신성로마제국 최초의 계관시인으로 임명되었다. 1492년 잉골슈타트 대학의 교수가 되었고, 1497년에는 빈 대학의 시와 수사학 교수로 임명되었다. 1502년에 막시밀리안 1세는 그를 위해 시인들과 수학자들의 대학(Collegium Poetarum et Mathematicorum)을 설립했다. 콘라트는 라틴어로 애가(哀歌), 경구, 극, 그리고 미완성의 서사시를 남겼다.

71  OAME XV(사누도); BP p. 240(그로신); RAIA p. 17(로이힐린의 방문), 515(켈티스의 편지에 대한 알두스의 답변).

72  A. Firmin-Didot, *Alde Manuce*, pp. 499f.

73  D. Geanakoplos, *Greek Scholars*, pp. 111f., 170~71.

에게 그의 공국 안에 "야만성을 탈피하고, 건전한 문학과 과학을 연구하는" 최고의 아카데미아를 설립하겠다고 약속했다.[74] 이 꿈이 1502년 여름에 베네치아에서 구체화되었다는 확실한 증거가 있다. 8월에 소포클레스 초판이 "베네치아 소재 로마인 알두스의 아카데미아에서"(Venetiis in Aldi Romani Academia)라는 판권 면의 내용과 함께 출판되었다. 11월에 레오나르도 로레단 공작의 편지는 알두스의 문학적인 기여에 대해 언급한다. 그는 알두스가 "심지어 신(新)아카데미아를 소유하고 있다"라고 말한다. 이런 언급들은 살아남은 한 장의 종이에서 해명된다. 다름 아닌 바티칸 도서관에 소장 중인 한 책의 표지이다. 이 그리스어 책의 제목은 'ΝΕΑΚΑΔΗΜΙΑΣ ΝΟΜΟΣ', 즉 '신(新)아카데미아의 규정'이다.[75]

이 문서는 여러 번 번역·출판되고 다층적으로 논의되었지만, 우리는 아직 이것을 전혀 이해하지 못한다. 그 문구들이 실제로 의미하는 것보다 우리에게 훨씬 적게 말해 주기 때문이다. 이 문서를 액면가 그대로 읽고 당시의 유사한 협회에 대한 정보와 비교해 보면, 49행에 걸친 이 규정에는 특별한 의미가 거의 없는 것 같다. 열정 외에는 별다른 내용도 없다. 이 규정에는 일곱 개의 이름이 언급된다. '지도자'로 불리는 알두스 자신의 이름이 나온다. 이 문서를 작성한 것으로 보이는 포르티게라도 언급된다. 로소스나 그레고로풀로스일지도 모르는 '크레타섬 출신의 요하네스'도 언급된다. 그 다음에 잠바티스타 에그나치오, 다 카날, 히로니모 메노치오(Hironimo Menochio), 그리고 프란체스코 로세토(Francesco Rosetto)가 언급된다. 규정에 서명한 이들은 그들끼리 있을 때는 그리스어로만 말하기로 약속했다. 이를 어길 시에는 '아카데미아인들'의 연회

---

74  OAME VIII. 카르피의 상황에 대해서는 이 책의 제2장 주38 참조.

75  RAIA p. 34(소포클레스); CSV p. 78(공작의 편지). 이 규정의 유일한 사본은 『그리스 대어원사전』(*Etymologicum Magnum*)의 사본인 Barbarini Stampati IV, 13에 있다.

를 열기에 충분한 금액이 모일 때까지 소정의 벌금을 내기로 결정했다. '그리스 문화를 사랑하는 사람들'이나 그리스어를 배우고자 하는 외국인들을 받아들이는 절차에 대한 일반적인 문구들도 있다. 규정은 "배우기를 희망하고 신아카데미아를 갈망하는 다른 많은 이들"이라는 간접적인 언급으로 끝난다. 회원 자격에 대한 암시는 없다. 교육 방식에 대한 언급도 없다.[76] 1498년 초에 우디네(Udine)의 변호사들은 베네치아 원로원에 규정을 제출했다. 이 규정의 명부만으로 2절판 여섯 개가 가득 찬다. 여기에는 자격, 선출, 가입, 회원에게 요구되는 행동, 그리고 광범위한 사회 활동에 대한 절차가 상세하게 기록되었다. 레토와 폰타노의 아카데미아들도 분명 규정을 가지고 있었던 것으로 보이지만 남아 있지는 않다. 당대의 사람들은 새로운 회원이 공식적인 낭독으로 자신의 자격을 입증한 후에 받아들여지는 의식에 대한 글을 남겼다. 이 과정을 마친 새로운 회원에게 월계수가 씌워졌으며, 새로운 라틴어 이름이 주어졌다. 이 이름이 아카데미아의 명부에 등록되었다. 그런 다음 연회는 잠시 중단되었다. 이때 회원들은 새로운 아카데미아인을 위한 시가를 낭송했다.[77] 이런 글과 비교했을 때, 알두스가 그리스어 억양에 집착하고 벌금함의 돈으로 잔치 비용을 충당하는 모습은 꽤나 초라하고 임시변통적으로 보인다.

---

76　이 규정이 처음 출판된 것은 J. Morelli, *Aldi Manuti scripta tria longe rarissima* …, Bassani, 1806, pp. 47f.에 의해서이다. 또한 RAIA pp. 499~503(라틴어와 프랑스어 번역); A. Firmin-Didot, *Alde Manuce*, pp. 435f., CSV pp. 100~02(이탈리아어 번역) 참조. 가장 과장된 논의는 A. Firmin-Didot의 책이다. 가장 신중한 책은 M. Ferrigni, *Aldo Manuzio*, Milan, 1925, pp. 140f.이다. 가장 균형 잡힌 책은 M. Brunetti, "L'Accademia Aldina", *Rivista di Venezia*, VIII, 1929, pp. 417~31이다. 내가 쓴 논문 "The 'New Academy' of Aldus Manutius: a Renaissance Dream", BJRL 58, no. 2, 1976, pp. 378~420에는 몇 가지 오류가 포함되었으며, 일반적으로 지나치게 격론적인 사고방식으로 저술된 글들에 나타나는 단점들이 발견된다. 그러나 현존하는 견해들을 무너뜨리는 비평들도 찾아볼 수 있다.

77　F. Ubaldini, *Angelo Colocci, ed. cit.*, pp. 14~16, *ad loc.*, V. 파이넬리(V. Fainelli)의 주.

규정을 올바른 시각에서 이해하기 위해서는 먼저 현대어 교육에서 말하기가 지니는 핵심적인 중요성을 상기할 필요가 있다. 우리에게 하찮고 현학적으로 보이는 사안들은 이 단체의 계획에 있어서는 사활이 걸린 문제였다. 우리가 살펴보았듯이, 이 단체는 주로 전문교사들과 관심 있는 학생들로 구성되었다. 문서화된 계획은 교사들에 대한 것이고 그리스어 교육에만 집중한다. 그러나 이 단체의 활동은 규정이 언급하는 대화보다 훨씬 많은 내용을 포함했다는 것이 분명하다. 우리는 간간이 회의의 모습을 엿볼 수 있다. 아카데미아 회원들이 불을 둘러싸고 앉아 팽팽한 토론을 주고받는다. 그리스어 문법 강의가 열리거나 어떤 라틴어 문서를 함께 검토한다. 혹은 단순히 당시의 지적 삶에 대해 논의한다.[78] 폰타노와 콜로치의 아카데미아에서 낭송되었던 연설과 시들이 알두스의 무리에 영향을 끼쳤을 가능성이 높다.[79] 이들의 경향은 훨씬 문헌학적이었을 것인데, 이는 분명 인쇄 작업을 위해 유용한 토론회였을 것이지만 규정에서나 다른 어느 곳에서도 아카데미아의 활동이 인쇄소 활동에 국한되었다고 믿게 할 만한 근거는 없다.

알두스의 동아리에 대한 묘사는, 우리가 이미 살펴보았듯이, 베네치아나 파도바의 유력한 인물 주위에 모여든 느슨하게 조직된 동료들의 무리와 별반 다르지 않다. 실제로 잠피에트로 발레리아니의 시로부터 우리는 알두스의 측근 중 다섯 명 이상이 16세기 초반에 파도바의 일종의 시인 협회에 소속되었다는 사실을 알 수 있다.[80] 인쇄업자 자신은 대학 최

---

78  OAME, XXXVIII(소포클레스, 1502), XLIII(오비디우스, 1502), XXIV C(라스카리스, 『문법서』(*Grammar*), 날짜 표시 없음).

79  F. Ubaldini, *Angelo Colocci, ed. cit.*, p. 68이 인용한 사돌레토의 편지 참조.

80  Praeludia, *ed. cit.*, f. 14v.

　　　… Canalis, citharae decus supremum,

　　　Cultus Naviger, elegans, canorous,

　　　Emunctus Trypho, perpolitus, acer,

고의 사회에서 받아들여졌던 것이 분명하다. 알두스는 1502년에 그의 발레리우스 막시무스(Valerius Maximus) 판을 루브란스키에게 헌정했다. 그는 루브란스키의 고결함에 대해 파도바에서 처음 알게 되었다.

> …… 내가 당신의 숙소의 무리 가운데 앉아 있을 때 …… 당신의 친구인 라파엘 레기우스와 함께 박식하고 진실된 어떤 사람과 몇몇 다른 사람들이 함께 있었지요. 당신은 그때 비용이 얼마가 들든 고대의 책들로 가득 찬 탑이 있다고 회자되는 다키아인들(Dacians)의 땅에 사람들을 보내 책을 구하겠다고 약속했습니다.[81]

루브란스키는 포즈난(Poznan)의 주교이자 폴란드 왕의 고문이었다. 알두스의 아카데미아에 대한 논의는 그것의 원천이었던 변덕스러운 무리들만큼 다면적이었을 것이다. 규정의 존재와 플라톤의 아테네를 연상시키는 '아카데미아'라는 단어 자체가 새로운 흥분과 목적의식을 야기한 것으로 보인다. 베네치아의 귀족이었던 베르나르도 초르치는 포르티게라에게 아카데미아의 안녕을 기원하는 글을 썼다. 제국 주교(imperial

---

Motensis vehemens et eruditus,

Expromptus Maro, floridus, decorus,

Borges grandiloquus venustulusque, …

나바게로와 다 카날은 즉시 알아볼 수 있다. 트리포(Trypho)는 아마 알베르토 피오가 고용한 트리폰 달마타(Tryphon Dalmata)였을 것이다(CAM 8). 안드레아 마토(Andrea Mato)는 즉흥적인 구절들로 유명했다. 그는 『폴리필로의 꿈』의 첫 대사 몇 행을 공헌했다. 모텐시스(Motensis)는 알레안드로의 출생지인 모타(Motta)를 가리킨다. 제롤라모 보르자(Gerolamo Borgia)는 네오폴리스의 인문주의자였다. 그는 알두스가 산나자로의 『아르카디아』(*Arcadia*) 판을 준비할 때 일조했다. 이 장의 주 43에 인용된 필사본은 이 무리를 비롯해 유사한 무리들이 남긴 유물을 포함할지도 모른다.

81    OAME XLII.

bishop)의 비서는 '우리의 신아카데미아'를 걸고 맹세했다. 시토 수도회의 헨리 우르바누스(Henry Urbanus)는 에르푸르트(Erfurt)에서 알두스에게 편지를 쓰면서 자기 자신을 "당신의 동료 중 한 명으로" 받아줄 것을 간청했다.[82] 비록 헷갈리기는 하지만 이 규정이 진지하게 받아들여지도록 작성되었고, 실제로 진지하게 받아들여졌다는 사실을 인정해야 한다. 또한 이 규정이 전임자나 동시대의 여타 규정들과는 달리, 인쇄되어 유포되었다는 사실을 상기해야 한다.

이 규정이 조직뿐만 아니라 홍보를 위해 제작되었을 가능성도 크다. 이로써 이 규정의 모호한 형식과 출판 이유를 설명할 수 있을지도 모른다. 우리가 살펴보았듯이, 알두스의 편집 활동은 1502년과 1504년에 정점에 달했다. 발라와 브루뇰로의 상실은 공공강사들 중에 새로운 작품들을 신중하게 홍보해 줄 수 있는 그리스 학자가 더 이상 없다는 것을 의미했다.[83] 이 규정은 강한 교훈적인 경향을 지녔다. 이 기간 동안에 산마르코 학교는 격변의 시기를 보내고 있었다. 이런 정황을 고려하면, 알두스와 그의 동료들은 그리스 학문이 계속 세간의 주목을 받도록 노력했던 것으로 보인다. 이런 생각은 규정을 작성했던 포르티게라도 논쟁의 대상이었던 교수직을 차지하고 싶어 했다는 사실에서 더욱 확고해진다.[84] 홍

---

82 CAM 42(초르치, 26 April 1501): *ib.*, 58(야코프 슈피겔, 트리에스테의 주교의 비서, 27 February 1506); J. Schück, no. XIII, pp. 131~33(우르바누스, 29 November 1505).

83 G. Valla, p. 93은 발라가 아리스토텔레스를 비롯한 알두스 최근 본문들의 판에 대한 정보를 전달했다는 사실을 보여 준다. 사벨리코는 때로 강연 중에 앞으로 나올 판을 추천하기도 했다: *Opera Omnia*, vol. IV, p. 359.

84 CAM nos. 32, 33, 11 October, 2 December 1504. 이 편지들에 대한 내 해석은 오류에서 자유롭지는 않다. 포르티게라가 '아카데미아'라는 용어를 모호하게 사용했기 때문이다. 그가 알두스의 방치를 비난하는 것인지, 아니면 베네치아 정부의 방치를 비난하는 것인지 결정하는 것이 항상 쉽지만은 않다. 두 번째 편지에서 'è presa la parte'라는 공식어의 사용은 공식적인 정부 업무를 언급하는 것으로

보가 목적이었다면, 증거들은 이 목표가 달성되었음을 보여 준다. 우리
는 1504년에 출간된 데모스테네스의 판이 포르티게라의 일련의 강의들
을 선행했다는 사실을 알고 있다.[85] 1월에는 동일한 학자가 사람들을 분
발시키는 『그리스 문학의 찬사에 대한 연설』(*Oratio de laudibus literarum
Graecarum*)을 발표했다. 여기서 그는 로마제국의 몰락 이후 가장 많은 건
전한 책들을 제공한 알두스가 인류를 위해 공헌했음을 강조했다.[86] 규정
의 약속처럼 외국인들에게도 그리스어를 가르쳤다. 독일인 도미니쿠스
수도회 수사이자 로이힐린의 동료였던 요하네스 쿠노는 산타고스티노
에서 알두스와 함께 지내면서 그와 함께 공부했다. 그가 요하네스 그레
고로풀로스의 아리스토파네스 강의에서 적었던 필기가 그의 활동에 대
한 증거로 남아 있다.[87] 1504년 12월에 레오니코 토메오가 공석이었던
강사직에 임명되었는데, 이 사건을 알두스와 그의 무리가 개시했던 작전
의 성공 사례로 간주하고픈 유혹이 생긴다. 이에 대한 증거는 전무하지
만 '알두스의 아카데미아에서'(In Aldi Academia)라는 판권 면의 내용은
그해 말에 자취를 감췄다. 이와 거의 동시대에 야누스 라스카리스가 프
랑스의 대사로 베네치아에 도착했다. 그의 부임은 그리스 연구에 대한
외부로부터의 강력한 자극제 역할을 했을 것이다.[88]

불행히도 향후 12개월 동안 알두스의 활동은 매우 복잡하다. 따라서

보인다. 이는 아마도 레오니코와 무수루스 사이의 경쟁에 대한 논의였을 것이다.
이 장의 주 67 참조.

85  알두스의 『티아나의 아폴로니오스의 생애』의 서문에 언급, OAME XXVI(vol. I,
p. 48).

86  *Ib.*, 그리고 RAIA p. 46.

87  H. D. Saffrey, "Un humaniste Dominicain Jean Cuno de Nuremburg, precurseur
d'Erasme à Bâle", *Bibliothèque d'Humanisme et de Renaissance*, XXXIII, 1971,
pp. 19~62.

88  M. Sanudo, VI, col. 101, 22 November 1504.

그의 의도를 정확히 파악할 수 있다고 생각하는 것은 어리석다. 판권 면의 내용은 긍정적인 요소가 아니라 부정적인 요소로 인해 사라졌을 수도 있다. 이것은 지난 장에서 살펴본 상업상의 문제였을지도 모른다. 혹은 아카데미아의 참된 목적에 대한 알두스 동료들 사이의 지적 불일치 때문이었을 수도 있다. 헌신적인 고전학자였던 포르티게라와 쿠노는 그리스어를 가장 중요하게 생각했던 것으로 여겨지나 벰보와 파도바에서 온 벰보의 문학 동료들, 그리고 알두스 자신은 현대 라틴 문학에도 관심을 가졌다. 또한 아직 형성되지 않은 이탈리아 토착어의 향방에 대해서도 관심을 가졌다.[89] 어쩌면 가장 중요한 요소는 강조점의 변화였을지도 모른다. 1505년에 베네치아의 아카데미아에 대한 언급이 잦아듬과 동시에 더 야심 찬 계획이 다른 곳에서 형성되기 시작했기 때문이다. 이 황금 계획이 규정의 세계를 삼켰다.

로이힐린은 1498년 늦여름에 알두스를 방문했다. 그는 약 7개월 후에 이탈리아 동료에게 재빨리 편지를 작성해 보냈다. 사적인 대화에 대해 언급했기 때문에 자세하게 쓸 필요가 없었다. 그는 로마인들의 왕과 다른 사람들이 "당신에 대해" 관심을 갖도록 노력했다고 쓴다. 그의 결론은 "요컨대 사실을 인정하게, 나의 알두스여. 우리는 당신에게 합당하지 않네"[90]였다. 이는 쪽지의 핵심 내용이 무엇이었는지에 대한 의심의 여지를 별로 남기지 않는다. 알두스는 베네치아에서 동료들과 함께 그들의 목표를 선언하기 전에 이미 신성로마제국으로 이주할 계획을 가지고 있

---

89  이 부분 도처에 나오는 내용에 대해서는 C. Dionisotti, *Gli umanisti e il volgare*, pp. 1~14 참조.

90  P. de Nolhac, CAM, 14. 이에 잇따른 협상 내용에 대해서는 M. von Kleehoven, "Aldus Manutius und der Plan einer Deutschen Ritterakademie", LBF LII, 1950, pp. 169~77 참조: L. 도나티(L. Donati)의 반박에 대해서는 "La seconda Accademia Aldina ed una lettera ad Aldo Manuzio trascurata da bibliografi", *ib.*, LIII, 1951, pp. 54~59 참조.

었다. 시간이 지나면서 그의 계획은 점차 정밀해졌다. 알두스는 1503년 6월에 켈티스에게 보낸 편지에서 독일을 "우리 시대인들을 위한 또 다른 아테네"로 만들 계획을 언급한다. 그는 이 계획을 최근에 그들의 공통된 동료인 빈의 요하네스 슈피스하머(Johannes Spiesshammer)에게 상세하게 제시했다고 말한다. 애석한 일이지만 슈피스하머에게 보낸 편지는 분실되었다. 로비 활동이 강화되고 있었음에도 불구하고, 계획 자체는 모호한 채로 남았다. 테오도로스 가자는 아리스토텔레스 번역을 황제의 유력한 고문이었던 마테우스 랑에게 헌정했다. 이것은 알두스의 계산적인 움직임으로 보인다. 불과 두 달 후인 1504년 5월에 그는 황제의 사무국의 또 다른 인맥으로부터 짧은 쪽지를 받았다. 비서였던 요하네스 콜라우에르(Johannes Collauer)는 랑과 막시밀리안 1세의 관심을 불러일으키는 데 혼신의 힘을 쏟겠다고 약속했다.[91] 7월 말에 알두스는 투옥된 하인 체레사라를 위해 대사에게 접근했다. 그때 그는 자신이 신성로마제국의 시민이라고 주장할 만큼 자신감에 차 있었다.[92] 그러나 이듬

---

91  *Der Briefwechsel des Konrad Celtis*, ed. H. Rupprich, Munich, 1934, p. 517. 랑에게 보낸 헌정사에 대해서는 RAIA p. 45와 OAME XLVIII, 콜라우에르의 편지에 대해서는 CAM 30 참조.

92  A. S. Mantova, Carteggio Estero(Carteggio ad inviati), Busta 1440 bb. 13, 황제 대사가 페데리고 곤차가에게 보낸 편지, 25 July 1504. "Illustrissime Princeps et Domine Observantissime, post commendationem-Quando apud hoc Illustrissimum Dominium Venetorum a Caesarea Maestate orator missus sum, venit ad me D. Aldus Romanus, vir vite non mediocri doctrina et bonarum artium professione perinsignis atque praeclarus, *qui se etiam a Caesarea Maestate pro Achademia bonarum scientiarum constituenda nuper conductum esse ait* (이탤릭체는 나의 강조). Eum igitur tamquam Caesareum servitorem et scientiarum peritia celebrem omni favore dignum dicens, tam ipsum quam Fredericum quendum de Ceresara consanguineum suum, Illustrissimo Domino vostro non commendare non potui. Dixit enim ipse Aldus hunc Fredericum superioribus annis proprium fratrem ei vim inferentem in sui ipsuis defensionem veluti coactum occidisse,

해 8월이 돼서야 이 모든 노력들의 향방이 드러났다. 폰타노의 『우라니아』(Urania)에 대한 짧은 헌정사에서 알두스는 콜라우에르에게 "막시밀리안 카이사르의 궁정에 아카데미아를 설립하려는 내 계획에 대한 당신의 지지에" 감사의 말을 전한다. 그는 이 주제와 관련된 랑과 막시밀리안 1세의 사적인 편지들을 언급하면서도 아직 아무것도 확정되지 않았다는 사실을 인정해야 했다.[93] 이 헌정사 자체도 이 사안을 관철하려는 시도였다는 의혹이 제기된다. 이후 몇 달 동안의 협상은 다소의 절망적인 모습을 보인다. 이는 알두스 회사의 점진적인 긴축과 자연스럽게 연관된다. 가을에 쿠노가 독일로 파견되었다. 그는 막시밀리안 1세와 랑, 그리고 콜라우에르에게 보내는 편지를 지참한 채 떠났다. 12월 초에도 알두스는 여전히 답변을 기다리고 있었다. 그는 상당히 불안한 마음으로 콜라우에르에게 직접 편지를 썼다.[94] 2주일 후에 쿠노는 알두스가 실제로 독일로 이주할 채비를 하고 있다고 빌리발트 피르크하이머*에게 보고했

---

eumque postea, causa cognita, ab Illustrissimo Domino vostro remissionis gratiam impetrasse: nunc vero aliquorum persecutione qui ipsius Frederici bona sitiunt, ex eodem crimine rursus captum et incarceratum fuisse. Cum igitur existimat meas velut Caesaris oratoris preces apud Ill.mum D. vostrum ipsi Frederico profuturas, ut paucis ad eum scriberem vehementer institit. [여기서 일상적인 격식과 함께 궁휼에 대한 요청이 반복된다.] 이 사건의 배경과 로마 교황 사절의 파견에 대해서는 이 책의 제3장 주 91 참조.

93  OAME LVII.

94  "Lettere inedite dei Manuzii, raccolte dal dottore Antoni Ceruti", AV XI, 1881, p. 269. 쿠노의 임무는 이 편지에 언급된다.

•  Willibald Pirckheimer, 1470~1530: 독일 아이히슈테트 출신의 인문주의자로 파도바와 파비아에서 교육을 받았다. 뉘른베르크에 정착한 그는 그의 초상화를 새겨주기도 한 알브레히트 뒤러와 각별한 사이가 되었으며, 에라스무스와 켈티스, 그리고 로이힐린과도 가까웠다. 피르크하이머는 처음에 루터를 지지했다가 1521년에는 가톨릭교회로 되돌아갔다. 피르크하이머가 그리스어에서 라틴어로 번역한 작품 중에는 프톨레마이오스의 『지리학 안내서』(Geographike Hyphegesis)가 대표적

다.[95] 이듬해 2월에 트리에스테(Trieste) 주교의 비서였던 야코프 슈피겔 (Jacob Spiegel)이 알두스에게 약속을 하는 모습이 발견된다. 그는 곧 임무를 위해 황제의 궁정으로 떠나는데, 이때 여전히 미해결로 남은 알두스의 사태를 해결하겠다고 약속했다.[96] 한 달 후에 알두스는 산타고스티노에 위치한 작업장 문을 닫았다. 그는 유언장을 작성하고 동업자인 토레사니와 자산을 합병한 후, 자신의 목표를 향해 여정을 떠났다. 이것은 그가 황제의 후원에 대한 희망을 접었다는 사실을 함축한다. 연말에는 낙관적이었던 쿠노마저 환멸을 느끼게 되었다.[97]

슈피스하머에게 보낸 중요한 편지는 손실되었다. 콜라우에르에 대한 헌정사도 가장 일반적인 언어로 기술되었을 뿐이다. 우리가 알두스의 계획에 대해 알 수 있는 유일한 기록은 쿠노가 1505년 12월 21일에 피르크하이머에게 썼던 편지에 포함되어 있다.

알두스가 독일로 이주할 준비를 하고 있습니다. 로마인들의 왕의 보호 아래 자신이 선택한 곳에서 신아카데미아를 설립하기 위해서입니다. 많은 사람들이 그와 동반할 것입니다. 어떤 이들은 그리스어에 능통하고, 어떤 이들은 히브리어에 능통합니다. 알두스가 최상의 책들을 인쇄할 동안에 이들은 독일의 어린이들에게 건전한 학문을 가르칠 것입니다. 뿐만 아니라 알두스의 말처럼 이들에게 군사 기술도 가르치고 군사훈련도 시킬 것입니다. 문학에 정통한 사람들도 호전적일 수 있도록 말입니다.

이고, 이외에도 라틴어로 역사와 천문학 논문을 집필했다.

95  *Pirckheimers Briefwechsel*, vol. 1, pp. 280~82, n. 98 참조.

96  CAM 58. 그리고 유용한 주석에 대해서는 OAME vol. II, pp. 354~55 참조.

97  *Pirckheimers Briefwechsel*, ed. cit., vol. I, p. 457. 1506년 초 알두스가 취한 조치에 대한 해석에 대해서는 제4장의 주 127f. 참조.

이것은 명백히 학자적인 꿈의 세계에 속한 언어이다. 쿠노는 히브리어와 군사훈련을 동일한 문장에서 언급한다. 이런 점으로부터 미루어볼 때, 일부 비평가들이 쿠노의 개요와 그 안에 묘사된 계획을 인문주의적 환상의 세계로 치부하는 것은 당연한 일이다.[98] 우리는 문제를 이렇게 간단하게 회피할 수 없다. 쿠노는 알두스와 여러 해 동안 함께 생활하면서 알두스의 공식적인 전령 역할을 했다. 그의 라틴어 편지의 내용도 이 계획이 알두스로부터 유래했음을 명시한다. '군사훈련'이란 문구에 지나친 의미를 부여할 필요는 없다. 그것은 펜싱과 춤, 창던지기 이상을 의미하지 않았을 것이다. 이 활동들은 비토리노 다 펠트레의 교육제도의 일부였으며, 궁극적으로는 플라톤의 『국가』에 나오는 '음악과 체육'에서 유래한 것이었다.[99] 히브리어는 당시 교육에 새롭지만 빠르게 확산하고 있는 분야였다. 피코 델라 미란돌라의 관심이 히브리어의 위신을 높였다. 알두스가 성공하지는 못했지만, 그렇다고 포기하지도 않은 히브리어 출판을 시작한 것도 피코 델라 미란돌라 때문이었을 것이다.[100] 히브리어는 시메네스(Ximenes) 추기경이 1502년 알칼라(Alcala)에 설립한 '세 개 언어 대학들'(trilingual colleges)의 교과과정에 포함되었다. 또한 1516년에 리처드 폭스* 주교가 설립한 옥스퍼드와 1517년 에라스무스

---

98  이 장의 주 95의 *loc. cit.*의 본문. 회의적인 접근에 대해서는 이 장의 주 90의 L. Donati, *op. cit.* 참조.

99  Platina's Life of Vittorino in E. Garin, *Il pensiero pedagogico dell'umanesimo*, Florence, 1958, p. 678 참조.

100  히브리어 출판에 대한 알두스의 끊임없는 관심에 대해서는 그의 Pindar in OAME LXXII 서론 참조: "Introductio perbrevis ad Hebraicam linguam"은 1514년에 재발간되었다. RAIA p. 69. 히브리어 활자 분야의 일반에 대해서는 이 책의 제3장 주 52에 인용된 J. 블로흐(J. Bloch)의 글 참조.

•  Richard Fox, 1448?~1528: 영국의 인문주의자로 옥스포드와 파리에서 수학했으며, 파리에서 장차 영국의 왕위에 오를 헨리 7세와 인연을 맺었다. 헨리 7세가 왕위

의 친구인 제롬 부스라이덴(Jerome Busleyden)이 설립한 루뱅(Louvain) 대학의 교과과정에도 포함되었다.[101]

놀라운 점은 쿠노가 기록한 개념들이 아니라 이 개념들과 알두스의 연관성이다. 이처럼 발달된 교육 개념들이 이 인쇄업자와 연결되었다는 점은 그의 관심사가 인쇄업의 세계보다 훨씬 멀리 뻗어 있었다는 것을 보여 주기 때문이다. 이는 그와 그의 동료들이 1502년에 작성했던 임시변통의 규정보다도 훨씬 발달된 것이었다. 쿠노의 과장된 표현을 감안하더라도, 그가 알두스의 베네치아 무리와 개방된 문헌학에 열광하는 무리를 묘사하지 않은 것이 분명하다. 그는 폰타노의 아카데미아 같은 문학적인 사회를 묘사한 것도 아니었다. 혹은 알두스도 명성을 익히 알고 있었을 켈티스와 슈피스하머의 '다누비아 협회'(Sodalitas Danubiana)를 묘사한 것도 아니었다.[102] 그가 묘사한 것은 교육기관이었다. 이 교육기관에는 봉급을 받는 직원들도 있을 것이고, 기관 소유의 인쇄소도 있을 것이다. 또한 시장의 운명에 의해서가 아니라 왕의 후원에 의해 운영될 것이었

---

에 오른 이후 그의 신임을 받은 폭스는 엑서터(Exeter)의 주교, 왕의 비서, 그리고 국새관으로 임용되어 수많은 외교 업무를 수행했다. 그는 1507~19년에 케임브리지 대학의 펨브로크 칼리지 학장을 맡았고, 1515~16년에는 옥스퍼드 대학의 코퍼스 크리스티 칼리지를 설립했다.

101  P. S. Allen, "The Trilingual Colleges of the Early Sixteenth Century", in *Erasmus: Lectures and Wayfaring Sketches*, Oxford, 1934, pp. 138~63은 여전히 이 주제에 대한 가장 완전한 일반서이다. P. S. 앨런(P. S. Allen)은 폭스 주교가 세운 학교 소속이었기 때문에 그 부분은 잘 다뤄졌다. 알칼라(Alcala)에 대한 많은 정보가 M. Bataillon, *Érasme et l'Espagne*, Paris, 1937의 첫 부분에 나온다. 이 중 일부가 D. Geanakoplos, *Greek Scholars*, pp. 229f.에 유입되었다. 루뱅 대학에 대해서는 특별한 연구서가 있다: H. de Vocht, *History of the Foundation and Rise of the Collegium Trilingue Lovaniense, 1517~1550*, 4 vols., Louvain, 1951~55. 이와 유사하지만 조금 후대에 프랑스에서 실행한 실험에 대해서는 A. Lefranc, *Histoire du Collège de France depuis ses origines jusqu'à la fin du Premier Empire*, Paris, 1893 참조.

102  L. Spitz, *Conrad Celtis, the German Arch-Humanist*, Harvard, 1957, pp. 45~62.

다. 몇몇 동시대 사람들도 이와 유사한 꿈을 품었다. 시메네스는 이 꿈을 알칼라에서 실현했다. 여기에서 세 개 언어 대학은 라틴어와 그리스어, 그리고 히브리어로 된 최초의 성경을 인쇄했다. 켈티스도 1501년에 꿈을 거의 성취했다. 그는 빈 대학의 인문학부에 문학과 수학 교육을 제공하기 위해 '시인들의 대학'(Poets' College)을 설립하도록 막시밀리안 1세를 설득했다. 우리는 알두스의 계획이 켈티스의 계획과 연관되는지 알 길이 없다. 그러나 이들 계획의 성공 여부는 궁극적으로 막시밀리안 1세가 좌우했는데, 우리는 막시밀리안 1세가 그가 착수했던 모든 사업에 충분한 자금을 조달할 수 없었다는 사실을 알고 있다.[103]

상업적 불안감이 고조되었던 이듬해에 황제의 궁정과의 협상 실패는 알두스에게 심각한 타격을 입혔을 것이다. 그가 1506년까지 사업을 중단한 것은 당연하다. 에라스무스가 방문했던 1508년에 '아카데미아'라는 말은 우스갯소리로 전락한 상태였다. 알두스는 이 단어를 거칠고 더듬거리는 소리로 언급했다. 그의 말투는 만일 그의 생애에 이런 기관이 설립된다면, 그는 이미 늙은이가 되어 있을 것임을 암시했다.[104] 하지만 사실 그는 희망을 버리지 않았다. 말년에 그가 직면한 어려움들은 오히려 그의 생각 속에서 덧없는 이상을 더욱 강화했던 것으로 보인다. 독일 진출 계획이 무산되고 1년도 채 지나지 않아 알두스가 다른 가능성을 탐구했다는 흔적들이 발견되지만 증거가 부족해 정확하게 평가하기는 힘들다. 그의 다양한 인맥들과 중재자들이 알두스의 계획에 얼마나 큰 관심을 갖고 있었고, 자신들의 의도를 알두스에게 얼마나 강요했는지 추측

---

103 *Ib.*, pp. 68f. 막시밀리안 1세의 끊임없는 재정난과 아우크스부르크의 금융회사에 대한 의존도에 대해서는 R. Ehrenberg, *Capital and Finance in the Age of the Renaissance*, translated from the German by H. Lucas, London, 1928 참조.

104 에라스무스가 이 이야기를 몇 년 후에 전해 주었다. 논평에 대해서는 P. S. Allen, 111, p. 404, no. 868, 그리고 M. Lowry, "The 'New Academy' …", p. 415 참조.

하는 문제도 남아 있다.

어떤 계획들은 명백히 비현실적이었고 당시에도 비현실적으로 인식되었다. 신뢰도가 떨어지는 증인인 알두스의 손자는 그의 할아버지가 한때 살레르노의 군주로부터 유리한 제안을 받았다고 언급한다. 1507년 7월에는 또다른 나폴리의 귀족인 아트리(Atri)의 공작이 알두스를 초청한 것이 명백하다고 언급한다. 나폴리 궁정의 학문 전통은 매우 견고했으나 그 왕국은 전쟁터였다. 왕관에 대한 프랑스-아라곤 분쟁이 해결되지 않는 한 그 왕국은 계속 전장(戰場)으로 남을 것이었다. 아트리의 공작 자신도 스페인에서 긴 감금 생활을 마치고 막 돌아온 처지였다.[105]

알두스는 밀라노로부터 훨씬 구체적인 제안을 받았지만, 밀라노 역시 유사한 결점들이 있었다. 그럼에도 그는 이 제안을 꽤 진지하게 고려했던 것으로 보인다. 알두스는 1506년에 여행 중 밀라노를 방문했고 열광적인 환영을 받았다. 그는 여기서 수많은 동지들을 얻었다. 그중에는 영향력 있는 비서 야코포 안티콰리오도 포함되었다. 그는 폴리치아노, 조르조 발라와 편지로 연락하던 사이였다. 또한 알두스는 소설가 반델로를 비롯해 그롤리에와 제프로이 샤를 같은 프랑스 행정부의 다양한 구성원을 동료로 얻었다. 중대한 계획들이 세워졌는데, 참가자 중 한 명은 1511년 6월에 우려하는 마음으로 이 계획을 상기했다. 거의 같은 시기에 알두스는 반델로에게 한 통의 편지를 받았다. 이 편지는 비록 내용도 상이하고 형식도 훨씬 부정확하지만, 1505년에 알두스의 계획에 대한 쿠노의 보고와 유사점이 발견된다. 반델로는 마침내 연락을 취할 수 있었다고 주장한다. "…… 우리는 훌륭한 그리스어와 라틴어 문학을 이탈리아 안에 유지하는 주요 수단이 될 아카데미아를 우리 세대에 목격할

---

105 *Lettere volgari di Aldo Manucci*, Rome, 1592, Ep. 1, p. 1. CAM 64. 두 편지 모두 아카데미아에 대한 어떤 언급도 없다.

수 있을지도 모릅니다. …… 토착 언어에 대해서는 내가 무슨 말을 할까요?"[106] 학자들의 모임이 아닌 궁정의 모임에서 히브리어는 희생되어야만 했다. 알두스는 1511년 8월 24일에 새로운 유언장을 작성한다.[107] 그때 그는 "막 밀라노로 갈 참"이었다. 이 여행과 반델로의 새로운 계획을 연관 짓는 것이 자연스럽다.

이후의 사건들이 모든 계획들을 수포로 돌려버렸다. 이듬해 4월에는 라벤나에서 승리를 거두었으나 막대한 희생을 치르면서 이탈리아에서 프랑스 정복자들의 입지는 급격하게 위축되었다. 이로 인해 6월 말에 밀라노는 나폴리보다도 불안정한 중심지가 되었다. 또 하나의 주요 희망이었던 페라라도 더 나은 상황이 아니었다. 알두스가 거기서 형성했던 인연들이 30년도 더 거슬러 올라간다는 사실을 기억할 것이다. 그는 1509년 5월에 베네치아에 재난이 발생하자 즉시 페라라로 피난했다. 에스테 궁정의 인문주의 전통은 견고했다. 문학에 대한 후원은 명랑하고 향락적인 공작부인 루크레치아 보르자로 인해 더욱 고조되었다. 그녀는 1509년과 1512년 사이에 알두스에게 자발적으로 "시대만 허락한다면 당신의 비용과 자원으로 내가 이토록 오랜 기간 추구했던 아카데미아를 설립해 주겠다"라는 제안을 했다.[108] 1513년에 알두스는 그녀에게 진심

---

106 편지 전문과 정황에 대한 논의는 이 장의 주 90의 L. Donati, *op. cit.* 참조. 알두스의 밀라노 방문과 거기서 맺은 인맥에 대해서는 OAME LXVI, LXVII에 있는 두 책 모두 1509년에 출판된 플루타르코스의 『모랄리아』와 호라티우스의 서론 참조. CAM 84는 간접적인 언급을 포함할지도 모른다. 저자는 벤투라 베나사이(Ventura Benassai)였을 수도 있다.

107 L.-N. Cittadella, *Documenti ed illustrazioni riguardanti la storia artistica ferrarese*, Ferrara, 1868, pp. 309~11에 있는 본문.

108 아냐델로 전투 이후에 알두스의 이주에 대해서는 제4장의 주 158f. 참조. 루크레치아 보르자에게 보낸 찬사는 티토 스트로치와 에르콜레 스트로치의 시 헌정사에 기술되었다: OAME LXXIII. 이 당시 루크레티아의 지위와 명성에 대해서는 M. E. Mallett, *The Borgias*, 1971 ed., pp. 232f. 참조.

어린 감사를 표했다. 그는 악명 높은 부인의 너그러움과 신성함에 대한 찬양을 여느 궁정 인문주의자 못지않게 큰 소리로 노래했으나, "시대만 허락한다면"이란 문구가 얼마나 큰 불확실성을 동반하는지 잘 알고 있었다. 페라라는 캉브레 동맹에 가입했고 1509년 겨울에 베네치아인들에게 굴욕적인 역전패를 안겨 주었다. 이듬해에 교황이 동맹을 바꿨을 때, 페라라는 프랑스의 대의에 동조했다. 페라라는 재활한 베네치아의 보복과 교황의 야망 사이에 발이 묶였다. 교황은 공작의 영지를 반항적인 종속국으로 간주하고 금지령을 선포했다.[109]

그 시대는 평화롭게 예술에 종사하는 것을 허락하지 않았다. 알두스가 1511년에 새로운 유언장을 작성할 때, 그는 그의 아들이 잠바티스타 에그나치오에게 교육받을 수 있도록 주선하면서 다음과 같이 덧붙여 말한다. "신께서 나에게 이 일을 이룰 수 있는 호의와 내가 열망하는 아카데미아를 세울 수 있도록 허락하시기를 기도하네."[110] 이 기도와 알두스가 이 기도를 드렸던 정황은 그의 야망과 그가 처했던 애처로운 처지를 보여 준다.

교황청은 알두스의 꿈을 실현할 가능성이 더 큰 중심지였다. 이에 대한 협상은 단일한 사건으로 다뤄질 수 없다. 이는 6~7년이 넘는 기간 동안에 두 교황의 임기에 걸쳐 이뤄졌다. 협상의 열기는 뜨거워졌다가 식는 양상을 반복했다. 1507년 4월에 지칠 줄 모르는 스키피오 포르티게라가 영향력 있는 추기경들에게 로비를 하기 시작했다. 그는 1504년 가을에 베네치아를 떠난 이후, 이들의 후원을 받고 있던 터였다. 에라스무스는 1509년 늦여름에 북쪽으로 여행했다. 어쩌면 알두스가 에라스무

---

109  *Ib.*, p. 238. 에스텐시(Estensi)는 엄밀한 의미에서 교황의 대리였다. 그들은 중세 말에 상당한 독립성을 확보하는 데 성공했다. 그러나 이 독립성은 르네상스 교황권의 영토적 야심으로 위협당하고, 1597년에 결국 빛을 잃고 만다.

110  L.-N. Cittadella, *op. cit.*, p. 311.

스를 만나러 서둘러 시에나로 떠났을 때는 이러한 예비적인 인연들을 고려했는지도 모른다.[111] 초점은 곧 콜로치에게 맞춰졌다. 그는 이미 내 사원(Sacred Penitentiary)의 소송 대리인이었고, 로마 문화생활의 떠오르는 세력이었다. 콜로치의 학식 수준이 어떠했는지는 알려진 바가 없지만, 그는 난관에 빠진 학자들을 보호하거나 그들의 책을 협찬해 줌으로써 후원자로서의 명성을 얻었다. 1510년 여름에 포르티게라는 콜로치가 도와줄 것을 "무엇보다도 확신한다"고 알두스에게 전했다.[112] 그러나 연결고리는 매우 미약했다. 방금 언급된 편지와 콜로치 자신이 이듬해 5월에 쓴 편지는 촉망되는 이 후원자 역시 교황의 비서인 시지스몬도 콘티(Sigismondo Conti)에게 압력을 가할 수 있는 또 하나의 중개인에 불과했다는 사실을 보여 준다. 콜로치는 편지에서 알두스를 기꺼이 도와주고 법정이 재구성되는 즉시 로마에 신아카데미아를 세우겠다고 썼다. 하지만 동일한 편지에서 로마에 그리스어 인쇄소를 설립할 계획에 대해 말하면서 차카리아스 칼리에르게스의 이름을 언급했다.[113] 그해 겨울과 이듬해 봄의 정치적 사건들에 의해 일소된 계획에서 알두스를 위한 자리가 얼마나 컸을지는 의문스럽다.

1512년 후반부에 인쇄회사의 부활은 이 다양한 희망들에 대한 실망과

---

111  포르티게라는 1504년에 이미 그리마니 추기경의 집안에 들어온 상태였다(CAM 33). 그는 이후에 알레산드로 파르네세(Alessandro Farnese), 프란치오티 델라 로베레(Franciotti della Rovere), 그리고 프란체스코 알리도시(Francesco Alidosi) 추기경을 섬겼다: A. Chiti, *Scipione Fortiguerra, il Carteromacho*-studio biografico con una raccolta di epigrammi, sonetti e lettere di lui e a lui dirette, Florence, 1902, pp. 22f. 알두스의 시에나 여행에 대한 언급은 P. S. Allen, I, p. 462 참조.

112  CAM 41. 콜로치에 대해서는 이 장의 주 70의 문헌들 참조.

113  CAM 43. J. 루이샤르트(J. Ruysschaert)는 "Trois rechercehs sur le XVIe siècle Romain", *Archivio della società romana di storia patria*, Ser. III, XXV, fasc. 1, 1971, pp. 11~29라는 기발한 논문에서 그리스어 인쇄소 설립 계획을 에반젤리스타 드 토시니스(Evangelista de Tosinis)와 연결한다.

라벤나 전투 이후 이탈리아 본토의 격변과 연관되는 것이 분명하다. 이 회사가 상업적으로는 놀라운 회복을 보여 주었다는 점을 상기할 것이다. 아카데미아에 대한 알두스의 꿈도 유사한 이유로 속히 회복되었다. 무수 루스의 존재로 인해 조르조 발라 이후 산마르코 학교에서 사라졌던 그 리스 학문과 편집 활동, 그리고 필사본의 복사 활동이 회복됐다. 무수루 스는 이전 세대의 풍성함과 다양성을 드러내기 시작한 지적 현장의 주 요 인물에 불과했다. 건축가이자 고서 수집가였던 베로나의 프라 조콘 도는 1504년에 베네치아 공화국의 군사 공학자가 되기 위해 프랑스에서 돌아왔다. 그는 고대 문법학자들과 로마 농업 작가들, 그리고 카이사르 의 본문에 대한 대대적인 주석들을 가지고 돌아왔다. 이것들은 모두 대 화의 소재와 출판의 대상이 되었다.[114] 파도바파(派)의 젊은 시인 중 한 명이었던 안드레아 나바게로는 일시적으로 전문학자의 길에 들어섰다. 그는 알두스와 결탁해 키케로, 퀸틸리아누스, 루크레티우스, 베르길리우 스, 그리고 오비디우스의 본문 작업에 착수했다. 이로써 그는 당대의 가 장 유능한 라틴어 편집자로 부상했다. 또한 마르치아나 도서관의 사서로 서 오랫동안 방치되었던 필사본들을 재정비하는 데도 큰 역할을 담당했 다.[115] 그 사이에 에그나치오는 공증인이 된 상태였다.[116] 프라 우르바노

---

114 알두스가 상업 세계로 재진입한 사건에 대해서는 제4장의 주 162f. 참조. 조콘도
는 카이사르와 『풍요의 뿔』, 그리고 『농업서 작가들』의 신판에 조력했던 것으로
알려져 있다(OAME LXXIV, LXXX C, LXXXIII; CAM 86). 프랑스에서 그의 연
구는 가이우스 플리니우스의 『편지』(Epistulae) 판(OAME LXIV, 그리고 이 책의
제6장 주 108)에 일조했다. 그는 또한 알두스에게 인쇄를 재개하도록 설득하는
데 일조했던 것으로 보인다(OAME LXXII). 조콘도는 공적 및 사적 중요성에도
불구하고 베일에 감춰진 인물로 남아 있다: R. Brenzoni, *La lettera autografa di fra
Giocondo ad Aldo Manuzio*, Verona, 1962, 그리고 *Fra Giovanni Giocondo veronese*,
Florence, 1960 참조.
115 나바게로의 초기 시작(詩作) 활동에 대해서는 이 장의 주 43 참조. OAME, vol. II,
p. 363은 그의 편집 활동에 대한 탁월한 주를 달고 있다. 알두스의 사후에 시작한

도 여전히 활동하고 있었다. 1502년의 생동감을 불어넣었던 지식인층과 인쇄소 사이의 협조 분위기가 되살아나고 있었다. 물론 상황은 완전히 뒤바뀐 상태였다. 알두스도 옛 판권 면의 내용인 '아카데미아로부터'(ex Academia)를 다시 사용하지 않았다. 그러나 1513년 1월에 나바게로에게 한 권의 책을 헌정할 때, 활기찬 분위기가 감지된다. 알두스는 핀다로스가 "당신의 이름 아래 우리의 아카데미아에서 배출되기"를 기원한다.[117]

약 2개월 후에 호전적이었던 교황 율리우스 2세가 세상을 떠났다. 그는 정치적인 야망으로 인해 알두스의 희망을 파괴하고 유럽을 전쟁으로 몰아갔던 주범이었다. 율리우스 2세는 그보다 젊고 평화적인 교황 레오 10세로 교체되었다. 이것은 알두스를 비롯한 학자들에게 황금빛 미래를 약속하는 사건이었다. 로렌초 데 메디치(Lorenzo de' Medici)의 아들인 새로운 교황 조반니 데 메디치(Giovanni de' Medici)는 폴리치아노와 피치노, 그리고 프라 우르바노의 제자였다. 뿐만 아니라 그는 1494년 그의 형제 피에로의 몰락 이후에 베네치아에서 망명 중 몇몇의 동료들을 만났다. 귀족 출신이자 한때 시인이었던 금욕주의자 퀘리니를 특히 높게 평가했던 것으로 알려졌던 레오 10세는 즉시 피에트로 벰보를 자신의 비서로 임명했다.[118] 8월 초에 벰보는 로마에 그리스 대학을 설립하는 것과 관련해 무수루스에게 연락하라는 지시를 받았다. 알두스는 드디어 기회가 찾아왔다고 생각했다.[119] 한 달 후에 플라톤 전집 첫 판이 출간되었고

마르치아나 도서관 사서로서의 활동에 대해서는 내가 투고한 논문인 "Two Great Venetian Libraries", pp. 136~37 참조.

116 E. Cicogna, *Delle iscrizioni veneziane*, vol. I, Venice, 1824, pp. 341~42.

117 OAME LXXII.

118 이 시기에 레오 10세의 궁정에서 작용했던 지적 영향력에 대한 많은 유용한 정보들이 F. 길버트(F. Gilbert)의 논문인 "Cristianesimo, umanesimo, e la bolla 'Apostolici Regiminis' del 1512", RSI Anno LXXIX fasc. ii, 1967, pp. 976~90에 있다.

교황에게 헌정되었다. 이 헌정사는 알두스의 인쇄소 역사상 가장 공을 많이 들인 것이었다. 무수루스의 그리스어 애가는 고전 문명의 쇠퇴 이후 가장 정교한 것으로 간주되었다. 알두스의 라틴어 편지는 에라스무스를 제외하면 인문주의 입장에 대한 가장 포괄적인 진술로 간주된다. 그는 교황에게 그의 과거와 그의 아버지가 피치노에게 보여주었던 호의를 상기시켰다. 그는 평화로운 기독교 세계를 수립하기 위해 미래가 안고 있는 기회들을 가리켰다. 또한 평화를 촉진하고, 개종한 불신자들과 새로 발견된 사람들에게 기독교 지식을 확장하는 데 교육이 맡은 역할을 가리켰다. 마지막으로 알두스는 교황에게 이토록 필수적인 교육을 창출하고 전파할 아카데미아를 설립하기 위한 자금을 요청했다.[120]

교황이 알두스의 열렬한 청원에 답하지 않은 것은 참으로 불가사의한 일이다. 그리스 대학이 설립되었기 때문이다. 대학의 위치는 퀴리날리스 언덕 위에 있는 콜로치의 집이었다. 대학을 조직한 사람은 야누스 라스카리스였으며, 대학 최초의 교수는 무수루스였다. 이 기관은 알두스가 분명 동조했을 만한 교육 목표를 가지고 있었다. 10명의 그리스 이주민들이 그들의 모국어와 라틴어로 교육을 받았다. 이들이 바른 그리스어 발음과 용법을 가르칠 핵심 교사층을 구성했다.[121] 알두스가 이 대학에 전혀 관여하지 않았다는 사실을 몰랐다면, 우리는 이 대학을 알두스의 꿈의 실현으로 간주했을지도 모른다. 대학 자체의 인쇄소가 딸려 있었다는 점에서 더욱 그랬다. 그러나 이 인쇄소는 알두스의 옛 동료이자

---

119  본문은 E. Legrand, *Bibliographie Hellénique*, vol. II, p. 321에 있다. 또한 vol. I, p. cxvi 참조.

120  이 헌정사에 대해서는 OAME LXXVIII; BP pp. 286~96, 또는 E. Legrand, *Bibliographie Hellénique*, vol. 1, pp. 101~12 참조. G. 오를란디(G. Orlandi)는 무수루스의 시를 인쇄하지 않았다.

121  이 장의 주 70에 인용된 V. Fainelli, "Il ginnasio greco …".

경쟁자인 칼리에르게스가 운영했다. 우리는 이 그리스 대학의 예비 단계에 대해 아는 바가 거의 없다는 사실을 인정할 수밖에 없다. 칼리에르게스의 첫 로마 판인 핀다로스는 1515년 8월에 출판되었는데, 이는 알두스의 사후 6개월이 지난 후였다. 어쩌면 알두스가 교황을 설득하는 데 실패한 것은 단순히 시간상의 문제였을지도 모른다.[122] 그러나 벰보가 무수루스에게 편지를 쓰기도 전에 봄바시오는 알두스를 포함한 모든 비(非)그리스인들이 새로 설립된 대학에서 제외될 것이라는 의혹을 품었다. 1513년 8월 이후에 알두스의 남은 생애 1년 반 동안 그에게 경미한 몸짓이라도 보냈더라면, 이에 대한 흔적이 분명히 남았을 것이다.[123] 번창하던 그리스 대학은 전임자의 인문주의적 관심을 공유하지 않은 새로운 교황에 의해 해산되었다. 알두스가 이때까지 살아 있었더라면 교황의 후원도 상업적 감각만큼이나 불확실한 지원이었음을 깨달았을 것이다. 칼리에르게스와 라스카리스는 1년 이내에 시장의 무관심 때문에 수백 권의 그리스어 책을 폐기 처분해야만 했다. 만일 알두스가 이 사실을 알았더라면, 그의 다양한 출판 계획에 장점이 있다고 인정했을 것이다. 1514년의 『헤렌니우스에게 바친 수사학』에서는 암흑 같은 절망이 감지된다. 이는 그의 아카데미아를 이루고자 하는 꿈에 대한 최종적인 실망에서 기인했을 것이다.[124]

표면적으로 이 꿈들은 알두스에게 반복적인 실망만 안겨 준 것으로 보인다. 구체적인 성과는 적었다. 1500년 훨씬 이전에 이미 느슨하게 구성

---

122 D. Geanakoplos, *Greek Scholars*, pp. 214f.

123 CAM 78, 2 July 1513.

124 V. Fainelli, *op. cit.*, pp. 391~92. 이 장의 주 113에 인용된 J. Ruysschaert, "Trois recherches …", pp. 21~22는 칼리에르게스가 이미 1516년에 핀다로스 사본 778개, 그리고 테오크리토스 사본 981개를 처분하려고 시도했던 사실을 보여 주는 공증을 인용한다. 라스카리스도 날짜가 기입되지 않은 원고에서 유사한 노력을 했던 것으로 보인다: Vaticanus Latinus, Ms. 1413, f. 631~v.

된 학자들 간의 교류와 인쇄업과의 협력 체제가 존재했다. 1502년의 규정은 이를 크게 바꾸지는 못했을 것이다. 어쨌든 이 문서는 즉흥적으로 작성된 문서에 불과했던 것으로 보인다. 그것이 불러일으켰던 사안들은 곧 잊혀졌다. 이 규정이 작성되기 이전에 이미 훨씬 광범위한 계획들이 진행 중이었다. 이 계획들도 전부 수포로 돌아갔다. 알두스가 레오 10세와 루크레치아 보르자에게 보낸 항소나 심지어 알두스에게 바쳐진 찬사들은 모두 아카데미아를 점점 퇴색하는 꿈으로 언급한다.[125]

이런 꿈을 철저히 실용적인 기준으로 판단하는 것은 오해를 야기할 수 있다. 액면 그대로 보면 1502년의 규정은 가장되고 사소하며, 터무니없기까지 하다. 그러나 규정을 작성한 사람의 열정을 논평하는 관점에서 보면, 이 규정은 그 안에 기록된 단어들의 의미보다 훨씬 큰 의의를 지닌다. '아카데미아'라는 단어는 수많은 나라들이 집결할 수 있는 지점이 되었다. 이는 환상에 불과한 것일지도 모르지만, 학구적인 노력에 목적과 방향을 제시하는 일종의 불기둥 역할을 했다. 아카데미아에 대한 꿈에서 우리는 분열된 상업과 학문 세계가 상징적으로 연합하는 모습을 발견한다. 이 두 세계는 문해(文解)와 배움의 확산이라는 하나의 이상을 좇아 연합했던 것이다.

---

125 A. Firmin-Didot, *Alde Manuce*, p. 415, n. 2에서 인용된 피르크하이머의 경구는 다음과 같다.

> Posset ubi tandem concepta Academia condi
> Nullus in hoc Aldo cum locus orbe foret,
> "Seclum" ait "insipiens, tellusque indigna, valete"
> Atque opus in Campos transtulit Elysios.

제 **6** 장

저작과 편집

Ioan. Stradanus inuen

알두스는 그의 작업장에 밀치고 들어와 형편없는 작문을 낭송하는 사람들을 얼간이로 묘사한다. 이는 그가 당시 문필가들을 높이 사지 않았다는 사실을 보여 준다.[1] 조금 다르기는 하지만 그가 출판한 고대 작가들의 순수한 본문들도 이와 동일한 의미를 함축한다. 곧 1480년대와 1490년대에 편집자들을 열광시킨 현대의 박학한 주석들은 그에게는 궁극적인 중요성을 지니지 않았다. 알두스의 관심사는 고전적 거장들의 꾸밈없는 말들을 최대한 본래의 순수함에 가깝게 복원하는 것이었다. 그는 그리스와 로마 작가들에 대한 박식하고 정확한 편집으로 명성을 쌓고자 했다.

알두스는 인쇄업에 들어섰던 초창기부터 토대가 되었던 사본들보다 정확한 본문을 꿈꿨다. 그의 방식은 폴리치아노와 메룰라의 방식을 상기시켰다. 그는 수많은 사본들을 비교하면서 아무것도 추가하지도 삭감하지도 않은 가장 순수한 본문 형태로 인쇄하겠다고 선언했다. 알두스는 자신이 출판한 책들이 아름다울 뿐만 아니라 정확하기를 원했지만 생애 말엽에 자신이 완전히 만족했던 판본을 생산한 적이 없다고 고백

---

1 『헤렌니우스에게 바친 수사학』(*Rhetorica ad Herennium*)(OAME LXXXII)의 서문. 이 책의 제4장 주 178에 인용된 부분도 참조.

했다.[2] 당시의 수많은 사람들처럼 알두스도 그의 시대를 고대 세계의 문화 수준으로 회복시키기를 원했는데, 이는 고대 세계의 전통을 통해 가능했다.[3] 간헐적인 사적인 의구심에도 불구하고 알두스의 동시대인들은 그의 노력을 공적으로 찬양했다. 제롤라모 볼로니(Gerolamo Bologni)는 "그는 청동 활자로 올바른 글자 외에는 찍어내지 않네"라며 열변을 토했다. 알두스는 "모든 시대를 통틀어 가장 영예로운 책 제작자"였으며, "그리스와 라틴 문학의 구원자"였다. 1502년에 레오나르도 로레단 공작이 발부한 특허권(ducal privilege)은 알두스가 "라틴어 책을 정정하는 데 쏟아부은 극도의 성실과 세심한 주의"를 치하했다.[4] 비록 의심의 목소리가 전혀 없었던 것은 아니었지만, 고전 본문에 대한 책임감 있는 첫 번째 학자-편집자로서 그의 명성은 세월의 시험을 견뎌냈다. 이런 평가는 그에게 돌려진 찬사와 베네치아의 출판계 상황에 대한 선입견들에서 기인했다. 이번 장의 주요한 목적은 학자로서 알두스의 명성을 보다 엄밀하게 검토하는 것이다.[5]

상세한 논의를 시작하기 전에 우리의 판단에 어느 정도 영향을 주는 질문을 던져야 한다. 이 질문은 권위보다 독창성을 훨씬 높게 평가하는 세대를 위해서도 그 자체로 의의를 지닌다. 바로 알두스와 당대 작가들

---

2  테오크리토스와 헤시오도스의 서문, 1496(OAME V); 『고대 문법학자들』의 서문, 1496(ib., IV); 그리고 플라톤의 서문, 1513(ib., LXXVIII). 메룰라와 폴리치아노가 주장한 원칙들의 비교에 대해서는 E. J. Kenney, The Classical Text, pp. 7f. 참조.

3  OAME XI, A.

4  Museo Correr, Venezia, Fondo Cicogna, Ms. 949, no. 56(Bologni): CAM, 38, 47; CSV p. 78. 알두스의 판본에 대한 신랄한 비판에 대해서는 Urceus' letter to Battista Palmeri, printed in L. Dorez, "Alde Manuce et Ange Politien", pp. 323~26 참조.

5  E. J. Kenney, The Classical Text, p. 17, 그리고 비평들에 대한 언급들. 알두스의 작업에 대한 일반적으로 호의적인 평결에 대해서는 R. Bolgar, The Classical Heritage and its Beneficiaries, New York/London, 1964 ed., p. 375 참조.

과의 관계에 대한 질문이다. 알두스가 이들에 대해 표현하고 암시했던 견해들을 미루어볼 때, 그의 생애에 출판된 124종의 판 중 3분의 1 이상이 과거 1세기 반에 살았던 저자들의 작품이었다는 사실은 놀랍다.[6] 이 비율에 해당하는 42종의 판본 중 25종은 당시 생존했던 저자들의 작품이었다. 물론 이 수치는 알두스 자신의 문법서 세 종과 그의 도서 목록, 그리고 리옹의 표절자들에 대한 경고 등의 작품으로 인해 왜곡되었다. 마지막에 언급된 두 자료들은 인쇄된 전단지에 불과했다. 나머지는 다양한 인물들의 작품들로서 상이한 가치를 지닌다. 따라서 이 모두를 '현대 문학'으로 분류하는 오류를 피해야만 한다. 요점은 알두스가 저자들과 직접 일할 기회가 많았다는 점이다. 그는 이 중 어떤 이들과는 함께 일했고 다른 이들은 간과했다. 그는 대다수의 판본에 대한 저자의 자필본을 소유하고 있었는데, 어쩌면 이는 그의 유명한 페트라르카의 『속세의 일』(*Cose Volgari*)에도 적용될지 모른다.[7] 문학 세계와의 광범위한 협력이 있었고 이를 묘사하는 사적인 편지들이 여럿 남아 있다. 이 편지들은 의사소통의 발전사의 중대한 기간에 저자와 출판사 사이의 관계를 관찰하고, 아울러 인쇄업이 저자와 출판사 양측의 역할에 끼친 영향력을 볼 수 있게 해준다.

여러 전문가들은 필사본 시대의 저자들에게 독창성에 대한 개념이 있었다고 지적한다. 이것은 지나치게 까다롭고 자기 강박관념에 시달리는 우리 시대의 기준에서 볼 때, 놀랍도록 모호하고 느슨한 것처럼 보인다.

---

6 총 계수에는 임의적인 요소가 포함될 수밖에 없다: 나는 아리스토텔레스의 각 권들을 개별 판으로 계산했다. 에우리피데스나 호메로스 같은 작가들의 두 권짜리 작품은 하나로 계산했다.

7 OAME XXX, 1A(라스카리스의 그리스 문법), L B(베사리온의 『플라톤을 무고하는 이들에 반대하여』)도 참조. 에라스무스의 『격언집』이나 로이힐린의 『연설』(*Oratio*)의 경우에 두 사람 모두 당시 베네치아에 있었다는 정황으로부터 이 사실은 명확하다.

책은 비교적 소량에 불과했고 사람들은 탁월한 기억력을 가지고 있었다. 따라서 구절들이나 본문 전체가 공동 화폐처럼 사람들의 손을 타고 전해질 수 있었다. 차용자가 타인의 발상을 전파하는 것은 사실 타인에게 호의를 베푸는 것이었다.[8] 의사소통의 역학은 개성을 모호하게 만드는 경향이 있었다. 청중들은 지롤라모 사보나롤라(Girolamo Savonarola)의 설교와 조르조 발라의 강의를 필기하고 유통시켰다. 이 판본들은 대체적으로 정확한 의역 이상일 수 없었을 것이다. 저자들은 종종 동료들에게 이미 배부한 자신의 작품 사본들을 수정한 후에 다시 나누어주곤 했다. 이런 경우에는 동일하게 정당성을 주장할 수 있는 여러 사본들이 유통된다. 베사리온의 『플라톤을 무고하는 이들에 반대하여』의 경우에 추기경의 생애 동안에도 상당히 상이한 사본들이 존재했다.

인쇄술은 먼저 판을 표준화함으로써 본문을 안정화한 후에 사본을 대량으로 유통할 수 있었다. 이로 인해 느긋했던 분위기에 변화가 일어났다. 두 가지의 상반되어 보이지만 사실 연관된 반응들이 야기되었다. 작품을 인쇄소에 넘기는 것은 작품에 대한 실질적인 통제력의 상실을 의미했다. 이렇듯 결정의 '단 일회'적인 특징이 몇몇 문학가들의 지연과 끊임없는 수정 작업, 그리고 회피를 부추겼다. 문학가들의 이런 모습은 그 이래 오늘에 이르기까지 이들의 단점으로 자리 잡았다. 알두스 자신도 여기에 해당한다.

500부 이상의 사본을 유포할 수 있다는 점은 즉각적인 문학적 명성을 약속하기도 했다. 많은 사람들은 이 유혹을 거부할 수 없었다. 이로 인해 알두스의 인내심을 한계까지 시험했던 한심한 글쟁이들이 나타났던 것

---

8  H. J. Chaytor, *From Script to Print: an Introduction to Medieval Literature*, Cambridge, 1945; E. P. Goldschmidt, *Medieval Texts and their First Appearance in Print*, London, 1943; M. McLuhan, *The Gutenberg Galaxy: the Making of Typographic Man*, Toronto/London, 1962, 특히 pp. 81~140.

이다. 알두스와 일했던 수많은 저자들은 실제로 그들의 이름을 인쇄하기 위해 지나칠 정도로 집착했다. 그들은 알두스가 책을 가장 멀리 보급해 주고 그들에게 가장 큰 명성을 확보해 줄 수 있다고 여겼고, 그가 자신들의 작품을 출판해 주기를 간절히 바랐다.

우리는 성급히 출판사로 몰려가는 증상들에 대해 이미 살펴볼 기회가 있었다. 새로운 인쇄술이 변화를 야기할 것이라는 인식이 베네치아 인쇄소에서 일했던 사람들 사이에서 급격히 확산되었다는 사실도 살펴보았다. 스콰르치아피코는 이미 1481년에 죽은 저자들의 영혼이 엘리시움의 들판에서 통곡하는 모습을 상상했다. 그들은 "모든 작가들이 이 새로운 기술을 따르도록 강요받고 있기 때문에, 그들의 작품들도 인쇄되지 않으면 소멸될 것"이라며 통곡했다. 불과 5년 후에 사벨리코는 우리가 알고 있는 한도 내에서 저자로서는 처음으로 저작권을 얻은 사람이 되었다.[9] 1490년대에 급증한 편지들의 양은 상당히 분명한 움직임을 보여 준다. 저자들은 출판인들을 떠밀었을 뿐만 아니라 그들 자신도 뒤에서 친구들과 그들을 흠모하는 사람들에게 떠밀렸던 것이다. 귀족 출신 학생이었던 피에트로 벰보는 1494년에 라스카리스 자신이 수정한 그리스 문법 필사본과 아이트나산(山)에서의 경험에 대한 글을 가지고 메시나에서 돌아왔다. 벰보는 "말할 준비가 된, 박식한 멋진 젊은이"를 연상시키는데, 우르케우스는 이런 자들이 문학적 명성을 추구하는 것을 공격한 적이 있다. 알두스는 두 작품을 12개월 안에 출판하면서 당시의 가장 찬란했던 경력의 시작점에 직접 관여했다.[10] 알레산드로 베네데티는 포르노보(Fornovo) 전투가 치러진지 불과 한 달 후에 조르조 발라에게 비

---

9   '반(半)구전적인' 이 전승에 대해서는 이 책의 제1장 주 86~88 참조. L. A. Shepherd, "Francesco Filelfo …", p. 25(스콰르치아피코)와 FD p. 102, no. 3(사벨리코).

10   RAIA pp. 1~4, 7, 그리고 이 책의 제1장 loc. cit. 참조.

평을 요청하기 위해 그의 『캐롤라인 전쟁에 대한 일기』 예비본을 보냈을 만큼 단호한 작가였다. 이때는 프랑스 침입자들이 이탈리아를 떠나기 훨씬 이전이었다. 그가 부상당한 사람들을 돌보기 위해 얼마나 많은 시간을 할애할 수 있었는지 의문스럽다.[11] 발라 자신의 명작인 『추구하고 피해야 하는 일들에 대하여』는 그의 불명예로 인해 지연되다가 결국 사후에 그의 양자인 잔피에트로(Gianpietro)에 의해 알두스의 인쇄소에서 출판되었다. 발라는 거의 10년 동안 이 작품을 출판하도록 압력을 받았었다.[12] 마이올리가 알두스에게 자신의 뜻에 따라 비록 불완전하지만 그의 『변증론의 이삭줍기』를 출판해 달라고 고집을 부리는 대목에서도 이와 유사한 압력이 드러난다. 이는 또한 "출판하고 정죄당하라"는 불길한 예측을 하는 격언에서도 나타난다.[13]

이런 종류의 고조된 분위기가 때로 넘쳐흘러 견디기 힘든 긴장감을 조성했던 것은 당연한 일이다. 주목을 받고자 하는 갈망이 고조되었다. 알레산드로 사르티(Alessandro Sarti)라는 부(副)편집자는 폴리치아노의 편지에 자신에 대한 찬사를 추가하기까지 했다. 불멸을 갈망했던 비첸차의 교사와 같은 사람은 그레고리오스 나지안제노스의 작품이 인쇄되고 6개월 만에 자신의 번역본을 알두스에게 보냈다. 이런 사건들은 끊임없는 부담으로 작용했을 것이다.[14] 이러한 요청들은 우리가 추적할 수 있는 소수의 건수보다 실제로 훨씬 더 많았을 것이다. 이 중 살아남은 경우들은 하나같이 공손한 어조를 사용한다는 흥미로운 특징을 공유한다. 에라스무스는 알두스에게 그의 에우리피데스 번역을 인쇄해 줄 것을 부탁했

---

11  G. Valla, p. 75(편지 접수일은 1495년 8월 9일; 전투는 7월 6일에 치러졌다).

12  *Ib*., p. 64: 안티콰리오는 이 작품에 대해 이미 1491년에 알고 있었던 것으로 보인다. 이 판에 대한 특권은 FD p. 146, no. 117에서 1501년으로 기록되었다.

13  OAME X.

14  L. Dorez, "Alde Manuce et Ange Politien", pp. 311~19; CAM 31.

다. 이때만 해도 에라스무스는 국제적인 인물로 부상하기 이전이었지만 출판 세계에서 문외한도 아니었다. 당면한 문제를 조심스럽게 접근하는 그의 모습은 놀라울 따름이다. 그는 사적인 찬사를 보내고 공통된 동료들의 이름을 거론하면서 "제 연구가 당신의 활자로 인쇄되어 세상 빛을 보게 된다면, 불멸의 선물을 받았다고 생각할 것입니다"라고 말한다.[15] 이는 문학계에서 인쇄업자의 중요성이 급성장했다는 사실에 대한 강력한 증거이다. 에라스무스의 말은 물론 수사학적인 미사여구였지만, 사벨리코 시대의 저자들은 이런 수사학을 사용할 필요를 느끼지 않았을 것이다.

알두스는 자신의 책임을 어떻게 감당했을까? 그가 동원한 정확한 수단을 파악하기는 어렵다. 그 부분적인 원인은 그의 관심사가 방대했기 때문이다. 그는 인쇄업 초창기부터 필요하다면 신인 작가에게 신작을 '부탁할' 준비가 되어 있었음을 보여 주었다. 알두스는 프라 우르바노 발레리아니의 그리스어 문법을 단지 '요청'한 것이 아니라 '강요'했다. 이 책은 처음으로 라틴어 본문들을 도입한 것으로서 1497년 1월에 출판되었는데, 출판 이전에도 상당한 준비과정을 거쳤을 것이다.[16] 이와 동시에 그는 이미 확립된 저자들의 작품을 보다 정확한 판본으로 발행하기 위해 그들의 개인적인 원조를 구하려고 노력했을 것이다. 피치노에게의 접근은 절반의 성공만 거둔 것으로 보인다. 노년의 철학자였던 피치노는 기본적인 인쇄과정이 끝나면 완벽한 교정 색인 작업을 하기로 약속했다. 이외에도 그는 그의 이암블리코스 번역에서 몇 가지를 교정했고 알두스의 제안도 받아들였다. 그러나 그는 책을 찾기 어렵다고 불평했고, 모든 사안을 "당신의 선의와 판단에" 맡기겠다고 말한다. 이런 내용들과 편

---

15  P. S. Allen I, p. 439.

16  OAME XII.

지의 전체적인 침울한 어조는 그가 이 일에 마음이 없었다는 사실을 보여 준다.[17] 알두스는 나폴리의 저자인 산나자로와도 별다른 성과를 거두지 못한 것으로 보인다. 그는 수정된 사본에 대한 요청을 『치키의 삶과 처지』(*Vita e sito de' Zichi*)라는 단편의 헌정사에 교묘하게 포함시켰다. 이 책은 러시아 남부 스텝 지역에서의 삶을 그린 것으로서, 저자인 제노바의 조르조 인테리아노(Girgio Interiano)가 최근에 알두스에게 가져와서 1502년 10월에 출판되었다.[18] 인테리아노 자신은 산나자로의 동료였다. 이런 요청은 분명 『아르카디아』(*Arcadia*) 판이 거둔 상업적 성공에 대한 반응이었다. 이 판본은 베르나르디노 다 베르첼리(Bernardino da Vercelli)가 동일한 해에 베네치아에서 인쇄했는데, 극도로 부정확했다. 산나자로는 당시에 프랑스에 있었는데, 간접적인 증거로 미루어보아 그는 자신의 작품을 현 상태로 출판하는 데 반대했던 것으로 보인다. 하지만 이 사안은 곧 그의 손과 알두스의 손에서 벗어나고 말았다. 산나자로는 1504년에 프랑스의 궁정에서 돌아왔는데, 이때 그의 『아르카디아』는 나폴리에 남겨 두었던 수정된 자필본을 토대로 이미 출판된 상태였다. 그의 단호한 동료이자 지지자였던 피에트로 수몬테(Pietro Summonte)의 소행이었다. 알두스는 산나자로와 우호적인 관계를 유지했으며, 1514년에는 자신이 마침내 출판한 판본을 산나자로에게 헌정했다. 알두스는 수몬테의 본문을 재발행하고 간소화한 것 외에 별달리 한 일이 없었지만 그의 깔끔한 8절판이 더 성공적일 것이라고 기대되었다. 실제로 16세기 동안 나폴리 판보다 알두스 판이 더 널리 복사되었다. 그러나 저자를 독점하고 그의 명성을 활용하려는 시도가 실패했다는 점도 인정되어야 한다. 이 사건은 필사에서 인쇄로 넘어가는 부산한 시기에 출판업을 지배했던

---

17  CAM 2.

18  OAME XLI; C. Dionisotti, *Gli umanisti e il volgare*, pp. 13~14 참조.

윤리의 특이한 점을 조명해 준다. 산나자로는 한 번도 출판에 직접적으로 관여하지 않았고 그에게 정식으로 접근했던 편집자는 알두스가 유일했다.[19]

산나자로의 동시대 사람이자 막역한 친구였던 폰타노의 작품의 역사는 이보다 훨씬 복잡하다. 그의 경우에는 저자 자신이 출판하려고 안달이 났었기 때문에 임의적인 행동에 대한 의문점은 없다. 그는 자신의 주요 시(詩) 세 편인 『우라니아』(Urania)와 『메테오라』(Meteora), 그리고 『헤스페리데스의 정원들』(Horti Hesperidum)을 1502년 늦여름 언젠가 알두스에게 보냈다. 알두스는 열광했다. 그는 8월에 자신이 편집한 스타티우스 작품을 폰타노에게 헌정하면서 재능 있는 저자인 그가 자신에게 보내는 모든 글을 출판하겠다고 제안했다.[20] 이 둘의 열정은 그들에게 불리하게 작용했던 것으로 보인다. 알두스는 자신이 받은 글의 편집을 시작하기도 전에 추가적인 글을 바랐던 것 같은데, 폰타노가 알두스의 기대를 부추긴 것으로 보인다. 폰타노는 베네치아의 대리인인 수아르디노 수아르도(Suardino Suardo)에게 보내는 편지에서 "잘 수정된" 『헤스페리데스의 정원들』 사본에 대해 언급했고, 수송과정에서 분실된 몇 편의 짧은 시를 보냈던 것이다. 폰타노 자신이 또 다른 필사본을 준비했으나 역시 1년 안에 분실되었다. 이를 베네치아로 전달하던 배달원이 1503년 여름

---

19  수몬테는 그의 판본을 산나자로에게 헌정하기는 했지만, 그의 표현은 그가 저자를 기정사실로 소개한 것을 분명하게 만든다: 이에 대해서는 A. Mauro, "Le prime edizioni dell' *Arcadia* di Sannazaro", *Giornale italiano di filologia*, IV, 1949, p. 350: "E per questo senza altra sua ordinazione, anzi forse, se io mal non estimo, non senza qualche offesa de l'animo suo … ho pensato essere cosi utile come necessario darle subito in luce, facendole imprimere …." 또한 동일한 편집자의 Sannazaro, *Opere volgari*, Scrittori d'Italia no. 220, Bari, 1961, pp. 427~28에 대한 주석 참조. 알두스의 헌정사, OAME LXXXVIII는 자필본에 대해 언급하지 않는다.

20  OAME XXXIX, A.

에 파도바에서 병이 들어 세상을 떠났기 때문이었다.[21] 사태는 잊혀졌다가 2년 후에 알두스와 양심적인 수몬테에 의해 거의 동시다발적으로 되살아났다. 1505년 8월 2일에 이 나폴리인은 걸작으로 불릴 수밖에 없는 재치 있는 비난의 글을 저술했다. 수몬테는 알두스에게 폰타노의 의뢰를 상기시켰다. 그는 두 편의 목가시를 포함시킬 수 있도록 보내 주었고, 자신이 자발적으로 폰타노의 서정시 전집(lyric cycles)을 출판하기 시작했다는 소식을 전했다. 마지막으로 훌륭한 그의 동료에게 더 이상 필요하지 않다면 저자가 보내 준 표본을 반환할 것을 넌지시 요구했다. 알두스는 자신이 이미 『우라니아』와 『메테오라』, 그리고 『헤스페리데스의 정원들』을 출판했으며, 추가로 서정시도 출판할 계획이라고 전했다. 이 소식을 들은 수몬테는 기뻐했고 나폴리 왕국에서의 판매 독점권을 포기했다. 그는 자신의 판본이 허가될 때까지 몇 주 동안만 베네치아 판의 출판을 늦추어 달라고 요청했다. 이 요청은 알두스가 응하기에는 너무 늦게 도착했던 것 같다. 그럼에도 불구하고 두 판본은 부분적으로만 중복되었을 뿐이다. 수몬테는 긴 작품들은 인쇄하지 않았으며, 저자의 최종판에 근거한 알두스의 본문이 기본 판으로 남았다. 수몬테가 최신 수정판을 가지고 있던 『네니아이』(Neniae)와 『투물리』(Tumuli), 그리고 『경구』(Epigrammata)의 경우에 알두스는 더 짧은 초기본을 사용했다. 이 사건은 초기 출판업에서 보기 드문 예의와 배려로 진행되었다. 그러나 독자들도 쉽게 파악할 수 있듯이, 이 사건은 여전히 혼동과 어긋남, 그리고 방치된 약속에 대한 이야기로서 저자의 뜻이 얼마나 무가치했고 그의 작품이 얼마나 쉽게 파멸의 위기에 직면했으며, 작품의 보존이 전적으로 인쇄소에 의존하고 있었는지를 보여 준다.[22]

---

21  CAM 28, 31 December 1502. 이것은 알두스가 수아르도에게 바친 헌정사에서 언급되었던 거래로 보인다: OAME LVII, C.

이 경우에 나타난 것처럼 저자에게 간청하는 것은 알두스의 일반적인 방식이 아니었던 것으로 보인다. 원칙적으로는 그럴 필요가 없었다. 저자들이 서로 출판해 달라고 그의 문을 두드렸고, 출판사는 극도로 사적인 기준으로 선택할 수 있었기 때문이다. 우리가 파악할 수 있는 한 이 기준들은 대략 다음과 같다. 첫째, 알두스는 저자가 자신에게 요구할 자격이 있는지를 고려했다. 둘째, 저자에게 자신이 무시할 수 없거나 무시해서는 안 되는 연줄이 있는지를 고려했다. 셋째, 저자의 작품이 흥미로운지를 고려했다. 1490년대 말에 아리스토텔레스의 편집자인 레오니체노와 마이올리의 소작품들이 쇄도한 것은 은혜에 대한 보답으로 보인다. 거의 비슷한 말이 벰보의 『아이트나산에 대하여』와 『아솔로 사람들』에도 적용된다. 벰보가 알두스에게 라스카리스의 문법서와 페트라르카의 『속세의 일』, 그리고 단테의 『신곡』(Commedia) 필사본을 제공하여 큰 도움이 되었기 때문이다. 알두스는 발라의 『추구하고 피해야 하는 일들에 대하여』를 저자의 사후인 1501년에 출판했는데, 발라는 알두스를 베네치아의 상류 사회에 소개하는 데 큰 공헌을 했다. 우리가 살펴보았듯이, 로이힐린도 제국의 아카데미아라는 개념을 촉진하면서 유사한 공로를 세웠다.[23] 알레산드로 베네데티는 발라의 측근이었다. 아우렐리오 아우구렐로(Aurelio Augurello)의 시는 1505년에 『아솔로 사람들』 직후에 인쇄되었는데, 그는 벰보 가문의 옛 피보호민(client)이었다.[24] 에라스무스도 알두스와의 첫 만남에서 그로신, 리너커, 래티머, 그리고 커스버트 턴스

---

22 CAM 47, 48; OAME LVII. 배경과 논평은 G. Oeschger, notes to Ioannis Iovani *Carmina, Ecloghe, Elegie, Liriche*, Scrittori d'Italia, no. 198, Bari, 1948, pp. 485~ 92 참조.

23 이 책의 제4장 주 22~24, 그리고 제5장 주 50~53 참조.

24 베네데티에 대해서는 이 장의 주 11 참조: 아우구렐로에 대해서는 DBI 4에 있는 R. 바이스(R. Weiss)의 기사 참조.

틸(Cuthbert Tunstall)과의 친분관계와 자신의 자격을 강조했다. 알두스는 이를 감안했다.

어떤 저자들은 혈통 있는 집안에 속했기에 추천서가 필요 없었다. 유명한 조반니 피코 델라 미란돌라의 조카이자 알베르토 피오의 친척이었던 잔프란체스코 피코 델라 미란돌라가 여기에 속했다. 이 말은 아드리아노 카스텔레시(Adriano Castellesi)에게도 적용되었다. 알두스는 1505년 8월에 『사냥』(Venatio)이라는 그의 극적인 시를 출판했다. 이후에도 카스텔레시는 몇 달간 다양한 교정을 요구하면서 알두스를 괴롭혔다.[25] 그는 베로알도와 포르티게라의 후원자였을 뿐만 아니라 추기경이기도 했다. 다른 경우에는 계급의 영향력이 간접적으로 발휘되기도 했다. 알두스는 이전에 그의 제자였던 에르콜레 스트로치를 개인적으로 존경했던 것이 분명하다. 그러나 알두스가 1513년에 스트로치의 시를 편집했을 때, 그는 이미 3년 동안 루크레치아 보르자가 이 일에 관심을 가지고 있었으며 자신이 이 일을 맡아 주기를 원한다는 사실을 알았다. 시의 헌정사는 그녀에게 돌렸다.[26]

이런 종류의 고려 사항들이 반드시 최종 결정을 좌우한 것은 아니었다. 우리는 알두스가 마이올리의 조잡한 글을 거절했다는 사실을 살펴보았다. 그는 또한 제자의 「막시밀리안의 개선식」(Triumphzug Kaiser Maximilians I)이라는 시를 출판해 줄 것을 부탁했던 켈티스의 요청에도 단호하게 "아니요"라고 답했다. 그는 켈티스가 편집에 도움도 주고 황제의 궁정에서 영향력이 있었음에도 불구하고 거절했던 것이다.[27] 그러나

---

25  OAME XXVIII(피코의 『상상에 대한 책』(Liber de Imaginatione)): LIX(『사냥』). 후자의 경우에는 CAM 22, 36도 참조.

26  OAME LXXIII; CAM 81(알두스에게 이 과제에 대한 정보를 알려주는 에퀴콜라 (Equicola)의 편지, 10 March 1510)과 비교.

27  J. Schück, p. 124, Doc. IX.

전반적으로 볼 때, 알두스가 채택했던 방식은 "손이 손을 씻고, 손가락이 손가락을 씻는" 방식이었다. 이는 우리의 투박한 시대가 표현하듯이, "내 등을 긁어주면 네 등도 긁어주마" 식이었다.[28]

저자들과 관련된 문제가 임의적이며 변덕스럽고, 문학적 가치보다 개인적 기준에 근거한 것처럼 보인다면, 알두스가 이들의 작품을 다룬 방식도 마찬가지였다. 우리가 살펴보았듯이, 그는 본문의 정확성과 엄밀성에 극도로 집착했다. 운명은 우리에게 그의 주장을 검토할 수 있는 두 경우를 허락했다. 알두스는 저자가 작성하거나 수정한 필사본을 따랐다고 주장하는데, 우리는 이 주장이 의미하는 바를 가까이에서 살펴볼 수 있다. 라스카리스의 문법서 서문에서 알두스는 이미 유통되고 있는 인쇄본을 가볍게 폄하한다. 벰보와 가브리엘이 메시나에서 가져온 필사본은 "콘스탄틴 라스카리스 자신의 손으로 약 150군데" 수정되었다. 이 필사본의 도움으로 그는 "일부를 제거하고, 많은 부분을 수정하고, 상당 부분 추가"할 수 있었다.[29] 라틴어 번역은 "그가 자발적으로" 추가했다. 이는 초보자들의 그리스어 공부를 돕기 위함이었다. 알두스가 사용했던 사본은 거의 의심의 여지없이 바티칸 도서관의 그리스어 필사본 1401번이었을 것이다. 이 사본은 산발적으로 주해가 달렸는데, 어떤 부분은 집중적으로 주해되었다. 글씨는 영락없이 콘스탄틴 라스카리스의 필기체이다. 마지막 페이지 하단에 의미심장한 날짜가 적혀 있다. "1494, 25 Novembris." 이는 벰보와 가브리엘이 메시나에서 돌아왔던 때와 거의 정확하게 일치한다. 이 사본은 오르시니의 수집품으로 바티칸에 전해졌는데, 오르시니는 피에트로 벰보의 도서관 장서 상당 부분을 그의 사생아인 토르콰토 벰보(Torquato Bembo)로부터 구입했던 로마 학자였다. 아

---

28  OAME XL, LVII.

29  OAME I.

니나 다를까, 라스카리스의 글에 추가된 주해 몇 개가 알두스 판에 적용되었다는 것을 입증할 수 있다.[30] 그러나 이 필사본을 면밀히 살펴보면 알두스가 말할 수 있었던 것보다 덜 말하고, 더 많은 함축을 지니고 있다는 사실을 이내 발견할 수 있다. 이것은 인기 있는 인쇄업자로 하여금 기존의 불만족스러운 판본을 대체할 수 있도록 특별히 준비된 사본이 아니었다. "널리 사용된 교재"라는 표현이 더 적합할 것이다. 해당 기간에 라스카리스가 조르조 발라에게 보냈던 편지에는 그가 이 계획에 대해 알고 있었다는 기색이 없다.[31] 이 사본은 수많은 학생들의 손을 거쳤다. 학생들은 낙서와 시, 그리고 그리스어와 이탈리아어로 번역된 설교 일부를 앞쪽에 끼적여 놓았다. 라스카리스는 그리스어를 수정하기 위해서라기보다 그것을 초보자가 이해할 수 있도록 만들기 위해 본문에 주해를 달았던 것으로 보인다. 알두스가 언급했던 '150군데'의 대부분은 사실상 변경된 부분이라기보다는 라틴어 몇 마디를 추가함으로써 보다 명확하게 만든 것이었을 뿐이기 때문이다. 대부분의 해석은 크라스토니스의 번역에서 기인한 것으로 보이는데, 그의 번역은 1480년 밀라노 판에서 아쿠르시우스가 그리스어 본문과 함께 인쇄했었다.

그렇다면 알두스의 판본에 대해서는 무슨 말을 할 수 있을까? 먼저, 알두스는 이 필사본이 현존하는 인쇄본들의 범위를 확장했다는 사실을 알고 있었던 것으로 보이지만 새로운 이 필사본을 재생산하지 않았다.[32] 그

---

30  이 필사본의 존재에 대해서는 P. de Nolhac, *La Bibliothèque de Fulvio Orsini*, pp. 152~53 참조. 전치된 주해의 예에 대해서는 f. 11v＝Ald. a v 참조: Συναίρεσις δέ ἐστι δύο φωνηέτων φυλαττομένων συναλοιφή • οἵη Δημοσθένει, εἰ κρᾶσις δέ ἐστι δύο φωνηέντων ἀλλοιουμένων συναλοιφή, οἵη Δημοσθένεα.

31  G. Valla, p. 62. 라스카리스는 벰보와 안젤로 '미키엘'(Michiel, 이렇게 표기됨)을 언급한다. 하지만 그들이 그의 문법책 사본을 가져갔다는 말은 없다.

32  사본이 제시하는 활용형의 예들(ff. 16v~17r)은 알두스가 제시하는 것(a viii, f.) 보다 훨씬 많다.

는 몇 개의 주해나, 위에서 논의했던 확장을 추가한 것을 제외하고 아쿠르시우스의 본문을 그대로 따랐다. 이 필사본은 복사용으로 사용되지 않았고 인쇄소에서 사용된 흔적도 없다. 모본(母本)은 밀라노 판이었을 것이다. 따라서 우리는 이 필사본이 밀라노 판에 간헐적인 변경을 추가하기 위한 채석장 역할을 했다고 간주해야 한다. 필사본은 해당 작품의 약간 다른 원고에 해당했기 때문에 이 과정은 매우 임의적이었다. 알두스의 라틴어 번역은 보다 낯선 방식으로 준비되었다. 비록 명시되지는 않았지만 그의 말을 풀어 해석하면, 이 판본이 자기 고유의 것임을 의미한다. 사실 이 판본 역시 1480년도 밀라노 판인 크라스토니스의 본문을 수정한 것이었다. 따라서 환언이라고 말할 수조차 없었다. 언어의 변경이 있었다. 'sed'(그러나) 대신에 'at'(하지만), 'lene'(부드럽게) 대신에 'tenue'(섬세히), 'saltem'(적어도) 대신에 'ad minimum'(최소한)이 사용되었다. 이런 종류의 변경은 그 자체로 피상적인 변화일 뿐만 아니라 종종 라스카리스의 해석과 반대되었다. 알두스는 라스카리스의 해석을 자기 판본의 주장의 근거로 삼았다. 이 판본의 출판은 과학과 학문보다는 가위와 풀로 오리고 붙이는 것과 더 깊이 연관된다. 이 판본은 혼합과 어설픈 표절, 그리고 알두스의 자유로운 각색의 흔적이 역력하다. 이런 사실들은 편집자가 거리낌 없이 너무나도 당연하게 행사할 수 있었던 놀라운 자유를 보여 준다.

유사한 말을 더 강조해 알두스의 페트라르카 본문『속세의 일』에도 적용할 수 있을 것이다. 그러나 이 논증은 필사본 사이의 상호연관성에 대한 근본적인 불확실성을 가지고 있다. 이를 논하려면 지나친 여담에 빠지기 때문에 이 책에서는 다루지 않겠다. 분명한 사실은 가장 이른 시기부터 이 판본에 연루된 모든 사람들이 이것이 자필본에서 유래했다고 주장한다는 점이다. 이 주장에는 즉각적으로 이의가 제기되었다. 이사벨라 데스테의 대리인인 로렌초 다 파비아(Lorenzo da Pavia)가 1501년 7월 말에 이 판본이 출판되기 직전에 인쇄소를 방문했다. 그는 귀중한 자필본을 직접 보고 만져볼 수 있었다. 이 판본이 자필본에서 유래했다는 자랑은 피에트로의 형제인 카를로 벰보가 저작권을 신청함으로써 공식화되었으며, 알두스의 판권 면을 통해 대중화되었다. 이 주장에 이의가 제기되었을 때, 알두스는 이후에 판매된 모든 사본의 서문에 이 주장을 옹호하는 열띤 변증을 추가했다.[33]

우리는 이미 이 작품이 언어의 유동성에 대한 알두스의 자유로운 견해에 관한 진술임을 살펴보았다. 이 작품의 일차적인 목적은 본문이 자필본에 근거한다는 점을 강조하기 위함이었다. 또한 벰보가 소유했던 페트라르카의 다른 자필 문서들로 이를 입증할 수 있으며, 이런 원천의 신빙성을 의심해서는 안 된다는 것이었다. 편집자들의 방어에는 치명적인 빈틈이 있었다. 회의론자들은 그때부터 오늘에 이르기까지 이 점을 물고 늘어졌다. 당시에 벰보가 자필본을 소유하고 있지 않았다는 사실이다. 로렌초 다 파비아는 그것이 어떤 파도바 사람의 소유였다고 설명한다. 알두스도 이것을 베네치아의 귀족"으로부터 얻었다"거나, "그 곁에서 보았다"라고 조심스럽게 말할 뿐이다. 우리는 벰보가 1544년에 파도바에서 페트라르카의 『소네트』(Sonnets)를 구입하는 데 성공했다는 사실을 안다. 그는 또한 페트라르카가 부분적으로 작성하고 부분적으로는 구술한 『칸초니에레』도 구입할 수 있었다. 오르시니의 묘사에 따르면, 이 작품들은 바티칸 라틴어 필사본 3195번(Vaticanus Latinus No. 3195)에 해당한다. 그런데 이것이 동일한 필사본이었으며, 1501년에 벰보와 알두스가 구할 수 있었다고 보장할 수 있을까?[34] 알두스가 서문에서 주장했

---

33 A. Baschet, Doc. V, p. 10(로렌초 다 파비아의 편지); FD no. 115, p. 146(저작권 청구서); OAME XXX. 이 주장을 방어하는 글이 어느 단계에서 판에 추가되었는지는 미지수이다: RAIA p. 28 참조.

34 P. de Nolhac, "Le canzoniere autographe de Petrarque", Communication faite à

던 몇 가지 중요한 변형들이 자필본에서 유래한 것은 사실이다. 여기에는 'barbarico'(야만인) 대신에 'bavarico'(바바리인)를 사용한 예를 들 수 있다. 그러나 전문가들은 알두스 판의 본문 내용이 바티칸 라틴어 필사본 3197번(Vaticanus Latinus No. 3197)과 훨씬 더 유사하다는 사실을 발견했다. 이것은 알두스가 판본을 준비하던 당시에 벰보 자신이 복사하고 주석을 달았던 필사본이었다. 벰보는 의식적으로 원본의 읽기와 다른 160여 개의 변형을 소개했다. 그는 첫 음의 기음화(氣音化)와 'et'(그리고)의 라틴어 형태를 고수하는 등 상세한 맞춤법을 지나치게 강조한다. 이로 인해 문장의 내용이 때로는 완전히 뒤바뀌기도 했다. 일례로 "어떤 동물에게든지 간에 ……"(A qualunque animal ……)라는 칸초네의 24행에서 그는 페트라르카의 'desir'을 'destin'으로 읽는다.[35] 알두스는 당연히 그의 편집 방침을 충실하게 따랐다. 그렇다면 그들은 실제로 자필본을 직접 볼 수 있었는가?

증거들은 기이한 역설을 보여 주는데, 이에 직면한 현대의 페트라르카 작품 비평가들은 현대의 높은 편집 수준을 적용해 이 문제를 두 가지 방법 중 하나로 해결한다. 일부 학자들은 벰보와 알두스가 실제로 원본을 찾아보았지만, 그들이 주장하는 것만큼 세심하게 검토하지는 않았다고 말한다. 이들은 알두스 본문의 토대가 벰보 자신의 사본(i.e. Ms. 3197)이었다고 주장한다. 이들은 벰보의 필사본을 뒤덮은 필기를 1501년의 판을 위해 벰보가 실시한 자필본에 대한 교정의 결과라고 설명한다.[36] 다른 학자들은 매듭을 끊어버린다. 이들은 벰보가 알두스를 호도했거나 두 명

---

l'Academie des Inscriptions et Belles-Lettres, Paris, 1886; *La Bibliothèque de Fulvio Orsini*, pp. 279f.

35  G. Mestica, "Il Canzoniere del Petrarca nel codice originale a riscontro col Ms. del Bembo e con l'edizione Aldina del 1501", GSLI XXI, 1893, pp. 300~34.

36  *Ib*.

모두 거짓말을 했다고 가정한다.[37]

이 중 첫 번째는 의심스럽다. 벰보가 1544년에 원본을 확보한 후에 그의 필사본을 수정했을 가능성이 더 크기 때문이다. 두 번째는 알두스 자신의 옹호에 대한 확신을 무시하는 것 같다. 만일 그가 이것이 거짓이었다는 사실을 알았더라면, 그의 주장은 상업적인 위험을 동반했을 것이다. 어쨌든 우리의 해석이 이처럼 복잡하고 절망적일 필요가 있을까? 라스카리스 문법서의 예에서 볼 수 있듯이, 저자의 손을 거친 필사본도 특별한 취급을 받지 못했다. 이는 알두스가 페트라르카의 서문에서 옹호했던 것처럼 단순히 눈길을 끄는 한두 개의 수정을 위한 원천에 불과했다. 라스카리스의 필사본은 벰보의 소유였다. 로렌초 다 파비아로부터 알 수 있듯이, 페트라르카의 작품은 이 작품을 '높이 평가했던' 파도바의 신사의 소유였다. 또한 알두스의 편집자들은 피상적인 교정을 할 시간밖에 없었을 가능성이 높다. 그들은 알두스가 주장하듯이, "그것의 형식을 글자 하나하나 베끼지" 않았던 것이 분명하다. 우리는 이 책에서 인쇄업자들의 주장을 조심스럽게 다뤄야 한다는 사실을 반복해 살펴보았다. 권위 있는 특정한 필사본을 사용했다거나 "최대한 정확하게" 작업했다는 그들의 주장은 주의할 필요가 있다. 또한 당시의 융통성 있는 편집 기준을

---

37  G. Salvo Cozzo, *Codice Vaticano 3195 e l'edizione aldina del 1501*, Rome, 1893; "Le rime sparse di Francesco Petrarca nei codici vaticani latini 3195 e 3196", GSLI XXX, 1897, pp. 375~80; *Le rime di Francesco Petrarca*, Florence, 1904, p. vii. G. Carducci · S. Ferrari, *Le rime di Francesco Petrarca*, Florence, 1899, pp. xviii~xxi가 뒤따른다. 살보 코초(Salvo Cozzo)의 주된 논증은 벰보와 같이 책임감 강한 비평가가 알두스 판본이 함축하는 식의 임의적인 자필본 변경을 가하지 않았을 것이라는 주장이다. 이 주장은 거의 확실히 잘못된 생각이다. 그의 두 번째 요점은 『속어의 산문』과 같은 벰보의 이후의 원고를 통해 그가 최근에 비로소 자필본을 확보했다는 점을 보여 준다는 것이다. 이 주장은 편집자가 1501년 판을 위해 원본으로부터 몇 개의 변형을 발췌해 낼 수 있었다는 가능성을 배제하지는 않는다.

고려해 판단해야 한다.[38]

인쇄업자들과 편집자들에게 모든 책임을 돌리는 것도 불공평하다. 많은 증거들이 필사본 시대의 느슨한 분위기가 쉽게 소멸되지 않았다는 사실을 입증하기 때문이다. 저자들도 출판사의 대대적인 개입을 용인했을 뿐만 아니라 이를 기대했다. 우리는 피치노가 자신의 책임을 회피하고 알두스에게 모든 것을 위임하는 모습을 살펴보았다. 에라스무스는 그의 에우리피데스 번역에 대한 변경 사항을 기꺼이 수용했다. 그는 이후에 바젤에 있는 그의 조력자들을 곤란한 자리로 몰아넣기도 했다. 그들이 무엇보다 꺼렸던 편집 결정을 그들에게 위임했기 때문이다.[39] 토착어 문학에서는 아직 분명한 문법과 철자법이 수립되지 않았다. 이 분야에서 인쇄업자들은 어깨 위에 더욱 무거운 짐을 짊어졌다. 무명의 저자들에 의해서뿐만 아니라 식자공들도 지속적인 사소한 철자의 변경으로 극심한 곤혹을 치렀을 것이다. 인테리아노의 『치키의 삶과 처지』의 서문에서 알두스는 저자 자신의 요청에 따라 철자를 수정했다고 인정한다.[40] 그는 산나자로의 『아르카디아』에도 거의 유사한 작업을 한 것으로 보인다. 비평가들에 따르면, 방언형들이 토스카나의 용법으로 광범위하게 동화된 현상은 수몬테와 저자 자신이 시작했던 일련의 과정의 연속에 불과하기 때문이다.[41] 이런 배경 속에서 페트라르카의 작품을 처리한 방식도 그다지 놀라운 것이 아니다.

위에서 논의된 내용은 본문 자체의 불충분한 증거로부터 독자들의 관

---

38  로렌초 다 파비아의 편지 언급에 대해서는 이 장의 주 33 참조. 편집 기준에 대해서는 이 책의 제1장 주 84~88 참조.

39  이 장의 주 15 참조. 또한 A. Horawitz, ed., *Briefwechsel des Beatus Rhenanus*, Leipzig, 1886, Ep. 47, pp. 74~75도 참조.

40  OAME XLI.

41  이 장의 주 19의 A. Mauro, Sannazaro, *Opere volagri, ed. cit.*, p. 28 참조.

심을 전환시키기 위한 궤변적인 시도로 간주될 수도 있다. 본문에 대한 주장들이 독자들을 현혹했을 것이라고 생각하기 쉽다. 우리에게 알두스의 작업 방식은 매정하고 임의적이며 권위주의적으로 보일 수 있다. 사실 당시 사람들이 볼 때, 알두스가 저자들이나 그들의 작품을 다뤘던 방식은 가장 정중하고 사려 깊은 방식이었다. 에라스무스의 유명한 『격언집』 헌사는 이미 여러 번 언급되었다. 따라서 에라스무스와 알두스가 상호 간에 진 빚에 대한 끝없는 논쟁은 무의미할 것이다. 그러나 이 판본에 대한 끊임없는 언급이 이 인쇄업자를 후대의 기억에 새기는 데 큰 기여를 했다는 점에는 이의가 없다. 1508년 판 『격언집』이 이전 판본보다 거의 네 배로 불어난 것도 사실이다. 이 작품의 출판으로 인해 에라스무스가 미래를 촉망받는 군소 작가로부터 국제적인 문학계의 거장으로 거듭 났다는 것도 사실이다. 이것은 물론 알두스의 덕택만이 아니라 그가 만들어낸 사회 환경에서 간접적으로 기인한 것이었다. 알두스에게 관심을 가졌던 야누스 라스카리스, 무수루스, 에그나치오, 그리고 프라 우르바노가 그를 방문했는데, 이들이 그에게 필사본을 제공했고 조언도 했던 것이다.[42] 친화적이고 협조적인 분위기를 조성한 사람은 알두스였다. 어쩌면 이 대목에서 베일에 감춰진 그의 아카데미아의 영향력이 가장 잘 드러나는지도 모른다. 알두스의 아카데미아는 문학 토론장으로 의도된 곳이 아니었으며, 에라스무스가 방문했을 때는 운명을 다해가는 과정 속에 있었다. 이곳은 베네치아와 파도바에서 유행했던 토론 모임을 출판계에 접목함으로써 자연스럽게 발상과 정보를 교환하는 중심지가 되었다. 이로써 알두스는 에라스무스의 묘사처럼 극히 광활하고 영향력 있는 연결망의 중심에 서게 되었다.

---

42  파리 판의 838개의 격언은 3,260개로 불어났다: 공동 연구자들에게 보낸 찬사에 대해서는 M. M. Philips, *The Adages of Erasmus*, p. 75, 185 ~ 86 참조.

아카데미아의 범위와 영향력에 대한, 이처럼 화려하지는 않지만 더 의미심장할지도 모르는 증거가 있다. 반델로가 거의 비슷한 시기에 작성했던 편지이다. 그는 아카데미아에 대한 계획과 1506년에 알두스의 밀라노 방문으로 여겨지는 사건을 언급하면서 다음과 같이 이어나간다.

제 단편소설이 잘 진행되고 있다는 소식에 기뻐하시리라 믿습니다. 당신이 한두 편을 읽어보시고 칭찬하신 후에 최대한 많이 수집하도록 지시했으니까요. 저는 이제 많은 소설들을 썼다고 말씀드릴 수 있습니다. 그중 하나를 보내드립니다. …… 또한 소설을 완성한 후에 당신에게만 보내드릴 것을 약속합니다 …….[43]

결과적으로 알두스는 반델로의 『단편소설집』(Novelle)을 출판하지 않았다. 하지만 장차 그 세기의 가장 생동감 넘치고 성공적인 이탈리아 작가의 멘토 역할을 담당하는 그를 지켜보는 것은 흥미로운 일이다. 알두스의 지하 세력이 실제로 어디까지 미쳤는지 궁금증이 생긴다. 일례로 피에트로 벰보와 그의 측근은 미래의 문학 언어로서 이탈리아어에 대한 논의를 선도했는데, 과연 알두스는 이 논의에 얼마나 큰 역할을 감당했을까? 우리는 알 길이 없지만 이제까지 사람들이 생각했던 것보다 알두스가 당시의 문학계에서 훨씬 활동적이었고 긍정적인 힘을 행사했다고 확신할 수 있다.

당대 사람들은 엄격한 기준을 요구하지 않았다. 그럼에도 알두스가 콘스탄틴 라스카리스와 페트라르카, 그리고 산나자로의 작품들을 다뤘던

---

43  *Tutte le opere di Matteo Bandello*, a cura di Francesco Flora, Milan, 1952, vol. I, pp. 154~55. 편지의 배경과 알두스의 방문에 대해서는 이 책의 제5장 주 106 참조.

방식은 적어도 처음에는 그리스어와 라틴어 본문 비평가로서 그의 자질을 의심하게 만든다는 점에 동의할 수밖에 없다. 그러나 이와 관련해, 알두스의 명성은 그 자신의 주장과 그의 추종자들의 찬사에 근거하는 것이 아니며 이와 별도로 견고한 토대가 있다. 이는 베네치아에 살았던 그가 실제로 소유했거나 구할 수 있었던 자료들에 대한 기본적인 사실에 근거한다. 1468년에 교황의 특사였던 베사리온 추기경이 그의 도서관을 베네치아 공화국에 유증했다. 그는 1439년에 동방 교회와 서방 교회의 재통합을 협상했던 그리스 출신의 지식인이었다. 그의 수집품은 놀랍도록 방대했다. 총 752권에 달했던 필사본들은 당시 군주들의 도서관과 맞먹는 숫자였다. 482권의 그리스어 품목들은 이례적으로 큰 부분에 해당했다.[44] 그의 유증이 베네치아 문화생활에 특별한 의의를 지녔던 것은 이 자료들의 품질과 유증의 조건 때문이었다. 베사리온은 당시 대부분의 사람들처럼 필사본의 가치를 외형과 값비싼 치장으로 판단하지 않았다. 그는 유언장에서 콘스탄티노플의 함락 이후 자신이 최대한 많은 그리스의 유산을 구하기 위해 계획을 실행했다고 주장했다. 그는 "나는 많은 양의 책이 아니라 최고 품질의 책만 수집했다. 또한 특정 작품은 한 권씩만 수집했다. 이로써 나는 그리스 현자들의 거의 모든 작품들을 모았다. 특히 희귀하고 구하기 힘든 작품들을 수집했다"라고 주장했다.[45]

그의 수집품은 실제로 고대 그리스의 철학, 수사학, 연극, 그리고 역사의 거의 전 범위를 포괄했다. 베사리온이 수집했던 몇몇 품목들은 그의

---

44  유증과 관련된 모든 문서들과 도서관의 총 물품 목록은 H. Omont, *Inventaire des Manuscrits Grecs et Latins donnés à Saint Marc de Venise par le Cardinal Bessarion en 1468*, Paris, 1894가 수집했다. 유별나게 큰 부분을 차지한 그리스어 자료에 대해서는 P. Kibre, "The intellectual Interests reflected in Libraries of the XIVth and XVth Centuries", *Journal of the History of Ideas*, VII, no. 3, 1946, pp. 260~62 참조: 당시에는 바티칸 도서관이 동등한 수의 그리스어 본문을 소장하고 있었다.

45  H. Omont, *op. cit.*, p. 10.

시대에서만큼이나 오늘날에도 귀중한 고전학의 유산이다. 일례로 호메로스의 유명한 10세기 사본인 베네치아 소장 A 필사본(Venetus A)을 비롯해 이에 대한 주석들이 있다. 이 사본은 아직까지도 『일리아스』 본문의 주요 원천이다. 이보다 조금 후대이지만, 이것 못지않게 중요한 아리스토파네스의 베네치아 소장 V 필사본(Venetus V)도 있다. 또한 그의 이름을 따서 불리게 된 플라누데스*의 선집 자필본과 아테나이오스의 가장 이른 시기의 것으로 알려진 『현자들의 저녁식사』(Deipnosophistae) 사본도 포함되었다.[46]

베사리온 추기경은 그의 보화를 대단히 관대하게 처분했다. 그는 당시 자유주의 지식인들 사이에서 팽배했던 문학의 문명화하는 힘에 대한 믿음에 큰 영향을 받았던 것으로 보인다. 그는 정부가 자신의 책들을 공공 도서관으로 만들도록 기증서에 특별한 관심을 기울였다. "읽고 연구하려는 모든 사람들이 자유롭게 출입할 수 있어야 한다." 이는 "많은 사람들이 계몽되고, 모든 사람들과 후세에 유용한 책이 되기 위함이다".[47] 이 말이 20년 후에 알두스가 시작했던 편집 노력에 끼쳤던 영향력은 더 이상 언급할 필요가 없다. 마르치아나 도서관은 당시 유럽에서 최고의, 그리고 가장 방대한 그리스어 책들을 제공했다. 도서관 설립자의 이상과 의도는 알두스의 이상과 의도와 거의 동일했다. 여러 세대에 걸쳐 학자들이 알두스의 그리스어 판을 베사리온의 필사본들이 사회 전반으로 확

---

* Planudes, 1260?~1305?: 비잔티움의 수도사이자 학자, 번역자로서 대표작으로는 『그리스 선집』이 있다.

46 베사리온의 도서관의 선정과 범위, 그리고 그의 학문에 대해서는 L. Reynolds · N. G. Wilson, *Scribes and Scholars*, pp. 124f. 참조. 특정 품목들에 대해서는 R. Sabbadini, *Le scoperte dei codici latini e greci ne' secoli XIV e XV*, vol. II, Florence, 1967, pp. 67f. 참조; *Aristophane*, ed. V. Coulon, Paris, 1958, pp. xiiif.; A. S. F. Gow · D. L. Page, *The Greek Anthology*, Cambridge, 1965, vol. I, p. xxxviii 참조.

47 H. Omont, *op. cit.*, pp. 18~19.

장한 것이라고 기술한 것은 당연한 일이다. 그의 판본들이 훌륭했던 이유는 판본들의 토대가 되었던 모본들이 탁월했기 때문임이 분명했다.[48]

베네치아 정부는 추기경 자신의 언어만큼 품위 있는 말로 그의 기증을 받아들였으나, 이후 그의 유증을 취급한 방식으로 적잖은 물의를 일으켰다. 이후 반세기 동안 간헐적으로 일군의 헌신적인 원로원들이 이 사안을 거론했지만 효과가 없었다. 책들은 임시적으로 공작의 궁정에 보관되었다. 이로 인해 큰 불편이 초래되었고, 결국 1485년에 이 책들은 여전히 로마에서 보낸 상자 안에 보관된 상태로 나무 칸막이 뒤에 적치(積置)되었다. 1490년대에 필사본들을 제대로 보관하려던 시도는 수포로 돌아갔다. 말리피에로는 이 사안 전반에 대해 일기에 기록했는데, 대부분 사람들의 의견을 반영했던 것으로 보인다. "인쇄본을 구입할 수 있기 때문에 이것들[필사본들]은 별 가치가 없다."

매우 제한적인 유통과정에서 도난 사고가 발생하기 시작했다. 사서였던 사벨리코는 이를 방지하지 못했거나 방지하는 데 관심을 갖지 않은 것으로 보인다.[49] 그가 세상을 떠날 당시에 손실은 매우 심각한 상태에 이르렀다. 원로원은 대출을 전면 금지하려 했으나, 당시 공공강사들의 활동 감소는 총괄 책임자의 부재를 의미했기 때문에 상황은 악화되

---

48  C. Castellani, "Il prestito dei codici manoscritti nella biblioteca di S. Marco a Venezia nei suoi primi tempi e le consequenti perdite dei codici stessi", ARIV Ser. VII, 8, 1896~97, p. 318: "È finalmente cosa notissima che quasi tutte le edizioni greche e latine che gli Aldi fecero ⋯ furono condotte sopra testi esistenti nella libreria publica." 이 책의 제3장 주 4의 인용도 참조. 최근에는 1972년에 마르치아나 도서관의 전시회에서 알두스의 그리스어 첫 판들이 그것들의 모본으로 추정되는 필사본과 나란히 전시되었다.

49  *Annali veneti*, in ASI 7pt. ii, 1844, p. 655. 1474년과 1493년 사이에 일곱 차례의 대출이 기록되었다: G. Coggiola, "Il prestito di manoscritti della Marciana dal 1474 al 1527", ZFB XXV, 1908, p. 52.

기만 했다. 1515년에 귀족 출신의 나바게로가 사서가 되었다. 이때 베사
리온의 소장품에 속했던 필사본들이 잡화상의 판매대에서 팔리고 있었
다고 한다. 나바게로와 그의 후임자였던 피에트로 벰보는 개인을 대상으
로 무자비한 압력을 가했으며, 공공단체를 대상으로 끈질긴 로비 활동을
개시해 서서히 혼돈의 상태에 어느 정도 질서를 부여하는 데 성공했다.
1537년에 야코포 산소비노(Jacopo Sansovino)는 현존하는 도서관 건물의
설계 계약을 확보했다. 이로써 필사본들의 기나긴 수난의 끝이 보이기
시작했다. 이 사본들은 본래 유증 시기로부터 거의 1세기가 흐른 후에야
마침내 정착하게 되었는데, 그 과정에서 거의 파멸의 위기에 이르기도
했다.[50]

이는 물론 알두스가 그리스어 필사본을 사용하지 못했다는 것을 의
미하지는 않는다. 인맥과 영향력이 있는 사람들은 이 책들을 구할 수 있
었다. 알두스가 동업자들과 지배 계급의 동료들을 통해 영향력을 발휘
할 수 있었다는 점은 이 책의 끊임없는 주제였다. 나바게로가 사서로 임
명된 사건도 의미심장하다. 그는 지난 3년 동안 알두스와 함께 라틴 시
인들을 깊이 연구해 이 분야에서 무수루스가 그리스 분야에서 획득했던
중요성에 버금가는 위치를 얻었다. 물론 폴리치아노는 1491년에 출입을
금지 당했지만, 그의 경우에는 정치적인 원인이 있었을 것이다. 당시 베
네치아와 피렌체가 긴장관계에 놓였기 때문이다.[51] 우리는 그 당시 파도
바의 강사였던 토메오의 증거를 가지고 있다. 그는 대여받은 필사본을
거의 40년 동안 간직하고 있었다.[52] 알두스가 마르치아나 도서관을 언급

---

50  L. Labowsky, "Il Cardinale Bessarione e gli inizi dela Biblioteca Marciana", in
    *Venezia e l'Oriente fra tardo medievo e rinasciemento*, ed. A. Pertusi, Florence, 1965,
    pp. 159~82; M. Lowry, "Two Great Venetian Libraries …", pp. 133~39.

51  *Prose volagari*, p. 79.

52  L. Labowsky, "Manuscripts from Bessarion's library found in Milan", *Medieval and*

하지 않는 사실에 놀랄 필요는 없다. 그가 사용했던 자료들은 분명 사적인 인맥을 통해 구한 자료들이었을 것이다. 이는 점차 강화되는 도서관의 제한 사항들을 위반해 얻은 것임을 의미한다. 이런 전략들을 공공연하게 누설해서는 안 되었다.

놀라운 사실이지만 모든 증거들은 알두스가 마르치아나 도서관을 사용하지 않았음을 가리킨다. 적어도 믿을 만한 원천으로 정기적으로 활용하기에는 이곳에 대해 충분히 알지 못했음을 보여 준다. 때로는 그의 말이 단서가 된다. 알두스는 1497년 테오프라스토스*의 일부를 편집할 때, 그리고 1505년 퀸투스 스미르나에우스(Quintus Smyrnaeus)를 편집할 때 한탄한다. 그는 이탈리아 전역에서 찾을 수 있는 유일한 모본의 필사본들이 "찢어지고 결함 있는" 것들이라 말하면서 고충을 털어놓았다. 당시 마르치아나 도서관에는 완전하고 흠이 없으며, 정성 들여 기록되었고, 오늘날까지 생존한 해당 고문서들이 존재했다. 알두스가 이 고문서들을 소유하지 않았던 것은 자명하다. 그의 인쇄본은 그가 이 고문서들에 대해 몰랐다는 사실을 입증한다.[53] 점점 확대되고 있는 본문 비평의 증거들은 이 논증을 거듭 강화한다. 르누아르는 알두스가 크라테스(Crates)의 23통의 편지들을 생략했다는 사실을 발견했는데, 이 편지들은 마르치아나 도서관에 있는 크라테스의 그리스 편지 모음집에서 발견할 수 있었을 것이다.[54] 아리스토파네스와 플루타르코스, 그리고 아테나이오스의 본문을 면밀히 연구해 보면, 알두스가 해당 저자들에 대해 베사리온

---

*Renaissance Studies*, V, 1961, pp. 117~26.

* Theophrastus, 기원전 371?~기원전 287?: 레스보스 섬의 에레소스 출신 철학자로 아리스토텔레스를 이어 리시움(Lyceum)의 제2대 원장이 되었다.

53 OAME IX: Marcianus Graecus, no. 260. M. Lowry, "Two Great Venetian Libraries …", p. 143과 독립적인 결론을 제시한 N. G. Wilson, "The Book-trade in Venice, ca. 1400~1515" 참조.

54 RAIA p. 18.

이 수집했던 핵심적인 필사본을 참조하지 못했던 사실이 입증된다.[55] 어쩌면 그가 편집한 베사리온의『플라톤을 무고하는 이들에 반대하여』가 가장 특이한 사례인지도 모른다. 이 경우에 알두스는 자필본을 받았다고 주장한다. 마르치아나 도서관은 해당 작품의 필사본을 세 개 소장 중인데 당시에 이 중 적어도 한 개는 분명 수집품의 일부였다. 이것은 저자 자신이 교정했던 사본이었다. 알두스는 원천적인 이 자료를 사용하지 않았을 뿐만 아니라 해당 작품과 관련해 베네치아 고문서와 전혀 다른 원고를 인쇄했다.[56] 알두스의 생애에 생산된 판본 중에서 베사리온의 필사본 소장품에서 유래한 것이 있는지 여부는 아직 입증되지 않았다. 비록 이것이 입증된다고 하더라도, 이에 대한 반례들이 해소되지는 않는다. 따라서 마르치아나 도서관을 토대로 해서는 알두스 판의 탁월함이나 의심의 여지가 없는 고결함에 대한 일반적인 결론을 내릴 수 없을 것이다. 알두스는 그리스어 판에 있어서도 특권을 누리지 못했다. 당시의 다른 여느 사람들처럼 공개 시장에 의존해야만 했다.

여기서 주의할 점이 있다. 베네치아의 대부분의 시장과 마찬가지로 베네치아의 필사본 시장 역시 유난히 풍성했다. 알두스가 지닌 상류 사회와의 연줄은 그로 하여금 이 시장을 모든 면에서 이용하도록 허용했다. 베르나르도 벰보의 탁월한 도서관은 이 책에서 반복되는 주제인데, 그는 개인 작가들의 초기 필사본을 찾는 과정에서 베사리온과 유사한 안목을 보여 주었다. 벰보는 4세기 때의 테렌티우스 필사본을 소유했는데, 폴리치아노는 1491년에 이 책에 경의를 표한 바 있다. 그는 또한 베르길리우스의 발췌로 구성된 9세기 롬바르디아의 고문서와 15세기 피렌체 작가들의 자필본 몇 개를 소유하고 있었다. 그와 동일하게 신중하고 훨씬 더

---

55  N. G. Wilson, *op. cit.*

56  M. Lowry, "The Great Venetian Libraries …", pp. 164~66; OAME L B.

여유로웠던 그의 아들인 피에트로가 귀중한 그리스어 서적들을 추가했다. 여기에는 핀다로스의 『시가』에 대한 12세기 필사본도 포함되었다.[57]

이 책들은 운 좋게 생존한 소수의 책들에 해당한다. 우리는 이 책들과 동등하게 중요하지만 생존하지 못한 다른 책들에 대해서도 안다. 또한 당시에 벰보의 도서관에 필적하거나 능가하는 개인 도서관들에 대해서도 안다. 조르조 발라가 매우 감탄했던 그리스 수학자 헤론의 필사본은 소멸되었다.[58] 한때 우르바노 발레리아니의 소유였던 '존경받는' 호메로스도 마찬가지였다. 발레리아니는 그리스어 서적 일부를 실제로 그리스에서 수집했을 것이다.[59] 무수루스는 1498년에 알두스의 아리스토파네스 본문을 준비했다. 이때 그는 한때 유명했던 초기 인문주의자 프란체스코 바르바로가 소장했던 희극 필사본을 소유하고 있었을 것이다. 그는 이 필사본을 그의 후손인 에르몰라오와 알비세에게 물려주었다. 폴리치아노와 야누스 라스카리스는 1490년대에 이 도서관과 알레산드로 베네데티의 도서관을 방문했다.[60] 폴리치아노가 검토했던 가브리엘 가문이

---

57  P. de Nolhac, *La Bibliothèque de Fulvio Orsini*, pp. 183~85(그리스어 항목들), 237~39(라틴어 항목들), 279f.(피렌체 항목들); V. Cian, *Un decennio della vita di Pietro Bembo*, pp. 79f.; P. Floriani, "La giovinezza umanistica di Pietro Bembo fino al periodo ferrarese", GSLI CXLIII, 1966, pp. 25~71: C. 클로프 (C. Clough)에 수많은 유용한 사적인 조언과 대화 내용이 있다. 이 외에도 그의 논문 "The Library of Bernardo and Pietro Bembo"는 A. 홉슨(A. Hobson)이 편집한 연구서에 포함되어 곧 나올 예정이다.

58  Card. G. Mercati, *Codici Latini Pico Grimani Pio e di altra biblioteca ignota del secolo XVI esistenti nell'ottoboniana e codici greci Pio di Modena*, Studi e testi, 75, Citta del Vaticano, 1938, pp. 204~05.

59  이 책의 제3장 주38에 인용된 A. Castrifrancanus, *Oratio* ….

60  이제는 Biblioteca Estense, Modena, Ms. Graecus V, 5, 10(= Gr. 127). 무수루스, 안드로니코 마놀레소, 알비세, 그리고 프란체스코가 이 필사본에 서명했다. 프란체스코가 필사본을 획득한 시점은 불분명하다. 이 고문서의 사용에 대해서는 N. G. Wilson, "The Triclinian Edition of Aristophanes", *Classical Quarterly* LVI

모은 수집품이나 레니에르의 수집품에 대해서는 우리가 아는 바가 없다. 후자의 경우 그리스어 필사본을 소장하고 있었던 것이 분명하고 이를 알두스에게 빌려주었다.[61]

이로부터 우리가 배울 수 있는 점은 분명하다. 마르치아나 도서관이 등한시되었다는 사실 자체는 이와 동일하거나 버금가는 품질의 자료들을 다른 곳에서 구하지 못했다는 것을 의미하지 않았다. 기이한 역설이지만, 베사리온의 유언장의 조건과 이에 대한 원로원의 약속에도 불구하고 이 '개인' 도서관들이 공공 도서관 마르치아나보다 이용이 훨씬 용이했던 것으로 보인다. 1450년대에 제롤라모 다 몰린(Gerolamo da Molin)이란 귀족이 일종의 대출 도서관을 운영했다. 그는 동료 귀족들을 비롯해 학생들과 성직자 등 관심을 가진 사람들 사이에서 문학과 종교, 그리고 철학 책을 활발하게 유통시켰다.[62] 레오니체노와의 편지로부터 미루어보아 발라도 1490년대에 이와 유사한 방식으로 자신의 도서관을 운영했던 것 같다. 우리가 살펴보았듯이, 알두스도 이 과정에 일조했다. 여기에 관여함으로써 그는 수많은 여타의 의사소통 경로들의 교차로에 전략적인 위치를 점유할 수 있었다.[63] 따라서 견디기 힘든 난관들에 대한 그의 불평에도 불구하고, 다양한 양질의 자료를 구할 수 있었던 그의 능력에 심각한 의혹을 제기할 필요는 없다. 가장 중대한 문제점은 그가 어떻

---

(N. S. XII), 1962, pp. 34~35 참조. 폴리치아노가 바르바로의 도서관을 검토한 것에 대해서는 G. Pesenti, "Diario odoeporico-bibliografico …", p. 237: 라스카리스의 방문과 베네데티의 소장본에 대해서는 이 책의 제3장 주 8의 K. Müller, "Janos Laskaris", *op. cit.*, pp. 385~86 참조.

61  G. Pesenti, *loc. cit.* 레니에르의 도서관과 알두스가 이 도서관을 활용한 것에 대해서는 OAME XXXVII(투키디데스) 참조.

62  B. Cecchetti, "Una libreria circolante a Venezia nel secolo XV", AV XXXII, 1886, pp. 161~68.

63  이 책의 제5장 주 50~51 참조.

게 기회를 활용했는지를 발견하는 것이다.

그에게 찾아온 기회들은 때론 보잘 것 없는 것이었다. 알두스도 이를 솔직하게 시인했다. 테오프라스토스와 스미르나에우스 작품에 대한 그의 판본이 각각 하나의 손상된 모본에 근거했다면, 우리는 이 판본들이 상당히 저급하다는 사실에 놀라서는 안 될 것이다.[64] 당시 사람들과 마찬가지로 알두스도 그의 판본을 기꺼이 이처럼 제한된 권위를 토대로 집필했다. 그의 작업 방법도 때로 의혹을 야기한다. 그는 식사하거나 코를 닦을 여유조차 없을 정도로 서두른다. 에라스무스는 귀를 긁을 시간조차 없이 분주하다. 그는 『격언집』 초안을 식자공에게 바로 넘긴다. 나바게로는 타인기공의 요구를 충족하기 위해 난해하기로 악명 높은 퀸틸리아누스의 본문을 "휴식도 없이 서둘러서" 수정한다.[65] 필사본들을 대조할 충분한 시간이 있었는가? 드 부시가 실리우스 이탈리쿠스(Silius Italicus)의 본문을 2주일 만에 수정한 이래 진척이 있었는가?[66] 이를 전혀 지지하지 않는 판본들이 있다. 1495년 판 테오크리토스는 보누스 아쿠르시우스의 밀라노 판에 근거한 두 개의 별개의 판으로 존재한다. 그 아쿠르시우스의 밀라노 판에는 현재 바티칸 도서관에 소장 중인 무명의 필사본으로부터 몇몇의 변형들이 유입했다. 알두스는 전원시인 『메가라』(Megara)의 초판에서 13행밖에 인쇄하지 못했다. 따라서 그는 예전의 「비온을 위한 추도사」(Epitaphium Bionis) 한 소절을 삽입함으로써 여백을 메꿨다. 그러나 인쇄 작업이 채 끝나기도 전에 또 다른 필사본이 발견되었다. 두 첩이 재판되었고, 필요한 첨가와 수정이 가해졌다.[67] 여전히 라스카리스의 그

---

64  F. Vian, *Histoire de la Tradition Manuscrite de Quintus de Smyrne*, Paris, 1957, p. 7; Theophrastus, *De Lapidibus*, ed. D. Eichholz, Oxford, 1965, pp. 48~49.

65  참고문헌은 이 책의 제3장, 주 83과 제4장, 주 3. 퀸틸리아누스(Quintilian)의 서문에 대해서는 OAME LXXXVI 참조.

66  이것과 다른 참고문헌에 대해서는 E. J. Kenney, *The Classical Text*, p. 13 참조.

리스 문법서의 경우와 같은 오리고 붙이는 세계였던 것이다.

　편집과정은 항상 이토록 무계획적이었을까? 편집에는 어떤 단계들이 있었을까? 우리는 잔존하는 인쇄 사본들을 통해 가끔씩 편집자의 일거수일투족을 추적할 수 있다. 이 필사본 여백에는 페이지 표시와 수정 사항, 그리고 표지의 얼룩과 손가락 자국이 남아 있다. 이는 식자공이 본문 작업에 이 사본을 사용했음을 보여 준다. 물론 이런 사본들은 많이 남아 있지 않다. 지금까지 발견된 11개의 사본들은 알두스의 총 출판량의 10분의 1에도 미치지 못한다. 이 중 여럿은 "마치 독사가 새끼를 낳는 과정에서 죽는 것처럼 갈기갈기 찢기기 위해 인쇄공에게 전달된" 파편 꾸러미에 불과하다. 알두스는 이것이 모본의 당연한 운명이라 간주했다.[68] 그러나 이 11개의 사본들은 알두스의 20년 경력을 포괄한다. 아리스토텔레스의 첫 권부터 1514년의 헤시키우스까지 남아 있기 때문이다. 이들은 알두스가 적용했던 편집 기술에 대한 세 가지 핵심적인 단서들을 제공해 줄 수 있다. 필사본 자체로부터 우리는 알두스와 그의 동업자들이 마음껏 사용할 수 있었던 자료의 품질을 판단할 수 있다. 그들이 추가한 주석이나 수정으로부터 그들의 문헌학적 기술에 대한 견해를 형성할 수 있다. 또한 수정된 필사본과 인쇄본을 비교할 수 있다. 이를 통해 그들이 얼마나 성공적으로 그들의 지식을 식자공들을 통해 종이에, 그리고 마침내 일반 대중에게 전달했는지 판가름할 수 있다.

---

67　변형들은 RAIA pp. 5~7에 의해 동일한 판의 두 가지 형태로 분류되었다. 가장 자세한 설명은 BMC V, p. 554 참조. 영국 국립도서관이 초판본 6부와 두 번째 판본 3부를 소장하고 있다는 사실은 첩들을 배열하는 데 심각한 문제가 일어날 가능성을 배제한다. 현대의 최고 권위자인 A. S. F. 가우(A. S. F. Gow)는 알두스의 원천이 바티칸 도서관의 그리스어 필사본 1311번과 1379번이라고 본다. 그러나 그는 교정본에 둘 중 어느 하나도 포함시킬 가치를 느끼지 못했다. Theocritus, vol. I, p. xlv.

68　OAME VIII(vol. I, p. 16).

알두스는 위대한 아리스토텔레스 작품들의 판본 작업에 그의 명성을 걸었다. 당연히 그의 방식을 재구성하는 데, 이 판이 최고의 기회를 제공한다. 이에 대해서는 최근에 마르틴 지케를(Martin Sicherl) 교수가 철저하게 다루었다. 따라서 나는 그의 논증을 요약하고 내 자신의 관찰을 가미한 후에, 전공자들을 지케를 교수의 철저한 연구로 안내하는 것으로 마무리하겠다.[69] 가장 광범위하게 다뤄지는 내용은 1497년에 출간된 아리스토텔레스의 두 권의 과학 작품들과 테오프라스토스(Theophrastus)이다. 『동물지』(De Historia Animalium)에 대한 알두스의 주요 원천이었던 필사본은 프랑스 국립도서관에 소장 중인 그리스어 목록에 보충된 필사본 212번(Suppl. Graec. No. 212)이었다. 이 필사본은 종이의 투명 무늬로 미루어보아 대략 1450~69년에 무명의 필경사에 의해 복사된 것이었다. 여기에는 f. b 3부터 d 20까지 이어지는 세 권의 일부분에 해당하는 첩 표시가 있다. 이 본문은 현재 단편으로 남아 있고, 페이지들도 어수선하다. 고문서 자체는 발췌문들로 뒤섞인 합성물이다. 이는 작업장의 잔해들이었던 것이 분명하다. 이 책을 비롯한 토레사니 소유의 책들이 파리로 유입된 계기는 1530년대에 프랑스 대사관들의 구매를 통해서일 것이다.[70] 이 책은 아리스토텔레스 본문에 대한 증거로서 가치가 있다. 알두스 시대에는 가장 최근의 사본이었지만, 『동물지』에 대해 알려져 있는 한 가장 오래된 필사본에서 유래했다. 이 필사본은 13세기 베네치아 그리스어 필사본 208번(Marcianus Graecus 208)으로서, 복사본을 만들 당시에는 아직 베사리온 추기경의 소유였을 것이다. 인쇄본은 두 개의 상이한 원천을 기반으로 수정되었다. 14세기 바티칸 그리스어 필사본 262번(Vaticanus Graecus 262)과 밀라노 필사본 1번 56 상단(Ambrosianus 1 56

---

69　*Handschriftliche Vorlagen der Editio princeps des Aristoteles*, Mainz, 1976.
70　이 책의 제7장 주 114 참조.

supra)이었다. 후자는 피렌체의 부유한 호사가였던 팔라 스트로치*를 위해 복사된 것으로서 다른 종류의 필사본 전통을 보여 준다. 전반적으로 파리 필사본과 여기에 근거한 본문은 상당히 고르게 균형 잡힌 것으로 평가를 받는다. 알두스는 수중에 훌륭한 자료를 가지고 있었다. 그의 주장처럼 그는 상이한 사본들을 비교함으로써 바른 전승을 수립하려고 시도했다. 상세한 내용을 살펴보면, 그와 그의 공동 연구자들의 방식은 여전히 임의적으로 보인다. 지케를 교수에 의하면, 알두스의 편집자들은 교정 단계에서 네 페이지짜리 인쇄본을 25군데 수정했고, 자체적으로 11개의 새로운 오류를 추가했다.[71] 마지막으로 그들이 당시에 베네치아에 소장 중이었던 모본인 베네치아 그리스어 필사본 208번(Marcianus Graecus 208)을 사용하지 않은 이유에 대한 궁금증이 생긴다.

이 경우에 알두스는 이미 존재했던 필사본을 가지고 작업했지만, 다른 경우에는 인쇄를 위해 사본을 특별히 복사함으로써 오류의 위험을 증대시켰다. 이 일이 테오프라스토스의 식물에 대한 작품들에서 벌어졌다. 우리는 이미 이 작품의 '훼손된 하나의 모본'이 출판사에 상당한 불안감을 조성했다는 사실을 살펴보았다. 기이한 역설이라고나 할까, 원본과 알두스가 출판한 사본이 함께 잔존해서 열등한 자료로 성급하게 작업하는 것의 위험성을 보여 주는 사례가 되고 있다. 원본은 지케를 교수에 의해 프랑스 국립도서관에 소장 중인 그리스어 필사본 2069번(Graecus 2069)으로 확인되었다. 이것은 한때 알두스의 친구였던 레오니

---

* Palla Strozzi, 1373?~1462: 이탈리아 피렌체의 상업 가문인 스트로치 가문의 일원으로 살루타티로부터 그리스어를 배운 인문주의자였다. 살루타티와 잔마리오 필렐포를 피렌체로 초대하는 데 중요한 역할을 했으며, 상당량의 그리스어 필사본을 구입해 피렌체의 그리스 학자들에게 공개함으로써 피렌체를 그리스 학문의 중심지로 만드는 데 기여했다. 1434년 파도바로 추방당한 이후에도 지속적으로 인문주의 학문을 지지했고 비잔티움 난민들을 도왔다.

71  이 수치들에 대해서는 『동물지』를 다루는 *op. cit.*, pp. 19~28 참조.

체노의 소유였고, 그를 위해 1460년대 혹은 1470년대에 복사된 것으로 여겨진다. 아니나 다를까 여기에는『식물들의 근원에 대하여』(*De Causius Plantarum*)의 종결 부분이 누락되었다. 인쇄본은 현재 하버드 대학 도서관에 소장된 그리스 수집품의 필사본 17번(MS. 17)에 해당한다. 이것 역시 쿠노가 베네치아에 머무는 동안 구했던 고문서로서 다양한 단편을 포함한 합성본이다. 그의 필기와 지시 사항들은 이 사본의 내용이 1509년에 이미 단편적이었음을 가리킨다. 투명 무늬를 비롯한 보다 광범위한 역사적인 근거를 토대로 우리는 이 특정 부분의 날짜를 1490년대 초기로 책정할 수 있을 것이다. 이 시기는 레오니체노가 발라에게 보낸 편지에서 반영된 집중적인 준비 작업의 시기였을 것이다.[72] 극히 평범한 종이의 사용과 축약형의 수, 그리고 장식의 결여는 모두 무명의 필경사가 서둘러 작업했다는 사실을 암시한다. 그가『식물들의 근원에 대하여』에서 세 단락을 누락했기 때문에 이후에 여백에 기입해야만 했다는 사실도 그가 서둘렀다는 점을 암시한다. 하버드 대학 도서관의 필사본은 더 심각한 문제를 보여 준다. 인쇄하기 전에 사본을 수정하기 위한 일반적인 부호나 절차가 없었다. 때로는 편집자가 식자공을 도우려고 시도했지만 혼란만 야기했을 뿐이다. 사본은 f. 132v에서 불분명한 축약형과 함께 'ἄρος καὶ θέρους'(봄과 여름에)라고 쓰여 있다. 편집자들은 이것을 맞기는 하지만 불필요하게 'ἔαρος καὶ θέρους'로 확장했다. 혼동에 빠진 식자공들은 이것을 'ἄερος καὶ θέρους'(바람과 여름에 대해서)로 인쇄했다. 이로써 오류가 증폭되었고 그리스어의 의미가 왜곡되었다. 인쇄공들은 때론 아무런 지도를 받지 못했다. 지케를 교수는『식물지』(*Historia Plantarum*)와『식물들의 근원에 대하여』각각에 대한 인쇄본과 하버드

---

72  *Op. cit.*, pp. 42~50. 이 시기에 진행되었던 예비적 편집 작업에 대해서는 이 책의 제5장 주18 참조.

대학 도서관의 필사본을 비롯한 가능성 있는 여타의 원천들과 차이가 나는 구절 10개를 나열한다. 이런 차이의 원인은 분명하지 않다.[73] 우리는 본문이 이미 교정에 들어간 이후에 편집자들이 천하태평하게 한바탕 추측에 빠져들었다고 가정할 수밖에 없다. 『동물지』는 알두스의 방식에 대한 불명확한 증거였다. 반면에 테오프라스토스는 열등한 자료와 주관적이거나 임의적인 편집, 그리고 편집자와 식자공 사이의 소통 실패에 대한 명백한 증거를 제공한다.

깊이 연구할수록 이런 특징들은 더욱 두드러진다. 아리스토텔레스의 『형이상학』(Metaphysica)은 테오프라스토스의 식물학에 대한 책과 동시에 인쇄되었다. 이 작품을 위해 알두스의 편집자들은 현재 프랑스 국립도서관이 소장하고 있는 그리스어 필사본 1848번(Graecus 1848)을 사용했다. 그들은 이 필사본을 중시했던 것으로 보인다. 네 번째 권의 첩 표시 외에는 파손의 흔적이 거의 없다. 이것은 15세기 중반의 가장 유명한 필경사 중 한 명이었던 미카엘 아포스톨리스에 의해 복사되었다. 또한 안드레아의 아들이자 후임이었던 잔프란체스코 토레사니의 서명이 적혀 있기 때문에 이 필사본은 프랑스 왕립도서관(Royal Library)으로 넘겨지기 전에 가족 소장품이었거나 회사의 소장품이었을 가능성이 농후하다. 편집자들은 이 필사본도 상당히 자유롭고 거리낌없이 사용했다. 지케를 교수는 이 작품의 첫 세 장에서 알두스의 편집자들이 모본과 동의하는 17군데의 미심쩍은 본문들을 지적한다. 11군데에서는 편집자들과 모본이 상이한데, 이 중 여섯 군데는 단순한 누락에 해당한다.[74] 여기서 또 한 번 무계획적인 추측과 부주의한 인쇄에 대한 명백한 흔적이 발견

---

73  Op. cit., p. 49.
74  Op. cit., pp. 29~35. 통계는 p. 32. 아포스톨리스에 대해서는 D. Geanakoplos, Greek Scholars, pp. 73~100 참조.

되는 것이다. 『니코마코스 윤리학』(*Ethica Nicomachea*)은 1498년에 출판된 작품으로서 마지막 권의 일부였다. 이 작품에 이르게 되면 증거들은 전적으로 비관적이다. 이 경우에 비교할 수 있는 모본은 짧은 단락들만 남아 있는데, 이들은 하버드 대학 도서관에 소장 중인 일곱 개의 2절판 필사본에 해당한다. 이 필사본은 크레타섬 출신의 필경사인 토마스 비치마노스(Thomas Bitzimanos)가 1480년대 말에 복사한 것으로 보이고, 첫번째 책의 앞 장에 해당하는 1,102a 14까지의 내용을 다룬다. 이렇게 좁은 범위 내에서도 지케를 교수는 알두스의 편집자들이 필사본에서 벗어나는 곳을 112군데나 발견했다. 이 중 20군데는 단순한 인쇄상의 문제로 보이고, 나머지는 다른 권위들이 소개한 무작위적인 교정이거나 교정단계에서 편집자들이 기록한 수정 사항들이다. 이 본문이 절망적이고 구제 불능일 정도로 오염된 것은 명백한 사실이다. 동일한 말이 위(僞)아리스토텔레스의 『관상학』(*De Physionomia*)과 포르피리오스°의 『이사고게: 입문』(*Eisagoge*) 등의 유명하지 않은 작품들(minor works)에도 해당한다. 하버드 대학 도서관의 필사본은 이 작품들의 단편들도 보존하고 있다.[75] 우리의 결론은 다음과 같다. 이 발전 단계에서 알두스의 편집은 통제된 학자적인 비평이기보다 학문적인 운명의 바퀴와 같았다. 편집자들에게 입수된 양질의 자료들은 대체적으로 운에 의한 것이었다. 그들은 자료들의 활용 방법에 미숙했거나 완전히 무지했다. 타인기공들과의 의사소통

---

° Porphyrius, 234~305: 티루스(현재 레바논의 '티레')에서 태어난 것으로 보이는 신플라톤주의 철학자로 아테네에서 카시오스 롱기노스 밑에서 수학했으며, 로마에서 플로티노스와 함께 공부한 후에 그의 제자가 되었다. 그는 아리스토텔레스와 플라톤에 대한 주석서들을 저술하고 플로티노스의 『엔네아데스』를 편집했을 뿐만 아니라 역사, 형이상학, 종교, 그리고 문헌학에 관한 글들도 남겼다.

75 M. Sicherl, *op. cit.*, pp. 36~41. 통계는 p. 37, 작은 단편들에 대해서는 pp. 50f. 참조. 관련된 자료들이 매우 상세하고 때로는 추측에 근거하기 때문에 여기에 포함하지 않았다.

도 개선할 점이 많았다. 그리스어 필경사들을 베네치아에서 쉽게 구할 수 있었다는 점은 오랫동안 알두스의 주요 장점으로 간주되었다. 그러나 이 사실은 시장을 열등한 사본으로 넘쳐나게 만든 주요 원인이었던 것으로 보인다.

1499년 『그리스어 편지 모음집』(Epistolarum Graecarum Collectio)의 사본으로 사용되었던 필사본의 단편도 유사한 결론을 함축한다. 이 필사본은 현재 프랑스 국립도서관의 그리스어 목록에 보충된 필사본 924번(Suppl. Graecum 924)에 해당한다. 이것 역시 합성된 고문서이다. 이 고문서의 역사는 파리에 소장된 대응물과 다소 차이가 난다. 2절판의 앞면에는 "Beati Rhenani sum"이란 글이 새겨졌다. 베아투스 레나누스*는 바젤에서 쿠노 밑에서 수학했다. 따라서 이것 역시 그가 베네치아와 파도바에서 지낼 적에 도미니쿠스 수도회에서 수집한 작품에 해당할 것이다.[76] 2절판의 33r~39v까지만 다루는 이 필사본의 두 번째 부분이 우리의 질문에 가장 중요하다. 이 사본은 필로스트라토스의 연애편지 32편을 포함하는 미완의 본문으로서 조급히 복사되었다. 여기에 사용된 다섯 개의 잎모양 투명 무늬 종이로 미루어보아 이 사본은 1499년 산(産)으로 추정된다. 따라서 이 사본은 특별히 알두스 판을 위해 준비된 것으로 보인다.[77]

---

* Beatus Rhenanus, 1485~1547: 독일 알자스 인근의 슐레트슈타트 출신 인문주의자이자 인쇄업자였다. 슐레트슈타트에서 라틴어를 공부하고 1503년부터 파리 대학에서 수학했다. 1511년에는 바젤로 옮겨 에라스무스와 친분을 맺었으며, 요하네스 프로벤과 함께 출판업을 시작했다. 1526년에는 고향으로 귀향해 인쇄업자로 일하면서 타키투스, 리비우스, 벨레이우스 파테르쿨루스(Velleius Paterculus), 그리고 에라스무스의 작품을 출판했다. 그의 대표작으로는 『세 권으로 된 독일사』(Rerum Germanicorum libri tres, 1531)가 있다.

76 C. Astruc · M.-L. Concasty, Bibliothèque Nationale, Catalogue des Manuscrits Grecs, Tom. III, 1960, pp. 23~25. 바젤에서 쿠노의 교직에 대해서는 이 책의 제7장 주 59~61 참조.

77 C. Astruc · M.-L. Concasty, loc. cit.

사본의 페이지에는 판의 u첩을 위한 표시가 있으며, 서두에는 식자공들에게 제목을 대문자로 새기라는 필기가 있다. 이외에 편집자들의 지시는 거의 없다. 여섯 개의 구절들만 주석이 달렸다. 하나는 여신 플로라(Flora)의 축제를 가리키기 위한 라틴어 필기에 불과하다. 우리가 이미 테오프라스토스에서 본 것과 같은 동일한 문제들이 여기서도 발견된다. 교정과 관찰을 구분하는 데서 실수가 드러난다. 이를 인쇄본에 구현하는 과정에서도 동일한 불일치가 발견된다. 그 결과로 오류를 더욱 악화하는 동일한 경향이 나타난다. 일례로 f. 34r의 11행에서 편집자는 무의미한 'ἀπέβλαβεν'을 'ἀπέλαβεν'(취하다)로 변경했으나, 인쇄본에서 이 단어는 'ἀπέβαλεν'(내던지다)로 변경되었다.[78]

내용 자체의 구성에서 새롭고 더욱 흥미로운 사실을 보여 주는 요소가 발견된다. 본문은 f. 39v 끝에서 "이제 내가 무엇을 해야 하나?"라는 예언적인 말로 갑자기 종결된다. 이는 40r에서 다시 재개되지만 훨씬 작은 종이에 다른 필기체로 적혀 있다. 단편적인 편지가 끝나고 다른 내용들이 추가된다. 41v 하단에는 식자공들에게 "나머지는 큰 첩에서 찾으라"라는 지시가 적혀 있다. 이 새로운 부분에는 페이지 표시가 없지만 여덟 개의 구절들이 변경되었다. 이 중 일부는 믿기 힘들 정도의 몰취미와 몰이해로 변경되었다. f. 41v의 9행의 본문에는 "ἐμοὶ δὲ μόνοις πρόπινε τοῖς ὄμμασιν"(당신의 눈으로만 나를 마시세요)라고 적혀 있다. 편집자들은 'ὄμμασιν'(눈들)을 'χείλεσιν'(입술)로 변경하기를 원했다. 다행히도 식자공들은 이를 수정하지 않았다. 이 경우에는 의사소통의 실패가 모두에게 유익으로 작용했다.[79] 여기서 두드러진 특징은 사본을 수집하는 방

---

78 인쇄된 판의 p. u ii r, ln. 21. 동일한 본문의 8행과 10행 참조. 여기서 하나의 편집 추론('φίλος' 대신에 'φύλλοις')은 채택되고 다른 추론('θεός' 대신에 'χρόνος')은 거부된다.

79 p. T vi r, ln. 8.

식이 조명된다는 점이다. 우리는 편집자들의 자료들이 바닥나는 모습을 생생하게 볼 수 있다. 이들은 서둘러 부족한 부분을 메꾸려고 새로운 자료를 기존의 자료들과 어떻게든 이리저리 끼워 맞춘다. 우리는 이미 편집자들의 성급하고 산발적인 수정에 대해 살펴보았다. 이들은 인쇄공들에게 분명한 지시를 내리는 데도 실패했다. 우리가 방금 살펴본 내용과 이런 사실들을 종합해 보면, 전반적으로 심상치 않은 전망을 내다볼 수 있다.

알두스의 다음 두 개의 판본을 살펴보아도 이런 두려움의 일부만 해소된다. 이 판본들에 대해서는 이미 상세하게 다뤘다. 1502년 8월의 소포클레스와 이듬해 2월에 출시된 에우리피데스이다. 두 경우 모두 편집자들이 적어도 두 개 이상의 필사본을 가지고 작업했다는 직접적인 증거가 있다. 그들이 상당히 비체계적인 방식으로 일했다는 점도 동일하게 명백하다. 소포클레스의 본문을 위해서는 14세기의 고사본이 있었는데, 사본은 현재 빈 국립도서관에 소장 중인 그리스어 필사본 48번(No. 48)에 해당한다. 얼마 후에는 레닌그라드 공립도서관의 그리스어 필사본 731번(Graecus No. 731)도 소유하게 되었다. 이 사본은 『아이아스』(*Ajax*)와 『엘렉트라』(*Electra*), 그리고 『오이디푸스 왕』(*Oedipus Tyrannus*)만 포함하고 있기는 하지만, 결정적인 페이지 표기가 이것이 알두스의 인쇄 사본이었다는 사실을 입증한다.[80] 소련의 문헌학자인 보리스 폰키치(Boris Fonkich)는 『아이아스』의 인쇄본을 두 개의 필사본과 비교·분석한 후에 읽기 도표를 만들었다. 이 도표는 편집자들이 대체로 이전의 더 나은 권위를 따를 만큼 책임감이 강했음을 보여 준다. 레닌그라드 필사본 자

---

80  A. Turyn, *Studies in the Manuscript-Tradition of the Tragedies of Sophocles*, Illinois Studies in Language and Literature, XXXVI, Urbana, 1952, p. 175; B. Fonkich, "On the Manuscript-Tradition of the Aldine Edition of the Tragedies of Sophocles", *Vizantiskij Vremennik*, XXIV, 1964, pp. 109~21(원본은 러시아어이다).

체에 운율과 문법에 어긋나는 수많은 요소들이 포함되었다는 점도 보여 준다. 또한 357행부터 비로소 대응물로부터 체계적으로 수정되었다는 사실도 보여 준다. 더 이상한 것은 어딘가에 더 우월한 모본이 존재했다는 암시들이 발견된다는 점이다. 편집자들은 1,000행에서 두 필사본 모두에서 발견되는 'δειλαῖος'를 폐기하고 더 오래된 전통에서 보존된 'δυστηνός'(불행한)라는 읽기를 선택한다. 우리는 이들에게 추가적으로 어떤 자료들이 있었는지 질문하지 않을 수 없다. 무엇보다도 그들이 어째서 자료를 그토록 비체계적으로 활용했는지 의문을 품게 된다.[81]

에우리피데스의 경우에 증거는 훨씬 불완전하지만 이와 전적으로 유사하다. 작업장에서는 두 가지 필사본들이 사용되었다. 이 중 산발적인 몇 장이 현재 프랑스 국립도서관 그리스어 목록에 보충된 필사본 212번(Supplementum Graecum Nos. 212)과 393번에 보존되어 있다. 이 고문서에는 세 편의 극작품인 『헤카베』, 『오레스테스』(Orestes), 『포이니케 여인들』(Phoenissae)의 몇백 개의 단절된 행들만 발견된다. 이것들이 그레고로풀로스 가문의 누군가의 손에 의해 최근에 복사된 것임은 확실하다. 이들은 또한 여러 모본들을 가지고 있었으며, 베사리온의 12세기 베네치아 필사본 471번(Marcianus 471)의 대문자 전통과 무관하다는 점도 분명하다. 까치와 같이 조각들의 부스러기를 모아들이는 쿠노의 부단한 노력이 다시금 이 단편들을 파멸로부터 구했다. 소포클레스의 경우와 마찬가지로 여기서도 알두스의 편집자들은 권위들을 상호 비교했던 것이 분명하다. 그들은 두 권위를 모두 포함하는 구절들 중 21개의 구절에서 필사본 212번 대신에 필사본 393번을 따른다. 그러나 여기서도 방법론의 부재와 부주의가 발견된다. 다른 원천으로부터 소개된 교정도 있었

---

81 *Ib.*, pp. 113~16. 『아이아스』의 비평 장치 전체가 제공된다. 'Lg.'라는 약어는 레닌그라드 필사본을 의미하고, 'Y'는 이에 상응하는 빈 필사본을 의미한다.

지만, 필사본 212번으로부터 일곱 개의 단순 오류들이 아무런 도전도 받지 않은 채 인쇄본에 도입되었다. 여기에는 『헤카베』 581행의 잘못된 여성 형태인 'εὐτεκνοτάτην'도 포함된다.[82] 알두스와 그의 무리는 필사본을 비교·분석했다고 주장했다. 우리는 적어도 이 두 판본들을 그들의 주장을 뒷받침하는 분명한 증거로 제시할 수 있지만, 아직도 그들이 신뢰할 만한 권위를 사용했다는 증거는 가지고 있지 않다. 우리는 그들이 경솔하게 여러 원천들을 기웃거리는 모습을 발견한다. 그들은 두 개의 모본에 없는 교정을 전혀 알려지지 않은 원천으로부터 생성한다. 이로 인해 그들이 따른 절차는 점점 오리무중으로 빠지게 된다. 플루타르코스의 『모랄리아』 초판은 오랜 구상 끝에 1509년에 출판되었다. 이 판본은 우리의 미결 문제들에 대한 몇 가지 답변을 함축하고 있지만, 이 답변 역시 우리의 불안감을 불식하지는 못한다. 이 경우에 생존한 인쇄 사본은 우리가 여태까지 검토했던 어떤 사본보다 확고한 권위를 가진다. 정교한 이 13세기 필사본은 현재 밀라노의 암브로시아나 도서관(Biblioteca Ambrosiana)에서 소장 중이다. 이 2절판 양피지 사본은 쿠노가 작업장 바닥에서 구해 낸 낡아빠진 파편들과 극명한 대조를 이룬다.[83] 이 필사본이 인쇄소에서 사용되었다는 점은 분명하다. f. 29v~34r까지, 그리고 다시금 84v부터 알두스 판 본문의 페이지 숫자가 기입되어 있다. 대부분의 내용은 알두스 판의 제2권 내용에 해당한다. 수정 사항이 많지 않지만, 이는 적어도 하나의 다른 필사본이 사용되었다는 사실을 입증하기에 충분하다. 이는 또한 데메트리우스 두카스로 알려진 편집자가 주어진 제한된 환경 속에서 능숙하게 일처리를 했다는 사실도 보여 준다. 그는 필

---

82  M. Sicherl, "Die Editio Princeps Aldina des Euripides und ihre Vorlagen", *Rhein Museum*, 118, 1975, pp. 205~25.

83  Ms. C. 195 infra(=881). 묘사는 A. Martini · D. Bassi, *Catalogus Codicum Graecorum Bibliothecae Ambrosianae*, Tom. II, Milan, 1906, pp. 981~82 참조.

사본 f. 85v의 무의미한 'ἄμως πλάσαι'를 'ἀπέσπασται'로 변경했다. 또한 증거가 빈약한 f. 120v의 'ἡ τῶν ὅρων ἀκαιρία'를 'λόγων'으로 수정했다. 이런 수정 사항들은 어쩌면 그의 추측에 불과했을지도 모른다. 본문의 ff. 29v, 33v, 84v를 비롯한 다른 곳에 추가된 구절들은 다른 필사본으로부터 유래했을 수밖에 없다. 여기서 우리의 관심을 유발하는 것은 그가 모본을 어떻게 비판적으로 다루었는지가 아니다. 이보다 훨씬 흥미로운 점은 그가 인쇄본을 확정하는 데 모본을 어떻게 활용했는지에 대한 것이다. 페이지 표시도 수정도 없는 ff. 34v와 84v 사이의 부분 위에는 'stampato'라는 글자가 휘갈겨 쓰여 있다. 이는 '이미 인쇄됨'을 의미한다.

우리는 비평과 수정의 과정이 인쇄를 선행하지 않았다고 추론할 수밖에 없다. 두 과정은 서로 맞물려 한 발자국씩 번갈아가면서 진행되었던 것이다. 알두스가 사용했던 것 중 가장 오래된 것으로 여겨지는 이 필사본은 일관된 교정의 일부분으로 사용된 것이 아니다. 단지 방앗간에서 바로 빻을 수 있는 새로운 곡식의 원천으로 사용되었다. 이에 대한 추가 증거는 편집 조수 중 한 명이었던 알레안드로에게서 발견된다. 그는 알두스 판이 출시되기 전에 혼자서 자료를 수집했으며, 4년 후에는 파리에서 알두스 판보다 개선된 판본을 출판했다.[84] 알두스의 편집 방법을 종잡기 힘든 이유는 실제로 방법이라 부를 만한 것이 없었기 때문이라고 결론 내릴 수밖에 없다. 고전 문헌의 인쇄는 처음부터 끝까지 즉흥적인 활동이었다.

그리스어 판의 증거들은 우리를 다시금 이전의 문제로 인도한다. 알두스의 명성과 그의 주장을 그가 실제로 출판한 본문들의 품질과 어떻게

---

84 두카스의 편집에 대해서는 D. Geanakoplos, *Greek Scholars*, pp. 223f. 참조. 알레안드로에 대해서는 B. Hillyard, "Girolamo Aleandro, editor of Plutarch's *Moralia*", *Bibliothèque d'Humanism et Renaissance*, XXXVI, 1974, pp. 517~31 참조.

조화시킬 수 있는지에 대한 문제이다. 우리는 이미 페트라르카의 자필본으로부터 형태를 "글자 그대로" 베꼈다는 그의 자랑이 얼마나 무가치한지 살펴보았다. 고전 작가들의 모본을 확인하고 수정했다는 그의 주장과 하나의 오류가 발견될 때마다 금전 한 닢으로 보상할 준비가 되었다는 말도 유사하게 빈약한 토대에 근거한 것인가? 알두스는 그 당시에도 비판의 대상이 아니었던 것은 아니다. 이미 1498년에 우르케우스는 아리스토텔레스의 과학 작품에서 채택된 읽기 중 몇 개를 신뢰하지 않았다.[85] 1513년에 미카엘 후멜베르크*는 에라스무스의 『격언집』에서 몇몇의 그리스어 구절들에 대해 의혹을 제기했다.[86] 1528년에는 페트라르카의 또다른 편집자인 알레산드로 벨루텔로**가 피에트로 벰보와 고인이 된 알두스를 공개적으로 비난했다. 그들이 소네트와 칸초네, 그리고 개선식에 대한 권위자라고 거짓말을 했다는 것이었다.[87] 1503년에 경쟁자였던 인쇄업자 손치노의 말도 상기할 필요가 있다. 그는 알두스가 그리포에 의해 설계된 활자에 대해 자기 자신에게 지나친 공로를 돌렸다고 암시했

---

85  이 편지의 본문에 대해서는 L. Dorez, "Alde Manuce et Ange Politien", pp. 323~
    26 참조. 알두스의 주장에 대해서는 이 장의 주 2의 참고문헌 참조.
•   Michael Hummelberg, 1487~1527: 독일 출신의 인문주의자이자이자 문헌학자
    였다. 1518년에 콘스탄츠에서 사제가 된 그는 마르틴 루터에게 동조했지만 가톨
    릭 신자로 남았다. 후멜베르크는 로이힐린, 레나누스, 에라스무스 등 유명한 인문
    주의자들과 주고받은 편지들로 유명하다.
86  *Die Amerbachkorrespondenz*, ed. A. Hartmann, Basel, 1942, vol. I, no. 482, p. 455.
••  Alessandro Vellutello, 1473~?: 본래 이탈리아 루카 출신인 그는 1525년 이후 베
    네치아에 정착했다. 1525년에 페트라르카에 대한 주석본을 출판했으며, 1533년
    에는 베르길리우스를 출시하기도 했다. 1544년에는 단테의 『신곡』 주석본을 출판
    했다.
87  G. Salvo Cozzo, *Codice Vaticano 3195* …, pp. 8~13. 이 비난은 1553년에 로도비
    코 돌체(Lodovico Dolce)가 베네데토 바르치(Benedetto Varchi)에게 보낸 편지에
    서 더욱 분명하게 반복되었다.

다.[88] 이제 우리는 알두스 판의 증거를 통해 그를 문학계 사기꾼들의 군
주 대열에 올려놓을 수 있게 되었는가? 그는 사업에서 동업관계의 자원
을 자신의 명예를 확보하는 데 사용하고, 그의 부족한 점들을 자신이 속
한 사회와 지적 인맥의 엄호 뒤에 숨겼던 것인가? 알두스의 편집과 관련
된 비밀은 대대적인 신용 사기인가?

　이런 고발에 대한 첫 번째이자 어쩌면 가장 확실한 방어는 알두스의
주장이 지닌 관례적인 속성에서 찾을 수 있을 것이다. 우리가 이 책에서
반복해 살펴보았듯이, 특별한 자료를 소유하고 있다거나 이례적인 관심
을 기울여 작업하고 있다거나 극복하기 어려운 문제에 봉착했다는 주장
들은 모두 출판인으로서 직업의 일부였다. 알두스가 상점 진열장을 당
시에 허용되었던 방식으로 꾸몄다는 이유로 그를 책망해서는 안 된다.
1492년에 파가니니는 원로원에 저작권을 위해 호소했다. 그때 그는 니
콜라우스 리라누스(Nicolaus Lyranus)의 성경 주석본을 완성하기 위해 네
명의 신학 박사를 채용했다고 말했다. 그는 1485년에 이 작품을 공공 판
매대에서 구입했다.[89] 1506년에 요하네스 아머바흐*는 이탈리아와 프랑
스, 그리고 독일 전역에서 아우구스티누스의 작품을 찾아 돌아다녔다는
내용을 기록한다. 그는 1년 전에 당시 파리에서 공부하고 있던 아들들에
게 대학 서점에서 특정한 책들을 구해보라고 지시했다.[90] 관련된 모든 판

---

88　이 책의 제3장 주 69 참조.
89　FD no. 9, p. 104. Biblioteca Marciana, Mss. it. Cl. XI 45(7439), f. 18v. 프란체스
　　코 다 마디스의 거래 일기장의 항목 내용.
*　Johannes Amerbach, 1440~1513: 스위스 바젤 출신의 인쇄업자로서 교부 문헌을
　　전문적으로 출판했다. 로이힐린을 포함한 바젤의 인문주의자들의 도움으로 본문
　　의 정확도를 높인 아머바흐의 대표적인 출판물로는 11권으로 구성된 '성(聖) 아
　　우구스티누스'를 꼽을 수 있다. 그는 도미니쿠스 수도회 학자인 요하네스 쿠노를
　　자신의 두 아들의 가정교사로 고용해 그리스어와 히브리어를 가르쳤는데, 열린
　　강좌 식으로 모든 사람들에게 수업을 개방해 인문학 발전에 이바지했다.

본들이 이런 식으로 준비되었다고 말하지는 않겠지만, 우리는 이런 예로부터 엄밀한 진실과 실제적인 거짓말 사이에는 우리가 이른바 '허용된 과장법'이라 부를 수 있는 넓은 지대가 있었다고 추측할 수 있다. 알두스는 당시 여타의 사람들처럼 이 지대를 활용했다. 만일 그가 전문적인 본문 비평의 언어로 현대 독자들로 하여금 카를 라흐만(Karl Lachmann)과 리처드 벤틀리* 혹은 앨프리드 E. 하우스먼**의 과학적인 학문을 기대하게 만들었다면, 그것은 알두스의 잘못이 아니다. 그것은 독자들과 변화하는 시대의 탓이다.

용어에 대한 문제로 빠져들지 않더라도 우리는 알두스의 사적인 편지들로부터 그의 편집 방법이 그가 언급했던 많은 경로들과 일치했고, 그가 꿈꿨던 수많은 결과들을 낳았음을 볼 수 있다. 그는 극도로 침착하고 조심스럽게 작업에 임했다. 학문적인 협력과 정보교환을 위해 힘 닿는 데까지 모든 일을 감수했다. 이런 노력의 일환으로서 그는 당시의 선도적인 문헌학자인 무수루스와 나바게로의 도움을 확보하고 유지할 수 있었다. 그의 노력은 결과적으로 수많은 새로운 자료들을 표면으로 부상시켰다. 이로써 그는 자신이 1496년에 표명했던 희망과 전임자인 드 부시가 사반세기 전에 표명했던 희망을 성취할 수 있었다.

이번 장에서는 무서운 속도로 질주하면서 깊이 주의를 기울이지 않은 판본의 준비과정을 집중적으로 다루었다. 이 그림에 다른 측면도 있다는 사실을 지적하는 것이 정당할 것이다. 플라톤과 파우사니아스, 그

---

90  *Die Amerbachkorrespondenz*, vol. cit. p. 276, Ep. 293(아우구스티누스 판의 서문): p. 232, Ep. 246.
*  Richard Bentley, 1662~1742: 역사적 문헌학의 아버지로 불리는 영국의 고전학자이자 비평학자이다.
**  Alfred E. Housman, 1859~1936: 당대 최고의 고전학자이자 역대 최고의 학자로 언급되는 영국의 고전학자이자 시인이다.

리고 『수다』의 본문은 출판되기 12년 전부터 언급되었다. 에라스무스는 1508년에 테렌티우스 작품의 편집 작업을 진행하고 있었다. 이 판본은 1517년이 되어서야 비로소 안드레아 토레사니에 의해 출판되었다.[91] 이 경우에 작업이 얼마나 진척했는지 알 길이 없다. 때로는 작업과정을 상당히 자세하게 추적할 수 있다. 알두스가 만토바의 후작에게 보냈던 석방 호소문으로부터 우리는 그가 베르길리우스의 『카타렙톤』(Catalepton) 필사본을 찾기 위해 1506년에 롬바르디아를 여행했다는 사실을 알 수 있다. 그는 또한 수많은 양질의 자료들을 가지고 베네치아로 돌아오고 있었던 것으로 보인다.[92] 이 자료들로부터 마스터 사본이 편찬되었고 포르티게라에게 위탁되었다. 1년 후에 포르티게라는 교황청의 인맥을 통해 로마냐(Romagna)와 마치(March)에서 발견할 수 있는 필사본들을 조사했다.[93] 알두스는 세상을 떠나기 불과 수개월 전까지 인쇄 작업에 매달렸다. 1514년 가을에 그는 나폴리의 학자 야누스 파라시오스(Janus Parrhasius)로부터 50군데가 넘는 교정을 제안하는 상세한 편지를 받았다. 이 인쇄본은 1517년에 출판되었다.[94]

아테나이오스의 『현자들의 저녁식사』의 준비과정은 더 오래 걸렸다. 최종판은 1514년 8월에 출시되었다. 이 판은 주의 깊게 편집되었지만 무수루스의 별 권위 없는 필사본에 의존한 편집이었다.[95] 우리는 알두스

---

91  OAME XI. 이 책의 제4장 주 181도 참조.

92  A. Baschet, p. 30, Doc. XIV. 이 사건에 대한 자세한 내용은 이 책의 제3장 참조.

93  CAM 37. 마스터 사본의 존재는 추론일 뿐이다. 그러나 포르티게라의 '베르길리우스의 저 소품들'(quelli opusculi di Virgilio)이란 말에 비춰볼 때, 타당한 추론일 것이다.

94  RAIA p. 190. 파라시오스의 경력에 대해서는 C. Jannelli, *De vita et scriptis Auli Jani Parrhasii Consentini, philologi saeculo XVI celeberrimi, commentarius*, Naples, 1844 참조. 완벽하게 주석 처리가 된 편지는 E. Pastorello, *Inedita Manutiana*, Florence, 1960, pp. 11~21에서 찾아볼 수 있다.

가 이미 1505년에 포르티게라를 통해 모본을 구입하려고 협상했다는 사실을 안다. 이를 위해 1508년 봄에 로마에서 사본이 준비 중이었다는 사실도 안다. 미국 뉴욕의 피어폰트 모건(Pierpont Morgan) 도서관은 제1권의 요약본을 담은 한 장의 인쇄본을 소장하고 있는데, 이 인쇄본은 알두스가 1499년 이후에 사용하지 않은 활자로 조판되었다.[96] 따라서 이 계획은 지속적으로 발전하지 못한 것이 분명하다. 아마도 오랜 기간 동안 정지되었을 것이다. 결국 실험 단계에서 최종 결실을 맺기까지 15년이 걸렸다. 물론 이와 관련된 편집 노력은 현대의 기준에서 보면 절망적으로 불량하다. 포르티게라는 그의 『카타렙톤』 사본을 파브리치오 바라노(Fabrizio Varano)라는 쾌활한 성격의 주교에게 넘겨주었다. 바라노는 몇 가지 수정을 제안했고 추가적인 수정 사항을 위해 모본을 우르비노(Urbino)에 있는 지인에게 전달했다. 이 사람들이 알두스와 동일한 필사본으로 작업했다는 증거는 없다. 이들의 개별적인 검토가 어떻게 하나의 공통된 목표와 연결되는지도 입증하기 힘들다. 일례로 알두스는 어떤 기준으로 파라시오스가 제안했던 수정의 정확히 반을 수용했는가? 그는 나머지는 거절하면서도 얼마간 타협을 한다. 이는 그가 소중한 동료의 마음을 지나치게 상하게 만들기를 원하지 않았음을 보여 준다.[97] 저자들

---

95 OAME LXXXV. 저자는 주석에서 이 판을 위해 베네치아 소장 A(Venetus A) 필사본이 사용되었다고 잘못 주장한다. *Les Deipnosophistes*, I et II, ed. A Desrousseaux · A. Astruc, Paris, 1956, pp. xliii~xliv 참조.

96 CAM 35, 38. C. Bühler, "Aldus Manutius and the printing of Athenaeus", reprinted from GJB 1955 in *Early Books and Manuscripts*, Pierpoint Morgan Library, 1973, pp. 220~22.

97 이 장의 주 92, 93 참조. E. 파스토렐로(E. Pastorello)의 각주는 파라시오스의 읽기의 수용과 거절을 추적한다. *Copa* 38절이 특히 흥미로운 경우이다. 타당성이 부족한 알두스 필사본의 'Mors autem veniens'(그러나 당면하는 죽음) 대신에 파라시오스는 'Mors aurem vellens'(죽음이 귀를 낚아채면서)를 제안했다. 알두스는 'Mors autem vellens'(그러나 죽음이 낚아채면서)로 타협한다. 이로써 그는 추측

을 다룰 때와 마찬가지로 여기서도 사적인 요소가 깊이 관여했다는 강력한 암시가 발견된다. 알두스는 이문(異文)보다 의견을 모으는 것을 선호했다. 그는 필사본에 대한 이해보다 사람들에 대한 이해가 뛰어났다. 이러한 몰이해와 조직의 결여에도 불구하고 연구의 강도 자체가 당시에 존재했던 자료에 대한 지식을 촉진하기에 충분했으며, 이로 인해 자료들을 사용하는 기술도 간접적으로 개선되었다.

알두스와 그의 동료들이 미사여구를 구사하면서 '폴란드와 헝가리 사람들'로부터 받았던 도움을 언급할 때, 그들은 그들이 받았던 도움의 정도를 과장했을 것이다. 이 사람들은 오랫동안 잊혀졌던 '다키아인들의 성(城)과 땅'에서 값진 필사본들을 보내왔다.[98] 이탈리아 안팎으로 지적인 협력은 언제나 도박 행위였다. 이런 협력은 우리가 이미 살펴본 불행과 오해에 시달렸다. 살아남는 비결은 당첨을 보장할 정도로 폭넓게 투자하는 것이었다. 때론 편집자들이 자신의 운명을 알아차리는 데 실패했다. 1500년 초에 알두스는 인쇄된 베르길리우스 몇 페이지에 대해 피렌체에 있는 동료의 자문을 구했다. 이것은 베르길리우스의 첫 번째 8절판이 출판되기 1년도 더 전의 일이었다. 피에트로 리치는 열광하면서 이 계획 전체를 승인한다고 답장했다. 그는 『아이네이스』의 여섯 구절에 대한 자신의 수정도 제안했다. 그의 제안들은 모두 타당했는데, 그가 소유했던 것으로 여겨지는 5세기 메디케우스 고문서(Codex Mediceus)를 근거로 이 수정을 제안했다는 것이 가장 유력한 설명이다. 그가 제안한 읽기에 대한 가장 강력한 논증은 그것이 폴리치아노나 에르몰라오 바르바로의 승인을 얻었다는 것이었다. 그는 자신의 필사본 권위의 정체나 중요

---

의 의의를 무색케 만들었다.

98  일례로 OAME XLII, A(발레리우스 막시무스가 1502년에 루브란스키에게 바친 헌정사).

성을 드러내려고 전혀 노력하지 않았다. 알두스가 1501년에도, 나바게로의 예리한 판단이 그를 인도했던 1514년에도, 이 추측들을 그의 본문에 도입하려는 열의를 보여 주지 않은 것은 당연한 일이다. 이 추측들은 그에게 위험해 보였을 것이다.[99]

안타깝게도 알두스는 이와 정반대로 상대적으로 평범한 사본들을 종종 과대평가했다. 그는 그의 프루덴티우스 모본을 높이 평가했는데, 그것은 "1,100년도 넘게 방치되었던 저 먼 영국으로부터" 소환된 것이었다.[100] 이것은 가장 진지한 학자들마저 자유롭지 못했던 순진한 열정에 대한 슬픈 발언이다. 알두스가 영국에서 받아본 사본은 아마도 11세기 고문서에서 베낀 사본이었을 것이다. 그가 연구의 방향을 밀라노나 로마로 돌렸더라면 더 좋은 결과를 얻었을 것이라는 충분한 근거가 있다.[101] 때로는 쉽게 구할 수 있는 자료를 구하기 위한 그의 힘겨운 여정은 우스꽝스러울 정도이다. 알두스는 1508년과 다시금 1513년에 야누스 라스

---

99 CAM 4. 알두스가 『아이네이스』 제8권 402행에서 "… potest electro" 읽기를 즉시 수용했고, 리치가 이 읽기를 폴리치아노에게 언급했다는 사실은 흥미로운 점이다. 알두스는 『아이네이스』 제6권 33행에서 "… quin protinus omnia" 읽기를 1514년에는 수용했지만, 1501년에는 수용하지 않았다. 리치가 메디케우스를 봤다는 나의 제안은 전적으로 추측에 불과하다. 그는 자신의 원천에 대해 "in vetustioribus codicibus invenio …"(내가 더 오래된 고문서들에서 발견한다)보다 구체적으로 말하지 않기 때문이다. 이와 같은 필수적인 권위를 계속 알아보지 못하는 것에 대해서는 E. J. Kenney, *The Classical Text*, pp. 13, 48~49 참조. 드 부시와 알두스는 메디케우스를 절충적으로 사용했다. 그는 메디케우스의 읽기 일부를 정오표 부록에 포함했다.

100 OAME XXII, A(vol. I, p. 34).

101 J. Bergmann, *Corpus Scriptorum Ecclesiasticorum Latinorum*, vol. 61, Vienna, 1926, p. xlix; H. Thompson, Loeb edition of Prudentius, vol. I, Harvard, 1949, pp. xiv~ v. J. 베르크만(J. Bergmann)은 알두스의 모본을 현재 볼로냐에 있는 고문서로 간주한다. 이를 가장 이른 시기의 권위나 가장 중요한 권위 중 하나로 평가하지 않는다.

카리스와 고인이 된 그의 후원자 로렌초 데 메디치에게 유창한 헌사를 바친다. 그는 아테네 연설가들의 필사본을 그리스로부터 가져온 그들의 노고에 감사한다. 이 인쇄업자는 이 자료들에 대한 열람을 확보함으로써 그가 대단히 운 좋게 성공했음을 깨달았던 것이다.[102] 원칙적으로 필사본은 메디치 가문의 개인 도서관에 소장되어야 맞지만, 로렌초의 죽음과 피에로의 상대적인 무관심, 그리고 1494년 정권의 붕괴는 야누스 라스카리스가 그것을 무기한 소유하는 것을 가능케 했다.[103] 알두스는 기뻐할 충분한 이유가 있었다. 라스카리스에게는 필사본을 보존해 주어서 감사했고, 자기 자신에게는 처음부터 라스카리스와 우정을 맺었기 때문에 만족했고, 루이 12세(Louis XII)에게는 이 그리스인을 대사로 베네치아에 보내 주어서 감사했다. 그러나 알두스의 집 현관으로부터 도보로 불과 몇 분 거리에 위치한 베사리온의 도서관에서는 이 사본을 능가하는 품질 좋은 사본들을 손쉽게 구할 수 있었다. 알두스가 만일 이 사실을 알았더라면 자신이 운이 좋았다고 생각했을까?[104]

우리는 거짓된 발자취와 유기된 교두보, 그리고 멀고 불필요한 우회로로 점철된 풍경을 인내하기 위해 두 가지 점을 언급할 수 있다. 첫째, 여정 자체가 목적지나 방향만큼 중요했다고 논증할 수 있다. 이 과정을 통해 어떤 자료가 존재하고 이 자료를 어디서 구할 수 있는지에 대한 점진적으로 증가하는 정보를 수집할 수 있게 되었기 때문이다. 알두스와 그의 동시대 사람들은 분명 혼동에 빠졌지만 고통스럽고 비경제적인 이

---

102  OAME LXV, LXXV; K. Müller, "Janos Lascaris".

103  E. Piccolomini, "Delle condizioni e delle vicende della Libreria Medicea privata dal 1494 al 1508", ASI Ser. III, XIX, 1875, pp. 101~29.

104  이 장의 주 44의 H. Omont, *Inventaire*, pp. 129~87. nos. 274, 304(리시아스), 300(아이스키네스), 306(이소크라테스) 참조. 다양한 작품들의 연대별 이용 가능성을 보여주는 지표에 대해서는 R. Bolgar, *The Classical Heritage*, App. 1도 참조.

단계를 통해 혼동을 보다 쉽게 피할 수 있게 될 것이었다. 둘째, 방대한 탐험은 기필코 한두 개의 중요한 발견을 초래할 것이었다. 이것은 평균의 법칙에 의해 거의 불가피한 결과였다. 우리는 이 과정을 알두스의 두 개의 후대 판본인 1508년의 플리니우스와 1514년의 헤시키우스에서 추적할 수 있다.

불완전한 이탈리아 필사본의 전통에 의하면, 가이우스 플리니우스* 편지들의 초기 판본들은 처음에 단지 제7권과 제9권만 포함했다. 1500년경에 프랑스에서 새로운 중요한 자료가 발견되었다는 소문이 돌기 시작했다. 알두스는 이를 금세 파악한 것 같은데, 이는 분명 조콘도의 높은 관직 덕분이었을 것이다. 라스카리스는 1501년 성탄절 전야에 블루아에서 인쇄업자에게 편지를 보냈다. 편지에는 알두스가 그에게 조사해 달라고 부탁했던 플리니우스의 필사본에 대한 분명한 언급이 있다. 1502년에는 그의 또 다른 동료인 아반치오가 제10권 일부의 사본을 확보했으며, 이는 새 판본에 포함되었다.[105] 알두스는 인내심을 가지고 기다렸다. 조콘도는 프랑스 왕의 건축 고문으로서 자리를 잡았다. 또 다른 고전학자인 기욤 뷔데**는 국왕의 사무국에서 일하기 시작했다. 알두스

---

* Gaius Plinius, 61?~112?: 로마제국 시대의 저자이자 정치인으로서 연장자 플리니우스의 조카였다. 퀸틸리아누스 밑에서 수학했고 수많은 서신을 남겼다.

105 CAM 24(라스카리스의 편지). 이 이전의 판본과 아반티우스(Avantius)의 사본에 대해서는 이 장의 주 108에 인용된 E. A. 로우(E. A. Lowe)와 E. K. 랜드(E. K. Rand)의 연구 p. 37을 참조.

** Guillaume Budé, 1467~1540: 프랑스 파리에서 태어난 인문주의자로 프랑스의 고전 연구 부활에 결정적인 역할을 했으며, 1530년 그리스어, 라틴어, 히브리어 등의 연구를 위한 대학 기관인 콜레주 드 프랑스(Collège de France)의 창립자이기도 하다. 프랑수아 1세 당시에 사서로 임명되어 퐁텐블로 궁전에서 왕실 문서를 수집·연구했으며, 이를 토대로 도서관을 세우기도 했다(이 도서관이 현존하는 프랑스 국립도서관의 전신이다). 대표작으로 『그리스어 주석』(*Commentarii linguae Graecae*, 1529)이 있으며, 그의 사상은 종교개혁가 장 칼뱅(Jean Calvin)에게

는 이미 수많은 경우에 유용성을 증명했던 그의 섬세한 손길에 의존할
수 있었다.[106] 조콘도는 1504년에 베네치아 공화국의 군사 공학자가 되
기 위해 프랑스로부터 돌아왔을 때, 프랑스 필사본의 사본을 가지고 왔
다. 이때에는 이미 더 큰 상품이 그의 손이 닿는 곳에 있었다. 알두스는
라스카리스가 베네치아에 도착했을 때, 이 그리스인과 신속하게 친밀한
관계를 맺었다. 1505년에는 사람 좋은 알비세 모체니고(Alvise Mocenigo)
라는 귀족이 공화국의 대변자로 프랑스 궁정에 파견되었다.[107] 이중 지
렛대로 무장한 알두스는 고문서 원본을 손에 넣어 본문 전체를 인쇄했
다. 필사본이 피지(vellum)에 고대의 글씨체로 기록되었는데, 글씨체가
오래 되었기 때문에 알두스는 이 사본이 플리니우스의 시대에 복사된
것으로 믿는다고 말한다.[108] 이것은 분명 5세기나 6세기의 언셜체 고문
서였을 것이다. 이 고문서에 대한 명백히 과장된 묘사와 이 글씨체를 읽
는 데 대단히 고전했다는 고백은 알두스가 그의 작업에 적용할 수 있었
던 제한된 고문서 기술을 날카롭게 상기시킨다. 불행히도 여기서 발자
취가 희미해진다. 현재 피어폰트 모건 도서관에 소장 중인 단편은 유명
한 파리 필사본에서 유래한 것으로 간주되었지만, 이는 분명한 결론을
내리도록 충분한 정보를 제공하기에는 너무 단편적이다.[109] 어쨌든 알두

많은 영향을 주었다.

106 L. Delaruelle, *Guillaume Budé: les origines, les debuts, les idées maitrisses*, repr.
   Geneva, 1970, pp. 81~90(조콘도와 뷔데에 대한 자료).
107 M. Sanudo, VI, col. 182: 모체니고는 1505년 6월 10일에 선출되었다. *Ib.*, col.
   442, 8 October 1506: 조콘도는 이오니아섬의 요새화에 대해 보도한다.
108 OAME LXIV(vol. I, p. 94). 알두스는 가이우스 플리니우스 시대에 파피루스가 더
   일반적으로 사용되었다는 사실에 대해서도 무지했던 것 같다. 동일한 부분이 조
   콘도의 사본에 대한 언급도 포함한다.
109 나는 주저되는 마음에도 불구하고, 주요 논쟁을 각주로 격하했다. 이 사안은 알
   두스의 편집을 판단하는 데 직접 적용하기에는 너무 불확실한 것으로 보이기 때
   문이다. E. A. Lowe · E. K. Rand, *A Sixth-Century Fragment of the Letters of Pliny*

스의 본문은 명백하고 이상한 오류를 포함한다. 따라서 그가 모건 필사본의 온전한 상태를 따랐든 현재 사라진 다른 권위를 따랐든 간에, 그가 리치의 『아이네이스』 수정을 따랐던 방식처럼 매우 불규칙적이고 절충적인 방식으로 따르지는 않았는지 의혹을 불러일으킨다.[110] 어쩌면 이런 상세하고 답변하기 힘든 세부 사항들은 알두스가 유의미한 골동품 발굴에 참여했으며, 그 결과를 인쇄소를 통해 널리 알렸다는 단순한 사실보다 덜 중요할지도 모른다. 그가 이루기 원했던 것은 바로 이런 것이었으며, 서문에서 그의 들뜬 모습이 역력하게 드러난다.

헤시키우스의 『사전』(Lexicon) 이야기는 훨씬 간단하다. 이 이야기

---

the Younger: a Study of Six Leaves of an Uncial Manuscript Preserved in the Pierpoint Morgan Library, New York/Washington, 1922는 모건 단편을 남아 있는 파리 필사본과 동일시했다. 따라서 결론적으로 알두스의 모본과도 동일시한 것이다. 그러나 E. K. 랜드가 실시한 이 단편과 알두스 사본(pp. 41~43) 사이의 대조는 알두스가 이 단편의 철자법이 아닌 인문주의의 관례적인 철자법을 따랐다는 사실을 보여 준다. 이는 그가 말하는 두 본문 사이의 '놀라운 유사성'(p. 43)을 정당화해 주지 않는다. E. Merrill, "The Morgan Fragment of Pliny's Letters", Classical Philology, XVIII, 1923, pp. 97~119가 이 약점을 공격했다: 저자는 알두스와 모건 단편 사이에 47개의 다른 읽기를 보여 주면서 이 단편의 기원도 불확실하다고 지적했다. 랜드는 이 차이들이 심각하지 않다고 논증했다. Harvard Studies in Classical Philology, XXXIV, 1923, 79~119; XXXV, 1927, 137~69. 인쇄물의 평범한 품질이 G. Winship, "The Aldine Pliny of 1508", The Library, Fourth Series, VI, 1925, pp. 358~69와 A. Case, "More about the Aldine Pliny of 1508", ib., XVI, 1935, pp. 173~87에 의해 추가적으로 입증되었다. 현재 편집에 대한 견해는 알두스의 모본과 모건 단편의 완전체가 동일하다고 매우 조심스럽게 받아들인다: R. Mynors' Oxford Classical Text, 1963과 A. N. Sherwin-White, The Letters of Pliny, Oxford, 1966, p. 84 참조. 진실이 무엇이든 간에, 알두스가 매우 이상한 읽기들을 수용했다는 점은 분명하다. 아래의 각주 110 참조.

110 Mynors' text, p. 67, ln. 13: MS. "parva si non cotidie fiant" 참조. 알두스는 'si non' 대신에 'sint'로 읽는다. P. 68, ln. 3: 알두스는 모든 전통들이 'mira'로 읽는 것을 'mirabilis'로 읽는다. P. 68, ln. 8: 알두스는 단편의 'lotus accubat' 대신에 'illic accubat'로 읽는다.

는 알두스의 정보부의 작동 방식뿐만 아니라 충분히 의심을 품을 수 있지만 한 번도 검토되지 않은 그의 생애 동안의 편집의 발전과정도 보여 준다. 이 작품의 온전한 사본은 하나밖에 없는데, 이 상황은 알두스의 시대에도 동일했던 것으로 보인다.[111] 이 사본은 18세기에 마르치아나 국립도서관의 소유가 되었지만, 1514년에는 잔자코모 바르델로네(Giangiacomo Bardellone)라는 만토바 출신 신사의 소유였다. 그는 학자이자 수학자였으며, 곤차가(Gonzaga) 궁정의 지적 무리에서 잘 알려져 있었다. 그는 또한 나바게로와 가스파로 콘타리니*를 포함한 몇몇의 저명한 베네치아 사람들과도 아는 사이였다.[112] 알두스는 헌정사에서 바르델로네의 관대함만 언급한다. 그는 인맥을 통해 필사본에 대해 알게 되었고, 이 사본을 소유하게 되었을 것이다. 알두스와 그의 편집자인 무수루스가 영향력 있는 친구의 소유였던 유일무이한 이 책을 다룬 방식으로

---

111 OAME LXXXIV(vol. I, p. 143): "Nemo enim est, quod sciam, qui extare alium audiverit". Biblioteca Marciana, MS. Graecus 622(851).

* Gasparo Contarini, 1483~1542: 이탈리아 베네치아의 귀족 가문 출신 추기경이자 정치철학자였다. 파도바 대학에서 교육을 받고 외교관이 된 그는 신성로마제국의 카를 5세(Karl V) 궁정에서 베네치아의 대변인으로 있으면서 보름스 제국의회에도 참석했다. 이후에 영국과 스페인, 그리고 바티칸에 파견되었다. 1536년 벨루노의 주교로 임명된 그는 트리엔트 공의회를 계획하면서 『교회 쇄신을 위한 정책』(Consilium de emendanda ecclesia)을 작성했다. 콘타리니는 수많은 신학 작품 외에도 베네치아 정치 체제를 지지하는 『관직과 베네치아 공화국에 대하여』(De magistratibus et republica Venetorum)를 저술했다.

112 지롤라모 프라카스토로(Girolamo Fracastoro)의 대화, 『나바게리우스 혹은 시학에 대하여』(Navagerius sive De Poetica)는 바르델로네와 나바게리우스, 그리고 델라 토레(della Torre) 형제들이 베로나 위의 언덕으로 떠난 탐험을 중심으로 전개된다. Andreae Navagerii patricii Veneti, oratoris et poetae clarissimi Opera Omnia, Padua, 1718, pp. 229f. 콘타리니 H. 제딘(Contarini H. Jedin)과의 접촉에 대해서는 "Contarini und Camaldoli", Archivio italiano per la storia della pietà, II, 1959, Ep. XIII, pp. 42~43 참조. 추가적인 참고문헌은 OAME, n. 1 ad loc. 참조.

인해 많은 비판이 쏟아졌다.[113] 그들은 인쇄소 사본용으로 복사본을 사용하는 대신에 암브로시아나 도서관에 소장된 플루타르코스의 경우처럼 원본을 사용했다. 무수루스의 수정과 불가피한 잉크 자국이 책을 얼룩지웠다. 그들의 행위는 그들이 귀중한 권위를 존중하지 않았다는 것을 함축한다. 그들의 태도가 당시에 일반적이었음을 지적할 필요가 있다. 우리는 이 사실에 놀라서는 안 된다. 알두스와 무수루스는 바르델로네의 헤시키우스를 인도적으로 다뤘다. 이는 몇 달 후에 에라스무스와 요하네스 프로벤*이 바젤에서 도미니쿠스 수도회의 신약 성경을 다루었던 것보다 훨씬 인도적이었다.[114] 헌정사의 수취인인 바르델로네는 전혀 언짢아하지 않았고 오히려 무수루스와 같이 저명한 학자가 그의 사본을 수정해 준 점을 기쁘게 여겼을지도 모른다.

사실 현대 학자들은 이 수정에 감사해야 마땅하다. 이 수정 사항들은 알두스가 세상을 떠나기 불과 5개월 전에 인쇄에 반영되었다. 알두스의 생존하는 마지막 인쇄 사본을 하버드 대학 도서관의 아리스토텔레스 판본과 같은 이전 사본과 비교해 볼 수 있다. 이를 통해 우리는 그 사이에 편집자들과 식자공들의 기술 향상 여부를 가늠해 볼 수 있다. 얼핏 보아도 '알두스의 편집'을 통합되고 일관된 방법으로 취급하기는 불가능해 보인다. 우리는 완전히 신세계를 접하게 된다. 테오프라스토스의 편집자들은 자신들만의 사본으로 작업하면서 40페이지가 넘는 2절판 작품에

---

113  H. Brown, *Venetian Press*, p. 45; E. J. Kenney, *The Classical Text*, p. 18. E. J. 케니 교수는 부당하게도 필사본의 상태를 학문적 수준에도 적용한다.

*  Johannes Froben, 1460?~1527: 독일 함멜부르크 출신의 인문주의 인쇄업자였다. 1491년에 바젤로 옮겨 아머바흐의 작업실에서 인쇄업자와 학문적인 편집자가 되기 위한 훈련을 받았다. 아머바흐의 사후에 독립적으로 인쇄소를 세워 성경과 교부 작품을 중심으로 출판했다. 에라스무스의 『그리스어 신약 성경』을 출판했으며, 루터의 글도 출판했다.

114  Universitätsbibliothek, Basel, MS. Graecus AN IV, i ex B VI 25.

서 아홉 개의 구절을 수정했으며, 이에 버금가는 숫자의 주석을 달았다. 이에 반해 무수루스는 규칙적으로 2절판 한 페이지당 20~30군데를 수정하거나 주석했다. 그의 교정은 종종 상당히 예리했는데, 이 작품의 가장 최근 편집자도 그에게 감사의 찬사를 보낸다.[115]

고려되어야 할 점은 학문의 수준만이 아니다. 우리는 이미 알두스의 초기 본문들에서 편집자들의 모호한 수정과 지시 사항의 결여가 식자공들을 혼동에 빠뜨리고 오류를 증가시켰다는 사실을 살펴보았다. 1514년에 이르러 이 문제는 해결되었다. 나는 필사본과 인쇄본을 전적으로 분석했다고 주장하지는 못한다. 그러나 『사전』의 여러 단락들에서 임의로 24개의 수정을 선택해 분석해 본 결과, 인쇄공들은 모든 경우에 수정 사항을 완벽하게 반영했다.

이런 발전에 놀랄 필요는 전혀 없다. 대부분의 알두스 판본들은 한 명의 학자가 아닌 한 집단의 작품이었을 것이다. 즉 한 사람의 관찰이 아닌 수많은 사람들의 의견을 총합한 것이었다. 무수루스는 최소한 1497년부터 알두스가 세상을 떠날 때까지 그와 지속적으로 함께 일했다. 그 외의 시간은 베네치아나 파도바에서 그리스 작가들을 해설하면서 보냈다. 나바게로가 무대에 등장한 일은 이후의 일이다. 아냐델로(Agnadello) 전투와 1523년 갑작스러운 공적 생활로의 복귀 사이에 그는 강박에 가까운 라틴 고전의 편집자가 되었다. 그는 베르길리우스, 키케로, 퀸틸리아누스, 루크레티우스, 오비디우스, 테렌티우스, 그리고 이외의 작가들의 본문을 다뤘다.[116] 이와 같은 인물들이 에라스무스가 묘사한 상황에서

115 *Hesychii Alexandrini Lexicon*, recensuit et emendavit Kurt Latte, Hauniae, 1953, pp. xxv, xxxiii etc.
116 알두스의 『혜렌니우스에게 바친 수사학』(OAME vol. I, p. 130) 서문에서 나바게로가 그에게 라틴 시인 작품들을 더 출판해 달라고 조르는 반(半)농담조의 묘사를 한다. 나바게로의 경력과 활동에 대해서는 E. Cicogna, *Delle iscrizioni*

15년 내지 20년을 일하면서 작업을 위한 문헌학적인 기술을 습득하지 않았을 리가 없다. 그들은 또한 자신들과 긴밀히 연결된 단체의 구성원들을 안내하기 위한 몇 가지 새로운 의사소통 방법도 배웠을 것이다. 알두스의 편집 방법은 완성된 상태로 하늘에서 뚝 떨어진 것이 아니었다. 그것은 수많은 시간에 걸쳐 개발되어야 했다.

그렇지 않아도 복잡한 이 책에서, 가장 복잡한 내용을 다루는 부분에서 여기까지 인내하고 읽은 독자들은 내가 알두스의 편집 분야에 대해 정확함과 공정함을 동시에 만족시킬 수 없다는 사실을 알아차렸을 것이다. 자료들이 부족할 뿐만 아니라 법칙도 변경되었다. 우리의 기준에서 볼 때, 알두스가 과장을 했다는 사실에는 의심의 여지가 없다. 그는 당시 작가들의 본문을 글자 그대로 따랐다고 주장했지만, 사실 그들의 본문을 야만적으로 다뤘다. 그는 고대의 권위를 존중한다고 주장했지만, 그 권위의 참된 위상과 의의를 깨닫는 데 전적으로 실패했다. 더욱이 그는 자신의 주장을 가장 설득력 있는 언어로 포장했다. 현대의 본문 비평가에게는 두 가지 선택지가 있다. 그는 알두스의 주장을 그저 통상적인 표현으로 받아들일 수 있다. 그렇다면 그는 알두스를 심각한 권위로는 받아들이지 않을 것이다. 반대로 그는 알두스가 편집한 본문을 완전히 새로운 기술의 도움으로 무장한 채 접근할 수 있다. 즉 일관된 필사본 목록과 고문서학 안내서, 그리고 축적된 문헌학적인 전문 지식의 체계를 앞세워 알두스를 향해 진군해 나갈 수 있다. 그는 알두스의 명성에 대해 익히 알고 있고, 경탄스러운 학문적 위업을 기대하면서 알두스 판의 본문을 펼친다. 그는 기대했던 바를 찾지 못하자 알두스의 원시적인 노력들을 하찮은 것으로 치부해 버린다. 그는 알두스에 대해 가공할 만한 무구들을

---

*veneziane*, vol. VI, 1853, pp. 173f. 참조. 그는 현대 비평가들의 입에 종종 거론되지만, 그에 대한 포괄적인 다른 연구서는 없다.

사용할 수 있지만, 알두스와 그의 동료들이 정보교환을 격려함으로써 자신의 무구들이 준비되었다는 사실을 깨닫지 못한다. 그는 알두스의 편집을 일관된 하나의 체계로 생각했으나, 이에 반하는 한두 개의 증거를 발견하고는 주저없이 알두스의 체계를 비난한다.

알두스가 페트라르카와 산나자로, 그리고 폰타노의 작품들을 제멋대로 다루었다면 그것이 그에게 기대되었던 바였기 때문이다. 아니, 그것은 그의 의무였다. 당시의 편집자였던 피에트로 수몬테는 폰타노의 자필본에서 발견한 나폴리 장소명의 다양한 형태들로 인해 고민했다. 그는 자신이 알고 있던 유일한 기준인 라틴어 표기를 기준 삼아 모든 형태들을 동화시켰다.[117] 토착어에 대한 철자법은 없었다. 여기에 규칙을 부과하는 것은 대체로 편집자의 몫이었다. 알두스가 그리스어와 라틴어 필사본을 다루었던 방식은 순진해 보일지도 모르지만 우리가 기억해야 할 사실이 있다. 첫째, 1500년에 필사본에 대한 정보를 얻는 것은 오늘날보다 훨씬 어려웠다. 둘째, 당시 여론의 분위기에서 필사본에 대한 언급은 편집자가 자신의 판단력을 불신한다는 것으로 간주되었다. 알두스는 마르치아나 도서관에 소장된 책들을 발견하지 못했던 것이 분명하다. 파라시오스가 『카타렙톤』에 대한 긴 수정 목록을 보냈을 때, 알두스는 자신이 모본들을 비교하는 데 많은 시간을 할애했다고 자신을 방어할 필요를 느꼈을 것이다. 그는 어떤 사람들이 그들의 라틴어 실력을 과시하고 싶어 한다는 사실을 알고 있었다. 이들은 베르길리우스가 마땅히 해야 했던 말을 자신들이 알고 있다고 세상에 떠벌렸다.[118] 1493년에 마테오 보시(Matteo Bossi)는 폴리치아노에게 고대의 아우소니우스\*를 보내

---

117  C. Pascal, "Una lettera pontoniana del Summonte ed un autografo inedito del Pontano", *Atti del Reale Accademia Pontoniana*, LVI, 1926, pp. 178~86.

118  E. Pastorello, *Inedita Manutiana*, p. 11: "Non me fugit, hoc observandi genus ex collatione exemplarium a quibusdam irrisum: quasi iudicio potius oporteat niti."

면서 편지에 양해의 말을 함축했다. "허나 저는 다른 사람들이 묵은 와인에 감탄하듯이, 당신이 오래된 책에 감탄하는 모습을 여러 번 목격했지요."[119] 이른 시기의 필사본과 고문서학은 아직 비평 학문의 중요한 부분으로 간주되지 않았다. 그것은 마치 고급 포트와인에 대한 기호와 같이 학자들에게 국한된 괴짜 같은 관심이었다. 알두스를 이러한 배경 속에서 바라보면, 그가 그토록 많은 것을 성취했다는 사실에 경탄하게 된다.

알두스의 편집이 하나의 거대한 체계였다는 생각은 반드시 폐기되어야 한다. 그것은 일종의 '제국의 비밀'(arcanum imperii)과 같이, 고전학의 경로를 바꾸지 않았다. 알두스 판 본문의 품질은 본문을 위해 사용된 모본과 편집자, 그리고 편집자가 모본을 활용한 방법에 달렸다. 각각의 작품들은 독립적으로 평가되어야 한다. 알두스의 주된 학문적 기여는 본문의 질을 향상시키는 데 있지 않았다. 물론 이런 기여를 한 경우도 있었지만, 그의 주된 기여는 일반 연구에 사용될 수 있는 자료들을 크게 확장했다는 데 있다. 결론적으로 알두스는 자신의 부족한 점들을 결코 부인하지 않았다. 데모스테네스 본문이 출시된 지 5년 후에도 그는 여전히 그것을 데켐브리오의 도움으로 피렌체 필사본의 읽기와 대조해 점검하고 있었다.[120] 그는 비잔티움의 스테파누스의 본문에서는 자신의 필사본이 잘못되었다는 이유로 한 첩의 표기를 완전히 누락시켰다. 그는 독자들에게 누락된 부분을 스스로 찾아 채워 넣을 수 있는 기회를 주고자 했다.

---

* Ausonius, 310?~93?: 4세기 후반 로마의 가장 유명한 시인으로서 보르도에서 문법과 수사학을 가르쳤다. 364년에 미래의 황제가 될 그라티아누스의 가정교사로 소환되어 중요한 관직도 맡았다. 수많은 작품이 『소작품들』(Opuscula)이란 제목으로 전해진다.

119 *Familiares et Secundae Epistolae*, Vicentius Bertochus, Mantua, 1498, Ep. LX(페이지 숫자가 매겨져 있지 않음).

120 E. Pastorello, *op. cit.*, pp. 5~6, no. 203.

그들이 누락된 부분을 찾을 수 있을 만큼 운이 좋다면 말이다.[121] 그는 이해할 수 없는 본문에 별표 표시를 하는 관습을 창시했다.[122] 알두스는 정신이 온전할 때에는 자신을 위대한 전승의 일개 전파자로 간주했으며, 그의 회사는 훨씬 거대한 과정의 한 부품에 불과하다고 생각했다. 그는 또한 훨씬 위대한 고전 편집자들에게 발견되지 않는 자질도 가지고 있었다. 그는 자신이 오류를 범할 수 있다고 인정했던 것이다.

---

121  f. L viii r에 있는 판권 면의 내용. "Nota, lector, deesse in libro quarternionem ZF, quia non extat reliquum cappae litterae: relictus est igitur locus, ut si forte quispiam quod deest, aliquando invenerit, illud commode huic libro queat adiungere."

122  OAME XXXIII.

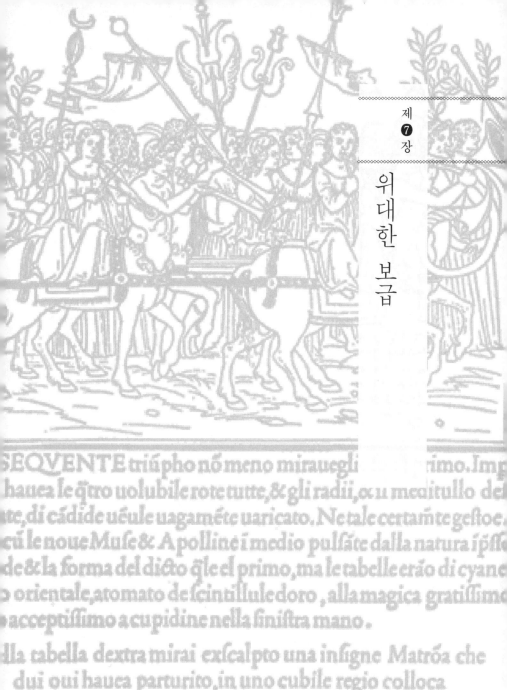

SEQVENTE triúpho nõ meno mirauegli       rimo. Imp
hauea le q̃tro uolubile rote tutte, & gli radii, o̅ u meɑitullo del
te, di cádide uéule uagaméte uaricato. Ne tale certaɱte geſtoe.
cú le noue Muſe & Apolliné ĩ medio pulſáte dalla natura í p̄ſſ
de & la forma del dícto q̃le el primo, ma le tabelle erão di cyane
o orientale, atomato de ſcintillule doro, alla magica gratiſſim
acceptiſſimo a cupidine nella ſiniſtra mano.

lla tabella dextra mirai exſcalpto una infigne Matróa che
dui oui hauea parturito, in uno cubile regio colloca
ta, di uno mirabile pallacio, Cum obſtetrice ſtu
pefacte, & multe altre matrone & aſtante
Nymphe Degli quali uſciua de
uno una flammula, & dela
tro ouo due ſpectatiſſi
me ſtelle.

알두스는 학계의 동료들을 비롯해 별로 달갑지 않은 요르단 폰 딘스라 켄 같은 사업가의 도움으로 유럽 전역에 책을 보급했다. 그가 유포한 책의 부수를 정확히 산출하는 것은 불가능하다고 생각한다. 대부분의 학자들은 알두스가 한 번에 찍는 인쇄 부수가 대략 1,000부 정도 되었다고 간주한다. 데모스테네스의 『연설문』의 경우는 더 적었을 것이다. 이런 경우들을 고려하더라도, 알두스가 생산한 부수는 총 10만~12만 부에 달했다고 산출할 수 있을 것이다. 나는 알두스가 이보다 훨씬 많은 부수를 출판했다고 생각한다. 아반치오의 카툴루스 8절판의 서문은 이 작품이 3,000부 생산되었음을 보여 준다. 대중적인 라틴어 작품 하나에 적용되는 수치가 다른 작품들에서도 반복되었을 수 있다.[1] 1460년대에도 한번에 1,000부를 찍는 판본들이 있었지만, 판본 하나에 3,000부가 넘는

---

1  1,000부로 추정되는 인쇄 부수는 에우리피데스의 서문에 근거한 수치이다(OAME XLVI). 그러나 데모스테네스의 서문에는 더 적은 부수가("admodum quam puaca") 인쇄되었다는 암시가 발견된다(*Ib.*, LVI, vol. I, p. 88). 가끔 인쇄된 정치 및 추도 연설이 큰 판으로 출판되었을 가능성은 희박하다. 아반치오의 카툴루스 서문에 대해서는 이 책의 제4장 주 96 참조. 르누아르는 단어 선택의 타당성을 알아차리지 못한 것으로 보인다. G. 오를란디(G. Orlandi)는 이 본문을 복제하지 않는다.

부수를 생산한 인쇄업자는 없었다. 적어도 종교개혁 초기의 과열된 논쟁으로 수요가 팽창되기 이전에는 발견할 수 없다.[2] 알두스가 유럽에서 가장 활발했던 인쇄 활동의 시기에 가장 활약했던 인물이었다는 점은 분명하다. 적어도 1499년과 1504년 사이와 1512년 이후에는 그랬다. 그가 만일 발행부수가 3,000부에 달하는 판본들을 생산했다고 친다면, 그는 순전히 숫자적인 면에서 당시 유럽의 문학 유통에 가장 중요한 초점으로 간주되어야 한다.

알두스 판들의 다양성과 시기적절한 출판은 그 수치보다 더 중요했다. 8절판 라틴어 작품들은 가격을 인하해 더 많은 사람들에게 보급하기 위한 시도로 고안된 것이 아닐 수도 있으며, 다른 다양한 판들에서 이런 방식으로 출판된 작품들을 구할 수 있었다. 하지만 이런 책들을 쉽게 다룰 수 있었다는 사실은 해당 작가들을 널리 알리는 데 충분히 강력한 요소였을 것이다. 알두스는 본문들의 본문으로서 품질 여부와 무관하게 초기 그리스어 출판계를 전적으로 지배했다. 그는 94명의 고전 시기와 그 이후의 그리스 작가들의 초판본을 생산했다. 출판된 작품들 중에는 위작(僞作)들을 비롯해 가치가 없는 작가들의 작품들도 포함되었지만 플라톤과 아리스토텔레스, 역사가 헤로도토스와 투키디데스, 그리고 크세노폰, 데모스테네스를 비롯한 아테네의 모든 소(小)연설가들도 포함되었다. 뿐만 아니라 알두스의 사후에야 발견되었던 아이스킬로스를 제외한 모든 그리스 극작가들도 포함되었다.[3] 이는 15세기 인문주의자들이

2  R. 히르시(R. Hirsch)는 1508년에 과리노 문법서가 3,000부 인쇄되었다고 언급한다: *Printing*, p. 65. 종교개혁 초기에 인쇄 자료들의 엄청난 확장에 대해서는 A. G. Dickens, *The German Nation and Martin Luther*, London, 1974, pp. 112~15 참조.
3  이것은 "포괄적인"(catch-all) 추정이다. 여기에는 모음집의 일부를 구성한 개별 작가들도 포함되었다. 또한 이전까지는 부분적으로만 편집되었고, 처음으로 작품 전체가 편집된 에우리피데스와 같은 작가들도 포함되었다. 1499년에 인쇄된 편지 모음집의 일부는 오늘날에는 위작으로 판명날 것이 분명하다. 아이스킬로스의 작품

재구성했던 그리스 문학의 단면을 대부분 포괄하는 목록이다. 이를 통해 그리스 작품들이 현대 세계로 전달되었다.

알두스의 방대한 작업량은 이런 과정을 통해 전파되었다. 이는 서유럽 문화의 역사에서 그의 위치에 대한 중요한 질문을 야기한다. 오늘날 역사의 전환점에 대한 논의나 개인적인 영웅담은 구식이 되어버렸지만, 알두스의 인쇄사업은 문화 및 정치적 격동의 시기를 아우른다. 이것이 시사하는 바가 있을 것이다. 그는 폴리치아노와 피코 델라 미란돌라가 임종하는 순간에도 회사를 운영하면서 최초의 판본을 준비 중이었다. 그때 프랑스 군대는 샤를 8세(Charles VIII)의 뒤를 따라 피렌체로 진군하고 있었다.[4] 그는 야누스 라스카리스가 제공한 그리스어와 라틴어 본문을 작업하고 있었는데, 라스카리스가 대변했던 바로 그 세력이 아냐델로 전투에서 이탈리아 최후의 독립적인 군사 및 정치 세력을 분쇄하기까지 작업에 매달렸다.[5] 알두스는 마리냐노에서 프랑스-베네치아(Franco-Venetian)가 승리하기 6개월 전에 세상을 떠났다. 이로써 이탈리아의 외적 침입 첫 단계가 막을 내렸다.[6] 따라서 그는 1세기 반 동안의 지적 활동의 열매를 대량으로 제공했다. 뿐만 아니라 그는 북쪽 국가들의 조신들과 예술 애호가들이 대거 몰려와 자신의 작품을 맛볼 수 있는 시기적절한 때에 생산했던 것이다. 만일 알두스가 그리스의 유산을 인쇄하지 않았더라면 다른 누군가가 그 일을 했을 것이라고 주장할 수 있을지도

---

들은 1518년에 비로소 출판되었다: RAIA p. 193.

4  피코 델라 미란돌라는 프랑스 군대가 피렌체에 난입했던 1494년 11월 17일에 사망했다. P. Villari, *Life and Times of Gerolamo Savonarola*, Florence, 1888, p. 232.

5  이 책의 제4장 주 152, 제6장 주 102~03 참조. 그리스 연설가들에 대한 작업은 라스카리스가 베네치아를 떠났을 때와 판본이 출시되었던 1513년 사이에 지속되었을 것이다.

6  이 시대 구분은 P. Pieri, *La crisi militare*와 A. Renaudet, *Préréforme et Humanisme à Paris pendant les Premières guèrres en Italie*, Paris, 1916의 제안이다.

모른다. 이는 틀린 주장이 아니다. 이미 그리스 유산의 생존은 확정된 사실이었다. 그러나 바르바리고와 토레사니, 그리고 마누티우스의 회사는 쉽게 모방할 수 없는 경제적·지적 세력들의 결합을 대변했다. 이 기간 동안에 메디치 가문의 도서관이나 마르치아나 도서관의 운명은 당시 가장 견고하다고 여겨졌던 중심지들마저 얼마나 취약했는지 보여 준다. 결국 이 일을 이뤄낸 사람은 알두스였다. 그는 당대 사람들의 인정을 받았다. 에라스무스는 알두스가 도서관을 구축하고 있는데, 이 도서관은 기존의 위대한 도서관들처럼 시공간의 제한을 받지 않고, 또한 세상이라는 경계 외에는 경계가 없다고 기록한다. 토머스 모어(Thomas More)는 여기서 한발 더 나아갔다. 그는 알려진 세계의 한계 밖으로 라파엘 히슬로데이*를 내보냈다. 이는 그가 여행 가방에 들고 다녔던 휴대용 알두스 판을 통해 유토피아인들에게 그리스어를 소개하기 위함이었다.[7]

알두스의 인맥이 지닌 국제적인 위상에 대해서는 이미 여러 번 언급했다. 여기서 주의할 점이 있다. 알두스와 관련된 대부분의 사람들은 그들의 나라에서 동일하게 영향력 있는 동아리의 지도자였거나 곧 지도자가 될 인물들이었다. 그로신과 리너커, 래티머는 영국에서, 로이힐린과 켈티스, 무티안(Mutian)은 신성로마제국에서, 그리고 르페브르(Lefèvre)와 뷔데, 그의 양자인 알레안드로는 프랑스에서 영향력을 행사했다. 에라스무스는 모든 곳에서 영향력을 행사했다. 이 위대한 인물들의 경력과 편지, 그리고 때때로 도서관은 그들 모두가 알두스에게 진 빚을 보여 준다. 물론 알두스가 이들에게 진 빚도 보여 준다. 이 증거는 우리로 하여금 적어도 르네상스 이탈리아를 르네상스 유럽과 연결했던 가장 중요한 동맥

---

* Raphael Hythlodaye: 모어의 대표작인 『유토피아』(*Utopia*)에 나오는 선원(船員).

7 M. M. Philips, *The Adages of Erasmus*, pp. 180~81. T. More, *Utopia*, ed. P. Turner, London, 1965, p. 100.

중 하나를 집어낼 수 있도록 도와준다.[8]

알두스와 처음으로 확실하고 지속적인 지적 관계를 맺은 외국 방문객은 놀랍게도 영국인들이었다. 이것이 놀라운 이유는, 14세기 말과 15세기에 영국 철학자 둔스 스코투스(Duns Scotus)와 윌리엄 오컴(William Ockham)의 추종자들이 대학에서 득세한 사건은 고전문학을 옹호했던 이탈리아인들의 적대감을 샀는데, 알두스는 이탈리아인들의 관심을 가장 강력하게 대변했기 때문이다. 인문주의자들에게 '영국인'이란 단어는 반(反)계몽주의와 깊이 뿌리박은 학업적 특혜의 악취를 풍겼는데, 이는 근거 없는 말이 아니었다.[9] 알두스는 이 모든 일들을 잘 알고 있었다. 그는 1499년에 리너커와 그로신에게 개인적인 찬사를 바치면서 당혹감을 간신히 억누른 어조로 글을 쓴다.

한때 영국으로부터는 야만적이고 미개한 가르침이 나왔습니다. 이 가르침이 이탈리아를 장악했고, 지금도 여전히 우리의 성채들을 붙들고 있습니다. 그러나 나는 이제 영국인들이 우리를 도와 야만성을 내쫓

---

8   이탈리아인들과 북유럽인들 사이에서 벌어진 논쟁에 관한 참고문헌에 대해서는 G. Manacorda, "Notizie intorno alle fonti di alcuni motivi satirici", *Romanische Forschungen* XXII, 1908, pp. 733~60 참조. 특정 국가들에 대해서는 A. G. Dickens, *The German Nation*, pp. 21~48; H. Hornik, "Three interpretations of the French Renaissance", in W. Gundersheimer, ed., *French Humanism, 1470~1600*, London, 1969, pp. 19~47; F. Simone, *The French Renaissance*, trans. G. Hall, London, 1969 참조.

9   E. Garin, "La cultura fiorentina nella seconda metà dell'300 e i 'barbari Britanni'", *Rassegna della letteratura italiana*, Anno 64, no. 2, 1960, pp. 181~95. G. Parks, *The English Traveller to Italy*, pp. 448~54는 다량의 영국 스콜라 저자들의 필사본들이 파도바에 살아남았다고 언급한다. 또한 미카엘 스코투스(Michael Scotus)와 요하네스 데 사크로보스코(Johannes de Sacrobosco) 같은 작가들에 대한 폭넓은 연구를 지적한다.

을 것이란 희망을 품게 되었습니다. 더욱이 우리가 그들로부터 진실로 세련된 라틴어의 가르침을 얻게 되리라 희망합니다. 이로써 상처를 입었던 동일한 창으로 상처가 치유될 것입니다.[10]

이 관계가 정확히 어떻게, 그리고 언제 형성되었는지는 분명하지 않지만 리너커가 핵심 인물이었다는 점은 확실하다. 그는 로마 대사인 윌리엄 셸링(William Sellyng)과 함께 1487년에 도착했지만 곧 피렌체로 옮았던 것으로 보인다. 거기서 그는 동포이자 옥스퍼드에서의 동년배였던 그로신을 만났다.[11] 두 사람은 1년 혹은 2년 동안 라우렌치아나(Laurentian) 무리*의 쇠퇴해 가는 영광을 누렸다. 이들은 칼콘딜라스와 폴리치아노의 감독 아래 그리스어를 처음 배우기 시작했거나 기존의 실력을 크게 향상시켰다. 이후에 그들의 행로는 다소 엇갈렸다. 그로신은 1491년에 영국으로 귀국했던 것으로 보인다. 이후 그는 알두스에 대해 최고의 존경을 가지게 되었고 그의 작품에도 얼마간의 편집적인 기여를 했으나, 두 사람이 만났을 가능성은 희박하다.[12]

---

10  OAME XVII(『고대 천문학자들』(*Astronomici Veteres*)을 알베르토 피오에게 바치는 헌정사).

11  G. Parks, *op. cit.*, pp. 457f.; R. Weiss, "Notes on Thomas Linacre", in *Miscellanea Giovanni Mercati*, vol. IV, Città del Vaticano, 1956, pp. 373~80.

•  국부(國父) 코시모 데 메디치가 산마르코 수도원 내에 세웠던 메디치 도서관에는 학문의 보고인 많은 고대 문헌들을 소장하고 있었다. 이 문헌들을 추후 라우렌치아나 도서관으로 옮겼는데, 이곳은 당시 인문학의 메카로 피렌체 학예의 중심지가 되었다. '라우렌치아나 무리'라는 표현은 바로 이 도서관에서 학문 연구와 토론을 위해 모였던 당대의 지식인들을 말한다.

12  알두스가 『고대 천문학자들』과 함께 출판한 그로신의 편지는 리너커가 중개인 역할을 했음을 암시한다. 본문은 BP pp. 240~41에 있다. 리너커와 그로신이 그리스어를 1480년대에 옥스퍼드에서 배우기 시작했을 가능성이 있다. 리너커가 1489년의 유증으로 두 권의 그리스어 책을 받았기 때문이다: J. Bennett, "John

리너커는 목표로 삼았던 의학 학위를 취득하기 위해 피렌체에서 파도바로 옮겼고 1496년 8월 30일에 마침내 목표를 달성했다.[13] 그의 이름이 아리스토텔레스의 세 권의 서문에 언급된다는 사실로 미루어보아 그는 이때 이미 알두스와 함께 일하고 있었을 것이다. 이 책은 이듬해 초에 출시되었는데, 아마도 수개월 혹은 수년 전부터 준비과정에 있었을 것이다.[14] 피렌체에 있는 공통된 지인들이 두 사람의 협력관계를 제안했을지도 모른다. 이 관계는 리너커가 파도바에 도착한 후에 이내 형성된 것으로 보인다. 우리가 리너커의 작업 범위를 더 정확하게 파악하지 못한다는 점은 아쉽다. 그가 하버드 대학 도서관에 소장된 필사본의 편찬에 참여했는지 알 수 있다면 흥미로울 것이기 때문이다. 불행하게도 그는 상당히 불분명한 편집팀의 구성원이었다. 그의 기여도 완성된 작품 속에 완전히 파묻혀 있다. 알두스가 그의 기여를 높이 샀다는 점과 두 사람이 친밀한 관계를 맺었다는 점은 확실하다. 리너커의 이름은 작업에 관여했던 여타 학자들의 이름보다 먼저 서문에 등장한다. 찬사에서는 그가 베네치아에서 일했다는 사실을 명시하기 때문에, 그는 알두스와 함께 거주했을 수도 있다. 그의 친구인 에라스무스가 10년 후에 그러했듯이 말이다. 알두스가 1499년에 자신의 판본 『고대 천문학자들』(*Astronomici Veteres*)을 알베르토 피오에게 헌정했을 때, 그는 군주와 리너커의 '따뜻한 우정'을 언급한다. 알두스는 불과 2년 전에 알베르토에게 리너커를 무명의 외국인으로 소개했다. 교양 있는 야만인이었던 리너커를 고위층에

Morer's Will: Thomas Linacre and Prior Sellyng's Greek Teaching", *Studies in the Renaissance*, XV, 1968, pp. 70~89.

13  리너커가 이탈리아에 거주했던 날짜에 대해서는 이 책의 제3장 주 84의 P. S. Allen, "Linacre and Latimer in Italy" 참조. 그의 박사학위 날짜에 대해서는 R. J. Mitchell, "Thomas Linacre in Italy", *English Historical Review* L, 1935, pp. 696~98 참조.

14  OAME VIII. 그리고 날짜에 대해서는 이 책의 제3장 주 2에 인용된 R. Christie, "Chronology of the Early Aldines" 참조.

소개할 만한 가치가 있었던 것이다.[15]

이런 관계가 영국에 어떤 영향력을 끼쳤는지 추적하는 일은 잠시 미루도록 하자. 우리는 알두스의 작업장 주위에 몰려들었던 모든 외국 방문객에게 약간의 변화만 가하면 적용할 수 있는 사실들을 지적해야 한다. 이 경우에 중심 인물은 리너커였지만 그는 무기한적으로 밖을 향해 확장하는 체제의 핵심에 불과했다. 곧 옥스퍼드에서 레지널드 폴(Reginald Pole)의 개인교사가 될 래티머는 알두스에게 다른 사람의 침대를 빌려줄 만큼 그와 친밀했다. 두 사람 사이의 거래가 이것뿐이었다고 믿기 힘들다. 1507년에 에라스무스는 이후 런던의 주교가 된 턴스털을 에우리피데스의 번역을 찬양한 공통의 동료 중 한 명으로 언급한다. 턴스털은 16세기의 첫 몇 년 동안을 파도바에 머물렀던 것이 확실하다. 거기서 그는 또 다른 영국인 방문객인 리처드 페이스(Richard Pace)의 학업을 격려했다.[16] 페이스는 1504년에 베네치아에서 그리스 문학을 찬양하는 연설을 낭독했다고 인정받는다. 이 사건을 같은 해에 알두스의 동료들이 시작했던 운동과 어떻게든 연결하고자 하는 강력한 유혹에 빠진다.[17] 증거는 전적으로 정황적이다. 우리에게는 턴스털에 대한 에라스무스의 스쳐가는 듯한 언급밖에 없다. 페이스와의 인연에 대해서는 아무런 언급도 없다. 영국과 이탈리아라는 문화적 배경을 공유하는 5~6명의 긴밀하게 연결된 젊은이들의 중요성은 그 자체로 명백하다. 이들은 고전의 부흥과 상류 사회와의 인맥도 공유했다. 지적인 움직임은 이런 사람들에 의해

---

15  P. S. Allen, *op. cit.*, p. 515.

16  CAM 87; P. S. Allen I, p. 438; G. Sturge, *Cuthbert Tunstall-Churchman, Scholar, Statesman, Administrator*, London, 1938, pp. 8~17.

17  이 사건은 페이스의 전기 작가인 J. Wegg, *Richard Pace, a Tudor Diplomatist*, London, 1932, pp. 5~12에 의해 언급된다. 연설의 사본은 인용되지 않는다. 페이스는 이후의 대화편인 『교육의 결실에 대하여』(*De fructu doctrinae*)에서 알두스를 언급하지 않는다. 당시 베네치아의 상황에 대해서는 이 책의 제5장 주 83~87 참조.

일어난다.

리너커가 1498년에 귀국했을 때, 그의 명성은 경이롭게 부풀려진 상
태였다. 그는 왕세자였던 아서(Arthur) 왕자의 개인교사로 임명되었다.[18]
이 여행자는 명예로운 학위와 행복한 기억들만 가지고 돌아왔던 것은
아니었다. 옥스퍼드 대학의 뉴칼리지 도서관은 여전히 장엄한 알두스 판
아리스토텔레스 작품들을 소장하고 있다. 피지에 기록된 이 판의 각권에
는 'Thomae Linacri'라는 깔끔한 명문이 새겨져 있다. 이 값진 자료의 전
집은 이것이 유일하다. 근처에 위치한 코퍼스 크리스티(Corpus Christi)
도서관에 소장된 전집에는 제1권만 누락되어 있고, 남아 있는 책 중 한
권에는 'Wm. Grocyni'라는 서명이 기입되어 있다.[19] 아리스토텔레스의
작품은 종이본도 11두카토에 달했다는 사실을 상기할 필요가 있다. 이
것은 15세기의 가장 비싼 판본에 해당한다. 피지 사본의 비용은 종이 사
본보다 적어도 다섯 배는 비쌌을 것이다. 누가 비용을 부담했든지 간에,
이 두 전집은 이탈리아 학문에 대한 막대한 투자였다. 이는 영국 내에서
이탈리아 학문의 미래를 위한 투자이기도 했다.[20]

18  BP p. 242에 있는 리너커가 아서 왕자에게 바친 프로클로스의 『천구에 대하여』
    (De Sphaera) 헌정사 참조.
19  New College Ω 7.1~6: Corpus Christi, Φ B 5: 8. 여타의 피지 사본 낱권들에 대
    해서는 D. Fava, "Libri membranacei stampati in Italia nel Quattrocento", GJB,
    1937, pp. 55~84 참조. 이들은 A. 르누아르(A. Renourard)의 가정보다 훨씬 드물
    다. 그가 언급한 피렌체의 리카르디아나 도서관에 소장된 것들은 사실 고급 종이
    에 기록되었기 때문이다. RAIA p. 9.
20  이 책의 제4장 주 19 참조. 불행하게도 피지 전집 가격이 얼마였는지 정확하게 말
    하는 것은 불가능하다. 알두스는 비범한 출판에 있어서는 상당한 정도의 유연성
    을 보였을 것이다. 피지와 종이 가격의 비율은 알두스가 이사벨라 데스테-곤차가
    에게 했던 말에 견주어 가늠할 수 있다. 카툴루스와 루카누스 종이본은 1리라였
    고, 피지본은 3두카토였다. 이 경우에 알두스는 삽화가 추가된 사본을 팔고 있다
    는 점을 감안할 필요가 있다. 옥스퍼드의 아리스토텔레스는 전부 글자로만 구성

더 중요한 점은 이 책들이 전시용이 아니었으며, 홀로 있지도 않았을 것이라는 점이다. 두 전집 모두 상당한 양의 주석을 포함하는데, 이는 이 사본들이 연구와 교육을 위한 용도로 사용되었음을 의미한다. 뉴칼리지 도서관 사본의 옆면에도 매우 유사한 글씨체로 초기 알두스의 주석들이 기록되어 있다.『풍요의 뿔: 보고』사본과 아리스토파네스 사본은 1498년에 리너커가 가지고 왔을 수도 있다.『그리스 편지 작가들』과 루키아노스의 풍자(Satires of Lucian)가 이후에 뒤쫓았을 것이다. 우리가 앞으로 살펴보겠지만, 영국과 베네치아 사이의 의사소통 경로는 리너커의 귀국 후년(後年)부터 상당히 확대되었다.[21] 그로신과 리너커는 16세기 초에 런던에서 열광적인 학생들의 무리에 공공 강연뿐만 아니라 개인 지도도 했던 것으로 보인다. 이 책들을 비롯한 유사한 책들이 그들의 활동에 과연 어떤 역할을 했는지 궁금증이 생긴다. 이에 대한 확실한 답변은 우리의 손이 닿는 곳 너머에 있다. 젊은 토머스 모어는 그로신을 '나의 학습 교사'라고 부르고 리너커를 '내 수고의 가장 소중한 동료'라고 부르면서, 1501년 말에 "그리스어를 공부하기 위해 라틴어 책을 등한시했다"라는 의미심장한 내용을 덧붙인다.[22] 유감스럽게도 모어는 자신의 공부 방법에 대해 정확히 말해 주지 않는다. 그를 가르쳤던 두 교사의 도서관 책 목록에 대한 우리의 지식도 불완전해 재구성을 더욱 어렵게 만든다.[23] 모어가 그의 영웅 라파엘로 하여금 유토피아인들에게 전해 주도

---

된 사본이었다. A. Baschet, Doc. XII, p. 26.

21  New College, Ω 6.7(아리스토파네스), 6.6(풍요의 뿔), 4.4(편지 작가들), 5.6(루키아노스).

22  E. Rogers, ed., *St. Thomas More: selected Letters*, Yale, 1961, no. 2, p. 6, no. 1, p. 2. 추가 증거를 위해서는 P. Hogrefe, *The Life and Times of Sir Thomas Elyot, Englishman*, Iowa, 1967, pp. 52f. 참조.

23  이 장의 주 11에 인용된 R. Weiss, *op. cit.*은 한때 리너커가 소유했던 책 몇 권을 언급하면서도 그의 도서관 목록 전체를 재구성할 수 없음을 인정한다. 옥스퍼드의

록 지시했던 그리스어 책들은 상당히 뜻깊은 목록이다. 플라톤, 아리스
토텔레스, 테오프라스토스, 플루타르코스, 루키아노스, 헤시키우스의 사
전, 가자와 라스카리스의 문법서, 호메로스, 아리스토파네스, 에우리피
데스, 소포클레스, 헤로도토스와 투키디데스, 이 모두가 알두스 판들이
다. 심지어 테오프라스토스의 상태에 대한 불가사의한 농담도 등장한다.
이는 어쩌면 리너커가 이 작품의 유일한 사본에 들인 노고를 인정하는
언급일지도 모른다. 이 농담의 의미는 미묘하게 감춰져 있지만, 본문 전
반의 내용은 모어가 알두스에게 빚을 졌다는 사실을 그로신이 1499년에
보낸 화려한 편지에서 그랬던 것처럼 감사한 마음으로 인정한다.[24]

그 세기 초의 정확한 정보 없이도 우리는 이후 20년 동안 영국 인문주
의에 알두스의 영향력이 점점 커졌으리라고 확신할 수 있다. 그의 책들
은 더 이상 우발적으로 전해지는 것이 아니라 이미 일상적인 운송물이
되었다. 우리가 방금 읽은 본문에서 모어는 『유토피아』(Utopia)를 저술하
기 불과 1년 전 즈음에 베네치아에서 출판된 책들을 언급했다. 그의 젊
은 제자인 존 클레멘트(John Clement)는 성 바오로(St Paul) 학교의 첫 번
째 학자 중 한 명이었으며, 다음 세대의 유명한 인문주의 의사가 되었
다. 그는 "알두스가 인쇄한" 수많은 책을 소유했던 것으로 보인다. 여기
에는 필수적인 판본인 아리스토텔레스와 플라톤의 작품들도 포함되었

머튼 대학 문서고에는 그로신의 책 목록 일부가 있다. M. Burrows, "A Memoir of
William Grocyn", Oxford Historical Society Collectanea, vol. II, 1890, pp. 332f. 참
조. 불행하게도 판이 명시되지 않았고 아리스토텔레스를 포함한 중요한 항목들이
누락되었다. 이것은 완전한 목록이 아니라 1520년 그의 사망 당시에 동료인 리너
커와 T. 루프세트(T. Lupset)가 발견한 물건들을 기록한 목록일 것이다.

24  Utopia, ed. cit., pp. 100~01. 라파엘의 일화와 비교하라. 그는 알두스가 그의 모본
에 대한 논평을 기록한 테오프라스토스 사본을 어떤 원숭이가 찢어버렸다고 말한
다: OAME, vol. I, p. 16. 그로신이 알두스에게 바친 찬사는 『고대 천문학자들』과
함께 인쇄되었다. 이 내용은 BP pp. 240~41에서 발견할 수 있다.

다.[25] 이 문화적 접촉의 가장 견고하고 지속적인 기념비는 옥스퍼드의 코퍼스 크리스티 칼리지 소속의 대학 도서관이다. 코퍼스 크리스티 칼리지는 1516년에 폭스에 의해 설립된 영국의 첫 번째 대학이었다. 이는 시메네스(Ximenes) 추기경의 알칼라(Alcala) 대학 다음으로 전적으로 라틴어와 그리스어, 히브리어의 세 언어를 통한 신학 연구를 위해 세워진 유럽의 두 번째 대학이었다.[26] 우리는 알두스의 상상 속에 이러한 대학에 대한 꿈이 떠돌아다녔다는 사실을 살펴보았다. 에라스무스가 폭스 주교의 사업을 열광적인 외침으로 환영했다는 점은 놀라운 일이 아니다. 새로운 대학 도서관의 그리스어 항목 대부분은 알두스의 그리스어 출판물로 구성되었다. 36개 항목 중 24개가 그의 것이었다. 알두스가 이 사실을 알았더라면 그토록 실의에 빠져 괴로워하지는 않았을 것이다. 이미 1518년에 대학 관계자들은 런던으로부터 알두스의 책으로 구성된 배송물을 인수했다. 그의 주요 문학 및 철학 작품 중에서 제외된 책은 거의 없었다.[27]

여태까지의 증거들은 이탈리아 학자-인쇄업자가 그의 영국 구매자들을 문화적으로 지배했다는 점을 강조하는 경향이 있었다. 그들은 알두스의 사업과 모범에 비참할 정도로 의존적이다. 논의를 진행하기 전에, 이 그림에 다른 면도 있다는 점을 상기할 필요가 있다. 리너커는 귀중한 공동 연구자로 각광받았다. 알두스는 그로부터 "의학과 철학에 대한 다른 유용한 작품들"을 얻을 수 있기를 바랐다.[28] 알두스와 동료들 사이에서

---

25  A. Reed, "John Clement and his Books", *The Library*, Series IV, vol. VI, 1925~26, pp. 329~39.

26  알두스의 계획과 더 광범위한 유럽의 문맥에 대한 언급은 특히 이 책의 제5장의 주 101~03 참조.

27  대학 설립의 배경과 도서관 형성에 대해서는 J. R. Liddell, "The Library of Corpus Christi College, Oxford, in the Sixteenth Century", Oxford B.Litt.thesis, 1938과 *Transactions of the Oxford Bibliographical Society*, XVIII, 1938, pp. 385~416 참조.

28  OAME, 1, p. 28. 리너커가 번역한 심플리쿠스(Simplicus)의 『자연학』(*Physica*) 주

430

책의 유통은 주로 북쪽으로 흘러갔지만 알두스도 도움을 청했고 그들에게서 상당수의 자료들을 받아 균형을 이루었다. 알두스는 레오나르도 브루니의 아리스토텔레스『니코마코스 윤리학』 번역서를 구하기 위해 영국에 편지를 보냈지만 실패했다. 그의 프루덴티우스 모본은 영국에서 받은 것이었다.[29] 알두스 당시의 가장 성공적인 출판은『격언집』일지도 모르는데, 이 책의 저자는 영국 동료들의 추천서로 무장한 채 찾아왔다. 이이탈리아 학자는 자신의 문학적 우월성을 충분히 인식하고 있었고 그의 영국인 동료들도 이 사실에 직접적으로 도전하지 않았다. 하지만 이들 사이의 관계는 전적인 의존이 아니라 동업적인 관계였다.

이제 알두스가 독일어권 국가들의 지적 생활에 끼친 영향력을 살펴보자. 여기서 우리는 전혀 다른 종류의 문제를 접하게 된다. 영국 학생들은 이탈리아 대학에서 만나보기 힘든 외국인은 아니었지만, 서로 알고 있을 정도로 소수였다. 그들은 해외에 있을 때 함께 사냥을 했으며, 귀국 후에는 서로 연락하며 지냈다. 이들이 이탈리아에서 받은 영향력의 흔적을 추적하기란 항상 쉬운 것은 아니지만 간단하기는 하다. 이와 반대로 한 해에 파도바나 볼로냐에서 수학하는 독일인들의 숫자는 수백 명에 달했다. 이 중 상당히 소수만 그리스어에 관심을 가졌다. 이들은 대학이나 피렌체의 피치노 무리 사이에서 유행하던 분위기 속에서 그리스어의 맛을 보게 된 것이다.[30] 베네치아의 독일 식민지는 남쪽이 요구하는 사치품을

석과 아프로디시아스의 알렉산더의『메테오라』(*Meteora*) 주석에 대한 구체적이 언급이 있었다.

29  *Ib.*, p. 22. 이 책의 제6장 주 100 참조.

30  C. Malagola · E. Friedlander, *Acta Nationis Germanicae Universitatis Bononensis ex Archetypis Tabularii Malvezziani*, Berlin, 1887, pp. xxxvi~xxxvii. G. Knod, *Deutsche Studenten in Bologna, 1289~1562*, Strassbourg, 1899는 4,398개의 다른 이름들을 나열한다. 아그리콜라와 로이힐린, 그리고 피르크하이머 같은 학자들은 당연히 그리스어를 알았다. 피치노가 1491년에 로이힐린에게 보낸 편지는 독일

제공할 준비가 되어 있었으며, 이런 요구를 부추기려 노력했다. 놀랍지 않게 알두스의 출판사업에 대한 관심의 경로들은 다양하고 복잡했다. 이런 경로들은 때로는 하나의 열광하는 홍수를 형성했고, 때로는 구불구불한 강물을 이루어 널리 퍼져나갔다. 시간이 지나자 이들은 독립적이기는 하지만 연관된 활동 중심지들을 형성했다. 우리는 예술 애호가가 시장에 출시된 신간을 소유하고 이를 즐기기 원하는 단순한 열망을 종종 보게 된다. 하지만 알두스의 전문가로서의 모습이 그의 독일 동료들에게 깊은 인상을 준 것은 분명하다. 영국의 인문주의자들과 같이, 독일 인문주의자들 중에서도 이 인쇄업자를 그들의 교육과 사회 개혁을 위한 야망적인 투쟁의 동지로 여기는 사람들이 있었다.

알두스의 책들은 이른 시기부터 독일에 널리 유통되었을 것이다. 요르단 폰 딘스라켄 같은 중개인들이 넘쳐났으며, 프랑크푸르트 국제 도서전시회도 활성화되었다. 바젤의 요하네스 아머바흐 같은 서적상은 알두스가 인쇄업을 시작하기도 전에 이미 베네치아 판을 취급했다.[31] 첫 그리스어 책들의 수용에 대한 최초의 확증은 세기말이 돼서야 비로소 발견된다. 그것은 하이델베르크 근방에서 이루어졌다. 알두스가 독일의 지적 생활에 끼친 영향력에 대한 논의는 여기서부터 시작되어야 한다. 1490년대 중반에 이르러서는 우연과 동정 어린 후원이 결합해 일종의 불분명한 열광적인 무리가 형성되었다. 페리클레스*나 아우구스투스

---

젊은이들이 '마치 아카데미아로'(tamquam ad academiam) 가듯이 피렌체로 갈 수 있는 일종의 지속적인 합의가 있었음을 암시한다. 이 책의 제3장 주 9 참조.

31 *Amerbachkorrespondenz*, vol. I, p. 39, Ep. 29. 딘스라켄을 비롯한 다른 중개인들에 대해서는 이 책의 제3장 주 96~99 참조.

* Pericles, 기원전 495?~기원전 429: 아테네의 정치가이자 장군으로서 페르시아 전쟁과 펠로폰네소스 전쟁 중간기에 지대한 영향력을 행사했다. 그가 예술과 문학을 장려한 정책 덕분에 아테네가 고대 그리스의 교육과 문화의 중심지가 될 수 있었던 것으로 보인다.

(Augustus)의 세계를 재건하려던 이들의 노력은 내 연구의 큰 부분을 구성했다. 여느 때와 마찬가지로 활동은 사무국(Chancellery)과 대학을 중심으로 이뤄졌다. 요하네스 폰 달베르크(Johannes von Dalberg)와 보름스(Worms)의 추기경, 그리고 때로는 팔라틴의 서기장(Chancellor)이 발전과정에 호의적인 눈길을 보냈다. 법학 교수인 요하네스 바커(Johannes Wacker)는 자신의 집을 모임 장소로 내주었다. 신학자 요도쿠스 갈루스(Jodocus Gallus)도 권위에 무게를 더해 주었다. 그는 이후 알두스를 독일로 영입하려던 당파의 계획에 열심히 동참했다. 덜 영구적이었지만 동일하게 활동적인 구성원들도 있었다. 그리스 학자 로이힐린과 불가사의한 수도원장 요하네스 트리테미우스,* 그리고 독일 민족주의와 정화된 라틴 시의 사도였던 성질 급한 켈티스가 여기에 속한다. 이러한 협회들이 늘 그렇듯이, 이 '라인 지방 문학협회'(Societas litteraria Rhenana)의 희망과 꿈을 이해하거나 정의하기는 대단히 어렵다. 참여자들은 세 개의 고대 언어와 로이힐린이 피렌체에서 피코 델라 미란돌라로부터 배웠던 신비주의 가르침을 추종했다. 이를 가능케 했던 것은 로이힐린과 켈티스의 이탈리아 배경이었을 것이다. 특히 로이힐린의 그리스어와 히브리어에 대한 지식이 이를 주도했을 것이다. 1495년에 켈티스는 이 집단을 '아카데미아 플라토니카'(Academia Platonica)로 명명했는데, 이는 분명 피치노의 동아리를 모방한 것이었다. 그들의 목표는 알려지지 않은 필사본을 발견해 출판하는 일도 포함한 것으로 보인다. 이 점에 있어서나, 그리스

---

* Johannes Trithemius, 1462~1516: 독일 트리텐하임 출신의 인문주의자이자 베네딕트 수도원장을 맡았던 신비주의자였다. 어릴 때 양아버지를 피해 뷔르츠부르크로 도망쳐 인문학을 공부했고, 1482년 슈폰하임의 베네딕트 수도원에 들어가 이듬해에 수도원장으로 선출되었다. 이후 23년 동안 수도원을 쇄신하는 한편, 도서관을 위해 대량의 필사본을 수집했다. 요하네스는 1495년에 『독일의 유명인들에 대하여』(De viris illustribus Germaniae)를 출판했고, 이외에도 귀신학과 암호학에 대한 여러 논문을 집필했다.

어와 히브리어에 대한 기호에 있어서나, 라인 지방 문학협회의 회원들은 알두스의 아카데미아 계획을 6~7년이나 앞섰다. 어쩌면 이들이 알두스의 계획을 부추겼는지도 모른다. 그들의 열정에도 불구하고 난제가 있었는데, 로이힐린을 제외한 나머지 독일 학자들은 초급 그리스어와 히브리어 이상의 지식이 없었다는 것이다. 그들은 이 언어들에 대한 지식을 발전시킬 수단도 가지고 있지 않았다.[32] 문법서와 사전, 그리고 심지어는 『간결한 히브리어 입문서』에 대한 소문이 하이델베르크에서 흥분의 전율을 일으킨 것은 당연한 일이었다.

이런 배경을 염두에 두고 알두스가 1497년 10월 13일에 켈티스에게 보낸 첫 번째 편지를 읽어야 한다. 여기서 알두스는 이 시인이 일전에 했던 말에 답변한다. 알두스는 "거기서도 그리스 문학이 연구되고 있고, 내 책들이 사랑받는다는 사실"에 기뻐하면서 그가 주문한 책을 대리를 통해 제공하겠다고 합의했다. 그는 프라 우르바노의 문법서 신간을 선물로 동봉해 보내면서 켈티스가 약속한 방문을 고대하겠다고 답변한다. 이 편지는 매우 흥미롭다. 첫째, 이 편지는 켈티스 같은 선동가가 선뜻 이탈리아 전통에 호소하는 모습을 보여 준다. 그는 동포들에게 이 전통을 버리도록 자주 웅변을 토하며 권고하던 터였다. 둘째, 이 편지는 그리스어 교육이 독일에서 정립된 분야로서 자리 잡았으며, 상대적으로 광범위한 '젊은층'이 혜택을 보고 있다는 사실을 보여 준다.[33]

32 라인 지방 문학협회의 형성과 회원에 관한 최근의 영어로 된 해석에 대해서는 H. J. Cohn, "The Early Renaissance Court at Heidelberg", *European Studies Review* 1, no. 4, 1971, pp. 309f.; L. Spitz, *Conrad Celtis, The German Arch-Humanist*, Harvard, 1957, pp. 45f.('아카데미아 플라토니카'에 대한 언급은 p. 46) 참조. 회원 개인들에 대해서는 L. Spitz, *The Religious Renaissance of the German Humanist*, Harvard, 1963, pp. 60~80 참조.

33 *Der Briefwechsel des Konrad Celtis*, ed. H. Rupprich, Munich, 1934, p. 288, Ep. 24. RAIA p. 515에도 인쇄되었다.

우리는 이게 사실이었음을 독립적으로 입증할 수 있다. 바젤 대학 도서관에는 별다른 이목을 끌지 못한『문법 사항의 다양한 작품들』(Varia de Re Grammatica)이라는 제목의 원고가 소장되어 있다. 이는 1498년에 잘 알려지지 않은 슈파이어의 요아네스 드라크(Ioannes Drach)에 의해 기록되었다는 메모가 적혀 있다. 첫 일곱 개의 2절판은 콘스탄틴 라스카리스의 문법서에서 그리스어 명사를 다루는 내용을 담고 있다. 그리스어와 라틴어 본문 모두 알두스 판이다. 여덟 번째 2절판은 알두스 판 제목을 그대로 따르고 포킬리데스(Phocylides)와 주기도문, 그리고 성모 마리아에게 드리는 기도(Ave)의 병행 본문이 바로 뒤따른다. 20번째 2절판에는『숫자에 대하여』(Peri Ton Arithmon)에 관한 헤로디아노스*의 논문을 발견할 수 있는데, 이는 테오도로스 가자의 문법서에서 가지고 온 내용이다. 필사본의 나머지는 로이힐린의 짧은 그리스어 대화 입문과 달베르크에게 바친 헌정사를 다룬다.[34] 당시 알두스의 인쇄본은 다시 필사본으로 베껴질 정도로 가치가 있었다. 평범한 이 소책자는 알두스 판의 가치에 대한 논평으로 인해 새로운 의미를 지니게 된다. 잘 알려지지 않은 드라크라는 이름은, 알두스의 편지에서 말하는 것과 같이 상당한 수의 제자들이 존재했음을 암시한다. 이 가운데 한 명은 여러 곳에서 모습을 드러내는 도미니쿠스 수도회 소속의 수도사 쿠노였던 것이 분명하다. 쿠노는 1499년 갈루스의 편지에서 '처녀의 길'(virginalis cursus)을 가지고 근처의 슈파이어로 서둘러 가는 모습으로 등장한다. 이 책은 2년 전에 출판된 알두스의『가장 복된 처녀의 때』(Horae Beatissimae Virginis)였던 것으로 보인다.[35]

---

* Herodianos: 비잔티움의 문법학자.
34 Universitätsbibliothek, Basel, F. VI 54. 묘사는 H. Omont, *Catalogue des Manuscrits Grecs des Bibliothèques de Suisse*, Leipzig, 1886, pp. 29~30, no. 67 참조.
35 J. Reuchlin, *Briefwechsel*, Ep. LXVII, pp. 59~61; H. D. Saffrey, "Un humaniste

독일 그리스어 교육의 최초이자 핵심적인 이 단계에서 알두스의 영향력이 막대했다는 점은 이미 명백해졌다. 이후의 사건들은 그의 영향력이 피상적이지도, 일시적이지도 않았다는 사실을 입증할 것이다. 이 책에서 쿠노의 이름이 배경 음악처럼 반복되었다면, 그것은 그가 여생 대부분을 알두스와 함께 연구하는 데 보냈기 때문이다. 그는 알두스의 독일 이주를 주선하려 노력했는데, 이 계획이 수포로 돌아가자 알두스의 명성과 방법론을 확산시키는 데 주력했다. 로이힐린은 광범위한 학문으로 당시 독일에서 가장 존경받는 학자가 되었으며, 종교개혁 이전에 종교재판에서 가장 격렬한 싸움을 일으킨 논쟁의 표적이기도 했다. 그는 이 팸플릿 전쟁(pamphlet war)의 무기 중 하나로서 알두스의 편지를 모음집에 포함해 출판하기도 했으며, 알두스의 책들을 무서운 속도로 구입했다. 그의 그리스어 도서관이 소장한 총 55권의 장서 중 절반도 넘는 28권이 알두스의 책이었다.[36] 수도원장이었던 트리테미우스는 인쇄본이 단명할 것이라고 경고하면서 슈폰하임 도서관을 위해 인쇄본을 피지본에 다시 옮겨 적었다. 그러나 그를 자세히 살펴보면 그마저도 알두스 판의 무사이오스, 테오크리토스, 『고대 문법학자들』, 그리스 연설가들, 아리스토텔레스와 테오프라스토스 일부, 그리고 콘스탄틴 라스카리스와 테오도로스 가자의 작품들을 구입했던 것으로 보인다.[37]

---

Dominicain …", pp. 20~22.

36  알두스의 편지는 J. Schück, pp. 128~30에 인쇄되었다. 로이힐린의 도서관에 대해서는 K. Preisdanz, "Die Bibliothek Johannes Reuchlin", in *Festgabe Johannes Reuchlin*, ed. M. Krebs, Pforzheim, 1955, pp. 80~82; 일반적인 문맥에 대해서는 J. H. Overfield, "A New Look at the Reuchlin Affair", *Studies in Medieval and Renaissance History*, VIII, 1971, pp. 167~207 참조.

37  *Index Graecorum Voluminum Ioannis Trithemii Abbatis Sponhemensis*, 날짜가 기입되지 않은 자료들은 *Paralipomena Opusculorum Petri Blesensis*, Cologne, 1624, pp. 777~94(이 자료들에 대해 알려준 헨리 콘(Henry Cohn)에게 감사한다) 참

하이델베르크 무리의 열정은 곧 넘쳐흘러 밖으로 퍼져나갔다. 어쩌면 전파되는 과정에서 추진력을 일부 잃었을지도 모르지만 그리스주의와 향상된 문헌학, 그리고 학문적인 출판이 훨씬 광활한 지역으로 신속하게 확장되었다. 우리는 이와 관련된 활동들을 이미 살펴보았는데, 이 중 상당수는 별다른 성과를 이루어내지 못했다. 로이힐린은 1498년 여름에 베네치아를 방문했다. 이 방문은 그가 로마에서 팔라틴 선제후를 위해 수행할 임무가 있었기에 가능했다. 알두스를 신성로마제국으로 유혹하는 첫 번째 시도는 이전 2~3년 동안의 고조된 분위기로부터 비롯되었을 것이다. 물론 이 시도는 불발되고 말았다.[38] 라인 지방 문학협회는 해체되기 시작했다. 켈티스는 1497년에 빈으로 떠났다. 어쩌면 그는 알두스에게 보냈던 최초의 편지를 빈에서 작성했을지도 모른다. 그는 곧 알두스의 미래 계획에 참여했다. 우리가 이미 살펴보았듯이, 이 계획은 로이힐린의 계획과 유사했고 동일하게 실패로 끝났다. 켈티스는 아무리 좋게 평가해도 고집불통의 변덕스러운 인물이었다. 신성로마제국 도처에 그의 '문학협회' 연동 장치를 세우기 위한 거대한 계획 속에서, 이 이탈리아인 인쇄업자가 어떤 역할을 담당했는지는 분명하지 않다. 그의 계획 중 확실한 성공을 거둔 것은 없다. 알두스와 신성로마제국 궁정 사이의 직접적인 관계가 붕괴하기 2년 전에 그의 이름이 사라진다는 점은 현저하지만, 1506년의 실망과 그 이후의 수치스러운 침묵에도 불구하고 켈티스는 베네치아와 빈 사이의 연락을 격려하기 위해 많은 노력을 기울였다. 그는 알두스의 출판 계획에 대한 관심이 자체적으로 고조될 수 있는 토대를 세웠으며, 하이델베르크의 동아리를 본떠 '도나우 문학협회'

---

조. 트리테미우스의 태도에 대해서는 C. Bühler, *The Fifteenth Century Book*, p. 35 참조.

38  이 사건에 대해서는 이 책의 제4장 주 26 참조.

(Societas Danbiana)를 설립했다. 이 모임은 이전의 모본과 동일하게 대학 구성원들을 포함했다. 그는 호메로스를 강의하고 그리스어 교수를 임명하기 위해 노력했지만, 이 노력은 실패로 돌아갔다. 1501년에 그는 대학의 인문학부에 특별히 '시인의 대학'(Poets' College)을 설립하도록 막시밀리안 1세를 설득했다. 시학과 수사학, 그리고 수학 교수들을 포함한 이 무리는 곧 켈티스 자신의 집을 중심으로 형성되었다. 이 단체에는 도서관과 혼천의(渾天儀)가 있었으며, 월계관이라는 시적인 관을 수여할 권리도 있었다.[39] 이 활동들이 알두스의 편집적인 노력에 얼마나 의존했는지는 분명하지 않지만, 그가 빈에서 일어나는 사건들과 긴밀히 연결되어 있었던 점은 분명하다. 1499년 가을에 빈센트 랑(Vincent Lang)이 공식적으로 그를 방문했는데, 곧 시인의 대학에서 켈티스의 조력자가 될 인물이었던 랑은 이 방문에서 무사이오스 사본 두 권을 받았다.[40] 알두스는 1501년에 켈티스에게 새로 출판된 그의 호라티우스와 베르길리우스 8절판 사본을 보내면서 켈티스에게 시장 조사를 해달라는 구체적인 부탁도 했다. 개론서에 대한 수요를 알게 된 그는 같은 해 말에 프라 우르바노의 그리스 문법서와 사전을 송달했다. 켈티스는 불운하게 끝난 세개 언어 성경의 실험적인 부분을 구경했던 소수에 속했던 것으로 보인다.[41] 켈티스는 학자이기보다 '홍보 활동에 적합한 사람'이었기 때문에, 이들 사이의 모든 지적 교환의 결과가 처음에 기대했던 바에 이르지 못했을지도 모른다. 그가 알두스의 그리스어 책으로 로이힐린이 하이델베르크에서 달성했던 것과 같은 좋은 결과를 이루어낼 수 있었을지 의심스럽다. 켈티스는 무모할 정도로 과장되고 심지어 불가능한 편집상의 도

39  L. Spitz, *Conrad Celtis*, pp. 68~70.
40  *Briefwechsel*, ed. cit. no. 256, pp. 435~43.
41  J. Schück, Doc. VII, p. 123.

움을 약속했던 것으로 보인다. 결국 도착하지 않은 그리스어 필사본들도 있었다. 오비디우스 자신이 완성하지 않았을지도 모르는『로마의 축제들』(Fasti)의 마지막 책들도 약속되었다. 켈티스가 지킨 약속은 그의 학생들이 막시밀리안 1세에게 경의를 표하기 위해 작성했던 짧은 시 모음집이었다. 알두스는 이 모음집이 정치적으로 타협적이라는 그럴듯한 핑계를 대며 단도직입적으로 거절했다. 어쩌면 그는 사실 이 모음집의 문학적 가치를 간파했던 것인지도 모른다.[42]

전체적으로 봤을 때, 알두스에게는 켈티스의 정신없는 열정보다 중요한 것이 있었다. 켈티스를 통해 형성된 다른 사람들과의 보다 견실한 학문 및 상업적인 협력관계와 그가 북돋았던 알두스의 계획에 대한 보편적인 존경이었다. 레오나르트 알란트세(Leonard Alantsee)라는 빈 서적상의 활동에 대한 여러 언급이 있다. 그는 알두스와 켈티스 사이의 중개자 역할뿐만 아니라 그 자신도 상당히 활발하게 교역에 참여했던 것으로 보인다.[43] '쿠스피니아누스'(Cuspinianus)로도 알려진 요하네스 슈피스하머의 집은 도나우 문학협회의 중심지 역할을 했는데, 그는 켈티스가 실제로 이행하지 못한 공동 편집 작업의 공백을 메꿨다. 슈피스하머는 디오니시우스 페리에게테스(Dionysius Periegetes)의 라틴어 판을 위해 알두스에게 도움을 청했다. 알두스는 그가 요구한 번역본을 제공하지 못했지만 오스트리아 출신인 그의 상대자를 어리둥절하게 만든 11개의 본문에 대한 수정을 제안했으며, 아울러 라틴어 복원에 도움이 될 그리스어 필사본을 제공했다. 자연과학의 열렬한 학생이었던 슈피스하머는 알두스에게 디오스쿠리데스와 히포크라테스(Hippocrates)의『경구』(Epigrammata), 그리고 테오프라스토스의『광성에 대하여』(Peri Ton

---

42  *Briefwechsel*, ed. cit. p. 568, Ep. 115.
43  *Ib.*, pp. 288, 451.

*Lithon*)에 관한 라틴어 판을 보내달라고 간청했다. 동일한 편지에서 그는 발레리우스 막시무스의 『기억할 만한 공적과 격언에 대한 아홉 권의 책』 (*Dictorum et Factorum Memorabilium Libri*) 중 24개의 단락을 동봉해 보냈다. 이 단락들은 알두스가 1502년 10월에 출판한 판본에서 누락된 부분이었다. 인쇄업자는 1503년에 누락된 부분을 보충해 그의 본문을 재발간하면서 슈피스하머를 '문자 공화국의 참된 후원자'라며 경의를 표하는 글을 첨부했다.[44]

알두스와 빈과의 연결은, 완전히 동시대적이었던 런던의 리너커 동아리와의 연관성과 어느 정도 유사하다. 이 중심에서는 동일한 방식으로 중요한 자료들의 교환이 이뤄졌으며, 동일한 호의적인 분위기가 외부로 퍼져나갔다. 황제의 비서인 콜라우에르와 그의 학생-제자인 요아네스 프루티케누스(Joannes Fruticenus)는 알두스를 빈으로 영입하는 데 실패했다. 그렇다고 그들이 그로신과 모어 혹은 클레멘트보다 그의 책을 읽는 데 덜 열정적이었다고 가정할 이유는 없다.[45] 차이점이 있다면, 영국 학자들은 이탈리아의 지적 지도력을 서슴없이 받아들이고 '전 세계와 단절된 브리튼인들'인 자신들의 비참한 상태를 과시했던 것으로 보이는 반면에, 켈티스는 언제나 그의 추종자들을 강력한 민족주의로 이끌면서 이탈리아 문화에 의존하는 것을 탈피하도록 격려했다.[46] 켈티스가 그토록 열정적으로 알두스의 도움과 우정을 추구했다는 사실은 그의 미사여구의 무상함과 이 인쇄업자의 영향력의 범위를 보여 준다.

---

44  CAM 27; OAME XLII, B.

45  CAM 30, 63.

46  *Fünf Bücher Epigramme von Konrad Celtes*, herausgegeben von K. Hartfelder, Berlin, 1881, pp. 19, 20, 23, 26, 28, 84~85. 켈티스의 민족주의적인 편향에 대해서는 L. Spitz, *Conrad Celtis*, pp. 21f., 72f. 참조. 보다 일반적인 논평에 대해서는 A. G. Dickens, *The German Nation*, pp. 33~35 참조.

'제국의 아카데미아'를 위한 협상은 1505~06년에 수포로 돌아갔다. 켈티스는 무자비한 매독의 공격에 서서히 무너졌고 베네치아와 막시밀리안 1세 사이의 관계는 1508년에 급격히 악화되었다. 이 모든 사건들이 알두스와 그의 첫 독일 동료들 사이의 관계를 자연스럽게 기나긴 우여곡절의 우회로로 인도했다. 이에 대해서는 이미 앞에서 언급했었다. 그렇다고 하이델베르크 동아리의 힘이 소진된 것은 전혀 아니었다. 1510년부터는 이 동아리에 남아 있던 기류들이 다시금 바젤에서 힘을 모았고, 그 결과는 지난번처럼 신속하게 소멸되지 않았다. 처음에 로이힐린과 공부했던 쿠노는 이후 1504년에 베네치아로 떠나 그곳에서 알두스와 그의 무리들로부터 18개월 동안 그리스어 지도를 받았다. 그는 알두스를 위한 지위를 확보하는 데 실패해 면목이 없었을지도 모른다. 아니면 1506년에 사업의 중단으로 인해 풀려났을지도 모른다. 어쨌든 쿠노는 파도바로 관심을 돌려 그곳에서 적어도 2년 동안 무수루스의 강의에 몰두했다. 짐작컨대, 그는 이 기간 동안에 중고 인쇄본을 수집하는 별난 취미에 심취했을 것이다. 이유가 무엇이었든 간에, 그는 여러 종류의 필사본들을 수집했는데 이는 그가 긴 기간 동안에 두 곳의 학문 및 상업적 중심지에서 깊이 들이마셨던 분위기를 발산할 수 있는 하나의 수단을 제공했을 것이다.[47] 쿠노는 어떤 외국인보다 알두스의 무리를 잘 알았다. 1510년 말에 그가 바젤에 도착하자 레나누스는 그의 강의를 듣기 위해 파리로부터 서둘러 돌아왔다. 그의 옛 스승인 로이힐린은 그가 바젤에 머물도록 설득했으며, 그의 바젤 체류는 요하네스 아머바흐로부터 안도의 한숨을 자아냈다.[48]

---

47   베네치아에서 쿠노의 경험에 대해서는 이 책의 제5장 참조. 특히 주 87에 인용된 H. D. 사프레이(H. D. Saffrey)의 글인 "Un humaniste Dominicain …" 참조.

48   A. Horawitz, ed., *Briefwechsel des Beatus Rhenanus*, Ep. 21, pp. 38~39. *Amerbachkorrespondenz*, vol. I, p. 411, Ep. 443(1510년 12월 1일: 로이힐린은 쿠노

이보다 더 시기적절할 수 없었다. 캉브레(Cambri) 동맹의 전쟁과 알두스의 두 번째 사업 중단은 최근 12년도 넘게 증강하던 관심의 맥을 깨뜨렸다. 바젤과 베네치아 사이에 실제로 얼마나 많은 연락이 오갔는지는 불분명하다. 알두스와 아머바흐와 친숙했던 로이힐린이 중재자 역할을 했을지도 모른다. 배경이 어찌되었든 간에, 1495년과 1515년 사이에 이두 인쇄소 사이의 상호작용은 이탈리아 문학이 북쪽에서 얼마나 존중되었는지 잘 보여 준다. 상업적으로나 학문적으로나 바젤의 인쇄소가 훨씬 유리하게 출발했다. 아머바흐는 1476년에 사업을 시작했다. 그는 파리에서 석사학위를 취득했으며 안톤 코베르거*와 함께 사업을 배웠다. 코베르거는 인쇄업계 최초의 위대한 사업가이자, 아마도 15세기의 가장 성공적인 출판인이었을 것이다.[49] 베네치아의 인쇄업자들이 사벨리코의 무시와 침묵에 직면했을 때, 아머바흐는 로이힐린과 야코프 빔펠링,** 그리고 제바스티안 브란트 같은 학자들과 정기적이고 우호적인 관계를 맺고 있었다. 그는 그때 이미 앞으로 알두스에게 돌려지게 될 찬사를 받고

---

의 도래를 '짐의 경감'(oneris sublevamen)이라며 아머바흐를 축하한다. 또한 그가 머무르도록 설득하겠다고 약속한다).

* Anton Koberger, 1445~1513: 독일 뉘른베르크 출신으로 15세기를 대표하는 독일 인쇄업자 중 한 명이었다. 본래 금세공인이었으나 1471년에 인쇄업으로 전업해 24대의 인쇄기와 100여 명의 직원을 관할했으며, 파리, 리옹, 스트라스부르, 밀라노, 피렌체, 베네치아, 아우크스부르크, 라이프치히, 프라하, 부다페스트 등 유럽 전역에 설치한 대리점들을 통해 230종이 넘는 출판물을 유포했다. 알브레히트 뒤러의 대부이기도 했던 안톤의 가장 유명한 출판물은 1493년 라틴어와 독일어로 출판된 『뉘른베르크 연대기』(Liber Chronicarum)이다.

49 이 배경에 대해서는 C. Heckethorn, *The Printers of Basel, in the XV and XVI Centuries, their biographies, printed books and devices*, London, 1897, pp. 27~47 참조.

** Jakob Wimpfeling, 1450~1528: 독일 슐레트슈타트 출신의 인문주의자로 프라이부르크와 에르푸르트, 그리고 하이델베르크에서 교육받았다. 그의 가장 중요한 작품은 독일 최초의 일반 역사서인 『독일사 요약서』(*Epitome rerum Germanicarum*, 1505)이다.

있었다.[50] 1491년부터 그의 동업자는 프로벤이었다. 그는 토레사니보다 훨씬 세심하고 유능한 후임자였다.[51]

이 바젤 출신은 우선권과 장점들에도 불구하고, 알두스의 그리스어 본문을 하이델베르크의 동시대인들과 동일하게 숨가쁜 흥분으로 맞아들였던 것으로 보인다. 아머바흐는 첫 번째 문법서를 즉시 구입했던 것으로 보인다. 1498년 겨울에 슐레트슈타트(Schlettstadt)에 있는 그의 아들에게 특별히 이 책을 보냈기 때문이다. 바젤 대학 도서관은 여전히 그의 이름이 적힌 세 권의 문법서를 소장하고 있다. 라스카리스 판 두 권, 발레리아니 판 한 권이다.[52] 이 중 한 권에는 그의 아들인 보니파세(Boniface)의 이름과 프로벤의 이름, 그리고 프로벤의 아들의 이름도 기입되어 있다. 이 책은 주석으로 가득한데, 이는 이 책이 대단한 가치를 지녔으며 자주 사용되었던 가보(家寶)였음을 암시한다.[53] 이후 몇 년 동안 아머바흐의 개인적인 편지에 등장하는 간헐적인 언급들은 알프스 저편의 영향력이 점점 증가했다는 사실을 함축한다. 1501년에는 폴리치아노의 전체 인쇄본에 대한 요청이 언급되고, 1503년에는 베사리온의 『플라톤을 무고하는 이들에 반대하여』에 대한 요청이 있었다. 이런 언급들은 요하네스 아머바흐가 서적상으로서 이제 알두스의 판본들을 정기적으로 다뤘다는 사실을 보여 준다.[54] 1506년에 그는 큰 아들인 브루노(Bruno)와 바실리우스(Basilius)에게 보냈던 수많은 협박의 편지 중 하나를 발송했다.

50  *Amerbachkorrespondenz*, vol. I, Ep. 34, 39 etc. 이 책의 제1장 참조.

51  C. Heckethorn, *op. cit.*, pp. 87f.

52  *Amerbachkorrespondenz*, vol. I, Ep. 89, p. 95. Universitätsbibliothek, Basel, DD VII, 10, DD VI, 8a(라스카리스): BC III, 112a(발레리아니).

53  DD VI, 8a. 이것은 문법과 디오니시우스 베르토쿠스(Dionysius Bertochus)의 크라스토니스 사전이 함께 묶인 합성본이다(Reggio, 1497). 서명은 앞표지와 뒤표지에 기입되어 있다.

54  *Amerbachkorrespondenz*, vol. I, Ep. 143, p. 132: Ep. 199, p. 190.

당시 그의 아들들은 파리에서 유학 중이었는데, 수많은 책망 중에서도 그는 아들들이 습득한 야만스러운 필체를 비난했다. 그는 아들들에게 보다 '로마적'인 필체를 연마하도록 충고했다. 이는 바꾸어 말하자면, 보다 이탈리아적이고 인문주의적인 방식을 의미했다.[55] 1년 후에 브루노는 프랑수아 티사*가 최근에 시작한 그리스어 강의에 대해 아버지에게 보낸 편지에서 강의에 참석하고 싶은 열망을 드러냈다.[56] 1508년에는 막내아들인 보니파세가 아버지에게 시달릴 차례였다. 요하네스는 아들에게 알두스의 라틴어 문법서를 반환하라고 재촉했다. 이 책 역시 값진 소유물로 간주되었던 것이다.[57] 그러나 알두스의 출판에 대한 관심의 가장 흥미로운 증상은 『고대 그리스도교 시인들』(Poetae Christiani Veteres)의 제4권 인쇄본에서 발견된다. 이 책은 논누스(Nonnus)의 「요한복음」 의역을 포함할 뿐만 아니라 아머바흐 가족이 이 책을 프로벤으로부터 구입했음을 보여 주는 필기도 발견된다. 우리는 알두스가 직접 쓴 제3권 서문으로부터 그가 공식적으로 제4권을 출판한 적이 없다는 사실을 안다. 그가 라틴어 번역을 끝낼 수 없었기 때문이다. 인쇄되어 유통된 일습의 자료들은 특권층이나, 압력을 가하거나 연줄 좋은 개인들에게 '비밀리에' 전달된 것으로 보인다. 프로벤은 이런 부류의 사람이 되는 방법을 발견한 것으로 보인다.[58]

---

55  Ib., Ep. 265, p. 251.

•  François Tissard, ?~1508: 프랑스 앙부아즈(Amboise) 출신의 인문주의자로서 파리와 오를레앙에서 교육을 받았으며, 이탈리아에서 그리스어와 히브리어를 배웠다. 파리 대학의 교수로 임명되어 피타고라스를 포함한 고대 그리스 작가들의 작품들을 편집했으며, 1508년에는 프랑스 최초의 히브리어 문법서를 출판했다.

56  Ib., Ep. 358, p. 333. 아래에서 우리는 티사의 가르침과 출판이 전적으로 알두스의 자료에 의존했음을 볼 것이다.

57  Ib., Ep. 388, p. 354.

58  Universitätsbibliothek, Basel, F.K. IX, 12. 이 판 전체의 문제점과 마지막 권의 극

바젤은 쿠노가 도착하기 훨씬 이전부터 그리스어 공부를 위한 옥토였다. 그의 개인적인 책임이 무엇이었든지 간에, 이 도시의 지적 생활이 즉시 알두스의 베네치아처럼 점점 변해 갔다는 사실은 분명하다. 요하네스 아머바흐는 히에로니무스의 편집과 그의 세 아들들을 교육하는 데 거의 동등한 시간을 투자했다. 그는 두 마리 토끼를 다 잡기 위해 쿠노를 편집 보조원이자 가족의 개인교사로 채용했다. 바젤과 베네치아에서 인쇄소는 곧 일종의 연구 중심지가 되었다. 관심 있는 학자들은 견문이 넓은 도미니쿠스 수도회 수도사를 초빙해 가르침을 청했다. 이 무리의 핵심 구성원을 편집팀과 구분하기는 힘들다. 에라스무스는 최종적으로 레오 10세에게 바쳐진 히에로니무스의 작품 헌정사에 이들의 이름을 밝히는데, 이들의 중심에는 아머바흐의 세 젊은이들과 프로벤 자신, 그리고 헌신적인 레나누스가 위치했다. 레나누스는 바젤의 분위기에 압도되어 그곳에 정착한 후에 쿠노를 기념하는 묘비를 세웠다. 이 핵심 구성원들 주변에는 대학의 법학 교수였던 클라우디우스 칸티운쿨라(Claudius Cantiuncula)와 훗날 루뱅에서 제롬 부스라이덴의 세 개 언어 대학의 회원이었던 빌헬름 네젠(Wilhelm Nesen)이 있었다.[59]

우리가 재구성할 수 있는 한, 쿠노의 가르침은 알두스의 모범을 형식적으로 의지했던 것이 아니라 그 내용을 의지했던 것으로 보인다. 불행히도 쿠노의 도서관은 그가 세상을 떠난 1513년 초 직후에 뿔뿔이 흩어지기 시작했기 때문에 그가 어떤 작업 도구를 가지고 있었는지 확인할

심한 희귀성에 대해서는 R. Christie, "Chronology of the early Aldines", p. 210~13 참조.

59 에라스무스의 헌정사(P. S. Allen, II, Ep. 335, p. 88 참조)는 그가 도착하기 전에 판본에 관여했던 사람들의 이름을 제시한다. 이는 더 많은 이름들이 거론되는 요하네스 슈트름(Johannes Sturm)의 레나누스의 전기와 흥미로운 대조를 이룬다. 이 장의 주 48의 A. Horawitz, *ed. cit.*, pp. 3f. 참조.

수 없다. 레나누스가 보존한 목록은 쿠노가 그를 위해 파도바에서 복사
해 준 필사본이나 그가 중고품 시장과 인쇄소에서 수집했던 잔해들에
비해 인쇄본들이 놀랍도록 작은 부분을 차지했음을 제시한다. 어쩌면 에
라스무스가 암시하듯이, 쿠노는 새로운 책을 구입하지 못할 정도로 가난
에 대한 맹세를 지나치게 심각하게 받아들였는지도 모른다.[60] 쿠노가 켈
티스와 같은 판매 담당자 역할을 했다는 증거는 없으며, 그가 이탈리아
에서 돌아온 후에 편집한 두 편의 교부(敎父) 작품들은 알두스의 책과 아
무런 관련이 없다.[61] 그의 주된 기능은 이탈리아 문헌학에 대한 일반적
인 존경심과 알두스의 출판물에 대한 기호를 부추기는 것이었다고 생각
된다. 알두스의 명성은 바젤에서 얼마 전부터 대두되었는데, 그의 제자
들의 태도로 미루어보아 쿠노는 큰 성공을 거두었던 것으로 보인다. 요
하네스 아머바흐는 알두스의 그리스어 개론서를 표본으로 삼았다. 그의

---

60  *Ib.*, Ep. 41, p. 68은 쿠노의 책 일부가 피르크하이머에게 전해졌다는 사실을 보
여 준다. 그러나 더 큰 부분이 레나누스의 도서관에 합병되었다. 이는 현재 슐
레트슈타트의 공공 도서관에 소장되어 있다. 알두스 판은 큰 부분을 차지하지
않는다. 이 책들은 쿠노와 직접 연관되지도 않는다. A. Horawitz, *Die Bibliothek
und Correspondenz des Beatus Rhenanus zu Schlettstadt*, Vienna, 1874 참조. H. D.
Saffrey, "Un humaniste Dominicain …", pp. 35~36, no. 51은 그레고로풀로스
의 아리스토파네스 수업에 대한 쿠노 자신의 강의록(V. 올레어도프(V. Olerdoff)
의 주석에 대해서는 *Scriptorum*, IV, 1950, pp. 104~07 참조) 외에도, 성 키릴로
스(St. Cyrilus)의 작품에 대한 주석을 언급한다(Trinity College, Cambridge, MS.
R1, 42). 브루노가 보니파세 아머바흐에게 언급하는 아리스토파네스와 루키아노
스의 병행 본문(*Amerbachkorrespondenz*, vol. II, Ep. 571, p. 81)은 알두스 판이었
을 수 없다. 쿠노가 새 책을 구입하기에 너무 가난했다는 의견에 대해서는 N. G.
Wilson, "The Book-Trade in Venice" 참조.

61  H. D. Saffrey, *op. cit.*, pp. 41~42. 해당 작품들은 위(僞)니사의 그레고리우스(Ps.
Gregory of Nyssa)의 『인간의 본성에 대하여』(*De Natura Hominis*)와 그레고리오
스 나지안제노스의 11번째 담론이었다. 성(聖) 바실레이오스의 38번째 편지 번역
도 포함되었다. 모든 작품들은 마티아스 슈러(Mathias Schurer)가 1512년에 스트
라스부르에서 편집했다.

# Iulius habet dies 31. L...

Iouis na 30.

| | | | | |
|---|---|---|---|---|
| 15 | g | 1 | Calendis | Iulii |
| 8 | A | 2 | Sexto nonas | Iulii |
| | b | 3 | Quito no. | Iulii |
| 16 | c | 4 | Quarto no | Iulii |
| 5 | d | 5 | Tertio no | Iulii |
| | e | 6 | Pridie no | Iulii |
| 13 | f | 7 | Nonis | Iulii |
| 2 | g | 8 | Octauo idus | Iul. |
| | A | 9 | Septimo idus | Iul. |
| 10 | b | 10 | Sexto idus | Iul. |
| | c | 11 | Quito idus | Iul. |
| 18 | d | 12 | quarto idus | Iul. |
| 7 | e | 13 | Tertio idus | Iul. |

B iiii

Mors manis charissa...

Anno 15..

에라스무스의 죽음에 대한 기록을 포함한
보니파세 아머바흐(Boniface Amerbach)의 기도서 가운데 한 면(面).

막내아들인 보니파세는 알두스 판을 수집했다. 바젤 대학 도서관은 여전히 베네치아 회사가 인쇄한 고전주의와 신고전주의 전집 대부분을 소장하고 있다. 이 책들에는 '아메르바키우스 가문의 책들로부터'(Ex libris Amerbacchiorum) 혹은 '보니파키우스 아메르바키우스의 책'(Bonifacii Amerbacchii liber)이라는 명문이 깔끔한 인문주의적인 글씨체로 새겨져 있다. 이는 나이 든 요하네스가 그의 모든 훈계에도 불구하고 절대 습득하지 못했던 글씨체였다. 보니파세는 그의 아버지가 이미 특정 작품을 소유하고 있을지라도 알두스 판도 구하려고 노력했다.[62] 그가 개인적으로 소장했던 알두스 회사의 기도서(祈禱書)는 거의 가정용 성경에 버금가는 신비를 지녔을 정도였다. 보니파세는 이 책에 그의 생애의 가장 중요한 사건들을 기록했다. 그의 생일, 법학 박사학위의 취득 날짜, 그의 형인 바실리우스의 사망 날짜, 그리고 그의 최고의 친구인 에라스무스에 대한 기록들이 발견된다. 이 책은 당시 북부 유럽의 가장 저명한 학자 중 한 명이 이탈리아 선구자의 작품에 부여했던 가치에 대한 현저한 증거이다.[63]

프로벤의 사적인 태도나 전문가로서의 태도는 정확하게 정의하기가 훨씬 어렵다. 그는 요하네스 아머바흐가 세상을 떠난 후인 1514년에 그의 인쇄소를 인수해 알두스의 몇몇 판본을 재출판했다. 그가 출판한 알두스의 작품들은 1513년에 에라스무스의 『격언집』으로 시작한다. 이 작품은 8절판 이솝의 『우화』, 테오도로스 가자의 그리스 문법, 에라스무스

---

62  가족 도서관에 대한 개론서를 위해서는 Universitätsbibliothek, Basel, MS. C. VI, 33('아메르바키아나'(Amerbachiana)), insert 25. CB III, 23(『테렌티우스에게 바친 수사학』(*Rhetorica ad Herennium*,1514), 그리고 BD VIII, 61(마누엘 크리솔로라스, 『문답』(*Erotemata*), 1512)은 보니파세가 가족 도서관에 이미 2종의 초기 판본이 소장되어 있는데도 알두스 판을 구입한 흥미로운 사건을 담고 있다.

63  MS. AN VI, 36(보니파세의 필기는 이 책을 필사본으로 분류할 수 있을 만큼 충분히 방대하다).

의 에우리피데스 번역, 그리고 포르티게라의『그리스 문학의 찬사에 대한 연설』로 이어진다. 그리스어 공부를 격려하거나 돕기 위한 계획이 두드러지지만 전체적인 숫자는 상대적으로 적다. 프로벤은 리옹 인쇄업자들의 단순한 표절에 빠지지도, 필리포 지운티와 같은 미묘한 모방도 따라하지 않았다.[64] 그는 또한 에라스무스에게 압도적으로 의존한다. 에라스무스 자신이 알두스 무리에게 얼마나 많은 빚을 졌는지 판단하는 것이 불가능하기 때문에 프로벤이 그의 이탈리아인 동료에게 가졌던 태도를 분명히 결정하는 데 어려움이 야기된다. 요점은 그의 전반적인 인쇄 경력이 이탈리아 인쇄 형식으로의 점차적인 발전을 대변한다는 사실이다. 프로벤은 1491년에 고딕체로 시작했다. 새로운 세기의 첫 20년 동안에 그는 아머바흐의 굵은 로마 활자체를 사용했으며 그리스어 활자체도 소유하고 있었다. 당시의 학자들 사이에서는 통용되지 않았지만 이 활자는 알두스의 필기체와 명백한 유사점을 지니고 있었다. 마지막으로 1519년에 그는 알두스의 이탤릭체와 유사한 두 활자체를 도입했다. 이는 이 글씨체에 대한 북쪽 출판사의 최초의 합법적인 시도였다. 곧 많은 사람들이 그를 모방하기 시작했다. 에라스무스가『격언집』의 나중 판에서 프로벤이 알두스의 과업을 이어가고 있다고 언급했을 때, 두 사람에 대한 진부한 찬사를 보냈던 것이 아니었다.[65]

---

64　유용한 대소표를 위해서는 G. Heckethorn, *The Printers of Basel*, pp. 91f.와 직접 인용되는 Nos. 74, 78, 84 참조. P. S. 앨런(P. S. Allen)은 프로벤이 표절했다고 판단한다. "Erasmus' Relations with his Printers", *The Library*, XIII, 1916, pp. 318~19. 그러나 나는 그의 견해가 프로벤이 1513년에『격언집』을 이탤릭체로 인쇄했다는 잘못된 생각에 지나치게 의존한다고 생각한다. 사실 이 판본은 대형 2절판에 로마 활자체로 기록되었다. 알두스가 제목에 대한 구체적인 저작권이 없었다는 사실을 상기할 필요가 있다.

65　프로벤의 경력에 대한 이 이야기에 대해서는 G. Heckethorn, *loc. cit.*; A. F. Johnson, *Type Designs: Their History and Development*, London, 1934, p. 130;

하이델베르크 무리와 그들의 후임자들과의 장기적인 접촉, 관련된 학자들의 명성과 헌신, 그리고 이들이 중심지들에 끼친 영향력은 당연히 우리의 특별한 관심을 불러모았다. 그러나 알두스의 영향력이 신성로마제국에 퍼진 다른 다양한 경로들도 있었다. 새로운 출판에 대해 동일한 흥분을 감추지 못한 여러 학자들의 편지들이 발견되는데, 특히 두 무리를 자세하게 살펴보아야 한다. 첫 번째 이유는 이들이 매우 상이한 동기를 가지고 있었기 때문인데, 이는 알두스가 다양한 기호를 충족시킬 수 있었음을 입증한다. 두 번째 이유는 알두스의 작품에 대한 이들의 관심이 그를 당시의 가장 중요한 예술 및 종교적인 움직임과의 흥미진진한 결합으로 인도했기 때문이다.

뉘른베르크의 피르크하이머는 로이힐린의 경우와 같이 불멸에 대한 갈망으로 인해 그다지 고생하지 않았던 것으로 보인다. 그는 켈티스가 교양 과목을 위해 도입하려고 노력했던 강매적인 상술의 필요도 별로 느끼지 않았던 것 같다. 그는 이탈리아를 여행하며 서적상으로 활동하던 가문에서 태어난 화통하고 활기 넘치는 서적 수집가였다. 그의 주요 관심사는 문학이었으며, 또한 그의 지갑이 감당할 수 있는 최고의 도서관을 꾸리는 것이었다. 그는 이탈리아에 거주하는 동안 마음껏 취미 생활을 누렸는데, 이로 인해 그는 아버지의 훈계를 들어야만 했다. 피르크하이머는 파도바에서 3년 동안 정신없는 지적 생활을 향유했다. 3년이 지난 후인 1491년에 그는 부득이하게 칼푸르니오와 폼포나치의 강의실을 떠나 파비아의 보다 차분한 분위기로 옮아가야만 했다. 그럼에도 그는 여전히 법학에 관심이 생기지 않았다. 또한 데메트리우스 칼콘딜라스

---

H. Carter, *Typography*, pp. 118~20, 그리고 Plate 79 참조. 프로벤에 대한 에라스무스의 찬사에 대해서는 M. M. Philips, *The Adages of Erasmus*, pp. 185~86 참조. 그의 찬사는 1515년 판부터 포함되었다.

의 그리스어 강의가 근처에서 그를 유혹했다. 피르크하이머는 1495년에 학위 없이 귀국했다. 그는 결혼 생활과 시민적 책임, 그리고 그리스 문화 연구에 생애를 바쳤는데, 이때 그리스 문화 연구에 완전히 매료되었다고 고백한다.[66] 피르크하이머가 알두스를 만났을 가능성은 희박하다. 그는 이 인쇄업자의 계획의 일거수일투족을 주시했다. 그러나 항상 일정한 거리를 유지한 채, 로이힐린이나 슈피스하머의 편지가 보여 주는 개인적인 관여 없이 따랐다. 피르크하이머에게는 그리스어 본문을 향한 충족되지 않는 갈증이 있었는데, 알두스의 책들이 그의 갈증을 가장 잘 해소해 주었다. 이것은 우리의 주요한 관심사가 집중되어 있는 간단한 경제관계였다.

피르크하이머는 1504년에 켈티스에게 보낸 편지에서 "나는 이탈리아 전역에서 인쇄된 모든 그리스어 책을 가지고 있다"라고 자랑했다.[67] 그의 도서관은 17세기에 서서히 흩어졌기 때문에 그의 주장을 절대적으로 시험할 수는 없다. 그러나 그의 주장은 알두스가 1500년 이후에 이 출판 분야에서 절대적으로 군림했다는 사실을 보여 주기 위해 사용될 수 있다. 피르크하이머는 이른 시기부터 수집하기 시작했다. 그는 로렌초 디 알로파의 『그리스 선집』과 루키아노스, 그리고 아폴로니오스(Apollonius) 본문과 칼리에르게스의 『그리스 대어원사전』(*Etymologicum Magnum*)을 소장했다. 이외에도 아쿠르시우스 판 이솝과 호메로스 작품의 피렌체 초

---

66 피르크하이머의 배경에 대한 이 이야기는 H. 루프리히(H. Rupprich)의 핵심적인 논문에 근거한다. 이 논문은 현재 번역되었고, "Willibald Pirckheimer: a Study of his Personality as a Scholar", in G. Strauss, *Pre-Reformation Germany*, London, 1972, pp. 380~435로 재출간되었다. *Pirkheimers Briefwechsel*, vol. I, Ep. 40, p. 122는 피르크하이머가 교양과 학문의 중심지로서 파비아보다 파도바의 우월성을 극찬하는 모습을 보여 준다. Ep. 43, p. 137에서 그는 자신이 그리스 문학에 흠뻑 빠졌다고 고백한다.

67 *Briefwechsel*, Ep. 63, p. 206.

판을 소유했다. 그는 다양한 중심지에서 출판된 책들을 꿰뚫고 있었으며 알두스의 책 30권을 소유하고 있었다. 이는 당대의 다른 어떤 출판사가 펴낸 그리스어 본 수치보다 훨씬 웃도는 양이었다. 알두스의 사후에 출판된 2종의 판본을 포함한다면, 총 40권으로 불어날 수 있다.[68]

간접적으로 구매하는 개인에게도 이 정도 범위의 책들을 구입하는 것은 전혀 문제가 되지 않았던 것으로 보인다. 피르크하이머가 1501년에 무심코 말했듯이, 베네치아의 폰다코 데이 테데스키에는 그의 임호프(Imhof) 친척들 한두 명이 상주하고 있었다. 이들은 기꺼이 그의 대리인 역할을 했다.[69] 물론 수많은 독일 구매자들이 동일한 주장을 할 수 있었을 것이다. 피르크하이머의 관심을 사로잡았던 것은 최근의 출판물에 대한 정확한 정보를 입수하는 것이었다. 이 목적을 위해 그는 수많은 반(半)공식적인 대리인들을 고용했다. 그 세기 초에 그는 주로 안톤 크레스(Anton Kress)라는 젊은 친척에게 의존했다. 크레스는 그와 마찬가지로 파도바와 파비아를 왕래했던 법학도였는데, 그에게 구입하려는 품목 목록을 보내거나 문학 세계에서 떠도는 소문을 조사해 달라고 요청할 수 있었다. 예를 들어 출판이 임박한 알두스의 세 개 언어 성경에 대한 정보를 문의할 수 있었다.[70] 이들은 죽이 잘 맞았던 것으로 보인다. 1503년

---

68  E. Offenbacher, "La Bibliothèque de Willibald Pirckheimer", LBF XL, no. 7, 1938, pp. 241~63. 여러 도서관들과 판매 목록을 합친 물품 목록이 pp. 251f.에 기록되어 있다. 개별 사본과 현재 위치에 대해서는 W. Eckert·C. von Imhoff, *Willibald Pirckheimer, Dürers Freund im Spiegel seines Lebens seiner Werke und seiner Umwelt*, Cologne, 1971, pp. 85f. 참조. 1503년 1월에 피르크하이머는 밀라노에 추가적인 그리스어 판들이 준비 중인지 문의한다: *Briefwechsel*, Ep. 57, p. 190.

69  *Ib.*, Ep. 43, p. 137.

70  *Ib.*, Ep. 40, 43, 44, 57. 흥미로운 점은 피르크하이머가 세 개 언어 성경에 대한 정보를 요구했던 시기이다. 그는 알두스가 켈티스에게 이 계획을 추진하고 있다고 말했던 거의 동일한 시점에 이에 대한 정보를 요구했다: p. 123, 그리고 이 장의 주 41 참조.

3월에 피르크하이머는 켈티스에게 자신이 최근에 엄청난 양의 그리스어 책을 구했다며 만족스러운 듯이 말하면서 헤로도토스와 투키디데스 본문을 구하기 위해 수소문 중이라고 덧붙였다. 이는 알두스가 1년 전 여름에 인쇄했던 책들이었다.[71] 1505년부터 피르크하이머가 베네치아에 실제로 거주하는 두 명의 임시 거주자들에게 의존하는 것으로 미루어보아 크레스는 이 즈음에 독일로 귀국했던 것으로 보인다. 이 가운데 첫 번째 인물이 너무도 귀한 쿠노였다는 점은 놀랍지 않다. 그는 알두스가 그리스어 출판을 축소한 일에 대해 무안해 했다. 그러나 그는 황제의 아카데미아 건립 계획에 대한 이야기로 알두스에 대한 그의 의뢰인의 관심을 유지시켰으며, 이후에는 알두스가 플라톤과 플루타르코스 작품의 판본을 계획 중이라면서 면목을 유지했다.[72] 두 번째 인물은 다름 아닌 알브레히트 뒤러(Albrecht Dürer)였는데, 그는 피르크하이머에게 대출을 받아 베네치아 화가들의 양식을 검토하고 있었다. 불행하게도 서점 조사에 대해 뒤러의 편지들은 일반적인 내용 이외에 그가 구입한 책들의 목록이나 구입 시기에 대한 구체적인 정보가 없다.[73] 그가 동료의 도서관에 깊이 관여했다는 명백한 증거들이 있다. 피르크하이머의 도서 목록 중 20권이 그의 손으로 채색되었다고 기록되었는데, 이 중 알두스 판은 11권에 달했다. 때로는 아리스토텔레스의 작품들의 경우와 같이, 단순한 문장(紋章)이나 몇몇의 장식 무늬만 새겼다. 알두스 판 테오크리토

---

71  *Ib.*, Ep. 59, p. 195.

72  *Briefwechsel*, Ep. 86, p. 280, Ep. 139, pp. 436~38.

73  뒤러의 베네치아 방문기와 그가 피르크하이머에게 보낸 편지들의 번역본에 대해서는 W. Conway, ed., *The Writings of Albrecht Dürer*, London, 1958, pp. 45~60, 특히 pp. 47, 54, 58 참조. 뒤러는 사실 그가 무엇인가를 구입했다고 분명하게 말한 적이 없다. 이에 대한 문헌 자료들은 방대하기 때문에 하나 이상의 인용은 힘들다. 그러나 그가 베네치아에 거류했던 기록에 대해서는 T. Pignatti, "German and Venetian painting …" in J. R. Hale, *Renaissance Venice*, pp. 244~73 참조.

스의 첫 쪽에는 전체 풍경의 축소판이 있다. 첫 번째 목가시의 대부분은 두 목동(牧童)들의 노래로 구성되는데, 이 풍경은 그들을 대변한다. 이 삽화는 그가 그리스어 본문에 대한 기초 지식을 가지고 있었음을 보여 준다.[74] 이 시점에서 상상의 날개를 펼치기 쉽다. 우리는 이 위대한 대가가 인쇄소에서 지지자들의 무리에 둘러싸인 모습을 상상할지도 모른다. 또한 그가 『폴리필로의 꿈』의 목판화를 살펴보면서 보르도네와 고전 양식의 가능성에 대해 논쟁하는 모습을 상상할지도 모른다. 그러나 우리는 신중하게 처신해야 한다. 우리는 뒤러가 피르크하이머를 위해 잡화상을 거닐면서 주위를 면밀히 살펴보았다는 것 이상을 증명할 수 없다. 또한 그가 귀국한 후 책의 마지막 페이지에 붓으로 그림을 그려준 것 이상의 증거도 가지고 있지 않다. 그를 알두스 아카데미아의 회원으로 간주하게 할 만한 근거는 없으며, 그의 스케치북에서 비밀스러운 신비를 가려낼 수도 없다. 그의 채색과 피르크하이머의 도서관 전체는 독일 남부 도시들의 지적 기호의 성향에 대한 강력한 상징으로 남는다. 이는 또한 이탈리아와 엄청나게 비옥한 문화 교류가 가능해졌다는 데 대한 상징이기도 했다.

뒤러에 대한 언급은 알두스와 독일 사이의 가장 중요하다고 주장할 수 있는 연결점으로 이끌지만 이 연결의 명백한 결과를 정의하기란 거의 불가능하다. 1520년 초반에 이 화가는 다음의 말로 게오르크 부르크하르트*에게 편지를 썼다. 부르크하르트는 작센(Sachsen)의 현자인 프리드

---

74 수치는 E. 오펜바허(E. Offenbacher)의 물품 목록에 근거한 것이다. 그의 책, pp. 243~45와 E. Eckert·C. von Imhoff, *loc. cit.* 참조. 테오크리토스 축소판은 Pl. VIII, p. 89 맞은편에 복사되었다.

* Georg Burkhard, 1484~1545: 독일 뉘른베르크 근방의 슈팔트 출신 인문주의자이자 종교개혁가였다. 뉘른베르크와 에르푸르트에서 교육을 받았으며, 1502년 비텐베르크 대학으로 옮겼다. 1509년 작센 선제후인 프리드리히 3세 치하에서 가정

리히 선제후(Friedrich der Kurfürst)의 비서이자, 궁정에서 루터의 주된 동맹이었다.

> 제가 신의 도움으로 마르틴 루터 박사님을 만나게 된다면 그의 실물을 초상화에 정성들여 담고 그것을 구리에 새기고 싶습니다. 저를 큰 환란에서 구해 준 기독교인을 항상 기억하기 위해서입니다. 존귀한 당신께 간곡히 부탁합니다. 비용은 기꺼이 지불할 테니 마르틴 박사님이 최근에 쓰신 글이 있다면 알려주시기 바랍니다.[75]

이 편지가 함축하듯이, 부르크하르트 또는 스팔라티누스*는 수많은 사람들을 위해 수많은 사안들의 중개인 역할을 맡았다. 그의 역할 중 하나는 선제후가 소중히 여긴 비텐베르크 대학 도서관 구축을 조언하고, 이 도서관을 위한 책을 구입하는 것이었다. 그는 즉시 알두스에게 도움의 눈길을 보냈다. 이렇게 해서 우리는 16세기 역사의 가장 위대한 질문 중 하나의 핵심에 도달하게 된다. 이 질문은 인문주의와 개혁 사이의 관계, 즉 르네상스와 종교개혁 사이의 관계에 대한 질문이다. 알두스는 루터의 95개 조항을 부추긴 문화적 환경에 어떤 역할을 했을까?

이 이야기는 특유의 길고 복잡한 줄거리를 가지는데, 이 특징은 무티안(Mutian, 본명은 콘라트 무트Conrad Muth)의 다양한 경험에서 비롯한다. 무티안 자신도 완전히 상반된 문화적 영향력 아래 있었던, 문제가 많은 인물이다. 그는 한편으로는 데벤테르 형제단(Brethren of Deventer)의 영

---

교사와 도서관 사서, 그리고 비서로 일했다. 부르크하르트를 통해 루터의 사상이 작센 선제후에게 전달되었으며, 프리드리히의 사후에도 그는 지속적으로 종교개혁을 위해 힘썼다.

75  W. Conway, *op. cit.*, p. 89.

*  Spalatinus: 부르크하르트의 가명(假名).

향력 아래 있었고, 다른 한편으로는 이탈리아 학자들의 영향력 아래 있었는데, 자신이 어느 쪽에 속하는지 보여 주는 글을 많이 남기지 않았다. 무티안은 1494년부터 1503년까지 거의 10년이라는 세월을 이탈리아에서 보내면서 대부분의 주요 중심지들에서 수학했다. 그가 알두스를 직접 만났다는 명백한 증거는 없다.[76] 분명한 사실은 그가 당시 유행하던 그리스 문학에 대한 관심을 가지게 되었다는 점이다. 그는 그리스 문학을 추구할 수 있는 유일한 수단을 제공하는 인쇄업자에게 숭배에 가까운 존경심을 가지게 되었다. 독일에 돌아온 무티안은 고타(Gotha)라는 도시의 성당 의전 사제가 되었으며, 근방의 에르푸르트 대학 덕분에 곧 야심 찬 그리스 학자들의 또 다른 분주한 조직의 중심이 되었다. 그는 이들에게 알두스의 문법서를 추천하면서 라틴어 책들과 함께 그리스어 책들을 읽는 것이 중요하다고 강조했다. 이것은 알두스가 가능케 만든 학습 방식이었다.[77] 1510년에 유럽 전쟁이라는 대참사가 벌어졌다. 그러나 무티안에게 이 사건은 알프스 산길의 통행 금지에 비해 사소한 일이었다. "알두스의 도움을 받지 못한 교양 과목들이 죽어갔다."[78] 그의 제자 중에는 헨리 우르바누스라는 수도사도 있었는데, 그는 깊은 격정에 이끌려 베네치아에 직접 편지를 보냈다. 편지에서 그는 알두스의 측근 자리를 요청했을 뿐만 아니라 율리우스 폴룩스(Julius Pollux), 크세노폰, 베사리온, 그리고 『그리스 대어원사전』 사본을 간청하는 내용을 썼다. 무티안의 또 다른 제자였던 스팔라티누스는 이때 알두스에게 안부를 묻는 것만으로 만족했다.[79] 스팔라티누스는 이탈리아인 인쇄업자에 대한 그의 스승의 존

---

76  무티안의 배경과 이것을 이해하기 힘든 점에 대해서는 L. Spitz, *The Religious Renaissance* ⋯, p. 130f. 참조.

77  *Der Briefwechsel des Mutianus Rufus*, ed. C. Krause, Kassel, 1885, Ep. 35, pp. 42~ 43, Ep. 111, p. 136. "Eme tibi Rudimenta Manutii, ut scribere dicas."

78  *Ib.*, Ep. 140, p. 193.

경심을 그대로 수용했던 것으로 보인다. 그는 무티안의 영향력을 통해 1508년에 작센 선제후 조카의 개인교사직을 얻었을 때에도 알두스에 대한 존경심을 잊지 않았다.[80]

비텐베르크 대학에 항상 인문주의적인 경향이 있었다는 생각은 어쩌면 너무 쉽게 과장될 수 있을지도 모른다. 이 대학이 1502년에 설립될 때, 당시로서는 특이할 정도로 세속적인 속성을 지녔으며 대학의 규정도 문학적인 연구를 놀라울 정도로 강조했다고 한다. 어쨌든 이 새로운 대학 구성원들 중에서 이탈리아의 교육 배경을 가진 사람이 많았다는 점은 사실이다. 또한 당시의 독일 대학들은 물론이고 대부분의 유럽 대학에서도 희귀했던 그리스어 과목이 종종 정규 교과과정에 포함되었다. 그리스 학자의 계보가 니콜라우스 마르샬크(Nikolaus Marschalk)로부터 필리프 멜란히톤*까지 끊이지 않고 이어졌다. 마르샬크는 무티안 자신의 제자인 동시에 진취적인 인쇄업자였다.[81]

가장 중요한 요소는 프리드리히 선제후였을 것이다. 그는 자신의 대학이 철저히 현대적이어야 한다는 생각으로 불타올랐는데, 이를 위해서는 훌륭한 도서관이 필수적이었다. 1512년에 그는 무티안의 조언에 따라 자신의 개인 소장품을 대학 전체의 유익을 위해 개방하고 도서관을

---

79  *Ib.*, Ep. 40~43, pp. 46~48. 또한 J. Schück, Docs. XIII, XIV, pp. 131~34.

80  M. Grossman, *Humanism in Wittenberg, 1485~1517*, Bibliotheca Humanistica et Reformatorica, vol. XI, Nieuwkoop, 1875, pp. 20~21.

•  Philip Melanchthon, 1497~1560: 독일 브레텐 출신의 종교개혁가이자 인문주의자였다. '멜란히톤'이란 이름은 그의 어머니의 삼촌인 요하네스 로이힐린이 붙여주었다. 작센 선제후인 프리드리히 3세에 의해 비텐베르크 대학의 그리스어 교수로 임명된 그는 루터와 더불어 독일의 종교개혁을 선도했다. 대표작으로 『신학 총론』(*Loci communes rerum theologicarum*, 1521)이 있다.

81  M. Grossman, *op. cit.*, pp. 37~54. 나는 이 여성 작가가 '인문주의'라는 용어를 너무 느슨하게 사용해 불편한 인상을 준다는 사실을 인정한다.

확장했다. 자연스럽게 선제후는 그의 개인교사이자 비서인 스팔라티누스로부터 상세한 조언을 구했다. 그의 비서는 자신이 직접 읽어보고 강력히 추천한 책을 인쇄했던 사람에게 편지를 쓰도록 지시를 받았다.[82] 1512년 봄에는 도서 목록에 대한 두 차례의 요청이 베네치아로 발송되었지만, 이후에 알두스는 이 요청들을 받지 못했다고 주장한다. 알두스가 이 요청들을 받지 못했을 가능성이 크다. 두 개 모두 라벤나 전투가 발발한 후 몇 주 안에 발송되었기 때문이다.[83] 이렇게 되자 12월에는 프리드리히 선제후 자신이 그의 비서의 글에 무게를 실어주었다. 그는 학계를 위한 알두스의 섬김에 감사의 찬사를 돌렸다. 이 사건은 군주에 대한 흥미로운 모습을 그려 준다. 인쇄된 책의 존재를 인정하지 않았던 군주가 죽고 한 세대도 지나지 않아 다른 군주가 인쇄업자의 문을 두드린 것이다. 그가 알두스에게 편지를 쓴 것은 이번이 처음이 아니었다. 첫 번째 시도는 1505년이었는데, 그때는 대학이 아니라 사적인 부탁 때문이었다.[84] 이런 거래들의 결과는 여전히 우리가 원하는 만큼 분명하지는 않다. 스팔라티누스는 1515년의 기록에서 분명한 지시가 도달하기 이전에 알두스가 세상을 떠났다고 언급한다. 책은 안드레아 토레사니가 발송했

---

82  *Ib.*, pp. 100~12.

83  *Urkendenbuch der Universität Wittenberg*, ed. W. Friedensburg, vol. 1, Magdeburg, 1926, p. 68. 이 편지들은 1512년 3월 25일과 5월 1일에 작성되었다. E. 파스토렐로(E. Pastorello)는 두 편지 모두에 대해 무지했다. 이 당시에 이탈리아 북쪽의 정치적 상황에 대해서는 이 책의 제4장 주 161 참조. 알두스가 이 편지들을 받지 못했다는 주장에 대해서는 J. Schück, Doc. XVI, pp. 135~36 참조.

84  이 편지의 본문은 (파스토렐로도 이 편지에 대해 알고 있었다) G. Buchwald, "Archivalische Mittheilungen über bucherbezuge der Kurfustlichen Bibliothek und Goerg Spalatinus in Wittenberg", *Archiv für Geschichte des Deutschen Buchhandels*, 18, 1896, pp. 10~11 참조. 또한 이 편지는 M. Grossman, *op. cit.*, p. 107, n. 28에서도 찾아볼 수 있다. 알두스는 스팔라티누스에게 보내는 답장에서 이전에 선제후로부터 받은 편지를 언급한다. 이 장의 주 83에서 인용.

다. 1516년과 1518년 사이에는 프란체스코 수도회의 수도사인 부르크하르트 쉥크(Burkhard Schenk)가 베네치아에서 도서 목록을 보내고 문의를 받았다. 따라서 알두스의 책들을 구입하는 일은 첫 번째 계약으로 종결되지 않았다고 가정해야 한다.[85] 스팔라티누스가 1536년에 작성한 목록은 개별 판본들에 대한 정보를 알려 주지 않기 때문에 우리는 결국 도서관에 유입된 알두스의 책들의 수를 정확하게 계산하지 못한다.

우리는 정보에 근거한 자료들에 대해서는 알고 있다. 1512년과 1513년 사이에 볼프 프리스(Wolf Fries)라는 무명의 스팔라티누스의 대리인이 153권의 책을 구입했는데, 여기에는 다수의 이탈리아 인문주의 저작이 포함되었다. 또한 20개의 '알두스 출판물'을 구체적으로 나열한 부분이 있었다. 항목들 중 일부는 틀림없이 잘못 묘사되었을 것이다. 그러나 우리는 『그리스도교 시인들』 전집, 피르미쿠스*의 작품들, 아리스토텔레스 한 권, 콘스탄틴 라스카리스와 알두스 자신의 문법서, 크라스토니스의 『사전』, 플루타르코스의 『모랄리아』, 그리고 당대의 폰타노와 폴리치아노의 작품들을 분명히 발견할 수 있다. 위작(僞作)들은 조르조 발라와 디오스쿠리데스의 작품들, 그리고 아마도 에라스무스의 『격언집』과 균형을 이루었는데, 이 작품들은 어쩐 일인지 의도된 청구서의 자리에서 누락되었다. 프리스의 구매 목록에서 10~15퍼센트는 알두스의 책들이었는데, 이 책들이 다른 책들과 구별되었다는 점은 이 책들이 더 높은 평가를 받았다는 사실을 입증한다.[86]

---

85 M. Grossman, *op. cit.*, pp. 107~10.

* Firmicus, 서기 4세기: 로마제국 시기의 점성가였다. 대표작으로는 바빌론과 이집트의 점성술의 지혜를 라틴어로 요약한 여덟 권 분량의 『마테시스』(*Mathesis*) 가 있다.

86 프리스의 구입 목록은 G. Buchwald, *op. cit.*, pp. 7~10에 기록되었으며, 알두스 판의 목록은 p. 9에 기록되었다. M. 그로스만(M. Grossman)이 지적하듯이, 이탈리아 인문주의 저자들의 비중이 크다. 이 중에는 당대의 저자들인 리치와 베로알도,

스팔라티누스의 감질나도록 불완전한 목록을 살펴보자. 우리는 이 기초적인 소장 목록이 아리스토텔레스, '최근에 인쇄된' 것으로 묘사된 플라톤, 핀다로스와 호메로스, 투키디데스, 그리고 어쩌면 루키아노스의 작품들로 확장되었을 것이라고 거의 확신할 수 있다. 마지막으로 선제후의 편지는 라틴어뿐만 아니라 그리스어와 히브리어 본문에 대한 관심도 보여 준다. 따라서 우리는 혹평받은 베르길리우스, 호라티우스, 오비디우스, 유베날리스, 그리고 여타의 작가들이 수를 헤아릴 수 없는 수많은 유명한 8절판을 감추고 있다고 추측할 수 있다.[87] 루터 자신은 그리스 학자가 아니었다. 알두스가 그의 지적 성장에 직접적으로 큰 기여를 하지는 않았을 것이다. 이 인쇄업자는 안드레아스 폰 카를슈타트*와 이후 멜란히톤에게는 많은 영향을 끼쳤을 것이다. 무티안은 작센의 선제후가 베네치아의 그리스어 도서관을 구입해 비텐베르크에 도서관을 개관했노라는 평가로 이 상황을 매우 간결하게 정리했다.[88] 개혁을 위한 움직임의 기저에 이토록 견고한 이탈리아 학문의 토대가 놓여 있다는 사실을 발

---

그리고 안토니오 만치넬리(Antonio Mancinelli)를 포함한다. 뿐만 아니라 이미 자리를 잡은 발라와 플라티나 같은 인물들도 포함된다. 몇몇의 이탈리아어 번역도 나열되었다. 알두스의 출판물에는 에우세비오스(알두스는 이 작품을 출판하지 않았다), 그리고 알두스 자신의 그리스어 문법서(이 책은 1515년에 출시되었다)가 포함되었다는 점을 지적할 필요가 있다.

87   스팔라티누스의 목록은 E. Hildebrandt, "Die kurfurstliche Schloss und Universitätsbibliothek zu Wittenberg, 1512~1547", *Zeitschrift für Buchkunde*, 2, 1925, pp. 158~64에서 발견할 수 있다.

•   Andreas von Karlstadt, 1477?~1541: 독일 카를슈타트 출신의 종교개혁가로 에르푸르트와 쾰른에서 수학했다. 이후에 비텐베르크 대학에서 가르쳤으며, 1515년에는 로마에서 교회법을 공부했다. 로마에서 스콜라주의에 심취해 공부하고 돌아온 그는 처음에는 루터와 충돌했지만, 곧 스콜라주의를 버리고 급진적인 개혁에 앞장서게 되었다.

88   동일한 저자의 인용, *op. cit.*, p. 121. "… illustrissimus Fridericus Graecam comparaverit bibliothecam Venetiis et Wittenburgi publicaverit ornatissime."

견하는 것은 매우 흥미롭다. 특히 이 개혁이 대중적인 인기를 얻었던 가장 큰 원인이 이탈리아적인 모든 것들을 거부하는 데 기초했기 때문에 더욱 흥미롭다.

프랑스에서 알두스 동료들의 명부는 근래에 와서야 비로소 밝혀지기 시작한 인물들을 포함한다. 정당한 이유로 까치처럼 물건을 모아들이는 호사가도 있었고 장차 학자가 될 사람도 있었다. 새로운 계몽 시대를 꿈꾸는 헌신적인 개혁가도 포함되었으며, 유행을 통해 돈을 벌고자 전문적으로 모방하는 사람도 포함되었다. 그러나 전체적인 관계의 윤곽은 우리가 여태까지 살펴본 모습과 다소 달랐다. 많은 프랑스인들이 이탈리아에 유학을 왔지만, 프랑스의 지적이고 문학적인 전통은 영국이나 신성로마제국의 전통보다 훨씬 수준이 높았고, 훨씬 깊숙이 자리 잡은 상태였다. 이는 프랑스 전통이 1500년경에 특히 건장했다는 의미는 아니다. 프랑스인들 일부는 새로운 영감의 원천을 필요로 해서 유학을 택했다. 로이힐린과 쿠노는 알두스의 문전까지 찾아왔던 반면에, 우리 수중의 증거들은 알두스가 직접 프랑스 내의 학자들과 인맥을 찾아 나섰다는 사실을 보여 준다. 프랑스 내에서의 명성의 확장은 이탈리아 망명자들만큼이나 이탈리아 반도에서 귀국하는 프랑스 방문객들에게 의존했다. 간혹 런던이나 빈에서 필사본이 도착하기도 했지만, 이 중심지들과 편집상의 무역 균형은 베네치아로 훨씬 기울었던 것으로 보인다. 베네치아와 파리 사이는 훨씬 균형적이었으며, 국제정치의 측면에서도 동떨어진 영국이나 신성로마제국의 경우보다 상황을 훨씬 복잡하게 만들었다. 신성로마제국의 경우에 상업 도시들은 명목상 권력자의 뜻과 종종 독립적으로 행동했다. 1509년부터 1512년까지 베네치아와 프랑스는 원수지간이었으나, 1499년부터 1509년까지 두 세력은 동맹국이었다. 프랑스는 이웃하는 밀라노의 공작 영지를 1512년까지 지배했고 자연스럽게 그곳에 대규모의 행정 대표단이 주둔했다. 두 중심지 사이의 잦은 외교 사절단의 교류는 수많은 비공식적인 접촉을 가능케 했다. 알두스는 부유하고 유력한 구매자들과의 관계를 구축할 기회를 놓치지 않았고, 이들은 자국의 전통과 갈리아 지방의 자부심에도 불구하고 영국인이나 독일인들과 마찬가지로 이탈리아의 매력에 쉽게 매료되었다.

제롤라모 아마세오의 채색된 『예언』(Vaticinium) 사본이나 베사리온의 『플라톤을 무고하는 이들에 반대하여』 헌정사의 우호적인 어조, 그리고 알두스가 대사의 독서 습관에 대해 정통했다는 사실은 그가 1499년부터 베네치아에서 프랑스 왕을 대변했던[89] 법학자 아쿠르시우스 마이너와 인연을 맺었다는 분명한 증거이다. 불행히도 알두스의 흔적은 여기서 갑자기 사라진다. 그러나 1506년과 1511년에 밀라노를 방문한 것이나, 안티콰리오 장관과 외교관인 제프로이 샤를에게 헌정사를 바쳤다는 사실이나, 밀라노를 아카데미아의 중심지로 고려했을 가능성은 모두 알두스가 조심스럽게 그의 인맥을 롬바르디아의 통치자들에게까지 확장하고 있었다는 사실을 가리킨다.[90]

알두스는 1511년에 한 사람을 만났을 것인데, 그는 쥘 미슐레(Jules Michelet)가 르네상스 이탈리아에 온 프랑스인 방문객에 대해 상상했던 모습에 가장 부합하는 인물인 장 그롤리에였다.[91] 그롤리에 가문은 당시 프랑스의 수많은 후원자들 및 수집가들과 동일한 상황에 처해 있었다.

---

89  이 책의 제4장 주 26, 그리고 OAME L, A 참조.

90  플루타르코스의 헌정사, 1509년(OAME LXVI); 호라티우스의 헌정사, 1509년 (Ib., LXVII). 이 책의 제5장 주 106f. 그리고 L. 도나티(L. Donati)의 기사 "La seconda Academia Aldina …"도 참조.

91  에라스무스의 『격언집』 사본 하나는 그롤리에가 알두스를 만났다고 언급하는 기록을 포함한다. 이 사건은 1508년에 일어났을 것이다. M. Le Roux de Lincy, *Recherches sur Jean Grolier, sur sa Vie, et sa Bibliothèque*, Paris, 1866, p. 212 참조. 이탈리아에 대한 프랑스의 다양한 관점에 대해서는 이 장의 주 8에 인용된 H. 호르닉(H. Hornik)의 기사 참조.

이들은 프랑스 국왕이 신속하게 확장한 재정 정책을 통해 상대적으로 무명의 상태에서 부상한 가문들이었다. 이 중에는 그롤리에와 혼인관계로 맺어진 브리소네(Briçonnets) 가문도 있었다. 그롤리에의 아버지인 에스티엔(Estienne)은 1494년에 리옹의 선출 의원이었고, 1499년부터는 밀라노의 재무장관이었다. 1510년에 아버지의 일을 계승한 장은 왕을 섬기는 데 전 생애를 바쳤는데, 1512년에 밀라노의 카스텔로(Castello)에서 포위되고 1525년에는 파비아에서 포로로 잡히기도 했다. 또한 1530년대에는 왕실 대학 설립에 참여했으며, 1561년에는 횡령 혐의를 견디내기도 했다. 그롤리에는 파란만장한 삶을 살면서 매우 예민한 심미가이자 헌신적인 수집가가 되었다. 그의 도서관 단편들은 프랑스 국립도서관과 대영 박물관의 가장 값진 소장품에 해당하고, 그의 이름은 한 장식용 표지 양식을 비롯해 어떤 서지학 협회에 붙여졌을 정도이다. 그의 고대 동전들과 명문들은 사라진지 오래되었다. 그의 책도 거의 9할이 사라졌지만 잔존하는 350여 권의 책 중 거의 절반이 알두스 판이다. 이 중 알두스가 생존했던 시대의 판본은 42권이다. 그롤리에의 열정은 피르크하이머와 보니파세 아머바흐의 열정을 평범해 보이게 만든다. 그는 1501년 판 유베날리스와 아울루스 페르시우스(Aulus Persius)를 네 권 가지고 있었고 『폴리필로의 꿈』도 네 권 소유했으며, 마르티알리스의 첫 8절판은 적어도 여섯 권을 소유하고 있었다.[92] 그는 수많은 피지 사본을 구입했으며

<hr />

[92] 전기의 정보와 수치는 르 루스 드 렁시(Le Roux de Lincy)의 것으로 pp. 181~ 297에 생존한 사본의 목록을 제시한다. H. M. Nixon, *Bookbinding from the Library of Jean Grolier: a Loan Exhibition, 23 September ~31 October, 1965*, British Museum special catalogue; G. D. Hobson, *Notes on Grolier with a Eulogy of the late Dr. Theodor Gottlieb*, London, 1929. 이탈리아의 인문주의와 프랑스의 인문주의에 대해 프랑스 국왕의 행정관들이 보였던 관심에 대해서는 E. Rice, "The Patrons of French Humanism, 1490~1520", in *Renaissance Studies in Honor of Hans Baron*, ed. A. Molho · J. Tedeschi, Florence, 1971, pp. 689~702 참조.

삽화의 추가 비용도 마다하지 않았다. 그의 소장품들은 종종 베네치아의 귀족들을 위해 제작되었던 작품들과 유사하기 때문에, 이 책들은 그를 위해 알두스의 작업장에서 특수 제작되었을 가능성이 있다.[93] 그는 인쇄업과 긴밀하면서도 개인적이며 지속적인 관계를 맺었다. 1515년에 무수루스는 알두스의 '마지막 딸'로 언급했던 알두스의 사후 판본인 그리스 문법서를 그롤리에에게 헌정하면서 이 프랑스인에게 토레사니로 하여금 고인이 된 그의 동업자의 표준을 유지하도록 설득하는 데 도와줄 것을 부탁했다. 그롤리에는 이 부탁에 응한 것으로 보인다. 1521년에 그는 알두스에게 약속받은 테렌티우스의 헌정사의 수취인이 되었기 때문이다. 뿐만 아니라 이듬해에 그는 뷔데의 유명한 『아스(동전)에 대하여』(*De Asse*) 신판을 후원했는데,[94] 1499년 판의 폴리치아노 작품을 이 책의 모형으로 삼고 싶어 했다. 이 와중에 그는 알두스 동아리의 옛 구성원이었던 에그나치오 같은 인물과도 연락하며 지냈다.[95] 그롤리에의 활동이 서지학자들의 영역으로만 남고 역사학자들의 이목을 끌지 못한 사실은 상당히 이상하다. 어떤 경력도 이탈리아 문화의 물질적인 자료를 구하기 위해 한 프랑스인 호사가가 얼마나 노력할 수 있었는지 보여 주지 못하고, 어떤 도서관도 이런 요구를 충족하기 위해 알두스가 얼마나 큰 기여

---

93   그롤리에의 채색 사본들에 대한 전면적인 조사는 별도의 연구를 필요로 할 것이다: Bibliothèque Nationale, Paris, Vélins 2070(루크레티우스, 1515). 그리고 Vélins 2091(마르티알리스)은 모체니고 가문을 위해 채색된 페트라르카(Vélins 2142)와 영국 국립도서관과 존 라일랜즈(John Rylans) 도서관에서 발견되는 여타의 작품들과 상당히 유사하다. 이 책의 제4장 주 47 참조.

94   헌정사는 Le Roux de Lincy, *op. cit.*, pp. 438~40(그리스어 문법서), p. 447(테렌티우스), 그리고 p. 449(『아스(동전)에 대하여』)에 기록되었다. 이 마지막 판본에서 그롤리에가 프란체스코 디솔라(Francesco d'Asola)에게 보낸 편지를 보기 위해서는 p. 434 참조.

95   Le Roux de Lincy, *op. cit.*, p. 49.

를 했는지 보여 주지 못하기 때문이다.

애서가로서 그의 역할이 무엇이었든지 간에, 그롤리에는 지식인이 아니었다. 심지어는 피르크하이머의 절충적이고 신사적인 기준에도 미치지 못했다. 그가 수집한 알두스의 판본들 중에 잔존하는 것들이 완전히 대표적이지는 않을지라도, 소수의 그리스어 판본만이 발견된다는 사실은 시사하는 바가 있을 것이다. 알두스가 프랑스의 기호(嗜好)가 아닌 학문에 영향을 끼치게 된 단계들을 추적하기는 사실 극도로 힘들다. 건축가였던 조콘도는 나폴리의 아라곤 왕을 위한 별장을 짓는 와중에 프랑스의 포로로 잡혀갔다. 그는 후퇴하는 침입자들과 함께 파리에 가서 1495년에 왕의 건축 고문 역할을 맡았고, 1508년 이후부터는 라틴어 본문에 막대한 영향력을 행사하게 되었다. 알두스가 이 이른 시기에 그를 알았다는 증거는 없다.[96] 그리스 문헌학자이자 편집자였던 야누스 라스카리스도 약 1년 후에 프랑스의 궁정에서 일하기 시작했다. 그는 아마도 1490년대 초에 베네치아에서 알두스를 만났을 것이다. 1501년 말에 블루아에서 알두스에게 보낸 편지에서 그는 "이토록 먼 거리에서, 그토록 오랜 시간 후에" 접촉할 수 있었다는 사실에 매우 놀란 반응을 보였다. 이 기간 동안에 두 사람 사이에서나 알두스의 인쇄소와 프랑스의 궁정 무리 사이에서 어떤 관계도 형성되지 않았을 가능성이 높다. 이보다 더 의미심장한 점이 있다. 야누스 라스카리스의 답변은 알두스가 그에게 자신의 8절판에 대한 조언과 플리니우스 및 테렌티우스의 사본을 요구하는 편지를 썼다는 사실을 보여 준다. 여기서 우리는 여태까지 이 책의 내용을 지배했던 남쪽에서 불어온 문화에 결정적인 변화가 있었음을 발견한 것으로 보인다.[97]

---

96  조콘도에 대해서는 이 책의 제5장 주 114의 참고문헌 참조.
97  CAM 24. 라스카리스에 대한 참고문헌은 이 책의 제3장 주 8 참조.

알두스가 프랑스에서 유래한 사본들을 사용했다는 점에 대해서는 이전 장(章)에서 길게 다루었다. 우리는 라스카리스와 조콘도의 중재자로서의 역할을 강조할 필요가 있다. 이들과의 관계가 형성되지 않았더라면 알두스의 편집 계획이 전혀 달랐을 것이라는 상식도 짚고 넘어가야 한다. 플리니우스의『편지』(Epistulae)는 상당히 칭송받고 널리 홍보된 판본으로서 조콘도가 파리에서 다른 여섯 권과 함께 검토하고 필사한 초기 모본에 근거한 것이었다. 아테네 연설가들과 여타의 무수한 그리스어 자료들은 베네치아에서 오랫동안 대사로 있었던 라스카리스가 제공한 것이었다. 그리스어 고문서는 프랑스에서 유래한 것이 아니라 메디치 가문의 수집품에서 유래한 잡동사니였다. 그럼에도 불구하고 1509년 판을 위한 두 개의 '매우 고대의' 살루스티우스 필사본을 제공한 조콘도와 함께 라스카리스에게 감사가 돌려진다. 이 두 필사본은 분명 파리에서 유래한 것이었다.[98] 다른 근거들은 조콘도가 파리에서의 시간을 노니우스 마르셀루스(Nonius Marcellus)의『요약본』(Compendia)을 필사하는 데 보냈음을 입증한다. 이 책은 1513년에 알두스의『풍요의 뿔』신간이 출간되기 전에 출판되지 않았다. 조콘도는 또한『농업서 작가들』의 본문을 수정하고 이탈리아의 어떤 필사본보다 낫다고 판단한 카이사르의 필사본을 조회했다.[99] 수많은 유럽의 국가들이 알두스의 계획에 기여했다. 인쇄업자(알두스)도 일반적으로 이에 대해 특별하고 다소 화려한 말로 인

---

98  플리니우스와 아테네 연설가들에 대해서는 이 책의 제6장 주 102~03, 108~09 참조. 살루스티우스의 필사본에 대해서는 OAME LXVIII 참조.

99  RAIA pp. 60, 63, 66. A. 르누아르(A. Renouard)나 G. 오를란디(G. Orlandi)는 조콘도의 논평을 인용하지 않기 때문에 여기서 인용하는 것도 가치 있을 것이다: C. Julii Caesaris, *Commentariorum Libri*, 1513, f. C ii v. " … conquisivi multa tota Gallia exemplaria, quod multa eo semper ex Italia translata sunt atque ea minus praedae exposita ac bellis fuerunt, multo incorruptiora volumina cuiusque generis reperiuntur … ."

정했다. 그러나 프랑스를 위해서는 이런 몸짓이 불필요했을 뿐만 아니라 불가능했다. 그들의 기여가 막대하고 잦았기 때문이다.

그 세기의 첫 10년 동안 수많은 중개인들을 통해 알두스의 영향력은 프랑스의 지식층에 스며들었다. 하이델베르크와 마찬가지로 파리에서도 좋은 토대가 마련되어 고급 문학 및 문헌학적 관심을 가진 활발한 무리들이 있었다. 피코 델라 미란돌라 자신도 1485년 후반에 파리에서 수학했었다. 철학자 르페브르 데타플(Lefèvre d'Étaples)은 답례로서 1490년대 초반에 피렌체와 로마를 방문했다. 방랑하는 스파르타 출신의 게오르기오스 헤르모니모스(Georgios Hermonymus)가 대가를 받고 그리스어 기초 수업을 제공했는데, 수업의 질은 매우 불분명하다.[100] 라스카리스와 조콘도는 우대를 받았다. 이 건축가(조콘도)는 곧 노트르담 다리와 비트루비우스에 대한 비공식적인 강좌를 위해 시간을 쪼개야 했다. 뷔데라는 열정적인 젊은 비서는 이 그리스인에게 시간이 있으면 가르치고 시간이 없다면 책을 빌려 달라고 설득했다.[101] 불행하게도 우리는 알두스가 라스카리스와 맺은 인맥을 통해 이때 그의 책들이 프랑스로 얼마나 유입되었는지는 말할 수 없다. 그러나 파리의 무리가 16세기의 첫 5~6년 동안 베네치아에 대한 상이한 입장으로 양극화되기 시작했다는 점은 분명하다. 데타플은 1500년의 기념일에 이탈리아에 왔고 알두스를 방문하기 위해 우회로를 선택했다.[102] 이듬해에는 뷔데가 그의 뒤를 따랐는

---

100 이 시대 프랑스의 지적 생활에 대한 연구는 많다. 여기서는 A. 르노데(A. Renaudet) 의 고전인 *Préréforme et Humanisme* …, pp. 120~27, 142~57, 그리고 D. 맥닐 (D. McNeil)의 최근의 *Guillaume Budé and Humanism in the Reign of Francis I*, *Travaux d'Humanism et Renaissance*, no. CXLII, 1975, pp. 8~10을 언급하는 것으로 충분할 것이다.

101 L. Delaruelle, *Guillaume Budé-les Origines, les Débuts, les Idées Maîtrisses*, reprinted Geneva, 1970, pp. 73~74.

102 A. Renaudet, *op. cit.*, pp. 389~90.

데, 프랑스의 사절단으로 베네치아에 왔을 것이다. 뷔데는 구체적으로 알두스를 만났다고 말하지는 않지만 마이너와 인연을 맺었고 에르몰라오 바르바로의 가족과 식사를 나누었으며, 이들과 문학에 대해 논의했기 때문에 어떤 식으로든 접촉이 있었을 것이라고 생각할 수 있다.[103] 하지만 알두스의 커져 가는 영향력에 대한 확실한 증거를 발견하기 위해서는 1507년까지 기다려야 한다. 1507년 봄에 앙부아즈(Amboise)의 프랑수아 티사가 이탈리아에서 유학을 마치고 파리로 귀국했다. 그는 프랑스 내에서 최초의 완전한 그리스어 본문을 인쇄하도록 질 드 구르몽*을 후원했는데, 그가 선택한 자료들은 명백히 알두스의 전례에서 가져온 것이었다. 1507년에 출간된 격언 시인들과 헤시오도스의 『노동과 나날들』 (Opera et Dies)은 알두스의 1495년 판을 그대로 베낀 것이었다.[104] 바로 이때 에라스무스는 베네치아에서 지롤라모 알레안드로와 동숙(同宿)했다. 그는 알레안드로에게 야무지고 모험심 강한 사람은 자신의 모든 열정을 잘 활용할 것이라고 충고했다. 궁핍했던 알레안드로는 당연히 그의 조언을 따랐고 1508년 6월 4일 파리에 도착했다.[105]

---

103  Budaei, *Opera Omnia*, Basel, 1557, repr. Farnborough, 1967, vol. II, p. 143.

•  Gilles de Gourmont, 1499~1533: 프랑스 파리의 서적상이자 인쇄업자로 1507~08년 사이에 고대 그리스에 관한 문헌과 히브리 문법서를 파리에서 최초로 출판했다.

104  파리 인쇄업의 이 단계에 대한 두 개의 핵심 기사들은 H. Omont, "Essai sur les Débuts de la Typographie Greque à Paris 1507~1515", *Mémoires de la Société de l'Histoire de Paris et de l'Île de France*, XVIII, 1891, pp. 1~14; M. Jovy, "François Tissard et Jerome Aléandre: contribution à l'Histoire de Origines des Études Grecques en France", *Mémoires de la Société des Sciences et des Arts de Vitry-le-François*, XIX, 1899, pp. 318~457(모든 서문들이 복사되었다), 특히 p. 340: "Aldus, qualem eum Venetiis novi et suis scriptis percepi …"(intr. to Greek Grammar, 1509) 참조.

105  J. Paquier, *Jerome Aléandre de sa Naissance à la fin de son Sejour à Brindes*, 1480~

우리는 실력과 책임을 분명히 저울질하는 것이 극심하게 까다로워지는 지점에 다다랐다. 알레안드로는 몇 년 동안 알두스의 집에서 동숙하면서 플루타르코스의 『모랄리아』와 에라스무스의 『격언집』, 그리고 그 이외의 출판물 작업에 참여했을 것이다. 알레안드로는 인쇄업자에게 의존적이지도 않았으며, 알두스가 만들어낸 창작물도 아니었다. 그의 교육은 대부분 무수루스가 감독했는데, 알레안드로는 엄청난 언어학적인 감각과 학습 능력의 소유자였다.[106] 그는 이후 5년 동안 파리에서 많은 것을 성취했다. 그의 학생들은 열정에 불타올랐고 궁정의 조신들이 청강하러 찾아와 강의실은 그가 도착하기 2시간 전에 문간까지 가득 찼다. 강의가 끝난 후에도 기대감에 찬 청중은 떠날 줄을 몰랐다. 1513년에 그는 대학 총장으로 선출되었는데, 이탈리아인이 이 자리를 차지한 것은 2세기 전에 파도바의 마르실리우스(Marsilius) 이후 그가 처음이었다. 이 모든 성취는 알레안드로 자신에게만 돌려야 한다.[107] 이 내용은 우리의 관심사와 묘하게 연관된다. 알레안드로의 성공은 알두스의 그리스어 판이 놓은 토대를 기초로 했음이 분명하다. 그는 이탈리아로부터 책을 세 상자에 가득 채워 가져왔다. 그는 1508년 7월에 알두스에게 자신의 책을 찾지 못해 근심하고 있다고 연락하면서 라스카리스의 『문답』(Erotemata) 없이는 공식적인 수업을 시작할 수 없다고 말했다. 그는 알두스에게 즉시 핵심적인 문법서 12권을 비롯해 사전과 루키아노스를 각각 여섯 권씩 송달해줄 수 있는지 문의했다. 이때 그는 뷔데와 데타플의 유용한 조언에 감사하면서 티사의 원시적인 시도에 대해서는 신랄한 입장을 분명히 했다.[108] 베네치아와의 불확실한 의사소통과 운송 비용으로 인해

1529, Paris, 1900, pp. 26~28.

106  J. Paquier, *loc. cit.*과 CAM 51~56, 특히 55 참조.

107  수많은 인용을 포함한 전말을 위해서는 J. Paquier, *op. cit.*, pp. 37~52 참조.

108  CAM 57. 책 세 상자는 알레안드로의 *Journal Autobiographique*, ed. H. Omont,

그는 지역 인쇄소에 의존할 수밖에 없었으며, 1509년 봄에 전쟁이 발발한 후에는 충성심을 다른 곳으로 돌려야 했다. 아냐델로 전투가 벌어지기 전에 알레안드로는 티사 및 드 구르몽과 긴밀하게 협력했다.[109] 그러나 새로운 팀의 생산물은 여전히 알두스의 발자취를 그대로 따랐다. 1509년 4월 30일에 플루타르코스의『모랄리아』가 출간되었고 1512년에는 크리솔로라스의『문답』과 크라스토니스의『사전』재판이 출간되었다. 이『사전』은 비록 알레안드로에 의해 많이 증보되기는 했지만, 근본적으로는 여전히 알두스의 1497년 판이었다. 1513년에는 테오크리토스와 루키아노스, 그리고 테오도로스 가자의 문법서가 뒤따랐다. 1년 후에는 프라 우르바노의 그리스어 문법서가 출판되었는데, 이 책은 알두스가 의뢰하고 인쇄했던 것이었다.[110] 이때 알레안드로는 이미 파리에서의 지위를 버리고 에티엔 퐁셰르(Étienne Poncher) 주교를 섬기기 시작했었다.[111]

알레안드로가 파리의 지위를 떠난 후 1년이 조금 넘은 시점에 알두스가 세상을 떠났다. 이로 인해 베네치아 인쇄소와 파리 강의실 사이의 강력한 연결고리가 갑자기 끊어져 수많은 답변되지 않은 의문점을 남겼다. 비록 프랑스인들이 그리스 학문과 이탈리아의 기술에 관심을 가진 것은 분명하지만, 이들의 관심은 원본 수입이 아니라 대체적으로 지역 복사본의 모습으로 나타났다. 우리는 실제로 파리에 도달한 알두스 판의 숫자를 확신할 수 없다.[112] 알두스는 분명 수많은 가치 있는 자료들을 대가

Paris, 1896, p. 11에서 언급된다.
109  알레안드로는 비용에 대한 문제를 플루타르코스의『모랄리아』서문에 강조했다: H. Omont, "⋯ la Typographie Grecque ⋯", p. 55 참조.
110  목록 전체를 위해서는 H. Omont · M. Jovy, *opera citata* 참조.
111  J. Paquier, *op. cit.*, p. 56.
112  알레안드로는 1514년 11월에 "블루아에 남겨둔 책" 62권 중에서 알두스 판 몇 권을 분명히 언급한다(『일기』(*Diarium*), p. 12). 그러나 이 책들은 그의 개인 소장으

로 받았지만 여러 나라와 후원자들 사이를 오갔던 라스카리스와 조콘도, 그리고 알레안드로 같은 모험가들이 중재자 역할을 했기 때문에 프랑스와 이탈리아 전통 사이의 경계선이 흐려졌다. 두 전통은 식각요판(食刻凹版)의 두 색처럼 서로 맞닿았고 융합했다. 알두스가 프랑스의 학문과 책 생산에 끼친 영향력을 완전히 파악하기 위해서는 그의 사후 한 세대가량을 기다려야 한다.

리옹의 인쇄소들은 장기간에 걸쳐 성공적으로 8절판을 표절했다. 이는 작은 책의 형식과 이탤릭체가 프랑스 출판 시장의 하층부에서 인기를 끌었다는 사실에 대한 충분한 증거이다. 알두스의 사후에 저작권이 만료되자 활자체 모방은 합법화되었다. 1520년대에 필경사 아리기와 타글리엔테가 글자체에 대해 쓴 두 편의 논문은 자연스럽게 실험을 격려했다. 프랑스 인쇄업자들은 이 기회를 활용하는 데 프로벤의 인쇄업자들보다 더뎠다. 1529년에 시몬 드 콜린이 이탤릭체로 카툴루스의 본문을 생산했고 다른 사람들도 점차 그를 뒤쫓기 시작했다. 특히 1537년 리옹의 제바스티안 그리피우스*의 '대(大)이탤릭체'(Great Italic)와 이탤릭체 본문들을 간헐적으로 포함한 로베르 에스티엔이 여기에 해당한다. 에스티엔의 경우에 이후 1543년의 『농사에 대하여』(*De Re Rustica*)를 시작으로 고전 본문 전집을 이탤릭체로 인쇄했다.[113] 이와 동시에 알두스의 로마 활자체도 동일한 사람들이 연구하고 모방했다. 이 경우의 중개인

---

로 보인다. 그는 플루타르코스의 서문에서 이탈리아로부터 수입된 책들의 수는 "그리스어 학생 3~4명을 위해서도 부족할 것"이라고 말한다.

* Sebastian Gryphius, 1492?~1556: 독일 로이틀링겐 출신의 서적상이자 인쇄업자, 인문주의자로 독일과 베네치아에서 활동하다가 1520년 무렵 프랑스 리옹에 정착해 출판 관련 사업을 벌였다.

113 H. Carter, *Typography*, pp. 117~36. S. Morison, "Towards an Ideal Italic", *The Fleuron*, 5, 1926, pp. 93~129; 제4장 주 88의 S. Morion · A. F. Johnson, "The Chancery Types …", *op. cit.*, pp. 41f.; E. Armstrong, *Robert Estienne*, pp. 48~49.

은 조프루아 토리(Geofroy Tory)라는 골동품 수집광이었던 것으로 보인다. 그는 이탈리아에서 장기간 체류한 다음에 1520년대 초반 어느 때에 파리로 돌아왔는데, 이탈리아에 체류하는 동안 『폴리필로의 꿈』에 심취했다. 그는 고대 편지의 참된 구성과정에 대한 그의 견해를 1529년 4월에 출간된 『꽃밭』(Le Champ Fleur)이라는 작품에서 구현했다. 이 작품은 고대 명문에 대한 이탈리아의 이전 연구를 대거 수용했다. 그가 활자 주조업자인 가라몽을 '가르쳤다'라고 전해지는 말은 입증된 적이 없다. 가라몽과 정기적으로 거래했던 콜린과 에스티엔은 1530년대 초반에 로마 활자체를 사용했는데, 이 활자는 알두스가 『아이트나산에 대하여』를 인쇄할 때 사용한 활자를 모본으로 삼은 것이었다. 이 활자체는 그 세기 2/4분기에 가라몽의 작업장으로부터 유럽 전역으로 신속히 확장해 나갔다. 가라몽은 1545년에 인쇄업에 뛰어들었는데, 이때 그의 첫 번째 목표는 "알두스 마누티우스의 이탤릭체를 모방하는 것"이었다. 이제 알두스의 유령이 프랑스의 조판에서도 지배적인 위치를 장악한 것이다.[114]

더욱 두드러진 점은 가장 까다로운 학적·미적 기호를 가진 비평가들이 알두스의 인쇄본을 받아들였다는 사실이다. 우리는 이 과정이 그롤리에로부터 시작했다는 사실을 살펴보았지만, 이 사실을 더 높은 수준의 전혀 다른 학적 지평인 프랑스의 왕립도서관의 형성을 통해 추적할 수 있다. 프랑수아 1세(François I)는 자신을 당시의 가장 안목 있고 후한 후원자의 대열에 올려놓기 위해 1522년 뷔데를 사서로 임명했다. 아마도 뷔데의 영향으로 인해 장 뒤 팽(Jean du Pins)과 기욤 펠리시에에게 지시가 내려졌을 것이다. 베네치아에서 프랑스 대사직을 연이어 역임했던

---

114 A. F. Johnson, "Geofroy Tory", The Fleuron 6, 1928, pp. 37~66. "The Chancery Types …", pp. 49~51에 인용된 가라몽의 서문도 참조하라. 일반 사항은 이 책의 제4장 주 82의 P. Beaujon, "The Garamond Types" 참조.

이들은 퐁텐블로(Fontainbleau)의 새로운 도서관을 위해 그들이 발견할 수 있는 모든 그리스어 사본을 구입하거나 확보하도록 지시받았다. 펠리시에의 구입 목록은 여전히 남아 있다. 이 목록은 약 150여 권의 필사본으로 시작하고 55권의 인쇄본이 잇따라 나온다. 31권이 알두스 회사의 책들이고, 이 중 16권은 알두스의 생애에 출판된 책들이었다. 다른 인쇄소의 판본은 두 권 이상이 기록되어 있지 않다.[115] 이 책들은 20여 년에 걸쳐 도서관에 소장되었는데, 대부분은 화려한 국왕 표지, 그리고 앙리 2세(Henry II)와 그의 정부(情婦)인 디안 드 푸아티에(Diane de Poitiers)의 서로 뒤얽힌 머리글자로 식별할 수 있다.[116] 절대치로 보면 이 숫자는 대단해 보이지 않을지도 모르지만, 이 분야에서 알두스 인쇄소의 우세가 다시금 드러난다. 이는 필사본들 사이에서 인쇄본이 자리 잡지 못할 것이라는 베스파시아노의 희망을 완전히 무산시켰다. 가장 기독교적인

---

115 Bibliothèque Nationale MS. Graecus, 3064, ff. 59v~61r. 이 구매에 대해서는 이 책의 제4장 주 81도 참조.

116 목록으로부터 내가 거의 확실하게 확인할 수 있었던 책들은 아리스토텔레스, 5 vols.(Rés. 29, Vélins, 469~73), 디오스쿠리데스와 니칸드로스(Rés. T 138/27a), 아테나이오스(Rés. Z 29), 아리스토파네스(Rés. Yb 47), 『편지 작가들』(Epistolographi)(Rés. Z 650), 데모스테네스(Rés. X 279), 헤시키우스(Rés. X 44)이다. 스테파누스, 투키디데스, 그레고리오스 나지안제노스, 울피아누스와 『그리스 선집』은 목록에 언급된다. 그러나 뚜렷한 표지나 주석으로 확인되지 않는다. 헤로도토스(Rés. J 10), 에우리피데스(Rés. Yb 804), 플라톤(Rés. R 8), 『수다』(Rés. X 53), 그리고 호메로스(Vélins 2046~47)는 국왕의 문장(紋章)과 표지를 가지고 있다. 그러나 이 특정한 목록에는 언급되지 않는다. 이 책들은 뒤 팽이나 당시에 활동했던 제롤라모 폰둘로(Gerolamo Fondulo)라는 다른 이탈리아인 대리인을 통해 입수한 것일지도 모른다. A. Franklin, op. cit., pp. 66f. 참조. 폴리치아노의 사본들(Rés. Z 296), 벰보의 『아솔로 사람들』(Rés. Z 2459), 폰타노(Rés. 1050~1), 그리고 에라스무스의 『격언집』(Rés. Z 243)은 프랑수아 1세의 도룡뇽 문장(紋章)으로 장식되었다. 이는 알두스 회사의 책들이 왕립도서관에 유입되기 시작한 때가 1530년대와 1540년대에 그리스어 본문들이 체계적으로 수집되기 이전이었음을 입증한다.

왕이 이런 책들을 수집해 그 위에 자신의 문장을 새길 수 있다면, 그보다 못한 애서가들은 어떤 양심의 가책도 느낄 필요가 없었다.

우리는 프랑스와 신성로마제국, 그리고 영국에서 알두스의 영향력이 확산된 과정을 후원자들과의 편지 내용을 통해 상당히 확신 있게 추적할 수 있으며, 아울러 그들의 도서관의 성장을 통해 어느 정도 수치화할 수도 있다. 이 두 핵심적인 자료들의 결여나 분실이 동일한 길을 더 깊이 추적하는 것을 가로막는다. 다른 여러 나라에서도 알두스의 책에 대한 강력한 인식이 감지되지만 이 나라들이 알두스의 책에 대해 어떻게 알게 되었고 얼마나 깊이 영향을 받았으며, 이들의 관심이 얼마나 오랫동안 지속되었는지는 모른다.

이 모든 난제들이 스페인에 적용된다. 알두스가 스페인에서 영향력을 행사했다는 얼마간의 흔적들이 발견된다. 그는 베네치아에 거주하는 스페인 대사의 가족과 매우 친밀한 관계를 유지했던 것으로 보인다.[117] 알두스가 1509년에 사업을 중단하자, 그의 그리스어 편집자 중 한 명이었던 두카스가 새로운 세 개 언어 대학에서 가르치도록 초청받았다. 알칼라에 위치한 이 대학은 1508년에 시메네스 추기경이 설립했다.[118] 두카스가 도착했을 때 직면했던 과제에 대한 증거가 있다. 1513년에 도착한 그는 이 대학에 그리스어 책이 14권밖에 없다는 사실을 발견함과 동시에 알두스의 명성에 대한 증거도 함께 발견했다. 14권의 책 중 적어도 7~10권이 알두스의 출판물이었던 것이다.[119] 5년간 교직 생활을 하는

---

117  OAME LXXXVII, A(Petrach, 1514).

118  두카스의 경력 일반에 대해서는 D. Geanakoplos, *Greek Scholars*, pp. 223~55에 있는 귀중한 장을 참조하라.

119  M. Bataillon, *Érasme et l'Espagne*, Paris, 1937, p. 22, n. 2. 아리스토텔레스의 다섯 권과 프라 우르바노의 문법서, 그리고 『고대 천문학자들』은 분명히 알두스 판이었다. 『어휘집』과 『풍요의 뿔』, 그리고 『시편』은 조금 불분명하다. 라스카리스의 문법서도 마찬가지이다.

동안 두카스는 유명한 『콤플루텐세 다국어 성경』(*Biblia Complutensis*)의 출판에도 관여했다. 1514년의 신약 성경을 인쇄하기 위해 사용되었던 그리스어 대문자와 라틴 고딕체가 폐기되었다는 사실은 매우 의미심장하다. 이후의 모든 책에는 로마체 라틴어와 필기체 그리스어가 도입되었는데, 이는 1490년대에 알두스가 정했던 형식을 따른 것이었다.[120] 베네치아 인쇄소의 자기력(磁氣力)이 사절들을 통해 확산된 것일까? 믿음의 눈으로 볼 때, 연관성을 찾고 싶지만 슬픈 현실은 이 질문이 미결로 남는다는 사실이다. 알두스와 식탁에서 함께 페트라르카를 논했던 잠바티스타 스피넬리(Giambattista Spinelli) 대사는 나폴리의 귀족이었지, 스페인의 하급 귀족(hidalgo)이 아니었다. 따라서 그의 기호가 그의 정부에 전달되었다고 가정할 수 없다. 두카스에 대해서는 그가 1508년 11월에 『그리스 수사학자들』과 이듬해에 플루타르코스의 『모랄리아』의 공편자(共編者)로 등장하기 전에는 알려진 바가 없다. 5월에 알두스의 무리는 더 이상 존재하지 않았다. 두카스가 다국어(Polyglot) 신약 성경의 주 편집자였을 가능성이 있지만 이를 뒷받침할 증거는 미미하고, 두카스가 편집자였을지라도 이 작품에 관여할 수 있는 시간이 적었을 것이라는 점을 언급해야 한다. 두카스가 이 책임을 감당했다는 사실이 확립되더라도, 그가 본문이나 조판에 도입한 변화를 알두스와 연결할 하등의 이유가 없다.[121] 두 사람 사이의 관계는 너무 단기적이었다. 시메네스 추기경은 그리스어를 성경을 이해하는 수단으로만 간주했다. 그랬던 그가 훨씬

---

120 K. Woody, "A Note on the Greek Fonts of the Complutensian Polyglot", *Papers of the Bibliographical Society of America*, 65, 1971, pp. 143~49.

121 D. Geanakoplos, *Greek Scholars*, pp. 239~43. 저자는 문체를 근거로 신약 성경의 서문을 두카스에게 돌리려고 한다. 내가 볼 때, 그의 말은 설득력이 있기보다 순진한 것 같다. 두카스가 1514년 1월에 출간된 본문의 준비과정에서 결정적인 목소리를 냈다는 것은 믿기 힘들다. 그는 바로 전 해에 알칼라에 도착했기 때문이다.

광범위한 토대를 가진 알두스의 학문에 무제한적인 자유를 허용할 준비가 되었다는 것도 의심스럽다. 설령 그가 이를 수용했을지라도, 16세기 말의 종교재판관들이 이에 대한 흔적들의 씨를 말렸을 것이다.

유럽 서쪽에서 동쪽 끝으로 시선을 돌려보면 전혀 다른 부류의 문제들이 발견된다. 알두스가 여기서 사회 최상의 자리에 있는 사람들에게 영향력을 행사했다는 점에는 이견이 없다. 이 인쇄업자는 베네치아에 거주하던 필리프 출러이(Philip Csulai) 대사에게 자신에게 헝가리 친구들이 많다고 말했다. 그의 친분은 페라라에서 바티스타 과리노와 함께했던 학창 시절로 거슬러 올라갔다.[122] 이런 종류의 접촉 기회는 흔했다. 1490년대부터 1526년의 처참한 모하치(Mohács) 전투까지 이탈리아 고전주의에 대한 헝가리의 관심이 절정에 달했기 때문이다. 미래에 국왕의 비서가 될 적어도 40여 명의 사람들이 볼로냐, 파도바, 파비아, 그리고 페라라에서 수학했다.[123] 이들 중 가장 유력했던 지기스문트 투르츠가 알두스에 대해 알았고 그를 존경했다. 투르츠는 방대한 규모의 광산업과 주교 관할지역을 통제하던 헝가리-폴란드 가문의 아들로서 1489년부터 파도바에서 레기우스 밑에서 수학했다. 세기가 바뀌는 시기에 그는 베네치아에 있는 알두스를 방문했고 그의 명예로운 동료가 되었다. 투르츠는 새로운 8절판 견본을 받은 첫 번째 후원자 중 한 명이었다. 그는 1502년에 키케로의 『편지』(Epistulae)의 유사한 판본을 요청했으며, 특별히 제작된 책을 헌정받았다. 1506년에 그는 네 개의 주교 관할지역과 트란실바니아 지방의 행정구역을 맡고 있었으며, 폴란드 국왕의 장관 자리도 역

---

122  OAME LXXVII(Cicero, Ad Atticum, 1513).

123  G. Bonis, "Gli scolari ungheresi di Padova alla corte degli Iagelloni", in *Venezia e Ungheria nel Rinascimento*, ed. V. Branca, Florence, 1973, p. 237. 이 시대 일반에 대해서는 I. N. Goleniscev-Kutuzov, *Il Rinascimento italiano e le lettre slave dei secoli XV e XVI*, Moscow, 1963, trans. and reprinted Milan, 1973, pp. 193f. 참조.

임하고 있었다.[124]

　이 당시에 알두스의 명성이 폴란드와 헝가리에서 상승세를 탄 것은 당연하다. 헝가리의 새 여왕인 안 드 푸아(Anne de Foix)는 1502년에 베네치아를 거쳐 부다*로 향하고 있었다. '요하네스 카펠라누스'(Johannes Capellanus)로 알려진 그녀의 신하는 알두스에게 적어도 두 차례 편지를 썼고 유명한 마티아스 코르비누스(Matthias Corvinus) 도서관에 소장된 그리스어 고문서 목록을 보냈다.[125] 파도바에는 슈테판 브로더리치(Stefan Brodarich)라는 또 다른 헝가리 출신 학생이 있었다. 그는 1507년에 그의 후원자인 죄르지 서트머리**의 뜻에 따라 요하네스 파노니우스(Johannes Pannonius) 선집 출판을 알두스에게 부탁했다. 서트머리는 바러드(Várad)의 주교였으며, 투르츠뿐만 아니라 브로더리치의 후원자였다. 브로더리치는 이후에 헝가리 왕국의 총리가 되었다.[126] 출러이 자신도 이후에 왕의 비서와 페치(Pécs)의 주교가 되었다. 1512년경에 그와 그의 제자인 야누스 비르테시, 그리고 알두스 사이에 친분관계가 형성되

---

124　투르츠의 복잡한 배경과 경력에 대해서는 G. Bonis, *op. cit.*, pp. 232~33; I. N. Goleniscev-Kutuzov, *op. cit.*, p. 195 참조. 알두스와의 관계에 대해서는 OAME LXXVII(파도바에 거주할 때 우호적인 접촉에 대한 언급); CAM 23(8절판 찬양 내용과 동일한 형식의 키케로 작품 요청); OAME XXXV(키케로 작품 헌정) 참조.

•　Buda: 헝가리 부다페스트 서쪽 지역.

125　CAM 88(날짜 없음). 카펠라누스는 이전의 편지를 언급한다.

••　György Szatmári, 1457?~1524: 헝가리 왕국의 유명한 설교가로 크라코프 대학에서 수학했으며, 볼로냐 대학에서도 공부했다. 헝가리 여러 지역의 주교 및 대주교를 지냈다.

126　*Ib.*, 85. 이 편지는 1512년의 회고 글이다. 완성된 작품을 전달할 사람으로 출러이가 언급된다. 브로더리치에 대해서는 G. Bonis, *op. cit.*, p. 236와 I. N. Goleniscev-Kutuzov, *op. cit.*, pp. 191~92 참조. 서트머리의 배경적인 영향력에 대해서는 G. Hraban, "Alde Manuce et ses amis Hongrois", French résumée of article in *Magyar Konyvszemle*, LXIX, 1945, pp. 38~98 참조.

었는데, 이는 긴 과정의 정점으로 간주되어야 한다. 이런 인맥을 통해 알두스의 영향력은 다른 유럽 국가들에서처럼 권력의 중심부 근처에 도달했을 것이다. 이런 사실로부터 어떤 결과가 도출될까? 에라스무스는 일반적인 표현으로 헝가리 사람들이 필사본을 가져왔다고 말할 수도 있을 테고, 카펠라누스는 책 목록을 보냈을 수도 있겠지만, 문학적인 협력에 대한 유일한 확증은 7년 묵은 요청에 대한 브로더리치의 문의가 전부이다. 그는 요하네스 파노니우스의 판본을 요청했는데, 알두스가 이를 요령껏 무시했다. 알두스는 1513년과 1514년에 마자르(Magyar) 귀족들의 덕을 찬양했지만, 이들의 시대는 얼마 남지 않았다. 1514년에 일어난 맹렬한 농민반란은 헝가리 사회를 분열시켰으며, 헝가리를 1526년 술레이만 1세(Suleiman I)의 치명적인 맹습에 노출시켰다. 출러이는 그의 왕과 함께 모하치 전투에서 사망했다. 총리로 국방의 책임을 맡았던 브로더리치는 도주해 자신과 동포들의 비극을 뼈저리게 반성했다.[127] 한때 왕성했던 알두스의 영향력의 유물들이 오스만튀르크의 침략으로 얼마나 많이 소멸되었는지 알 길이 없다. 헝가리 도서관에 잔존하는 판본 대부분은 후대의 것으로 보인다. 우리는 베네치아와의 연락이 거의 완전히 끊겼다고 가정할 수밖에 없다.[128]

폴란드의 경우에는 전혀 다른 그림을 그릴 수 있다. 우리에게 이미 익숙한 열정에 찬 여행자들 외에도 단호한 인문주의 망명자들의 핵심 무리를 고려해야 한다. 이들은 크라쿠프(Craców) 대학에 그리스어 학자들

127 G. Hraban, *op. cit.*와 I. N. Goleniscev-Kutuzov, *op. cit.*, pp. 191~92.
128 P. Gulyas, "Catalogue déscriptif des Aldines de la Bibliothèque Szechenye du Musée Nationale Hongrois", *Magyar Konyvzemle*, Ser. 2, vol. 15, 1907, pp. 17~33, 149~65, 241~56, 331~51; vol. 16, 1908, pp. 51~72, 148~65.
이와 다른 동유럽 목록을 위해서는 L. Bica · I. Marza, "Carti aldine in Bibliotheca Batthyaneum din Alba Julia", *Apulum*, XI, 1973, pp. 311~50.

의 무리를 심으려고 노력했다. 이 두 부류의 사람들은 상당한 성공을 이뤘던 것으로 보이는데, 알두스가 이들의 계획에서 중심을 차지했다는 사실을 보여 주는 편지들과 통계들이 있다. 15세기의 마지막 20년 동안에 폴란드에서 고전학은 상당히 고무되었다. 이를 주도했던 사람은 폼포니오 레토의 무리에 속한 필리포 부오나코르시 칼리마코(Filipo Buonaccorsi Callimacho)라는 인물이었다. 그는 로마에서 그를 압도해 버린 불명예를 뒤로 한 채 크라쿠프로 도피해 그곳에서 카지미에시(Casimir) 왕의 아들의 개인교사 자리를 확보했다. 1489년에는 켈티스가 폴란드의 수도를 방문했다. 아니나다를까, 그는 거기서도 문학회를 설립했다. 이 문학회의 활동은 다음 세기까지 이어졌다.[129] 세기가 바뀔 즈음에 몇몇의 저명한 폴란드 인사들이 이탈리아를 방문한 것은 놀랄 일이 아니다. 이 중 한 명은 우리가 이미 만나본 투르츠였고 다른 한 명은 루브란스키였다. 알두스와 만났을 때, 루브란스키는 이미 이탈리아 사상에 완전히 푹 빠져 있었는데, 이는 그가 크라쿠프에서 이미 칼리마코와 수학했고, 볼로냐에서는 베로알도와 공부했기 때문이다. 그는 이번에는 포즈난의 주교이자 국왕 고문의 신분으로 이탈리아를 향한 두 번째 여유로운 원정에 나섰던 것이다. 1502년 10월에 알두스는 그에게 발레리우스 막시무스 8절판을 헌정하면서 주교가 파도바의 방에서 자신을 접대해 준 기억을 회상했다. 또한 몰다비아(Moldavia)의 탑에 격리되어 있다고 전해지는 필사본을 찾아 원정을 떠날 것이라는 주교의 도발적인 약속도 회상했다.[130] 만일 그가 실제로 원정을 떠났다면, 그 탑은 비어 있었던 것이 분명하다.

129 C. Morawski, *Histoire de l'université de Cracovie*, trans. P. Rongier, vol. III, Cracow/Paris, 1905, pp. 122~26; I. N. Goleniscev-Kutuzov, *op. cit.*, pp. 198~99, 282~83.

130 OAME XLII. 루브란스키의 배경에 대해서는 S. Lempicki, *Renesans ii umanizmw Polsce: Materiały do Studiow*, Cracow, 1952, pp. 50f와 I. N. Goleniscev-Kutuzov, *op. cit.*, p. 327 참조.

루브란스키는 1507년에도 알두스의 개인적인 정황에 대해 여전히 깊은 관심을 보였다.

그 사이에 크라쿠프도 독립적이고 보다 긍정적인 방향으로 전환했다.[131] 실비우스 아마투스(Sylvius Amatus)라는 방랑하는 이탈리아 변호사가 1504년 즈음 빈으로부터 북쪽으로 표류했다. 콘스탄초 클라레티(Constanzo Claretti)라는 피스토이에세*의 인문주의자가 곧 그의 뒤를 따랐다. 클라레티는 볼로냐에서 우르케우스 밑에서 그리스어를 조금 배웠다. 이 두 사람은 크라쿠프에 그리스어 교육을 수립하겠다는 투지 이외의 다른 모든 면에서는 격렬히 다퉜지만, 1505년에 클라레티는 피오크(Piock)의 주교인 에라스미우스 키오테크(Erasmius Ciotek)로 하여금 그들의 계획에 관심을 갖게 만드는 데 성공했다. 또한 얀 할러**라는 유명한 크라쿠프의 서적상에게 필요한 책들을 수입하는 데 대리 역할을 하도록 설득했다.[132] 그해 말에 아마투스는 알두스에게 즉시 콘스탄틴 라스카리스의 『문답』 100부를 발송해 달라고 부탁하면서 이후에 추가로 100부를 더 구입하겠다고 약속했다. 할러는 몇 달 후인 1506년 봄에 독립적으로 접촉을 시도했다. 불행하게도 이 특정한 소통의 경로가 얼마나 활용되었는지는 분명하지 않다. 할러는 그리스어 책에 대한 언급을 하지 않는 대신에 250부의 라틴어 책을 추가로 주문했지만, 이 중 알두스가 인쇄한 책은 없었다. 약 1년 후인 1507년 9월에 클라레티는 더 저렴한 그리스 고전 선집을 요청하는 글을 베네치아로 보냈다. 소수의 학생들만

---

131 CAM 61.

* Pistoiese: 이탈리아 투스카니 지역의 피스토이아(Pistoia) 주(州)에 있는 도시.

** Jan Haller, 1463~1525: 독일 로텐부르크 출신으로 니콜라우스 코페르니쿠스(Nicolaus Copernicus)가 비잔티움 그리스어로 번역한 T. 시모카타(T. Simocatta)의 시를 출판한 것으로 잘 알려져 있다. 그는 폴란드 최초의 인쇄업자 가운데 한 명으로 간주된다.

132 S. Lempicki, *op. cit.*, pp. 51~54; C. Morawski, *op. cit.*, pp. 125~29.

전문을 구입할 수 있는 여건이 되었기 때문이다.[133]

그러나 알두스의 책들이 대량으로 폴란드에 유입되었다는 것은 확실하다. 폴란드의 지적 생활에 끼친 알두스의 영향력이 책의 표면보다 훨씬 깊다는 점도 분명하다. 그가 1500년 이전에 출판했던 29종의 판본 중 22종이 크라쿠프 대학의 자겔리오니안(Jagellionian) 도서관에 오늘날까지 소장되어 있다. 구입자를 확인할 수 있는 경우에 구입자는 언제나 대학이나 교회의 저명한 인사였다. 이 중 가장 현저한 인물은 루브란스키의 동료이자 고객인 니콜라이 체피엘(Nicolai Czepiel)이라는 사람이다.[134] 루브란스키 자신도 1520년 세상을 떠나기 전에 포즈난에 '신(新)아카데미아'를 설립했다. 우리는 이 아카데미아의 활동에 대한 완전한 정보를 갖고 있지는 않지만 그리스어를 가르쳤던 것은 분명하다. 이 단체는 주교 자신이 1500년대 초에 베네치아와 파도바에서 경험했던 세련된 지적 동아리를 모형으로 설립했을 가능성이 농후하다.[135] 알두스가 폴란드 학계에 남긴 영향은 지속되었다. 1559년에도 파울루스 마누티우스는 크라쿠프의 주교인 안드레이 제브리도프스키(Andrej Zebrzydowski)에게 아버지를 위해 지속적인 경의를 표해 준 데 대해 감사한다.[136]

어느 곳에서도 완성되지는 않았지만, 알두스에 대한 그림은 거의 모든 곳에서 일관된다. 우리는 유럽의 각 나라에 알두스의 책들이 얼마나 많이 유포되었는지 정확하게 말할 수 없다. 그러나 보편적인 수요는 너무도 명백했다. 이렇게 볼 때, 세상을 가득 채울 도서관이라는 에라스무

---

133　CAM 59(실비우스), 60(할러), 65(클라레티). 할러의 주문에서 알두스의 책들을 발견하려는 S. 렘피키(S. Lempicki)의 시도는 용감하지만 헛되다. 이 폴란드인은 주석이 딸린 키케로 본문을 요청했는데, 알두스는 예외 없이 본문만을 인쇄했기 때문이다.

134　S. Lempicki, *op. cit.*, pp. 54~55.

135　*Ib.*, p. 50; I. N. Goleniscev-Kurtuzov, *op. cit.*, p. 327.

136　E. Pastorello, *Epistolario*, no. 929.

스의 찬사는 사실을 단순히 인정한 말로 보인다. 북쪽 동료들이 알두스의 인쇄본을 입수하고 싶어 했던 것만큼 알두스도 그들로부터 필사본을 얻기 위해 필사적이었다. 정작 그의 계획에 크게 기여한 나라는 프랑스뿐이었지만, 파리에서 플리니우스의 『편지』가 발견되었다는 사실은 스코틀랜드나 다뉴브강의 안개 속에서도 보화가 발견될 수 있다는 희망을 북돋았다. 알두스는 자기 자신을 이탈리아 패권주의를 위한 운동의 앞잡이가 아닌 일반 문학을 회복하는 운동의 지도자로 간주했다. 그는 해외에서 그가 기대했던 것이나 약속받았던 것보다 훨씬 적은 자료들을 받았다. 그 와중에도 당시 유행하던 그리스어를 향한 숭배와 파도바의 위신을 비롯해 유익한 인맥을 찾아내는 그의 능수능란한 수법을 통해 알두스의 개인적인 명성은 더욱 고조되었다. 알두스가 세상을 떠날 당시 유럽은 그가 출판한 책뿐만 아니라 그를 열렬히 추종하는 헌신적인 무리들로 가득 채워졌다. 이들은 한때 이탈리아에서 알게 된 고상한 학문의 찬란한 세계와 좋은 벗들 사이의 모임을 런던과 빈, 그리고 포즈난에서 재생하기 위해 부단히 노력했다.

# 결론

알두스의 학문적인 인맥의 범위와 깊이는 그가 이룬 참된 성취를 보여
준다. 인쇄업자들은 이미 장송의 시대에도 알두스만큼 널리 거래했으며,
그의 경쟁 상대였던 지운티 가문이 그보다 상업적으로 훨씬 성공적이었
다는 데도 의심의 여지가 없다. 그러나 1496년 혹은 1497년에 우르케우
스가 알두스를 특별한 부류로 분류한 후에 학자들과 작가들, 그리고 애
서가들은 각각 그를 특출난 인물로 간주했다. 알베르토 피오 및 알레안
드로와의 다툼이 이탈리아인 동료에 대한 기억을 잊도록 부추겼을 때에
도 에라스무스는 『격언집』을 '유명한 집'이 출판해 주기를 원했다는 사
실을 부인하지 못했다.[1] 16세기 내내, 영국의 수학 천재였던 존 디(John
Dee) 같은 수집가들은 자신의 도서관에 알두스의 인쇄소에서 출판된 책
들을 꼼꼼히 확인했다. 그들은 알두스의 책들을 날짜와 도시의 이름만
기록된 수천 개의 여타의 책들과 구별했다.[2] 프랑스 고전주의의 황금기
에 장 라신(Jean Racine)은 알두스가 출판한 소포클레스의 『엘렉트라』

---

1 Codri Urcei, *Opera*, Platonides, Bologna, 1502, f. D i r.; D. Erasmi Roterdami, *Opera
Omnia*, Leyden, 1703~06, vol. IX, col. 1137.
2 Bodleian Library, 1703~06, vol. IX, col. 1137.

(*Electra*) 여백에 그의 가공할 만한 여주인공들을 그려 넣었다.[3] 18세기의
골동품 수집가였던 아포스톨로 체노와 도메니코 마리아 만니(Domenico
Maria Manni)를 사로잡은 첫 번째 이름이 알두스였다는 점은 너무나 자
연스럽다. 같은 시대와 이후 시대의 골동품을 수집했던 클레이턴 크래치
로드(Clayton Cracherode)와 스펜서 경(Lord Spencer), 그리고 오귀스탱 르
누아르에게도 동일한 말이 적용된다.[4] 이들로부터 알두스 연구에 대한
관심의 기류는 끊임없이 연속된 연구와 서지학적인 기사들, 그리고 힘들
여 수집한 문서들을 통해 오늘날까지 맥을 이어오고 있다. 알두스에게
적의를 품는 수정주의 역사가들도 있고, 나 역시 여기에 가담한 적이 있
다. 그러나 가장 적대적인 수정주의 역사가도 알두스의 명성을 자기선전
을 위한 교묘하게 조정된 계획으로 축소하기는 어려울 것이다. 그의 위
신은 그가 생존했던 시기에 자연스럽게 성장했으며, 온갖 공격 속에서
생존했다. 알두스가 죽은 지 4세기 반이 지난 후에도 그의 위신은 간신
히 생존한 것이 아니라 더욱 확장되었다.

우리는 최근의 수많은 연구들이 알두스의 본래 위신이 근거했던 토대
를 발견하는 것을 어렵게 만든다는 사실을 인정해야 한다. 활자 설계자
와 인쇄본의 생산자라는 단순한 역할에서도 유럽 전통 안에서 알두스의
위치는 그의 무비판적인 예찬자들이 암시한 것보다 훨씬 모호하고 범위
도 좁으며, 그의 포부와도 훨씬 느슨하게 연결되어 있다. 채색된 본문 중
에서 『폴리필로의 꿈』은 언제나 걸작으로 손꼽힐 것이다. 스탠리 모리슨
(Stanley Morison)은 이 작품에 사용된 로마 활자체를 시각적 선명함의 모
형이자, 미래 식자공들이 따를 모본으로 다뤘다. 알두스는 그의 계획을

---

3  Bibliothèque Nationale, Paris, Imprimés Rés. Yb 782.
4  D. Manni, *Vita di Aldo Pio Manuzio insigne restauratore della lettere greche e latine*,
   Venice, 1759; A. Zeno, *Notizie intorno ai Manuzii Venice*, 1736. 스펜서의 수집품은
   현재 존 라일랜즈 도서관의 알두스 부분의 핵심을 구성한다.

시각적인 명료함을 찾는 데 두지 않았다. 그는 어떤 로마 활자체에 대해서도 저작권을 추구하지 않았고『폴리필로의 꿈』에 대한 최종적인 책임도 지지 않았다. 이 작품을 후원하고 자금을 댄 사람은 레오나르도 크라소라는 외부인이었다. 알두스가 명성을 기대했던 분야는 그리스어와 라틴어 필기체였다. 그는 이 글씨체를 널리 홍보하고 보호했으며, 베네치아의 원로원을 비롯해 연이은 교황들로부터 적어도 여섯 개의 저작권을 획득했다. 이 글씨체는 당시 가장 유행했던 필기 형태와 흡사했다. 따라서 당시에는 흠모와 모방의 대상이었지만 오늘날에는 동일한 이유로 학자들과 식자공들에게 배척당하거나 비난을 받는다. 아포스톨리스와 무수루스 혹은 타글리엔테의 글자처럼 이 활자체도 또렷하기보다는 장식용에 가깝다. 알두스가 자신의 세기를 위한 표준을 정했다면, 이제 이 표준은 폐기되었음을 인정해야 한다. 그는 후세의 정교한 로마 활자체를 위한 모형을 제공했지만 이는 대부분 우연에 의한 것이었다. 16세기 초에도 설계자인 알두스와 주조자인 프란체스코 그리포의 공로에 대한 문제는 논란의 대상이었다. 우리는 이 문제를 확정적으로 해결하기를 기대할 수 없지만, 그리포가 1502년 베네치아를 떠난 후에도 알두스가 이 활자체를 개조하지 않았다는 점은 의미심장하다.

　알두스와 그의 수많은 조력자들이 자랑삼았던 엄밀한 학문성에 대한 명성은 현재 전적으로 훼손되었거나 적어도 심하게 변색되었다. 베사리온 추기경이 베네치아에 유증으로 남긴 그리스어 고문서를 알두스가 직접 보지 못했다는 사실은 이제 거의 확실하다. 이는 어쩌면 알두스가 이 사본들의 가치를 간과해 벌어진 일일지도 모르지만 정치적인 혼동과 불운에 의한 불상사일 가능성이 더 크다. 이유가 무엇이든 간에, 이 사실 자체는 알두스 판 본문의 탁월성의 근거로 간주되었던 주된 토대를 제거해 버린다. 당분간은 알두스의 개개 판본에 대한 상세한 검토가 진행되겠지만, 알두스가 특정 본문의 장점이나 결함에 얼마나 책임이 있는지

가늠하는 것은 불가능할지도 모른다. 집단적인 편집이 책임을 모호하게 만들기 때문이다. 의혹을 불러일으키는 것은 이 체제의 작동 방법이다. 알두스는 리치와 에라스무스, 그리고 파르라시오(Parrhasio)에게 닥치는 대로 수정을 요청하고 이를 채택했는데, 이들이 사용한 필사본의 권위에 대해서는 피상적인 관심밖에 가지지 않았다. 그가 모본으로 사용한 대부분의 필사본들은 동료들의 도서관에서 빌린 최신 필사본들이었다. 그는 본문을 편집하는 것이 아니라 마치 스크랩북을 만들듯이 모본을 마음대로 변경했다. 페트라르카와 가이우스 플리니우스의 경우에 운명과 인맥이 그의 손에 대문자 필사본을 쥐여주었다. 그럼에도 불구하고 증거들에 의하면 그는 이 필사본들을 임의적으로, 그리고 주관적으로 남용했던 것 같다. 무수루스 같은 편집자와 바르델로네의 헤시키우스 같은 권위와 운 좋게 만남으로써 중요한 결과를 낳을 수도 있었다. 알두스는 인쇄업을 경영하는 내내, 더 어렵고 더 최근에 발견된 본문 및 문헌학적인 분석을 따르지 않았다. 그 대신에 그는 당시 유행하던 사적 의견과 추정적인 언어학 지식을 추종한 것으로 보인다. 알두스와 그의 동료들은 폴리치아노를 우상화했다. 폴리치아노는 필사본들 사이의 관계를 추적할 수 있는 수단과 확정된 원형의 상태를 파악할 수 있는 방법을 이해했는데, 알두스와 그의 동료들이 이 점에서 얼마나 진전을 이루었는지 의심스럽다. 이들은 비평 방법을 아카데미아에서 개발했을 것이라고 추정된다. 만일 아카데미아라는 것이 실존했다면, 그것은 단명한 사교 클럽에 불과했던 것으로 보인다.

대중 계몽과 사회 개선의 지지자로서 알두스의 지위는 훨씬 확고하다. 그가 선언한 이상(理想)을 비웃는다면, 그가 인쇄업에 들어선 이유를 다른 식으로 해명해야 한다. 그가 금전적으로 충분한 보상을 받지 못했다는 점은 해명을 어렵게 만든다. 우리는 그의 이상과 이상의 실현을 조심스럽게 살펴보아야 한다. 그가 펴낸 책의 양과 보급의 정도는 충분히 놀랍지만, 그가 책의 가격을 인하함으로써 더 넓은 독자층을 확보하려고 8절판을 소개했다는 생각은 명백히 그릇된 생각이다. 그가 대중적인 식자(識字, mass literacy)층이 함축하는 바를 분명하게 깨닫지 못했다고 의심할 만한 미묘한 근거들이 있다. 그의 동료인 에라스무스처럼 알두스도 일하면서 시편을 낭송하는 '덕스러운 가난뱅이'의 교회적인 형상에 입에 발린 말을 했을 것이다. 그러나 그는 에라스무스만큼이나 대중문화의 현실에 대해 무지했을 것이고, 에라스무스가 그랬던 것처럼 대중문화에 정통한 수사들을 경멸했을 것이다. 사회적인 배경이나 가치에 있어서 알두스는 궁정 신하였다. 그는 성인 시절의 대부분을 카르피와 페라라의 세련된 환경에서 보냈으며, 베네치아에서 가장 번성할 때에도 황제의 도시 빈을 동경했다. 우리가 아는 한, 그는 학문적으로 유용하거나 정치적으로 유력한 사람들 중에서 편지를 주고받을 대상을 선택했다. 리너커와 로이힐린, 켈티스와 투르츠, 그롤리에와 루브란스키는 모두 황제의 측근들이었다. 그는 프리드리히 선제후의 비서였던 스팔라티누스에게 자신은 동료 학자나 위대한 군주에게 응하기 위해 모든 임무를 내려놓을 수 있다고 공손히 말했다.[5] 제롤라모 볼로니 같은 지방의 교사나 칸디두스 로마누스(Candidus Romanus) 같은 궁핍한 학생들은 종종 그렇게 운이 좋지 않았다.[6] 알두스는 자신이 고용한 노동자들을 위해서는 시간을 내지도 동정심을 가지지도 않았다. 이탈리아 토착어 문학에 대한 그의 관심은 진심 어린 선견지명이었으나, 이를 고상한 무리가 수용할 수 있을 만한 작품으로만 철저히 한정했다. 알두스가 광장이나 술집 문화에 익숙했다는 흔적은 발견되지 않는다. 어쩌면 사무원이나 수공업자가 동료들에게 과시하기 위해 알두스의 8절판에 1.5리라를 투자했을지도 모르는데,

5  J. Schück, no. XVI, p. 136.
6  CAM 25, 26, 29.

이를 위해 그는 임금의 상당 부분을 투자해야만 했을 것이다. 그러나 그는 브레시아나 리옹의 저렴한 모조품 중 하나를 구입했을 가능성이 훨씬 높으며, 어쩌면 그보다도 흥미로운 연애소설이나 프란체스코 다 마디스가 제공한 성인(聖人)들의 인생을 선호했을지도 모른다. 하지만 그는 필리포 디 스트라타가 그토록 증오했던 풍각쟁이의 관중에 합류했을 가능성이 가장 높다. 알두스의 지적 수준이 어떠했든 간에, 그는 인간으로서 그리고 출판인으로서 사회운동가의 기질이 없었다.

엘리트주의적인 태도와 정신없는 실험, 그리고 최고의 원천으로부터의 격려는 알두스의 결점이었다. 이러한 결점들에도 불구하고 그는 개인적으로 훨씬 큰 명성을 얻어야 마땅하다. 적어도 오도된 그의 추종자들이 그를 자유주의적인 전통 속에 귀속시킴으로써 얻은 명성보다는 말이다. 알두스가 베네치아 인쇄업 자체의 성공적인 물결에 편승했다는 언급이 반복된다. 이 주장은 알두스가 단순히 마무리 손질만 하면 되었다는 주장이다. 하지만 우리가 처음에 살펴보았듯이, 알두스가 베네치아에 도착했을 때 인쇄업은 곤경에 처해 있었다. 인쇄업은 위로부터의 건설적인 방향성을 결여했고 아래로부터는 야만적인 경쟁과 조잡한 기술력으로 약화되고 있었다. 출판 범위에서는 특히 고전문학 분야가 부진했다. 인쇄업은 동일한 무리의 학자들 상호 간의 호평과 혹평 토론회로 전락할 위험성을 다분히 가지고 있었다. 이 학자들 대부분은 인쇄업의 문제점과 잠재력에 대한 이해가 부족했다. 사람들은 벌써부터 장송의 소실된 기술에 대한 불길한 향수를 느끼기 시작했다. 인쇄업은 존경의 빛을 획득하지 못한 채 참신함의 광택만 상실했다.

알두스는 당시의 가장 도전적이고 명망 있는 주제에 집중함으로써 이 문제의 핵심을 찔렀다. 그는 그리스 문학과 철학에 집중했다. 지난 세기에 이탈리아의 인문주의자들이 발견했던 본문들을 알두스가 인쇄하지 않았더라면, 이 책들은 이탈리아 전쟁 속에서 소실되고 잿더미로 소멸해

버렸을까? 다행히도 이제 이 질문은 단지 가상적일 뿐이다. 나는 개인적으로 그러지 않았을 것이라고 생각한다. 칼리에르게스와 필리포 지운티 같은 인쇄업자들은 자신들의 계획을 실행하기 위해 알두스의 저작권이 만료되기만을 기다리고 있었다. 마르치아나 도서관은 베네치아 원로원의 무관심 속에서도 살아남았다. 로마가 약탈(1527)당했을 때도 바티칸 도서관은 생존했다. 그럼에도 불구하고 그 무엇도 알두스의 그리스어 초판본들에 대한 공로를 빼앗지는 못한다. 그가 치러야 했던 엄청난 대가에 대해 그는 충분히 인정받지 못한다. 그리스어 인쇄에 성공하기 위해서는 이상만으로는 부족했다. 인내심과 더불어 목적 달성을 위해 필수적인 수단을 획득하는 전략이 필요했다. 알두스의 회사는 알베르토 피오가 후원한 인문주의 간부단이 아닌 기업이었다. 우리는 1490년대 초반에 대한 정보의 공백으로 인해 알두스가 직면했던 재정 및 전문적인 기술의 조달 문제에 대해 알 수 없다. 그러나 그가 총독의 조카와 대성공을 이룬 출판인의 협력을 얻어냈을 뿐만 아니라 그리포가 그의 활자를 주조했다는 사실은 그의 투지에 대한 충분한 증거이다. 알두스는 저조한 그리스어 책 판매율 때문에 근심하는 토레사니를 인내심을 가지고 달랬고, 결국 토레사니도 그의 이상의 신봉자로 개종시켰다. 이것은 알두스의 생애에서 가장 두드러진 성취에 속하지만 전혀 주목받지 못했다.

한편으로 알두스는 인쇄업자들에게 학문을 팔았으며, 다른 한편으로는 학자들에게 인쇄술을 팔았다. 이 측면에 대해서는 그나마 많은 연구가 이루어졌지만 여전히 제대로 이해되지 못하고 있다고 생각한다. 그 이유는 1490년대 후반에 알두스의 작업장을 중심으로 벌어진 활발한 활동에 대한 사벨리코의 얼버무림과 필리포 드 스트라타의 불길한 경고 사이의 차이를 파악하지 못했기 때문이다. 알두스는 베네치아에 도착했을 때부터 후원을 받기 위해 신중한 통합적인 움직임을 개시했던 것으로 보인다. 그는 먼저 레오니체노와 우르케우스 같은 학자들에게 개인적인 도움을 주거나 공손하게 조언을 구함으로써 관계를 형성했다. 책을 출판하기 시작한 이후에는 이들의 강의에 필요한 본문을 제공함으로써 그들을 회유했다. 그의 책은 당시에 가장 유행했던 필기체와 가장 유사한 활자체를 사용했는데, 심지어 비싼 필사본의 넓은 여백을 그대로 베꼈기 때문에 우르케우스는 그가 종이를 낭비한다고 비난할 정도였다.[7] 마지막으로 그는 이들의 관심이 최고조에 달했을 때, 이탈리아와 유럽의 지식인들에게 집단 정체감을 선사했다. 그들에게 새로운 아카데미아에 대한 꿈을 제시했던 것이다. 이 꿈은 현실적으로는 그다지 인상적이지는 않았지만, 우리는 마지막 장에서 현실이 얼마나 사소한 일인지도 살펴보았다. 중요한 것은 고대 세계의 부흥에 참여하고 있다는 인상을 받는 것이었다. 알두스는 인쇄 경력의 매 단계에서 헌정사와 서문을 적절히 활용함으로써 이러한 인상을 심어주었다. 이 방법을 통해 상대적으로 무명이었던 다니엘레 클라리 같은 학자의 이름을 대중에게 알림으로써 개인적으로 큰 도움을 줄 수 있었다. 사회 계급의 반대편에 있는 마테우스랑이나 루크레치아 보르자의 후원을 도모할 수도 있었다. 이렇게 사회의 각 계층에 인쇄업자 자신의 이상을 독서계를 통해 미묘하게 확산시킬 수 있었다. 나는 16세기 초의 모든 자유주의적인 성향을 '에라스무스의 영향'으로 돌리는 것이 너무 쉬워졌다는 생각이 든다. 이는 에라스무스가 자신의 이상들을 전하기 위해 의존했던 수단을 전혀 무시하는 것이고, 그의 이상들이 특별히 독창적이지 않다는 사실도 간과하는 처사이다. 교육, 세 개 언어 성경의 인쇄와 연구, 특수화된 대학의 설립은 모두 무명에 가까웠던 에라스무스가 파리와 옥스퍼드를 방랑하던 시절에 알두스가 서문을 통해 유럽 전역에 퍼뜨린 계획들이었다.

알두스가 당시 학자들의 마음을 사로잡았다는 것은 분명한 사실이다.

---

7 L. Dorez, "Alde Manuce et Ange Politien", pp. 323~24.

그의 전임자들은 이를 달성하기 위해 노력하지 않았으며, 더 힘겨운 시대를 살았던 그의 후임자들은 그를 모방하지 못했다. 알두스의 친화력은 놀라웠다. 부조화가 발견되는 경우는 드물었다. 그는 아포스톨리스에게 자신이 정당하게 벌어들인 10두카토를 반환하도록 강요했다.[8] 그리포가 알두스의 유명한 활자체의 공로는 사실 자신에게 돌려져야 한다고 불평했던 사건도 여기에 해당한다. 이 두 인물은 골치 아픈 부류였던 것 같다. 두 사람 모두 자신들이 사회적으로 열등한 사람들이며, 그들의 기술도 부지불식간에 대체될 수 있다는 알두스의 우월감에 젖은 태도에 시달렸다. 그러나 우리는 대체로 알두스가 심지어 최악의 경쟁자들로부터도 동정심을 유도해 내는 모습을 발견하게 된다. 악랄한 학문적인 험담으로 점철된 시대에 그의 이름은 놀랍도록 고요한 분위기에 에워싸였다. 알두스는 로이힐린이나 리너커 같은 사람들을 통해 북유럽 국가들을 선도하는 핵심적인 지적 무리들과도 친분을 맺을 수 있었다. 이들과는 한 번도 만난 적이 없는 사이였다. 그가 자료들을 찾아 대륙 전역을 끊임없이, 그러나 무비판적으로 탐색하는 대신에 마르치아나 도서관을 활용했더라면 더 좋은 결과를 얻었을 것이다. 그러나 알두스가 가장 중요한 출판의 원천을 위해 한 곳에만 의존했더라면, 그의 전반적인 인맥 체계와 이를 수반한 정보교환을 활용하지도, 이를 필요로 하지도 않았을 것이다.

인쇄본을 사회적으로 용인되는 책으로 만드는 데 기여한 그의 공헌에 대해서도 이와 동일한 수많은 말들을 할 수 있을 것이다. 알두스는 책의 가격을 적어도 균등하게 인하하지는 않았으며, 대중 시장을 겨냥했을 가능성도 희박하다. 그는 훨씬 배타적인 시장을 향해 대량으로 생산된 책의 탁월함을 설득함으로써 그 위신을 세우는 데 성공했다. 15세기의 귀

---

8 D. Geanakoplos, *Greek Scholars*, pp. 174~76.

족 후원자들은 인쇄술의 도래에 거의 영향을 받지 않았다. 잉크로 얼룩진 야만인들에 대한 편견이 유행했고 베스파시아노 데 비스티치 같은 사람들의 기술도 부족하지 않았기 때문이다. 알두스는 이런 태도를 결정적으로 바꾸었다. 그의 완벽한 인맥이 당시의 태도를 타파할 수 있도록 그를 도왔다. 알두스는 신속하게 베네치아의 지적인 귀족들의 지지를 얻어냈으며, 이들을 통해 곧 당시 파도바의 교양 있는 무리에게 받아들여졌다. 파도바로부터 이탈리아와 유럽의 엘리트 사회까지의 거리는 그리 멀지 않았다. 알두스의 책에 대한 관심 여부를 떠나 그의 책을 헌정받은 사람들을 제외하고 그가 편지를 주고받았던 사적인 인간관계를 살펴보자. 그는 셀 수 없이 많은 주교와 대사, 그리고 궁정 고문들 외에도 막시밀리안 황제, 작센의 선제후, 나폴리의 체사레(Cesare of Naples)의 군주, 아트리의 공작, 만토바의 후작과 그보다 훨씬 걸출했던 그의 부인 이사벨라 데스테와도 교류했다. 채색된 사본은 귀족 구매자를 위한 특별한 미끼였다. 그들이 얼마나 유혹을 받았는지는 그롤리에나 피르크하이머의 도서관을 살펴보기만 하면 금방 알 수 있다. 인쇄본의 가치에 대한 인식을 향상시킨 이 운동은 필사본에 대한 인쇄본의 지위를 높이는 데 중요한 역할을 했으며, 이제 인쇄본은 필사본을 대체할 준비가 되었다.

필사본들이 소멸됨과 함께 알두스 세계의 큰 부분도 소멸되었는데, 바로 이 사실이 그를 베일에 가려진 인물로 남겨 놓았다. 알두스가 유력하고 뜻이 있고 투지로 불타올랐던 인물이었다는 사실에는 이견이 없음에도 불구하고, 그의 생애 절반에 대해서는 알려진 바가 거의 없다. 알두스의 편지들도 급속히 희미해지는 그에 대한 기억을 보존하기 위해 발버둥쳤던 동료들의 수고로 인해 수집된 것이다. 알두스의 중요성은 인쇄업자로 활동했던 짧고 분주한 시기에 집중된다. 그가 유럽의 지적 엘리트층과 소통한 시기는 사람들이 하나의 공통된 전통의 핵심에 대해 동의하고 이를 회복해야 한다는 생각을 가지고 있었던 마지막 20년이었다.

알두스가 세상을 떠난 몇 년 후에 그의 비텐베르크 동료들은 최근의 그리스어 책보다 긴박한 문제에 직면하게 된다. 또 몇 년 후에는 언어의 전통 자체가 바뀌어 토착어와 국민문학이 범세계적인 라틴 및 그리스 문학의 군림에 도전했다. 양질의 도서로 가득 찬 세상에 대한 알두스 자신의 꿈이 이 분열과정에 일조했다. 그의 업적으로 인해 학자들은 지적 인도를 받기 위해 더 이상 이탈리아의 잘 구비된 도서관을 바라볼 필요가 없게 되었다. 이제 학문의 미래는 개개인이 문법서와 비평본으로 가득 찬 서재에서 얼마나 분투하는지에 달려 있게 되었다. 헌신적인 무리들이 필사본을 놓고 둘러앉아 생동감 넘치게 정보와 이상을 교환하던 시대는 이제 과거의 일이었다. 이는 거대한 변화의 과정 속에서 흥미진진한 하나의 사건에 불과했다. 알두스가 우울하게 생애를 마감한 데는 이유가 없지 않은데, 그것은 바로 자신을 창조한 세계를 파괴하는 데 스스로 큰 몫을 했기 때문이다. 또한 그는 자신이 불러들인 신세계가 그를 얼마나 공경하게 될지도 전혀 예상하지 못했던 것이다.

## 옮긴이 해제

# 알두스 마누티우스, '아카데미아'를 꿈꾼 인문주의 출판인

15세기 중엽에 독일에서 시작된 활판 인쇄는 스바인하임과 파나르 츠를 통해 1465년 이탈리아에 도입되었고, 1469년 요하네스 폰 슈파이어라는 독일인이 베네치아에서 출판 독점권을 획득하면서 베네치아로 확산되었다. 불과 3~4년 만에 베네치아는 책으로 넘쳐났다. 1478년에는 한때 프랑스 조폐국의 금속공학자였던 니콜라 장송과 쾰른의 요하네스가 협동해 설립한 성공적인 인쇄 '회사'(Grande Compagnia)가 유럽의 인쇄업을 선도했다. 알두스 마누티우스는 1495년경 40대가 되어서야 비로소 인쇄업에 본격적으로 뛰어든 베네치아의 2세대 인쇄업자로, 요하네스 구텐베르크를 제외한 초창기 인쇄업자들 중에서 가장 유명한 인물로 손꼽힌다. 알두스는 인쇄업에 입문한 1495년부터 세상을 떠난 1515년까지 대략 130여 종의 책을 출판했다. 이는 상당한 수이기는 하지만 그보다 더 많이 인쇄한 출판인도 존재했으며, 더 많은 부를 축적한 인쇄업자도 있었다. 그렇다면 알두스가 구텐베르크와 함께 거론되는 이유는 무엇일까? 이에 대해서는 여러 원인을 제시할 수 있을 것이다. 알두스의 로마 활자는 수세기 동안 유럽 출판계를 지배한 서체였다. 그는 이탤릭체와 현대의 세미콜론 사용법의 창시자로 알려졌으며, 필사본 시대에서 인쇄본 시대로 넘어가는 시기에 특히 그리스 문헌의 보존자이자 엄격한 본문 비평을 적용한 선구자로 언급된다. 무엇보다도 그는 고상하고 저렴하며 휴대 가능한 8절판 고전을 인쇄하고 널리 보급함으로써 인문주의자들의 독서법을 근본적으로 뒤바꾸는 한편, 이탈리아에서 시작된 르네상스 인문주의를 유럽 전역으로 확산시킨 장본인으로 더욱 유명하다. 이 책은 알두스에 대한 연구서로, 저자 마틴 로리(Martin Lowry)는 그에 대한 기존의 이해를 재평가한다.

제1장에서 저자 로리는 1469년 요하네스 폰 슈파이어가 시작한 베네치아의 인쇄업을 개관하면서 당시 인쇄업의 생산과 영업의 난제들을 설명한다. 누구나 이 새로운 산업에 도전장을 내밀어 자신의 운명을 시험할 수 있었지만, 인쇄기 구입, 활자체 개발, 사본 수집, 종이 구입비와 노동력 확보를 위한 자금 조달, 편집자와 교정자 고용, 운송 수단과 판매처 확보 등의 난제들은 인쇄업을 꿈꾸는 사람들의 발목을 잡았다. 가혹하리만큼 치열한 약육강식의 경쟁에서 자본과 인맥을 확보한 소수만이 생존할 수 있었다. 새로운 산업의 특성상 인쇄할 작품을 선정하고, 발행부수를 결정하고, 시장의 수요를 정확히 예측하는 것은 불가능했고, 이는 결국 1473년의 과잉생산과 베네치아 인쇄업의 총체적인 파국으로 이어졌다. 이 위기를 기점으로 인쇄업자들은 무분별한 인쇄나 상호 경쟁을 피했고, 대학 교수, 학교 교사, 학생, 성직자, 변호사, 의사, 비서와 서기 등 확립된 독자층을 겨냥한 법학서, 철학서, 신학서, 예배서, 선별된 고전문학에 치중하는 신중하고 보수적인 경향성을 띠게 되었다.

인쇄업의 수혜자였던 지식층은 인쇄업자와 인쇄업에 대해 어떻게 인식했을까? 저자는 당시 상반된 견해가 있었음을 지적한다. 이탈리아 최초의 인쇄공들이었던 스바인하임과 파나르츠의 편집자였던 자난드레아

드 부시는 인쇄를 통한 책들의 기하급수적인 양적 보급이 계몽을 야기할 것이라고 확신하며 인쇄업을 적극 지지했다. 반면에 프라 필리포 디 스트라타와 같은 도미니쿠스 수도회 소속 수도사는 인쇄업자들에 대한 깊은 증오와 불신을 품었으며, 인쇄업을 지적 삶을 저속화하고 도덕적인 문제를 야기하는 사회적 위험 요소로 규정하여 베네치아에서 추방해야 할 대상으로 여겼다. 필리포의 견해는 시대의 흐름을 거스르는 발상이었다. 하지만 인쇄업자들의 성품이나 비학문적이고 비양심적인 작업방식에 대한 필리포의 비판은 상당 부분 정확했고, 많은 사람들이 인쇄의 위험성에 대한 그의 평가에 동의했다. 저자는 인쇄업을 놓고 지식층에서 벌어진 찬반 논란을 종식시키기 위해 인쇄술의 사업적인 측면뿐만 아니라 학문성까지 겸비한 인물의 도래가 절실했다고 판단하고, 당시 사람들이 보기에 알두스가 이 역할에 적임자였음을 피력한다.

제2장은 알두스가 안락한 노후가 보장된 40대에 느닷없이 위험천만한 인쇄업에 뛰어든 원인을 추적한다. 알두스의 아들과 손자의 증언이 상충해 정확한 연도를 확정할 수는 없으나, 알두스는 1451년경 로마에서 60킬로미터 남동쪽에 위치한 바시아노에서 태어났다. 그는 소싯적 로마에서 가스파레 다 베로나와 도미치오 칼데리니 밑에서 수학했지만 이들에게서 인쇄업에 대한 열정을 전수받았다는 증거는 없다. 이후 1475~80년경에는 페라라에서 그리스어와 라틴어의 상호의존성을 강조했던 바티스타 과리노 밑에서 수학했다. 당시 동료 중에는 고전문학뿐만 아니라 근동 언어에도 정통했던, 진정한 의미에서의 르네상스 교양인인 미란돌라(Mirandola)의 왕자 조반니 피코 델라 미란돌라도 포함되었던 것으로 보인다. 피코와의 인연은 알두스에게 지대한 영향을 끼쳤다. 알두스는 피코의 추천으로 그의 조카들이자 카르피의 왕자들인 알베르토 피오와 리오넬로 피오의 가정교사로 임용되었으며, 1481년에는 카르피시(市)의 시민권을 획득했다. 알베르토는 이후에도 알두스를 지

속적으로 후원했고, 죽음을 앞둔 1515년 1월에 알두스가 자신의 시신을 알베르토가 결정한 카르피의 장소에 묻어 달라는 유언을 남겼을 정도로 둘의 관계는 돈독했다. 1482년 알두스는 베네치아 군대의 공격을 받은 페라라를 떠나 피코와 함께 미란돌라로 피신했다. 알두스는 피코의 빌라에 모여든 학자들의 동아리에서 그리스어를 배우면서 아카데미아를 세우고자 하는 꿈을 품게 되었는지도 모른다. 1480년대 중반에 알두스는 피코의 동료였던 베네치아의 에르몰라오 바르바로와 피렌체의 안젤로 폴리치아노와 인연을 맺게 된다. 알두스는 그리스화(化)를 열렬히 지지했던 폴리치아노와 바르바로에게 영향을 받았고, 그리스어를 중시하는 이들의 교육제도에 찬동했다. 그러나 이들이 인쇄술에 호의적이었다는 언급은 발견되지 않는다.

그렇다면 안락한 여생을 누릴 수 있었던 알두스가 노고와 골칫거리로 가득 찬 인생을 선택하게 된 계기는 무엇일까? 저자는 로마와 페라라에서 인문주의자들과 접촉한 일이 알두스의 인쇄 계획에 간접적인 영향력을 행사했을지는 모르지만 직접적인 연관성은 없다고 결론을 내린다. 그러면서 알두스의 개인적인 동기와 신념으로 눈을 돌린다. 알두스는 '문법학자'(Grammaticus)로 불릴 정도로 문법에 유별난 관심을 보였고, 특히 언어 자체에 매료되었다. 그는 인쇄업을 교육 활동의 중단이 아닌 새로운 차원의 교육으로 이끄는 도구로 이해했다. 문학 교육이 인격 형성에 절대적이라고 믿었던 알두스는 고전 작가들이 그들만의 목소리를 낼 수 있도록 책을 인쇄하는 것이 자신이 인류를 위해 기여할 수 있는 방법이라고 확신하고 이 업계에 입문했던 것이다.

제3장은 알두스가 인쇄업을 위해 베네치아를 선택한 이유를 살피고, 그곳에서 구축한 인맥과 그의 인쇄회사 전반을 개관한다. 알두스는 1489년 혹은 1490년에 베네치아에 도착한 것으로 보인다. 베네치아를 선택한 이유는 명백해 보일지도 모른다. 1453년 콘스탄티노플이 함락되

면서 수많은 그리스인이 이탈리아로 망명했고, 베네치아에도 그리스 이민자들이 대규모로 정착했다. 1468년에는 베사리온 추기경이 베네치아 공화국에 엄청난 양의 그리스어 필사본을 유증했을 뿐만 아니라 장송 같은 인물로 인해 베네치아는 유럽을 선도할 정도로 인쇄업이 발달했다. 그런데 사실 1490년에 그리스어 학문이 가장 꽃피었던 국제적인 중심지는 피렌체와 밀라노였다. 대부분의 유명한 그리스 학자들도 피렌체에 거주했다. 따라서 저자는 알두스가 베네치아를 선택한 이유로서 상업적이고 기술적인 원인을 제안한다. 베네치아는 수세기 동안 이탈리아 반도의 핵심적인 상업 도시였다. 해로로는 유럽 북부와 서부와 연결되고, 육로로는 브렌네르 고개(Brénner Páss)를 넘어 유럽 남부와 중부로 연결되는 무역 요충지였으므로 전문 설계사와 자본 투자를 쉽게 접할 수 있었을 것이다. 더욱이 1476년에 밀라노에서 인쇄된 콘스탄틴 라스카리스의 『문답』(Erotemata)은 그리스어로만 저술된 최초의 인쇄본이었고, 1488년에는 피렌체에서 호메로스가 인쇄되는 등 두 도시에서는 이미 그리스어 인쇄가 시작되었다. 반면에 베네치아는 라틴어 인쇄로 유럽을 선도하기는 했지만, 그리스어 인쇄는 한 번도 시도되지 않은 미개척지였다.

이런 이유로 베네치아를 선택한 알두스는 자신의 이상을 실현하기 위해 후원자와 협력자들을 물색해야 했다. 기존 연구자들은 알두스가 헌신적인 인문주의자인 알베르토 피오의 후원을 받아 어떠한 제약도 받지 않고 자유롭게 인쇄할 수 있었다고 간주했다. 하지만 저자는 알베르토의 후원이 어디까지 닿았는지 확정적이지 않고, 알두스가 알베르토 외에 다른 후원자를 물색할 필요가 있었다는 견해를 피력한다. 알두스는 1470년대에 장송의 견습생으로 인쇄업에 입문해 성공적인 인쇄사업을 영위했던 안드레아 토레사니를 비롯해, 아버지와 삼촌이 연이어 베네치아 총독직을 역임했을 정도로 유력한 가문 출신인 피에르프란체스코 바르바리고와 함께 인쇄회사를 설립한다. 저자 로리는 알두스가 보유한 회사 지분이 총 지분의 10분의 1 정도에 해당할 것으로 추정하면서 그가 기존에 생각했던 것처럼 자유로운 대리인이 아니라 동업자들에게 복종해야 하는 위치에 있었으리라고 유추한다.

알두스는 활자 주조술을 획득하기 위해 절삭공인 프란체스코 그리포와 동업하여 1490년대 초부터 1502년까지 여섯 개의 둥근 로마식 라틴 활자체와 유명한 이탤릭체, 네 개의 그리스어 필기체, 그리고 한 개의 히브리어 활자체를 개발하는 등 기술적인 면에도 관심을 기울여야 했다. 더 나아가 요르단 폰 딘스라켄 같은 서적상들과의 연줄을 통해 무역의 장(場)도 확보해야만 했다. 알두스는 단지 인쇄업자가 된 인문주의자로서 군주와 귀족들의 원조로 여유롭게 자신의 이상을 실현한 사람이 아니었다. 그의 회사는 문학 호사가들을 위한 모임이 아니었다. 그는 인쇄업이라는 극심한 경쟁 구도 속에서 시장적 가치를 갖추기 위해 부단히 노력해야 했고, 주주들을 만족시켜야만 했다. '르네상스 베네치아의 상업과 학문'(Business ad Scholarship in Renaissance Venice)이라는 이 책의 부제는 학자였던 알두스가 부득이하게 사업가가 되어야만 했다는 저자의 새로운 견해를 잘 함축한다고 볼 수 있다.

알두스는 그리스 문학을 출판해 교육의 장을 확대하겠다는 원대한 꿈을 품고 인쇄업에 입문했다. 제4장은 알두스가 그 꿈을 얼마나 실현했는지 추적한다. 저자는 알두스의 인쇄 경력을 1494~1500년, 1501~03년, 1504~09년, 그리고 1512~15년 2월로 구분하고, 각 시기에 그가 생산한 그리스어, 라틴어, 이탈리아어 출판물을 출판 순서에 따라 나열한 상당히 유용한 네 개의 도표를 제공한다. 이를 통해 항상 일정치 않았던 알두스의 출판 활동을 시기별로 신속하게 파악하고, 그가 애초에 출판하기로 약속했던 책들과 실제 출판된 책들을 비교함으로써 그의 출판 목록을 더욱 광범위한 상업적인 배경과 대조할 수 있다. 알두스가 1490년대에 구상했던 출판 목록은 제공되지 않지만, 이미 1497년에 약속되었던 플라톤의 작품이 1513년 9월에 비로소 세상을 빛을 보는 등 그의 본래 계획은 실현되기까지 오랜 기간 묵혀둔 채 방치되었다는 사실을 확인할 수 있다. 또한 약속되었던 아리스토텔레스의 고대 주석들은 끝내 출판되지 않았다. 그리스 작품들을 출판하는 데 관심을 두었던 알두스는 전혀 기대치 못한 작품들을 출판하기도 했다.

알두스의 인쇄업이 가장 활발했던 시기는 그가 인쇄업을 막 시작했던 1494~1500년과 세상을 떠나기 직전인 1512~15년의 기간이었다. 특히 후대에 가장 잘 알려진 알두스의 작품들은 대부분 1494~1500년대에 만들어졌다. 이 중 1495~98년에 출판된 아리스토텔레스 5부작은 대표적인 성과였다. 기존에 인쇄된 모든 그리스어 작품을 양적인 면에서 능가한 알두스의 아리스토텔레스 전집은 15세기의 가장 위대한 출판물로 간주할 수 있다. 가격도 명성에 못지않게 고가였다. 인쇄소 식자공의 월급이 3~4두카토, 교사의 연봉이 50두카토, 인문학 교수의 연봉이 150두카토 정도였던 당시의 시세를 감안할 때, 가난한 학생들은 11두카토에 달하는 알두스의 아리스토텔레스 전집을 구입할 엄두도 못 냈을 것이다. 이후 반세기가 지난 1547년까지도 알두스의 아리스토텔레스 전집은 여전히 판매가 완료되지 않은 상태였다. 그런데도 알두스는 철저히 학문적인 시장을 염두에 두고 출판을 감행했다. 그런 한편 1499년에 알두스의 편집 방향이 전향하는 현상을 목격할 수 있다. 문제는 주석도 없는 그리스어 원문을 다룰 수 있는 독자가 고전학을 공부한 이탈리아의 지식인들 중 5퍼센트에도 미치지 못했다는 사실이다. 알두스가 펴낸 고가의 그리스어 2절판은 소수에게만 환영을 받았다. 더욱이 1499년에 인쇄소의 후원자였던 피에르프란체스코 바르바리고가 세상을 떠나자, 알두스와 토레사니는 재정적인 상황을 고려해 출판물 선정을 재고할 필요가 있었던 것으로 보인다. 그 결과 알두스는 1500년에 그의 가장 유명한 판본 중 하나이자 수많은 논란을 야기한 『폴리필로의 꿈』을 출간한다.

이는 알두스가 출판한 최초의 이탈리아어 책이었다.

15세기 말엽에 발발한 전쟁으로 인해 베네치아의 금융계가 붕괴했고, 극심한 경기 침체로 베네치아의 인쇄업 전반이 무너져 내렸다. 그 와중에도 알두스의 회사는 견고한 재정 후원을 받아 경쟁자들이 소멸하는 불황 속에서 오히려 한 발 도약하는 모습을 보인다. 유일하게 그리스어 본문을 인쇄하는 알두스에게 도처에서 그리스 학자들이 몰려들어 인쇄업에 더욱 활력을 불어넣었다.

저자는 알두스가 도입한 그리스어 필기체에 대한 로버트 프록터의 혹평을 다루면서 당시 학자들과 유력한 후원자들의 기호에 맞추기 위한 방편으로 이 서체를 사용했다고 설명한다. 알두스의 이탤릭체는 1501년 4월에 그의 첫 8절판인 베르길리우스에서 대대적으로 사용되었다. 비스듬한 형체의 이탤릭체는 효율적인 기입 방식으로서 한 면에 더 많은 내용을 기재할 수 있어 종이 비용의 절감으로 이어졌고, 이로 인해 책의 가격이 인하되었다고 회자되곤 한다. 그러나 저자는 알두스가 가격 인하를 염두에 두고 이탤릭체를 선택한 것이 아니라고 주장한다. 알두스는 그저 주요 고객층인 식자들에게 호소하기 위해 당시 인문주의자들 사이에 유행하던 글자와 유사한 이탤릭체를 사용했던 것이다. 알두스의 8절판도 대중을 겨냥해 고안된 형식으로 언급되곤 하지만 이것 또한 정치인, 외교관, 공무원, 고위 성직자들, 궁정 회원들과 같이 고등 교육을 받았으나 시간 여유가 없는 그의 독자층을 위한 배려였다. 기도서에서나 사용되던 소형 8절판을 기존의 대형 2절판과 4절판으로만 출시되었던 고전문학으로 확장한 것은 신박한 시도로서 대성공이었다. 다만 알두스의 8절판이 저렴했다는 주장은 전혀 근거가 없다. 알두스가 거둔 사업적인 성공은 금전적인 보상이 적었던 그리스 문학 출판을 지속할 수 있는 원동력이 되었다.

1502~03년에 절정에 달했던 알두스의 인쇄업은 이후 쇠퇴기를 맞아

여러 차례 장기간의 휴업에 들어갔다. 그 요인 중 하나는 경쟁자들의 표절이 심각한 위협으로 작용했기 때문일 것이다. 그러나 그의 인쇄업이 주춤했던 또 하나의 이유는 그의 야망이 인쇄업에 국한된 것이 아니라 보다 원대한 꿈을 향했기 때문이다.

제5장에서 저자는 알두스가 베네치아의 교사들 사이에 거주하면서 궁극적으로 지향했던 꿈을 제시한다. 알두스가 인쇄업을 시작하던 당시 이탈리아의 문화 중심지에 거대한 변동이 일어났다. 1493년 여름, 망명 중이던 에르몰라오 바르바로가 세상을 떠났다. 이듬해 폴리치아노가 운명했고, 불과 두 달 후인 1494년 11월에 피코 델라 미란돌라도 그 뒤를 따랐다. 학자들을 상실했을 뿐만 아니라 나폴리와 밀라노 등 문화 중심지의 도서관들이 전쟁으로 약탈당했다. 이런 혼란의 와중에 이탈리아 전역에서 학자들은 격변하는 시대에 대응해 모일 수 있는 곳에 재집결했다. 베네치아에서는 조르조 발라를 중심으로 무리가 형성되었는데, 알두스는 바로 이 무리 속에서 처음 등장한다.

1500년 발라의 사후, 산타고스티노에 위치한 알두스의 거주지는 학자들이 교정쇄를 제출하는 장소일 뿐만 아니라 그들이 먹고 자고 토론하는 지적 중심지로 점점 변모했다. 마린 사누도와 같은 귀족들이 알두스의 진척 상황을 확인하고자 방문했고, 리너커와 로이힐린과 같은 외국 방문객들이 찾아왔으며, 그리스 이민자들은 알두스의 작업장을 우편 수취 주소로 활용했다. 여기에 포르티게라와 아포스톨리스, 무수루스 등 피렌체의 유망한 학자들이 합류했다. 이러한 정황 속에서 1502년 8월의 소포클레스 첫 판이 '로마인 알두스의 아카데미아에서'라는 판권 면의 내용과 함께 출판되었다. 바티칸 도서관은 알두스를 중심으로 모인 무리의 '신아카데미아의 규정'을 소장하고 있다. 그러나 저자는 49행에 걸친 이 규정이 당시 흔해 빠진 느슨하게 조직된 동료들의 무리를 위해 즉흥적으로 작성된 규정 이상의 의미를 지니진 않았으리라고 추측한다.

중요한 점은 이 규정이 작성되기 전에 알두스가 이미 훨씬 대대적인 계획을 품고 있었다는 사실이다. 알두스는 '또 하나의 아테네'를 수립할 목적으로 신성로마제국으로 이주할 계획을 세웠는데, 이 계획은 제4장에서 살펴본 알두스의 인쇄소의 점진적인 긴축과 자연스럽게 연결된다. 알두스는 시메네스 추기경이 알칼라에서 설립한 세 개 언어 대학과 같은 교육기관을 꿈꾸며 황제 막시밀리안 1세를 회유하고자 노력했던 것이다. 이 계획은 불행히도 신성로마제국과 베네치아 공화국의 관계 악화로 무산되었다. 이후에도 알두스는 나폴리와 밀라노에서 유사한 제안을 받았지만, 이 역시 전쟁으로 인해 수포로 돌아갔다. 또 하나의 희망이었던 페라라도 상황이 여의치 않았고, 교황의 궁정에서 꿈을 실현하고자 했던 바람도 불발하고 말았다. 비록 아카데미아를 설립하려던 알두스의 계획은 실패했지만, '아카데미아'라는 단어는 당시 학자들이 추구할 방향을 제시했다. 인쇄업자이기 이전에 학자이자 교사였으며, 인쇄업을 가르치는 소명과의 단절이 아닌 교육의 연장선으로 이해했던 알두스는 아카데미아에 대한 꿈에서 분열된 상업과 학문 세계의 상징적인 연합을 보았고, 이를 실현하는 것을 궁극적인 목표로 삼았던 것이다.

알두스는 '원천으로'(ad fontes)라는 르네상스의 구호에 맞게 고전 대가들의 언어를 최대한 본래의 순수함으로 복원한 최초의 학자 겸 편집자로 정평이 났다. 제6장에서 저자는 알두스의 학자로서의, 그리고 책임 있는 편집자로서의 명성을 검토한다. 그러기 위해 먼저 당대 작가들의 작품에 대한 알두스의 접근법을 다룬다. 필사본 시대에서 인쇄본 시대로 넘어가는 전환기에 인쇄본의 대량 출판은 곧 명성을 의미했다. 그렇기에 많은 사람들이 자발적으로 알두스의 인쇄소 문을 두드렸다. 알두스는 출판할 작품을 선정할 때 저자가 자신에게 출판을 요구할 자격이 있는지, 자신이 무시할 수 없는 연줄이 있는지를 판단한 후, 작품의 흥미도를 고려해 취사선택할 수 있었다. 물론 유력한 연줄을 가진 저자들의 요구를 거절하는 것은 쉽지 않았으나 조잡한 글은 거절하기도 했다. 출판 결정권이 출판인에게 있었기 때문에 작품의 선정과정에서 개인적인 기준이 부각되었다. 알두스가 작품들을 다룬 방식도 이와 유사하게 임의적이었던 것으로 보인다. 즉 라스카리스의 문법서나 페트라르카의『속세의 일』의 경우에 알두스는 저자의 자필본이나 수정본을 토대로 작업했다고 주장하지만 사실과 달랐던 것으로 보인다. 현대의 시각에서 보면, 이는 명백한 사기에 해당한다. 그러나 저자는 이런 현상을 당시의 정황에 맞게 해석해야 한다고 주장한다. 타인의 수정을 용인하던 필사본 시대의 분위기가 소멸되지 않은 당시 정황 속에서 저자들은 출판사의 대대적인 개입을 용인했을 뿐만 아니라 사실상 기대했으며, 수정 사항을 기꺼이 수용했다. 저자는 우리에게 매정하고 임의적이며 권위주의적으로 비칠 수 있는 알두스의 방식이 당시 사람들이 보기에는 상당히 정중하고 사려 깊었다고 말하면서도, 알두스가 라스카리스, 페트라르카, 산나자로의 작품을 다룬 방식은 그리스어와 라틴어 본문 비평가로서 그의 자질에 의심을 품을 수 있는 근거가 된다고 평가한다.

베사리온 추기경이 베네치아에 그리스어 필사본들을 유증했다는 사실은 베네치아에서 인쇄된 알두스의 판본들이 탁월한 필사본을 모본으로 삼았다는 주장의 근거가 되었다. 그러나 저자는 알두스가 베사리온 추기경의 필사본을 소장한 마르치아나 도서관에 대해 무지했음이 분명하기 때문에 이를 토대로 알두스 판의 탁월성을 주장할 수 없다고 못 박는다. 저자 로리는 알두스의 편집과정을 보여 주는 11개 사본들을 언급하면서 1495년의 테오프라토스의 경우 열등한 자료의 사용과 주관적이거나 임의적인 편집, 그리고 편집자와 식자공 사이의 혼선에 대한 명백한 증거를 발견한다. 아리스토텔레스의『형이상학』에서도 단순한 누락, 무계획적인 추측과 부주의한 인쇄에 대한 증거를 찾아볼 수 있다. 결과적으로 저자는 인쇄를 막 시작한 초기 단계에서 알두스의 편집은 체계적이고 학문적인 방법론을 결여했으며, 비평과 수정과정이 인쇄를 선행하지 않은 즉흥적인 활동이었다고 결론짓는다. 물론 시간이 경과하면서 문헌학적인 측면이나 편집자와 식자공 사이의 의사소통이 향상되었지만, 우리의 기준과 기대에는 못 미치는 것이 사실이다. 저자는 알두스의 편집이 체계적이었고 고전학의 경로를 바꾸었다는 기존 평가는 폐기되어야 하며, 알두스의 인쇄본이 본문의 모본과 편집자, 편집 방법에 의존적인 것을 고려해 알두스의 개별 출판물을 독립적으로 평가해야 한다고 주장한다. 그는 알두스가 학문적인 차원에서 본문의 질을 향상하는 데 기여한 것이 아니라 일반 연구에 사용될 자료를 크게 확장하는 데 기여했다고 평가한다.

알두스의 인쇄물이 유럽 전역으로 확산된 수단과 그 결과를 평가하는 제7장에서 저자는 그의 전체 생산량이 12만 부를 훨씬 웃돌았을 것이라고 추정한다. 책이 귀했던 당시에 그의 출판물은 꼭 필요한 사람들의 수중에 들어갔을 것이다. 그러나 전체 인쇄부수보다 중요한 점은 알두스가 초기 그리스어 출판계를 전적으로 지배했다는 사실이라고 저자는 지적한다. 알두스는 15세기 인문주의자들이 재구성한 그리스 문학을 포괄하는 목록을 출판했으며, 이 중 30여 종의 작품은 초판에 해당했다. 저자는 당시 알두스가 아니었어도 그리스 문학을 출판할 사람은 있었을 것이라고 평가한다. 그러나 장송에게 인쇄술을 배운 토레사니, 베네치아 유력 가문 출신인 바르바리고, 당대의 쟁쟁한 학자들과 인맥을 구축했던 알두스가 형성한 경제적·지적 결합체에 범접할 수 있는 출판인은 몇 명 없었을 것이다. 저자는 영국, 독일, 프랑스, 스페인, 헝가리, 그리고 폴란드와 알두스 사이의 상호 영향력을 조명하면서 알두스의 책들이 유럽 도처에 얼마나 널리 보급되었는지도 추적한다. 정확한 수치를 따지기는 불가능하지만, 알두스의 책에 대한 수요는 상당했다. 알두스는 상당한 양의 고전문학을 유럽 도처에 보급했을 뿐만 아니라 동시에 고상한 학문을 향한 열정을 유산으로 남겼다.

　저자 로리의 연구는 알두스에 대한 기존의 견해를 대대적으로 수정한다. 언제나 걸작으로 손꼽힐 『폴리필로의 꿈』의 로마체 활자는 이후 식자공들에게 각광을 받았으나, 정작 알두스 본인은 이 활자를 전혀 주목하지 않았다. 그가 심혈을 기울인 그리스어와 라틴어 필기체는 당시에는 호의적으로 받아들여졌으나, 후대 학자들의 질타를 면치 못했다. 알두스의 엄밀한 학문성에 대한 주장도 그가 베사리온 추기경의 필사본을 참고하지 않았다는 사실이 밝혀지면서 기초적인 문헌학적 방법론마저 결여된 것으로 판명이 났다. 대중 계몽과 사회 개선의 선구자로서의 지위도 재검토되어야 할 점이다. 알두스는 다량의 출판물을 널리 보급하기는 했지만, 독자층을 넓히고자 저렴한 8절판을 소개했다는 주장은 근거 없는 망상에 불과하다. 알두스는 상류층에 둘러싸여 이들을 위해 출판을 했다. 애당초 하류층을 위해 저렴한 인쇄본을 출판할 계획은 없었다. 저자는 엘리트주의적인 태도와 정신없는 실험, 최고의 원천으로부터의 격리를 알두스의 결점으로 꼽는다. 그럼에도 알두스에게 지금보다 더 많은 찬사를 보내야 한다고 역설한다. 알두스는 장송의 시대 이후 심각한 곤경에 빠진 베네치아 인쇄업을 구원했다. 그는 알두스를 그리스 문학과 철학의 보존자로서 인정하고, 이를 위해 알두스가 엄청난 희생을 감수했다는 사실도 받아들인다. 그러나 알두스가 아니었어도 칼리에르게스나 지운티 같은 인쇄업자에 의해 그리스 문학이 보존되었을 것이라는 사견을 피력한다. 그는 기존 연구에서 알두스의 뛰어난 사업적인 수완이 간과되었다고 평가하면서 여기에 집중한다. 저자에 따르면 알두스의 업적은 인쇄업과 학문을 결합시키는 한편, 아카데미아에 대한 꿈으로 이탈리아를 비롯한 전 유럽의 지식인들에게 집단 정체감을 선사한 것이다. 이런 면에서 저자는 에라스무스 못지않게 16세기의 자유주의적 사상을 유럽 전역에 퍼뜨린 장본인으로서 알두스의 업적을 기린다.

한때 베네치아 출판계를 주름잡고 유럽의 르네상스에 막대한 영향력을 행사한 알두스 마누티우스가 세상을 떠난 지 500여 년이 지났다. 2015년에는 알두스 서거 500주년을 기리기 위해 유럽과 아메리카 대륙의 학자들이 밀라노의 암브로시아나 도서관에 모여 경제, 사회, 고문서학, 미술사, 언어학 등 다양한 분야에서 최근 알두스 연구의 동향을 발표하는 학술대회를 개최했다. 또한 알두스의 고향인 바시아노를 비롯해 베네치아, 런던, 마드리드, 웁살라, 리스본, 뉴욕, 로스앤젤레스, 도쿄, 호주와 캐나다 등 세계 각지에서 그를 기리는 강연과 전시회가 동시다발적으로 열렸다. 이로써 알두스에 대한 관심과 연구가 여전히 건재하며, 그의 영향력이 사후에 더욱 확장되었음을 여실히 보여 주었다. 이런 관심은 알두스 본인이 의도했든 의도치 않았든 간에, 학문적인 자료를 소형 8절판으로 출판하는 그의 기발한 발상이 지식의 확산에 크게 기여했음을 상기시킨다. 비록 알두스가 대중을 계몽하려는 고상한 이상을 품고 이를 실험한 것은 아닐지라도, 그가 이뤄낸 혁신적인 사고의 전환으로 인해 그는 고인이 된 애플사(社)의 스티브 잡스(Steve Jobs)와 비교되기도 한다. 저자의 연구 결과처럼 알두스는 기존에 생각했던 것만큼 엄밀한 문헌학자가 아니었을지도 모른다. 그러나 그의 접근법은 문헌학이 체계화되기 이전, 필사본 시대의 느슨한 편집 방법이 만연했던 당시 정황을 고려해 평가되어야 한다. 어쨌든 알두스가 고대 그리스 고전 목록 중 상당 부분을 최초로 출판했다는 사실에는 이견이 없을 것이다. 번역자는 서양 고전학을 공부하면서 비판본들이 참고한 사본 목록의 상단에 오른 알두스의 이름을 어렵지 않게 발견하곤 했는데, 이는 그의 공헌에 대한 하나의 증거일 것이다.

알두스는 골동품 수집가이기도 했던 피에트로 벰보에게 받은 로마 동전에 새겨진 그림을 출판사의 상징으로 채택했다. 허먼 멜빌은 이 그림에 묘사된, 닻을 포도 덩굴처럼 휘감고 있는 해양 동물을 고래로 파악했는데, 심해에서나 서식할 것처럼 생겨 뱀처럼 닻을 한 바퀴 휘감고 있는 이 기괴한 생물체는 돌고래로 알려져 있다. 이 그림은 고대 그리스의 격언인 '천천히 서둘러라'(σπεῦδε βραδέως)와 이에 대한 라틴어 번역인 'festina lente'를 상징한다. 에라스무스는 1508년에 알두스의 작업장에서 함께 동고동락하며 앞으로 그의 명성을 유럽에 떨치게 할 『격언집』에 이 문구를 포함했다. 바다를 자유롭게 누비는 돌고래는 '천천히 서둘러라'의 '서두름'을, 배를 안전하게 정착시키는 닻은 '천천히'를 상징할 것이다. 알두스 시대에 그리스 문헌이 출판되기만을 학수고대하던 학자들은 그가 서둘러주기를 간절히 바랐을지도 모른다. 반면에 저자와 같은 현대 비평가들은 알두스가 문헌학적인 엄밀성과 체계적인 편집을 동원해 좀 더 천천히 작업했더라면 하는 아쉬움을 느낀다. 알두스는 모두의 바람을 충족시키지는 못했다. 그렇지만 그는 출판업에 종사하면서 아카데미아라는 더 원대한 교육 이념을 꿈꾸었고 그 꿈에 보조를 맞춰 작업에 박차를 가하는가 하면, 필요할 때는 고삐를 당겨가면서 천천히, 그러면서도 자신의 원대한 꿈을 향해서는 신속하게 나아가고자 노력했다고 평가할 수 있을 것이다. 그 결과 알두스의 인쇄소에서 출판된 수많은 고전 작품과 그가 꿈꿨던 교육 이념은 유럽 전역으로 퍼졌고, 궁극적으로는 전 세계로 확산되었다. 500년이 지난 오늘날에도 알두스의 이름은 애서가들의 마음속에 깊이 각인되어 있다.

서울대 인문학연구원에 계신 안재원 선생님의 소개로 도서출판 길의 이승우 실장님을 만나 뵙고 이 책의 번역을 맡은 지 어언 2년이 흘렀다. 15~16세기 베네치아의 인쇄업에 대한 문외한이 떠맡기에는 만만찮은 작업이었다. 페이지마다 등장하는 생소한 인명이나 국내 번역서가 없는 작품명, 전문 용어들로 골머리를 앓기도 했다. 다행히 주위에서 도움을 주신 분들 덕분에 번역을 완수할 수 있었다. 필사본의 명칭에 대해서는 안재원 선생님께 조언을 구했고, 여타 작품명의 우리말 표기는 이름 밝히기를 바라지 않는 서양 고전학의 어느 선생님께 도움을 받았다. 도서출판 길의 편집자를 비롯해 이승우 실장님과 여러 차례 원고를 주고받으며 글을 다듬은 결과 현재의 번역서가 나오게 되었다. 이 자리를 빌려 도움을 주신 모든 분께 심심한 감사를 표한다. 심혈을 기울였지만 오탈자나 오역이 발견되지는 않을까 염려스럽다. 이는 전적으로 번역자의 부주의나 실력 부족으로 인한 것이니 넓은 아량으로 이해해 주기를 독자들께 부탁드린다.

애서가라면 한번쯤 알두스 마누티우스에 대해 들어봤을 것이다. 21세기에도 이탈리아와 영미권에서는 알두스에 대한 책이 지속적으로 출간되고 있지만, 우리에게는 이 책이 본격적인 첫 번째 출판물이라고 알고 있다. 비록 번역에 부족한 점이 많지만, 이 책이 서양 고전학, 인쇄와 편집의 역사, 그리고 르네상스를 비롯해 알두스 마누티우스에게 관심 있는 모든 국내 독자들의 공부에 조금이라도 도움이 되기를 바란다.

2020년 여름
관악구에서 심정훈

510

# 참고문헌

## 고문서 및 필사본

Archivio di stato, Mantova, Carteggio estero, Carteggio ad inviati, Busta, 1440.

Archivio della curia patriarcale di Venezia, Professioni di fede richieste agli insegnanti, 1587.

Archivio di stato, Venezia.

    Consiglio di Dieci, Deliberazioni Misti.

    Marco Barbaro, Genealogie delle famiglie patrizie veneziane.

    Savii sopra le Decime in Rialto, Condizione della città, 1514.

    Senato, Deliberazioni Terra.

    Signori di Notte, Notizie di Crimini, 1472~1507.

Biblioteca Ambrosiana, Milan.

    Ms. Graecus C. 195 infra (=881): Plutarch's *Moralia*.

    Ms. J. 100 infra: Index librorum Aldi Manutii.

Biblioteca Apostolica Vaticana.

    Ms. Graecus 1401: Grammar of Constantine Lascaris.

    Ms. Graecus 1413: Correspondence and book-indices of Janus Lascaris.

    Ms. Latinus 7121: various library indices.

    Incunabalum III, 16 (=1135): Ovid's *Metamorphoses*, with extensive manuscript notes said to be those of Aldus.

Biblioteca Estense, Modena.

Ms. Graecusa P, 5, 17 (=115): Dioscurides, Theocritus and Sophocles.

Ms. Graecusa W 9, 6 (=131): Corpus Theognideum.

Ms. Graecus N 7, 17: Pindar.

Ms. Graecus V 5, 10 (=127): Aristophanes.

Biblioteca Marciana, Venezia.

Ms. Graecus 622 (851): Hesychius' *Lexicon*.

Ms. italiani Cl. I 72 (5054)　Various writings of Filippo de Strata.

　　II 133 (4846)

Ms. italiano Cl. IX 203 (6757) Selection of early sixteenth-century poetry.

Ms. italiano Cl. XI 45 (7439) Day-book of Francesco da Madiis.

Bibliothèque Nationale, Paris.

Ms. Graecus 3064: indices of Greek texts and manuscripts.

Supp. Graecum Ms. 212　Tragedies of Euripides.

　　　　Ms. 393

Supp. Graecum Ms. 924: Epistolographorum Graecorum Fragmenta.

Houghton Library, Harvard University.

Ms. Graecus 17: Aristotelis et Theophrasti Fragmenta Naturalia.

Museo Correr, Venezia.

Ms. Cicogna 949: Hironimi Bononii Promiscuorum libellus septimus.

Staatsbibliothek, Munich.

Ms. Latinus 10801: commonplace book of Zuane Bembo.

Universitätsbibliothek, Basel.

Ms. Graecus AN IV i ex B VI 25: Novum Testamentum Graece.

Ms. Graecus F. VI 54: Grammatical writings.

Ms. Latinus AN VI 36: Boniface Amerbach's Book of Hours, with manuscript notes.

## 인쇄본

Aleander, Jerome, *Journal Autobiographique du Cardinal Jérôme Aléandre, 1480~1530*, ed. H. Omont, in *Notices et Extraits des Manuscrits de la Bibliothèque Nationale et Autres Bibliothèques*, vol. XXXV, Paris, 1895.

Allen, P. S., ed., *Opus Epistolarum Desiderii Erasmi*, 12 vols., Oxford, 1906~53.

Barbaro, Ermolao, *Epistolae, Orationes et Carmina*, 2 vols., ed. V. Branca, Florence, 1943.

Baschet, A., ed., *Aldo Manuzio, Lettres et Documents, 1495~1515*, Venice, 1867.

Bossi, M., *Familiares et Secundae Epistolae*, Mantua, 1498.

Botfield, B., *Praefationes et Epistolae Editionibus Principibus Auctorum Veterum Praepositae*,

Cambridge, 1861.

Brant, S., *Die Narrenschiff*, translated and edited as *The Ship of Fools*, E. Zeydel, New York, 1962.

*Briefwechsel des Konrad Celtis*, ed. H. Rupprich, Munich, 1934.

*Briefwechsel des Mutianus Rufus*, ed. C. Krause, Kassel, 1885.

*Budaei Opera Omnia*, Basel, 1557.

Castellani, C., *La stampa in Venezia dalla sua origine alla morte di Aldo Manuzio seniore*, new edition, 1973.

Castrifrancani, A., *Oratio habita in Funere Urbani Bellunensis*, Venice, 1524.

*Codri Urcei Opera Omnia*, Bologna, 1502.

Conway, W., ed., *The Writings of Albrecht Dürer*, London, 1958.

Fedelis, Cassandrae, *Epistolae et Orationes*, Padua, 1636.

Fulin, R., "Documenti per servire alla storia della tipografia veneziana", AV, XXIII, 1882, pp. 82~212, 390~405.

Hartfelder, K., *Fünf Bucher Epigramme von Konrad Celtis*, Berlin, 1881.

Hartmann, A., ed., *Die Amerbachkorrespondenz*, vol. 1, Basel, 1942.

Heiberg, J., "Beitrage zur Georg Vallas und seiner Bibliothek", ZBF, XVI, 1896, pp. 54~103.

Horawitz, A., ed., *Briefwechsel des Beatus Rhenanus*, Leipzig, 1886.

*Joannis Pici Mirandulae Opera Omnia*, Basel, 1557.

*Lettere di Ludovico Ariosto*, per cura di A. Capello, Milan, 1887.

*Lettere volgari di Aldo Manuzio*, Roma, 1592.

Malipiero, D., *Annali veneti*, in ASI, 7, pt. ii, 1844.

Navageri, A., *Opera Omnia*, Padua, 1718.

Noiret, H., *Lettres Inédites de Michel Apostolis, Bibliothèque des Écoles Françaises d'Athènes et de Rome*, Paris, 1889.

Nolhac, P. de, "Les Correspondants d'Alde Manuce: Matériaux Nouveaux d'Histoire Littéraire, 1483~1515", *Studi e documenti di storia e di diritto*, Anno VIII, 1887, and IX, 1888.

Orlandi, G., *Aldo Manuzio editore*, 2 vols., Milan, 1976.

Pastorello, E., *Inedita Manuziana*, Florence, 1960.

*Politiani Opera Omnia*, Aldus, Venice, 1498.

Poliziano, A., *Prose volgari inedite e poesie latine e greche edite e inedite*, a cura di I. del Lungo, Florence, 1867.

Priuli, Gerolamo, *Diarii*, ed. A. Segre, RIS, Tom XXIV, pt. iii, Città di Castello, 1912.

Rogers, E., ed., *St. Thomas More: Selected Letters*, Yale, 1961.

Sabellici Opera Omnia, 4 vols., Basel, 1560.

Sanudo, Marin, Cronacetta, Nozže Papadopoli-Hellenbach, Venice, 1880.

_____, Diarii, 58 vols., ed. R. Fulin, F. Stefani, N. Barozzi, G. Berchet, and M. Allegri, Venice, 1879~1903.

Valeriani, G.-P., De Litteratorum Infelicitate, Padua, 1620.

_____, Praeludia, Venice, 1509.

Willibald Pirckheimers Briefwechsel, ed. E. Reicke, Munich, 1940.

Zambotti, B., Diario ferrarese, RIS, Tom. XXIV, pt. vii, Bologna, 1937.


## 2차 문헌

Adda, G. d', Indagini storiche, artistiche e bibliografiche sulla libreria Viscontea-Sforzesca del Castello di Pavia, Milan, 1875.

Allen, P. S., "Erasmus' Relations with his Printers", The Library, XIII, 1916, pp. 297~321.

_____, "Linacre and Latimer in Italy", English Historical Review, XVIII, 1903, pp. 314~ 17.

_____, "The Trilingual Colleges of the Early Sixteenth Century", in Erasmus, Lectures and Wayfaring Sketches, Oxford, 1934, pp. 138~63.

Amelung, P., "Bemerkungen zu zwei Italienischen Inkunabeln (Hain 4942 und Hain 13883)", in Contribuiti all storia del libro italiano-Miscellanea in onore di Lamberto Donati, Florence, 1969, pp. 1~9.

Armstrong, E., Robert Estienne, Royal Printer, Cambridge, 1954.

Arnauldet, P., "Graveurs de Caractères et Typographes de l'Italie du Nord", Bulletin de la Société Nationale des Antiquaires de France, 7e Ser., 4, 1903, pp. 288~95.

Astruc, C. and Concasty, M.-L., Bibliothèque Nationale, Catalogue des Manuscrits Grecs, Tom. III, Paris, 1960.


Bandini, A. M., Juntarum Typographicae Annales, Lucca, 1791.

Bataillon, M., Erasme et l'Espagne, Paris, 1937.

Beaujon, P., "The Garamond Types: Sixteenth- and Seventeenth-Century Sources Considered", The Fleuron, 5, 1926, pp. 131~79.

Beloch, K. J., "La popolazione di Venezia nei secoli XVI e XVII", NAV, Nuova serie, III, 1902, pp. 5~49.

Bennett, J., "John Morer's Will: Thomas Linacre and Prior Sellyng's Greek Teaching", Studies in the Renaissance, XV, 1968, pp. 70~89.

Bergmann, J., Corpus Scriptorum Ecclesiasticorum Latinorum, vol. 61, Vienna, 1926.


514

Bertanza, E. and Santa, G. della, *Maestri, scuole e scolari in Venezia fino al 1500, Reale Deputazione veneta di storia patria*, Serie I, 12, Venice, 1907.

Bertolotti, A., "Varietà archivistiche e bibliografiche", *Il Bibliofilo*, Anno VII, p. 181.

Bertoni, G., *La biblioteca Estense e la cultura ferrarese ai tempi del duca, Ercole I, 1471~ 1505*, Turin, 1903.

Biadego, G., "Intorno al Sogno di Polifilo", ARIV, LX, pt. ii, 1900~01, pp. 699~714.

Bica, L. and Marza, I., "Carti Aldine in Bibliotheca Batthyaneum din Alba Julia", *Apulum*, XI, 1973, pp. 311~50.

Bignami-Odier, J., *La Bibliothèque Vaticane de Sixte IV à Pie XI, Studi e testi*, no. 272, Città del Vaticano, 1973.

Billanovich, M., "Benedetto Bordon e Giulio Cesare Scaligero", IMU, XI, 1968, pp. 187~ 256.

_____, "Francesco Colonna, il *Polifilo*, e la famiglia Lelli", IMU, XIX, 1976, pp. 419~ 28.

Bolgar, R., *The Classical Heritage and its Beneficiaries*, New York/London, 1964.

Bologna, P., "La stamperia fiorentina del monastero di S. Jacopo di Ripoli e le sue edizioni", GSLI, XX, 1892, pp. 349~78.

Bónis, G., "Gli scholari ungheresi di Padova alla corte degli Iagelloni", in *Venezia e Ungheria nel Rinascimento*, ed. V. Branca, Florence, 1973, pp. 227~44.

Branca, V., "Ermolao Barbaro and Late Quattrocento Venetian Humanism", in *Renaissance Venice*, ed. J. R. Hale, London, 1973, pp. 218~43.

Braudel, F., *Le Méditerranée et le Monde Méditerranéen à l'Époque de Philippe II*, 2 vols., New Edition, Paris, 1966.

Brenzoni, R., *Fra Giovanni Giocondo veronese*, Florence, 1960.

_____, *La lettera autografa di fra Giocondo ad Aldo Manuzio*, Verona, 1962.

Brown, H., *Studies in Venetian History*, 2 vols., London, 1907.

_____, *The Venetian Printing Press*, London, 1891.

Brucker, G., "The Ciompi Revolution", in *Florentine Studies*, ed. N. Rubinstein, London, 1968, pp. 314~56.

Brunelli, B., "Shakespeare e lo studio di Padova", AV, Nuova serie, I, 1922, pp. 270~83.

Brunetti, M., "L'Accademia Aldina", *Rivista di Venezia*, VIII, 1929, pp. 417~31.

Buchwald, G., "Archivalische Mittheilungen über Bücherbezüge der Kurfürstlichen Bibliothek und Georg Spalatinus in Wittenberg", *Archiv für Geschichte des Deutschen Buchhandels*, 18, 1896, pp. 7~15.

Bühler, C., "Aldus Manutius and the Printing of Athenaeus", GJB, 1955, reprinted in

*Early Books and Manuscripts*, Pierpont Morgan Library, 1973, pp. 220~22.

_____, "Aldus Manutius: the First Five Hundred Years", *Papers of the Bibliographical Society of America*, XLIV, 1950, pp. 205~15.

_____, "Aldus' Paraenesis to his Pupil, Lionello Pio", *The Library*, Fifth Series, XVII, 1962, pp. 240~42.

_____, "Some Documents Concerning the Torresani and the Aldine Press", *The Library*, Fourth Series, XXV, 1945, pp. 111~21.

_____, *The Fifteenth-Century Book*, Philadelphia, 1960.

_____, "The First Aldine", *Papers of the Bibliographical Society of America*, XLII, 1948, pp. 3~14.

_____, *The University and the Press in Fifteenth-Century Bologna*, Indiana, 1958.

Burrows, M., "A Memoire of William Grocyn", *Oxford Historical Society Collectanea*, II, 1890, pp. 319~80.

Bustico, G., "Due umanisti veneti: Urbano Bolzanio e Piero Valeriani", *Civiltà Moderna*, IV, 1932, pp. 86~103.


Camerini, P., *Annali dei Giunti*, 2 vols., Florence, 1962.

_____, "In difesa di Lucantonio Giunta dall'accusa di contrafattore delle edizioni di Aldo Romano", *Atti e memorie della reale Accademia di scienze, lettere ed arti in Padova*, Anno CCCXCIII, 1933~34, pp. 165~94.

Cammelli, G., *Demetrio Calcondila*, Florence, 1954.

Carter, H., *A View of Early Typography to about 1600*, Oxford, 1969.

Case, A. E., "More about the Aldine Pliny of 1508", *The Library*, Fourth Series, XVI, 1935, pp. 173~87.

Casella, M. T. and Pozzi, G., *Francesco Colonna, biografia e opere*, 2 vols., Padua, 1959.

Cassamassima, E., "Litterae Gothicae: note per la storia della riforma grafica umanistica", LBF, LXII, 1960, pp. 109~43.

Castellani, C., *Early Venetian Printing Illustrated*, Venice/London/New York, 1895.

_____, "Il prestito dei codici manoscritti nella biblioteca di S. Marco a Venezia nei suoi primi tempi e le conseguenti perdite dei codici stessi", ARIV, Ser. VII, 8, 1896, pp. 311~77.

Castiglioni, C., "The School of Ferrara and the Controversy on Pliny", in *Science, Medicine and History: Essays on the Evolution of Scientific Thought and Medical Practice Written in Honour of Charles Singer*, ed. E. Underwood, vol. 2, Oxford, 1953, pp. 269~79.

Cavazzana, C., "Cassandra Fedele, erudita veneziana del rinascimento", *Ateneo veneto*, Anno XXIX, ii, fasc. i, July~August 1906, pp. 73~91, 361~72.

Cecchetti, B., "Libri, scuole e maestri, sussidii allo studio in Venezia nei secoli XIV e XV", AV, XXXII, 1886, pp. 329~63.

_____, "Stampatori e libri stampati nel secolo XV: testamento di Niccolo Jenson e di altri tipografi in Venezia", AV, XXXIII, 1888, pp. 457~73.

_____, "Una libreria circolante a Venezia nel secolo XV", AV, XXXII, 1886, pp. 161~ 68.

Ceruti, A., "Lettere inedite dei Manuzi", AV, XXI, 1881, p. 269.

Chambers, D., "Studium Urbis and Gabella Urbis: the University of Rome in the Fifteenth Century", in *Cultural Aspects of the Italian Renaissance: Essays Presented to P. O. Kristeller*, ed. C. Clough, Manchester, 1976, pp. 65~87.

_____, *The Imperial Age of Venice*, London, 1970.

Chaytor, H. J., *From Script to Print: an Introduction to Medieval Literature*, Cambridge, 1945.

Chiti, A., *Scipione Fortiguerra, il Carteromacho: studio biografico con una raccolta di epigrammi, sonnetti, e lettere di lui e a lui dirette*, Florence, 1902.

Christie, R., "Chronology of the Early Aldines", in *Bibliographica*, I, 1895, and *Selected Essays*, London, 1902, pp. 193~222.

Cian, C., *Un decennio della vita di Pietro Bembo*, Turin, 1885.

Cicogna, E., *Delle iscrizioni veneziane*, 6 vols., Venice, 1824~56.

Cittadella, L.-N., *Documenti ed illustrazioni riguardanti la storia artistica ferrarese*, Ferrara, 1868.

Clough, C. H., "Pietro Bembo's Asolani of 1505", *Modern Language Notes*, 84, 1969, pp. 16~45.

_____, "Pietro Bembo's Library Represented in the British Museum", *British Museum Quarterly*, XXX, i, 1965, pp. 3~17.

_____, "Thomas Linacre, Cornelio Vitelli, and Humanistic Studies at Oxford", in *Linacre Studies: Essays on the Life and Work of Thomas Linacre, c. 1460~1524*, ed. F. Maddison, M. Pelling and C. Webster, Oxford, 1977, pp. 1~23.

Coggiola, G., "Il prestito di manoscritti della Marciana dal 1474 al 1527", ZFB, XXV, 1908, pp. 47~70.

Cohn, H. J., "The Early Renaissance Court at Heidelberg", *European Studies Review*, I, 1971, pp. 295~322.

Cotton, J., "Alessandro Sarti e il Poliziano", LBF, LXIV, 1962, pp. 225~46.

Coyecque, E., "Inventaire Sommaire d'un Minutier Parisien", *Bulletin de la Société de l'Histoire de Paris et de l'Île de France*, 21, 1894, p. 149.

Davis, J. C., "Shipping and Spying in the Career of a Venetian Doge, 1496~1502", *Studi veneziani*, XVI, 1974, pp. 97~108.

Davis, N. Z., "A Trades-Union in Sixteenth-Century France", Ec. H. R., 19, 1966, pp. 48~69.

Dazzi, M., "Aldo Manuzio", LBF, LII, 1950, pp. 109~49. (This volume was reprinted separately as *Scritti sopra Aldo Manuzio*, Florence, 1955.)

_____, *Aldo Manuzio e il dialogo veneziano di Erasmo*, Vicenza, 1969.

Deacon, R., *A Biography of William Caxton*, London, 1976.

Delaruelle, L., *Guillaume Budé: les Origines, les Débuts, les Idées Maitrisses*, new edition, Geneva, 1970.

Dickens, A. G., *The German Nation and Martin Luther*, London, 1974.

Dionisotti, C., "Aldo Manuzio umanista", in *Umanesimo europeo e umanesimo veneziano*, Venice, 1963, pp. 213~43.

_____, *Gli umanisti e il volgare fra Quattrocento e Cinquecento*, Florence, 1968.

_____, "Calderini, Poliziano e altri", IMU, XI, 1968, pp. 151~85.

_____, "Questioni aperte su Aldo Manuzio editore", *Quinto congresso internazionale di bibliofili*, 1~7 Ottobre 1967, Verona, 1970, pp. 95~108.

Donati, L., "Bibliografia aldina", LBF, LII, ii, 1950, pp. 189~204.

_____, "Il mito di Francesco Colonna", LBF, LXIV, 1962, pp. 247~70.

_____, "La seconda Accademia Aldina e una lettera ad Aldo Manuzio trascurata da bibliografi", LBF, LIII, 1951, pp. 54~59.

_____, "Le marche tipografiche di Aldo Manuzio il Vecchio", GJB, 1974, pp. 129~32.

Dorez, L., "Alde Manuce et Ange Politien", *Revue des Bibliothèques*, VI, 1896, pp. 310~26.

_____, "Des Origines et de la Diffusion du *Songe de Polifile*", *Revue des Bibliothèques*, VI, 1896, pp. 239~83.

_____, "La Marque Typographique d'Alde Manuce", *Revue des Bibliothèques*, VI, 1896, pp. 143~60.

_____, "La Mort de Pic de Mirandole et l'Édition Aldine des Oeuvres d'Ange Politien, 1494~98", GSLI, XXXII, 1898, pp. 360~64.

Dukas, J., *Notes Bio-Bibliographiques sur un Recueil d'Opuscules très Rares Imprimés par Alde l'Ancien en 1497*, Paris, 1876.

Dunston, J., "Studies in Domizio Calderini", IMU, XI, 1968, pp. 71~150.

Eckert, W. and Imhoff, C. von, *Willibald Pirckheimer, Dürers Freund im Spiegel seines Lebens, seiner Werke, und seiner Umwelt*, Cologne, 1971.

Ehrenberg, R., *Capital and Finance in the Age of the Renaissance*, London, 1928.

Fainelli, V., "Aspetti della Roma cinquecentesca: le case e le raccolte archeologiche del Colocci", *Studi romani*, X, 1962, pp. 391~402.

_____, "Il ginnasio greco di Leone X a Roma", *Studi romani*, IX, 1961, pp. 379~93.

_____ ed., F. Ubaldini, *Vita di Mons. Angelo Colocci*, Studi e testi no. 256, Città del Vaticano, 1969.

Fava, D., *La biblioteca Estense nel suo sviluppo storico*, Modena, 1925.

_____, "Libri membranacei stampati in Italia nel Quattrocento", GJB, 1937, pp. 55~84.

_____, "L'introduzione del corsivo nella tipografia e l'opera di Benedetto Dolcibello", *Internationale Vereinigung für Dokumentation*, IX, fasc. i, 1942, pp. 2~7.

Febvre, L. and Martin, H.-J., *L'Apparition du Livre*, Paris, 1958.

Ferrigni, M., *Aldo Manuzio*, Milan, 1925.

Firmin-Didot, A., *Alde Manuce et l'Hellénisme à Venise*, Paris, 1875.

Floriani, P., "La giovinezza umanistica di Pietro Bembo fino al periodo ferrarese", GSLI, CXLIII, 1966, pp. 25~71.

Foffano, F., "Marco Musuro, professore di Greco a Padova ed a Venezia", NAV, III, 1892, pp. 453~72.

Fonkich, B., "On the Manuscript-tradition of the Aldine Edition of the Tragedies of Sophocles", *Vizantiskij Vremennik*, XXIV, 1964, pp. 109~21. (Original in Russian.)

Foster, K., "Vernacular Scriptures in Italy", in *The Cambridge History of the Bible*, vol. II, Cambridge, 1969, pp. 453~65.

Franklin, A., *Précis de l'Histoire de la Bibliothèque du Roi, Aujourd'hui Bibliothèque Nationale*, Paris, 1875.

Friedensburg, W., *Urkendenbuch der Universität Wittenburg*, Magdeburg, 1926.

Fulin, R., "Una lettera di Alessandro VI", AV, I, 1871, p. 157.

Gabotto, F. and Badini-Confaloniere, A., *Vita di Giorgio Merula*, Alessandria, 1893.

Garin, E., *Il pensiero pedagogico dell' umanesimo*, Florence, 1958.

_____, "La cultura fiorentina nella seconda metà del '300 e i 'barbari Britanni'", *Rassegna della letteratura italiana*, Anno 64, 2, 1960, pp. 181~95.

———, *L'educazione in Europa*, Bari, 1957.

———, *Portraits from the Quattrocento*, New York/London, 1972.

———, "Richerche su Giovanni Pico della Mirandola —l'epistolario", in *La cultura filosofica del rinascimento italiano*, Florence, 1961, pp. 254~79.

Geanakoplos, D., *Greek Scholars in Venice*, Harvard, 1962.

———, "The Discourse of Demetrius Chalcondylas on the Inauguration of Greek Studies at the University of Padua in 1463", *Studies in the Renaissance*, XXI, 1974, pp. 118~34.

Gerulaitis, L., *Printing and Publishing in Fifteenth-Century Venice*, London, 1976.

———, "The Ancestry of Aldus Manutius", *Renaissance News*, XIX, i, 1966, pp. 1~12.

Gilbert, C., "When did a Man in the Renaissance Grow Old?", *Studies in the Renaissance*, XIV, 1967, pp. 7~32.

Gilbert, F., "Biondo, Sabellico and the Beginnings of Venetian Official Historiography", in *Florilegium Historicale: Essays Presented to Wallace Ferguson*, Toronto, 1971, pp. 276~93.

———, "Cristianesimo, umanesimo, e la bolla 'Apostolici Regiminis' del 1512", RSI, Anno LXXIX, 1967, fasc. i, pp. 976~90.

———, "Venice in the Crisis of the League of Cambrai", in J. R. Hale, ed., *Renaissance Venice*, London, 1973, pp. 274~92.

Gilmore, M., "Erasmus and Alberto Pio, Prince of Carpi", in *Action and Conviction in Early Modern Europe: Essays in Memory of E. H. Harbison*, ed. T. Rabb and J. Seigel, Princeton, 1967, pp. 299~318.

Gilson, E., "L'Affaire de l'Immortalité de l'Âme à Venise au Début du XVI siècle", in *Umanesimo europeo e umanesimo veneziano*, Venice, 1963, pp. 31~61.

Gnoli, D., "Il Sogno di Polifilo", LBF, I, 1900, pp. 189~212.

GoldSchmidt, E. P., *Medieval Texts and Their First Appearance in Print*, London, 1943.

———, *The Printed Book of the Renaissance*, Cambridge, 1950.

Goleniščev-Kutuzov, I. N., *Il rinascimento italiano e le lettere slave dei secoli XV e XVI*, Milan, 1973, from Russian original, Moscow, 1963.

Govi, E., "La biblioteca di Jacopo Zen", *Bolletino dell' istituto di patologia del libro*, Anno X, fasc. i~iv, 1951, pp. 34~118.

Gow, A. S. F., *Theocritus*, 2 vols., Cambridge, 1952.

——— and Page, D. L., *The Greek Anthology*, 3 vols., Cambridge, 1969.

Grendler, P., *The Roman Inquisition and the Venetian Press*, Princeton, 1977.

Grossman, M., *Humanism in Wittenberg, 1485~1517, Bibliotheca Humanistica et Reformatoria*, vol. XI, Nieuwkoop, 1975.

Guaitoli, P., "Memorie sulla vita d'Alberto Pio III", *Memorie storiche e documenti sulla città e sull'antico principato di Carpi*, I, 1877, pp. 135~41.

Gulyas, P., "Catalogue descriptif des Aldines de la Bibliothèque Szechenge du Musée Nationale Hongrois", *Magyar Könyvzemle*, Ser. 2, 15, 1907, pp. 17~33, 149~65, 241~56, 331~51; vol. 16, 1908, pp. 51~72, 148~65.

Gundersheimer, W., *Ferrara: the Style of a Renaissance Despotism*, Princeton, 1973.

_____, *French Humanism, 1470~1600*, London, 1969.

Haebler, K., "Das Testament des Johann Manthen von Gerresheim", LBF, XXVI, 1924, pp. 1~9.

_____, "Schriftguss und Schriftenhandel in der Frühdruckzeit", ZBF, 41, 1924, pp. 81~104.

Heckthorn, G., *The Printers of Basle in the XV and XVI Centuries: Their Biographies, Printed Books and Devices*, London, 1897.

Hexter, J., "The Education of the Aristocracy during the Renaissance", *Journal of Modern History*, XXII, 1950, pp. 1~20.

Hildebrandt, E., "Die Kurfürstiche Schloss- und Universitäts- bibliothek zu Wittenberg, 1512~1547", *Zeitschrift für Buchkunde*, 2, 1925, pp. 158~64.

Hillyard, B., "Girolamo Aleandro, editor of Plutarch's *Moralia*", *Bibliothèque d'Humanisme et Renaissance*, XXXVI, 1974, pp. 517~31.

Hirsch, R., "Pre-Reformation Censorship of Printed Books", *The Library Chronicle*, XXI, no. i, 1955, pp. 100~05.

_____, *Printing, Selling and Reading, 1450~1550*, Wiesbaden, 1967.

Hobson, G. D., *Notes on Grolier with a Eulogy of the Late Dr. Theodor Gottlieb*, London, 1929.

Hofer, P., "Variant Copies of the 1499 Poliphilus", *Bulletin of the New York Public Library*, XXXVI, 1932, pp. 475~86.

Hogrefe, P., *The Life and Times of Sir Thomas Elyot, Englishman*, Iowa, 1967.

Holmes, G., *The Florentine Enlightenment*, London, 1969.

Horawitz, A., *Die Bibliothek und Correspondenz des Beatus Rhenanus zu Schlettstadt*, Vienna, 1874.

Howe, E., "An Introduction to Hebrew Typography", *Signature*, 5, 1937, pp. 12~29.

Hraban, G., "Alde Manuce et ses amis Hongrois", (French résumé of Hungarian original),

*Magyar Könyvzemle*, LXIX, 1945, pp. 38~98.

Jannelli, C., *De Vita et Scriptis Auli Jani Parrhasii Consentini, Philologi Saeculo XVI Celeberrimi, Commentarius*, Naples, 1844.

Jedin, H., "Contarini und Camaldoli", *Archivio italiano per la storia della pietà*, II, 1959, pp. 11~65.

Johnson, A. F., "Books Printed at Lyons in the Sixteenth Century", *The Library*, Fourth Series, III, 1922, pp. 145~74.

_____, "Geofroy Tory", *The Fleuron*, 6, 1928, pp. 51~66.

_____, *Type-Designs: Their History and Development*, London, 1934.

Joppi, V., "Dei libri liturgichi a stampa della Chiesa d'Aquileia", AV, XXXI, 1887, pp. 259~67.

Jovy, M., "François Tissard et Jérôme Aléandre: Contribution à l'Histoire des Origines des Études Grecques en France", *Mémoires de la Société des Sciences et des Arts de Vitry -le-François*, XIX, 1899, pp. 318~457.

Kagan, R., "Universities in Castile, 1500~1700", *Past and Present*, 49, 1970, pp. 44~71.

Kenney, E. J., "The Character of Humanist Philology", in *Classical Influences on European Culture*, ed. R. Bolgar, Cambridge, 1971, pp. 119~28.

_____, *The Classical Text*, Berkeley, 1974.

Kibre, P., "The Intellectual Interests Reflected in Libraries of the XIVth and XVth Centuries", *Journal of the History of Ideas*, VII, no. 3, 1946, pp. 257~97.

King, M. L., "The Patriciate and the Intellectuals: Power and Ideas in Quattrocento Venice", *Societas*, V, no. 4, 1975, pp. 295~312.

Kleehoven, M. von, "Aldus Manutius und der Plan einer Deutschen Ritterakademie", LBF, LII, 1950, pp. 169~77.

Knod, G., *Deutsche Studenten in Bologna, 1289~1562*, Strassbourg, 1899.

Knös, B., *Un Ambassadeur d'Hellénisme: Janus Lascaris*, Paris/Uppsala, 1945.

Kunert, S. de, "Un padovano ignoto e un suo memoriale dei primi anni del Cinquecento (1505~1511), con cenni su due codici miniati", *Bolletino del Museo Civico di Padova*, Anno X, 1907, no. I, pp. 1~16.

Labowsky, L., "Il Cardinale Bessarione e gli inizi della Biblioteca Marciana", in *Venezia e l'Oriente fra tardo medievo e rinascimento*, ed. A. Pertusi, Florence, 1965, pp. 159~82.

_____, "Manuscripts from Bessarion's Library Found in Milan", *Medieval and*

*Renaissance Studies*, V, 1961, pp. 117～26.

La Fontaine Verwey, H. de, "Les Débuts de la Protection des Caractères Typographiques du XVIe Siècle", GJB, 1965, pp. 24～34.

Lancellotti, G., *Poesie italiane e latine di Monsignor Angelo Colocci, con piu notizie intorno alla persona di lui e sua famiglia*, Iesi, 1772.

Lane, F. C., "Naval Actions and Fleet Organisation, 1499～1502", in *Renaissance Venice*, ed. J. R. Hale, London, 1973, pp. 146～73.

_____, *Venice, a Maritime Republic*, Johns Hopkins, 1973.

Laurent, M., "Alde Manuce l'Ancien, Éditeur de S. Catherine de Siene", *Traditio*, V, 1947, pp. 357～63.

Lazzarini, V., "Un maestro di scrittura nella cancelleria veneziana", in *Scritti di paleografia e diplomatica*, Venice, 1969, pp. 64～70.

Lefranc, A., *Histoire du Collège de France depuis ses Origines jusqu'à la Fin du Premier Empire*, Paris, 1893.

Legrand, E., *Bibliographie Hellénique où Description Raisonnée des Ouvrages Publiés en Grec par des Grecs au XV e XVI Siècles*, 5 vols., Paris, 1885～1906.

Leicht, P. S., "I prezzi delle edizioni aldine del '500", *Il libro e la stampa*, Anno VI, fasc. iii, 1912, pp. 74～84.

Lempicki, S., *Renesans i humanizm w Polsce: materiaty do Studiow*, Cracow, 1952.

Lenhart, J., *Pre-Reformation Printed Books*, New York, 1935.

Le Roux de Lincy, M., *Recherches sur Jean Grolier, sur sa Vie, et sur sa Bibliothèque*, Paris, 1866.

Levi d'Ancona, M., "Benedetto Padovano e Benedetto Bordone: prime tentative per un corpus di Benedetto Padovano", *Commentari*, XVIII, 1967, pp. 31～43.

Liddell, J. R., "The Library of Corpus Christi, Oxford, in the Sixteenth Century", Oxford B. Litt. thesis, 1938, summarised in *Transactions of the Oxford Bibliographical Society*, XVIII, 1938, pp. 385～416.

Logan, O. M. T., *Culture and Society in Venice, 1470～1790*, London, 1972.

Lorenzetti, G., *Venice and its Lagoon*, Rome, 1961.

Lowe, E. A. and Rand, E. K., *A Sixth-Century Fragment of the Letters of Pliny the Younger: a Study of Six Leaves of an Uncial Manuscript Preserved in the Pierpont Morgan Library, New York*, Washington, 1922.

Lowry, M. J. C., "The New Academy of Aldus Manutius a Renaissance Dream", BJRL, 58, no. 2, 1976, pp. 378～420.

_____, "Two Great Venetian Libraries in the Age of Aldus Manutius", BJRL, 57, no. 1,

1974, pp. 128~66.

Ludwig, G., "Contratti fra lo stampador Zuan di Colonia ed i suoi soci e inventario di una parte del loro magazzino", *Miscellanea di storia veneta, Reale deputazione veneta di storia patria*, Seconda serie, Tom. VIII, 1902, pp. 57~88.

Lupton, J. H., *A Life of John Colet, D. D.*, new edition, New York, 1974.

McLuhan, M., *The Gutenberg Galaxy: the Making of Typographic Man*, London/Toronto, 1962.

McNeil, D., *Guillaume Budé and Humanism in the Reign of Francis I, Travaux d'Humanisme et Renaissance*, no. CXLII, Geneva, 1975.

Malagola, C., *Della vita e delle opere di Antonio Urceo, detto Codro*, Bologna, 1878.

Malagola, C. and Friedlander, E., *Acta Nationis Germanicae Universitatis Bononiensis ex Archetypis Tabularii Malvessiani*, Berlin, 1887.

Mallett, M. E., *Mercenaries and Their Masters*, London, 1974.

_____, *The Borgias*, London, 1971.

Manacorda, G., "Notizie intorno alle fonti di alcuni motivi satirici", *Romische Forschungen*, XXII, 1908, pp. 733~60.

Manzoni, G., *Annali tipografi dei Soncino*, Bologna, 1886.

Marcel, R., "Pic et la France", in *L'opera e il pensiero di Giovanni Pico della Mirandola*, Florence, 1963, pp. 205~30.

Mardersteig, G., "Aldo Manuzio e i caratteri di Francesco Griffo da Bologna", in *Studi di bibliografia e storia in onore di Tamaro di Marinis*, vol. III, Verona, 1964, pp. 105~47.

_____, "La singolare cronaca della nascita di un incunabolo", IMU, VIII, 1965, pp. 249~65.

Mariani-Canova, G., *La miniatura veneta del rinascimento*, Venice/Milan, 1969.

_____, "Profilo di Benedetto Bordone miniatore padovano", ARIV, CX~CXVII, 1968~69, pp. 99~121.

Martellozzo Forin, E., *Acta Graduum Academicorum ab Anno 1501 ad Annum 1525*, Istituto per la storia dell'università di Padova, 1969.

_____, "Note d'archivio sul soggiorno padovano di studenti ungharesi, 1493~1563", in *Venezia e Ungheria nel Rinascimento*, ed. V. Branca, Florence, 1973, pp. 245~60.

Martini, A. and Bassi, D., *Catalogus Codicum Graecorum Bibliothecae Ambrosianae*, vol. II, Milan, 1906.

Martini, G., "La bottega di un cartolaio fiorentino della seconda metà del Quattrocento", LBF, LVIII (supp.), 1956, pp. 1~22.

Marx, A., "Aldus and the First Use of Hebrew Type in Venice", *Papers of the Bibliographical Society of America*, 13, 1919, no. I, pp. 64~67.

Marzi, D., "I tipografi tedeschi in Italia durante il secolo XV", *Festschrift der Stadt Mainz zur Gutenbergfeier im Jahre 1900*, pp. 408~53.

_____, "Una questione libraria fra i Giunti e Aldo Manuzio il Vecchio", Nozze Malpurgo-Franchetti, 1895, and *Giornale della Libreria*, IX, 1896.

Mauro, A., "Le prime edizioni dell'*Arcadia* di Sannazaro", *Giornale italiano di filologia*, IV, 1949, pp. 341~51.

_____, ed., Sannazaro, *Opere volgari*, Bari, 1961.

Mazzuchelli, Io.-M., *Gli scrittori d'Italia*, Brescia, 1753~63.

Meiss, M., *Andrea Mantegna as Illuminator: an Episode in Renaissance Art, Humanism, and Diplomacy*, Columbia, 1957.

_____, "Towards a More Comprehensive Renaissance Palaeography", *The Art Bulletin*, XLII, 1960, pp. 97~112.

Mercati, Cardinal G., *Codici latini Pico, Grimani, Pio e di altra biblioteca ignota del secolo XVI essistenti nell'ottoboniana, e codici greci Pio di Modena*, Studi e testi no. 75, Città del Vaticano, 1938.

Merrill, E., "The Morgan Fragment of Pliny's Letters", *Classical Philology*, XVIII, 1923, pp. 97~119.

Mestica, G., "Il canzoniere del Petrarca nel codice originale a riscontro col manoscritto del Bembo e con l'edizione aldina del 1501", GSLI, XXI, 1893, pp. 300~34.

Minio-Paluello, L., "Attività filosofica-editoriale dell'umanesimo", in *Umanesimo europeo e umanesimo veneziano*, ed. V. Branca, Venice, 1963, pp. 245~63.

Mioni, E., "La biblioteca greca di Marco Musuro", AV, Ser. V, XCIII, 1971, pp. 5~28.

Mitchell, R. J., "Thomas Linacre in Italy", *English Historical Review*, L, 1935, pp. 696~98.

Mommsen, T., "Autobiographie des Venezianers Giovanni Bembo", *Sitzungsberichte der Bayerischen Akademie der Wissenschaften*, I, 1861, pp. 584~609.

Monfasani, J., *George of Trebizond, a Biography and a Study of his Rhetoric and Logic*, Leiden, 1976.

Moran, J., *Printing Presses*, London, 1973.

Morawski, C., *Histoire de l'université de Cracovie*, transl. P. Rongier, vol. III, Paris/Cracow, 1905.

Morelli, G., *Aldi Manutii Scripta Tria Longe Rarissima*, Bassani, 1806.

_____, *Dissertazioni intorno ad alcuni viaggiatori eruditi veneziani poco noti*, Venice, 1803.

Morison, S., "Early Humanistic Script and the First Roman Type", *The Library*, Fourth

Series, XXIV, 1944, pp. 1~29.

\_\_\_\_\_, *Politics and Scrpit*, Oxford, 1972.

\_\_\_\_\_, "The Type of the Hypnerotomachia Polifili", *Gutenberg Festschrift*, Mainz, 1925, pp. 254~58.

\_\_\_\_\_, *The Typographic Book*, London, 1963.

\_\_\_\_\_, "Towards an Ideal Type", *The Fleuron*, 2, 1924, pp. 57~75.

\_\_\_\_\_ and Johnson, A. F., "The Chancery Types of Italy and France", *The Fleuron*, 3, 1924, pp. 23~51.

Morselli, A., "Alberto e la corte di Carpi", *Memorie storiche e documenti sulla città e sull'antico principato di Carpi*, XI, 1931, pp. 153~83.

\_\_\_\_\_, "Notizie e documenti sulla vita di Alberto Pio", *ib.*, pp. 135~52.

Motta, E., "Demetrio Calcondila, editore", ASL, 20, 1893, pp. 144~66.

\_\_\_\_\_, "Pamfilo Castaldi, Antonio Planella, Pietro Ugleimer, ed il vescovo d'Aleria", RSI, I, 1884, pp. 252~72.

Müller, K., "Neue Mittheilungen über Janos Lascaris und die Mediceische Bibliothek", ZFB, I, 1884, pp. 333~413.

Munroe, P., *Thomas Platter and the Educational Renaissance of the Sixteenth Century*, New York, 1904.

Mutinelli, F., *Annali urbani di Venezia*, Venice, 1841.


Nardi, B., "Letteratura e cultura veneziana del Quattrocento", in *Civiltà veneziana del Quattrocento,* Fondazione Cini, 1956, pp. 99~145.

Niero, A., "Decreti pretridentini di due patriarchi di Venezia su stampa di libri", *Rivista di storia della Chiesa in Italia*, XIV, 1960, pp. 450~52.

Nixon, H. M., *Bookbindings from the Library of Jean Grolier:* a Loan Exhibition, 23rd September~31st October, 1965. (British Museum Publications.)

Nolhac, P. de, *La Bibliothèque de Fulvio Orsini*, Paris, 1887.

\_\_\_\_\_, *Le canzioniere autographe de Petrarque*, Communication faite à l'Academie des Inscriptions et Belles-Lettres, Paris, 1886.

Novati, F., "Ancora di Fra Filippo di Strata: un domenico nemico degli stampatori", *Il libro e la stampa*, 5, N. S. fasc. iv, 1911, pp. 117~28.


Offenbacher, E., "La Bibliothèque de Willibald Pirckheimer", LBF, XL, 1938, pp. 241~63.

Omont, H., *Catalogue des Manuscrits Grecs des Bibliothèque de Suisse*, Leipzig, 1886.

_____, "Essai sur les Débuts de la Typographie Grecque à Paris, 1507~1515", *Mémoires de la Société de l'Histoire de Paris de l'Île de France*, XVIII, 1891, pp. 1~14.

_____, *Inventaire des Manuscrits Grecs et Latins donnés à Saint Marc de Venise par le Cardinal Bessarion en 1468*, Paris, 1894.

Orme, N., *English Schools in the Middle Ages*, London, 1973.

Overfield, J. H., "A New Look at the Reuchlin Affair", *Studies in Medieval and Renaissance History*, VIII, 1971, pp. 167~207.

Painter, G., "*The Hypnerotomachia Polifili* of 1499: an Introduction to the Dream, the Dreamer, the Artist, and the Printer", introduction to Eugrammia Press edition, London, 1963.

Panizzi, A., *Chi era Francesco da Bologna?*, London, 1858.

Panofsky, E., "The Neoplatonic Movement in Florence and Northern Italy", in *Studies in Iconology*, New York, 1967, pp. 129~69.

Papinio, P., "Nuove notizie intorno ad Andrea Navagero e Daniele Barbaro", AV, III, 1872, pp. 255~61.

Paquier, J., *Jérôme Aléandre de sa Naissance à la Fin de son Sejour à Brindes, 1480~1529*, Paris, 1900.

Parks, G., *The English Traveller in Italy*, Rome, 1954.

Pascal, C., "Una lettera pontoniana del Summonte ed un autografo inedito del Pontano", *Atti del Reale Accademia Pontoniana*, LVI, 1926, pp. 178~86.

Pastor, L. von, *History of the Popes*, 40 vols., London, 1898~1953.

Pastorello, E., "Di Aldo Pio Manuzio: testimonianze e documenti", LBF, LXVII, 1965, pp. 163~220.

_____, *L'Epistolario Manuziano: inventario cronologico-analitico, 1483~1597*, Florence, 1957.

Percopo, E., "La vita di Giovanni Pontano", *Archivio storico per le provincie napoletane*, Nuova serie Anno XXII, 1936, pp. 116~250.

Pertusi, A., "Gli inizi della storiografia umanistica del Quattrocento", in *La storiografia veneziana fino al secolo XVI*, Florence, 1970, pp. 269~332.

Pesenti, G., "Diario odeporico-bibliografico del Poliziano", *Memorie del Reale istituto lombardo di scienze e lettere*, Classe di lettere, scienze morali e storiche, XXIII~XXIV, Ser. III, fasc. vii, Milan, 1916, pp. 229~39.

Pettas, W., "Niklaos Sophianos and Greek Printing in Rome", *The Library*, Fifth Series, XXIX, no. 2, June, 1974, pp. 206~13.

_____, "The Cost of Printing a Florentine Incunable", LBF, LXXV, 1973, pp. 67~85.

Philips, M. M., *The Adages of Erasmus: a Study with Translations*, Cambridge, 1964.

Piana, C., *Ricerche sulle università di Bologna e di Parma nel secolo XV*, Florence, 1963.

Piccolomini, E., "Delle condizioni e delle vicende della libreria Medicea privata dal 1494 al 1508", ASI, ser. iii, XIX, 1873, pp. 101~29.

Pieri, P., *Il rinascimento e la crisi militare italiana*, Turin, 1970.

Pignatti, T., "German and Venetian Painting", in *Renaissance Venice*, ed. J. R. Hale, London, 1973, pp. 244~73.

Post, R. R., *The Modern Devotion: Confrontation with Reformation and Humanism*, Leyden, 1967.

Pozzi, G., "Da Padova a Firenze nel 1493", IMU, IX, 1966, pp. 192~201.

Preisdanz, K., "Die Bibliothek Johannes Reuchlin", in *Festgabe Johannes Reuchlin*, ed. M. Krebs, Pforzheim, 1955, pp. 80~82.

Proctor, R., *The Printing of Greek in the Fifteenth Century*, Oxford, 1900.

Pullan, B. S., *Rich and Poor in Renaissance Venice*, Oxford, 1971.

Putnam, C., *The Censorship of the Church of Rome and its Influence on the Production and Distribution of Literature*, 2 vols., London, 1906.


Quaranta, E., "Osservazioni intorno ai caratteri greci di Aldo Manuzio", LBF, LV, 1953, pp. 123~30.


Reed, A., "John Clement and his Books", *The Library*, Fourth Series, VI, 1925~26, pp. 329~39.

*Relazioni tra Padova e la Polonia*, Padova, 1964.

Renaudet, A., *Erasme et l'Italie*, Geneva, 1954.

_____, *Préréforme et Humanisme à Paris pendant les Premières Guerres en Italie*, Paris, 1916.

Renouard, A., *Annales de l'Imprimerie des Alde*, 3 vols., Paris, 1825.

Reynolds, L. and Wilson, N. G., *Scribes and Scholars*, Oxford, 1968.

Rhodes, D. E., ed., *V. Scholderer: fifty Essays in Fifteenth- and Sixteenth- Century Bibliography*, Amsterdam, 1966.

Rice, E., "The Patrons of French Humanism, 1490~1520", in *Renaissance Studies in Honor of Hans Baron*, ed. A. Molho and J. Tedeschi, Florence, 1971, pp. 689~702.

Ridolfi, R., *La stampa in Firenze nel secolo XV*, Florence, 1957.

Robathan, D., "Libraries of the Italian Renaissance", in *The Medieval Library*, ed. J. W. Thompson, Chicago, 1939, pp. 509~89.

Robertson, E., "Aldus Manutius, the Scholar-Printer, 1450~1515", BJRL, XXXIII, 1950~51, pp. 57~73.

Romanin, S., *Storia documentata di Venezia*, new edition, 10 vols., Venice, 1973~75.

Roover, E. de, "Per la storia dell'arte della stampa in Italia: come furono stampati a Venezia tre dei primi libri in volgare", LBF, LV, 1953, pp. 107~15.

Roover, R. de, *The Rise and Decline of the Medici Bank, 1397~1494*, New York, 1966.

Rose, P., "Bartolomeo Zamberti's Funeral Oration for the Humanist Encyclopedist Giorgio Valla", in *Cultural Aspects of the Italian Renaissance: Essays Presented to P. O. Kristeller*, ed. C. Clough, Manchester, 1976, pp. 299~310.

Ross, J. B., "Venetian Schools and Teachers, Fourteenth to Early Sixteenth Century: a Survey and a Study of Giovanni Battista Egnazio", *Renaissance Quarterly*, XXXIX, no. 4, 1976, pp. 521~60.

Rossi, V., "Maestri e scuole a Venezia verso la fine del medioevo", *Rendiconti del reale istituto lombardo di scienze e lettere*, Ser. ii, XL, 1907, pp. 765~81.

Rupprich, H., "Willibald Pirckheimer: a Study of his Personality as a Scholar", in G. Strauss, ed., *Pre-Reformation Germany*, London, 1972, pp. 380~435.

Ruysschaert, J., "Trois Recherches sur le XVIe Siècle Romain", *Archivio della societa romana di storia patria*, Ser. III, XXV, fasc. i, 1971, pp. 11~29.


Sabbadini, R., *La scuola e gli studi di Guarino Veronese*, Catania, 1896.

_____, *Le scoperte dei codici latini e greci nei secoli XIV e XV*, new edition, 2 vols., Florence, 1967.

Saffrey, H. D., "Un Humaniste Dominicain, Jean Cuno de Nuremberg, Precurseur d'Erasme à Bâle", *Bibliothèque d'Humanisme e Renaissance*, XXXIII, 1971, pp. 19~62.

Salvo Cozzo, G., *Codice Vaticano 3195 e l'edizione aldina del 1501*, Rome, 1893.

_____, "Le rime sparse di Francesco Petrarca nei codici Vaticani latini 3195 e 3196", GSLI, XXX, 1897, pp. 375~80.

Sandre, G. de, "Dottori, università, commune a Padova nel Quattrocento", *Quaderni per la storia dell'università di Padova*, I, 1968, pp. 154~57.

Santa, G. della, "Il tipografo dalmata Bonino de Boninis, confidente della Republica di Venezia, decano della cattedrale di Treviso", NAV, XXX, 1915, pp. 174~206.

_____, "Nuovi appunti sul processo di Giorgio Valla e di Placidio Amerino in Venezia nel 1496", NAV, X, 1895, pp. 13~23.

Scaccia Scarafoni, C., "La più antica edizione della grammatica latina di Aldo Manuzio finora sconsciuta ai bibliografi", in *Miscellanea bibliografica in memoria di Don Tommaso*

*Accurti*, Rome, 1947, pp. 193~203.

Scholderer, V., "A Fleming in Venetia: Gerardus of Lisa, Printer, Bookseller, Schoolmaster and Musician", *The Library*, Fourth Series, X, 1930, pp. 253~73, and *Fifty Essays* ···, pp. 113~25.

_____, *Greek Printing Types, 1465~1927*, London, 1927.

_____, "Printers and Readers in Italy in the Fifteenth Century", *Proceedings of the British Academy*, XXXV, 1949, pp. 25~47, and *Fifty Essays* ···, pp. 202~15.

_____, "Printing at Ferrara in the Fifteenth Century", in *Gutenberg-Festschrift, zur Feier des 25 jahrigen Bestehens des Gutenberg-Museums in Mainz*, 1925, pp. 73~78, and Fifty Essays ···, pp. 91~95.

_____, "Printing at Venice to the End of 1481", *The Library*, Fourth Series, V, pp. 129~52, and *Fifty Essays* ···, pp. 74~89.

_____, "The Petition of Sweyheim and Pannartz to Sixtus IV", *The Library*, Third Series, VI, 1915, pp. 186~90, and *Fifty Essays* ···, pp. 72~73.

Segarizzi, A., "Cenni sulle scuole pubbliche a Venezia nel secolo XV e sul primo maestro di esse", ARIV, LXXV, pt. ii, 1915~16, pp. 637~67.

_____, "Un calligrafo milanese", *Ateneo veneto*, XXXII, 1908, pp. 63~77.

Sella, D., "The Rise and Fall of the Venetian Woollen Industry", in Pullan, B. S., ed., *Crisis and Change in the Venetian Economy in the Sixteenth Century*, London, 1968, pp. 106~26.

Serena, A., *La cultura umanistica a Treviso nel secolo decimoquinto, Miscellanea di storia veneta*, Ser. III, iii, Venice, 1912.

Seward, D., *Prince of the Renaissance*, London, 1973.

Shepherd, L. A., "A Fifteenth-Century Humanist, Francesco Filelfo", *The Library*, Fourth Series, XVI, 1936, pp. 1~26.

Sherwin-White, A. N., *The Letters of Pliny*, Oxford, 1966.

Sicherl, M., *Handschriftliche Vorlagen der Editio Princeps des Aristoteles*, Mainz, 1976.

_____, "Die Editio Princeps Aldina des Euripides und ihre Vorlagen", *Rhein Museum*, 118, 1975, pp. 205~25.

Simone, F., *The French Renaissance*, trans. G. Hall, London, 1969.

Sorbelli, A., "Il mago che scolip i caratteri di Aldo Manuzio —Francesco Griffo da Bologna", GJB, 1933, pp. 117~23.

Spitz, L., *Conrad Celtis, the German Arch-Humanist*, Harvard, 1957.

_____, *The Religious Renaissance of the German Humanists*, Harvard, 1963.

Stella, A., *Chiesa e stato nelle relazioni dei nunzi pontifici a Venezia*, Studi e testi, no. 239,

Città del Vaticano, 1964.

Stone, L., "The Educational Revolution in England", *Past and Present*, 28, 1964, pp. 41~80.

Sturge, G., *Cuthbert Tunstall: Churchman, Scholar, Statesman, Administrator*, London, 1938.

Thomas, D., "What is the Origin of the 'Scrittura Humanistica'?", LBF, LIII, 1951, pp. 1~10.

Thompson, C. R., trans. and ed., *The Colloquies of Erasmus*, Chicago, 1965.

Tinto, A., *Il corsivo nella tipografia del Cinquecento: dai caratteri italiani ai modelli germanici e francesi*, Verona, 1972.

_____ and Balsamo, L., *Origini del corsivo nella tipografia italiana del '500*, Milan, 1967.

_____, "The History of a Sixteenth-Century Greek Type", *The Library*, Fifth Series, XXV, 1970, pp. 285~93.

Turyn, A., *Studies in the Manuscript-Tradition of the Tragedies of Sophocles, Illinois Studies in Language and Literature*, XXXVI, 1952.

Ullman, B., *The Origin and Development of Humanistic Script*, Rome, 1960.

Vaccari, P., *Storia dell' università di Ferrara, 1391~1950*, Bologna, 1950.

Venturi, L., "Le compagnie della Calza, secoli XV~XVI", NAV, Nuova Serie, XVI, 1908, pp. 161~221.

Veress, A., *Matricula et Acta Hungarorum in Universitate Patavina Studentium, 1264~1864*, Budapest, 1915.

Vian, F., *Histoire de la Tradition-Manuscrite de Quintus de Smyrne*, Paris, 1957.

Villari, P., *The Life and Times of Gerolamo Savonarola*, 2 vols., Florence, 1888.

Vitaliani, D., *Della vita e delle opere di Niccolo Leoniceno vicentino*, Verona, 1892.

Vocht, H. de, *History of the Foundation and Rise of the Collegium Trilingue Lovaniense, 1517~1550*, 4 vols., Louvain, 1951~55.

Volpati, C., "Gli Scotti di Monza, tipografi-editori in Venezia", ASL, 59, 1932, pp. 365~82.

Wagner, K., "Aldo Manuzio e i prezzi dei suoi libri", LBF, LXXVII, 1975, pp. 77~82.

_____, "Sulla sorte di alcuni manoscritti appartenuti a Marin Sanudo", LBF, LXXIII, 1971, pp. 247~62.

_____, "Altre notizie sulla sorte dei libri di Marin Sanudo", LBF, LXXIV, 1972, pp. 185~90.

Wardrop, J., *The Script of Humanism*, Oxford, 1963.

Wegg, J., *Richard Pace, a Tudor Diplomatist*, London, 1932.

Weiss, R., "Notes on Thomas Linacre", in *Miscellanea Giovanni Mercati*, vol. IV, Città del Vaticano, 1956, pp. 373~80.

_____, "In memoriam Domitti Calderini", IMU, III, 1960, pp. 309~20.

_____, *The Renaissance Discovery of Classical Antiquity*, Oxford, 1969.

Wilson, N. G., "The Book-Trade in Venice, ca. 1400~1515", in *Venezia, centro di mediazione tra oriente e occidente (secoli XV~XVI): aspetti e problemi*, Florence, 1977, pp. 381~97.

_____, "The Triclinian Edition of Aristophanes", *Classical Quarterly*, LVI, 1962, pp. 32~47.

Winship, G. P., "The Aldine Pliny of 1508", *The Library*, Fourth Series, VI, 1925, pp. 358~69.

Woody, K., "A Note on the Greek Founts of the Complutensian Polyglot", *Papers of the Bibliographical Society of America*, 65, 1971, pp. 143~49.

Yates, F., *The Art of Memory*, London, 1969.

Zeno, A., *Dissertazioni vossiane*, 2 vols., Venice, 1753.

_____, *Notizie intorno ai Manuzii*, Venice, 1736.

_____ and Manni, D. M., *Vita di Aldo Manuzio insigne estauratore delle lettere greche e latine*, Venice, 1759.

Zippel, G., *Le vite di Paolo II di Gaspare di Verona e Michele Canensi*, RIS, Tom. III pars xvi, Città di Castello, 1904. (Introduction.)

Zotta, C. and Brotto, I., *Acta Graduum Academicorum Gymnasii Patavini ab Anno 1406 ad Annum 1450*, Padua, 1922.

# 찾아보기

| ㄱ |

554